SFV

Nadeschda Mandelstam

DAS JAHRHUNDERT DER WÖLFE

Eine Autobiographie

Aus dem Russischen von Elisabeth Mahler

S. Fischer Verlag

Deutsche Ausgabe:

Den Anhang besorgte Peter Urban
Umschlagentwurf: Marhold + Janorschke
unter Verwendung eines Fotos von Inge Morath

Gesamtherstellung Thomas F. Salzer KG, Wien
Printed in Austria 1971
ISBN 3 10 047702 2

Erstes Kapitel

Mainacht

Nachdem Ossip Mandelstam Alexej Tolstoj* geohrfeigt hatte, kehrte er sofort nach Moskau zurück, rief von dort täglich Anna Andrejewna Achmatowa an und beschwor sie zu kommen. Ihr Zögern verdroß ihn. Als sie bereits reisefertig war und die Fahrkarte schon in der Tasche hatte, stand sie noch einmal, tief in Gedanken versunken, am Fenster. »Sie beten wohl, daß dieser Kelch an Ihnen vorübergeht?« fragte sie der außerordentlich intelligente, aber auch sarkastische Punin. Er war es auch, der, als er mit Anna Andrejewna Achmatowa durch die Tretjakow-Galerie schlenderte, unvermittelt zu ihr sagte: »Und jetzt wollen wir uns einmal ansehen, wie man Sie zur Hinrichtung fahren wird.« Das ist der Hintergrund ihres Gedichtes: »Und dann in der Dämmerung auf den Wegen im schmutzigen Schnee zu versinken ... welch wahnwitziger Surikow wird meinen letzten Weg malen?«** Diese Reise blieb ihr erspart: »Sie bewahrt man sich bis zuletzt auf«, sagte Nikolaj Nikolajewitsch Punin, und sein Gesicht überlief ein plötzliches Zucken. Zuletzt aber vergaß man sie, sie wurde nicht verhaftet; doch hat sie ein Leben lang Freunde auf ihrem letzten Weg begleitet – auch Punin.

Zu dieser Zeit war Ljowa, ihr Sohn, bei uns zu Gast – er ging auf den Bahnhof, um Anna Andrejewna abzuholen. Es war unsinnig, ihn selbst mit diesem leichten Auftrag zu betrauen – er brachte es fertig, sogar seine Mutter zu verfehlen. Sie war sehr traurig: alles war nicht so wie sonst. In diesem Jahr hatte uns Anna Andrejewna oft besucht, und sie war es gewöhnt, schon am Bahnhof die ersten Mandelstamschen Späße zu hören. Sie erinnerte sich an seine boshaften Bemer-

* Über alle wichtigeren Personen, soweit sie im Text eine Rolle spielen, siehe Anhang; siehe dort auch die Erläuterungen über die literarischen Strömungen und Bewegungen der Zeit zwischen 1890 und 1940. Sofern nicht durch *N. M.* gekennzeichnet, handelt es sich bei Anmerkungen um Fußnoten der Übersetzerin.

** Diese Bemerkung bezieht sich auf ein Gemälde Surikows in der Tretjakow-Galerie, auf dem die Bojarin Morosowa durch Schlamm und Schnee auf einem Schlitten zur Hinrichtung gefahren wird.

kungen: »Sie reisen ja so schnell wie Anna Karenina«, als sich einmal der Zug verspätet hatte, und: »Na, Sie haben sich ja wie ein Taucher herausgeputzt«, als es in Leningrad geregnet hatte, sie in Stiefeln und einem Umhang mit Kapuze ankam, in Moskau aber schönstes Wetter war. Ein Zusammensein mit O. M. machte sie immer fröhlich und sorglos, sie waren dann wie junge Menschen, wie damals, als sie sich in der »Dichtergilde« trafen. »Husch«, rief ich dann, »ich mag nicht mit Papageien zusammenleben!« Aber im Mai 1934 waren sie nicht fähig, sich gegenseitig aufzuheitern.

Der Tag dehnte sich quälend in die Länge. Am Abend erschien der Übersetzer Brodskij und ließ sich so nachdrücklich nieder, daß es unmöglich war, ihn von seinem Platz zu vertreiben. Im Haus war nichts zu essen – man konnte soviel suchen wie man wollte. O. M. ging zu den Nachbarn, um dort irgend etwas zum Abendessen für Anna Andrejewna aufzutreiben. Brodskij stürzte ihm nach, und wir hegten bereits die Hoffnung, daß er, nachdem wir jetzt ohne Hausherrn waren, langsam verschwinden würde. Bald kehrte O. M. mit seiner Beute – einem Ei – zurück. Brodskij aber war er nicht losgeworden. Er setzte sich wieder in den Sessel und fuhr fort, die Lieblingsverse seiner Lieblingspoeten – Slutschewskij und Podonskij – aufzusagen, er kannte jedoch auch O. M.s Gedichte und war sogar in der französischen Lyrik beschlagen. So saß er da, zitierte, erzählte aus seiner Vergangenheit, wir aber erkannten den Grund seiner Aufdringlichkeit erst nach Mitternacht.

Wenn Anna Andrejewna zu uns kam, brachten wir sie immer in der kleinen Küche unter – wir hatten noch kein Gas, und ich bereitete unser bescheidenes Essen im Korridor auf einem Petroleumkocher zu, den unnütz herumstehenden Gasherd hatte ich zu Ehren unseres Gastes mit einem Wachstuch bedeckt und, damit er aus den Augen war, unter den Tisch geschoben. Unsere Küche hatte den Spitznamen Götzentempel. »Was liegen Sie hier als Abgott in Ihrem Götzentempel herum?« fragte einmal Narbut, als er Anna Andrejewna in der Küche sah. »Sie täten besser daran, in einer Versammlung zu sitzen.« So war unsere Küche zum Tempel geworden, und wir beide saßen darin, hatten O. M. im Stich gelassen, ihn allein dem nervenzermürbenden Brodskij ausgeliefert, als plötzlich, ungefähr um ein Uhr nachts, das schicksalsschwere, unerträglich bedeutungsvolle Klopfen uns aufschreckte. »Das gilt Ossja«, sagte ich und ging, um aufzumachen.

An der Tür standen Männer – mir schien es, als wären es viele –, alle in Zivilmänteln. Für den Bruchteil einer Sekunde flammte die Hoffnung auf, daß es doch nicht so sei: ich hatte die Uniformen unter den Mänteln nicht wahrgenommen. Diese Deckmäntel – im wahrsten Sinne des Wortes – dienten eigentlich auch schon als Uniform, wenn sie auch eine Maskierung waren, wie früher der Schelmenanzug; ich wußte das damals noch nicht. Meine Hoffnung verflog, als die ungebetenen Gäste die Wohnung betraten.

Ich erwartete: »Guten Tag!« oder: »Ist das hier die Wohnung von Mandelstam?« oder: »Ist er zu Hause?« oder wenigstens: »– hier, ein Telegramm für Sie.« Im allgemeinen wechselt ja doch ein Besucher mit der Person, die ihm öffnet, an der Tür einige Worte und wartet ab, bis man zur Seite tritt und ihn in die Wohnung einläßt. Aber – wie ich vermute – im Gegensatz zu allen Agenten anderer Geheimdienste, wohl in der ganzen Welt und zu jeder Zeit, hielten sich die nächtlichen Besucher unserer Zeit nicht an dieses Zeremoniell. Sie fragten nicht, sie erwarteten nichts, sie hielten nicht für einen Augenblick an der Schwelle unserer Wohnung inne, sondern schoben mich, ohne zu stoßen, beiseite, drangen heftig und eilig in das Vorzimmer vor, und mit einem Schlag war die Wohnung voller Menschen. Schon überprüften sie die Dokumente, strichen in gewohnter, präziser und gezielter Bewegung über unsere Hüften und Schenkel, tasteten die Taschen ab, um sich zu vergewissern, daß in ihnen keine Waffen verborgen waren.

O. M. kam aus dem großen Zimmer. »Kommen Sie meinetwegen?« fragte er. Ein kleiner Agent sah ihn beinahe lächelnd an: »Ihre Papiere!« O. M. zog seinen Paß aus der Tasche. Der Tschekist überprüfte ihn und zeigte ihm seinen Befehl. O. M. las ihn durch und nickte.

In ihrer Sprache hieß das »Nachteinsatz«. Wie ich später erfuhr, waren sie fest davon überzeugt, jede beliebige Nacht in jedem beliebigen Haus auf Widerstand stoßen zu können. Zur Aufrechterhaltung des Kampfgeistes setzte man unter ihnen düstere Legenden über nächtliche Gefahren in Umlauf. Ich selbst habe die Geschichte gehört, daß Babel sich mit einer Schußwaffe zur Wehr gesetzt und dabei einen der »unseren« gefährlich verwundet habe; so drückte sich die Erzählerin aus, die Tochter eines großen Tschekisten, der sich 1937 besonders hervorgetan hatte. Für sie verbanden sich diese Legenden mit der Sorge, die sie immer für ihren Vater empfand, wenn er auf »Nachtschicht« ging. Der war ein gutmütiger, schelmischer Mann, der Kinder und Tiere so sehr liebte, daß er zu Hause stets eine Katze auf den Knien hielt, der Tochter aber einschärfte, niemals eine eigene Schuld einzugestehen, sondern alle Vorwürfe hartnäckig mit »Nein« zu beantworten. Dieser Gemütsmensch mit der Katze konnte es Untersuchungsgefangenen nicht verzeihen, wenn sie aus irgendeinem Grunde alle ihnen zur Last gelegten Beschuldigungen zugaben. »Warum haben sie das nur getan?« sprach die Tochter ihrem Vater nach. »Damit haben Sie doch sowohl sich selbst als auch uns hereingelegt.« Dieses »Wir« bezeichnete jene, die nachts mit den Befehlen kamen, Verhöre anstellten, Urteile vollstreckten und dann in Mußestunden ihren Freunden aufregende Geschichten über die nächtlichen Gefahren erzählten. Mich dagegen erinnern die Tschekistenlegenden über die nächtlichen Schrecken an das winzig kleine Loch im Schädel des vorsichtigen, klugen Babel mit seiner hohen Stirn, der wahrscheinlich nie in seinem Leben eine Pistole in der Hand gehalten hat.

In unsere stille ärmliche Häuslichkeit drangen sie ein, wie Räuber in eine Höhle, in einen verbotenen Unterschlupf, wie in ein verstecktes Laboratorium, in dem maskierte Carbonari Dynamit mischen und sich zu bewaffnetem Widerstand zusammenrotten. Zu uns kamen sie in der Nacht vom 13. zum 14. Mai 1934.

Nachdem sie die Papiere überprüft, ihren Befehl vorgezeigt und sich davon überzeugt hatten, daß kein Widerstand zu erwarten war, machten sie sich an die Haussuchung. Schwerfällig sank Brodskij in seinen Sessel und erstarrte darin. Mächtig, der hölzernen Statue eines wilden Volkes gleich, saß er da und schnaufte und schnarchte, schnarchte und saß. Er sah böse und beleidigt aus. Als ich mich einmal an ihn wandte und ihn, soviel ich mich erinnere, bat, einige Bücher aus den Regalen herauszusuchen, damit Mandelstam sie mitnehmen könne, machte er seinem Unmut durch Schimpfen Luft: »Mandelstam soll gefälligst selbst suchen.« Und schon wieder schnarchte er los. Gegen Morgen, als wir uns schon wieder freier in den Zimmern bewegten und selbst die erschöpften Tschekisten uns nicht mehr mißtrauisch ansahen, kam Brodskij plötzlich zu sich, hob wie ein Schüler die Hand und bat um Erlaubnis, auf die Toilette gehen zu dürfen. Der Beamte, der die Haussuchung angeordnet hatte, sah ihn verächtlich an: »Sie können nach Hause gehen«, sagte er. »Was?« fragte Brodskij erstaunt. »Nach Hause!« sagte der Tschekist noch einmal und wandte sich ab. Die Beamten verabscheuten ihre zivilen Gehilfen, und Brodskij war offensichtlich zu uns beordert worden, damit wir, auf ihr Klopfen hin, nicht noch Manuskripte vernichten konnten.

Zweites Kapitel

Beschlagnahme

Häufig zitierte O. M. Chlebnikow: »Das Polizeirevier ist eine großartige Angelegenheit. Es ist der Ort, wo ich und der Staat uns begegnen...« Die dort geschilderten Begegnungen waren aber überaus harmlos. Chlebnikow berichtete von normalen Überprüfungen der Papiere bei der Landstreicherei verdächtigten Personen, das heißt von nahezu klassischen Beziehungen zwischen Staat und Dichter. Unsere Begegnungen mit dem Staat fanden in einer anderen Sphäre statt.

Unsere ungebetenen Gäste gingen streng nach den ihnen eingeschärften, erlernten Rollen vor. Sie waren insgesamt zu fünft, drei Agenten und zwei Leute zu unserem Beistand. Diese beiden räkelten sich auf den Stühlen im Vorzimmer und dösten vor sich hin. Drei Jahre später, 1937, begannen sie wirklich vor Erschöpfung loszuschnarchen. Welche Charta garantierte uns eigentlich das Recht auf Anwesenheit eines Beistandes bei Hausdurchsuchung und Verhaftung? Wer von uns weiß schon, daß gerade dieses verschlafene Beistandspärchen den Bürgern eine Kontrolle der Öffentlichkeit über die Rechtmäßigkeit der Verhaftung garantiert: denn schließlich ist bei uns ja kein einziger Mensch bei Nacht und Nebel ohne Haftbefehl und ohne die Zustimmung eines Beistands verschwunden. Das sind wir den Rechtsbegriffen der vergangenen Jahrhunderte schuldig.

Bei Verhaftungen als öffentliche Kontrolle anwesend zu sein, wurde bei uns geradezu ein Beruf. In jedem großen Haus weckte man dafür den einen oder anderen, der schon vorher mit einem Wink verständigt worden war. In der Provinz betreuten zwei Beistände eine ganze Straße oder einen Häuserblock. Sie führten ein Doppelleben: Tags sah man sie in ihrer offiziellen Funktion als Angestellte der Hausverwaltung – sie waren Schlosser, Hausmeister, Spengler (ob deshalb bei uns ständig die Wasserhähne tropften?) –, nachts lungerten sie, im Bedarfsfalle bis zum Morgen, in fremden Wohnungen herum. Ein Teil unserer Miete wurde für ihre Bezahlung abgezweigt; das gehörte schließlich ja auch zum Unterhalt des Hauses. Wie sie für ihre nächtliche Arbeit entlohnt wurden, weiß ich nicht.

Der älteste Agent befaßte sich mit dem kleinen Koffer, der das Archiv enthielt, die beiden jüngeren durchsuchten das Haus. Der Stumpfsinn ihrer Arbeit war offenkundig. Sie gingen streng nach Instruktion vor, das heißt, sie suchten dort, wo man annehmen konnte, daß besonders schlaue Köpfe Geheimdokumente und Manuskripte verstecken. Sie schüttelten ein Buch nach dem anderen durch, sahen hinter die Bücherrücken, schlitzten die Umschläge auf, suchten nach Geheimfächern in den Tischen – wer kennt sie nicht schon? –, wühlten lange in Taschen und Betten. Hätte man ein Manuskript in einem Kochtopf versteckt, so würde es wohl noch bis zum Ende des Jahrhunderts darin liegen. Noch besser wäre gewesen, wenn man es einfach offen auf den Eßtisch gelegt hätte.

Von den beiden jüngeren erinnere ich mich an den einen – er war jung, hatte ein überaus breites Gesicht und schmunzelte ständig. Beim Durchsehen der Bücher wurde er durch den Anblick der alten Umschläge ganz rührselig und beschwor uns, weniger zu rauchen. Als Ersatz für den schädlichen Tabak bot er uns Kandiszucker aus einem Blechschächtelchen an, das er aus der Tasche seiner Uniformhose herauszog. Heute habe ich einen guten Bekannten, einen Schriftsteller, Funktionär beim sowjetischen Schriftstellerverband, der leidenschaftlich Bücher sammelt und mit alten Umschlägen und Funden im Bücherantiquariat prahlt – er hat Erstausgaben der Werke von Sascha Tschornyj und Sewerjanin –, und auch er bietet mir immer Kandiszucker aus einem Blechdöschen an, das er bei sich trägt, in der Tasche seiner auffallend eleganten Hose, die im exklusivsten Modeatelier für Literaturschaffende nach Maß gefertigt wurde. Dieser Schriftsteller hatte in den dreißiger Jahren irgendeinen bescheidenen Posten beim Staat. Später gelang es ihm durch günstige Umstände, zur Literatur überzuwechseln. Und diese beiden Menschen – der ältere Schriftsteller der ausgehenden fünfziger Jahre und der junge Agent der dreißiger Jahre – verschmelzen bei mir stets zu einer Person. Mir kommt es immer so vor, als habe der junge Mann, der so gerne Kandiszucker aß, den Beruf gewechselt, Karriere gemacht, und nun spaziert er in Zivilkleidern umher, ist – wie es sich für einen Schriftsteller gehört – entschlossen, moralische Probleme zu lösen, und bietet mir aus dem kleinen Blechschächtelchen weiterhin Kandiszucker an.

Diese Gebärde – das Anbieten von Kandiszucker – wiederholte sich in vielen Häusern, bei vielen Haussuchungen. Es ist ja wohl kaum möglich, daß dies ebenso zum Ritual gehörte wie die Art, in ein Haus einzudringen, die Pässe zu überprüfen, die Leute nach Waffen abzutasten und nach Geheimfächern herumzuklopfen. Man behandelte uns nach einem Verfahren, das bis ins letzte Detail ausgeklügelt war und sich von den unsinnigen Haussuchungen der ersten Revolutionstage und des Bürgerkrieges überhaupt nicht unterschied. Ich kann aber auch nicht behaupten, es sei schlimmer gewesen.

Der ältere Beamte, ein mittelgroßer, hagerer, schweigsamer, brünetter Mann, setzte sich hin und sah die Papiere im Koffer durch. Er kam langsam voran, offenbar war er sehr gründlich. Zu uns hatte man hochqualifizierte Mitarbeiter der Literatursektion geschickt, das heißt, man hatte uns mit ihnen beehrt. Man sagt, diese Sektion gehöre zur Dritten Abteilung*, aber mein Bekannter, der Schriftsteller mit den engen Hosen, der immer Kandiszucker anbietet, betont mit Schaum vor dem Munde, die Abteilung, die für uns zuständig wäre, sei vielleicht die Zweite, vielleicht auch die Vierte. Aber das spielt keine Rolle, die Art, wie man vorging, ließ verwaltungstechnische, polizeiliche Tradition erkennen.

Jedes überprüfte Blatt wanderte vom Koffer entweder auf den Stuhl, auf dem die zur Beschlagnahme bestimmte Beute schnell anwuchs, oder es wurde auf den Boden geworfen. Die Auswahl der Blätter ließ bereits Schlüsse auf die bevorstehende Anklage zu, deshalb drängte ich mich dem Beamten als Berater auf, entzifferte ihm die schwer leserliche Handschrift O. M.s, versah die Manuskripte mit Datum und legte soviel wie möglich beiseite, zum Beispiel Pjasts Gedichte, die er uns zur Aufbewahrung gegeben hatte, und auch die Skizzen zum Petrarca-Sonett. Wir merkten sehr bald, daß sich der Beamte vor allem für die Gedichtmanuskripte der letzten Jahre interessierte. Er hielt O. M. die Skizze des ›Wolfsgedichtes‹ hin, zog finster die Brauen zusammen und las es halblaut vom ersten bis zum letzten Buchstaben, dann griff er nach dem Spottgedicht auf die Hausverwaltung, die eine in der Wohnung unerlaubt aufgestellte Orgel zertrümmert hatte. »Worauf bezieht sich das?« fragte der Beamte verständnislos und warf dabei das Manuskript auf den Stuhl. »Ja, worauf eigentlich?« sagte O. M.

Uns wurde der volle Unterschied zwischen zwei Perioden – vor und nach 1937 – durch die Art der bei uns vorgenommenen Haussuchungen klar. 1938 suchte niemand mehr Schriftstücke, verschwendete damit keiner mehr seine Zeit. Damals wußten die Agenten nicht einmal mehr, womit sich der Mensch, den sie verhaften sollten, beschäftigte, was er arbeitete. Nachlässig drehten sie die Matratzen um, leerten den Inhalt des Koffers auf den Boden, stopften alle Papiere in einen Sack, trampelten herum, verschwanden und führten O. M. ab. 1938 dauerte das ganze Unternehmen nur ungefähr zwanzig Minuten, 1934 aber noch die ganze Nacht bis zum Morgen.

* Die »Dritte Abteilung« der Kaiserlichen Kanzlei, eingerichtet unter Nikolaus I.; ihr unterstand ab 1826 die politische Polizei.

Als sie sahen, wie ich Sachen für ihn richtete, sagten sie aber beide Male – der Instruktion entsprechend! – scherzhaft: »Warum geben Sie ihm so viel mit? Warum? Er richtet sich wohl darauf ein, lange bei uns zu Gast zu sein? Die Leute werden doch nur verhört und wieder entlassen.«

Das waren die Überreste der Epoche der »großen Humanität« – der zwanziger und Anfang der dreißiger Jahre. »Ich wußte gar nicht, daß wir uns in den Klauen von Humanisten befanden«, sagte O. M. im Winter 1937/38, als er in der Zeitung las, wie man Jagoda beschimpfte, weil er anstelle von Lagern reine Sanatorien errichtet habe...

Das eigens für Anna Andrejewna organisierte Ei lag unberührt auf dem Tisch. Wir alle gingen durch die Zimmer und unterhielten uns miteinander, dabei bemühten wir uns ständig, die Leute, die in unseren Sachen herumwühlten, nicht zu beachten. (Kurz zuvor war O. M.s Bruder, Jewgenij Emiljewitsch, aus Leningrad angekommen, und auch er hielt sich bei uns auf.) Plötzlich sagte Anna Andrejewna, O. M. müsse doch, bevor er weggehe, noch essen, und gab ihm das Ei. Er war einverstanden, setzte sich an den Tisch, salzte das Ei und aß es. Und die Papierberge auf Stuhl und Fußboden wuchsen und wuchsen. Wir waren immer noch bestrebt, nicht auf die Manuskripte zu treten, den anderen aber war das völlig gleichgültig. Mir tat es weh, als ich unter diesen Papieren, die von Rudakows Witwe dann gestohlen wurden, die Urfassungen der Gedichte von 1910 bis 1930, mit großen Abdrücken der Absätze von Soldatenstiefeln übersät, erblickte – sie sollten nicht beschlagnahmt werden und lagen deshalb auf dem Boden. Ich hing sehr an diesen kleinen Blättern, deshalb gab ich sie zur Aufbewahrung an einen Ort, den ich als sicher empfand, das heißt, ich gab sie dem jungen Rudakow, einem Verehrer von O. M. Er war eineinhalb Jahre nach Woronesch verbannt, und da er ohne jeglichen Verdienst war, teilten wir mit ihm jedes kleine Stückchen Brot. Als er dann nach Leningrad zurückgekehrt war, nahm er gerne Gumiljows Archiv in Verwahrung. Anna Andrejewna fuhr es voller Vertrauen in einem Schlitten zu ihm. Weder sie noch ich haben diese Manuskripte jemals wiedergesehen. Vor kurzem erfuhr sie gerüchteweise, daß jemand ihr sehr wohlbekannte Briefe aus diesem Archiv gekauft habe.

»Ossip, ich beneide dich«, sagte Gumiljow, »du wirst auf dem Dachboden sterben.« Diese prophetischen Zeilen waren damals schon geschrieben, aber beide wollten den eigenen Prophezeiungen nicht glauben und verstanden unter einem unglücklichen Dichterschicksal die französische Variante. Schließlich ist ein Dichter ja ein Mensch, ein einfacher Mensch, und ihm muß dasselbe, allgemeinübliche, ja das mittelmäßige und das für dieses Land in dieser Epoche besonders charakteristische Schicksal ebenso widerfahren wie jedem anderen, er hat also keinen Anspruch auf Glanz und Elend eines individuellen Schicksals, sondern muß den einfachen Weg »mit der Herde« gehen. Der Tod auf dem Dachboden war nicht zeitgemäß.

Zur Zeit der Verteidigungskampagne für Sacco und Vanzetti – damals lebten wir in Zarskoje Selo – schlug O. M. über einen Angehörigen der Kirche den Kirchenoberhäuptern vor, die Kirche solle doch ebenfalls gegen dieses Todesurteil protestieren. Die Antwort erhielt er unverzüglich: die Kirche sei einverstanden, sie wolle sich für die zum Tode Verurteilten einsetzen, falls O. M. sich verpflichte, in einem gleichen Fall für jeden russischen Geistlichen eine Hilfsaktion und einen Protest zu organisieren. O. M. stöhnte auf und gestand sich ein, daß er hier der Besiegte war. Damals versuchte er sich mit der Wirklichkeit zu arrangieren, und diese Begebenheit war eine der ersten Lektionen, die ihm in dieser Hinsicht erteilt wurden.

Der Morgen des 14. Mai brach an. Alle Gäste, die gebetenen wie die ungebetenen, gingen. Und die ungebetenen nahmen den Hausherrn mit. Anna Andrejewna und ich blieben allein zurück, wir beide in der leeren Wohnung, die noch die Spuren des nächtlichen Schreckens aufwies. Ich glaube, wir setzten uns damals einfach hin, einander gegenüber, und schwiegen. Jedenfalls legten wir uns nicht schlafen, ebenso wie es uns auch nicht in den Sinn kam, Tee zu trinken. Wir warteten ab, bis es möglich war, ohne Aufsehen zu erregen, aus dem Haus zu gehen. Warum? Wohin? Zu wem? Das Leben ging weiter. Vermutlich glichen wir Ertrunkenen. Gott möge mir diese literarische Reminiszenz vergeben – an Literatur dachten wir damals nicht.

Drittes Kapitel

Morgendliche Überlegungen

Wenn wir von einer Verhaftung hörten, fragten wir nie: »Warum haben sie ihn abgeholt?« Und so wie wir machten es viele. Menschen aber, die vor Furcht schon nicht mehr klar denken konnten, stellten einander diese Frage, um sich selbst zu beruhigen: Man holte die Leute aus irgendeinem Grund, das bedeutete, ich werde nicht abgeholt, denn ich habe mir nichts zuschulden kommen lassen! Im Ausdenken eines Grundes und der Rechtfertigung für jede Verhaftung erreichten sie eine große Fertigkeit: »Ja, sie war eine richtige Schwarzhändlerin«; »Ja, der hat sich das herausgenommen«; »Ich habe selbst gehört, wie er sagte...« Und dann ging es weiter: »So mußte es ja kommen – er ist wirklich ein schlechter Mensch«; »Ich hatte schon immer den Eindruck, daß mit ihm etwas nicht stimmt« oder »Er ist wirklich ein ganz eigenartiger Mensch«. Und das schien für Verhaftung und Vernichtung schon ausreichend: eigenartig zu sein, schwatzhaft, widerwärtig. Es waren alles Variationen über ein und dasselbe Thema, das schon im Jahre 1917 zu hören war: »Er gehört nicht zu uns.« Und sowohl die öffentliche Meinung als auch die Organe des Strafvollzugs erfanden neue Variationen und warfen Späne in das berühmte Feuer, ohne das es keinen Rauch gibt. Deshalb verbaten wir uns die Frage: »Warum haben sie ihn abgeholt?« »Warum?« schrie Anna Andrejewna wütend, als ein Bekannter, angesteckt von dem allgemein üblichen Gebaren, ihr diese Frage stellte: »Was heißt hier warum? Man muß endlich begreifen, daß sie die Leute für nichts und wieder nichts abholen...«

Als sie nun aber O. M. abführten, stellten wir uns selbst diese so ganz besonders verbotene Frage: »Warum?« Für eine Verhaftung Mandelstams gab es, nach unseren Rechtsnormen, so viel Begründungen, wie man nur irgend wollte. Sie konnten ihn nur wegen seiner Gedichte oder seiner Äußerungen über die Literatur geholt haben oder wegen eines ganz bestimmten, konkret auf Stalin gemünzten Gedichts. Vielleicht hatten sie ihn auch wegen der Ohrfeige, die er Tolstoj gegeben hatte, verhaftet. Nach der Ohrfeige hatte Tolstoj in Anwesenheit von vielen Zeugen aus vollem Hals geschrien, er würde für Mandelstam alle Verlage schließen, jegliche Drucklegung seiner Werke verhindern, ihn aus Moskau vertreiben. Wie man uns erzählt hatte, war Tolstoj am gleichen Tag nach Moskau zum Gewaltigen der sowjetischen Literatur, zu Gorkij, gefahren, um sich bei ihm zu beschweren. Bald kam uns der Satz zu Ohren: »Wir werden ihm zeigen, was es heißt, einen russischen Schriftsteller zu schlagen.« Dieser Satz wurde Gorkij von vielen in den Mund gelegt. Heute bin ich überzeugt, daß Gorkij dies niemals gesagt haben kann und er überhaupt ganz anders war, als wir ihn uns damals vorstellten. Jetzt ist man bestrebt, aus Gorkij einen Märtyrer des Stalinschen Regimes zu machen, einen Kämpfer für die Gedankenfreiheit und die Intelligenzija. Ich möchte hier nicht urteilen, glaube aber, Gorkij hatte schwerwiegende Meinungsverschiedenheiten mit dem »Hausherrn« und saß selbst in der Klemme. Daraus muß aber keineswegs folgen, daß sich Gorkij geweigert hat, Tolstoj gegen einen Schriftsteller vom Typ O. M.s, der ihm im tiefsten fremd und feindlich war, zu unterstützen. Wenn man Gorkijs Beziehung zur Freiheit des Denkens aufdecken will, so muß man nur seine Artikel, Auszüge und Bücher lesen.

So bauten wir also unsere ganze Hoffnung darauf, daß die Ohrfeige für den »russischen Dichter« Alexej Tolstoj die Verhaftung bewirkt habe. Wie eine solche Sache dann auch formuliert werden mochte, so drohte dann doch nur Ausweisung, und die fürchteten wir nicht. Verbannung und Ausweisung waren bei uns zu normalen Erscheinungen geworden. In den ruhigeren Jahren, als alle etwas aufatmen konnten, als der Terror uns nicht umbrandete, erfolgten im Frühjahr – für gewöhnlich im Mai – und im Herbst vor allem unter der Intelligenzija verhältnismäßig viele Verhaftungen. Dadurch wurde die Aufmerksamkeit von den wirtschaftlichen Mißerfolgen abgelenkt. Ein spurloses Verschwinden gab es zu dieser Zeit aber kaum: die Leute schrieben aus der Verbannung, saßen ihre Zeit ab, kehrten zurück und wurden wieder verbannt. Als wir Andrej Belyj im Sommer 1933 in Koktebel* trafen, sagte er, es gelinge ihm nicht, seinen »Heimkehrer«-Freunden ein Telegramm oder einen Brief zu schicken. Offensichtlich hatte man in den Jahren 1927 oder 1929 mit einem eisernen Besen die theosophischen Kreise durchkämmt, 1933 kehrten die Betroffenen dann in großen Scharen zurück. Im Frühling vor O. M.s Verhaftung war Pjast zurückgekehrt. Nach drei- oder vierjähriger Abwesenheit siedelte man die Zurückgekehrten in kleinen Städtchen innerhalb der Hundert-Werst-Zone an. Wenn alle »abfuhren«, warum sollte es uns dann besser ergehen? Als ich kurz vor O. M.s Verhaftung hörte, er führe mit völlig fremden Menschen sehr freie Gespräche, erinnerte ich ihn: »Der Mai steht vor

* In Koktebel auf der Krim hatte der Dichter Maximilian Woloschin (1877 bis 1932) eine Villa, die ein beliebter Treffpunkt der literarischen und künstlerischen Intelligenzija war.

der Tür – du solltest vorsichtiger sein!« O. M. wehrte ab: »Was soll das schon? Dann schicken sie uns eben in die Verbannung. Sollen sich andere davor fürchten, wir nicht!«... Und irgendwie empfanden wir wirklich keine Angst vor einer Verbannung.

Anders lag der Fall, wenn sie von dem Gedicht über Stalin gehört hatten. Das war O. M.s Gedanke, als er beim Abschied Anna Andrejewna umarmte. Niemand konnte daran zweifeln, daß er für dieses Gedicht mit seinem Leben werde bezahlen müssen. Eben deshalb hatten wir die Tschekisten so genau beobachtet, wir hatten herauszufinden versucht, wonach sie suchten. Der »Wolfszyklus« konnte ihm nicht besonders schaden – im Höchstfall Lager.

Wie würden sie die Anklage wohl formulieren? Das war keineswegs gleichgültig! Unsere Zeit vom Standpunkt des römischen Rechts, des Code Napoléon oder entsprechender Rechtsauffassungen aus zu betrachten ist lächerlich. Die Organe des Strafvollzugs handelten genau, umsichtig und sicher. Sie hatten gleichzeitig mehrere Ziele im Auge – Zeugen, die sich gegebenenfalls an etwas erinnern konnten, mußten sie beseitigen, außerdem sollten sie eine Übereinstimmung der Meinungen erreichen, den Anbruch des Tausendjährigen Reiches vorbereiten und vieles Ähnliche mehr. Die Menschen würden schichtweise, den Kategorien entsprechend, entfernt (auch das Alter spielte dabei eine Rolle). Die Kategorien waren: die Angehörigen einer Kirche, die Mystiker, Gelehrte, Idealisten, besonders Schlagfertige, Ungehorsame, denkende Menschen, Schwätzer, Verschwiegene, Streitsüchtige, Leute, die Überlegungen über das Recht, den Staat oder die Wirtschaft anstellten, ja, auch Ingenieure, Techniker und Agronomen, denn es tauchte jetzt der Begriff der »Schädlinge« auf, denen alle Mißerfolge und Fehlkalkulationen zugeschoben wurden. »Tragen Sie keinen solchen Hut«, sagte O. M. zu Boris Kusin. »Man darf sich durch nichts unterscheiden – das geht schlecht aus.« Und wirklich ging es schlecht aus. Als man später entschied, ein sowjetischer Gelehrter müsse besser gekleidet sein als der westliche Speichellecker, ändert sich auch die Beziehung zu Hüten, und Boris Sergejewitsch erhielt, als er seine Frist abgesessen hatte, einen guten Posten in der Wissenschaft. Der Hut – auf den kam es nicht an; der Kopf darunter war das Schicksal.

Die Angehörigen der betroffenen Berufe hatten die Redewendung erfunden: »Ist erst der Mensch da – dann wird sich auch etwas finden.« Diesen Satz hörten wir das erste Mal in Jalta (1928) von Furmanow, einem Bruder des Schriftstellers. Er war Tschekist gewesen, und erst vor kurzem war es ihm gelungen, zum Film überzuwechseln; durch seine Frau war er noch mit der Tscheka verbunden und verstand also einiges von der Sache. In einer kleinen Pension, wo hauptsächlich Kranke ihre

Tuberkulose ausheilten, Furmanow aber seine zerrütteten Nerven mit der Meeresluft kurieren wollte, wohnte auch ein gutmütiger und fröhlicher NEP-Mann. Dieser schloß sich sehr bald Furmanow an, und beide spielten dann zur Unterhaltung »Untersuchungsverfahren«, ein Spiel, das für Furmanow durch seine Realität einen Nervenkitzel darstellte. Deutlich veranschaulichte er die Redensart vom Menschen und seinem Prozeß: der zitternde NEP-Mann wurde von ihm verhört und verstrickte sich unausweichlich im Netz der spitzfindigen, variationsreichen Kommentare zu jedem Wort. Damals hatte erst ein verhältnismäßig kleiner Kreis die Besonderheit unserer Rechtsprechung ganz, das heißt durch eigene Erfahrung, kennengelernt: das Feuer hatten in dieser Zeit nur die von mir oben erwähnten Kategorien von Menschen durchlaufen, mit anderen Worten, diejenigen, bei denen sich unter dem Hut ein Kopf befand, und Menschen, deren Eigentum man beschlagnahmt hatte, und auch NEP-Leute, das heißt Unternehmer, die an die Neue Ökonomische Politik geglaubt hatten. Deshalb schenkte niemand außer O. M. dem Zeitvertreib des ehemaligen Untersuchungsrichters Aufmerksamkeit, und das Katz- und Mausspiel ging unbemerkt vor sich. Auch ich hätte es wohl nicht beachtet, hätte O. M. nicht zu mir gesagt: »Du, hör doch nur mal.« Es war mir klar, daß mich O. M. auf alles aufmerksam machte, wovon er wollte, daß es in mein Bewußtsein dränge. Furmanows Spiel vermittelte uns einen ersten Begriff von der Rechtsprechung unseres im Aufbau begriffenen Staats. Dieser Rechtsprechung lag die Dialektik und der große, unumstößliche Gedanke zugrunde: wer nicht für uns ist, ist gegen uns.

Anna Andrejewna, die vom ersten Tag an aufmerksam das Leben um uns beobachtete, wußte mehr als ich. In der durch die nächtliche Durchsuchung verwüsteten Wohnung gingen wir alle Möglichkeiten durch und stellten Mutmaßungen über die Zukunft an, sprachen dabei kaum ein Wort miteinander. »Wir müssen alle Kräfte zusammennehmen«, sagte Anna Andrejewna. Das bedeutete, wir mußten uns auf langes Warten vorbereiten: sehr viele Menschen saßen über Wochen und Monate hinweg, manche sogar länger als ein Jahr, ehe man sie wieder entließ oder liquidierte. So forderte es die Prozeßordnung. Ein Abweichen von der Prozeßordnung gab es nicht, und hartnäckig hielt man alle Fieberfantasien auf dem Papier fest. Ob sie wirklich damit rechneten, daß die Nachkommen die Archive durchwühlten und ebenso blind wie die dem Irrsinn verfallenen Zeitgenossen alles glauben würden? Oder war hier nur der bürokratische Instinkt am Werk, ein Tintenteufel, der sich nicht vom Gesetz ernährt, sondern von Verordnungen und tonnenweise das Papier verschlingt? Und im übrigen pflegen die Gesetze ja auch verschieden zu sein...

Für die Familie eines Gefangenen war die Zeit mit mühseligen Scherereien angefüllt. O. M. nannte sie in der ›Vierten Prosa‹ die »unabschätzbaren wichtigen integralen Gänge«. Man mußte Geld verdienen und lange Schlange stehen, wenn man die für die Inhaftierten bestimmten Sachen abgeben wollte. An der Länge der Schlangen konnten wir sehen, in was für einer Welt wir lebten. 1934 waren sie noch nicht groß. Ich mußte alle Kräfte zusammennehmen, um alle Wege, die schon von anderen Frauen ausgetreten waren, durchlaufen zu können. In jener Mainacht jedoch wuchs mir eine neue Aufgabe zu, für die es sich lohnte zu leben – und für die ich lebe: O. M.s Schicksal zu ändern stand nicht in meinen Kräften, aber ein Teil der Manuskripte war unversehrt geblieben, viele hatten ich noch im Gedächtnis – nur ich konnte sie alle retten, und dafür lohnte es sich, die Kräfte zusammenzunehmen.

Ljowa kam und riß uns aus der Erstarrung. In jener Nacht hatte er, des Besuchs von Anna Andrejewna wegen, bei den Ardows übernachtet; bei uns war kein Platz. Ljowa wußte, daß O. M. gewöhnlich früh aufstand, und erschien deshalb schon nach Tagesanbruch, um mit ihm Tee zu trinken, er erfuhr die Neuigkeit noch auf der Schwelle.

Der gute Junge, der von Gedanken und Ideen gleichsam überschäumte, brachte, wo immer er in diesen Jahren erschien, alles in Bewegung. Die Leute empfanden die ihm eigene, dynamisch gärende Kraft und begriffen, daß er ein ganz besonderer Mensch war. Unser Haus war wie von Pest befallen und für alle, die zur Ansteckung neigten, verhängnisvoll. Deshalb wagte ich einen richtigen Überraschungsangriff, als ich Ljowa erblickte: »Gehen Sie fort«, sagte ich, »gehen Sie so schnell wie möglich fort. Heute nacht haben sie Ossja abgeholt.« Und Ljowa ging folgsam fort. Das war bei uns so üblich.

Viertes Kapitel

Die zweite Runde

Ein Telefonanruf meines Bruders Jewgenij Jakowlewitsch weckte uns auf. Aus dem Schlaf gerissen, erzählten wir ihm unsere Neuigkeit. Es versteht sich von selbst, daß wir dabei kein einziges der auf dem Index stehenden Wörter gebrauchten: »verhaften«, »festnehmen«, »abführen«. Wir hatten unseren eigenen Kodex ausgearbeitet und verstanden einander ausgezeichnet, ohne irgend etwas beim Namen zu nennen. Bald darauf trafen Schenja und Emma Gerstein bei uns ein. Wir vier verließen dann, in kurzen Zeitabständen, einer nach dem anderen, das Haus – die einen mit einem Marktkorb bewaffnet, die anderen nur mit einem Packen Manuskripten in der Tasche. Auf diese Weise retteten wir einen Teil des Archivs. Wir wußten freilich, daß wir auf keinen Fall alles forttragen durften. Den ganzen Papierhaufen ließen wir außerdem auf dem Fußboden liegen. »Laß das, wie es ist«, sagte Anna Andrejewna zu mir, als ich den kleinen Koffer öffnete, um diesen bedeutungsvollen Papierhaufen darin unterzubringen, und ohne zu wissen warum, gehorchte ich ihr; ich vertraute einfach ihrem Gefühl.

Als Anna Andrejewna und ich am gleichen Tag nach vielen Laufereien in der Stadt nach Hause zurückgekehrt waren, klopfte es sehr bald wieder, dieses Mal aber zurückhaltender, und ich ging wieder, um dem ungebetenen Gast zu öffnen. Es war der leitende Beamte des Nachteinsatzes. Mit Befriedigung sah er die Manuskripte auf dem Boden: »Sie haben ja noch nicht einmal aufgeräumt«, und sogleich machte er sich an die zweite Durchsuchung. Dieses Mal war er allein erschienen und interessierte sich nur für den Koffer, der lediglich die Manuskripte der Gedichte enthielt; die Prosa würdigte er keines Blickes.

Als Jewgenij Jakowlewitsch, der zurückhaltendste und verschwiegendste Mensch auf der Welt, von der erneuten Haussuchung erfuhr, zog er finster die Brauen zusammen und sagte: »Wenn sie noch einmal kommen, dann nehmen sie euch beide mit.«

Wie war die zweite Haussuchung und die zweite Beschlagnahme zu erklären? Anna Andrejewna und ich tauschten Blicke – für Sowjetmenschen ist das genug, um einander zu verstehen. Offensichtlich hatte der Untersuchungsrichter die nachts mitgenommenen Manuskripte schon durchgesehen – das nahm auch nicht viel Zeit in Anspruch, denn die Gedichte waren nicht sehr umfangreich – und wohl nicht gefunden, was er suchte. Deshalb hatte er eine nochmalige Durchsuchung angeordnet. Er fürchtete wohl, daß man in der Eile der Nacht versehentlich die erhofften Papiere übersehen hatte. Daraus konnte man leicht auf die Zielrichtung der Durchsuchung schließen, Gedichte wie ›Der Wolf‹ genügten anscheinend nicht. Die Manuskripte der Gedichte, die so sehr interessierten, waren aber nicht im Koffer – weder ich noch O. M. hatten sie schriftlich fixiert. Diesmal bot ich meine Hilfe nicht an, Anna Andrejewna und ich saßen ruhig da, tranken Tee und beobachteten dabei aus den Augenwinkeln den Gast.

Der Beamte war genau zwanzig Minuten nach unserer Rückkehr erschienen. Also hatte ihn jemand benachrichtigt. Wer wohl? Es konnte ein Agent sein, der im Haus wohnte, jeder beliebige Nachbar, dem befohlen worden war, auf uns zu achten, oder ein »Wassja«, der uns auf der Straße auflauerte. Damals hatten wir noch nicht gelernt, diese sogenannten »Wassjas« zu erkennen. Erst später kam die Erfahrung, erst als wir sahen, wie sie, ohne sich irgendwie zu verbergen, vor Anna Andrejewnas Haus Wache schoben. Warum machten sie kein Geheimnis daraus, warum waren sie so rüpelhaft offen? War es die widerwärtige, bis zur Unanständigkeit rüde Arbeit oder die brutale Einschüchterung? Wahrscheinlich das eine wie das andere. Mit ihrem ganzen Gebaren drückten sie aus: Ihr könnt euch nirgendwo verbergen. Ihr werdet bewacht, wir sind immer in eurer Nähe. Sogar gute Bekannte, die wir in keiner Weise verdächtigten, flochten irgendeinen Satz ein, durch den sie uns zu verstehen gaben, wer sie waren und warum sie uns die Ehre ihrer Freundschaft zuteil werden ließen. Diese Art von Offenheit mußte zum allgemeinen Erziehungsprogramm gehören, denn nach solchen für uns welteneröffnenden Sätzen trocknete uns die Zunge am Kehlkopf an, wurden wir stiller als Wasser, kleiner als Gras. Mir zum Beispiel wurde oft nahegelegt, die Überbleibsel von O. M.s Manuskripten nicht mit mir herumzuschleppen, das Vergangene doch zu vergessen und nicht auf Moskau als Wohnort zu bestehen: »Seien Sie froh, wenn Sie in Taschkent leben können.« Es lohnte nicht zu fragen, wer einem etwas zugestand. Auf eine solche Frage erhielt man nur ein Wissen vorschützendes Lächeln. In mir riefen Hinweise, von einem Lächeln begleitete Sätze und dunkle Redewendungen stets einen wütenden Widerstand hervor: Und wenn das alles nur leeres Geschwätz eines widerlichen, unbedeutend kleinen Menschen war, der nichts anderes konnte, als sich dem Druck der Zeit beugen, und deshalb im Stil seiner Epoche daherredete? Von solchen Menschen gab es mehr als genug. Aber es geschah auch anderes. Als Anna Andrejewna und ich in Taschkent wohnten, fanden wir nicht selten, wenn wir nach Hause zurückkehrten, im Aschenbecher fremde Kippen, oder es lag ein fremdes Buch, eine Zeitschrift oder eine Zeitung herum, einmal fand ich auf dem Eßtisch sogar eine widerwärtig riechende Lippenpomade und daneben den Handspiegel aus dem anderen Zimmer. Schubladen und Koffer waren manchmal so durchwühlt, daß es unmöglich war, dies zu übersehen. Ob es den Richtlinien entsprach, diese Spuren zu hinterlassen, oder ob es den Beauftragten Vergnügen machte, in unseren Koffern zu kramen? Ob sie lachten und sagten: »Nun ja, sie sollen ihren Spaß haben!« Beide Varianten waren absolut möglich. Warum auch sollten sie uns nicht einschüchtern? Im übrigen setzten sie mir wesentlich weniger zu als Anna Andrejewna.

Was die sogenannten »Wassjas« angeht, so erinnere ich mich besonders an einen, nach dem Krieg. Es herrschte Frost, und er wärmte sich auf, stampfte fest mit den Füßen und schlug nach Art der Kutscher mit den Armen kräftig um sich. Mehrere Tage nacheinander gingen Anna Andrejewna und ich, wenn wir das Haus verließen, voller Scham an dem tanzenden »Wassja« vorbei. Dann erschien an seiner Stelle ein anderer, der aber weitaus weniger Temperament hatte. Als wir ein andermal durch den Innenhof des Wohnhauses gingen, blitzte hinter uns ein Licht auf – man hatte uns fotografiert; offensichtlich wollten sie wissen, wer eine in Ungnade gefallene Frau besuchte. Um in den kleinen Innenhof zu gelangen, mußte man durch das Vestibül des Hauptgebäudes. An den Türen, die zum Hof führten, stand eine Kontrolle. An dem Tag, als das Blitzlicht aufzuckte, hatte man uns aus irgendeinem Grunde lange an der Ausgangstür zurückgehalten. Der Vorwand für die Verzögerung war nahezu idiotisch: man hatte den Schlüssel oder etwas dergleichen verloren; oder machte der Fotodetektiv seinen Apparat erst schußbereit, als man ihn von unserer Rückkehr benachrichtigte? Dieser Vorfall ereignete sich kurz bevor die Verfügung gegen die Achmatowa und Soschtschenko erlassen wurde, und mich überlief ein Schauer, als ich Zeichen einer besonders auf meine Freundin gerichteten Aufmerksamkeit beobachtete.

Meiner Person schenkte man nicht so viel Aufmerksamkeit: ich war kaum einer individuellen Beobachtung wert. Um mich herum wimmelte es nicht von Agenten, mich umgaben nur gewöhnliche Spitzel. Nur einmal, in Taschkent, warnte mich Larissa Glasunowa, die Tochter eines hohen Parteimannes, vor einer meiner Privatschülerinnen, die mir von einer Studentin der physikalisch-mathematischen Fakultät vermittelt worden war: »Sie kommt nur zu Ihnen, um alles über Sie zu erfahren.« Zufällig traf Larissa an meiner Tür mit ihr zusammen und eröffnete mir, daß dieses Mädchen bei ihrem Vater arbeite. Zu Larissas

Beruhigung erklärte ich ihr, daß mir dies schon lange klar sei: Meine liebe Schülerin kam nämlich niemals zur angegebenen Zeit und war stets darauf erpicht, mich in einem unerwarteten Moment anzutreffen, sie kam, um sich zu entschuldigen oder mit der Bitte, die Stunde doch zu verlegen, sie sei zu sehr beschäftigt. Außerdem konnte man an ihr noch die für die kleinen Spitzel charakteristischen Angewohnheiten bemerken: so verfolgte sie mich stets mit ihren Blicken, wenn ich mich im Zimmer bewegte. Ich konnte nur nicht verstehen, weshalb sie Stunden haben wollte, die sie ja doch nicht nahm. Nachdem Larissa sie entlarvt hatte, verschwand sie sehr schnell von der Bildfläche, sie vermittelte mir als Schülerin eine neue, nicht üble Studentin, die anscheinend ins Netz geraten war und offensichtlich ein Drama durchlebte; immer versuchte sie, sich mir in irgendeiner Weise zu erklären. Ich umging das mit allen Mitteln, aber noch heute erinnere ich mich daran, wie diese kleine Spionin wiederholt aufstöhnte: »Ich vergöttere Ihren Gatten und die Achmatowa.« In diesen Kreisen waren alle Männer Gatten – welcher Wohlklang –, die Tschekisten bezeichneten sie nur als »Genossen«...

Doch das war alles später. 1934 waren wir noch nicht auf die Bezeichnung »Wassja« verfallen und ahnten auch nicht, wer den Tschekisten über unsere Rückkehr informiert hatte.

Fünftes Kapitel

Die Marktkörbe

Der Beamte hatte zum zweitenmal den Koffer durchwühlt und die Manuskripte neu sortiert, aber er bemerkte nicht, daß Pjasts Gedichte verschwunden waren; gerade diese Tatsache hätte ihm verraten können, daß es auch uns gelungen war, einiges zu beschlagnahmen. Anna Andrejewnas schlauer Rat, das Zimmer nicht aufzuräumen, hatte zum Erfolg geführt – hätte ich die Papiere in den Koffer gelegt, wäre der Tschekist womöglich mißtrauisch geworden.

Pjasts Gedichte waren sehr umfangreich. Sie mußten in Marktkörben fortgeschafft werden. Sie waren in Kapitel, die als »Abrisse« bezeichnet waren, aufgeteilt. O. M. gefielen die Gedichte, vielleicht auch deshalb, weil in ihnen die legalen Ehefrauen verflucht wurden. Bei Pjast hieß die Ehefrau »die Angetraute«, und er wollte nicht mit ihr leben. Als sich O. M. zum erstenmal in eine normale, wenn auch winzig kleine Wohnung verschlagen sah, wollte er gegen das Joch des Familienlebens aufbegehren und stimmte heftig ein Loblied auf Pjast an. Seiner Begeisterung stellte ich nur die Frage entgegen: »Und wer ist deine Angetraute? Bin das nicht ich?«

Nur daran zu denken, daß wir ein normales Leben mit gebrochenen Herzen, Skandalen und Scheidungen haben könnten! Es gibt Dummköpfe, die nicht begreifen, daß gerade diese Dinge das normale menschliche Leben, das wir mit allen Kräften erstreben müssen, ausmachen. Was hätten wir nicht für solch ein Drama gegeben!

Pjast hatte mir zwei Verserzählungen zur Aufbewahrung gegeben, sie waren von Hand geschrieben – eine Maschine war teuer, weder er noch wir konnten sie uns leisten. Nun lagen diese Gedichte bei uns im einzigen, wie man im Altertum sagte, geläuterten Exemplar. Ich konnte Pjast nicht davon überzeugen, daß es keinen schlechteren Platz für die Aufbewahrung geben könne. Nach seiner Verbannung erschien ihm unser Haus uneinnehmbar, dauerhaft, ruhig, beinahe wie eine Festung. Als O. M. die »Abrisse« in den Händen des nächtlichen Gastes erblickte, seufzte er mitleidvoll auf: »Was wird jetzt mit Pjast werden!« In diesem Moment fuhr in mich eine solche Kraft, wie Anna Andrejewna zu sagen pflegte, daß ich dem Beamten das Gedicht abnahm, und es fehlte nicht viel, ich hätte der Nachwelt die Verfluchung der »Angetrauten« und die Lobpreisungen der ungesetzlichen Schönen, Pjasts Riesinnen erhalten – ihn reizten nämlich nur Frauen von der Statur eines Grenadiers. Die letzte dieser Riesinnen brachte er zu uns, um sie in den Genuß der »Abrisse« kommen zu lassen. Ob sie seine Manuskripte gut verwahrte? Es sah so aus, als interessierte sie sich nicht für Pjast, sondern vielmehr für seine Honorare aus der Rabelais-Übersetzung, die Pjast dem Staatsverlag damals abnötigte. Ich erinnere mich deutlich, wie Pjast sich über die Kaprizen seiner Stieftochter beschwerte; wie man mir erzählt hat, lebt sie irgendwo in der Ferne und erinnert sich liebevoll an ihren schrulligen Stiefvater. Ob nicht vielleicht sie die von mir geretteten Gedichte Pjasts besitzt?

Schon vor O. M.s Verhaftung kamen sehr häufig Milizionäre zu uns: Pjast hatte unsere Adresse angegeben, um sich bei der Miliz registrieren zu lassen, und man erlaubte ihm deshalb, einige Tage in Moskau zu bleiben, damit er seine literarischen Angelegenheiten in Ordnung bringen konnte. Als die Frist abgelaufen war, schickte man ihn aus dem verbotenen in das für ihn erlaubte Wohngebiet. Wie gut, daß er während der Haussuchung nicht bei uns war; ohne Ausweisung wäre das anders gewesen. Hätte ein »Beamter« ihn bei uns angetroffen, so wäre er womöglich mitsamt den Manuskripten beschlagnahmt worden. Er hatte einfach Glück. Und noch einmal gelang es Pjast, einer erneuten Verhaftung zu entkommen – er starb in Tschuchloma, einem kleinen Ort in der für ehemalige Häftlinge zugelassenen Wohnzone, an Krebs, vielleicht sogar im eigenen Bett oder im Krankenhaus. Ebenso wie die Familiendramen gehört auch das zum normalen Leben und bedeutet infolgedessen Glück. Um das verstehen zu können, muß man eine gewisse Schulung absolviert haben.

Von O. M.s Manuskripten haben wir einige Urfassungen aus verschiedenen Jahren gerettet. Seitdem haben sie sich nie mehr bei uns zu Hause befunden. In kleineren Päckchen nahm ich sie mit nach Woronesch, um dort die Texte zu sichten und vollständige Listen der noch nicht gedruckten Gedichte zusammenzustellen. Diese Arbeit machte ich nach und nach mit O. M. gemeinsam, der plötzlich seine Beziehung zu den Manuskripten und Papieren geändert hatte. Früher hatte er von ihnen nichts wissen wollen und ärgerte sich stets, wenn ich sie nicht vernichtete, sondern in Mamas gelben Überseekoffer steckte. Nach der Haussuchung hatte er begriffen, daß ein Manuskript leichter aufzubewahren ist als ein Mensch. Er verließ sich nun nicht mehr auf sein Gedächtnis, das mit ihm erlöschen würde. Ein Teil dieser hier erwähnten Manuskripte ist bis heute heil und unversehrt geblieben, der weitaus größere Teil ist während oder nach den zwei Verhaftungen verlorengegangen — was haben sie im verborgenen Inneren unserer Gerichtshöfe wohl mit den Papieren gemacht, die sie anfangs in Aktenmappen und später in Säcken dorthin schleppten? Und was sollen wir hier über Papiere mutmaßen, wenn wir noch nicht einmal wissen, was sie dort mit den Menschen anstellten. Zeugen dieser Epoche und Manuskripte, die diese Zeit heil überstanden haben, müssen wir als Wunder anerkennen.

Sechstes Kapitel

Die »integralen Gänge«

Ein drittes Mal kamen sie nicht, uns holten sie nicht ab. Wir widmeten uns nun der Beschäftigung, die für Menschen, deren Nächste man abgeholt hatte, üblich war: wir bemühten uns allerorts. Nach den täglichen Laufereien durch die Stadt kamen wir erschöpft nach Hause, und statt eines richtigen Abendessens brachen wir unseren sorgsam gehüteten Vorrat an Maiskörnern an. So ging es drei Tage. Am vierten kam meine Mutter aus Kiew angereist. Sie hatte dort ihr Zimmer aufgegeben, die sperrigen Möbel der Familie verkauft und wollte von nun an bei ihrem Schwiegersohn und ihrer Tochter leben, die ja nun endlich eine richtige Wohnung hatten. Weil niemand sie am Bahnhof abgeholt hatte, war sie verärgert und beleidigt. Dieser Zorn verflog augenblicklich, als sie von O. M.s Verhaftung erfuhr. Sogleich erwachte in ihr die liberale Studentin von früher, die wußte, wie man sich der Regierung und Verhaftungen gegenüber zu verhalten hatte. Entsetzt schlug sie die Hände über dem Kopf zusammen, äußerte sich über Theorie und Praxis des Bolschewismus, führte eine Inspektion unseres Hauswesens durch und erklärte, daß schon zu ihrer Zeit Professoren die Pelagra in Bessarabien dem im Übermaß genossenen Maisbrei zugeschrieben haben, zog aus ihrem Brustbeutel Geld und eilte auf den Markt. Damit endete unsere Verwahrlosung, und wir bemühten uns überall noch eifriger.

Gleich in den ersten Tagen besuchte ich Nikolaj Iwanowitsch Bucharin. Als er meine Neuigkeit erfahren hatte, verfinsterte sich sein Gesicht, und er überschüttete mich mit Fragen. Ich hatte keine Ahnung, daß er zu einer solchen Erregung fähig war. Er durchschritt das große Arbeitszimmer, blieb von Zeit zu Zeit vor mir stehen und stellte mir Fragen. »Haben Sie ihn besuchen dürfen?« *Ich* habe ihn darüber aufklären müssen, daß es keine Besuche mehr gab. Nikolaj Iwanowitsch hatte es nicht gewußt. Wie jeder Theoretiker, so vermochte auch er nicht, praktische Schlüsse aus seiner Theorie zu ziehen.

»Hat er irgend etwas Gefährliches geschrieben?« Ich antwortete: Nein, die ketzerischen Gedichte seien nicht schlimmer als das, was Nikolaj Iwanowitsch kenne. Ich hatte gelogen. Noch heute schäme ich mich deshalb. Hätte ich aber damals die Wahrheit gesagt, so wäre uns wohl kaum die »Atempause in Woronesch« vergönnt gewesen. Ob man wohl lügen mußte? Durfte man lügen? Ist eine »Lüge zur Rettung« gerechtfertigt? Wie gut, wenn man in Verhältnissen leben darf, in denen es nicht nötig ist zu lügen. Gibt es einen solchen Platz auf der Welt? Uns schärfte man von Kindheit an ein, daß es überall Lüge und Heuchelei gebe. Ohne Lüge hätte ich diese entsetzliche Zeit nicht überlebt. Und ich habe das ganze Leben über gelogen – den Studenten gegenüber, im Dienst, ich belog gute Bekannte, denen ich nicht voll vertraute – und das waren die meisten. Und dabei gab es keinen, der mir nicht glaubte; es war die in unserer Zeit übliche Lüge, mehr oder minder eine Art stereotype Höflichkeit. Dieser Lügen schäme ich mich nicht; Nikolaj Iwanowitsch aber habe ich bewußt, mit kalter Berechnung irregeführt – es war unmöglich, den einzigen Retter zurückzustoßen. Doch das ist eine andere Sache. Was hätte ich anderes tun sollen?

Nikolaj Iwanowitsch hielt es für unmöglich, daß man O. M. wegen der Ohrfeige, die er Tolstoj gegeben hatte, verhaftet habe. Ich vertrat hartnäckig den Standpunkt, sie könnten aus jedem beliebigen Grunde Leute verhaften. Was den zuständigen Artikel des Strafgesetzbuches anbetraf, so konnte der Paragraph 58* immer angewandt werden. Was war leichter als das?

Die Erzählung von Tolstojs Drohungen und die Wiedergabe seines Satzes: »Wir werden ihm schon zeigen, was es heißt, einen russischen Schriftsteller zu schlagen«, beeindruckten Nikolaj Iwanowitsch zutiefst: er stöhnte nahezu auf. Dieser Mensch, der die zaristischen Gefängnisse kennengelernt hatte und prinzipiell ein Verfechter des revolutionären Terrors war, ahnte in diesem Augenblick wahrscheinlich in aller Schärfe seine eigene Zukunft.

In den Tagen, als wir uns so vielseitig bemühten, ging ich oft zu Nikolaj Iwanowitsch. Die Korotkowa – O. M. bezeichnete sie (in der ›Vierten Prosa‹) als Eichhörnchen, das mit jedem Besucher eine Nuß knackt – empfing mich immer mit verschüchtert-freundlichem Blick und ging mich sofort anmelden. Die Tür des Arbeitszimmers wurde aufgerissen, und Nikolaj Iwanowitsch eilte von seinem Tisch weg mir entgegen: »Gibt es etwas Neues? Bei mir auch nicht. Niemand weiß etwas darüber.«

So verliefen unsere letzten Begegnungen. Als ich von Tscherdyn nach Woronesch fuhr, ging ich noch einmal in die Redaktion der ›Iswestija‹. »Wie entsetzlich waren Ihre Telegramme, die Sie aus Tscherdyn schick-

* Der Artikel 58 des russischen Strafgesetzbuches war von 1927 bis 1958 in Kraft und richtete sich gegen »antisowjetische Propaganda« und »konterrevolutionäre Verbrechen«. Nach ihm wurden damals alle politischen Gefangenen abgeurteilt.

ten«, sagte die Korotkowa und verschwand im Arbeitszimmer. Nahezu weinend kehrte sie zurück: »Nikolaj Iwanowitsch möchte Sie nicht sehen. Es gibt da Gedichte.« Ich habe ihn nicht mehr gesehen. Ehrenburg erzählte er später, Jagoda habe ihm die Gedichte über Stalin auswendig vorgetragen, und er, völlig eingeschüchtert, gab auf. Bis zu diesem Zeitpunkt hatte er alles unternommen, was in seinen Kräften stand, und ihm verdanken wir auch die Revision des Urteils.

Während unserer allseitigen Bemühungen brauchte ich für einen Besuch Bucharins in der ›Iswestija‹ nicht mehr als eine Stunde. Dafür hielt mich die ganze Prozedur der Bemühungen in Bewegung. Die Frauen der Häftlinge – auch nach 1937 überwog in den Gefängnissen die Zahl der Männer – bevölkerten den Weg ins »Politische Rote Kreuz« zur Peschkowa. Im Grunde gingen sie dorthin, um wenigstens zu sprechen und ihrem Herzen Luft zu machen, und schon das allein verschaffte ihnen die Illusion einer Tätigkeit und war für sie in den Zeiten des belastenden Wartens unbedingt notwendig. Das ›Rote Kreuz‹ hatte keinerlei Einfluß. Von Zeit zu Zeit konnte man durch diese Institution ein Paket ins Lager schicken, den Urteilsspruch oder eine bereits vollzogene Hinrichtung in Erfahrung bringen. 1937 wurde diese eigenartige Organisation liquidiert und damit der letzte Gefangene und Außenwelt verbindende Faden zerschnitten. Schließlich stand ja der Gedanke einer Hilfe für die politischen Häftlinge im scharfen Gegensatz zu unserer ganzen Lebensweise. Wieviel Menschen wurden zur Zwangsarbeit geschickt und in Einzelzellen gesteckt, nur weil sie mit Menschen bekannt waren, die selbst eine Strafe verbüßen mußten? Die Schließung des ›Politischen Roten Kreuzes‹ war logisch, von dieser Zeit an lebten die Familien der Häftlinge nur noch von Gerüchten, die zum Teil sogar eigens zu unserer Einschüchterung in die Welt gesetzt worden waren.

An der Spitze dieser Institution stand von Anfang an die Peschkowa; aber ich ging nicht zu ihr, sondern zu ihrem Assistenten, zu Winawer, einem sehr verständnisvollen, klugen Menschen. Die erste Frage Winawers lautete: »Welchen Dienstgrad hatte der Beamte, der in dem Koffer kramte?« Sofort wurde mir klar, je höher der Dienstgrad des nächtlichen Gastes, desto ernster die Angelegenheit und auf ein desto schlimmeres Schicksal mußte man gefaßt sein. Diese Art von Prophetie lernte ich erst hier kennen, und so war ich bei der nächtlichen Haussuchung nicht auf den Gedanken gekommen, auf die Tressen des Beamten zu sehen. Winawer erklärte mir noch, daß die Bedingungen »drinnen« absolut annehmbar seien. Es herrsche dort Sauberkeit, und die Verpflegung sei ordentlich. »Wirklich, das Essen ist dort besser als bei Ihnen und bei mir zu Hause.« Winawer mußte man nicht erklären, daß es besser war, kärglich, aber in Freiheit zu leben und daß dieser niederträchtigen Gefängnis-»Zivilisation« etwas ganz unerträglich Atemberaubendes anhaftete. Auch ohne mich verstand und wußte er das alles. Etwas später sagte er mir, was wir von der Zukunft zu erwarten hätten – alle seine Voraussagen haben sich erfüllt. Er besaß eine reiche Erfahrung und verstand es, aus ihr die richtigen Schlüsse zu ziehen. Zu Winawer ging ich wie zum Dienst, und auch später unterrichtete ich ihn stets über alle Veränderungen. Ich tat es nicht, um einen Rat zu erhalten, sondern nur aus der Notwendigkeit eines Kontaktes mit einem der letzten Menschen, die in unserem Durcheinander den Sinn für Recht nicht verloren hatten und hartnäckig, wenn auch vergeblich, gegen die Gewalt ankämpften.

Winawer verstand es, guten Rat zu erteilen. So bewegte er mich, O. M. einzuschärfen, so inaktiv wie möglich zu sein, um nichts zu bitten, zum Beispiel nicht um die Überführung an einen anderen Ort, mit nichts an sich zu erinnern, sich zu verbergen, zu schweigen, mit einem Wort, sich praktisch tot zu stellen. »Auf keinen Fall darf noch einmal ein Papier mit Ihrem Namen auftauchen ... Es wäre das beste, sie würden Sie vergessen.« Meiner Meinung nach war das die einzige Möglichkeit einer Rettung oder wenigstens einer gewissen Lebensverlängerung. Für sich selbst konnte Winawer dieses Rezept nicht anwenden, er exponierte sich stets. Unter Jeschow verschwand er dann. Über ihn gibt es Gerüchte, er habe ein Doppelleben geführt und sei anders gewesen, als wir ihn sahen. Ich glaube das nicht und werde es niemals glauben. Ich hoffe, die nachfolgende Generation wird sein Andenken reinwaschen. Mir ist bekannt, daß nicht selten derart verleumderische Reden über unerwünschte Mitbürger aus der Lubjanka stammen und von dort aus verbreitet werden. Auch wenn sich in den Archiven irgendwelche Winawer belastende Dokumente finden sollten, so können sie kein Beweis sein für die Behauptung, er habe seine Besucher an die Staatsorgane verraten; auch wenn sie die Peschkowa überzeugten, daß Winawer ihr nachspioniert habe, so dürfen wir das nicht glauben. Es ist nicht schwer, Dokumente herzustellen; Menschen unterschrieben in Folterkammern die tollsten Ausgeburten von Fieberträumen; es ist ein leichtes, eine alte Frau durch Spitzel und Provokateure einzuschüchtern. Wie aber sollen die Historiker die Wahrheit ans Tageslicht befördern, wenn immer und überall jedes Körnchen Wahrheit mit Bergen ungeheuerlicher Lügen verschüttet wurde? Hier handelt es sich weder um Vorurteile noch um zeitbedingte Irrtümer, sondern um bewußt ausgedachte Lügen.

Siebentes Kapitel

Die öffentliche Meinung

Auch Anna Andrejewna nahm enorme Mühen auf sich. Es gelang ihr, von Jenukidse empfangen zu werden. Er hörte ihr aufmerksam zu, sagte aber kein einziges Wort. Danach ging er zur Sejfullina, die sofort zum Telefonhörer griff und sich an einen bekannten Tschekisten wandte. »Wenn sie nur nicht erreichen, daß er die Nerven verliert«, sagte der »bekannte Tschekist«, »darin sind sie wahre Meister.« Am nächsten Tag teilte er der Sejfullina mit, er habe Nachforschungen angestellt; es werde davor gewarnt, sich in die Sache einzumischen. Warum? Eine Antwort wurde nicht gegeben. Der Sejfullina waren die Hände gebunden. Sobald der Rat erteilt wurde, sich in eine Angelegenheit nicht einzumischen, waren bei uns stets allen Leuten die Hände gebunden, und dann nahm auch jeder davon Abstand. Das war kennzeichnend für unser Leben: meine Zeitgenossen reichten Petitionen ein, brachten Bitten vor, sagten ihre Meinung und handelten, aber alles nur in der Richtung, die, den Hinweisen nach, von »oben« für richtig gehalten wurde. Alle empfanden ihre Hilflosigkeit zu stark, um bedenkenlos allem zum Trotz zu handeln. »In solchen Angelegenheiten habe ich keine glückliche Hand«, sagte Ehrenburg und wollte damit erklären, warum er sich für viele Dinge nicht mit allen Kräften einsetzte – zum Beispiel für Pensionen, Wohnraum und Aufenthaltsgenehmigungen. Er konnte schließlich nur bitten, aber nicht hartnäckig auf etwas bestehen. Das war für die Obrigkeit höchst bequem. Jeder beliebige öffentliche Auftritt konnte unterbunden werden, allein mit dem Hinweis, »oben« sähe man das nicht gerne. Die mittleren und höheren Instanzen nützten das zur Durchsetzung ihrer Ziele aus und erfanden viele Dinge, an die nicht gerührt werden durfte. Seit der zweiten Hälfte der zwanziger Jahre wurde das »Geflüster der Öffentlichkeit« immer weniger faßbar und hörte auf, sich in irgendeine Handlung umzusetzen. Alle Häftlingsangelegenheiten waren selbstverständlich »unantastbar«, nur den Familienmitgliedern stand es zu, sich in irgendeiner Weise zu bemühen – das heißt, zur Peschkowa und dann zur Staatsanwaltschaft zu gehen. Setzte sich irgend jemand ein, der nicht zum engsten Kreis gehörte, so war das nicht die Regel, sondern eine Ausnahme, und er mußte gebührend zurückgewiesen werden. Es lohnte nicht, sich in O. M.s Angelegenheiten einzumischen; schließlich stellten seine Gedichte einen Anschlag auf eine furchtgebietende Persönlichkeit dar. Deshalb weiß ich es zu schätzen, daß 1934 Pasternak mit Anna Andrejewna zu mir kam und bat, sich verwenden zu dürfen; er fragte, an wen er sich wenden solle. Ich riet ihm, zu Demjan Bednyj und Nikolaj Iwanowitsch Bucharin zu gehen, von dem ich wußte, wie er zu O. M.s Verhaftung stand.

Daß ich Demjan nannte, hatte seinen guten Grund. Durch Pasternak wollte ich ihn an ein Versprechen, das er 1928 gegeben hatte, erinnern. O. M. hatte damals zufällig auf der Straße, durch einen Namensvetter – Issaj Benediktowitsch Mandelstam – von fünf Bankangestellten, alten »Spezis«, wie man sie damals nannte, erfahren, die zum Tode durch Erschießen verurteilt worden waren; die Anklage lautete entweder auf Unterschlagung oder Verschwendung. Unerwartet für sich und seinen Gesprächspartner und entgegen der Regel, sich nicht in fremde Angelegenheiten einzumischen, kehrte O. M. in Moskau das Unterste zuoberst und rettete die Alten. Diese Bemühungen fanden in der ›Vierten Prosa‹ ihren Niederschlag. Unter anderem ging er auf seinen »integralen Gängen« zu Demjan Bednyj. Sie trafen sich auf dem Hinterhof der ›Internationalen Buchhandlung‹. Der Bücherfreund Demjan war ein ständiger Besucher dieses Geschäftes und traf dort vermutlich all seine Bekannten. Zu dieser Zeit lebte er im Kreml und wagte es nicht, jemanden zu sich einzuladen. Sich für die Alten einzusetzen lehnte Demjan glattweg ab. »Haben sie denn was mit Ihnen zu tun?« fragte er O. M., als er genau wußte, daß es sich hier weder um Verwandte noch Bekannte handelte. Sofort aber fügte er noch hinzu, wenn O. M. selbst etwas widerfahre, so werde er, Demjan, sich selbstverständlich für ihn verwenden.

Aus irgendeinem Grunde freute sich O. M. sehr über dieses Versprechen, obwohl wir damals das dumpfe Gefühl hatten: »Er wird sich daran nicht die Finger verbrennen.« Als O. M. dann wieder nach Jalta zurückkehrte, erzählte er mir von diesem Gespräch: »Trotzdem ist es angenehm. Ob er ein Großsprecher ist? Ich glaube es nicht.« Deshalb also riet ich 1934 Pasternak, mit Demjan zu sprechen. Boris Leonidowitsch rief ihn, glaube ich, gleich am ersten Tag an, als man bei uns zum zweitenmal den Koffer durchwühlte, und Demjan schien schon unterrichtet. »Weder Ihnen noch mir ist es möglich, uns da einzumischen«, sagte er zu Pasternak. Ob Demjan wußte, daß es sich um Gedichte handelte, die sich gegen den Menschen mit den fettigen Fingern wandten, mit dem er schon manchen Kampf ausgefochten hatte? Oder antwortete er hier nur mit der üblichen sowjetischen Formel, weil er wußte, daß es immer das beste war, sich so weit wie möglich von den infizierten Leuten entfernt zu halten? Beides ist möglich. Jedenfalls war Demjan schon selbst wegen seiner Liebe zu Büchern in Ungnade gefallen. Er hatte die Unvorsichtigkeit begangen, in sein Tagebuch zu schreiben, er liebe es nicht, Stalin Bücher zu geben, denn hinterher trügen die weißen Seiten dann immer die Abdrücke seiner fettigen Finger. Demjans Sekretär spionierte ihn aus und schrieb für Stalin diese Passage des Tagebuchs ab. Anscheinend brachte ihm der Verrat keinen Nutzen. Demjan freilich bangte lange und verkaufte sogar seine Bibliothek. Als man ihn dann wieder druckte, waren die fünfzehn Jahre, in denen man das Recht auf seine Werke besaß, um. Außerdem schien seine letzte Ehe nicht amtlich registriert, und so erlebte ich es, wie sein Sohn und Erbe, ein ausgezehrter Jüngling, zu Surkow ging, um im Namen seines Vaters Almosen zu erflehen. Selbst in meiner Anwesenheit schlug Surkow ihm alles glattweg ab. Das war die letzte Erniedrigung Demjans: man demütigte seine Nachkommen. Und weshalb? Demjan hatte ja schließlich für die Sowjetmacht nicht aus Angst, sondern aus Überzeugung gearbeitet. Wie soll dann ich mich wundern, wenn man mir von Zeit zu Zeit einen Fußtritt verabreicht. Ich habe nun wirklich keine Verdienste.

Mitte Mai 1934 trafen sich Demjan und Pasternak bei einer Versammlung, die, soviel ich weiß, zur Gründung des Schriftstellerverbandes einberufen worden war. Demjan erbot sich, Pasternak nach Hause zu fahren, und fuhr, nachdem er den Chauffeur entlassen hatte, lange in Moskau herum. Damals scheuten sich viele unserer Funktionäre noch nicht, offen in den Autos zu sprechen, später aber kam das Gerücht auf, man hätte auch ihnen Magnetophone installiert. Demjan sagte zu Pasternak, daß »russische Literaten auch ohne Schuld erschossen werden«, unter anderem erinnerte er an Majakowskij. Nach Demjans Meinung war Majakowskij umgekommen, weil er in ein für ihn fremdes Gebiet vorgedrungen war, in dem sich er, Demjan, wie zu Hause fühlte.

Nachdem er sich ausgesprochen hatte, fuhr Demjan Pasternak nicht nach Hause, sondern in die Furmanow-Gasse, wo Anna Andrejewna und ich, verwirrt von den beiden Haussuchungen, saßen.

Auf dem Journalistenkongreß, der in diesen Tagen stattfand, lief Baltruschajtis von einem zum anderen und beschwor sie, sich in Gedanken an den ermordeten Gumiljow mit allen Kräften für O. M.s Rettung einzusetzen. Ich stelle mir vor, wie diese beiden Namen in den Ohren der mit allen Wassern gewaschenen Journalisten der dreißiger Jahre klangen, aber Baltruschajtis war Ausländer, und so konnte man ihm nicht einschärfen, daß es »unerwünscht« sei, »sich in diese Angelegenheit einzumischen«.

Baltruschajtis ahnte schon bald, welches Ende O. M. erwartete. Bereits Anfang der zwanziger Jahre (1921, vor Gumiljows Erschießung) versuchte er O. M. zu überreden, die litauische Staatsangehörigkeit anzunehmen. Das wäre möglich gewesen, denn O. M.s Vater lebte damals in Litauen, und O. M. selbst war in Warschau geboren. O. M. suchte sogar einige Papiere zusammen und ging mit ihnen zu Baltruschajtis, dann überlegte er es sich anders: schließlich konnte man seinem Schicksal sowieso nicht entrinnen, und weshalb sollte man es dann versuchen ...

Offensichtlich waren alle Bemühungen und das Aufsehen, das O. M.s erste Verhaftung erregt hatte, nicht ohne Erfolg geblieben, denn die Angelegenheit wurde nicht nach dem sonst üblichen Schema erledigt. Anna Andrejewna wenigstens hatte diesen Eindruck. In unserer Lage ist sogar die geringste Reaktion – ein schwaches dumpfes Murmeln, ein Flüstern – eine ungewöhnliche, überraschende Erscheinung. In meiner Naivität dachte ich, die öffentliche Meinung stünde immer auf der Seite des Schwachen und ergriffe Partei gegen den Starken, sie sei für den Gedemütigten und gegen den Beleidiger, für das Opfer und gegen die Bestie. Erst die realistischere Lida Bagrizkaja öffnete mir die Augen. Als man 1937 ihren Freund Postupalskij verhaftete, klagte sie bitter bei mir: »Früher war das alles anders. Damals, als sie Ossip Emiljewitsch verhafteten, waren die einen dagegen, und die anderen dachten, es wäre nötig gewesen. Und was ist jetzt? Jetzt verhaften sie schon die eigenen Leute!«

Es ist unmöglich, Lida Bagrizkajas Formulierung nicht zu bewerten. Mit spartanischer Offenheit sprach sie das grundlegende moralische Gesetz der Menschen aus, denen es anstand, unsere Intelligenzija zu sein. Und bildete sich nicht in dieser Schicht auch die öffentliche Meinung? Die Einteilung in »ihre Leute« und »fremde« (damals hieß es dann: »fremdes Element«) stammte aus dem Bürgerkrieg, der die unumgängliche Regel kannte: »Wer gehört zu wem?«* Nach dem Sieg und der Kapitulation beanspruchen die Sieger stets Belohnungen, Beute und Privilegien, die Besiegten aber können ausgerottet werden. Nun erweist sich, daß dieses Recht, zur Kategorie der »eigenen Leute« zu gehören, weder erblich noch lebenslänglich besteht. Um dieses Recht wurde und wird pausenlos gekämpft, und der »zu ihnen Gehörende« von gestern, kann im nächsten Augenblick schon in die Kategorie der Fremden abstürzen. Und nicht nur das. Das Prinzip der Teilung in die »eigenen Leute« und »die Fremden« führte dazu, daß jeder Stürzende eben deshalb zum »Fremden« wird, weil er stürzt. Das Jahr 1937 und alle

* Lenins berühmter Satz über die Bolschewiki und ihre Feinde.

seine Folgen sind nur in einer Gesellschaft möglich, in der die Idee der Aufteilung ihre letzte Phase erreicht hat.

Bei der Nachricht von einer Verhaftung wurden für gewöhnlich die einen stiller und stiller und vergruben sich noch tiefer in ihre Höhle, die im übrigen keinen rettete, und die anderen johlten einmütig auf. Meine Freundin Sonja Wischnewskaja erfuhr Ende der vierziger Jahre täglich von den Verhaftungen ihrer Freunde. »Überall ist Verrat und Konterrevolution!« rief sie entsetzt. Den Menschen, die besser lebten und etwas zu verlieren hatten, stand es an, so zu reden. Vielleicht ist dieser Ausruf insgeheim eine Art Beschwörungsformel: »Halt an, ich bin gefeit!« Was war uns anderes geblieben, als die Geister zu beschwören?

Achtes Kapitel

Der Besuch

Nach zwei Wochen geschah ein Wunder, das erste in der Reihe: der Untersuchungsrichter rief an und schlug mir vor, zu einem Besuch ins Gefängnis zu kommen. Erstaunlich schnell wurde mir der Passierschein ausgehändigt. Ich stieg die weite Treppe des geheimnisvollen Hauses hinauf, ging den Korridor entlang und blieb, wie man es mich geheißen hatte, vor der Tür des Untersuchungsrichters stehen. In diesem Moment geschah etwas Unvorhergesehenes. Ein Gefangener wurde den Korridor entlanggeführt. Sie waren überrascht, in diesem Heiligtum auf einen Fremden zu stoßen. Es gelang mir, einen kurzen Blick auf den Gefangenen zu werfen: es war ein großer Chinese mit wild hervorquellenden Augen. Ich sah nichts mehr als seine vom Wahnsinn gezeichneten Augen und die herabrutschenden Hosen, die er immer wieder hochzog. Mein Anblick beunruhigte die Begleitmannschaft, und im Nu verschwand die ganze Gruppe in irgendeinem Zimmer oder einem Seitengang. Obwohl ich die Begleiter ansah, registrierte ich ihr Aussehen nicht, intuitiv begriff ich jedoch, wie stark sich dem Typ nach die Wachmannschaft im Gefängnis von den Leuten des Außendienstes unterschied. Alles war nur ein flüchtiger Eindruck – das Gefühl des Entsetzens blieb zurück, und eine schreckliche Kälte überlief meinen Rücken. Seit dieser Zeit signalisieren Kälte und ein gewisses Zittern für mich immer die Nähe von Leuten des »Innendienstes«, das geht sogar so weit, daß ich sie schon an ihrem Blick erkenne – mit unbewegtem Kopf folgen sie einem nur mit den Augen. Diesen Blick übernehmen die Kinder von ihren Eltern; ich fand ihn bei Schülern und Studenten. Im übrigen ist das eine berufliche Eigenart: sie wird, wie alles andere bei uns, enorm überbetont, nahezu alle Leute besitzen diesen Spitzelblick – sie sind gute Schüler, die bemüht sind, ihrem Lehrer vorzuführen, wie gut sie ihre Lektion gelernt haben.

Der Chinese wurde abgeführt, aber ich sehe immer wieder seine Augen vor mir, wenn ich das Wort Erschießung höre. Wie konnte es zu dieser Begegnung kommen? Nach Gerüchten sind »drinnen« die raffiniertesten technischen Vorkehrungen gegen solche Zusammenstöße getroffen: die Gänge sollen in Abschnitte eingeteilt sein, und eine besondere Signalanlage setzt die Begleitmannschaft davon in Kenntnis, wenn ein Durchgang besetzt wird. Wissen wir im übrigen wirklich, was dort gemacht wird? Wir lebten von Gerüchten, und schon das geringste Schaudern ließ uns erzittern: das Schaudern ist eine physiologische Erscheinung und hat nichts mit normaler Angst zu tun. Als Anna Andrejewna das hörte, begehrte sie ärgerlich auf: »Wie soll man da keine Angst haben? Was denn sonst?« Sie bestand darauf, daß hier die Physiologie nicht mit im Spiel ist, daß es Angst war, ganz gewöhnliche, quälende, animalische Angst, von der sie die ganzen Jahre hindurch bis zu Stalins Tod gequält wurde.

Die Erzählungen von den technischen Einrichtungen (nicht nur die Korridor-Signalanlage, sondern noch viele andere Dinge gehörten dazu) verstummten erst Ende der dreißiger Jahre, als zum »vereinfachten Verhör« übergegangen wurde. Die neuen Methoden waren so einleuchtend und traditionell, daß sie allen Legenden ein Ende setzten: »Jetzt wird alles klar«, sagte damals Anna Andrejewna. »Nimm dein Mützchen mit den Ohrenklappen und dann ab mit dir in die Taiga.« Und von hier aus: »Dort, hinterm Stacheldraht, im tiefen Herzen der Taiga führt man meinen Schatten zum Verhör.«

Wenn ich auch nicht weiß, von welcher Abteilung ich zum Wiedersehen vorgeladen wurde, ob es nun die Dritte oder Vierte war, so trug doch der Untersuchungsrichter den in der russischen Literatur traditionellen Vatersnamen Christoforowitsch.* Warum hatte er ihn nicht geändert, er, der in der Literaturabteilung arbeitete? Anscheinend gefiel ihm dieses Zusammentreffen. O. M. ärgerten solche Vergleiche übermäßig – er fand es töricht, irgend etwas unnützerweise mit Puschkins Namen in Verbindung zu bringen. Als ich krank war, mußten wir zwei Jahre in Zarskoje Selo und noch dazu im Lyzeum** wohnen, denn dort gab es verhältnismäßig billig ordentliche Wohnungen; O. M. aber belastete dieser Umstand entsetzlich – es war nahezu eine Gotteslästerung! – Schon unter dem erstbesten Vorwand zog er aus, und wir waren obdachlos. Ich entschloß mich also, mit ihm nicht über Christoforowitschs Vatersnamen zu sprechen.

Das Zusammentreffen fand bei Christoforowitsch statt. Ich nenne ihn mit diesem verbotenen Namen, weil ich seinen Familiennamen

* Christoforowitsch war der Vatersname des berüchtigten Polizeichefs und Leiters der »Dritten Abteilung« unter Nikolaus I. (Graf Alexander Christoforowitsch Benckendorff, 1783–1844). Er war für die offizielle Verfolgung Puschkins und Lermontows verantwortlich.

** Berühmte Schule, die von Alexander I. für Söhne und Töchter von Adeligen in Zarskoje Selo, der kaiserlichen Sommerresidenz bei St. Petersburg, gegründet wurde. Prominentester Zögling: Alexander Puschkin.

vergessen habe. Er war ein großer Mensch mit nahezu schauspielerhafter, dem Malyj-Theater entsprechender, aufdringlicher und scharfer Intonation. Ständig mischte er sich in unser Gespräch ein, aber er redete nicht, sondern schärfte ein und betonte alles. All seine Sentenzen hatten einen düsteren und drohenden Klang. Wir hatten unterdessen eine solche psychologische Struktur, daß mir, die ich aus der Freiheit kam, nicht bange wurde, sondern ich es nur sehr widerwärtig fand. Zwei Wochen ohne Schlaf in einer Gefängniszelle und bis ins letzte Detail gehende Verhöre hätten meinen Seelenzustand sicher geändert.

Als sie O. M. hereinführten, bemerkte ich, daß seine Augen denselben irren Ausdruck angenommen hatten, den ich schon von dem Chinesen her kannte, und seine Hosen rutschten. Als Vorsorgemaßnahme gegen Selbstmord werden »drinnen« Gürtel und Hosenträger abgenommen und alle Haken an der Kleidung entfernt.

Ungeachtet seines irren Ausdrucks, merkte O. M. sofort, daß ich einen fremden Mantel trug. Wem gehörte er? Der Mutter? Wann kam sie an? Ich nannte den Tag. »Das bedeutet, du warst die ganze Zeit zu Hause?« Ich begriff nicht sofort, warum er sich in diesem Maße für den dummen Mantel interessierte, aber dann wurde es mir klar – man hatte ihm gesagt, ich sei auch verhaftet. Das ist üblich, auf diese Weise werden die Gefangenen psychisch unter Druck gesetzt. Wo Gefängnis und Untersuchungshaft von solchen Geheimnissen umwoben sind wie bei uns, wo sie keinerlei öffentlicher Kontrolle unterliegen, wirken derartige Maßnahmen mit großer Sicherheit.

Ich verlangte eine Aufklärung vom Untersuchungsrichter. Wie unangebracht jegliche Forderung in dieser Gerichtsbarkeit ist, liegt klar auf der Hand. Dort kann man nur aus Naivität oder tollkühnem Mut etwas fordern. Ich besaß von beidem genug. Eine Antwort erhielt ich natürlich nicht.

In der Vorstellung, wir müßten uns auf lange Zeit, vielleicht auch für immer trennen, beeilte sich O. M., mir noch einige Botschaften für draußen, für die Freiheit aufzutragen. Wir alle – ob wir nun saßen oder nicht – hatten Gefängnisfertigkeiten entwickelt, und wir verstanden es, »die geringste Möglichkeit zu nützen, um uns Gehör zu verschaffen«. In seinem ›Gespräch über Dante‹ schrieb O. M. diese Fähigkeit Ugolino zu. Sie ist aber nur uns eigen; um sie zu bekommen, muß man unser Leben gelebt haben. Mehrmals habe ich Gelegenheit gehabt, »mir Gehör zu verschaffen«. Ich bemühte mich dann auch, sie zu nützen, aber meine Gesprächspartner verstanden den meinen Formulierungen zugrundeliegenden Sinn nicht und nahmen deshalb auch meine Informationen nicht auf. Sie meinten, unsere soeben neu angeknüpfte Bekanntschaft würde ewig dauern, und ohne große

Anstrengung könnten sie allmählich nacheinander alles erfahren. Das war ein großer Fehler ihrerseits, und meine Bemühungen waren umsonst. Bei unserem Zusammentreffen hatte es O. M. gut – ich war ausgezeichnet für die Aufnahme von Informationen vorbereitet, nichts mußte er mir lange erklären, kein einziges Wort ging verloren.

O. M. teilte mir mit, daß der Untersuchungsrichter die Gedichte hatte, und zwar in ihrer ersten Fassung, mit dem Wort »Bauernbekämpfer« in der vierten Zeile: »Zu hören ist nur der Kreml-Bergbewohner – der Seelenverderber und Bauernbekämpfer.« Wesentlich war nun, herauszubekommen, wer die Organe informiert hatte. Dann schilderte O. M. kurz die Art, wie die Untersuchung geführt wurde, wobei ihn der Untersuchungsrichter ständig unterbrach und versuchte, mir Angst einzujagen.

Ich horchte sorgfältig auf das Wortgeflecht, es vermittelte mir neue Kenntnisse, die ich dann draußen weitergeben wollte.

Das Gedicht nannte der Untersuchungsrichter ein »beispielloses konterrevolutionäres Dokument«, und mich bezichtigte er der Beihilfe zum Verbrechen:

»Wie sollte sich ein Sowjetmensch an Ihrer Stelle dazu verhalten?« sagte er und wandte sich dabei an mich. Wie sich herausstellte, müßte ein Sowjetmensch an meiner Stelle augenblicklich die Organe von dem Gedicht benachrichtigen, sonst würde er vor Gericht zur Verantwortung gezogen werden. Jedes dritte Wort unseres Gesprächspartners war »Verbrechen« und »Bestrafung«. Ich wurde, das kam nun deutlich heraus, nur nicht zur Rechenschaft herangezogen, weil man »keine große Sache aufziehen« wollte. Und jetzt erfuhr ich die Formel: »Isolieren, aber erhalten.« So lautete die Verfügung von »oben«. Der Untersuchungsrichter wies darauf hin, daß es sich hier um höchste Gnade handelte. Zuerst hatte sich ein Urteilsspruch auf Verbannung ins Lager zum Kanalbau abgezeichnet; von höchster Instanz war er abgewandelt worden. Den Verbrecher verbannt man in die Stadt Tscherdyn, dort soll er sich ansiedeln. Und nun schlug Christoforowitsch mir vor, O. M. in die Verbannung zu begleiten. Das war die zweite, an ein Wunder grenzende Gnade, und es versteht sich von selbst, daß ich augenblicklich zustimmte; aber noch heute würde ich gerne wissen, was gewesen wäre, hätte ich mich geweigert.

Welch eine lange Schlange hätte sich gebildet, wenn man zum Beispiel 1937 allen, die bereitwillig auf einen solchen Vorschlag eingegangen wären, gestattet hätte, mit Familien, Kindern, Hauskram und Büchern in die Verbannung zu reisen! In dieser Schlange hätten dann die Frauen neben den Geliebten, die Stiefmütter neben den Stieftöchtern gestanden.

Vielleicht auch nicht ... Der Mensch kann nur leben, wenn er seine Zukunft nicht kennt und hoffen kann, dem allgemeinen Schicksal zu entrinnen. Wenn die Nachbarn umkommen, trösten sich die verschont Gebliebenen mit der bekannten Frage: »Warum haben sie ihn geholt?« Und sie gehen alle Unvorsichtigkeiten und Fahrlässigkeiten durch, die der Betroffene begangen hat. Die Frauen – schließlich sind sie ja die wahren Behüterinnen des häuslichen Herdes – unterhalten mit dämonischer Kraft das Feuerchen der Hoffnung. Im Jahre 1937 sagte Lilja Jachontowa, wenn sie an der Lubjanka vorbeiging: »Ich fühle mich in Sicherheit, solange dieses Haus steht.« Möglicherweise hat sie durch ihren heiligen Glauben den Untergang ihres Mannes um einige Jahre hinausgeschoben – in seiner Angst vor einer sofortigen Verhaftung sprang er aus dem Fenster. 1953 versuchte eine systemtreue Jüdin, eine Kandidatin der Biologie, eine andere Jüdin (die soeben aus dem Westen gekommen und völlig erschüttert war über vieles, was bei uns geschah) davon zu überzeugen, daß keinem Menschen etwas passieren könne, wenn er kein Verbrechen begangen habe, wenn sein Gewissen rein sei. Und eine Reisebegleiterin erklärte mir 1957, es sei nötig, im Umgang mit Rehabilitierten Vorsicht walten zu lassen, denn man habe sie nur aus Menschlichkeit entlassen und nicht deshalb, weil sie unschuldig seien – schließlich könne man sagen, was man wolle, aber ohne Feuer gäbe es keinen Rauch. Ursächlichkeit und Zweckmäßigkeit, das sind die grundlegenden Kategorien unserer Konsumphilosophie.

Neuntes Kapitel

Theorie und Praxis

Ich kehrte mit der Nachricht heim, daß der Untersuchungsrichter O. M. das Gedicht über Stalin vorgelegt, daß O. M. sowohl seine Autorschaft anerkannt als auch die Tatsache eingestanden habe, daß zehn Menschen seiner nächsten Umgebung diese Verse gehört hätten. Ich ärgerte mich, weil er das nicht, wie es einem Verschwörer zusteht, abgestritten hatte. Es war jedoch völlig unmöglich, sich O. M. in der Rolle eines Verschwörers vorzustellen – er war ein ganz offener, keiner List fähiger Mensch und besaß nicht die geringste Spur von Schläue. Dazu sagten mir übrigens erfahrene Leute, bei unserer Art von Untersuchungsverfahren sei es unumgänglich, wenigstens ein Minimum einzugestehen, sonst setze man den entkräfteten Häftling »unter Druck«, und er erzähle dann Gottweißwas über sich.

Und was sind wir schon für Verschwörer! Der politische Aktivist, der Illegale, der Revolutionär, der Verschwörer – das ist immer ein Mensch besonderer Art. Eine solche Tätigkeit widerspricht unserem Wesen. Das Leben stellte uns freilich Bedingungen, die denen der Carbonari ähnlich waren. Wenn wir uns trafen, sprachen wir nur flüsternd, mit einem scheelen Blick auf die Wand, die Nachbarn würden uns wohl nicht hören, man hatte doch wohl kein Magnetophon installiert. Als ich nach dem Krieg nach Moskau zurückkehrte, waren überall die Telefone mit Kissen zugedeckt: das Gerücht ging um, in den Apparaten wären schallregistrierende Instrumente eingebaut, und alle Einwohner zitterten und hatten Angst vor dem schwarzen Metallzeugen, der ihre geheimsten Gedanken abhörte. Keiner traute dem anderen, in jedem Bekannten sahen wir einen Spitzel. Manchmal konnte man den Eindruck haben, das ganze Land sei erkrankt, von Verfolgungswahn besessen. Bis heute haben wir uns von dieser Krankheit nicht erholt.

Und wir hatten ja schließlich auch alle Voraussetzungen für dieses Leiden: wir gingen, als würden wir ständig von Röntgenstrahlen – der gegenseitigen Beobachtung – durchleuchtet; das war das Grundprinzip, die Vorbedingung, um uns zu beherrschen, zu regieren. »Was gibt es zu fürchten?« sagte Stalin. »Sie sollen arbeiten.« Die Angestellten trugen ihren Honig zum Direktor, zum Sekretär der Parteiorganisation und in die Kaderabteilung. Die Lehrer konnten mit Hilfe der Klassenselbstverwaltung – des Ältesten, des Leiters der Gewerkschaftsgruppe und der Komsomolorganisation – aus jedem beliebigen Schüler Öl herauspressen. Die Studenten wurden angehalten, den Lektor zu beobachten. Auf breiter Basis wurde bewirkt, daß Gefängnis und Außenwelt sich durchdrangen. In jeder Einrichtung, besonders in den Hochschulen, arbeiten viele Leute, die ihre Karriere »drinnen« begonnen haben. Sie haben eine so ausgezeichnete Schule durchlaufen, daß die Obrigkeit bereit ist, sie in jedem beliebigen Gebiet aufrücken zu lassen. Wenn sie zur »Ausbildung« gehen, wird ihnen danach dienstlich jede Förderung zuteil. Außer ihnen sind auch die Spitzel ein wichtiger Faktor der Verbindung, das Heer der Angestellten ist von ihnen durchsetzt, und da sie sich durch nichts von ihnen unterscheiden, sind sie noch gefährlicher. Um sich lieb Kind zu machen, sind sie imstande, alle zu provozieren. Ehemalige Angestellte der Sicherheitsorgane lassen sich dazu jedoch kaum hinreißen.

Das war also das tägliche Leben, unser Dasein. Bereichert wurde es von nächtlichen Beichten des Nachbarn, der erzählte, wie man ihn »dorthin« bestellt habe; von Warnungen der Freunde, man solle im Umgang mit dem oder jenem Bekannten vorsichtig sein. So ging es in der breiten Masse zu, unter Menschen, die nicht individuell beobachtet wurden. Jede Familie sichtete ihren Bekanntenkreis, suchte dort nach Provokateuren, Spitzeln und Denunzianten. Nach 1937 hörten alle auf, Umgang miteinander zu pflegen. So war nun das seit langem verfolgte Ziel der Organe erreicht. Neben dem ständigen Zusammenscharren von Informationen hatten sie es zuwege gebracht, die zwischenmenschlichen Beziehungen auf ein Minimum zu reduzieren, die Gesellschaft auseinanderfallen zu lassen und gleichzeitig dort eine Vielzahl ihrer Leute einzuschleusen, Menschen, die sie von Zeit zu Zeit vorluden, unsicher machten und denen sie Unterschriften über ihre »Verschwiegenheit« abnötigten. Und alle diese »Vorgeladenen« lebten in ständiger Angst, entdeckt zu werden, und waren, wie die Kaderangestellten der Organe, daran interessiert, daß die Ordnung nicht erschüttert würde, die Archive, die ihre Namen enthielten, unberührt blieben.

Diese Lebensart hatte sich nicht mit einem Schlag herausgebildet. O. M. allerdings war einer der ersten, den man einer individuellen Überwachung für wert erachtete: seine literarische Position stand schon 1923 fest, als man seinen Namen aus den Mitarbeiterlisten aller Journale gestrichen hatte, deshalb wimmelte es in seiner Umgebung schon in den zwanziger Jahren von Spitzeln. Bei ihnen unterschieden wir verschiedene Spielarten. Am leichtesten erkannte man die diensteifrigen jungen Leute mit ihrer militärischen Haltung, die nicht einmal ein Interesse am Autor heuchelten, sondern nur plötzlich von ihm seine »letzten Werke« forderten. Für gewöhnlich suchte O. M. abzulehnen, er habe kein freies Exemplar mehr. Die jungen Leute erboten sich augenblicklich, alles auf der Maschine abzuschreiben: »Für Sie machen wir ein Exemplar mit.« Mit einem von diesen Besuchern verhandelte O. M. lange, er schlug es ab, ihm ein Exemplar vom ›Wolf‹ zu geben. Das war 1932. Der eifrige Jüngling bestand darauf und versicherte, der ›Wolf‹ sei bereits weit verbreitet. Er erhielt kein Manuskript, kam am nächsten Tag aber zurück und zitierte den ›Wolf‹ auswendig. Damit hatte er die »weite Verbreitung« des Gedichtes bewiesen und erhielt die gewünschte autorisierte Kopie. Wenn diese Spitzel ihre Aufgabe erfüllt hatten, verschwanden sie spurlos. Sie hatten außerdem noch einen anderen Vorteil. Sie waren stets in Eile und gaben sich niemals als Gäste aus. Offensichtlich gehörte die »Beobachtung der Umgebung«, das heißt derer, die uns besuchten, nicht zu ihrem Aufgabenkreis.

Die zweite Sorte von Spitzeln – die sogenannten »Bewunderer« – hatte meistens denselben Beruf, es waren Kollegen, Nachbarn. In Wohnhäusern, die Behörden gehören, ist der Nachbar auch immer Arbeitskollege. Ohne vorherigen Telefonanruf, ohne Verabredung kamen sie, wie Schnee auf das Haupt, »auf ein Feuerchen«. Lange saßen sie herum, führten Berufsgespräche, provozierten mit kleinen Nadelstichen. Beim Besuch von diesen Spitzeln wollte O. M. stets, daß ich Tee anbiete: »Der Mensch arbeitet, deshalb braucht er auch Tee.« Um sich in ein Haus einzuschleichen, griffen sie zu kleinen Listen. S. (er war auch B.) erschien bei uns zum erstenmal und erzählte vom Osten – er stamme schließlich aus Mittelasien und habe in einer islamischen Klosterschule studiert. Zum Beweis seiner »Östlichkeit« schleppte er eine kleinere Buddhastatue vom Jahrmarkt an. Der Buddha sollte beweisen, daß B., das heißt S., ein Kenner des Ostens und ein wahrhafter Verehrer der Künste sei. In welchem Zusammenhang der Buddha mit dem Islam und der von ihm besuchten Schule stand, konnten wir nie ergründen. In kürzester Zeit war S. bei uns durchgefallen, woraufhin er in Schimpftiraden ausbrach. O. M.s Betreuung gab er daraufhin auf – ungerufen und unerwartet kam ein anderer Nachbar, der schon bei der ersten Bekanntschaft denselben Buddha anschleppte. Dieses Mal wurde O. M. wütend: »Wieder dieser Buddha! Jetzt reicht's mir aber! Denkt euch gefälligst was anderes aus!« Und mit diesen Worten warf er den erfolglosen Nachfolger zur Tür hinaus. Er bekam keinen Tee.

Die dritte und gefährlichste Spielart dieser Leute wurde bei uns »Adjutanten« genannt: das sind Literaturknaben – sie halten sich in akademischen Kreisen auf, sind Aspiranten, mit besonders aktivem Interesse an der Poesie; alles, was es nur gibt, können sie auswendig. Häufig kommen sie anfangs wirklich mit lauteren Absichten und werden erst später angeworben. Manche – so war es auch bei Anna Andrejewna – gestanden O. M. gegenüber offen ein, man habe sie »vorgeladen und ausgefragt«. Nach solchen Offenbarungen verschwanden sie für gewöhnlich von der Bildfläche. Auch andere stellten ohne vorherige Aufklärung plötzlich die Besuche bei uns ein. Nach Jahren erfuhr ich von manchen, was es mit ihnen auf sich gehabt hatte, das heißt, daß sie vorgeladen worden waren. So war es zum Beispiel mit L., von dem mir Anna Andrejewna erzählte. In Leningrad hatte er sich nicht entschließen können, zu ihr zu gehen, suchte sie aber dann in Moskau auf. »Sie stellen sich nicht vor, wie man Sie beschattet«, sagte er. Es ist kränkend, wenn plötzlich auf mysteriöse Weise ein Mensch, für den man freundschaftliche Gefühle hegte, verschwindet, aber zu allem Unglück stellt dieses Verschwinden für ehrenhaft empfindende Menschen die einzige ihnen bleibende Möglichkeit dar, mit anderen Worten, sie können sich nur auf diese Weise von dem Ruf, ein »Adjutant« zu sein, befreien. Adjutanten waren Menschen, die zwei Göttern gleichzeitig dienten. Sie liebten die Poesie, waren selbst Literaten oder Poeten, wollten endlich ihre Werke gedruckt sehen und mußten sich deshalb im Leben ihren Platz erobern. Eben darum wurden sie verführt, und in der Tat eröffneten ihnen Nähe, Freundschaft und ein gutes Verhältnis zu Mandelstam und zur Achmatowa keinen Weg in die Literatur; dagegen vermochten die »Adjutanten« mit der rückhaltlosen Wiedergabe irgendeines verhängnisvollen Gespräches, das wir abends geführt hatten, auf die heißersehnten Seiten einer Zeitschrift vorzudringen. In einem kritischen Moment ergab sich der Literaturjüngling, und dann begann für ihn ein Doppelleben.

Und endlich gab es auch Menschen, die wirklich das Böse liebten und Geschmack an einem Doppelleben fanden. Zu ihnen gehören auch bekannte Persönlichkeiten, wie zum Beispiel Elsberg. Unzweifelhaft ist er auf seinem Gebiet eine wichtige Persönlichkeit. Er arbeitete in einem anderen Kreis, und deshalb kenne ich ihn nur vom Hörensagen. Als ich aber die Überschrift seines Artikels – ›Die moralische Erfahrung der Sowjetepoche‹ – gelesen hatte, war mir die Raffiniertheit dieses Menschen klar. Dieser Artikel erschien in dem Moment, als man die öffentliche Entlarvung des Autors erwartete. Mit der Wahl dieser Überschrift und des Themas teilte er gleichzeitig dem Leser mit, daß ihm, als wirklichem Kenner der moralischen Normen unserer Epoche, keinerlei Gefahren drohen. Trotzdem wurde er, wenn auch nicht sogleich, so doch später, entlarvt, aber es gelang nicht einmal, gegen ihn eine so geringfügige Strafmaßnahme wie die Ausschließung aus dem sowjetischen Schriftstellerverband anzuwenden. Er büßte nichts ein, nicht einmal die Anhänglichkeit seiner Aspiranten. Hier eine Teilcharakteristik Elsbergs: Obwohl er die Verschickung seines Freundes Sch. auf dem Gewissen hatte, besuchte er weiterhin dessen Frau und erfrechte sich sogar, ihr Ratschläge zu erteilen. Die Frau wußte, welche Rolle Elsberg gespielt hatte, fürchtete aber, ihrer Wut freien Lauf zu lassen – uns stand es nicht an, die Spitzel zu entlarven, das konnte uns möglicherweise teuer zu stehen kommen. Als Sch. nach dem XX. Parteitag zurückkehrte, empfing ihn Elsberg mit einem Korb voll Blumen, Glückwünschen und einem Händedruck.

Wir lebten unter Menschen, die man in die Verbannung, ins Lager, in die Hölle geschickt hatte, und solchen, die das veranlaßt hatten. Es war gefährlich, mit Leuten Umgang zu pflegen, die immer noch eigene Gedanken hatten und nach eigenen Maßstäben arbeiteten, und deshalb hatte Alissa Gugowna Ussowa völlig recht, als sie ihrem Mann verbot, zu O. M. zu gehen: »Zu ihm kannst du nicht. Dort hält sich der Abschaum der Menschheit auf«, sagte sie. Ihre Meinung war: besser nichts riskieren, wer weiß, auf wen man im Eifer des literarischen Streitgesprächs unversehens stößt. Ihre Vorsicht half jedoch Dmitrij Sergejewitsch nichts: auch er fand seinen Weg ins Lager, gemeinsam mit den anderen Sprachwissenschaftlern wegen der »Wörterbuchaffäre«. Alle Wege führten dorthin. Das alte russische Sprichwort, daß Gefängnis und Armenhaus auf alle warteten, bewahrheitete sich mehr denn je, und das Wort »schreiben« erhielt einen neuen Beiklang. Der alte Gelehrte Schirmunskij sagte zu mir über eine erfolgreiche Gruppe von Kandidaten: »Sie schreiben alle« (Berichte für den Geheimdienst), und Schklowskij versicherte, man solle mit dem Hündchen Amka sehr vorsichtig sein, es lerne das Schreiben bei den jungen aufmerksamen »Adjutanten«. Während unserer gemeinsamen Zeit mit Ussow an der Universität von Taschkent suchten wir gar nicht erst nach Spitzeln, denn alle »schrieben«. Wir aber übten uns in Äsops Sprache. In Anwesenheit der Aspiranten galt unser erster Toast denen, die uns dieses glückliche Leben gegeben hatten, und sowohl Eingeweihte wie auch Aspiranten legten den nötigen Sinn in diesen Ausruf.

Obwohl es klar war, daß »Adjutanten« und alle übrigen »schrieben«, verlernten wir erstaunlicherweise das Lachen und Spaßmachen nicht. 1938 dachte sich O. M. sogar eine Maschine zur Verhinderung von Späßen aus, denn auch kleine Späßchen waren eine gefährliche Sache. Lautlos bewegte er seine Lippen, und mit Gesten bedeutete er, das Maschinchen befände sich in der Kehle. Die Erfindung erwies sich als untauglich – er machte seine Späße weiter.

Zehntes Kapitel

Sammlungen und Geleit

Kaum war ich zu Hause, als sich unsere Wohnung immer mehr füllte. Männer kamen nicht in ein verpestetes Haus, sie schickten ihre Frauen, die weniger von Gefahren bedroht waren. Selbst 1937 litt die Mehrzahl der Frauen nicht wegen ihrer eigenen Person, sondern für die Männer. Im übrigen stellten die »Hüterinnen des Herdes« mit ihrem »Patriotismus« die überaus vorsichtigen Männer weit in den Schatten. Ich verstand vollkommen, weshalb keine Männer kamen, war aber erstaunt, so viele Frauen bei mir zu sehen: für gewöhnlich wurden alle Ausgewiesenen gemieden. Anna Andrejewna stöhnte sogar auf: »So viele Schönheiten auf einem Fleck!«

Ich packte die Körbe, es waren dieselben, die den Stab des Zekubu* erzürnt hatten (O. M. erzählt das in der ›Vierten Prosa‹). Richtiger gesagt, packte ich die Körbe nicht, sondern warf in sie alles Nötige hinein, so wie es mir in die Hand kam: Töpfe, Wäsche, Bücher. O. M. hatte seinen Dante in das Gefängnis mitgenommen, aber in der Zelle wollte er ihn nicht haben: man hatte ihm gesagt, Bücher dürften aus der Zelle nicht mehr mit in die Freiheit hinausgenommen werden, sie würden der Bibliothek »drinnen« einverleibt. Ich wußte nun nicht genau, unter welchen Umständen Bücher zu ewiger Gefangenschaft verurteilt werden, und nahm eine andere Dante-Ausgabe mit. An alles mußte gedacht, nichts durfte vergessen werden – schließlich glich ein Umzug und noch viel mehr eine Übersiedlung in nichts einer normalen Abreise mit zwei Koffern. Ich kenne das sehr gut, denn mein ganzes Leben ziehe ich mit meiner kärglichen Habe von einem Ort zum anderen.

Meine Mutter legte alles Geld, das sie in Kiew für die Möbel erhalten hatte, auf den Tisch. Aber das waren nur Groschen, ein Häufchen Papier. Die Frauen strömten nach allen Seiten aus, um für die Abreise zu sammeln. Diese Kanäle gab es im siebzehnten Jahr unseres Aufbaus. Siebzehn Jahre sorgfältiger Erziehung hatten nicht geholfen.

* Abkürzung für die 1921 gegründete ›Zentralkommission zur Verbesserung der Lebensbedingungen von Gelehrten‹.

Die Menschen, die für uns Geld sammelten, und jene, die es ihnen gaben, verletzten mit ihrer Handlungsweise den bei uns ausgearbeiteten Kodex über Beziehungen mit Menschen, die dem Staat gegenüber straffällig geworden sind. In Zeiten, in denen Gewalt und Terror herrschen, ziehen sich die Menschen in ihr Gehäuse zurück und verbergen ihre Gefühle, aber diese Gefühle sind nicht ausrottbar, und keine Erziehung kann sie vernichten. Wenn es indessen gelingt – wie es in erheblichem Maße bei uns der Fall war –, sie in einer Generation auszurotten, so brechen sie dennoch in der nächsten wieder durch. Davon konnten wir uns oft überzeugen. Die Vorstellung des Guten muß dem Menschen eingepflanzt sein, und wer die Gesetze der Menschlichkeit verletzt, muß sie früher oder später selbst oder durch seine Kinder begreifen lernen. Anna Andrejewna ging zu Bulgakow und kam zurück, tief beeindruckt von Jelena Sergejewnas Verhalten. Als sie von der Ausweisung erfuhr, weinte sie und drehte buchstäblich ihre Taschen um. Sima Narbut eilte zu Babel, sie kam aber nicht wieder. Dafür brachten andere all ihre Beute, und schließlich hatte sich eine so große Summe angehäuft, daß wir davon nach Tscherdyn und von dort aus nach Woronesch fahren und noch zwei Monate davon leben konnten. Für die Fahrkarten mußten wir allerdings nahezu nirgends – außer auf dem Rückweg – zahlen; diese Vergünstigungen bekamen die Verschickten auf ihrer Reise. Im Abteil bemerkte O. M. plötzlich, daß ich Geld in der Tasche hatte, und fragte mich, woher es stamme. Ich erklärte es ihm. Er lachte auf: »Eine unbequeme Art, zu einer Reise zu kommen.« Das ganze Leben über hatte er sich danach gesehnt, irgendwohin verreisen zu können, aber aus Geldmangel konnte er seinen Wunsch nie verwirklichen. Für die damalige Zeit hatte man eine sehr hohe Summe für uns gesammelt. Wir waren niemals mit besonderem Reichtum gesegnet, aber vor dem Krieg konnte sich niemand in unserer Mitte eines verhältnismäßig großen Wohlstands rühmen. Alle schlugen sich von Tag zu Tag durch. Manche Schriftsteller, die zu den »Weggenossen« gehörten, hatten sich schon 1937 einen gewissen Wohlstand zusammengerafft, aber in Wirklichkeit handelte es sich auch hier nur um eine Illusion, und dieser Wohlstand existierte nur im Vergleich zur übrigen Bevölkerung, bei der es hinten und vorne nicht reichte.

Als der Tag sich seinem Ende näherte, kam Dligatsch mit Dinotschka. Ich bat ihn um Geld. Er ging, etwas zu holen, und ließ Dinotschka bei uns zurück. Ich sah ihn niemals wieder, er verschwand für immer. Ich hatte von ihm kein Geld erwartet, ich wollte mich lediglich vergewissern, ob er ein falsches Spiel trieb. Immer hatten wir ihn verdächtigt, ein »Adjutant« zu sein. Der »Adjutant« mußte verschwinden, sobald er von meinem Zusammentreffen mit O. M. erfahren hatte, denn er mußte fürchten, daß seine Rolle erkannt sei. So war es auch. Sein Verschwinden konnte jedoch nicht als voller Schuldbeweis gewertet werden: vielleicht war er auch nur erschrocken. Das ist nicht ausgeschlossen.

Anna Andrejewna und unsere Brüder, Alexander Emiljewitsch und Schenja Chasin, begleiteten mich zum Bahnhof. Wie es der Untersuchungsrichter mit mir verabredet hatte, machte ich auf dem Weg zum Bahnhof bei der Lubjanka halt: am selben Portal, das ich am Morgen, als ich zur Zusammenkunft ging, passiert hatte. Der Diensthabende ließ mich ein, und schon nach einer Minute kam der Untersuchungsrichter mit O. M.s Koffer in der Hand die Treppe herunter. »Fahren Sie?« – »Ja, ich fahre.« Als ich mich verabschiedete, streckte ich ihm mechanisch meine Hand entgegen, ich hatte einfach vergessen, mit wem ich es hier zu tun hatte. Und ich wiederhole, wir sind ja schließlich keine Revolutionäre, keine Verschwörer, keine »Politischen«. Völlig unerwartet befanden wir uns in dieser für uns fremden Rolle, und beinahe hätte ich die erhabene Tradition verletzt, hätte ich einem Mitglied der Geheimpolizei die Hand gegeben. Der Untersuchungsrichter aber bewahrte mich vor dieser wirklichen Verletzung des Gesetzes; es kam zu keinem Händedruck – solchen Leuten wie mir, das heißt seinen potentiellen Untersuchungsgefangenen, gab Christoforowitsch keine Hand. Mir wurde eine gute Lektion erteilt, die erste Lektion politischer Bewußtheit im Geiste revolutionärer Traditionen: Gendarmen gibt man keine Hand. Ich schäme mich sehr, daß mich der Untersuchungsrichter daran erinnern mußte, wer ich und wer er war. Niemals in der ganzen langen Zeit habe ich das vergessen.

Wir gingen in die Bahnhofshalle. Ich schritt auf die Kasse zu, aber ein großer blonder Mann in sackartig geschnittenem Zivilanzug fing mich ab, und ich erkannte in ihm den Menschen, der in unserem Koffer gekramt und die Manuskripte auf dem Boden verstreut hatte. Er händigte mir eine Fahrkarte aus. Geld nahm er keines dafür. Gepäckträger, aber nicht dieselben, die wir zuerst genommen hatten, sondern andere, griffen nach dem Gepäck. Man sagte mir sogleich, ich müsse mich um nichts sorgen, alles würde direkt in das Abteil gebracht. Und ich bemerkte, wie die anderen Gepäckträger nicht einmal mehr zu mir kamen und um Trinkgeld baten, sie hatten sich gleichsam in Luft aufgelöst.

Wir hatten lange zu warten. Anna Andrejewna mußte gehen, ihr Zug nach Leningrad fuhr ab. Endlich erschien der Blonde wieder, und, von allen Bahnhofsverpflichtungen befreit, gingen wir unbeschwert auf den Bahnsteig. Der Zug lief ein. Im Fenster tauchte das Gesicht von

O. M. auf. Ich zeigte mein Billett vor, und die Schaffnerin befahl mir, ganz ans Ende des Wagens zu gehen. Meine Begleiter, das heißt die Brüder, ließ man nicht in den Wagen hinein.

O. M. war schon im Wagen und mit ihm drei Soldaten. Wir beide hatten zusammen mit dem Begleitpersonal ganze sechs Liegeplätze zur Verfügung, und dazu waren zwei davon noch Seitenplätze. Der für unsere Abreise verantwortliche Ordner, der Blonde, der sowohl in Uniform als auch in Zivil bei uns aufgetaucht war, organisierte alles tadellos, er führte uns gleichsam ein Wunder aus Tausendundeiner sowjetischen Nacht vor.

O. M. preßte sich dicht an das Fenster. »Das ist ein Wunder!« sagte er und schmiegte sich an das Glas. Auf dem Bahnsteig standen die Brüder Schenja und Schura. O. M. versuchte das Fenster zu öffnen, aber ein Begleitsoldat hinderte ihn. »Das ist nicht gestattet!« Wieder erschien der Blonde und sah nach, ob alles in Ordnung sei. Die Schaffnerin erhielt die letzten Instruktionen: die ganze Zeit mußte die Tür zum Gang geschlossen bleiben, in keinem Fall und unter keinen Umständen sei sie zu öffnen, es war nur die Toilette an unserem Ende des Wagens zu benutzen. Auf den Zwischenstationen durfte nur ein Begleiter aussteigen, die beiden anderen sollten unbedingt im Abteil bleiben – die Instruktionen müßten strikt eingehalten werden. Der Blonde wünschte uns gute Reise und verschwand. Ich sah ihn aber noch bis zum Auslaufen des Zuges auf dem Bahnsteig stehen. Das gebot ihm sicher auch die Instruktion.

Der Wagen füllte sich langsam. Am Eingang des letzten Abteils stand ein Soldat. Er trieb alle Passagiere, die sich auf die freien Plätze stürzen wollten, davon – der übrige Wagen war bis zum letzten Platz besetzt. O. M. wich nicht vom Fenster. Auf beiden Seiten des Glases befanden sich Menschen, die einander entgegenstrebten, aber das Glas ließ nicht einmal einen Laut durch. Jedes Geräusch blieb ohne Wirkung, und der Sinn der Gesten war unklar. Zwischen unserer und ihrer Welt wuchs eine Trennwand. Jetzt noch aus Glas, durchsichtig, aber schon undurchdringlich. Der Zug fuhr ab – nach Swerdlowsk.

Elftes Kapitel

Jenseits

In dem Augenblick, als ich den Wagen betreten hatte und die Brüder nur noch durch das Fenster sah, zerfiel für mich die Welt in zwei Hälften. Alles, was früher war, versank, wurde zur verschwommenen Erinnerung hinter dem Fensterglas. Vor mir öffnete sich die Zukunft, die ich mit der Vergangenheit nicht in Einklang bringen konnte. Das ist nicht Literatur, sondern ein ungehobelter Versuch, den Bewußtseinsknick zu beschreiben; die meisten Leute, die gezwungen sind, diese fatale Grenzlinie zu überschreiten, werden es womöglich ebenso empfinden. Dieser Umschwung drückte sich besonders in der Gleichgültigkeit allem gegenüber aus, was zurückgeblieben war, denn wir hatten die feste Überzeugung, in die Fahrrinne des unabwendbaren Unterganges geraten zu sein. Für einen mochte es sich noch eine Stunde, für den anderen noch eine Woche oder sogar ein Jahr hinausschieben – auf alle wartete das gleiche Ende. Das Ende für alle, für die Nahestehenden, die Freunde, für meine Mutter, für Europa. Ich spreche bewußt von Europa, denn in dem »Neuen«, in das ich hineingeraten war, gab es keine gesamteuropäischen Gedanken, Gefühle und Vorstellungen, und in ihnen hatte ich doch bis dahin gelebt. Hier herrschten andere Begriffe, andere Maßstäbe, andere Vorstellungen.

Vor noch gar nicht so langer Zeit war ich noch erfüllt von der Sorge um die Nächsten, um die eigene Angelegenheit, um alles, was mein Sein ausgemacht hatte. Jetzt verschwand die Sorge, und die Furcht verflog. Sie wurde abgelöst durch die Erkenntnis, verdammt zu sein, und aus ihr erwuchs physisch wahrnehmbar, greifbar, eine Gleichgültigkeit, die schwer auf uns lastete. Und jetzt gab es keine Zeit mehr, nur noch Fristen, bis zum Vollzug dieses Unabwendbaren, das uns mit unserem Europa auflauerte, mit unseren letzten Gedanken und Gefühlen.

Wann würde wohl das Unabwendbare eintreten? Wo? Wie wird es vor sich gehen, war das nicht alles gleichgültig? Widerstand war sinnlos. Ich verlor das Gefühl für den Tod, denn alles war in den Bereich des Nichtseins eingegangen. Angesichts der Verdammnis gibt es nicht einmal Furcht. Furcht ist ein Lichtschimmer, der Wille zum Leben, ist Selbstbestätigung. Ein zutiefst europäisches Gefühl. Die Selbstachtung hat es hervorgebracht, das Bewußtsein des eigenen Wertes, der eigenen Rechte, Nöte, Bedürfnisse und Wünsche. Der Mensch klammert sich an das Seine und fürchtet, es zu verlieren. Furcht und Hoffnung sind miteinander verbunden. Ist die Hoffnung verloren, dann verlieren wir auch die Furcht – wir haben nichts mehr, um das wir bangen können.

Wenn der Stier ins Schlachthaus geführt wird, hofft er, sich noch losreißen und die Schinder niedertrampeln zu können. Es gibt ja keine anderen Stiere, die ihm einflüstern könnten, das sei unmöglich, und Vieh, das zum Schlachthaus geführt werde, kehre nie in den Stall zurück. In der menschlichen Gesellschaft hingegen findet ein ständiger Erfahrungsaustausch statt. Deshalb habe ich auch noch niemals von einem Menschen gehört, der, als man ihn zur Hinrichtung führte, Widerstand leistete, sich losriß, sich verteidigte, die Schranken zerbrach und flüchtete. Die Menschen haben sich sogar für den zum Tode Verurteilten eine besondere Tapferkeit ausgedacht, die es ihm verbietet, sich die Augen verbinden zu lassen: er sieht beim Sterben dem Tod ins Angesicht. Mir wäre es lieber, beim Sterben wie der blindwütende Ochse zu empfinden, wie das halsstarrige Tier, das nicht seine Erfolgschancen mit der Klugheit und dem Stumpfsinn der Menschen errechnet, der nicht das gräßliche Gefühl der Hoffnungslosigkeit kennt.

Oft dachte ich schon darüber nach, ob man heulen muß, wenn sie einen mißhandeln und mit Füßen stoßen. Ist es nicht besser, hochmütig zu erstarren und den Henkern mit verachtungsvollem Schweigen zu begegnen? Ich entschied mich für das Heulen. In diesem kläglichen Heulen, von dem man oftmals nicht weiß, wie es in die tauben, nahezu kein Geräusch einlassenden Zellen dringt, konzentrieren sich die letzten Überreste menschlicher Würde und des Glaubens an das Leben. Mit diesem Heulen hinterläßt der Mensch eine Spur auf der Welt und teilt den anderen mit, wie er lebte und starb; mit dem Heulen bekundet er sein Recht auf das Leben, schickt eine Botschaft hinaus in die Freiheit, fordert Hilfe und Widerstand. Wenn nichts anderes bleibt, so muß man heulen. Schweigen ist ein wirkliches Verbrechen gegen das Menschengeschlecht.

Aber an jenem Abend, in Begleitung dieser drei Soldaten im dunklen Eisenbahnwagen, verlor ich alles, sogar die Verzweiflung. Es gibt Momente, in denen die Menschen eine Grenze überschreiten und verwundert erstarren: jetzt weiß ich, wo und mit wem ich lebe! Es zeigt sich, wozu die Menschen, mit denen ich lebe, fähig sind! Ich erkenne, wohin ich geraten bin! Das Erstaunen lähmt uns dann derart, daß wir nicht einmal mehr weinen können. Ob nicht diese Verwunderung (die der völligen geistigen und seelischen Stumpfheit vorangeht, und so auch dem Verlust jeden Maßes und jeder Norm, aller Dinge, die uns wert sind) die Menschen erfaßt, damit sie, wenn sie »dort hinein« geraten sind, plötzlich begreifen, wo und mit wem sie leben, das wahre Gesicht der Gegenwart erkennen? Mit physischer Qual und Angst allein ist das nicht zu erklären, was dort mit den Menschen vor sich ging – was sie unterschrieben, was sie taten, welche Schuld sie eingestanden, wen sie mit sich in das Verderben zogen. All das ist nur »jenseits der Grenze«, nur im Wahnsinn möglich, wenn es scheint, die Zeit sei stehengeblieben, die Welt sei am Ende, alles zusammengebrochen und nichts kehre wieder. Der Zusammenbruch aller Vorstellungen – das ist auch das Ende der Welt.

Aber was war mir eigentlich passiert? Wenn man vernünftig überlegte: Wieso war es denn eigentlich so schrecklich, in das kleine Städtchen an der Kama überzusiedeln und wahrscheinlich dort drei Jahre verbringen zu müssen? Warum war Tscherdyn schlechter als Malyj Jaroslawez, Strunino, Kalinin, Mujnak, Dschambul, Taschkent, Uljanowsk, Tschita, Tscheboksary, Wareja, Tarussa, Pskow, wohin es mich nach O. M.s Tod als Heimatlose verschlug? Gab es einen Grund, um wahnsinnig zu werden und das Ende der Welt zu erwarten?

Ja, es gab einen. Jetzt, nachdem die Verzweiflung zu mir zurückgekehrt ist und ich wieder weinen kann, sage ich das mit voller, fester Überzeugung. Es war und ist ein Grund dazu vorhanden. Und mir scheint, die vorzügliche Organisation unserer Abreise – alles ging wie am Schnürchen – mit der Einkehr in die Lubjanka, um den Koffer zu holen, den Gepäckträgern, die nichts kosteten, und dem blonden Begleiter in Zivil, der uns sarkastische Höflichkeit erwies und uns gute Reise wünschte – so war bisher niemand außer uns in die Verbannung gefahren – all das war schlimmer und widerlicher und wies schärfer auf das Ende der Welt hin als Pritschen, Gefängnisse, Fesseln und flegelhaftes Schimpfen der Gendarmen, der Henker und Mörder. Alles wurde in höchstem Maße einwandfrei und glatt abgewickelt, es fiel kein einziges grobes Wort, und wir beide, in Begleitung der drei Dorfburschen – der Begleitmannschaft mit ihren Instruktionen –, jagten von einer unbekannten und unüberwindlichen Kraft getrieben, irgendwohin nach Osten, zur Ansiedlung, in die Verbannung und Isolation, wo wir auf höheren Befehl hin erhalten werden sollten; man hatte mir das in dem sauberen und großen Arbeitszimmer gesagt, wo jetzt möglicherweise der Chinese verhört wurde. Er hatte wahrscheinlich auch eine Frau.

Zwölftes Kapitel

Das Irrationale

Der Zusammenstoß mit der irrationalen Kraft, der irrationalen Unausweichlichkeit, dem irrationalen Entsetzen, änderte unsere seelische Verfassung einschneidend. Viele unter uns waren von der Unausweichlichkeit, andere wieder von der Zweckdienlichkeit des Geschehens überzeugt. Allen war bewußt, daß es keine Rückkehr gab. Die Erfahrung der Vergangenheit, das Vorgefühl der Zukunft und die Hypnose der Gegenwart bedingten dieses Gefühl. Ich versichere, wir alle, in der Stadt mehr als auf dem Land, befanden uns in einem Zustand, der dem hypnotischen Schlaf sehr ähnlich war. Man hatte uns ernstlich eingeprägt, wir träten in eine neue Ära ein und müßten uns nur der historischen Notwendigkeit beugen; im übrigen decke sie sich auch mit den Träumen der Besten und der Streiter für das Glück der Menschheit. Predigten über den historischen Determinismus nahmen uns die Freiheit des Willens und der Meinung. Wer noch zweifelte, dem lachten wir ins Gesicht und vollendeten das Ziel der Zeitungen, wir wiederholten die heiligen Formeln und redeten über rechtmäßige gewaltsame Abrechnung – seht, so endet der passive Widerstand! –, wir sammelten Rechtfertigungen für das Bestehende. Als Beweis diente immer und überall die Entlarvung der Geschichte: Überall war es ein und dasselbe, immer war es so und nicht anders, die Menschheit kannte und kennt nichts anderes als Gewalt und Willkür. »Überall werden Menschen erschossen«, sagte mir der junge Physiker L. »Ob es bei uns mehr sind? Was heißt das schon! Das ist der Fortschritt.« »Nadja, verstehen Sie«, so überzeugte mich L. E., »dort ist es doch ebenfalls schlecht.«

Mitte der zwanziger Jahre, als die Luft anfing, auf den Schultern schwerer zu lasten – in verhängnisvollen Zeiten wiegt sie schwerer als Blei –, begannen die Menschen, jeglichen Verkehr miteinander zu vermeiden. Mit Furcht vor Spitzeln und Denunziationen ließ sich das nicht erklären – damals hatten wir die richtige Angst noch nicht kennengelernt. Es zeigte sich nur eine langsam eintretende Erstarrung, die ersten Symptome der Lethargie. Über was sollte man reden, wenn schon alles gesagt, alles erklärt und gedruckt war? Nur die Kinder faselten noch wirklich ihren menschlichen Unsinn, und die Erwachsenen – vom Buchhalter bis zum Schriftsteller – zogen ihre Gesellschaft den Gesprächen mit ihresgleichen vor. Die Mütter aber lehrten schon die Kleinsten die geheiligte Sprache der Erwachsenen; sie bereiteten ihre Kinder auf das Leben vor. »Meine Kinder lieben Stalin am meisten, und dann erst komme ich«, sagte Pasternaks Frau, Sinaida Nikolajewna. Andere gingen nicht so weit, aber jeder sorgte sich um die Kinder: Wozu sie dem Untergang weihen? Plötzlich verplaudert sich das Kind dann in der Schule und richtet die ganze Familie zugrunde. Weshalb sollte es Überflüssiges begreifen? Sollte es doch lieber leben wie alle. Und die Kinder wuchsen heran und erhöhten die Zahl derer, die sich in Hypnose befanden. »Das russische Volk ist krank«, sagte Polja zu mir, »man muß es kurieren.« Die Krankheit macht sich besonders jetzt, nachdem die Krisis eingetreten ist, stark bemerkbar, und es zeigen sich allmählich die ersten Symptome einer Gesundung. Früher wurden wir, die wir das Zweifeln nicht verlernt hatten, als die Kranken angesehen. Michail Alexandrowitsch Senkewitsch fiel als einer der ersten in hypnotischen Schlaf und Lethargie. Das hinderte ihn nicht daran, Geld zu verdienen und Kinder aufzuziehen. Vielleicht verhalf ihm dieser Schlaf dazu, das Leben zu behalten und vollkommen normal und gesund zu erscheinen. Forschte man aber nach, so stellte sich heraus, daß er schon lange die Grenze überschritten hatte und nicht mehr vermochte, die gläserne Mauer zu zerschlagen. Senkewitsch lebte in dem Bewußtsein, daß alles, was einst den Sinn seines Lebens ausgemacht hatte, für immer auf der anderen Seite des Glases zurückgeblieben war. Dieses Gefühl hätte seinen Niederschlag in Versen finden können, der sechste Akmeist aber zog den scharfen Schluß, es könne auch keine Verse mehr geben, wenn es keine »Dichtergilde« gebe, und keine Gespräche wie die, die ihn in seiner frühen Jugend begeistert hatten. Er streifte durch die Ruinen seines geliebten Rom und überzeugte sich und andere davon, daß es zwingend sei, sich schneller, nicht nur physisch, sondern auch intellektuell in Gefangenschaft zu geben. »Verstehst du denn nicht, daß es nicht mehr so ist, daß alles anders geworden ist?« sagte er zu O. M. Diese Äußerung bezog sich auf Fragen der Poesie, der Ehre und Ethik, der politischen Überraschung oder Gewaltanwendung – auf die Prozesse, Verhaftungen und die Entkulakisierung. Alles wurde mit »Jetzt ist alles anders« gerechtfertigt. Im übrigen entschuldigte er sich manchmal auch damit, daß er so viel Brom genommen habe, daß er sich an nichts mehr erinnern könne – im Grunde aber vergaß er nichts und hing in rührender Weise an O. M., obwohl ihm dessen Beharrlichkeit und vernunftwidriges Festhalten an seiner Überzeugung befremdeten. Das einzige, was Senkewitsch in seine neue posthume Existenz hinüberretten wollte, war ein Päckchen Autographen. »Nun ist Gumiljow nicht mehr, und ich habe von ihm nicht ein einziges kleines Blättchen«, beschwerte er sich bei O. M. und wollte ihm ein Manuskript entlocken. O. M. wurde böse und gab ihm nichts: »Er bereitet sich schon auf meinen Tod vor!«

Anfang der fünfziger Jahre – es war eine widrige Zeit – traf ich Mischenka im Hofe des Herzen-Hauses, und er begann das ewige Gespräch von den Autographen (wir hatten uns seit fünfzehn Jahren nicht mehr gesehen): »Wo sind Ossips Papiere? Ich habe nichts von ihm bekommen, und jetzt habe ich kein einziges Autograph. Vielleicht könnten Sie mir eins geben?« Ich erinnerte mich, wie wenig O. M. dieses Gewinsel leiden mochte, und gab ihm nichts; trotzdem aber hat er etwas ergattert. Aus der Vergangenheit hatte er keine Bücher herübergerettet, keine tönenden Gedichte, sondern nur kleine Zettelchen, mit der Handschrift alter, umgekommener Kollegen, es war wie eine Dokumentation, ein Zeugnis des vergangenen literarischen Lebens. »Gedichte sind jetzt ja auch anders«, beklagte sich Mischa.

Senkewitsch fuhr als einer der ersten auf Befehl an den Kanal* und schrieb ein Loblied auf die »Umgestalter der Natur«. In Anlehnung an Semjonow, dessen Namen man (nachdem er mit seiner Expedition das Tienschan-Gebirge erforscht hatte) noch die ehrenvolle Bezeichnung Tjanschanskij hinzufügte, gestand danach O. M. ihm das Recht zu, sich Senkewitsch-Kanalskij zu nennen. 1937 verschaffte Lachuti O. M. eine Kommandierung des Sowjetischen Schriftstellerverbandes an den Kanal. Der wohlmeinende Perser hoffte, O. M. würde dann etwas schreiben und sich damit das Leben retten. Nach der Rückkehr schrieb O. M. pünktlich ein aalglattes Gedicht, er zeigte es mir und fragte: »Schenken wir es Senkewitsch?« Das Gedicht blieb erhalten, O. M. aber ist umgekommen, es hat seine Funktion nicht erfüllt. In Taschkent kam es mir plötzlich unter die Augen, und ich beriet mich mit Anna Andrejewna, was ich mit ihm machen sollte: »Ob ich es in den Ofen werfe?« Wir verkürzten uns damals mit diesem Zeitvertreib gemeinsam die Tage der Evakuierung. »Nadenka«, sagte Anna Andrejewna, »Ossip sprach Ihnen das Recht zu, mit allen Papieren ganz nach eigenem Ermessen zu verfahren.« Das war reine Heuchelei. Wir waren aber alle gegen Fälschungen, Vernichtung von Manuskripten und jegliche Art von tendenziöser Zusammenstellung eines literarischen Nachlasses; Anna Andrejewna fiel es nicht leicht, die von mir beabsichtigte Handlung zu billigen – und sie sprach mir hier unerwartet in O. M.s

* Gemeint ist der Weiß-Meer-Kanal, »Stalin«-Kanal; wurde vorwiegend von Sträflingen gebaut.

Namen das Recht zu, das mir O. M. niemals gegeben hatte: so wie es mir in den Sinn kam, zu vernichten oder zu bewahren. Sie tat es, um sich und mich von dem Kanalgedicht zu befreien, und von ihm blieb dann nur ein kleines Häufchen Asche übrig.

Sollte sich zufälligerweise noch irgendwo eine Kopie dieses Gedichtes befinden, so bitte ich – ja, ich beschwöre den Besitzer auf Grund des Rechtes, das mir Anna Andrejewna zugestanden hat – die Leidenschaft für Autographen und Kuriositäten zu bezwingen und sie in den Ofen zu werfen. Solch ein Gedicht kann nur der Auslandskommission des Sowjetischen Schriftstellerverbandes gelegen kommen, um neugierigen Ausländern zu zeigen: So sieht Mandelstams literarische Hinterlassenschaft aus; sehen Sie, ob sich ein Druck lohnt! Sie scheuen sich ja schließlich auch nicht, das Todesdatum zu verändern. Wer ließ das Gerücht aufkommen, O. M. hätte in Woronesch den Tod durch die Deutschen gefunden? Wer hat alle Todesfälle in den Lagern auf Anfang der vierziger Jahre umdatiert? Wer gibt die Bücher von lebenden und toten Literaten heraus und verbirgt sorgfältig bessere Werke? Wer hält über Jahre hinaus in den Redaktionsmappen schon für den Druck bereitete Manuskripte von umgekommenen und lebenden Schriftstellern und Dichtern zurück? Alles kann man hier gar nicht aufzählen, zu viel wurde und wird verborgen und in verschiedensten tiefen Schränken vergraben oder, noch schlimmer, vernichtet. –

Das Gedicht mit der Beschreibung über die Schönheit des Kanals ließ auch deshalb unbändige Wut in mir aufsteigen, weil O. M. zum Aufbau dorthin geschickt werden sollte, und nur die Anweisung »Isolieren, aber bewahren« ihn davor gerettet hatte. Damals hatte man den Transport zum Kanal in die Verbannung nach Tscherdyn umgewandelt, denn beim Kanalbau war es unmöglich, einen Menschen zu erhalten. Dmitrij Sergejewitsch Ussow und Jarcho, zwei junge und gesunde Sprachwissenschaftler, starben, ganz kurz nachdem sie in die Freiheit entlassen worden waren, so hatten die Jahre beim Kanalbau ihre Gesundheit zerstört, und dabei hatten sie kaum körperliche Arbeit leisten müssen. Wäre O. M. zum Kanalbau verschickt worden, so wäre er schon 1934 und nicht erst 1938 gestorben. »Ein Wunder« hat ihm noch ein paar Lebensjahre geschenkt. Ich aber erbebe immer noch vor Wundern und fühle mich darüber nicht erhaben: Wunder im östlichen Sinne sind dem westlichen Bewußtsein unbekannt.

Zu Mischa Senkewitsch, dem gutwilligen Römer, der in den Ruinen seines Kolosseums einige Autographen umgekommener Dichter behütet, habe ich meine Beziehung geändert. Sein Leben rührt mich, und ungeachtet dessen, daß in ihm die Katastrophen fehlten – er saß weder im Gefängnis, noch wurde er vom Hunger zu Tode gequält –, scheint es mir tragisch. Der von Natur aus harte Senkewitsch unterwarf sich früher als andere der psychologischen Pest, sie nahm bei ihm nicht die schwere Form an, wie sie mir selbst auf der Fahrt nach Tscherdyn zu Bewußtsein kam, sondern die langwierige, chronische, von der sich niemand erholt. Ob sich die Leichtfertigkeit, mit der die Intelligenzija dieser Krankheit nachgab, allein durch die nachrevolutionären Verhältnisse erklären läßt? Ob nicht die ersten Mikroben bereits in der vorrevolutionären Verwirrung, in den Phantastereien und falschen Prophezeiungen verborgen waren?

Diese Krankheit – die Lethargie, die Seuche, der hypnotische Schlaf – nahm bei denen, die Verbrechen im Namen der »Neuen Ära« begingen, eine besondere Form an. Alle Arten von Mördern, Provokateuren, Spitzeln hatten ein gemeinsames Charakteristikum – sie dachten nicht, daß ihre Opfer einstmals wieder auferstehen und sprechen würden. Ihnen schien auch, die Zeit sei eingefroren, sei stehengeblieben. Das war ein zentrales Merkmal der beschriebenen Krankheit. Man hatte uns eingeredet, in unserem Land würde sich niemals mehr etwas ändern und die übrige Welt müsse nur bis zu unserem Zustand gelangen, das heißt, auch in die neue Ära eintreten, dann gäbe es niemals mehr eine Veränderung. Menschen, die diese Lehre übernommen hatten, arbeiteten aus voller Überzeugung für die Durchsetzung der neuen Moral, die letzten Endes dem hier auf die Spitze getriebenen historischen Determinismus entsprang. Jeden, den sie in das Jenseits oder in Lager befördert hatten, strichen sie aus ihrem Gedächtnis. Es kam ihnen nicht in den Sinn, daß diese Schatten auferstehen und ihre Totengräber zur Verantwortung ziehen könnten. Deshalb befiel sie in der Periode der Rehabilitierungen schreckliche Panik: ihnen schien, als wäre die Zeit zurückgekurbelt und die von ihnen mit »Lagerstaub Getauften« hätten plötzlich Namen und Körper zurückerhalten. Angst beherrschte sie. Unfreiwillig beobachtete ich damals einen kleinen, kläglichen Spitzel, die Wohnungsnachbarin von Wassilissa Schklowskaja. Ständig wurde sie auf die Staatsanwaltschaft bestellt, dort widerrief sie ihre früheren Aussagen und entlastete dadurch selbst die noch Lebenden und die Toten. Wenn sie dann nach Hause kam, lief sie schnell zu Wassilissa, deren Wohnung sie früher überwachen mußte, und mit einer Stimme, die ihr beinahe den Dienst versagte, erzählte sie, Gott wisse, niemals habe sie etwas Schlimmes über den oder jenen, über Malkin oder einen anderen berichtet und jetzt gehe sie nur zur Staatsanwaltschaft, damit dort über alle die besten Aussagen vorlägen und die Toten schneller rehabilitiert werden können. Diese Frau hielt die Belastung nicht aus und wurde von einer Lähmung befallen. Vielleicht befiel sie plötzlich die Angst, die sie ernsthaft an Überprüfungen und die Möglichkeit glauben ließ, daß Verleumder und Helfershelfer vor Gericht zur Verantwortung gezogen werden könnten. Natürlich kam es nicht so weit, trotzdem aber war es für sie besser, gelähmt und in die Kindheit zurückversetzt zu sein – wieder blieb die Zeit für sie stehen.

Einer der höchsten Funktionäre in Taschkent, den man nach dem Umschwung in den Ruhestand versetzt hatte und der dann von Zeit zu Zeit zu Gegenüberstellungen mit ehemaligen Untersuchungsgefangenen, die wie durch ein Wunder überlebt hatten und aus den Lagern zurückgekehrt waren, vorgeladen wurde, erhängte sich. Mir gelang es, den Entwurf seines beabsichtigten Briefes an das ZK zu lesen. Seine Argumentation war klar: als selbstlos der Sache hingegebener Komsomolze wurde er zur Arbeit in den Organen kommandiert und dann immer weiter befördert und ausgezeichnet. Außer seinen Mitarbeitern und den Untersuchungsgefangenen wisse niemand, daß er die ganzen Jahre hindurch, Tag und Nacht, ohne Ruhepause, durchgearbeitet habe, und erst im Ruhestand finde er die Muße, das Geschehene zu überdenken, was ihn habe erkennen lassen, daß er vielleicht nicht dem Volk, sondern »einer Art Bonapartismus« gedient habe. Seine Schuld möchte er, der sich selbst das Leben nähme, von sich abwälzen, und zwar erstens auf jene, die bei der Untersuchung alle über sie erfundenen Fabeln unterschrieben und damit Untersuchungsrichtern und Staatsanwälten Gründe geliefert hätten, und dann auf die Instrukteure »von oben«, die den Befehl zum »vereinfachten Verhör« erlassen und die Erfüllung des Plansolls gefordert hätten, und letzten Endes auf die freiwilligen Informanten, die ohne Aufforderung die Organe benachrichtigt und sie zur Eröffnung von Untersuchungsverfahren gegen eine Vielzahl von Menschen gezwungen hätten. Das Klassenbewußtsein gestatte den Arbeitern der Organe nicht, solche Informationen zu übergehen. Soeben habe er Victor Hugos Buch ›Der letzte Tag eines Verurteilten‹ gelesen, das gebe ihm den Anstoß zum Selbstmord.

Der Selbstmörder wurde begraben und die Sache vertuscht, das war unumgänglich, denn er hatte die Instrukteure und die Informanten namentlich genannt. Die Tochter des Selbstmörders fand lange keine Ruhe, sie träumte davon, mit denen abzurechnen, die ihren Vater auf dem Gewissen hatten. Ihr Zorn richtete sich auf jene, die diese Hölle aufgerührt hatten. »Man muß auch an die Leute denken, die damals arbeiteten! Sie haben sich das schließlich nicht selbst ausgedacht, sondern führten nur Befehle aus«, sagte Larissa. (Man hatte sie zu Ehren Larissa Reisners so genannt.) Larissa versicherte, sie würde »die Sache nicht auf sich beruhen lassen« und wolle im Ausland über alles berichten, damit man dort erführe, wie man hier ihren Vater behandelt habe. Ich fragte sie, worüber sie sich beschweren wolle. Für Larissa war das vollkommen klar: Es ist unmöglich, plötzlich mit einem Male alles zu ändern, denn damit traumatisiert man die Leute. Man kann die Menschen nicht traumatisieren – weder den Vater noch all seine Genossen. »Wer wird mit Ihnen fühlen?« fragte ich, aber sie verstand mich nicht. Man hatte den Menschen einmal versprochen, es würde sich nichts mehr ändern, und so dürften keinerlei Veränderungen zugelassen werden. »Sie hätten ja niemanden mehr zu verhaften brauchen, aber alles hätte so bleiben müssen wie es war.« Die Zeit sollte weiterhin stehenbleiben. Wenn die Zeit stillsteht, sind Beständigkeit und Ruhe gesichert. Für die in unserer Zeit wirksam Tätigen ist das nötig.

Larissa forderte, die Zeit solle erneut stehenbleiben, und ihre Bitte wurde in erheblichem Maße beachtet. Die Söhne der entlassenen Mitarbeiter ihres Vaters fuhren nach Moskau, um dort neue Methoden zu erlernen, und noch vor der Abfahrt legten sie auf dem Grab ihres Vaters Blumen nieder. Sie werden die alten Plätze und Arbeitszimmer einnehmen und stets bereit sein, nach den »von oben« kommenden Instruktionen zu handeln. Die Frage ist nun nur, wie werden diese Instruktionen lauten?

Larissa und ich verstanden einander nicht; sah ich sie an, drängte sich mir der Gedanke auf, warum bei uns alle Wege nur immer ins Verderben führten. Wie muß man sein, um gerettet zu werden? Wo ist die Höhle, in der man Zuflucht suchen kann? Larissa und ihre Freunde hatten sich solche Höhlen gegraben und schleppten in sie alles, was für sie Wohlleben ausmachte: Anrichten, Weingläser, Lampen, tschechisches Kristall und altrussisches Porzellan aus Kusnezk, bestickte Morgenröcke und japanische Fächer. Sie fuhren nach Moskau, um nicht nur Möbel, sondern auch Grabsteine zu kaufen – denn ihre Höhlen waren nicht tief genug. Die einen verschwanden auf Stalins Befehl, andere setzten ihrem Leben selbst ein Ende.

Dreizehntes Kapitel

Der Namensvetter

Im Zug begriff ich nicht sogleich, was O. M. fehlte. Als wir uns sahen, war seine Freude groß, und immer wieder erschien ihm meine Anwesenheit wie ein Wunder. Ja, und es war auch wirklich ein Wunder. O. M. sagte, er habe sich die ganze Zeit auf die Erschießung vorbereitet: »Bei uns wird man auch aus unbedeutenderen Anlässen erschossen.« Dieser Satz von ihm war eigentlich völlig vernünftig. Wir zweifelten niemals daran, daß sie ihn umbringen würden, wenn sie von dem Gedicht erfuhren. Der gut informierte Winawer mit seiner großen Erfahrung, der eine Unmenge von Fakten und Geheimnissen kannte und bewahrte, sagte mir, als ich einige Monate später von Woronesch aus zu ihm kam und ihm auf seinen Wunsch die Verse über Stalin vorlas: »Was wollen Sie? Man ist gnädig mit Ihnen verfahren, bei uns erschießt man die Menschen für anderes.« Er warnte mich damals davor, unnötige Hoffnungen in die allerhöchste Gnade zu setzen: »Sobald sich der Lärm legt, kann sie Ihnen entzogen werden.« – »Und das ist immer so?« fragte ich. Meine Naivität erstaunte ihn: »Es kann noch sein!« Und dann: »Erinnern Sie nur nicht an sich, vielleicht vergißt man Sie.« Und dann sein Rat: »Ruhiger als Wasser, niedriger als Gras.« Wir erfüllten ihn nicht. O. M. war ein lauter Mensch, er lärmte bis zu seinem Ende.

Im Zug sagte O. M. zu mir: Die Gnade der dreijährigen Verbannung heiße nur, das Strafgericht sei auf einen günstigeren Moment hinausgeschoben worden; buchstäblich das gleiche hörte ich später von Winawer. Und mich erstaunte diese Auffassung nicht im geringsten. Wir alle waren 1934 schon nicht mehr ganz unwissend. O. M. versicherte mir, er würde dem Untergang sowieso nicht entgehen können, und damit hatte er völlig recht. Eine nüchterne Abschätzung der Lage führte zu genau diesem Schluß. Und ich nickte nur mit dem Kopf, als er mir zuflüsterte: »Glaub ihnen nicht!« Wer kann denen schon glauben, dachte ich.

Und genau das war der Inhalt der traumatischen Psychose, an der O. M. im Gefängnis erkrankt war. Als geisteskrank erschien mir im ersten Moment aber nicht O. M., sondern der älteste Begleitsoldat

Oska* (O. M.s Namensvetter, dem er auch einige Verse gewidmet hat), als er mich beiseite rief und mit aufgerissenen gutmütigen Schafsaugen sagte: »Beruhige ihn! Sag ihm, daß wir die Leute nicht wegen Gedichten erschießen.«

Daß es um Gedichte ging, hatte Oska unseren Gesprächen entnommen. Seiner Meinung nach erschoß man bei uns nur Spione, Saboteure und Schädlinge. In den bourgeoisen Ländern aber war es, wie Oska sagte, unmöglich, mit heiler Haut davonzukommen, dort können sie dich schon um »deiner guten Seele willen« ins Jenseits befördern. Du brauchst nur ein unliebsames Gedicht zu schreiben.

Wir alle glaubten natürlich mehr oder weniger das, womit man uns vollstopfte; besonders vertrauensselig waren die Jungen, ob sie Studenten, Wachmannschaften, Schriftsteller oder Soldaten waren. »Man bietet uns die gerechtesten Wahlen an«, sagte mir 1937 ein entlassener Soldat, »und wir wählen.« Und O. M., als Schriftsteller, ging ihnen anfangs auch auf den Leim und zeigte sich in dieser Hinsicht äußerst vertrauensselig: »Zuerst wählen sie auf diese Weise, dann werden sie nach und nach dazulernen, und letzten Endes werden es ganz normale Wahlen«; so äußerte er sich, als er das Wahllokal verließ und sich über die Neuerung wunderte. Es war die erste und letzte Wahl, an der er teilnahm. Und selbst wir, die wir doch genügend Erfahrung besaßen, konnten nicht alle Reformen bis ins letzte richtig abschätzen. Wie sollte man es dann von der Jugend fordern, von Soldaten und Studenten? Meine Nachbarin, die mir vor dem Krieg in Kalinin immer Milch brachte, stöhnte einmal auf: »Uns teilt man doch wenigstens manchmal Hering, Zucker oder auch Petroleum zu. Aber wie ist das in den kapitalistischen Ländern? Dort ist man doch wirklich verloren.« Die Studenten glauben noch heute, allgemeine Schulbildung sei nur im Sozialismus möglich. Dort aber »dämmere das Volk in unwissender Dunkelheit dahin«. Am Tisch jener oben erwähnten Larissa, der Tochter des Selbstmörders von Taschkent, entflammte ein Streit: Ob man in großen Städten wie London oder Paris entlassenen invaliden Fliegern eine Wohngenehmigung verweigere. Ein solcher Vorfall hätte sich soeben (1959) in Taschkent ereignet, und Larissa versicherte, Flieger und besonders Versuchsflieger müßten eigens um eine Wohngenehmigung ansuchen. Ich versuchte allen klarzumachen, daß es »dort« überhaupt keine Wohngenehmigung gebe, aber niemand glaubte mir. »Dort« war doch alles schlechter als bei uns, das heißt, Wohnungsanmeldungen mußten noch viel strenger gehandhabt werden. Ja, und wer konnte schon ohne eine Anmeldung leben? Plötzlich fällt man eben herein!

* Volkstümliche Form von Jossif (Josef).

Wenn wir also unseren Erziehern glaubten und sogar diese Erzieher, in die Enge getrieben, angefangen hatten, sich selbst zu glauben, warum sollte ihnen dann der Begleitsoldat Oska keinen Glauben schenken?

Auf die Reise hatte ich ein Bändchen Puschkin mitgenommen. Die Erzählung von dem alten Zigeuner* fesselte Oska derart, daß er sie den ganzen Weg über laut seinen gleichgültigen Kameraden vorlas. »Da sieht man, wie die römischen Zaren mit den Alten umgingen«, sagte Oska zu seinen Genossen. »Eben für seine Lieder haben sie ihn verbannt.« Die Beschreibung des Nordens wirkte unglaublich: eine Verschickung nach dem Norden ist natürlich eine harte Angelegenheit, und Oska versuchte mich zu beruhigen: »Es wird ihm nicht so schlimm ergehen wie dem aus Rom Verbannten.« Als er mich, ganz seinen Instruktionen entsprechend, auf die Toilette begleitete, munterte mich Oska auf und flüsterte mir zu, unser Ziel sei Tscherdyn. Dort herrsche ein günstiges Klima. Das erste Mal würden wir in Swerdlowsk umsteigen. Als sich herausstellte, daß der Untersuchungsrichter mir den Verbannungsort schon genannt hatte, war Oska ganz erschüttert. Ihm hatte man strengstens verboten, auszuplaudern, wohin wir führen, die Marschroute sollte geheimgehalten werden, und im übrigen dürften diese Dinge nur dem Begleitpersonal bekannt sein. Da wir ihm aber gefielen, hatte sich Oska entschlossen, die Instruktionen zu verletzen und uns den Bestimmungsort zu nennen. Nun erwies sich, es war vergebens – ich wußte ihn schon. Ich tröstete den Alten – wenn seine jeder List baren Worte nicht die Angabe des Untersuchungsrichters bestätigt hätten, hätte ich mir Gottweißwas vorstellen können –, so ein Geheimnis wurde ja aus jeder Kleinigkeit gemacht.

Das war aber nicht das einzig Gute, das uns Oska angedeihen lassen wollte. Bei den vielen Umsteigemanövern veranlaßte er die Begleitsoldaten, unsere Sachen zu schleppen, und als wir in Solikamsk auf ein Schiff verfrachtet wurden, flüsterte er mir zu, ich solle auf eigene Rechnung eine Kajüte nehmen: »Vielleicht kannst du dich da ein bißchen erholen.« Die anderen Begleitsoldaten ließ er nicht zu uns, sie vertrieben sich die Zeit auf Deck. Ich fragte, weshalb er die Instruktion verletze, aber Oska winkte nur mit der Hand ab. Bis dahin hatte er nur Verbrecher und »Schädlinge« begleitet, bei ihnen müsse man auf der Hut sein: »Aber dich – was! – und ihn, euch muß man nicht bewachen!« Sooft ich auch probierte, den Begleitsoldaten etwas Eßbares anzubieten, keiner griff zu. Das war verboten. Erst als sie O. M. in Tscherdyn auf der Kommandantur abgeliefert hatten, sagten die Begleitsoldaten: »Jetzt sind wir außer Dienst – jetzt kannst du uns bewirten.«

* In Puschkins Verserzählung ›Die Zigeuner‹.

Ich bin in meinem Leben noch mit zwei anderen Leuten von Oskas Beruf in Berührung gekommen. Der eine knirschte immer nur mit den Zähnen und versicherte, wir wüßten nichts, verstünden nichts, schöpften keinen Verdacht... Er träumte nur von seiner Entlassung, faselte nur von ihr, und ich freute mich, als ich erfuhr, daß es ihm glückte, wieder nach draußen, in die Freiheit zu gelangen. »Sogar der Sowchos ist eine Art von Paradies«, sagte er, als wir uns sahen... Der andere war ein Mensch mit niedriger Stirn, der etwas Animalisches an sich hatte – einmal hatte er einen Verbrecher entwischen lassen und verlor deshalb seine Arbeit, die ihm soviel Möglichkeiten geboten und offensichtlich seinem Geschmack entsprochen hatte. Jahre hindurch fluchte er, in nüchternem und betrunkenem Zustand auf die »Konterrevolutionäre«, »die Deutschen«, »die Schädlinge«, »die Faschisten«, auf den »Feind«, der ihm seine Karriere verdorben hatte. Er träumte davon, diesen Verbrecher aufzuspüren und zu erledigen. Im geheimen hegte er auch Zweifel an der Sowjetführung: »Warum verfahren sie mit solchen Verbrechern so sanft? Sie gehören nicht ins Lager geschickt, sondern zur Vernichtung!« – und er schnalzte bei diesem Gedanken laut mit den Fingern.

Schlecht wäre es für uns gewesen, hätte man den verhafteten Mandelstam für die Verbannung nicht Oska, sondern einem solchen Menschen anvertraut.

Vierzehntes Kapitel

Das Schokolädchen

Das erste Mal stiegen wir in Swerdlowsk um. Während der vielen Stunden, die wir dort auf dem Bahnhof warten mußten, wichen die Begleitsoldaten nicht nur nicht von O. M.s Seite, sondern auch nicht von meiner. Ich wollte ein Telegramm aufgeben – unmöglich! Brot kaufen – unmöglich! Zum Zeitungskiosk gehen – unmöglich! Auf den kleinen Zwischenbahnhöfen ließen sie mich auch nicht aussteigen – das war verboten! O. M. bemerkte dazu: »Das heißt, du bist auch gefangen.« Ich versuchte den Begleitsoldaten klarzumachen, daß ich nicht verschickt würde, sondern freiwillig meinen Mann begleite. »Das geht nicht. Die Instruktionen!«

Swerdlowsk – das war stundenlanges Warten, vom Morgen bis spät in den Abend hinein saßen wir mit zwei bewaffneten Begleitsoldaten auf einer hölzernen Bahnhofsbank. Wir konnten nicht einmal ein wenig aufstehen, um uns die Beine zu vertreten, es war uns nicht erlaubt, uns überhaupt zu bewegen, unsere Lage zu verändern. Schon bei der kleinsten Bewegung wurden die Wachen unruhig und griffen nach ihren Pistolen. Aus unerfindlichen Gründen ließ man uns genau gegenüber dem Eingang Platz nehmen, wir sahen auf ihn, und, ob wir wollten oder nicht, wir mußten den ständigen Strom der Kommenden und Gehenden betrachten. Zuerst warfen sie schnell einen Blick auf uns, aber jeder wandte sich dann sofort wieder ab. Nicht einmal kleine Jungen verschwendeten ihre Aufmerksamkeit auf uns. Essen konnten wir auch nichts, denn der Proviant befand sich im Koffer, und bis dahin konnten wir uns nicht vorarbeiten – es war verboten. Auch an das Wasser kamen wir nicht heran. Hier wagte Oska nicht, die Instruktionen zu verletzen – Swerdlowsk war eine strenge Station.

Am Abend bestiegen wir die Kleinbahn Swerdlowsk–Solikamsk. Auf dem Abstellgleis bestiegen wir einen Eisenbahnwagen mit Sitzbänken, von den übrigen Passagieren trennte man uns durch mehrere freibleibende Bänke. Die ganze Nacht über standen zwei Soldaten bei uns Wache; der dritte ließ sich, nachdem er einige starrköpfige Passagiere von dort vertrieben hatte, auf der letzten leerstehenden Bank nieder. In Swerdlowsk hatten wir nebeneinander gesessen, jetzt im Abteil saßen wir einander gegenüber an den Fensterplätzen des nicht beleuchteten Eisenbahnwagens. Die Nächte waren schon weiß, und vor uns tauchten die unendlichen Wälder des Ural auf, Bahnstationen und Hügel. Die Fahrt ging durch dichte Wälder, und O. M. konnte sich von ihrem Anblick nicht losreißen, er sah die ganze Nacht hindurch aus dem Fenster hinaus. Das war nun schon die vierte schlaflose Nacht.

Wir fuhren in überfüllten Eisenbahnwagen, auf Dampfschiffen, wir saßen in lauten, von Menschen überfüllten Bahnhofshallen, aber nirgends lenkte einer seine Aufmerksamkeit auf dieses sonderbare Schauspiel, das zwei Menschen verschiedenen Geschlechts, von drei bewaffneten Soldaten begleitet, darstellte. Es drehte sich nicht einmal jemand nach uns um, um uns genauer in Augenschein zu nehmen. Ob sie im Ural an solche Anblicke gewöhnt waren oder vielleicht nur die Infektion fürchteten? Wer weiß. Wahrscheinlich aber gehörte es zur besonderen sowjetischen Etikette, die von unserem Volk im Verlauf vieler Jahrzehnte streng beachtet wurde: wenn die Obrigkeit jemanden verbannt, so sagt jeder, das sei nötig, und weiß von nichts. Die Gleichgültigkeit des Volkes verletzte und kränkte O. M.: »Früher gaben sie den Gefangenen ein Almosen, und jetzt werfen sie nicht einmal mehr einen Blick auf sie.« Schreckerfüllt flüsterte er mir ins Ohr, vor den Augen dieser stumpfen Menge könne man mit Gefangenen machen, was man wolle – sie erschießen, erschlagen, zerreißen –, niemand würde sich einmischen. Die Zuschauer würden dem dann nur den Rücken kehren, um sich das unangenehme Schauspiel zu ersparen. Den ganzen Weg über versuchte ich irgend jemandes Blick zu erhaschen, aber es gelang mir nicht.

Ob nur der Ural so steinhart war? 1938 lebte ich in Strunino, in der Hundert-Werst-Zone um Moskau; es war eine kleine Ansiedlung von Textilarbeitern auf dem Weg nach Jaroslawl. In diesen Jahren wurden allnächtlich ganze Kolonnen von Gefangenen hier durchgeschleust. Wenn die Nachbarn zu meiner Hauswirtin kamen, redeten sie nur von diesen Transporten. Sie waren richtig betrübt darüber, daß es ihnen verboten war, sich der Gefangenen anzunehmen und ihnen etwas Brot zu geben. Eines Tages faßte meine Hauswirtin Mut und warf in das zerbrochene und mit Draht vergitterte Fenster des Güterwagens eine kleine Tafel Schokolade – sie hatte sie ihrem Töchterchen mitgebracht –, eine seltene Delikatesse in einer ärmlichen Arbeiterfamilie. Ein Soldat trieb sie unter Flüchen mit seinem Gewehrkolben davon, aber sie war glücklich – es war ihr gelungen, etwas zu vollbringen! Einer der Nachbarn seufzte besorgt auf: »Es ist besser, sich rauszuhalten. Sie werden dich ins Jenseits befördern, vor das Betriebsgewerkschaftskomitee schleppen.« Aber meine Wirtin »saß zu Hause«, sie arbeitete nirgends und mußte deshalb auch kein Betriebsgewerkschaftskomitee fürchten. Ob wohl ein Mensch der kommenden Generationen verstehen kann, was diese kleine Tafel Schokolade mit dem Kinderbild auf der Hülle in dem schwül-drückenden Viehwagen mit Gefangenen im Jahre 1938 bedeutete? Menschen, für die die Zeit stehengeblieben war, der Raum zur Zelle wurde, zum Karzer, zur Stehzelle, zum Eisenbahnwagen, der bis zum letzten mit halbtoter Menschenfracht vollgestopft war, Menschen, die verstoßen und vergessen waren, ausgestrichen aus den Listen der Lebenden, die ihre Namen und Beinamen verloren hatten, numeriert und abgestempelt waren, mit Begleitschreiben in dieses dunkle Nichtsein der Lager abtransportiert wurden, diese Menschen erhielten jetzt die erste Botschaft aus der anderen, für sie verbotenen Welt: ein billiges Kinderschokolädchen sagte ihnen, daß sie noch nicht vergessen seien und es noch Menschen jenseits der Gefängnismauern gebe.

Auf dem Wege nach Tscherdyn tröstete ich mich mit dem Gedanken, die rauhen Menschen des Ural hätten wohl nur Angst, uns anzusehen, aber jeder, der uns begegnete, würde, wenn er nach Hause zurückkehrte, flüsternd dem Vater, der Frau oder der Mutter von zwei Menschen erzählen – einem Mann und einer Frau –, die von drei Soldaten irgendwohin in den Norden getrieben wurden.

Fünfzehntes Kapitel

Der Sprung

Gleich in der ersten Nacht, als ich merkte, daß O. M. nicht schlief, sondern mit untergeschlagenen Beinen auf der Bank saß und angestrengt in die Dunkelheit horchte, begriff ich, daß er krank war. »Hörst du?« fragte er mich, als sich unsere Blicke trafen. Ich hörte das Klopfen der Räder und das Schnarchen der Reisenden. »Für dich ist dieses Geräusch bedeutungslos. Du hörst nie etwas.« Er hatte wirklich ein außerordentlich scharfes Gehör und vernahm das geringste Geräusch, das für mich nicht wahrnehmbar war; dieses Mal gab es aber wirklich nichts zu hören.

Die ganze Fahrt über lauschte O. M. angespannt; von Zeit zu Zeit zuckte er zusammen und sagte mir, die Katastrophe nähere sich, man müsse auf der Hut sein, damit sie nicht unerwartet einträfe. Mir wurde klar, er erwartete nicht nur die letzte, gewaltsame Abrechnung – ich selbst zweifelte nicht daran, daß sie käme, aber er rechnete von Minute zu Minute mit ihr, jetzt, hier, unterwegs. »Auf dem Wege?« fragte ich. »Du denkst wahrscheinlich an die sechsundzwanzig Kommissare.«* – »Warum nicht?« antwortete O. M. »Denkst du, unsere sind dazu nicht fähig?« Wir beide wußten, daß sie wirklich zu allem fähig waren. In seinem Wahnsinn aber hoffte O. M., »dem Tod zuvorzukommen«, ihm zu entlaufen, ihm zu entgleiten und umzukommen, aber nicht durch die Hand derer, die die Menschen erschossen. Es war seltsam, aber wir alle, ob wir nun wahnsinnig oder normal sind, gaben und geben diese eine Hoffnung niemals auf: der Selbstmord ist für uns die letzte Zuflucht, der letzte Ausweg, den wir immer noch gehen können. Viele Menschen waren in den zwanziger Jahren fest entschlossen, nicht lebend in die Hände der Geheimpolizei zu fallen, und dann kam sie doch ganz unerwartet.

Dieser Gedanke eines möglichen letzten Ausweges tröstete und beruhigte mich mein ganzes Leben hindurch, und nicht selten, in verschiedenen unerträglichen Situationen unseres Lebens, schlug ich O. M.

* 1921 waren angeblich auf britischen Befehl 26 bolschewistische Kommissare in Baku erschossen worden.

vor, zusammen unserem Leben selbst ein Ende zu setzen. O. M. lehnte meinen Vorschlag aber stets entschieden ab.* Sein wichtigster Einwand lautete: »Woher weißt du, was dann kommt? Das Leben ist ein Geschenk, das man nicht abschlagen kann.« Seine letzte und für mich überzeugendste Überlegung war: »Weshalb hast du dir in den Kopf gesetzt, daß du glücklich sein müßtest?« O. M. war ein von Grund auf lebensfroher Mensch, nie suchte er das Unglück, setzte aber auch nicht auf das sogenannte Glück. Für ihn gab es diese Kategorien nicht.

Im übrigen schob er all das auch häufig mit einem Scherz beiseite: »Selbstmord begehen? Das ist unmöglich! Was würde Awerbach dazu sagen? Das wäre ja schließlich entschieden ein positives literarisches Faktum!« Und dann: »Mir ist es unmöglich, mit einer professionellen Selbstmörderin zusammenzuleben.« Der erste Gedanke an einen Selbstmord tauchte bei ihm während der Krankheit, auf der Reise nach Tscherdyn, auf, er wollte dem Tod durch Erschießen, der ihm unvermeidlich erschien, entkommen. Damals sagte ich zu ihm, daß, wenn sie uns erschießen, es auch gut sei. »Sie ersparen uns damit den Selbstmord.« Als er schon krank war und ihn im Fieberwahn nur eine übermächtige Idee beherrschte, lachte er plötzlich auf: »Und du plädierst immer für dasselbe.« Von diesem Zeitpunkt an, als unser Leben immer schwieriger wurde, kamen wir häufiger auf dieses Thema zu sprechen. O. M. sagte dann: »Warte ab. Jetzt noch nicht. Laß uns erst einmal sehen.« 1937 beriet er sich sogar mit Anna Andrejewna über diese Frage, sie aber meinte: »Wissen Sie, was sie tun werden? Jetzt beginnen sie schon die Schriftsteller mehr zu schonen, und einem gewissen Leonow haben sie sogar eine Datscha geschenkt. Warum sollten Sie dann so handeln?« Hätte er sich damals zu diesem Schritt entschlossen, so wäre ihm die zweite Verhaftung und die nicht endenwollende Fahrt im Viehwagen nach Wladiwostok – in das Lager, in den Schrecken, in den Tod – erspart geblieben, und ich hätte ihn nicht überleben müssen. Immer wieder wundert es mich, wie schwer sich Menschen dazu entschließen können, diese schicksalhafte Schwelle zu überschreiten. Wenn das Christentum den Selbstmord verbietet, so entspricht das irgendwie zutiefst der menschlichen Natur – denn unsere Zeit zeigte, daß der Mensch diesen Schritt nicht vollzieht, wenn auch das Leben meist weitaus schrecklicher ist als der Tod. Als ich dann allein zurückgeblieben war, tröstete ich mich oft mit O. M.s Satz: »Warum glaubst du, du müßtest glücklich sein?« Ebenso fiel mir häufig ein Gespräch ein,

* Wie viele andere Mitteilungen Georgij Iwanows, so entbehrt meiner Meinung nach auch die Behauptung, O. M. habe in früher Jugend in Warschau einen Selbstmordversuch unternommen, jeglicher Begründung. *N. M.*

das der Protopope Awwakum mit seiner zu Tode erschöpften Frau hatte: »Wie weit müssen wir noch gehen, Protopop?« Der antwortete: »Bis hin zum Grab, Frau!« und sie stand auf und ging weiter.

Sollten meine Notizen die Zeit überstehen, so mögen manche Leute beim Lesen der Meinung sein, die Verfasserin sei ein kranker Mensch gewesen, ein Hypochonder. Sie werden alles vergessen und dieser Zeugenaussage keinen Glauben schenken. Wieviel Menschen im Ausland glauben uns bis heute noch nicht. Und sie sind schließlich Zeitgenossen – uns trennt nur der Raum, nicht aber die Zeit. Vor kurzem las ich folgende scharfsinnige Überlegung: »Es heißt, dort hätten sich ALLE gefürchtet. Es kann aber nicht sein, daß sich alle fürchten: die einen fürchteten sich, die anderen nicht.« Das ist durchdacht und logisch, aber unser Leben war weit davon entfernt, logisch zu sein. Und ich war ganz und gar kein »professioneller Selbstmörder«, als den O. M. mich mehr oder minder scherzhaft bezeichnete. Viele dachten damals an Selbstmord. Nicht umsonst war ›Der Selbstmörder‹ das seit langem erfolgreichste Theaterstück in der Sowjetunion.

Im Eisenbahnwagen, in Begleitung der drei Soldaten, dachte O. M. zum erstenmal an Selbstmord, das war ein Zeichen dafür, daß er krank war. Alles um ihn herum hatte er stets bis ins letzte Detail wahrgenommen. Irgendwo in einem Konzept schrieb er: »Die Aufmerksamkeit ist die große, kühne Leistung des Dichters; Zerstreutheit und Wirrnis sind Ausflüchte für seine Faulheit.« Und hier auf dem Weg nach Tscherdyn wandten sich diese gierige Beobachtungsgabe und sein überaus geschärftes Gehör gegen ihn selbst und führten seiner Krankheit gefährliche Nahrung zu. Inmitten des dichten Bahnhofgetriebes und während der Fahrt registrierte er ununterbrochen jede Kleinigkeit und bezog dabei alles auf sich – und ist nicht der Egozentrismus das erste Anzeichen einer seelischen Erkrankung? Aus allem zog er nur den einen einzigen Schluß: der verhängnisvolle Augenblick kommt immer näher.

In Solikamsk verlud man uns in einen Lastwagen, der uns vom Bahnhof zum Hafen brachte. Wir durchfuhren eine Waldschneise. Der Lastwagen war mit Arbeitern überladen. Einer von ihnen – ein Bärtiger, in rotbraunem Hemd, mit einem Beil in der Hand – jagte O. M. allein durch seinen Anblick großen Schrecken ein. »Die Hinrichtung wird wie zu Peters Zeiten vor sich gehen«, flüsterte er mir zu. Als wir dann auf dem Schiff, durch Oska allein, in einer Kajüte waren, lachte O. M. bereits wieder über seine Angst und erkannte klar, daß er die Menschen fürchtete, die überhaupt nichts Schreckliches an sich hatten, wie zum Beispiel die Bauern von Solikamsk. Und er klagte, sie würden ihn sich jetzt beruhigen lassen und »dann sich wieder an ihn heranmachen«, wenn er es überhaupt nicht erwarte. So geschah es auch vier Jahre später.

In seiner geistigen Umnachtung wußte O. M., was ihn erwartete. Als er wieder gesund war, verlor er völlig jedes Gefühl für die Realität und vertraute auf seine persönliche Sicherheit. In dem Leben, das wir lebten, öffneten Leute mit gesunder Psyche nur ungern ihre Augen gegenüber der Realität, denn sie liefen Gefahr, sie für eine Fieberfantasie zu halten. Die Augen geschlossen zu halten ist schwer und erfordert große Anstrengungen. Nicht zu sehen, was um einen herum vorgeht, heißt nicht einfach passiv zu sein. In psychischer Blindheit erreichten die Sowjetmenschen eine erstaunliche Fertigkeit, allerdings wirkte sich das auf ihre seelische Struktur verderblich aus. Die Generation der freiwillig Blinden verliert jetzt an Bedeutung, der Grund hierfür ist ganz einfach ihr Alter; aber was haben sie ihren Nachkommen als Erbe hinterlassen?

In Tscherdyn gefiel uns die Landschaft und das altrussische Gesicht des Städtchens. Man fuhr uns zur Tscheka und gab uns dort mit unseren Dokumenten beim Kommandanten ab. Oska erklärte, er habe einen besonderen Vogel hertransportiert, es sei befohlen, ihn unbedingt zu erhalten. Der Kommandant war mehr ein Typ der inneren als der äußeren Ochrana, einer von denen, die Menschen erschossen und quälten und wegen ihrer Grausamkeit, das heißt, weil sie Zeugen von Vorgängen waren, an die man sich nicht erinnern wollte, weit weg abgeschoben wurden; ihn versuchte Oska mit allen Mitteln zu beeinflussen. An dem neugierig-boshaften Blick des Kommandanten und daran, wie leicht ich ihn veranlassen konnte, für uns eine Aufnahme im Krankenhaus zu erwirken, konnte ich ablesen, daß sich Oska alle Mühe gegeben hatte. Wie mir später die nach Tscherdyn Verschickten erzählten, ließ der Kommandant gegen die unter Bewachung Angekommenen niemals »große Nachsicht« walten. Im Krankenhaus wies man uns einen großen leeren Krankensaal zu. Dort standen zwei knarrende Betten an der Wand.

Ich hatte fünf Nächte nicht geschlafen, sondern immer nur den völlig gestörten Vertriebenen beobachtet. Durch die endlose weiße Nacht ganz ausgezehrt, fiel ich im Krankenhaus gegen Morgen in einen unruhigen, gleichsam gläsernen Schlaf, durch den hindurch ich sah, wie O. M. mit untergeschlagenen Beinen und aufgeknöpfter Jacke auf dem schwankenden Bett saß und in die Stille hineinhorchte.

Plötzlich spürte ich, im Schlaf, eine Veränderung: mit einem Mal befand er sich am Fenster und ich mich neben ihm. Er schwang seine Füße ins Freie, und ich bemerkte, wie er sich immer weiter hinunterließ. Das Fensterbrett war hoch. Verzweifelt streckte ich die Hände nach ihm aus und klammerte mich an die Ärmel seiner Jacke. Er entwand sich meinem Griff und stürzte hinunter, ich hörte den Aufprall, einen Schrei. Die leere Jacke hielt ich in meinen Händen. Schreiend lief ich durch den Krankenhausgang, die Treppe hinunter, auf die Straße, Sanitäter rannten hinterher. Wir fanden O. M. auf einem Erdhaufen, unterhalb eines frisch umgegrabenen Blumenbeetes. Er lag zu einem Klumpen zusammengerollt da. Fluchend schleppten sie ihn nach oben. Vor allem beschimpften sie mich, daß ich nicht gut genug aufgepaßt hätte.

Eine aus dem Schlaf hochgescheuchte und sehr böse Ärztin kam und besah sich ihn kurz. Sie sagte, er habe sich die rechte Schulter verrenkt. Sonst sei alles in Ordnung. Es war also noch gut ausgegangen – er war aus dem Fenster im dritten Stock eines Landkrankenhauses gesprungen, mindestens dem vierten Stock eines Neubaus vergleichbar.

Eine Menge von Sanitätern und anderem Hilfspersonal kam herbeigeeilt, Gott weiß, wer sie alle waren. O. M. lag auf dem Fußboden eines völlig leeren Raumes, der hier als Operationssaal bezeichnet wurde. Er entwand sich den kräftigen Griffen der Männer, und die Ärztin renkte ihm unter lautem Fluchen, das eine in diesem Krankenhaus nicht mögliche Narkose ersetzte, die Schulter ein. Der Röntgenapparat war außer Betrieb, denn während der hellen Nächte wurde der Strom aus Ersparnisgründen abgestellt, und der Monteur befand sich in Urlaub. Deshalb bemerkte die Ärztin nicht, daß O. M.s Schulterbein einen einfachen Bruch erlitten hatte. Dieser Bruch stellte sich erst viel später heraus, in Woronesch, dort mußte O. M. noch einmal in die Chirurgie, weil er seine Hand nicht benutzen konnte. Die Heilung dauerte lange, und erst allmählich konnte er den Arm wieder gebrauchen. Er war aber nicht imstande, ihn hochzuheben, um zum Beispiel einen Mantel aufzuhängen. Dazu nahm er den linken Arm.

Nach dem nächtlichen Sprung trat eine Beruhigung ein. So drückte er es auch in seinen Versen aus: »Der Sprung – und ich war wieder bei Sinnen.«

Sechzehntes Kapitel

Tscherdyn

Unrasiert und mit biblischem Patriarchenbart lag O. M. zwei Wochen im Krankenhaus von Tscherdyn und betrachtete mit ruhigem, gesammeltem Blick sehr genau alles, was um ihn herum vor sich ging. Ich glaube, niemals, außer bei diesem Krankenhausaufenthalt, hatte er einen solch gelassenen Blick. Er fürchtete nicht mehr die Bauern, die bärtig wie er, auf dem Krankenhauskorridor umherwanderten; ihm half, wie er mir damals sagte, die Erfahrung von Solikamsk: Bauern sind Bauern, und von ihnen hat man nichts Schlimmes zu erwarten. »Die« sehen ganz anders aus. Die Bauern hatten völlig vernachlässigte eiternde Geschwüre, und man behandelte sie mit den gleichen altmodischen Barbiermethoden wie O. M. Die Gespräche, die sie miteinander führten, waren ruhig und ohne jegliche Hast, und aus irgendeinem Grunde lächelten sie stets. Vieles im menschlichen Verhalten ist unbegreiflich — so auch dieses leicht spöttische Lächeln. Leichter waren ihre Geschwüre zu erklären — Umsiedlung unter ungeheuerlichsten Verhältnissen, übergroße Lasten, Schläge. Eine kleine Frau mit dem Gesicht einer radikalen Intellektuellen von 1860, auch eine Verbannte, arbeitete im Krankenhaus als Hausmeisterin und sah es als unwahrscheinlichen Glücksfall an, diese Arbeit bekommen zu haben — sie erklärte, sie sei bereit, für diese Bauern ihr Leben zu opfern. Nach dieser Äußerung wußte O. M., was für ein Mensch sie war.

Und wie nannte man dort diese bärtigen Bauern? Umsiedler? Zwangsverschleppte? Ich erinnere mich nicht daran, weiß nur, es war verboten, sie als Entkulakisierte zu bezeichnen. Wir lieben es nicht, die Dinge beim richtigen Namen zu nennen. Die bärtigen Menschen mit den eiternden Geschwüren liegen jetzt schon lange im Grab. Niemals und nirgends erwähnen wir sie. Scheuen wir uns, diese Geschwüre zu berühren?

Damals wurde nicht nur bei der Zwangsarbeit, sondern ebenso bei Verbannungen in entfernte Gebiete Kameradschaft und Hilfsbereitschaft geübt. In der Freiheit draußen gab es das schon lange nicht mehr, aber Tscherdyn lebte von der Tradition, und die Hausmeisterin bewegte unser Schicksal sehr. Sie bestand darauf, daß ich jetzt für den

Winter Rentierstiefel kaufen solle – nachher gäbe es keine mehr –, und sie kümmerte sich um einen Gemüsegarten für uns; sonst hätten wir nichts zu essen. (Den Verbannten wurde ein kleines Stückchen Land für einen Gemüsegarten zugewiesen.) Ein Zimmer mußte man sich aber selbst mieten. Wie überall, herrschte auch in Tscherdyn große Wohnungsnot, und die Verbannten waren in verschiedenen Ecken zusammengepfercht. Wir gingen mit der Hausmeisterin zu einem kurzbeinigen Männchen, das sich gut einzurichten verstand. In einem Haus hatte es eine Ecke mit Plüschvorhängen abgetrennt, selbst Regale gebaut, in denen von oben bis unten Aufsätze von Marx und Engels lagen. Hinter diesen Vorhängen lebte er gemeinsam mit seiner Frau, und beide gingen alle drei Tage auf die Kommandantur, um sich dort zu melden. O. M. mußte das auch, obwohl er im Krankenhaus war. Sie stellten ihm ein Papier aus, das aber nicht als »Aufenthaltsgenehmigung« dienen konnte, und der Kommandant stempelte es alle drei Tage ab. Die Verbannten von Tscherdyn befürchteten, der Kommandant könne O. M. aus der Stadt hinaus aufs Land verweisen. Tscherdyn war die Kreisstadt, und es sollte keiner dort bleiben: »Sie befürchten, daß wir hier zu viele werden.« »Hat er denn das Recht dazu?« fragte ich und wies darauf hin, daß O. M.s Bestimmungsort doch »Tscherdyn« und nicht das Gebiet um Tscherdyn war. »Wir sind ihm völlig ausgeliefert. Er schickt uns wohin er will. Zu Beginn des Frühjahrs waren hier wesentlich mehr Politische, aber er hat sie alle aufs Land gewiesen, wo man nur körperliche Arbeit bekommt, und die meisten Genossen waren krank«, sagte die Hausmeisterin. Bei Zwangsarbeit und in der Verbannung erhielt das Wort »Genosse« eine ganz besondere Bedeutung, die man draußen in der Freiheit schon längst vergessen hatte.

Der Mann der Hausmeisterin stritt ständig mit dem kurzbeinigen Marxisten, der hinter dem Plüschvorhang wohnte. Das waren Überbleibsel der zerschlagenen Parteien, späte Nachwirkungen, die sich an ihrem Rande abspielten; der eigentliche Streit hatte schon während des zaristischen Regimes im Untergrund begonnen. Die Frauen beschäftigten sich mehr mit Hauswirtschaft und Arbeit als mit Streit und hatten offensichtlich große Sehnsucht nach ihren Kindern. Beide Ehepaare hatten ihre Kinder bei Verwandten zurückgelassen. »Wie mag es ihnen dort wohl gehen!« seufzten die Mütter, aber sie konnten sich nicht entschließen, ihre Kinder zu sich zu nehmen. »Wir sind Verbannte, und dort können sie leben.« Von ihrer eigenen Zukunft hatten sie eine sehr klare Vorstellung: in gegebenem Fall würde man ihnen den Garaus machen oder sie in ein Lager treiben. »Vielleicht schlagen sie auch einen weicheren Kurs ein«, sagten wir einmal zu dem Marxisten. »Was meinen Sie!« antwortete er. »Jetzt beginnen sie ja erst richtig.« Auch ich glaubte es nicht. Ich dachte, wie natürlich es war, daß diese Menschen so ohne Hoffnung in ihre Zukunft blickten; in ihrer Lage war Optimismus wirklich nicht angebracht. Aber es konnte doch nicht ewig so weitergehen. Während meines langen Lebens schien es mir oft, wir hätten die Grenze erreicht, und nun müßte bald das eintreten, was ich einen weicheren Kurs nannte. Niemand trennt sich gern von seinen Illusionen.

Die Verbannten von Tscherdyn beruhigten mich über O. M.s Gesundheitszustand: »Von dort kommen sie alle in einem solchen Zustand heraus, und dann nach einer Weile erholen sie sich wieder.« »Warum in einem solchen Zustand?« fragte ich. Sie konnten es mir nicht erklären. »War es früher denn auch so?« Sie hatten alle in zaristischen Gefängnissen gesessen und konnten mich darüber aufklären, wie es gewesen war. Aber sie erzählten nur, daß früher eine Haft sich nicht derart auf die psychische Verfassung des Menschen ausgewirkt habe. Man müsse sich nicht beunruhigen: »Es« gehe spurlos vorbei. Die Krankheit dauere zwei bis drei Monate. Das wichtigste sei die innere Disziplin. Man dürfe nicht an die Zukunft denken – sie bringe sowieso nichts Gutes. Jetzt müsse man die Zeit in Tscherdyn wie eine letzte Atempause ausnützen. Nichts dürfe man erwarten, und auf alles müsse man gefaßt sein. Das war das Geheimnis.

Sie beschworen mich, doch nicht mit dem Schicksal zu hadern und nicht das letzte Geld an Telegramme zu verschwenden. Alle Verbannten, die nur noch von den Erlebnissen, die ihnen »drinnen« widerfahren waren, beherrscht wurden, bombardierten anfangs die Regierung mit Protesttelegrammen. Niemand habe jedoch jemals eine Antwort erhalten. Meine neuen Bekannten verfügten über eine ungeheuere Erfahrung. Sie hatten nun mehr als zehn Jahre Verbannung und Lager hinter sich, zuerst getrennt, dann aber war es den Männern und Frauen gelungen, wieder zusammenzukommen. Ich erinnerte mich an den alten G., einen Arzt aus der Provinz. Ich hatte ihn Anfang der zwanziger Jahre in Moskau kennengelernt. Er war in die Hauptstadt gereist, um »vorstellig« zu werden, und hatte nichts erreicht. »Niemanden haben sie dagelassen«, sagte er zu mir, »alle haben sie verschickt, sogar Milja, sogar Nolja.« Er zählte mir seine Söhne und die halbwüchsigen Enkel auf: »Das hat es noch nie gegeben.« Der Alte erinnerte sich an frühere Zeiten, als man seinen ältesten Sohn mehrmals verbannt hatte: die Enkel kamen dann sogleich zu ihm, und die Verhaftung des Sohnes brachte keinem anderen Familienmitglied Nachteile – alle blieben frei und lebten, wie sie wollten. Jetzt versuchte dieser alte Arzt aus der Provinz, wenigstens einen der Minderjährigen freizubekommen, aber es gelang ihm nicht.

Ich trug den Gefangenen von Tscherdyn die Formel »Isolieren, aber erhalten« vor. Was versprach diese Formel? Ob danach der Kommandant es wagen konnte, O. M. hinaus aufs Land zu verschicken, in noch schwerere Verhältnisse? Ob sie eine Erleichterung des Loses bewirken konnte, eine Heilbehandlung? Sie zweifelten daran. Viele von ihnen waren persönlich mit Menschen bekannt, die bei der Regierung, einschließlich Stalin, in Ungnade gefallen waren. Mit ihnen waren sie sowohl im Untergrund des zaristischen Regimes als auch in der Verbannung zusammengetroffen. Jetzt aber, nachdem sie verbannt waren, erhielten sie oft die Zusicherung, sie würden nur »isoliert«, und man bemühe sich, »ihnen gute Verhältnisse zu schaffen«, damit sie leben und arbeiten könnten. Diese Versprechungen jedoch erfüllte man nie, und alle Gesuche und Briefe, mit denen sie die Regierung bombardierten, verschwanden spurlos. Die Isolierung gewährleistete nicht »Erhaltung«. Die Liquidierung erfolgte zumeist ganz stillschweigend, ohne Zeugen und im »gegebenen Moment«. Das einzige, worauf man hoffen konnte, war das eigene Durchstehvermögen und die eigene Disziplin. Die Hoffnung aufgeben, den Untergang erwarten, und doch die menschliche Würde nicht verlieren. Sie zu bewahren war schwierig, dazu war es nötig, alle Kräfte zusammenzunehmen. Die Erfahrung und die nüchterne Analyse der Lage lehrten es. So unterwiesen uns Menschen, die schon lange vor uns all das durchgemacht hatten. Uns aber schien es, als seien sie in ihrem Pessimismus nicht ganz objektiv: sie hatten ein so schweres Schicksal hinter sich, daß sie unwillkürlich alles in übertrieben dunklen Farben sahen. Drei Jahre Verbannung nach Tscherdyn – konnte das das Ende sein? Nein, alles würde in Ordnung kommen, alles leichter werden.

Der Mensch klammert sich an den kleinsten Hoffnungsschimmer, niemand möchte sich von Illusionen trennen. Und dem Leben gerade ins Antlitz zu sehen ist schwer. Die nüchterne Einschätzung der Lage und die sich daraus ergebenden Schlüsse erfordern übermenschliche Anstrengungen. Es gibt freiwillig Blinde – aber finden sich unter denen, die sich sehend wähnen, viele Menschen, die nicht nur umherschauen, sondern auch sehen? Ob sie nicht vielmehr bei dem, was sie sehen, leicht die Kontur verschwimmen lassen, damit sie ihre Illusionen und Hoffnungen behalten können... Ist nicht gerade das der Schlüssel für unsere Lebensfähigkeit?

Meine Bekannten in Tscherdyn hatten nur noch ein einziges Ziel – ihre menschliche Würde zu wahren. Dafür lehnten sie jegliche Tätigkeit ab und begaben sich angesichts des nahen Untergangs freiwillig in vollkommene Isolation. Zweifellos ist das eine Art passiven Widerstandes, aber im Vergleich damit scheint die in Indien ebenso bezeichnete Praxis als äußerst aktiver politischer Kampf. In gewissem Sinn schlugen sie damit den Weg zur Selbstvervollkommnung ein, der ihnen einstmals von den »Wechowzy« vorgeschlagen worden war und den sie widerwillig abgelehnt hatten. Sonst blieb ihnen keine Wahl. Sie konnten nur noch weinen, und niemand würde es hören.

Ganz zufällig erfuhr ich später das Schicksal der Hausmeisterin aus Tscherdyn. Sie wurde nach Kolyma* transportiert und erzählte einer dorthin verschickten Leningraderin von O. M.s Krankheit. Nach dem Sprung aus dem Fenster erwartete er immer noch seine Erschießung, aber er versuchte ihr nicht mehr durch Flucht zu entgehen. Die Ankunft der Mörder brachte er mit einer bestimmten Tagesstunde in Verbindung und erwartete sie voll Angst und Verwirrung. In dem Krankensaal, wo wir wohnten, hing eine große Wanduhr. Einmal gestand mir O. M., daß er die Bluttat um sechs Uhr abends erwartete. Die Hausmeisterin riet mir, heimlich die Uhr zu verstellen. Wir taten es gemeinsam, und O. M. wurden dadurch Aufregung und Angst, die das Herannahen der verhängnisvollen Stunde stets mit sich brachte, erspart. »Sieh doch«, sagte ich, »du hast von sechs Uhr gesprochen, und jetzt ist es schon Viertel nach sieben.« Obwohl es seltsam erscheint, gelang uns dieser Betrug, und der mit der bestimmten Stunde verbundene Angstanfall verlor sich.

Die Hausmeisterin erinnerte sich ganz genau an diesen Vorfall und erzählte ihn ihrer Barackennachbarin im Lager, einer Literatin aus Leningrad, E. M. Tager. Sie mußte ungefähr zwanzig Jahre mühsam in den Lagern dahinvegetieren, wurde dann nach dem XX. Parteitag rehabilitiert und durfte in die Heimat zurückkehren. Man wies ihr in dem selben Haus, in dem schon Anna Andrejewna wohnte, eine Wohnung zu, und dadurch lernten wir uns kennen. Da auch ich mich noch gut an Tscherdyn erinnern konnte, erkannte ich in ihrer Erzählung von dem Vorfall mit der Uhr die Hausmeisterin von Tscherdyn wieder. Zufall reihte sich an Zufall, und so konnte ich auf diesen Blättern – die möglicherweise einst noch in die Hände anderer Leute gelangen – schreiben, daß die schlimmen Erwartungen der Verschickten von Tscherdyn sich erfüllten. Meine namenlose Schwester aus Tscherdyn starb an völliger Erschöpfung in Kolyma. Über das Schicksal ihrer Kinder, auf die sie verzichtet hatte, damit »doch wenigstens sie leben konnten«, haben wir nichts erfahren. Ob sie dem Schicksal, das gewöhnlich die Kinder der Verschickten und zur Zwangsarbeit Verschleppten erwartet, entgehen konnten? Ob nicht auch sie für ihre Eltern, die ihre

* Im Gebiet von Kolyma im nordöstlichen Sibirien am Polarkreis liegen zahlreiche berüchtigte Zwangsarbeitslager.

menschliche Würde wahren wollten, mit Gefängnis und Lager büßen mußten? Und ob es endlich ihnen, den Kindern, gelang, die menschliche Würde, für die ihre Eltern so teuer bezahlten, zu wahren?

Ich weiß es nicht und werde es auch niemals erfahren.

Siebzehntes Kapitel

Halluzinationen

Wir gingen durch Tscherdyn, unterhielten uns mit Leuten, schliefen im Krankenhaus, und ich hatte schon die Furcht vor einem offenen Fenster verloren. Nur der Verband an der Hand erinnerte mich an den ersten Morgen – oder war es eine helle Nacht? – und daran, wie in meinen Händen die leere Jacke zurückgeblieben war. Als 1938 die Tschekisten O. M. erneut verhafteten, blieb in meinen Händen wieder nur ein leerer Rock zurück. In der Eile hatte O. M. vergessen, ihn anzuziehen.

Nach mehreren Tagen in Tscherdyn hatte O. M. sich beruhigt, der akute Erregungszustand war vorüber, die Krankheit selbst aber noch nicht überstanden. Wie früher erwartete er auch jetzt noch eine Gewalttat, aber in ihm war ein Umschwung vor sich gegangen, und er wandte sich jetzt in gewissem Sinne mehr der Realität zu. Nach dem Vorfall mit der Uhr, sagte er zu mir noch in Tscherdyn, dem gewaltsamen Ende, das ihn erwarte, könne er sicher nicht entrinnen, aber trotzdem eile es nicht, irgend etwas zu unternehmen; sogar seinem Leben selbst ein Ende zu setzen, sei nicht so einfach – »sonst würde niemand lebend in ihre Hände fallen«.

Die akute Erregung war vorüber, aber die akustischen Halluzinationen blieben. Er empfand sie nicht als innere Stimme, sondern als etwas Gewaltsames und völlig Fremdes. Schon in Tscherdyn sprach O. M. von ihnen in nahezu objektiver Weise. Er versuchte sich zurechtzufinden und alles zu ergründen. Er erklärte, die Stimmen, die er höre, könnten nicht von innen kommen, sondern nur von außen: sie sprächen nicht seine Sprache. »So kann ich nicht einmal denken.« Dieser Satz war für ihn der Beweis für die Realität dieser Stimmen. Die Fähigkeit, diesen Vorgang zu analysieren, hinderte ihn in gewissem Sinn daran, gegen die Halluzinationen anzugehen. An ihren inneren Ursprung konnte er nicht glauben, da er der Meinung war, eine Halluzination müsse in irgendeiner Weise die eigene Innenwelt wiedergeben.

»Vielleicht ist es etwas Verdrängtes?« fühlte ich behutsam vor. Er lehnte das scharf ab, »etwas Verdrängtes« sei für ihn etwas vollkommen anderes, das aber sei viel fremder. »Ängste sind auch etwas völlig anderes.« O. M. öffnete sich in seinen Gedichten, so daß wenigstens für mich sehr wenige »dunkle Flecken« bei ihm blieben. Ich spreche von »dunklen Flecken«, denn auf seine Art war er ein zurückhaltender Mensch, und es gab Themen, die er fast nie ansprach. Zum Beispiel redete er niemals über die Assoziationsfolge bei Gedichten. Gedichte kommentierte er überhaupt nicht, selten sprach er sich über die ihm besonders nahestehenden Dinge und Menschen aus, über die Mutter oder zum Beispiel über Puschkin. Mit anderen Worten, bei ihm gab es Bereiche, deren Berührung er nahezu als Gotteslästerung empfand, und genau das meine ich, wenn ich von ihm als zurückhaltendem Menschen spreche. Dies konnte man aber nicht als »Störungen« bezeichnen, er war kein Mensch zurückgehaltener Gedanken, Gefühle und Empfindungen, vielmehr das Gegenteil. Und kann man überhaupt von »Störungen« reden, wenn eine Krankheit durch zu starke Reaktion auf die Wirklichkeit hervorgerufen wird?

»Wessen Sprache ist es denn? Wessen Worte hörst du?« Genau konnte er es nicht bestimmen. Es konnten die Stimmen derer sein, die ihm durch die Gänge der Lubjanka zu den nächtlichen Verhören geführt hatten. Manchmal warfen sie einander Blicke zu und schnalzten dabei mit den Fingern – eine symbolische Geste, die soviel bedeutete wie »liquidieren«. Ihr ganzes Verhalten war ja nur darauf ausgerichtet, die Gefangenen mit Schrecken zu erfüllen, so arbeiteten sie gewissermaßen mit dem Untersuchungsrichter Hand in Hand. Das wußten alle, die schon einmal die Lubjanka erlebt hatten. Oft erinnerte sich O. M. an die Stimme des Menschen, der ihn aus »den eisernen Toren der GPU« herausgelassen hatte. O. M. bezeichnete ihn als Gefängniskommandanten, aber es konnte nur der diensthabende Offizier der Wache gewesen sein. Ihn selbst hatte er nicht gesehen, denn er befand sich ja im »Schwarzen Raben«, aber er hatte gehört, wie jemand, bevor er das Auto durch das Tor fahren ließ, die Papiere überprüfte, und diese Stimme hatte zusammen mit der ganzen Zeremonie einen großen Eindruck bei ihm hinterlassen. Hauptsächlich aber hörte er die ständig ihn bedrängenden Reden des Untersuchungsrichters, seinen stereotypen Satz von dem »Verbrechen und seiner Bestrafung«.

»Die Stimmen«, so sagte er zu mir, »sind wie ein ›Sammelzitat‹, das sich aus allem, das ich jemals hörte, zusammensetzt.« (Der Ausdruck »Sammelzitat« stammt von Andrej Belyj: Belyj sagte, er sehe jeden Autor nicht als eine Anhäufung bestimmter abgerissener Zitatsätze, sondern als eine Art verallgemeinerten »Sammelzitats«, das die Quintessenz seiner Gedanken und Worte sei.)

Ich wollte nachprüfen, wie weit sich O. M. in der Wirklichkeit zu orientieren vermochte, und fragte ihn, ob er nicht die Stimmen der Begleitsoldaten, zum Beispiel Oskas Stimme, höre oder die der Bauern, die mit uns im Krankenhaus waren. O. M. brauste auf: die Begleitsoldaten, das seien doch einfache Dorfburschen, die einen schrecklichen Dienst ausüben müßten – »hineingefallen wie das Huhn in die Kohlsuppe«. Auch die Entkulakisierten erlebte er genau wie ich. »Gewöhnliche Leute sind nicht fähig, in dieser Weise zu sprechen und zu denken.« »Gewöhnliche« Leute und jene, die er »drinnen« getroffen hatte, waren für ihn unvereinbar. Sowohl in Tscherdyn wie auch später sagte O. M. des öfteren: »Du kannst dir nicht vorstellen, wie sie sich dort heranschleichen.« Darin unterschied sich für ihn die »äußere Wache« (und auch manche Beamte, mit denen wir in Woronesch zu tun hatten) von dem Personal der Spezialabteilung, die nachts arbeitete. Die Leute für den Außendienst suchte man entsprechend dem Typ des Rotarmisten aus, aber die vom inneren Dienst waren ganz besondere Typen: »Um dort zu arbeiten, muß man schon einen speziellen Drang verspüren – gewöhnliche Leute halten das nicht aus.« In Tscherdyn zählte er nur den Kommandanten zu den Leuten, die »drinnen« ihren Dienst versahen. Sein Urteil stimmte mit dem der Verbannten vollkommen überein. Sie warnten uns, mit dem Kommandanten solle man so vorsichtig wie möglich sein und vor allen Dingen vermeiden, ihm oft unter die Augen zu kommen: »Gott weiß, was sich in seinem Gehirn zusammenbraut.« Er war ein Mann des Bürgerkriegs: »Er läßt sich immer von seinem Klasseninstinkt leiten«, sagte der kurzbeinige Marxist voller Schrecken, »und das führt zu nichts Gutem – denn du kannst schließlich niemals erraten, wohin ihn das treibt.« Der arme Teufel befand sich völlig in der Macht dieses Kommandanten, den man wegen eigenmächtigen Verfahrens in ein Randgebiet versetzt hatte. Der instinktive Schrecken, den O. M. diesem Menschen gegenüber empfand, war durchaus berechtigt.

O. M. hörte grobe Männerstimmen, die ihn einschüchterten und ihm sein Vergehen vor Augen hielten, sie zählten alle möglichen Strafen auf und bedienten sich der gleichen Sprache wie unsere Zeitungen während der stalinistischen Entlarvungskampagnen, sie belegten ihn mit ausgesuchten Schimpfwörtern und warfen ihm vor, er habe viele Menschen durch seine Gedichte zugrunde gerichtet. Die Stimme zählte dann die Namen derer auf, die im bevorstehenden Prozeß angeklagt würden, und sie appellierte an sein Gewissen, denn er sei ihnen zum Verderben geworden. So seltsam es auch war, aber das Wort »Gewissen« war bei uns völlig aus der Umgangssprache verschwunden – weder in Zeitungen noch in Büchern noch in der Schule wurde es verwandt, denn seine Funktion hatte anfangs »das Klassengefühl« und dann »der Nutzen für den Staat« übernommen; nur »drinnen« gab es dieses Wort noch und wurde zielgerecht eingesetzt. Dort wurde den Untersuchungsgefangenen ständig mit »Gewissensqualen« gedroht. Boris S. Kusin hat erzählt, wie sie ihm zugesetzt haben, als sie ihn aufforderten, ein Spitzel zu werden. Sie schreckten ihn mit Arrest, Behinderung bei der Arbeit, drohten ihm, unter seinen Freunden und Mitarbeitern Gerüchte über seine wahrscheinliche Tätigkeit als Geheimagent zu verbreiten, und dann führten sie ihm seine Gewissensqualen vor Augen, wenn er auch noch die Familie in Armut zöge, weil er den Vorschlag der Organe nicht angenommen habe. Dieses Wort, das in den Halluzinationen mit dem spezifischen Kontext immer wieder auftauchte, ließ klar erkennen, daß es aus den nächtlichen Verhören stammte. Auch der »Prozeß« und die Liste der einer Verschwörung gegen Stalin Beschuldigten stammte nicht von O. M., nicht aus einer dunklen Ecke seines Bewußtseins – diese Themen wiesen auf den Untersuchungsrichter hin, der erklärt hatte, nur einem Befehl »von oben« sei es zu verdanken, daß er »kein Verfahren eröffne«, und der danach immer die rhetorische Frage folgen ließ: Was außer einer Verschwörung kann ein solches Verhalten, wie es O. M. an den Tag legte, rechtfertigen? Unsere Realität stellt die kühnsten und krankhaftesten Vorstellungen weit in den Schatten.

Wo liegt in Zeiten wie der unseren die Grenze zwischen psychischer Normalität und Krankheit? O. M. und ich dachten an das gleiche, aber bei ihm verursachten diese Gedanken Sinnessensationen – er dachte nicht nur nach, sondern stellte sich vor, wie sich alles wenden könnte. Mitten in der Nacht weckte er mich auf und sagte, Anna Andrejewna sei verhaftet, und man führe sie soeben zum Verhör. »Weshalb denkst du das?« – »Ich glaube, es ist so.« Wir gingen durch Tscherdyn, und er suchte Anna Andrejewnas Leichnam in den Schluchten. Natürlich war das eine Wahnvorstellung. Nachdem die Lethargie, die mich im Eisenbahnwagen befallen hatte, überwunden war, konnte ich nachts nicht schlafen und mutmaßte, wen von unseren Verwandten und Freunden sie schon abgeholt hatten und was sie ihnen zur Last legten. Gut, wenn ihnen nur zur Last gelegt wurde, uns nicht angezeigt zu haben. Aber man konnte ihnen ja alles, was man nur wollte, anhängen. Dem Versprechen des Untersuchungsrichters, er werde »keine große Sache daraus machen«, Glauben zu schenken, wäre wirklich wahnsinnig und sogar dumm gewesen. Mir fiel Adalis ein: als ich erfahren hatte, daß sie wegen des Verfahrens gegen einen ihrer Männer vorgeladen worden war, dem Untersuchungsrichter alles glaubte und sich von dem in jeder Beziehung unschuldigen Menschen lossagte, hatte ich mich von ihr abgewandt.

War ich krank, wenn ich mir während meiner schlaflosen Nächte die Verhöre und Quälereien vorstellte, denen unsere Bekannten womöglich ausgesetzt waren? (Vorerst waren es wohl psychische, in jedem Fall aber solche Qualen, die keinerlei Spuren auf dem Körper hinterließen.) Nein, das sah nicht nach Krankheit aus. Jeder normale Mensch wäre an meiner Stelle von denselben Gedanken gequält worden. Wer von uns sah sich nicht immer wieder im Büro des Untersuchungsrichters, wer von uns überlegte sich nicht wegen der lächerlichsten Kleinigkeiten Antworten auf die Fragen, die man ihm dort stellen würde? Nicht umsonst finden wir bei Anna Andrejewna die Zeilen: »Dort hinter dem Stacheldraht, tief in der undurchdringlichen Taiga, führt man meinen Schatten zum Verhör.« Natürlich war O. M. in erhöhtem Maße empfindungs- und erregungsfähig. Leichter als andere Menschen erlitt er ein Trauma, ebenso wie er auf äußere Reize immer äußerst stark reagierte. Aber bedarf es einer solchen Überempfindungsfähigkeit, um an diesem Leben zu scheitern?

Freien Menschen empfiehlt man in einer solchen Lage, sich behandeln zu lassen. Ich verlangte eine gründliche Untersuchung. Die Ärztin, die das Krankenhaus leitete, weigerte sich entschieden, ihn zu einer Begutachtung zu schicken. Ihre Antworten erinnerten mich an Oska: »Es empfiehlt sich nicht.« Als ich darauf bestand, vermied sie es, mit mir zu sprechen, und zog sich mit Flüchen aus der Affäre. Einmal jedoch gelang es ihr nicht, noch länger an sich zu halten, und sie sagte mir: »Was wollen Sie eigentlich von mir? Alle kommen ›von dort‹ in der gleichen Verfassung hierher.«

Ich war der altmodischen Ansicht, man könne einen vom Wahn befallenen Menschen nicht verbannen – das wäre eine Ungesetzlichkeit. Wegen ihrer Gleichgültigkeit bezeichnete ich die Ärztin als Mörderin. Bald jedoch bemerkte ich, daß die bärtigen Bauern sich ihr gegenüber nicht unehrerbietig benahmen. »Sie kann sich nicht einmischen«, sagte einer von ihnen. »Was kann sie schon? Es ist eine glatte Rechnung – nichts.« – »Was für ein Mensch ist sie denn?« fragte ich. »Sie ist nicht schlechter als andere«, bekam ich von den Bärtigen zur Antwort. Und in der Tat ist es nicht möglich, hohe sittliche Qualitäten in jeder Lebenslage unter Beweis zu stellen. Als ich sie näher ansah, begriff ich, sie war eine ganz normale Distriktsärztin. Das Glück war ihr nicht gewogen – sie wurde in eine Gegend kommandiert, wohin man »von dort aus« die Menschen verbannte, und dazu mußte sie in ständigem Kontakt mit der Geheimpolizei stehen und »nach den Instruktionen verfahren«. Hier lernte sie ihre Zunge im Zaum zu halten und sich nicht in die Angelegenheiten der Obrigkeit einzumischen. Ganze Tage lang mühte sie sich mit den eiternden Verbänden der Bärtigen ab, sie beschimpfte sie, fluchte auf sie, aber trotzdem bemühte sie sich mit allen ihren Kräften, sie zu kurieren, und mir gab sie einen guten Rat: ich sollte nicht danach streben, O. M. nach Perm zur Begutachtung zu schicken und ihn unter keinen Umständen in ein Kurheim geben: »Das geht vorbei, dort aber richtet man ihn zugrunde. Sie wissen doch, wie es bei uns in solchen Häusern zugeht.« Ich hörte auf diesen Rat und tat gut daran: »Das« ging wirklich vorüber. Aber ich hätte gerne erfahren, wie »das« in der Medizin bezeichnet wird, warum es bei einer solchen Vielzahl von Untersuchungsgefangenen auftritt und welche Umstände »dort drinnen« die Häufigkeit dieser Erkrankung bedingen. Ich wiederhole, O. M. war übermäßig leicht erregbar, vielleicht neigte er sogar zu psychischen Erkrankungen; mich erstaunte nicht seine Krankheit, sondern die Tatsache, daß alle, mit denen ich zusammentraf, mir immer wieder die Häufigkeit dieser Erkrankung bestätigten; Menschen aber, die in zaristischen Gefängnissen – die sich keineswegs durch Humanität auszeichneten – gesessen hatten, bestärkten mich in meiner Annahme, daß man damals wohl die Häftlinge wesentlich strenger gehalten habe, sie seelisch aber alles unvergleichlich besser überstanden.

Als ich viele Jahre später mit dem Zug nach Osten fuhr, saß in meinem Abteil ein junges Mädchen, eine Ärztin, der auch kein glückliches Los zugefallen war: man hatte sie einem Lagerkrankenhaus zugeteilt. Es war keine so schreckliche Zeit – 1954 –, und das Mädchen unterhielt sich mit mir. Wohin ich führe? Wie sie sich aus ihrer Lage retten könne? Es sei ja nicht mehr auszuhalten. »Und vor allem, man kann nichts machen. Was ist schon ein Arzt? Wir verschreiben, was man uns diktiert, wir tun, was man uns befiehlt.« Damals wußte ich schon genau, wie wenig es Ärzte wagen konnten, sich irgendwelche Freiheiten herauszunehmen, und daß sie oft gezwungen wurden, gegen ihr Gewissen zu handeln. Einige vermuteten aber nicht einmal, daß sie ihrem ärztlichen Gewissen zuwiderhandelten, wenn sie sich weigerten, Krankheitsbescheinigungen auszustellen, Berichte zu schreiben oder eine Invalidität zu bestätigen. Warum hackte man auf den Ärzten so herum? Wir alle machen ja schließlich nur, was man uns befiehlt. Wir alle leben »nach Instruktionen«, und davor können wir die Augen nicht verschließen.

Achtzehntes Kapitel

Beruf und Krankheit

Akustische Halluzinationen scheinen mir für den Dichter eine Art Berufskrankheit zu sein. Wie viele Dichter (unter anderen auch O. M. und Anna Achmatowa in ihrem ›Gedicht ohne Held‹) sagen, beginne der Prozeß des Dichtens damit, daß vor dem inneren Ohr ein unabweisbarer musikalischer Gedanke entsteht, der, anfangs noch verschwommen, allmählich klarere Gestalt gewinnt, wenn auch die Worte noch fehlen. Oft mußte ich mit ansehen, wie O. M. versuchte, sich von der Melodie zu befreien, sie abzuschütteln, ihr zu entrinnen. Er schüttelte den Kopf, als wollte er einen Tropfen Wasser, der beim Baden ins Ohr gedrungen ist, herausschütteln. Aber sie war durch nichts zu dämpfen – weder durch Lärm noch durch Radio oder Unterhaltungen im selben Zimmer.

Anna Andrejewna erzählte, sie wäre, als das ›Gedicht ohne Held‹ sich anmeldete, bereit gewesen, alles mögliche zu tun, nur um sich von ihm zu befreien, sie wusch sogar Wäsche, aber nichts half. Ist der Differenzierungsprozeß vorangeschritten, schälen sich die Worte heraus und bewegen die Lippen. Das Schaffen des Komponisten und des Dichters haben etwas Gemeinsames, und das Auftreten der Worte ist der kritische Moment, der diese beiden Arten des Schaffens voneinander trennt.

Manchmal kam O. M. die Melodie während des Schlafes, wenn er dann aber erwachte, erinnerte er sich nicht mehr an die geträumten Verse.

Bei mir bildete sich der Eindruck heraus, Verse existieren, ehe sie verfaßt sind. (O. M. sagte niemals, Verse seien »geschrieben«. Er »komponierte« und schrieb sie dann auf.) Der ganze Prozeß des Dichtens besteht aus einem angestrengten Einfangen und Zutagefördern von etwas bereits Vorhandenem, eines formal und inhaltlich harmonisch aufeinander abgestimmten Ganzen, dessen Ursprung unbekannt ist und das sich langsam in Worte umsetzt.

Der letzte Arbeitsprozeß ist die Entfernung zufällig in die Verse hineingeratener Wörter, die sich nicht harmonisch in das noch im Entstehen begriffene Ganze einfügen. Diese Wörter, die sich zufällig eingeschlichen hatten, wurden, als das Ganze zutage trat, in Eile gewählt, um Lücken zu füllen. Sie blieben kleben, und es war eine sehr schwere Arbeit, sie auszumerzen. Die letzte Etappe ist ein angestrengtes Insichhineinhorchen, um die objektive und absolut genaue Einheit, die ein Gedicht darstellt, aufzuspüren. In den Versen ›Bewahre meine Rede‹ kam zuletzt das Epitheton »gewissenhaft« (»gewissenhafter Teer der Arbeit«) hinzu. O. M. klagte, hier müsse eine peinlich genaue nähere Bestimmung kommen, wie sie Anna Andrejewna hatte: »Nur sie kann das wirklich.« Er wartete gleichsam auf ihre Hilfe.

Bei seiner Arbeit an Gedichten bemerkte ich nicht nur einen, sondern zwei »Seufzer der Erleichterung« – einen, wenn die ersten Worte als Zeile oder Strophe auftauchten, den zweiten, wenn das zuletzt gefundene, genau treffende Wort den zufällig hineingeratenen Fremdling vertrieb. Damit endete dann auch das Insichhineinhorchen, das auch den Boden für krankhafte, aus dem eigenen Inneren kommende Stimmen bereitet. Das Gedicht fällt gleichsam von seinem Autor ab, es hört auf, ihn zu quälen und in ihm zu klingen. Der Leidende fühlt Befreiung. Die arme Kuh ist den Bienen entkommen.

Wenn sich das Gedicht aber nicht »verabschiedet«, so bedeutet das, wie O. M. sagte, irgend etwas war noch nicht in Ordnung, oder »irgend etwas war noch nicht ans Tageslicht befördert«, das heißt, eine fruchttragende Knospe, von der ein neuer Keim ausgehen wird, ist noch zurückgeblieben.

Wenn die innere Stimme verstummt war, so hatte O. M. ein starkes Bedürfnis, irgend jemandem das neue Gedicht vorzulesen. Ich genügte dafür nicht: ich hatte die Entstehung so eng miterlebt, daß es O. M. schien, als hätte auch ich die Melodie vernommen. Manchmal warf er mir sogar vor, ich hätte etwas überhört oder falsch verstanden. In der letzten Zeit unseres Aufenthaltes in Woronesch (als die Gedichte des ›Zweiten‹ und ›Dritten Heftes‹ entstanden) gingen wir zu Natascha Stempel oder luden Fedja Maranz zu uns ein – er war ein reizender und lauterer Mensch mit affenähnlichem Äußeren, der ursprünglich Geiger werden wollte, aber durch einen Unglücksfall in seiner Jugend die volle Bewegungsfähigkeit seines Armes eingebüßt hatte. Fedja besaß die innere Harmonie, die besonders musikalischen Menschen zu eigen ist. Mit Gedichten kam er durch uns das erste Mal in nähere Berührung, aber sein musikalisches Empfinden machte ihn zu einem besseren Zuhörer als viele Spezialisten.

Die erste Lesung brachte den Arbeitsprozeß an den Versen zum Abschluß, und der erste Zuhörer durfte sich als Beteiligter empfinden. O. M.s erste Zuhörer in den dreißiger Jahren waren Boris Sergejewitsch Kusin, ein Biologe, dem O. M. das Gedicht ›Zur deutschen Sprache‹

gewidmet hat, und Alexander Margulis – er vor allem war es, der für die Verbreitung der Gedichte aus den ersten beiden Heften sorgte. Wenn Margulis den Vortrag eines Gedichtes von O. M. gehört oder sogar eine Abschrift davon erhalten hatte, las er es seinen zahlreichen Freunden und Bekannten vor. O. M. verfaßte auch eine Unzahl von sogenannten »Margulety«, kleinen Gedichten über Margulis, die immer mit den Worten »der alte Margulis« beginnen und natürlich Margulis' Billigung finden mußten; er bezeugte immer wieder, beim armen alten Margulis (damals war er nicht älter als dreißig Jahre) sitze daheim ein noch viel ärmerer Alter, den er heimlich füttere. Margulis war ein richtiges »Ein-Mann-Orchester« und verstand es, die schwierigsten Symphonien zu pfeifen. Unglücklicherweise sind die schönsten »Margulety« über den »Alten«, wie er zum Beispiel auf den Moskauer Boulevards Beethoven zum besten gibt, verlorengegangen. Margulis heiratete die Pianistin und vorzügliche Skrjabin-Interpretin Isa Chanzyn. Musik, Gedichte und Abenteuerromane liebte Margulis über alles. Er erzählte mir, wie er, dem Tode nahe, unter fernem östlichem Himmel den Strafgefangenen alle erdenklichen Märchen und Sagen und die Abenteuer der Musketiere erzählt hatte und sie ihn dafür mit durchfütterten.

Häufig war auch Lew Gumiljow erster Zuhörer gewesen. Im Winter 1933/34 lebte er bei uns. Das ›Erste Woronescher Heft‹ las O. M. Rudakow vor, der mit den Adeligen aus Leningrad nach Woronesch verbannt worden war, aber bald nach Leningrad zurückkehren durfte.

Alle ersten Zuhörer von O. M.s Gedichten ereilte ein tragisches Schicksal. Außer Natascha mußten alle eine Haftzeit im Gefängnis absitzen oder wurden verbannt. Zum Beispiel »saß« Fedja unter Jeschow länger als ein Jahr und ertrug alles, unterschrieb aber nichts und gehörte deshalb dann zu den Glücklichen, die nach Jeschows Sturz entlassen wurden. Krank und völlig zerrüttet kehrte er zurück, während des Krieges wurde er dann erneut und nur deshalb verbannt, weil er zufällig in Wien geboren war (drei Wochen nach seiner Geburt wurde er von dort aus nach Hause, nach Kiew mitgenommen).

Da alle ersten Zuhörer Mandelstams Repressionen ausgesetzt waren, könnte man logischerweise zu dem Schluß kommen, daß ihre Verfahren in einem gewissen Zusammenhang miteinander stehen mußten. Das war aber keineswegs der Fall. Kusin »schleppten« sie schon vor seiner Bekanntschaft mit uns, im Zusammenhang mit den Verfahren gegen die Biologen, vor Gericht. Das erste Mal überführte man ihn einiger Scherzgedichte, die er sorgfältig vor uns verborgen hatte. Sie bestellten ihn damals in verschiedene Privatwohnungen, dort saß in einem abgeteilten, speziell für solche Unternehmungen abgesicherten Zimmer ein Untersuchungsrichter und warb Spitzel an. Kusin hatte das erste Mal schon 1932 im Gefängnis gesessen und wurde dann zum zweitenmal am gleichen Tag wie der Biologe Wermelij erneut verhaftet – beide galten als Neo-Lamarckisten und waren bereits aus der Timirjasew-Akademie ausgeschlossen worden.

Der Biologe Kusin, der Agronom Fedja Maranz, Rudakow, der Sohn eines erschossenen Generals, und Lew, der Sohn des erschossenen Dichters Gumiljow, waren nicht einmal miteinander bekannt. Das einzig Gemeinsame, das sie besaßen, war ihre Liebe zur Poesie. Sie erfordert offensichtlich jenen hohen Grad von Intelligenz, der bei uns den Menschen zum Verhängnis wird, sie in den Untergang stürzt oder ihnen bestenfalls Verbannung einbringt. Nur als Übersetzer durfte man leben.

Der Arbeitsprozeß beim Übersetzen läuft genau dem Vorgang des wirklichen Dichtens zuwider. Ich spreche hier natürlich nicht von solch glücklicher Vereinigung zweier Talente, wie wir sie bei Schukowskij oder A. K. Tolstoj antreffen, ihre Übersetzungen gaben der russischen Poesie neue Impulse, oder die übersetzten Gedichte wurden zu einem wahrhaften Bestandteil der russischen Literatur. Ich denke hier zum Beispiel an die bei uns so beliebte ›Braut von Korinth‹. Ein solcher Wurf gelingt nur wirklichen Dichtern und ist eine Seltenheit, das eigentliche Übersetzen ist aber ein kühl durchdachter, verifizierender Akt, bei dem einige Elemente der Dichtung nachgebildet werden. So seltsam es auch scheinen mag, bei der Übersetzung ist vor ihrer Vollendung nichts einheitlich Ganzes vorhanden. Der Übersetzer läßt sich wie ein Motor an, durch langwierige mechanische Anstrengungen entlockt er der Vorlage die Melodie, die er dann ausnützt. Ihm fehlt, was Chodassewitsch sehr genau als »Geheimwahrnehmung« bezeichnet. Somit ist das Übersetzen eine Tätigkeit, die sich dem wirklichen Dichter verbietet, denn sie wirkt der Entstehung von Versen sogar entgegen.

Im ›Gespräch über Dante‹ redet O. M. von »Übersetzern mit fertigen Gedanken«, das ist der Ausdruck für seine Beziehung zur Übersetzertätigkeit und zu den Übersetzern, die sich einer Versform bedienen, um ihre eigenen Gedanken hineinzulegen. O. M. schied sie immer scharf von den wirklich originären Dichtern. Es gab eine Zeit, während der man in unserem Land keine Gedichte mehr las: »Gedichte, das ist so eine Sache«, sagte Anna Andrejewna, »wer einmal ein solches Surrogat geschluckt hat, der ist gleichsam für immer vergiftet.« Jetzt hat man die Poesie wiederentdeckt, und man liest sie wie nie zuvor. Aber nur deshalb, weil man gelernt hat, sie von allen Übersetzer-Produkten zu unterscheiden.

Mit den Versen ist es wie mit den Worten. Ein mit dem Verstand gesuchtes Wort hat kein Leben. Der Beweis dafür sind alle Fehlschläge bei der schöpferischen Tätigkeit der Wortwahl oder Wortfindung, wenn sie nur ein naiv-individualistisches Spiel mit der den Menschen verliehenen göttlichen Gabe der Rede sind. Dem phonetischen Komplex, das heißt dem Wort, wird eine willkürliche Bedeutung beigegeben, und schon entsteht Rotwelsch oder eine strategische Sprache, derer sich für ihre eigenen Ziele gierig Priester, Beschwörer, Demagogen und andere Scharlatane bedienen. Worte und Verse benützt man, um andere zu schmähen, und ebenso dienen sie dem Hypnotiseur als Magnet. Der Betrug wird früher oder später dann aufgedeckt, der Mensch aber ist ständig von der Gefahr bedroht, der Anziehungskraft und Macht neuer Betrüger zu verfallen, die sich dann wieder auf eine andere Weise des Magneten bedienen.

Neunzehntes Kapitel

»Drinnen«

Was hatte sich in der Lubjanka während der Untersuchungshaft zugetragen? In Tscherdyn sprach O. M. sehr viel mit mir darüber und bemühte sich, die Halluzinationen und Wahnvorstellungen von den Tatsachen zu trennen. Nicht eine Minute lang büßte er die ihm eigene scharfe Beobachtungsgabe ein. Ich konnte mich davon überzeugen, als er mir bei unserem Treffen plötzlich die Frage stellte, wessen Mantel ich anhabe, und aus meiner Antwort, es sei Mamas Mantel, den Schluß zog: »Das bedeutet, daß du nicht verhaftet warst.« Aber er war krank. Und bei weitem erwiesen sich nicht alle Beobachtungen und Schlüsse als richtig. Sorgfältig forschten wir gemeinsam jedem Rest von Realität nach, und das war nicht leicht.

Bei unserem Treffen hatte der Untersuchungsrichter viele Fragen berührt. Das war für uns ein brauchbares Kriterium der Authentizität dessen, woran sich O. M. erinnerte. Der Untersuchungsrichter hatte ein klares Ziel vor Augen gehabt – er wollte mir seine Ansichten über die ganze Angelegenheit und über verschiedene Aspekte der Untersuchung oktroyieren. Ich erhielt sozusagen aus ganz befugter Quelle eine Aufklärung darüber, wie man auf dieses Geschehen zu reagieren habe. Es gab viele Frauen, die, wie Adalis, derartige Aufklärungen mit Dankbarkeit entgegennahmen. Bei den meisten war ein natürlicher Selbsterhaltungsdrang die Triebfeder, andere taten es aus voller Überzeugung. Ich jedoch glich während unseres Zusammenseins einer Schallplatte, der sowohl der Untersuchungsrichter wie auch O. M. in kurzer Zeit ihre Versionen über das Vorgefallene aufprägten, damit ich es nachher, draußen in der Freiheit, weitergeben könne. Der Untersuchungsrichter bemühte sich ganz bewußt, mich und durch mich auch jene, mit denen ich danach sprechen würde, einzuschüchtern. Aber er täuschte sich ebenso wie viele andere Funktionäre unserer Zeit, denen es nicht in den Kopf wollte, daß ihre Opfer sich an gewisse Dinge erinnerten und es wagten, an die Ereignisse nicht mit dem offiziell diktierten, sondern mit eigenem Maßstab heranzugehen. Terror und Despotismus sind immer kurzsichtig.

Dank seiner schnellen Erregbarkeit erwies sich O. M. wahrscheinlich als leichte Beute, weshalb man gegen ihn keine besonderen Verfahren anwandte. Er saß in einer »Zweierzelle«. Die Isolierung kommentierte der Untersuchungsrichter folgendermaßen: »Einzelhaft ist bei uns aus humanitären Erwägungen verboten.« Ich wußte, das war eine Lüge. Wenn es überhaupt jemals ein solches Verbot gegeben hatte, dann nur auf dem Papier. Immer wieder trafen wir Leute, die in Einzelhaft gehalten worden waren. Als sich in den Gefängnissen dann eine Raumnot bemerkbar machte, wurden diese winzig kleinen Zellen bis zum letzten vollgepfropft. Nach ihrer Entlassung aus dem Gefängnis erzählten uns viele, sie hätten tagelang in völlig überfüllten Einzelzellen stehen müssen. Eine zweite Pritsche in einer solchen Zelle mußte ihren besonderen Zweck erfüllen. Vor O. M.s Verhaftung im Jahre 1934 wußten wir das nicht.

O. M.s Zellengenosse schreckte ihn mit Erzählungen über den bevorstehenden Prozeß. Er überzeugte ihn, alle Verwandten und Bekannten seien bereits verhaftet und würden bei dem Prozeß ebenfalls als Angeklagte vorgeführt werden. Sorgfältig ging er die Artikel des Strafgesetzbuches durch und »beriet« sozusagen O. M., das heißt, er stellte ihm eine Anklage auf Terror, Verschwörung und ähnliche Vergehen in Aussicht. Wenn O. M. vom nächtlichen Verhör in die Zelle zurückkehrte, befand er sich wieder in den Klauen seines »Genossen«, der ihm keine Zeit zur Erholung gönnte. Sein Vorgehen dabei war grobschlächtig, und O. M. stellte dieser Lästigkeit die Frage entgegen: Wieso er eigentlich saubere Nägel habe? In seiner Dummheit erwiderte der, er sei ja schließlich schon ein »Alteingesessener«, er säße schon mehrere Monate. Im Gegensatz dazu stand, daß seine Nägel ganz säuberlich geschnitten waren. Einmal morgens kehrte dieser Typ kurz nach O. M. in die Zelle zurück, angeblich vom Verhör, aber O. M. bemerkte, daß er nach Zwiebeln roch und hielt es ihm auch vor.

Als O. M. erklärte, er säße in einer Einzelzelle, erklärte der Untersuchungsrichter, Einzelzellen seien aus humanitären Gründen verboten, fügte aber hinzu, O. M. habe mit einem anderen Gefangenen eine Zelle geteilt, aber »seinen Kameraden beleidigt«, und deshalb sei der in eine andere Zelle gesetzt worden. »Wie aufmerksam!« beeilte sich O. M. hinzuzufügen, und damit war der Streit über dieses Thema beendet.

Schon beim ersten Verhör hatte O. M. eingestanden, daß er Autor der ihm zur Last gelegten Verse sei, das heißt, es konnte nicht die Aufgabe des Zellengenossen sein, Tatsachen, die O. M. vor dem Untersuchungsrichter zu verbergen suchte, aufzudecken. Wahrscheinlich gehörte es zur Funktion dieser Leute, die Untersuchungsgefangenen einzuschüchtern und zu erschöpfen. Bis 1937 waren bei uns psychische

Quälereien an der Tagesordnung, dann wurden sie durch physische ersetzt: die Gefangenen wurden ganz primitiv zusammengeprügelt. Nach 1937 hörte ich auch nichts mehr von Einzelzellen, ob mit oder ohne Lockspitzel. Vielleicht kamen auch diejenigen, die nach 1937 in der Lubjanka einer Einzelzelle für würdig befunden wurden, nicht mehr lebend heraus.

O. M. hatte alle physischen Qualen, die man bei uns damals anwandte, zu erdulden. Die größte Qual war, daß man ihn nicht schlafen ließ. Jede Nacht wurde er zu einem mehrstündigen Verhör geführt. Den größten Teil der Nacht verbrachte er aber nicht beim Verhör selbst, sondern wartend unter Begleitschutz vor der Tür des Arbeitszimmers, in dem der Untersuchungsrichter saß. Einmal jedoch, als kein Verhör stattfand, weckten sie O. M. trotzdem auf und führten ihn zu einer Frau, die ihn mehrere Stunden vor ihrer Tür warten ließ und ihn dann eindringlich fragte, ob er keine Klagen habe. Die Unsinnigkeit solcher Beschwerden, die der sogenannten staatsanwaltlichen Aufsicht vorgetragen werden sollten, lag auf der Hand, und O. M. machte von diesem Recht keinen Gebrauch. Wahrscheinlich hatten sie ihn zur Staatsanwältin geschleppt, damit die Formalität erfüllt war und für ihn das Regime der nächtlichen Schlaflosigkeit keine Unterbrechung erfuhr. Diese Nachtvögel führten ein widernatürliches Leben, aber sie sorgten schon dafür, daß sie auch zum Schlafen kamen, nur nicht in den Stunden, während derer normale Menschen schlafen. Daß man nicht schlafen darf, daß die Augen mit grellem Licht angestrahlt werden – das sind Qualen, die allen, die diesen Weg durchlaufen haben, bekannt sind.

Bei unserem Zusammentreffen fiel mir auf, daß O. M.s Augenlider entzündet waren, und ich fragte, was er denn an seinen Augen habe. Der Untersuchungsrichter beeilte sich, mit seiner Antwort O. M. zuvorzukommen: schließlich lese er zuviel (zuvor hatte er erklärt, man habe O. M. keine Bücher in der Zelle erlaubt). Die ganzen Jahre machten ihm die kranken Augenlider zu schaffen – das Leiden konnte nicht mehr behoben werden. O. M. erzählte mir, die Entzündung käme nicht nur vom grellen Licht, sondern man würde ihm immer eine ätzende Flüssigkeit in die Augen spritzen, wenn er in der Zelle an das »Guckloch« trete.

Jede Unruhe setzte sich bei ihm in Motorik um. Immer, wenn er allein in der Zelle zurückgeblieben war, trieb es ihn hin und her ... Von anderen wurde mir berichtet, die »Gucklöcher« seien durch doppelte dicke Glasscheiben geschützt, es wäre also nicht möglich, eine Flüssigkeit hindurchzuspritzen. Vielleicht gehört die ätzende Flüssigkeit also zu den halluzinierten Erinnerungen; ob nicht Schweiß und auch das grelle Licht genügen, um eine solch hartnäckige Augenlidentzündung hervorzurufen?

O. M.s Mahlzeiten wurden stark gesalzen, zu trinken aber gab es nichts. Das war in der Lubjanka so üblich. Als er von dem Wachhabenden, der durch das Guckloch sah, Wasser erbat, schleifte der ihn in den Karzer und steckte ihn in eine Zwangsjacke. Niemals vorher hatte er eine Zwangsjacke gesehen, und deshalb wollte er mir die Wahrhaftigkeit dieser Erzählung folgendermaßen beweisen: er beschrieb mir genau, wie eine Zwangsjacke aussieht, und wir gingen gemeinsam in das Krankenhaus, um zu sehen, ob die Beschreibung zutreffe. Und sie traf zu.

Bei meinem Besuch fiel mir auf, daß O. M. an beiden Handgelenken Verbände trug. »Was ist mit deinen Armen?« fragte ich. O. M. winkte ab, der Untersuchungsrichter aber stimmte eine drohende Tirade auf O. M. an: er habe in die Zelle verbotene Gegenstände eingeschmuggelt, und das werde nach den Statuten so bestraft. Es stellte sich heraus, daß O. M. sich mit Rasierklingen die Venen geöffnet hatte. Als Kusin 1933 aus zweimonatiger Haft entlassen war – ein Bekannter von ihm, der Mitglied der Tscheka war und sich gleichzeitig leidenschaftlich für Entomologie interessierte, hatte ihn herausgeholt –, erzählte er O. M., daß man in einer solchen Lebenslage mehr als alles andere Messer und Rasierklingen entbehre. Er dachte auch schon darüber nach, wie man sich für einen solchen Fall Rasierklingen sichern könne: man müßte sie in der Schuhsohle verstecken. Nachdem O. M. das gehört hatte, überredete er einen ihm bekannten Schuhmacher, in seine Sohle einige Rasierklingen einzuarbeiten. Solche Vorsorgemaßnahmen waren bei uns üblich. So zeigte uns schon Mitte der zwanziger Jahre Losinskij einen Sack mit dem Nötigsten, den er für den Fall seiner Verhaftung bereitgestellt hatte. Ingenieure und Menschen, die anderen »unglückseligen Berufen« angehörten, taten das auch. Erstaunlich daran ist nicht, daß sie schon im voraus einen für das Gefängnis bereitgestellten Sack besaßen, sondern daß wir von den Säcken hörten und diese Erzählungen auf uns keinerlei Eindruck machten. Er war völlig natürlich, wenn die Menschen an ihre Zukunft dachten, das war für uns alltäglich. Und diese rechtzeitig im Schuh versteckten Rasierklingen gaben O. M. die Möglichkeit, sich die Venen zu öffnen: sein Blut zu verströmen ist nicht die schlechteste Art, aus dem Leben zu scheiden.

In der Lubjanka war man immer und überall bestrebt, den Menschen psychisch stark zuzusetzen, in der Sache lag System, und da unsere Geheimpolizei auch eine bürokratische Einrichtung ist und nichts ohne Instruktionen macht, so existierten vermutlich auch dementsprechende Instruktionen. Nichts kann man hier mit bösen, niedrigen Instinkten des Personals erklären, denn es sind ja schließlich auch Menschen; heute schlagen sie vielleicht die Neuankömmlinge zusammen, morgen erscheinen die gleichen Männer schon wieder als verhältnismäßig gutmütig – alles nach Instruktion. Bei uns draußen in der Freiheit kursierten Gerüchte, Jagoda unterhalte Geheimlaboratorien mit Spezialisten, die jegliche Art von Experimenten mit Drogen, Hypnosen und Sprachplatten durchführten. Die Wahrheit dieser Gerüchte konnten wir nicht nachprüfen, vielleicht waren sie nur Ergebnis unserer krankhaften Einbildungskraft oder auch bewußt unter uns verbreitete Fabeln, die alle in Angst und Furcht halten sollten.

O. M. hörte in seiner Zelle von weither den Schall einer Frauenstimme, von der er annahm, sie sei die meine. Er hörte Klagen, Stöhnen, gehetzte Erzählungen, aber alles war so undeutlich, daß er kein Wort verstehen konnte. Er schloß daraus, ich sei genau wie er verhaftet, der Untersuchungsrichter hatte es ihm ja schon mehrfach bei den Verhören angedeutet. Als wir später darüber sprachen, zogen wir beide in Erwägung, ob diese Stimme wohl eine akustische Halluzination gewesen sei oder nicht. Warum hatte er kein Wort verstehen können? Bei den akustischen Halluzinationen war für ihn jedes Wort ganz deutlich zu verstehen, und auch viele andere Leute, die während dieser Jahre in der Lubjanka saßen, hörten Stimmen und Schreie ihrer Frauen, von denen sich nachher herausstellte, daß sie draußen in der Freiheit waren. Ob sie alle Halluzinationen hatten? Und wenn, wie ist das möglich? Man erzählte uns, sie hätten ein ganzes Arsenal von Schallplatten mit typischen Stimmen der Frau, der Mutter, der Tochter, die sie auflegten, um die Trübsal des Inhaftierten zu vergrößern. Als man später diese raffinierten Qualen und psychologisch ausgeklügelten Methoden durch primitivere ersetzte, klagte niemand mehr, er habe die Stimme seiner Frau vernommen. Ich kenne aber noch weitaus schlimmere Methoden der Quälerei: zum Beispiel zeigte man durch einen Schlitz hindurch das Gesicht eines zusammengeprügelten Menschen, es war völlig blutbeschmiert und bot einen entsetzlichen Anblick, dem Gefangenen sagte man, das sei der Sohn oder der Mann. Von fernen Stimmen sprach niemand mehr. Ob es Schallplatten waren? Ich weiß es nicht, und niemand wird es erfahren. Da O. M. auch nach der Entlassung aus dem Gefängnis noch Halluzinationen hatte, neige ich zu der Annahme, daß diese Stimme zu den inneren Stimmen gehörte, die ihn auch noch in Tscherdyn quälten. Über die Laboratorien, in denen Experimente mit Drogen vorgenommen wurden, spricht man auch heute noch.

Alle diese Methoden sind aber nur dort möglich, wo mit dem Augenblick der Verhaftung für den Gefangenen jede Verbindung mit der

Außenwelt abgeschnitten wird. Außer einem Vermerk im Quittungsbuch für abgegebene Pakete hört und sieht er nichts von den in der Freiheit Verbliebenen, und bei weitem nicht allen wird erlaubt, Pakete zu empfangen. Die erste Möglichkeit, auf den Gefangenen einzuwirken, war, ihm den Empfang von Paketen zu verbieten – damit wurde der letzte Faden, der ihn mit der Welt verband, abgeschnitten. Deshalb war es in unserem Leben besser, keinerlei Bindungen zu besitzen: ein Mensch, der bei den Verhören nicht auf scheinbare Andeutungen und Hinweise des Untersuchungsrichters lauschen muß, damit er etwas über das Schicksal der ihm nahestehenden Menschen erfährt, ist in einer weitaus besseren Position. Es ist viel schwieriger, einem Alleinstehenden seelische Erschütterungen zuzufügen, er kann sich wesentlich leichter auf seine eigenen Interessen konzentrieren und eine systematische Verteidigung führen. Ungeachtet dessen, daß das Urteil schon im voraus feststand, spielte eine kluge Selbstverteidigung doch eine große Rolle. Einem meiner Freunde gelang es, den wahrhaft provinziellen Untersuchungsrichter erstaunlich zu überlisten. Nach langem Kampf war er in seiner Zelle bereit, alle Fabeln, die man ihm vorerzählte, zu unterschreiben. Man gab ihm Papier, und er schrieb alles, was der Untersuchungsrichter von ihm forderte, nieder; daß er aber unter seine Aussagen keine Unterschrift setzte, bemerkte der Untersuchungsrichter in seiner Freude nicht. Mein Freund war wirklich unter einem glücklichen Stern geboren, damals wurde Jeschow abgesetzt. Die Sache ging nicht bis zum Kollegium, ein Urteil wurde nicht gefällt, und er erreichte, daß seine Angelegenheit noch einmal aufgerollt und überprüft wurde, da ja seine Aussagen nicht unterschrieben und damit null und nichtig waren. Er gehörte zu den wenigen, die nach Jeschows Sturz freigelassen wurden. Unter einem glücklichen Stern geboren zu sein reicht nicht aus. Trotz allem muß man den Kopf oben behalten. Alleinstehenden fällt das bei weitem leichter . . .

Zwanzigstes Kapitel

Christoforowitsch

O. M.s Untersuchungsrichter, der sattsam bekannte Christoforowitsch, entbehrte nicht eines gewissen Snobismus, und seine Aufgabe, die Untersuchungsgefangenen zu schrecken und sie psychisch zu verunsichern, erfüllte er, als wäre es ein Vergnügen. Durch sein ganzes Gebaren, seinen Blick und die Intonation seiner Sätze zeigte er, daß der Untersuchungsgefangene ein Nichts war, ein verachtungswürdiges Geschöpf, zum Abschaum des menschlichen Geschlechts gehörte. »Warum bläst er sich so auf?« hätten wir gefragt, wenn wir unter normalen Umständen einem solchen Menschen begegnet wären, aber während der nächtlichen Verhöre muß sich ein Mensch durch solchen Blick vernichtet fühlen oder wenigstens seine völlige Machtlosigkeit schmerzhaft erkennen. Er hielt sich für einen Menschen höherer Gattung und sah verächtlich auf die physische Schwäche und die armseligen Vorurteile der Intelligenzija herab, und wenn es ihm auch nicht gelang, mich zu schrecken, so fühlte ich doch, wie ich während des Zusammenseins unter seinem Blick immer kleiner wurde. Und dabei ahnte ich ja bereits, daß solche Christoforowitschs, Siegfrieds, die Nachkommen und Freunde des Übermenschen, keinerlei Belastungen aushalten und in unserer Lage vollkommen verloren sind. Sie sind nur Wehrlosen gegenüber großspurig und verstehen nur einem Opfer, das bereits im Fangeisen steckt, ihre Krallen zu zeigen. Der Snobismus des Untersuchungsrichters beschränkte sich nicht auf seine Art, sich zu benehmen, er leistete sich auch Ausfälle der höheren Klasse, denen der Geruch literarischer Salons anhaftete. Die erste Generation der jungen Tschekisten, die 1937 ersetzt und vernichtet wurde, zeichnete sich durch zeitgemäßen und sehr verfeinerten Geschmack und eine Schwäche für Literatur aus – selbstverständlich nur für die modernste Literatur. In meiner Gegenwart sagte er zu O. M., das Gefühl der Furcht sei einem Poeten sehr zuträglich (»Sie haben das doch selbst zu mir gesagt – es könne inspirierend wirken!«), und er fuhr fort, O. M. werde »das volle Maß dieses Stimulans erfahren« ... Uns beiden fiel auf, das Christoforowitsch hierbei das Futur benutzte. In welchen Moskauer Salons hatte sich der Untersuchungsrichter wohl diese Beredsamkeit angeeignet?

O. M. und ich hatten die gleiche Empfindung, die er folgendermaßen ausdrückte: »Bei Christoforowitsch ist alles verdreht und umgekehrt.« Die Tschekisten waren wirklich eine Art Vortrupp der »neuen Menschen«, und alle üblichen Ansichten der Menschen kehrten sie von Grund auf nach Art des Übermenschen um. Sie löste ein physisch völlig anderer Typ ab, der keinerlei Ansichten, weder verkehrte noch richtige, besaß.

Ein Hauptmittel, das der Staatsanwalt anwandte, um O. M. einzuschüchtern, war ganz primitiv: er nannte irgendwelche Namen – meinen, den von Anna Andrejewna oder Jewgenij Jakowlewitsch – und teilte mit, wir hätten gewisse Aussagen gemacht ... O. M. forschte vorsichtig nach, ob die Erwähnten verhaftet seien, der Untersuchungsrichter aber antwortete weder mit Ja noch mit Nein, gab aber irgendwie zu verstehen, daß »sie schon bei uns« seien, um dann in der nächsten Minute seine Worte zu widerrufen: »Das habe ich nicht gesagt.« Unsicherheit hat für den Untersuchungsgefangenen eine vernichtende Wirkung, und sie ist nur unter Haftbedingungen, wie sie bei uns herrschen, möglich. Christoforowitsch spielte mit O. M. Katz und Maus, deutete ihm nur an, daß die Verwandten und Freunde wegen der gleichen Angelegenheit verhaftet worden seien, das heißt, er benahm sich, wie es einem höheren Staatsanwaltsrang zusteht, denn für gewöhnlich ließ man sich nicht in solche Spiele ein und erklärte einfach, alle seien bereits verhaftet, liquidiert, verhört und erschossen ...

Der Untersuchungsrichter brüstete sich mit seinem Wissen als »Spezialist für Literatur«. Er kannte schließlich alle und war »in unserer Angelegenheit« auf dem laufenden. Er war bestrebt, den Eindruck zu erwecken, als gingen alle unsere Bekannten bei ihm ein und aus und jede noch so geringe Kleinigkeit von uns sei ihm bekannt. Viele nannte er nicht beim Namen, sondern mit einem besonderen Kennzeichen: den einen nannte er den »Bigamisten«, den anderen den »Ausgeschlossenen«, und eine der Frauen, die bei uns war, nannte er die »Theatralische« ... Diese Bezeichnungen gebrauchte er auch, als ich zugegen war, O. M. aber sagte mir, er hielte für alle einen Spitznamen bereit. Mit diesem Verfahren demonstrierte er nicht nur seine Informiertheit, sondern auch noch etwas anderes: bei der Geheimpolizei werden die Agenten ja niemals mit ihren Namen genannt, sondern nur mit Decknamen. Gab man den Leuten solche Decknamen, so beschattete man sie gleichsam. So war es auch für den Selbstmörder in Taschkent charakteristisch, daß er nach den Worten seiner Tochter auch »alle kannte und ihnen Decknamen gab« ... O. M. schenkte den Decknamen keine Beachtung, er verstand, was der Untersuchungsrichter damit erreichen wollte.

Wie mir O. M. bestätigte, kamen bei der Arbeit des Untersuchungsrichters immer wieder Bürokratismus und Schematismus zum Vorschein. Unsere Jurisprudenz schlägt für jede Klasse und sogar jede Gesellschaftsschicht charakteristische, typische Gespräche vor. Man sagt, die wissenschaftlichen Kräfte der Lubjanka haben ganze Bände voll klassischer Gespräche zusammengestellt, und mit ihrer Hilfe versuchte auch der Untersuchungsrichter, O. M. zu fangen. »Jemandem haben Sie gesagt, Sie würden lieber in Paris als in Moskau leben.« Man war der Meinung, O. M. müsse als bourgeoiser Schriftsteller und Ideologe der untergehenden Klassen sich brennend danach sehnen, in ihren Schoß zurückzukehren. Dem hypothetischen Gesprächspartner gab man den erstbesten Namen, der einem einfiel, es mußte nur ein weitverbreiteter Name wie Iwanow oder Petrow sein, im Notfall auch Ginsburg oder Rabinowitsch. Das vom Untersuchungsrichter gejagte Kaninchen mußte aufgescheucht werden und voller Qual in seinem Gedächtnis nach allen ihm bekannten Petrows oder Rabinowitschs forschen, denen gegenüber er seinen brennenden Wunsch, ins Ausland zu gehen, mitgeteilt haben könnte. Wenn ein solcher Wunschtraum in unserer Jurisprudenz auch kein richtiges Verbrechen darstellte, so war er doch in jedem Fall ein belastender Umstand, und manchmal konnte er einem zum Verhängnis und nach jedem beliebigen Punkt des Strafgesetzbuches als Vergehen ausgelegt werden. In jedem Fall aber enthüllt ein Traum von Paris das Klassengesicht des Beschuldigten, und die Zugehörigkeit zu einer Klasse kann in unserer klassenlosen Gesellschaft unmöglich übersehen werden ... Andere schematische Fragen dieser Art waren: »Jemandem gegenüber klagten Sie, Sie hätten vor der Revolution mit der Literatur ungleich mehr verdient als heute.« Selbstverständlich konnten sie O. M. mit diesen Ködern nicht fangen. Ihr Vorgehen war wirklich ungehobelt, aber sie bedurften auch keiner besser durchdachten Methode. Und warum? Ist erst der Mensch da, dann wird sich auch etwas finden.

Bei Christoforowitsch glich die Untersuchung einer Vorbereitung auf den »Prozeß«, von dem er unter anderem beim Zusammentreffen gesagt hatte: »Wir haben uns entschlossen, kein Verfahren einzuleiten« ... Unserer Erfahrung nach wäre für ein »Verfahren« ein Übermaß an Material vorhanden gewesen, wir glaubten, daß alles auf ein Verfahren hinausliefe. Aber die Wirklichkeit war anders. Die Methode der Untersuchung bestand darin, daß O. M. jedes Wort der belastenden Gedichte erklären mußte. Vor allem wollte der Untersuchungsrichter wissen, was ihn zur Niederschrift angeregt habe. O. M. verblüffte ihn mit der unerwarteten Antwort: mehr als alles andere sei ihm der Faschismus verhaßt... Offensichtlich war O. M. diese Antwort unbeabsichtigt herausgeschlüpft, denn er hatte nicht vor, sich vor dem Untersuchungsrichter zu entlarven. Als er das aussprach, war ihm sowieso alles gleichgültig, und er winkte auf alles nur noch ab... Der Untersuchungsrichter kochte vor Wut, ganz wie es ihm zustand, er schrie und fragte, wo O. M. in unserem Leben denn einen Faschismus zu erkennen glaube. Diesen Satz wiederholte er auch beim Zusammensein in meiner Anwesenheit – aber – o Wunder! – er ließ sich mit ausweichenden Antworten abspeisen, und O. M. wurde es erspart, sich präzise festzulegen. Er wies mich darauf hin, wie aus dem Verhalten des Untersuchungsrichters stets ein gewisser Doppelsinn herauszuhören sei, ungeachtet des eisernen Tones und der Drohungen sei stets sein Haß auf Stalin hindurchzuspüren. Ich glaubte ihm nicht, als wir aber 1938 erfuhren, daß auch dieser Mensch erschossen worden war, dachten wir daran. Vielleicht bemerkte O. M. etwas, was ein nüchterner und vom Verstand her bestimmter Mensch an seiner Stelle nicht aufgedeckt hätte, denn nüchterne und vernünftige Menschen werden immer von fertigen Konzepten bestimmt. Man kann sich kaum vorstellen, daß sich Jagoda mit seinem furchtbaren und strengen Apparat Stalin kampflos untergeordnet hätte. 1934, als sich O. M. wegen seiner Gedichte in Untersuchungshaft befand, war schließlich schon weithin bekannt, daß Wyschinskij Jagoda zu Fall bringen wollte. Infolge unserer unwahrscheinlichen Blindheit – sie war auf den mächtigen Einfluß der fertigen Konzepte zurückzuführen! – saugten wir begierig alle Gerüchte über diesen Kampf des Generalstaatsanwaltes mit dem Chef der Geheimpolizei auf und dachten, Wyschinskij würde, weil Jurist, der Selbstherrlichkeit und dem Terror der heimlichen Gerichtsbarkeit ein Ende setzen. Obwohl wir von den Prozessen der zwanziger Jahre wußten, dachten wir in dieser Richtung: was konnte man von Wyschinskij erwarten! In jedem Fall war für die Anhänger Jagodas, hier nun für Christoforowitsch, klar, daß ein Sieg Wyschinskijs ihnen kein Wohlleben bescheren würde, und natürlich begriffen sie, welche Qualen und welchen Spott sie dann vor ihrem Ende zu erwarten hätten. Wenn zwei Gruppen um das Recht kämpfen, unkontrolliert über Leben und Tod ihrer Mitbürger zu verfügen, so sind alle Besiegten dem Untergang geweiht; wahrscheinlich konnte O. M. die geheimen Gedanken seines steinharten Untersuchungsrichters lesen. Ein bemerkenswerter Zug dieser Zeit war, daß alle diese neuen Menschen, die töteten und dann selbst hingerichtet wurden, nur ihr eigenes Recht auf Denken und Urteil anerkannten. Jeder von ihnen hätte laut aufgelacht, hätte man ihm gesagt, dieser Mensch mit den herabrutschenden Hosen und ohne jegliche theatralische Intonation, der gleiche Mensch, den man zu jeder Stunde des Tages und der Nacht ihnen zum Verhör vorführte, zweifle auch ungeachtet aller Unbilden niemals an seinem Recht, freie Verse zu schreiben. Wie sich herausstellte, gefielen Jagoda O. M.s Gedichte derart, daß er sogar so weit ging, sie aus dem Gedächtnis zu rezitieren – er war es schließlich, der sie Bucharin vortrug, als wir bereits in Tscherdyn waren –, aber ohne von Zweifeln befallen zu werden, hätte er die ganze Literatur – die vergangene, gegenwärtige und zukünftige – der Vernichtung anheimgegeben, wenn es für ihn nützlich gewesen wäre. Für diese Leute bedeutete menschliches Blut nicht mehr als Wasser. Alle Menschen, außer den siegreichen Machthabern, waren austauschbar. Die Bedeutung eines Menschen wird für sie daran gemessen, wieviel er dem Herrscher und seiner Clique nützt. Geschickte Agitatoren, die helfen, dem Volk die Begeisterung für den Machthaber einzuprägen, verdienen eine bessere Bezahlung als das gewöhnliche Pack. Den persönlichen Bekannten konnte man ab und zu eine kleine Freundlichkeit erweisen – jeder von ihnen übernahm gerne die Rolle des Beschützers und freute sich, wenn er mit abenteuerlichen Tricks imponieren konnte, niemandem aber gestatten unsere Machthaber, sich in ihre Angelegenheiten einzumischen und ein eigenständiges Urteil zu fällen. So betrachtet, waren O. M.s Gedichte wirklich ein Verbrechen – das Bestreben, denen die Macht streitig zu machen, die das Recht auf Wort und Gedanken für sich allein in Anspruch nahmen. Stalins Feinden, wie auch seiner Clique, war diese eine erstaunliche Überzeugung ins Blut übergegangen: Dienststellung und Rang bestimmen, ob einem das Recht auf Urteil zugestanden wird oder nicht. So ist es heute und wird es in Zukunft sein. Noch vor kurzem erklärte mir Surkow, warum Pasternaks Roman schlecht sei: Doktor Schiwago stehe kein Urteil über unsere Wirklichkeit zu. Wir haben es ihm nicht eingeräumt. Ebenso konnte Christoforowitsch dieses Recht auch Mandelstam nicht zugestehen.

Das Faktum der Niederschrift der Verse bezeichnete Christoforowitsch als »terroristischen Akt« und das Gedicht als »Dokument«. Bei unserem Zusammentreffen erklärte er, noch niemals sei ihm ein solch ungeheuerliches, einmaliges »Dokument« unter die Augen gekommen. O. M. stritt nicht ab, daß er das Gedicht mehreren Leuten vorgetragen habe, im ganzen waren es vielleicht elf, darunter ich, unsere beiden Brüder, der seine und der meine, und Anna Andrejewna. Diese Namen preßte der Untersuchungsrichter einzeln aus ihm heraus, er nannte verschiedene Leute, die des öfteren bei uns waren, und dadurch bewies er, wie gut er tatsächlich über unsere nächste Umgebung unterrichtet war. Die Namen derer, die der Untersuchungsrichter erwähnt hatte, übermittelte O. M. mir bei unserem Zusammensein, damit ich sie alle warnen könne. Keiner von ihnen erlitt wirklichen Schaden, aber der Schrecken, der ihnen versetzt wurde, war ungeheuer. Die Liste dieser Leute führe ich hier nicht an, damit keiner versucht ist, unter ihnen den Verräter zu suchen. Der Untersuchungsrichter wollte wissen, wie jeder auf das Gedicht reagiert habe. O. M. bestätigte, alle hätten ihn beschworen, doch dieses Gedicht zu vergessen, um nicht sich und andere ins Verderben zu stürzen. Außer diesen oben Angeführten hatten ungefähr noch sieben bis acht andere die Verse über Stalin gehört, der Untersuchungsrichter aber nannte ihre Namen nicht, und so spielten sie in der Angelegenheit auch keine Rolle. Pasternak und Schklowskij wurden zum Beispiel nicht namentlich erwähnt.

Das Protokoll unterschrieb O. M., ohne es vorher nochmal durchgelesen zu haben. Die ganzen folgenden Jahre machte ich ihm das zum Vorwurf. Auch der Untersuchungsrichter lastete es ihm vor mir an. »Wahrscheinlich hat er Ihnen vertraut«, sagte ich boshaft... Und tatsächlich glaube ich auch heute noch, daß man in einer Beziehung dem Untersuchungsrichter vertrauen konnte: unseren Verhältnissen entsprechend war die Anklage realistisch, das Material hätte für zehn Prozesse ausgereicht, und so war es sinnlos, sich noch zusätzlich etwas auszudenken.

Wie O. M. bemerkte, verhielt sich der Untersuchungsrichter zu Beginn der Untersuchung weitaus aggressiver als gegen Ende. Er unterließ es sogar, die Abfassung der Verse als terroristischen Akt zu qualifizieren und O. M. mit Erschießung zu drohen. Anfangs hatte er nicht nur dem Autor die Erschießung in Aussicht gestellt, sondern auch »allen Mitschuldigen«, das heißt den Menschen, die diese Verse gehört hatten. Als wir sein plötzlich milderes Verhalten besprachen, kamen wir zu dem Schluß, es sei wahrscheinlich auf die Instruktion, »O. M. zu erhalten«, zurückzuführen. Ich habe den Untersuchungsrichter in der ersten, drohenden Phase nicht erlebt. Mir zumindest erschien er bei unserer Zusammenkunft unwahrscheinlich aggressiv. Diese Aggressivität bringt jedoch in meinen Augen der Beruf mit sich und ist nicht nur auf die Sowjetunion beschränkt.

Als Christoforowitsch außerdem noch O. M.s Beziehung zur Sowjetmacht überprüfte, sagte O. M., er wäre bereit, seine Arbeitskraft jeder beliebigen sowjetischen Einrichtung außer der Tscheka zur Verfügung zu stellen. Diese Äußerung war nicht durch Kühnheit oder Tollkühnheit bedingt, sondern nur durch völliges Unvermögen, sich hindurchzumogeln. Ich glaube, dieses ungewöhnliche Versagen war für den Untersuchungsrichter ein Rätsel, das er nicht lösen konnte. Ein solches Geständnis, wie es ihm in seinem Arbeitszimmer gemacht worden war, konnte er nur mit Dummheit erklären, doch noch niemals hatte er mit solchen Dummköpfen zu tun gehabt, und er sah völlig verdutzt aus, als er bei unserem Zusammentreffen diese törichte Antwort zitierte. O. M. und ich erinnerten uns an diese Episode, als Jeschow auf dem Höhepunkt seiner Macht stand – als in der ›Prawda‹ die Schaginjan in ihrem Kommentar berichtete, wie gerne die Angeklagten ihren Untersuchungsrichtern gegenüber ihre geheimsten Gefühle und Gedanken eingestanden und bei den Verhören »mit ihnen zusammenarbeiteten«. Schaginjans Meinung nach war diese Haltung auf das großartige Gefühl der Verantwortlichkeit zurückzuführen, auf eine typische Eigenschaft des sowjetischen Menschen... Ob nun die Schaginjan diesen Beitrag freiwillig schrieb oder damit einer Instruktion »von oben« entsprach, in keinem Fall sollte man ihn vergessen.

Der Schriftsteller ist zu größerer Verwahrlosung und Verworfenheit fähig als andere Menschen. Bereits 1934 hörten Anna Andrejewna und ich, der Schriftsteller Pawlenko habe aus Neugierde die Einladung des mit ihm befreundeten Untersuchungsrichters, der O. M.s Verfahren leitete, angenommen und, entweder in einem Schrank oder zwischen Doppeltüren versteckt, einem nächtlichen Verhör beigewohnt. Im Zimmer des Untersuchungsrichters sah ich mehrere völlig gleichartige Türen – zu viele für ein einziges Zimmer. Später erklärte man uns, einige der Türen führten in Fangschränke, andere seien Notausgänge. Die mit wissenschaftlicher Akribie ausgearbeitete und hochmoderne Architektur solcher Gebäude verfolgte das Ziel, den Untersuchungsrichter zu schützen und sein Leben zu sichern, das er im Kampf für die Rechtsordnung, das heißt in diesem Fall im Kampf mit dem Gefangenen, einsetzte, wenn es diesem in den Sinn kommen sollte, einen Fluchtversuch zu unternehmen oder sich auf seinen Christoforowitsch zu stürzen.

Pawlenko erzählte, Mandelstam habe beim Verhör einen erbärmlichen und verstörten Anblick geboten, die Hose sei gerutscht, und er habe ständig nach ihr gegriffen, er habe völlig unpassend geantwortet, nicht eine klare und deutliche Antwort gegeben, nur Unsinn geredet, sich aufgeregt und sich wie eine Karausche in der Pfanne gedreht und gewendet... Die öffentliche Meinung arbeitete bei uns stets für den Starken und gegen den Schwachen. Aber Pawlenkos Verhalten übertraf alles. Nikolaj Bulgarin hätte das niemals gewagt. Außerdem hatte man im Kreis der offiziellen Literatur, zu dem Pawlenko gehörte, völlig vergessen, daß einem Gefangenen nur falsche Aussagen, die der Obrigkeit schmeicheln und die eigene Haut retten sollten, vorgeworfen werden konnten, niemals aber Verworrenheit und Angst. Woher sollten wir den Mut nehmen, die Schrecken in den Gefängnissen und Lagern des zwanzigsten Jahrhunderts zu ertragen? Mit Liedern in die Gräben und Massengräber zu fallen?... Tapfer in den Gaskammern zu ersticken?... Lächelnd in Viehwagen transportiert zu werden?... Salonkonversation mit den Untersuchungsrichtern über die Rolle der Furcht in der Poesie zu führen?... Oder Impulse zu Gedichten, die in Wut und Entrüstung geschrieben waren, auseinanderzulegen?...

Jene Angst, die das Entstehen von Versen begleitet, hat nichts gemein mit der Angst vor der Geheimpolizei. Wenn uns primitive Angst vor Gewalt, Vernichtung und Terror erfaßt, verschwindet die sonst uns oft beschleichende existentielle Angst. O. M. sagte oft: Wenn in Zeiten der Revolution vor unseren Augen Ströme von Blut vergossen werden, ist jene andere Angst wie ausgelöscht.

Einundzwanzigstes Kapitel

Wer ist schuld

Die erste Frage des Untersuchungsrichters lautete: »Was glauben Sie, weshalb wir Sie verhaftet haben?« Auf O. M.s ausweichende Antwort forderte der Untersuchungsrichter ihn auf, sich an gewisse Gedichte zu erinnern. Nacheinander zitierte O. M. den ›Wolf‹, die ›Alte Krim‹ und die ›Wohnung‹. Er hoffte, es würde genügen: jedes dieser Gedichte konnte wohl ausreichen, um seinen Autor ins Lager zu bringen. Da der Untersuchungsrichter weder die ›Alte Krim‹ noch die ›Wohnung‹ kannte, schrieb er sich beide Gedichte auf. Bei der ›Wohnung‹ ließ O. M. acht Zeilen aus; er zitierte dieses Gedicht so, wie es später dann auch in der Kopie von Tarassenkow erschien. Dann holte der Untersuchungsrichter ein Blatt aus dem Ordner, las O. M. eine Beschreibung des Gedichtes über Stalin vor und zitierte mehrere Zeilen. O. M. erkannte die Autorschaft an. Der Untersuchungsrichter forderte O. M. auf, die Verse zu rezitieren. Nachdem er sie gehört hatte, bemerkte er, daß die erste Strophe in seiner Abschrift anders laute als die vorgetragene Variante: »Wir leben, aber fühlen unter uns kein Land, unsere Reden sind auf zehn Schritte nicht zu hören, zu hören ist nur der Bergbewohner im Kreml, der Seelenmörder und Bauernbekämpfer.« O. M. erklärte, daß es die erste Fassung sei. Danach mußte O. M. die Verse niederschreiben, und der Untersuchungsrichter legte diese Handschrift zu den Akten.

O. M. sah die Niederschrift, aus der der Untersuchungsrichter zitiert hatte, aber er wußte später nicht mehr, ob er sie in der Hand gehalten und selbst gelesen hatte. In diesem Augenblick war er so verwirrt, daß er sich später nicht mehr daran erinnern konnte. Deshalb bleibt die Frage offen, wie die der Geheimpolizei bekannten Verse aussahen – ob das Gedicht vollständig oder nur in Bruchstücken bei dem Untersuchungsrichter vorlag.

Viele, die diese Verse gehört hatten, konnten sogar nach einmaligem Vortrag diese sechzehn Zeilen wiedergeben. Besonders leicht prägen sich Verse den Menschen ein, die selbst Gedichte schreiben, kleinere Entstellungen sind dabei jedoch unumgänglich: einige Worte werden durch andere ersetzt, andere ausgelassen. Wäre es O. M. möglich gewesen, solche Veränderungen zu entdecken, so hätte er vermutlich sagen können, die Geheimpolizei habe die Verse von jemanden, der sie wohl gehört, aber nicht aufgeschrieben habe. Damit wäre der einzige Mensch, dem O. M. erlaubt hatte, die Verse aufzuschreiben, und zwar in ihrer ersten Variante, gerechtfertigt gewesen. Doch zu einer solchen Überprüfung reichte damals O. M.s Kraft nicht aus. Im nachhinein war es ein leichtes für uns, in Woronesch festzustellen, wie man hätte verfahren und handeln müssen. Ich höre jetzt häufig, wie besonders Waghalsige die Untersuchungsrichter geschickt einwickeln und ihnen die Hölle heiß machen. Hat es denn einen Sinn, nachträglich Überlegungen anzustellen, wie man hätte handeln und verfahren müssen?

O. M.s Gleichgültigkeit hatte auch noch einen anderen Grund. Es drängte ihn nicht im geringsten, den Verräter zu überführen, und er glaubte auch nicht, dazu noch Zeit zu haben. Wir lebten in einer Welt, in der man alle »dort hinzitierte«, um von ihnen zu verlangen, daß sie die Obrigkeit über unsere Gedanken und Stimmungen informierten. Sie bestellten auch Frauen dorthin, schöne und häßliche, wobei sie für die schönen eine völlig andere Funktion ausgewählt hatten als für die unansehnlichen, und auch das Entgelt, das sie verlockte, war nicht das gleiche, sondern unterschied sich erheblich. Sie bestellten Leute zu sich, deren Biographie schwache Punkte aufwies oder die psychisch labil waren – den einen schreckten sie mit seiner Herkunft als Sohn eines Beamten, eines Bankiers oder Offiziers, dem anderen verhießen sie Güte und Schutz. Sie bestellten alle, die fürchten mußten, ihre Stellung zu verlieren, oder Karriere machen wollten, die nichts wollten und nichts fürchteten, und jene, die zu allem bereit waren. Mit solchen Aufforderungen verfolgten sie nicht nur das Ziel, Informationen zu erhalten. Nichts verbindet so stark wie gemeinsames Verbrechen: je mehr Menschen schuldig, in Verbrechen verstrickt sind, je mehr Verräter, Spitzel und Zuträger es gibt, desto größer ist die Zahl derer, die das Regime stützen und um ein tausendjähriges Fortbestehen besorgt sind. Und wenn alle wissen, daß man »Leute bestellt«, büßt die Gesellschaft, büßen alle die Fähigkeit ein, miteinander zu verkehren, untereinander Verbindung aufrechtzuerhalten. Jeder verkriecht sich in seine Ecke und schweigt, und darin liegt ein für die Machthaber unschätzbarer Vorteil.

Bei Kusin appellierten sie an die Gefühle eines Sohnes: »Ihre Mutter überlebt es nicht, wenn wir sie verhaften!« Er antwortete, er wünsche den Tod seiner Mutter, und der Gesprächspartner war durch diese Herzlosigkeit erschüttert. Danach drohte er an, das Gerücht über ihn zu verbreiten, er sei geworben worden, »und Sie können dann keinem mehr in die Augen sehen«.

Der Künstler B., der lauterste Mensch, den man sich denken kann, allgemein beliebt, erschien zu diesen »Rendezvous« stets mit Verspätung – obwohl die Aufforderungen nicht offiziell waren, sondern meistens, wie bei Kafka, über das Telefon erfolgten, wagte es keiner, nicht zu erscheinen. Wegen seiner Verspätung machte man ihm Vorwürfe, und er antwortete darauf: »Ich verdränge alles, was mir unangenehm ist.« In den zwanziger Jahren entführten sie seine Freundin, ein hübsches, junges Mädchen, von der Straße weg – der Raub der Europa. Was haben sie nicht alles gemacht.

Für gewöhnlich bestellte man die Leute nicht in die Lubjanka, sondern in eigens dafür unterhaltene Wohnungen. Wer sich weigerte mitzuarbeiten, wurde auf nicht absehbare Zeit festgehalten, er sollte »noch einmal darüber nachdenken«. Aus den Einbestellungen machte man kein Geheimnis: sie waren ein wichtiger Bestandteil des Systems der Abschreckung, gleichzeitig konnten damit die staatsbürgerlichen Gefühle überprüft werden – die Namen der Starrköpfe wurden notiert, und bei gegebener Gelegenheit konnte man dann mit ihnen abrechnen. Wer einwilligte, dem wurde der Weg zum Aufstieg bei der Arbeit geebnet, und bei Personalkürzungen oder Säuberungen konnte er fest auf seine gute Beziehung zur Personalabteilung bauen. Leute, die man einbestellen konnte, gab es genug – schließlich war ja eine neue Generation herangewachsen.

Auf den Vorschlag, mit der Geheimpolizei zusammenzuarbeiten, reagierte jede Generation anders. Die Alten litten darunter, daß sie aus Angst mit ihrer Unterschrift versprochen hatten, das Gespräch geheimzuhalten. Von meinen Bekannten hat nur Soschtschenko abgelehnt, jenes Dokument zu unterschreiben. Die folgenden Generationen verstanden nicht einmal mehr, weshalb eine solche Unterschrift verabscheuungswürdig sein könnte. Sie umgingen sie in vollkommen anderer Weise: »Wenn ich etwas erführe, würde ich sowieso von selbst zu Ihnen kommen, doch mir ist es unmöglich, etwas zu erfahren – ich gehe ja nirgend anders hin als nur zu meiner Arbeit.« Alle diese Äußerungen stammen von Menschen, die sich geweigert haben »mitzuarbeiten«. Aber wieviel Prozent weigerten sich? Ich glaube, die Zahl wuchs an, als der Terror nachließ. Außer denen, die zur »Mitarbeit gezwungen« wurden, gab es noch eine ganze Menge Freiwilliger. Die Ämter wurden mit Anzeigen überschüttet. Die Anzeigen wurden zur Last. Vor dem XX. Parteitag habe ich selbst gehört, wie ein Inspektor des Ministeriums für Volksaufklärung bei seinem Besuch des Tschuwaschischen Pädagogischen Instituts, an dem ich arbeitete, die Lehrkräfte bat, das Anzeigenschreiben zu unterbinden, und als Abschreckung sagte, anonyme Anzeigen würden überhaupt nicht mehr gelesen. War es so? Ob man sie wirklich nicht las? Ich glaube es nicht.

Durch diese Vorladungen entwickelten sich bei den Menschen zwei Krankheiten: die einen sahen in jedem anderen einen Spitzel, die anderen fürchteten, man könne sie für einen Spitzel halten. Als sich vor kurzem ein Dichter bei mir beklagte, er habe kein einziges Gedicht von O. M., und ich ihm eine Kopie geben wollte, jagte ihm das großen Schrecken ein: ich könnte denken, er wolle mir eine Kopie für die Lubjanka entlocken! Als ich Sch. dasselbe Gedicht schenken wollte, sah er es als seine Pflicht an, mir in Einzelheiten zu erzählen, daß sie ihn schon Jahrzehnte hindurch einbestellten und ihm zusetzten. 1934, als O. M. bereits in Woronesch war, tauchte der mürrische und mißmutige M. bei mir auf: »Sagen Sie, daß ich es nicht war!« Er war gekommen, um von uns zu erfahren, daß wir nicht in ihm den an der Verhaftung Schuldigen sähen, aber er hatte die belastenden Gedichte nicht einmal gehört und war überhaupt ein guter Freund von uns. Als ich ihm das sagte, fielen ihm Zentnerlasten vom Herzen.

Mehr als einmal unterbrachen wir Leute, die sich allzu frei äußerten: »Gott bewahre Sie! Was machen Sie! Für wen hält man Sie, wenn Sie so sprechen!« Man beschwor uns, mit niemandem zusammenzukommen. Mischenka Senkewitsch zum Beispiel sagte mir, er lasse nur Leute bei sich ein, die er schon sein ganzes Leben kenne. Ich antwortete ihm darauf kühl, auch diese Leute könnten sich geändert haben. So lebten wir, und deshalb sind wir auch anders als alle anderen.

Ein solches Leben geht nicht spurlos vorüber. Wir alle sind psychisch etwas abartig, ein klein wenig weichen wir von der Norm ab, wir sind nicht krank, aber auch nicht ganz in Ordnung – wir sind mißtrauisch geworden, unaufrichtig, verschreckt, zurückhaltend in unseren Äußerungen und mit argwöhnischem, unreifem Optimismus behaftet. Taugen Leute wie wir als Zeugen? Konsequent schloß das Vernichtungsprogramm die Ausrottung der Zeugen mit ein.

Zweiundzwanzigstes Kapitel

Der Adjutant

Dligatsch lernten wir Mitte der zwanziger Jahre in Kiew kennen, als viele junge Journalisten den Redakteur einer Lokalzeitung als Idioten bezeichneten, weil einige Artikel von O. M. in seiner Zeitung erschienen waren. In der Hauptstadt war das schon lange nicht mehr möglich. Dligatschs Frau, eine jener kleinen zarten Blondinen, die O. M. immer sehr beeindruckten, hatte das gleiche Gymnasium wie ich besucht. Sie wohnten in der Nähe meiner Eltern, und jedesmal, wenn wir nach Kiew kamen, trafen wir uns mit ihnen. Nach einigen Jahren kam Dligatsch nach Moskau und arbeitete zusammen mit O. M. in der Redaktion der Zeitung ›Moskauer Komsomolze‹. Bei der Arbeit war er nicht sehr erfolgreich, die Moskauer Ehrgeizlinge setzten den Provinzler zurück. Eines Tages aber kam er freudestrahlend zu uns gelaufen, das Glück war ihm endlich hold gewesen. Er hatte einen Fund gemacht – ihm war ein Brief seines Widersachers, der einer der leitenden Angestellten bei seiner Zeitung war, in die Hände gefallen. Es war ein typischer Brief eines jungen Mannes vom Lande, der für bessere Verdienstmöglichkeiten in die Stadt gegangen war. Er grüßte alle Bekannten, Freunde, Genossen und Nachbarn und teilte seiner Mutter mit, die Vorgesetzten würden ihn Gott sei Dank lieben und ermuntern. Er sei nicht ohne Zuneigung und Arbeit. Im Handumdrehen werde sich auch alles andere gut entwickeln, er werde verdienen, vielleicht sogar eine Belobigung erhalten, man werde ihm ein Zimmer geben, und dann könne er einen seiner Brüder zu sich nehmen, damit auch diesem der Weg in die Welt geebnet sei.

Der Brief berührte durch seine Menschlichheit und ließ persönliche, einem verantwortungsvollen Komsomolzen und Zeitungsmann schlecht anstehende Interessen erkennen. Noch dazu erwähnte der junge Mann Gott – einem Komsomolzenführer verbot sich das. Selbst Redensarten wie »Gott sei Dank« wurden als Tribut an die Religion gewertet. Der junge Mann lebte offensichtlich ein Doppelleben und sprach mit zwei verschiedenen Zungen. In welchem Augenblick ging die Dienstsprache, die stark ideologisierte Sprache, in die angestammte, häusliche über? Der größte unserer Dramatiker träumte immer davon, ein Stück über diese Doppelsprachlichkeit und diesen kritischen Moment zu schreiben. Er fragte immerzu: »Wann ist dieser Moment? Auf der Straße oder schon zu Hause?« Einige Jahre später nahm ein anderer, wesentlich jüngerer Autor dieses Thema in Angriff, er schilderte die Sitzung eines Dorfsowjet. Bei ihm gingen die Bauern zur offiziellen Sprache über, sobald der Vorsitzende mit der Glocke die Versammlung eröffnete.

Dligatsch beabsichtigte nun, seinen Fund – den Brief des doppelsprachigen Ideologen der Komsomolzeitung – voll auszuschöpfen, damit er seinen Feind vor der nächsthöheren Instanz entlarve. Er war gekommen, um vor uns mit seinem Erfolg zu prahlen, und zeigte O. M. den Brief, den ihm dieser sofort aus der Hand riß und in den Ofen warf.

Dligatschs Verhalten war für jene Zeit typisch – für das Ende der zwanziger und den Anfang der dreißiger Jahre. Im Kampf um die Reinheit der Ideologie ermunterte die Obrigkeit mit allen Mitteln jene, die »mannhaft andere entlarvten«, die »ohne Rücksicht auf die Person Kritik übten«, »Überbleibsel« der alten Psychologie bei ihren Mitarbeitern an den Tag brachten. Manches Renommee verflog, platzte wie eine Seifenblase; die Demaskierer kletterten munter die Dienstleiter hinauf. Jeder Funktionär, der in jenen Jahren aufstieg, bediente sich zumindest einmal dieses Mittels – das heißt, er entlarvte seinen Vorgesetzten. Wie konnte man anders seinen Platz einnehmen? Dligatsch hätte dieser Brief einen großen Dienst erweisen können. Zu unserem Erstaunen aber zeigte er sich O. M.s Beweisgründen zugänglich, und er verließ uns traurig, aber nicht erbost, obwohl seine Hoffnung auf eine bessere Zukunft verbrannt war. Vielleicht hat er sich doch geärgert, denn nach diesem Zwischenfall sahen wir ihn mehrere Jahre nicht mehr.

Erst im Winter 1933/34 erschien Dligatsch wieder bei uns in der Furmanow-Gasse. Er brachte Dinotschka mit, die uns Jachontow vermacht hatte, sie war eine zweitklassige Künstlerin, eine kleine, nicht besonders intelligente, aber sehr gute Frau. Wir erwähnten den Brief: Dligatsch dankte O. M., weil er ihn vor dieser Niedrigkeit bewahrt hatte. Schnell schlich er sich in unser Vertrauen ein, die alte Komsomol-Vergangenheit wurde nicht mehr erwähnt – was hatten junge Menschen in jener Zeit nicht alles gemacht, es war unmöglich, ihnen ein Vergehen ihr ganzes Leben lang vorzuhalten.

1933 ging er auch bei Besymenskij ein und aus. Er war ihm bei seinen Zeitungsgeschäften behilflich. Immerzu schlug er O. M. vor, sich bei Besymenskij in verschiedenen Angelegenheiten beraten zu lassen. Aber O. M. kochte noch wegen der Geschichte mit Sadschan und Tolstoj vor Wut. Kurz vor der Verhaftung riet Dligatsch O. M., zu einer Staatsanwältin, einer Freundin von Besymenskij, zu gehen und ihr klarzumachen, daß für die Ohrfeige, die er Tolstoj gegeben hatte, ein wirklicher Grund vorlag. Ich weiß nicht, was das zu bedeuten hatte – mir ist nur bekannt, daß O. M. Dligatsch die Verse über Stalin vorgelesen hat.

Am Morgen nach der Verhaftung rief uns sehr früh Besymenskij an. Ich erklärte ihm, was nachts geschehen war, natürlich verschlüsselt, aber diese Sprache war allen verständlich. Besymenskij stieß einen Pfiff aus und legte den Hörer auf. Weder vorher noch nachher hat er uns jemals angerufen. Was hatte Dligatsch ihm über O. M. erzählt? Vielleicht hatte er von der Verhaftung gehört und wollte sich telefonisch vergewissern? Von wem konnte er es erfahren haben? Wer wußte es? Der Verhaftungsbefehl war schließlich von Jagoda unterzeichnet, und nach O. M.s Abtransport waren erst einige Stunden verstrichen, so daß sich die Nachricht kaum schon weit verbreitet haben konnte. Warum hatte er angerufen?

Dligatsch sah ich zum letztenmal in unserem Korridor in der Furmanow-Gasse, als ich von der Begegnung mit O. M. im Büro des Untersuchungsrichter zurückkam: Dligatsch ging, um das Geld zu holen, worum ich ihn gebeten hatte, und kam nicht wieder zurück. Als Dinotschka uns in Woronesch besuchen wollte, machte ihr Dligatsch eine Szene und forderte, sie sollte von diesem Vorhaben Abstand nehmen. Dinotschka fand das empörend, worauf sie sich trennten. Dinotschka war so verwundert, daß sie nicht begriff. Sie erzählte uns in Woronesch von diesem für sie völlig unerwarteten hysterischen Ausbruch ihres Geliebten und dem Abbruch ihrer Beziehung, die anscheinend mehrere Jahre gehalten hatte. Nach dem Krieg hörte ich, Dligatsch hätte sich erhängt. Das war während der Kampagne gegen die »Kosmopoliten«, als viele Menschen großen Schrecken empfanden. Durch Tapferkeit hatte sich Dligatsch noch niemals ausgezeichnet.

O. M. suchte nicht nach dem Verräter. Er schrieb sich selbst die Schuld für alles zu. In unseren Tagen durfte man andere Leute nicht in Versuchung führen; nicht umsonst hatte Brodskij, der bei O. M.s Verhaftung im Sessel saß, O. M. gebeten, ihm seine gefährlichen Verse nicht vorzutragen, weil er dann gezwungen sei, Anzeige zu erstatten. »Nein, nicht Dligatsch, es war ein anderer«, sagte O. M. mit erstaunlicher Gleichgültigkeit. Wegen Dligatsch lag ich ihm beständig in den Ohren. Ich wollte sehr gerne alles auf diese Wanze abwälzen, denn alle anderen Varianten schienen mir unerträglich zu sein. Es war viel leichter, den unbedeutenden Dligatsch zu diffamieren als einen Menschen, den wir als unseren Freund ansahen, zu verdächtigen. Und doch bin ich nicht davon überzeugt, daß er der Informant war.

Bei der Untersuchung wurde Dligatschs Name nicht erwähnt. Vielleicht schonten sie den Agenten. Aber es gab auch noch eine andere

Möglichkeit: Spitzel, die alle Menschen gemeldet hatten, die uns besuchten, trafen mit Dligatsch nicht zusammen; da Dinotschka abends im Theater war, kamen sie meistens tagsüber zu uns. Er mied überhaupt unsere Bekannten und zog es vor, mit uns allein zusammenzusein. Die Spitzel informierten stets die Geheimpolizei über alle Besucher – der Scheinwerfer richtete sich nicht nur auf einen Menschen, sondern auf einen ganzen Kreis. In unserem Fall kannte Christoforowitsch nahezu alle, die bei uns ein und aus gingen.

Ob Dligatsch überhaupt in der Lage gewesen wäre, sechzehn Strophen nur vom Hören her zu behalten? Ich erlebte niemals, daß er Verse wiederholte, die er nur einmal gehört hatte. Das Gedicht über Stalin hatte ihm O. M. nur ein einziges Mal vorgetragen und, entgegen seiner Gewohnheit, in Anwesenheit eines anderen Menschen, des Künstlers T. Der Name dieses Künstlers erschien bei der Untersuchung auch nicht. Einen Beweis gab es für uns nicht. In welcher Fassung hatte Dligatsch dieses Gedicht gehört – mit dem Wort »Bauernbekämpfer« oder ohne? Eher ohne. T. war selten bei uns, er kam erst kurz vor der Verhaftung, als die erste Fassung schon verworfen war. Es gab nur einen einzigen Menschen, dem O. M. erlaubt hatte, sich die Verse in der ersten Fassung zu notieren, und ihn kannten wir so gut, daß dieser Mensch außerhalb jeden Verdachts stand. Vielleicht hatte ihm jemand die Verse entwendet? Diese Vermutung kann nicht ausgeschlossen werden, aber meiner Meinung nach waren die Verbindungswege von jedem Haus zur Geheimpolizei bei weitem einfacher.

Dligatschs Verhalten nach O. M.s Verhaftung kann ebenso mit Feigheit erklärt werden oder durch die bekannte Krankheit – die Angst, als Spitzel angesehen zu werden. Seiner Lebensgeschichte nach zu urteilen, würde zu ihm diese Rolle besser als zu allen anderen passen. Das Schreckliche war, daß oft Menschen, von denen man es niemals erwartet hätte, diese Rolle übernahmen. Wieviel sympathische Frauen und Jünglinge aus guten Familien sind in diesem »Beruf« zu finden – ihnen vertraut schließlich jeder! Aber auch denkende Menschen und solche, denen Kunst und Wissenschaft vertraut sind, die mit behutsamen, klugen, feinsinnigen Gesprächen in die geheimsten Winkel des menschlichen Herzens eindringen. Sie eigneten sich für diese Rolle unverhältnismäßig besser als der plumpe Dligatsch! Gott mit ihm! Er ist schließlich nur ein armer Wurm, der zufällig in diese gräßliche Zeit hineingeraten ist. Und ist der Mensch denn wirklich für sich verantwortlich? Sogar seine Taten und sein Charakter sind von der Zeit abhängig. Sie hat ihn im Griff und preßt aus ihm das Gute oder Böse heraus.

Und noch ein Problem: Wann hatte der Geheimdienst von den Versen über Stalin erfahren? Im Herbst 1933 waren sie geschrieben worden, die Verhaftung erfolgte im Mai 1934. Ob nach der Ohrfeige, die O. M. Tolstoj gegeben hat, die Überwachung verschärft und die Agenten erneut auf seine Spur gesetzt worden waren und erst dann die Geheimpolizei von den Versen erfuhr? Oder ob sie schon ein halbes Jahr vorlagen und nichts passierte? Das ist kaum vorstellbar. Dligatsch aber tauchte bei uns ziemlich spät auf – Mitte des Winters – und schlich sich im Frühling in O. M.s Vertrauen ein.

Und die letzte Frage: War nicht auch ich schuld, denn ich hatte ja nicht alle Freunde und Bekannten vertrieben und war nicht darum besorgt gewesen, allein mit O. M. zu sein, so wie es die meisten meiner Zeitgenossinnen, die gute Frauen und Mütter waren, machten? Meine Schuld vermindert sich nur dadurch, daß O. M. sich jedenfalls einer solchen Aufsicht entwunden und seine verbotenen Verse dennoch vorgelesen hätte. Sich selbst Fesseln anzulegen und sich selbst freiwillig zu isolieren, das kam für O. M. einer Selbstaufgabe gleich.

Dreiundzwanzigstes Kapitel

Wunder

Winawer, der oft in die Lubjanka gehen mußte, erfuhr als erster, daß sich in O. M.s Angelegenheit etwas tat: »Irgendeine besondere Atmosphäre – eine Unruhe, Flüstern.« Es stellte sich heraus, daß die Angelegenheit plötzlich noch einmal überprüft, ein neues Urteil gefällt werden sollte: »Minus zwölf«* lautete es jetzt. Alles geschah in noch nie dagewesener Eile. Die Revision beanspruchte vielleicht einen Tag, vielleicht auch nur wenige Stunden. Schon das Tempo selbst war ein Wunder. Wenn »oben« das Knöpfchen gedrückt wurde, dann zeigte die bürokratische Maschine eine erstaunliche Wendigkeit.

Je stärker die Zentralisation, desto wirksamer ein Wunder. Wir freuten uns über Wunder und begegneten ihnen mit östlicher Reinheit des Herzens, vielleicht sogar ähnlich wie der assyrische Mob. Sie wurden zu einem Bestandteil unseres Lebens. Wer hatte nicht schon einen Brief an die höchste Instanz, an den metallischen Namen geschrieben?** Wenn diese unvorstellbare Menge von Briefen erhalten bliebe, welch ein Schatz für die Geschichte. Mehr als in allen anderen schriftlichen Zeugnissen haben sich hier die Spuren des Lebens unserer Zeit eingeprägt, denn sie sprechen von den Kränkungen, Beleidigungen, Schlägen, von Gruben und Fallen. Es ist eine Sisyphusarbeit, kleine Körnchen der Wirklichkeit aus einem Wust von Worten herauszuschälen und ans Tageslicht zu befördern. Diese Briefe haben wir schließlich in einem besonderen Stil geschrieben, mit raffinierter sowjetischer Höflichkeit, und wir haben in der Sprache der Leitartikler unsere unglückliche Lage geschildert. Allein ein flüchtiger Blick auf die Briefe an »oben« würde ohne Zweifel erklären, daß wir Wunder wirklich nötig hatten. Man muß sich nur vor Augen halten, daß ein Wunder, wenn es eintrat, für die Menschen, die diese Briefe geschrieben hatten, eine bittere Enttäuschung einschloß. Darauf waren die Bittsteller nicht gefaßt, obwohl die Weisheit des Volkes seit langem behauptet, das Wunder sei nur ein augenblickliches Auflodern, ohne Dauer. Was blieb in den

* Der Verurteilte konnte mit Ausnahme von zwölf um Großstädte abgesteckten Kreisen überall in der Sowjetunion leben.

** Stalin = der Stählerne.

Märchen nach Erfüllung der drei Wünsche in den Händen zurück? In was verwandelte sich am Morgen das Gold, das nachts der Hinkende verschenkt hat? In ein Lehmplätzchen, eine Handvoll Staub.

O. M.s Geschichte löste eine ganze Serie von Wunderberichten aus, die von Mund zu Mund gingen, Geschichten, in denen oben gleichsam ein Donner grollte und sich ein wohltuendes Gewitter entlud; als ob Gewitter wohltuend sein könnten. Aber uns hat wirklich ein Wunder gerettet und uns drei Jahre Leben in Woronesch geschenkt.

Jewgenij Chasin schickte uns ein Telegramm und teilte uns mit, das Urteil sei abgeändert worden. Wir zeigten es dem Kommandanten. Er zuckte mit den Schultern: »Die Schnecke macht sich auf die Reise: bis sie bei uns ankommt, schneit es«, und er wies uns darauf hin, es sei Zeit für uns, aus dem Krankenhaus auszuziehen und eine Wohnung für den Winter zu suchen: »Und achten Sie darauf, daß es nicht durch die Ritzen zieht. Der Winter hier ist berüchtigt!«

Das offizielle Telegramm kam am nächsten Tag an. Vielleicht hätte uns der Kommandant nicht sofort benachrichtigt, aber noch ehe er zum Dienst kam, wußten wir es schon von zwei Mädchen – der Telegrafistin und der Registratorin, mit denen O. M. langsam wieder begonnen hatte, sich zu unterhalten und zu scherzen. Wir gingen zur Kommandantur und warteten lange auf den »Chef«. Er las uns das Telegramm vor, wagte aber nicht, seinen Augen zu trauen: »Vielleicht haben es Ihre Verwandten geschickt? Woher soll ich das wissen!« Zwei bis drei Tage dachte er nicht daran, O. M. zu entlassen – das kostete uns nicht wenig Aufregung –, und letzten Endes wartete er doch nicht die Bestätigung aus Moskau ab, daß dieses Telegramm tatsächlich von der Regierung und nicht von listigen Verwandten des Verbannten geschickt worden war. Er rief uns zu sich und forderte uns auf, eine Stadt zu wählen. Wir mußten uns augenblicklich entschließen, der Kommandant bestand darauf; im Telegramm stand nicht, daß er uns Zeit zum Überlegen lassen sollte. »Das kann nicht aufgeschoben werden!« sagte er, und unter seinen Blicken wählten wir eine Stadt aus. Die Provinz kannten wir nicht, Bekannte hatten wir nirgends, außer in den zwölf verbotenen Städten und im Grenzgebiet, das ebenfalls dem Verbot unterlag. Plötzlich erinnerte sich O. M., daß der Biologe Leonow von der Universität Taschkent Woronesch so sehr gelobt hatte, es war seine Heimatstadt. Leonows Vater war dort Gefängnisarzt. »Wer weiß, vielleicht brauchen wir einen Gefängnisarzt«, sagte O. M., und unsere Wahl fiel auf Woronesch. Der Kommandant schrieb die Papiere aus. Von der Wendung der Ereignisse war er derart erschüttert – das heißt von der Schnelligkeit, mit der die Angelegenheit noch einmal überprüft worden war –, daß er plötzlich unwahrscheinlich höflich wurde. Er stellte uns ein staatliches Fuhrwerk zur Verfügung, das unsere Sachen zum Hafen brachte. Beim Abschied wünschte er uns noch jeden denkbaren Erfolg, offensichtlich zählte er uns plötzlich irgendwie zu »den Seinen«, denn er war einer der ersten Zeugen des Wunders, das »von oben« auf uns herniedergegangen war.

Mit der Hausmeisterin war es dafür gerade umgekehrt – sie verlor jedes Vertrauen zu uns. Welch ein Mensch mochte das sein, wenn man so mit ihm verfuhr? In ihren Augen lag ein stummer Vorwurf. Für sie gab es natürlich keinen Zweifel: O. M. mußte sich irgendwelche befremdenden Verdienste erworben haben, sonst hätten »sie« ihn nicht wieder aus ihren Fängen gelassen, denn sie ließen schließlich niemanden, der einmal in ihr Netz geraten war, wieder laufen. Die Hausmeisterin hatte eine weit größere Erfahrung als wir. Unter den Menschen unseres Landes hatte sich ein seltsamer, aber völlig verständlicher Egozentrismus herausgebildet: jeder traute nur der eigenen Erfahrung. Der Verbannte O. M. war für sie einer »der Ihren« gewesen. In drei Jahren hatte sie erkannt, daß man bei weitem nicht jeden Verbannten zur Kategorie »der Ihren« rechnen konnte und man selbst Verbannten gegenüber die Zunge im Zaum halten mußte; der Begnadigte – für die Verbannten von Tscherdyn war Woronesch ein Paradies – wurde für sie zum Fremden, gegen den man Verdacht hegen mußte. Ich glaube, die Verbannten von Tscherdyn überlegten noch lange nach unserer Abfahrt, ob sie in unserer Gegenwart nicht etwas Gefährliches gesprochen hätten, und erörterten, ob wir nicht eigens geschickt worden waren, um ihre Gedanken und Geheimnisse auszukundschaften. Gegen die Hausmeisterin konnte und kann ich keinen Groll empfinden, an ihrer Stelle hätte ich ebenso empfunden. Der Verlust des gegenseitigen Vertrauens ist das erste Zeichen dafür, daß eine Gesellschaft unter Diktaturen zerfällt – und eben das wollte unsere Regierung erreichen.

Für mich war die Hausmeisterin ebenso »eine Fremde«, und vieles, was sie sagte, verstand ich nicht. Wir hatten derart verdrehte Rechtsvorstellungen, waren so verroht und betrachteten mit solch verständnislosen Augen die Welt, daß zwischen den »Wissenden« und den »Noch-nicht-Wissenden« im wesentlichen kein Kontakt entstehen konnte. In jenem denkwürdigen Jahr verstand ich schon manches, aber bei weitem noch nicht genug. Die Hausmeisterin versicherte, man habe sie völlig gesetzwidrig verbannt. Schon vor ihrer Verhaftung hatte sie jede Arbeit in ihrer Partei aufgegeben. Und so war sie, als sie festgenommen wurde, eine Privatperson: »Und das wußten sie!« Und ich, von allem, was mir zu Ohren kam, abgestumpft, verstand ihre Beweisgründe nicht. Wenn sie doch selbst ihre Zugehörigkeit zu einer aufgehobenen Partei eingestand, warum beklagte sie sich dann über ihre Verbannung? Unseren Normen entsprechend war das ganz richtig. Damals dachte ich so. »Unsere Normen«, wie ich sie verstand, waren schrecklich und grausam, aber sie waren Realität, und eine starke Macht konnte offensichtlich potentiell aktive Gegner nicht dulden. Die staatliche Propaganda konnte bei mir wenig ausrichten, aber trotzdem gelang es den verrohten Rechtsvorstellungen, in mir Fuß zu fassen. Narbut zum Beispiel erwies sich als weitaus gelehrigerer Schüler des neuen Rechtes. Von seinem Standpunkt aus war es unmöglich, O. M. nicht zu verbannen: »Wie soll sich ein Staat denn schützen? Ich frage dich, was würde sonst passieren?«... Ich erwiderte nichts darauf. Lohnte es sich überhaupt zu streiten und zu erklären, daß nicht gedruckte und nicht der Öffentlichkeit bekannte Gedichte Gedanken gleichkommen und man für Gedanken nicht verbannt werden darf? Nur das eigene Unglück öffnete uns die Augen und machte uns Menschen ähnlicher. Und auch das nicht auf einmal.

Es hat eine Zeit gegeben, in der wir das Chaos fürchteten, in der wir uns alle plötzlich nach Macht sehnten, nach einer starken Hand, die alle in Aufruhr gebrachten menschlichen Bestrebungen – verglichen mit einzeln sich verströmenden Rinnsalen – in einem Flußbett vereinigen sollte. Diese Furcht ist vielleicht das Beständigste unserer Gefühle, wir haben es bis heute nicht verloren und vererben es weiter.

Allen – den Alten, die die Revolution miterlebt, und den Jungen, die noch nichts erfahren haben – scheint es, als seien sie das erste Opfer der in Aufruhr geratenen Menge. Wenn ich immer hörte: »Uns wird man als erste am nächsten Pfosten aufhängen«, fiel mir Herzens Äußerung über die Intelligenzler ein, von denen er sagt, daß sie das Volk so fürchten, daß sie bereit sind, sich lieber in Fesseln legen zu lassen, wenn nur ihre Kreise nicht gestört werden.

Den Gang der Geschichte ebnen, die Gruben auf ihrem Weg beseitigen, damit keinerlei unerwartete Ereignisse eintraten, alles glatt und planmäßig verlief – das war es, was wir wollten. Und dieser Traum bereitete bei uns psychologisch das Auftreten von Weisen oder Besserwissern vor, die unseren Weg bestimmen sollten. Und waren sie einmal vorhanden, konnten wir uns nicht mehr aufraffen, selbständig zu handeln: wir warteten auf genaue Anweisungen und Verhaltensmaßregeln, denn schließlich vermag keiner von uns, weder du noch ich, eine bessere Anweisung zu geben, und das bedeutet, wir müssen das dankbar entgegennehmen, was uns »von oben« vorgeschrieben wird. Nur im persönlichen Bereich erkühnten wir uns, einen Rat zu geben: ob es zum Beispiel möglich sei, in verschiedenen Stilen den sozialen Auftrag der Kunst zu erfüllen? Blind, wie wir waren, kämpften wir selbst für Übereinstimmung, denn in jeder Meinungsverschiedenheit, in jeder abweichenden Meinung, sahen wir von neuem Anarchie und unüberwindliches Chaos auf uns zukommen. Und wir selbst halfen – durch Schweigen oder Zustimmung – der zukünftigen Macht die Kräfte zu sammeln und sich von Kritikern zu befreien – von irgendeiner Hausmeisterin, einem Dichter oder Schwätzer.

So lebten und kultivierten wir unsere eigene Minderwertigkeit, bis wir am eigenen Leib die Zerbrechlichkeit unseres Wohlergehens erfuhren. Hier gilt nur die eigene Erfahrung, denn einer fremden glauben wir nicht. Wir sind wirklich minderwertig geworden und haben keine Verantwortung. Nur Wunder können uns retten.

Vierundzwanzigstes Kapitel

Reise und Ankunft

Man händigte uns die Dokumente mit dem Stempel der einflußreichsten Institution der Sowjetunion aus, und wir waren nun berechtigt, am Militärschalter Fahrkarten zu lösen. Das war ein damals unerhörter Vorzug, denn alle Häfen und Bahnhöfe waren von einer schwarzen, düsteren Volksmenge angefüllt, die wochenlang an den Fahrkartenschaltern warteten. Es war wie zur Zeit der Umsiedlung der Volksstämme oder der Evakuierungen. Der Hafen in Perm: auf Säcken und Lappen, um Holzkoffer mit ungeschickt lackierten Verzierungen lagerten ganze Familien, erschöpfte, abgerissene Menschen mit vom Staub und Schmutz geschwärzten Gesichtern. Am Ufer entlang glomm in kleinen Gruben Kohle, hier kochten sie für die Kinder Suppe. Die Erwachsenen kauten Brotrinde; ganze Säcke voll schleiften sie zum Vorrat mit sich – Brot gab es immer noch nur auf Karten. Durch die Entkulakisierung wurden große Volksmengen von Ort zu Ort getrieben. Sie zogen durch das Land, auf der Suche nach einem besseren Platz, immer noch mit großer Sehnsucht nach ihren mit Brettern vernagelten Hütten im Herzen.

Entkulakisierte im eigentlichen Sinne des Wortes waren diese Leute hier nicht. Die Entkulakisierten waren schon lange verbannt und an ihren Bestimmungsort transportiert. Die hier aber waren nur noch Ausläufer der großen Volksverschickung; in der Stunde des Schreckens hatten sie sich auf den Weg gemacht und irrten ziellos durch das ganze Land – überallhin, nur fort vom Heimatdorf. Wir erlebten viele zwangsweise eingeleitete und manche freiwillige Umsiedlungen von Völkern: während des Bürgerkrieges, der Hungersnot im Wolgagebiet und der Ukraine, der Entkulakisierung und Evakuierung. Bis zum Krieg waren die Bahnhöfe ständig mit Bauern überfüllt, die sich aufgemacht hatten ... Nach dem Krieg begaben sich die Menschen wieder auf den Weg, diesmal allerdings nicht mehr so viele. Jetzt suchten sie Brot und Arbeit. Jede Familie, in der es noch einen Mann gab, eilte dorthin, wo es dem Hörensagen nach noch Brot und Arbeit gab. Manchmal waren solche Umsiedlungen auch organisiert, das heißt, die Leute wurden angeworben. Erst wenn sie dann am eigenen Leib verspürt hatten, daß fremde Früchte nicht süßer sind, kehrten sie zurück oder suchten eine neue Zuflucht. Jede zwangsweise Umsiedlung – ob es sich nun um Klassen oder Nationalitäten handelte – hatte eine Welle freiwilliger Flüchtlinge zur Folge. Kinder und Alte starben wie die Fliegen.

Zwangsweise Umsiedlungen hat uns das zwanzigste Jahrhundert beschert. Oder gab es sie vielleicht auch schon bei den Ägyptern und Assyrern? Ich sah Züge mit Bärtigen aus der Ukraine und dem Kubangebiet, dann verriegelte Viehwagen mit politischen Häftlingen, die nach dem Osten der Sowjetunion verbannt wurden. Danach kamen Züge mit Wolgadeutschen, Tataren, Polen, Esten. Und dann wieder Viehwagen mit Häftlingen. Sie fuhren immer – manchmal mehr, manchmal weniger. Anders war es mit den Adligen aus Leningrad. Das war die zweite Massenumsiedlung, die der Entkulakisierung folgte. 1935 begleitete ich mit Anna Andrejewna Achmatowa eine schwächliche, kränkliche Frau mit drei noch sehr kleinen Buben zum Pawelezkij-Bahnhof, sie wurden nach Saratow geschickt. Selbstverständlich durften sie dort nicht in der Stadt wohnen – solche Hilflosen konnten im Bezirk leben! Auf dem Bahnhof fanden wir das gewohnte Bild. Alles war überfüllt, aber die Menschen saßen nicht auf Decken, sondern auf verhältnismäßig schönen, größeren und kleineren Koffern, die noch mit alten, bunten Etiketten beklebt waren. Als wir uns zum Bahnsteig hindurchdrängelten, hielten uns immer wieder irgendwelche alte Bekannte auf: Enkelinnen der Dekabristen, ehemals hochangesehene Damen, nur Frauen. »Ich wußte gar nicht, daß so viele meiner Bekannten Adelige sind«, sagte Anna Andrejewna.

Ich habe einmal gelesen, jedes Volk müsse durch eine Periode gehen, in der es »sowohl körperlich als auch geistig umherirrt«. Das sei die Jugend eines Volkes, die schöpferische Zeit seiner Geschichte, die auf viele Jahrhunderte hin wirksam werde und seine Kultur in Bewegung bringe. Auch wir waren Wandernde, wie viele vor uns und mit uns. Ob unser Umherirren jene Früchte zeigen wird, die uns die Propheten versprachen? Uns ist zu viel aufgebürdet worden, um den Glauben an diese Ernte zu bewahren. Aber gleichwohl wage ich nicht zu sagen, daß die Wanderungen vergebens waren. Wir alle, das ganze Volk, von oben bis unten, haben etwas gelernt, auch wenn wir dabei unsere ganze Kultur vernichtet haben. Aber das, was wir gelernt haben, scheint sehr wesentlich zu sein.

Von Tscherdyn nach Kasan mußten wir zwei Schiffe benutzen, das Umsteigen in Perm ging nicht glatt. Wir mußten beinahe einen ganzen Tag auf das Schiff warten. Ein Gasthaus nahm uns nicht auf, denn O. M. hatte keinen Paß: bei seiner Verhaftung hatte man ihm den Paß abgenommen. Pässe sind ein Privileg der Städter, die Landbewohner besitzen keine, so daß weder Bauern noch Städter, die so wie uns das Unglück ereilt hatte, in Gasthäusern anzutreffen waren. Im übrigen gab es auch in den Gasthäusern niemals Platz, auch nicht für Bürger mit Ausweisen.

Wegen der vielen freiwilligen Umsiedler konnten wir uns nirgendwo am Hafen niedersetzen. Bis zur völligen Erschöpfung durchstreiften wir den ganzen Tag die Stadt. Im dürftigen Stadtgarten setzten wir uns auf ein Bänkchen und waren erstaunt über die Blässe der besser situierten Stadtkinder. Wir dachten daran, wie uns von Zeit zu Zeit immer wieder die gelbe Hautfarbe der Moskauer Kinder erschreckt hatte – erklärt wurde sie jedesmal mit den großen einander ablösenden Hungersnöten – zuletzt 1930, als wir plötzlich nach der Preiserhöhung aus Armenien nach Moskau zurückkehrten, kurz bevor die Lebensmittelkarten und Verteilungsstellen eingeführt wurden. Moskau bezahlte so für die Kollektivierung. Vor unserer Abreise hatte man sich schon wieder davon erholt, aber Perm erschreckte uns noch durch den Anblick, den es bot. Wir aßen in einem Restaurant, aber es gelang uns nicht, lange zu sitzen, denn um jeden kleinen Tisch herum hatte sich schon eine Schlange gebildet: in der Stadt gab es keine Lebensmittel, doch in den Gaststätten erhielt man irgendeine Ersatznahrung.

Mit O. M.s Ermüdung wuchs auch seine Erregung, und ich erwartete schon einen Rückfall. Zwei Reisen – mit und ohne Begleitung – riefen die traumatische Erkrankung hervor und verstärkten sie. Nachts stürzte er dann an das kleine Fenster des Stadt-MGB – wir schlenderten immer noch durch die Straßen –, er wollte »über die Sache reden«. Der Diensthabende jagte ihn fort: »Mach, daß du wegkommst! Alle Tage von früh bis abends kommen solche wie du zu uns gekrochen.« O. M. besann sich: »Dieses verfluchte Fenster wirkt wie ein Magnet«, sagte er, und wir gingen zum Hafen. Anna Andrejewna bezeichnete diese Zeit als eine noch verhältnismäßig »vegetarische« Zeit, aber »der Magnet« zog wirklich schon alle Geister an! Gab es einen Menschen, der sich nicht in Gedanken mit Verhör, Untersuchung, einem Prozeß und Erschießung beschäftigte? … vielleicht gab es solche Glücklichen unter den noch sehr Jungen.

Das Schiff kam mitten in der Nacht an. Nachdem wir die Fahrkarten am Militärschalter gelöst hatten, fühlten wir uns nicht wie Verbannte, sondern eher wie Lieblingskinder der Henker. Wir drängten uns durch die tosende Menge und erreichten fast als erste den Laufsteg. Die Menge begleitete uns mit neidischen und feindseligen Blicken. Das Volk liebt keine Privilegien, und schließlich wußte das Volk im Hafen von Perm nicht, was uns diese Annehmlichkeit, die Karten nicht in der allgemeinen Schlange kaufen zu müssen, gekostet hatte. Zu unserer Zeit wuchs der Neid auf die Privilegierten besonders, denn schon ein Stückchen Brot bedeutete häufig ein Privileg. Mindestens zehn der ersten vierzig Jahre nach der Revolution hatten wir Lebensmittelkarten, und selbst beim Brot gab es keine gleichmäßige Verteilung – die einen erhielten nichts, die anderen wenig und die dritten ein Übermaß. Als wir 1930 aus Armenien zurückkehrten, sagte mein Bruder Jewgenij Jakowlewitsch: »Wir haben Hunger, aber jetzt geht alles nach neuer Ordnung. Wir wurden alle in Kategorien eingeteilt, und jeder hungert oder ißt entsprechend seinem Rang, seiner Stellung. Man gibt ihm ungefähr soviel, wie er verdient.« Nach dem Krieg versetzte ein junger Physiker seine Schwiegermutter in Erstaunen, indem er ein Beefsteak aß, das er in der Verteilungsstelle des Schwiegervaters erhalten hatte, und laut sagte: »Das ist nun besonders schmackhaft und angenehm, weil es nicht alle haben.« Die Menschen waren stolz auf ihre großen Rationen, auf ihre Rechte und hüteten vor allen anderen sorgfältig das Geheimnis, wieviel sie erhielten. Durch eine Ironie des Schicksals erhielten wir dieses eine Mal unsere Karten an der »höchsten« aller privilegierten Kassen und verursachten so allgemeinen Neid. Unser Aussehen glich aber bei weitem nicht dem der Leute in führender Stellung, und das erhöhte noch die Empörung.

Wir bekamen eine Zweierkajüte, spazierten auf dem Deck, nahmen ein Bad, das heißt, wir reisten wie richtige Touristen. Gerade diese Tage auf dem Schiff brachten eine richtige Wendung in O. M.s Krankheit. Ich war erstaunt, wie wenig er brauchte, um zur Besinnung zu kommen – drei Tage der Stille. Sofort wurde er ruhig, schlief gut, las Puschkin, unterhielt sich, und das alles vollkommen gelassen. Er vergaß sich und die Möglichkeit, daß sie ihn vernichten würden. Als es soweit war, begriff ich, daß die Krankheit überwunden war. Nicht umsonst hatte Emma Gerstein O. M. als Phönix bezeichnet, der, nachdem er verbrannt war, sich aus dem Haufen Asche wieder erhob. Akustische Halluzinationen, Angstanfälle, krankhafte Erregung und egozentrische Wahrnehmungen kamen kaum mehr vor, jedenfalls war er soweit, mit den leichten Rückfällen der Krankheit selbst fertig zu werden. Aber die Krankheit war doch noch nicht überwunden, auf dem Schiff nahm sie nur eine entscheidende Wendung. Bis spät in den Herbst hinein blieb noch eine erhöhte Empfindsamkeit, seine Kräfte ließen sehr schnell nach, denn sein Herz war in jenem Sommer schwach geworden. Außerdem bemerkte ich eine ihm sonst nicht eigene Verwundbarkeit und bereits eine intellektuelle Trägheit, die ihm vorher völlig fremd gewesen war. Beinahe zugleich begann er wieder zu lesen, aber eine aktive Beschäftigung vermied er, kaum daß er in den Dante hineinsah.

Vielleicht wurde auch eine Rückkehr zum normalen Leben für ihn dadurch verzögert, daß ihn in Woronesch eine neue Unannehmlichkeit erwartete: ich erkrankte an Flecktyphus, den ich mir in irgendeinem Hafen oder Bahnhof zugezogen hatte. In Notzeiten herrscht bei uns immer wieder Flecktyphus, und auch heute grassiert er noch gelegentlich. Um die Statistik zu betrügen, bekommen die Krankheiten in den Hospitälern Nummern. Die Leute erkranken nicht mehr an Flecktyphus, sondern an Nummer fünf oder sechs. Genau erinnere ich mich nicht mehr an die Ziffer. Auch daraus machte man ein Staatsgeheimnis, damit die Feinde des Sozialismus nicht ahnen konnten, woran wir erkrankten. Nachdem ich den Flecktyphus überstanden hatte, fuhr ich nach Moskau und holte mir dort die Ruhr. Auch sie durfte man nicht haben; auch sie hatte eine Nummer. Zum zweitenmal kam ich in die Infektionsbaracke und wurde nach altmodischen Methoden geheilt. Keimtötende Mittel waren bis in die Baracke noch nicht vorgedrungen, sie waren Kranken höherer Kategorien vorbehalten. Gleichzeitig mit mir erkrankte Wischnewskij, und von ihm erfuhr ich, daß es neue Mittel gab, die eine Genesung wesentlich beschleunigten. Selbst Heilmittel werden bei uns nach Rang verteilt. Einmal beklagte ich mich darüber bei einem pensionierten Würdenträger; schließlich hätten doch alle dieses Mittel nötig. »Was heißt hier alle!« rief der Würdenträger. »Sie wollen, daß man mich wie jede Aufwartefrau behandelt!«

Obwohl alle angewiesen waren, O. M. und mich nach der niedrigsten Kategorie zu behandeln, überlebten wir, und es begann unsere dreijährige Atempause in Woronesch.

Fünfundzwanzigstes Kapitel

Du sollst nicht töten

Von allen Vernichtungsmaßnahmen, die der Staat anwandte, verabscheute O. M. am meisten die Todesstrafe oder, wie wir sie taktisch nannten, die »höchste Maßnahme«. Nicht zufällig fürchtete er sich in seinen Fieberträumen vor der Erschießung. Ruhig sah er Verschickung, Verbannung und anderen Strafen, die Menschen in Lagerstaub verwandelten, entgegen. »Das fürchten wir alles nicht« – nur der Gedanke an die Hinrichtung machte ihm Angst. Beabsichtigt war, daß wir oft Mitteilung über die Erschießung von Menschen zu Gesicht bekamen. Manchmal klebten sie sogar besondere Erklärungen in den Städten an. Die Erschießung Bljumkins (oder Konrads?) lasen wir in Armenien. Diese Bekanntmachung hatte man an alle Säulen und Mauern geklebt. O. M. und Boris Sergejewitsch (Kusin) kehrten erschüttert, erschlagen und krank in das Gasthaus zurück. Beiden war es zuviel, sie konnten es nicht ertragen. Wahrscheinlich symbolisierte für sie die Todesstrafe nicht nur jede Art von Unterdrückung, sie war darüber hinaus noch so konkret und stellte sich ihrer Phantasie sichtbar dar. Für den mehr rationalen Frauenverstand ist sie wahrscheinlich weniger wahrnehmbar, und deshalb verabscheue ich mehr als blitzschnelle Hinrichtungen Massenverschickungen, Lager, Gefängnis, Zwangsarbeit und andere, den Menschen verhöhnende Strafmaßnahmen. Für O. M. war es aber anders, und sein erster Zusammenstoß mit dem Staat, damals noch etwas »außerordentlich Neues«, läßt sich auf seine Beschäftigung mit der Todesstrafe zurückführen. O. M.s Auseinandersetzung mit Bljumkin wurde durch Georgij Iwanows Erzählung bekannt, sie gibt diese Episode ungenau wieder. Auch bei Ehrenburg wird sie erwähnt, er war bei einem Überfall Bljumkins auf O. M. zugegen: bei Begegnungen auf öffentlichen Plätzen drohte Bljumkin immer mit dem Revolver. Auch ich mußte Zeuge einer ähnlichen Szene sein.

Es war in Kiew, im Jahre 1920. O. M. und ich standen auf dem Balkon des ersten Stockwerks im Gasthaus Continental, und plötzlich sahen wir eine Reiterschar die breite Nikolajew-Straße entlangjagen. Die kleine Schar bestand aus einem Reiter in schwarzem Cape und berittener Begleitmannschaft. Der Reiter mit dem Cape näherte sich, hob den Kopf, und als er uns bemerkte, drehte er sich scharf im Sattel um und richtete sogleich Arm und Hand mit gezücktem Revolver auf uns. O. M. fuhr im ersten Moment zurück, beugte sich aber gleich danach über das Geländer und winkte dem Reiter zu. In Kürze befand sich die Reiterschar auf unserer Höhe, die Hand mit dem drohenden Revolver war bereits wieder unter der Burka verborgen. All das ging blitzschnell. Ich mußte an einen Mord im Kaukasus denken, dessen Zeuge ich einmal geworden bin. Ohne seine Straßenbahn anzuhalten, erschoß ein Wagenführer einen auf der Hauptstraße stehenden Stiefelputzer. Das war Blutrache. Auch die Szene mit Bljumkin entwickelte sich in der gleichen Weise, aber sie endete nicht mit dem Schuß – die Blutrache wurde nicht erfüllt. – Die Reiter stürmten vorbei, bogen ein und verschwanden in Richtung Lipki, wo sich das Hauptquartier der Tscheka befand.

Der Reiter in der Burka war Bljumkin gewesen – der Mensch, der den deutschen Gesandten Graf Mirbach erschossen hatte. Wahrscheinlich war er auf dem Weg zu seiner Auftraggeberin, der Tscheka. Wie wir hörten, hatte man ihm außerordentlich wichtige Aufträge im Kampf mit der Gegenspionage übertragen. Burka und Reiter waren Accessoires nach dem persönlichen Geschmack dieses geheimnisumwitterten Mannes. Ich verstehe nur nicht, wie solche äußerlichen Effekte mit seinem Geheimauftrag zusammenpaßten.

Bljumkin kannte ich schon, bevor ich O. M. kennenlernte. Damals lebte ich im selben winzigkleinen ukrainischen Dorf wie seine Frau, und unter den vielen jungen Künstlern und Journalisten verbargen sich einige Menschen, die von Petljura verfolgt wurden. Nach Ankunft der Roten erschien Bljumkins Frau unerwartet bei mir und händigte mir eine Schutzurkunde für Wohnung und mein Eigentum aus. »Wozu das?« fragte ich erstaunt. »Die Intelligenzija muß beschützt werden«, war ihre Antwort. So schafften am 18. Oktober 1905 Frauen der Arbeiterwehr, die sich als Nonnen verkleidet hatten, Ikonen in die jüdischen Wohnungen (sie hofften, dadurch diese Menschen vor dem Pogrom zu schützen). Bei keiner der vielen Haussuchungen und Beschlagnahmungen zeigte mein Vater die Schutzurkunde vor, die offensichtlich eine Fälschung war und auf meinen Mädchennamen lautete (ich war damals achtzehn Jahre alt). Und durch diese Frau, die auf solch naive Weise die Intelligenzija retten wollte, und von ihren Freunden erfuhr ich von Graf Mirbachs Ermordung. Manchmal begegnete ich auch dem schemenhaften Verschwörer selbst.

Die Ähnlichkeit der Balkonszene mit der Blutrache ist nicht allzu weit hergeholt. Bljumkin hatte geschworen, sich an O. M. zu rächen, und mehr als einmal fiel er ihn mit dem Revolver an, aber niemals kam es zum Schuß. O. M. war der Meinung, es handle sich nur um leere Drohungen und um Bljumkins leidenschaftliche Vorliebe zu melodramatischen Effekten: »Was kostet es ihn, mich zu erschießen? Wenn er wollte, hätte er es schon längst getan!« Aber jedesmal, wenn Bljumkin mit seinem Revolver vor ihm auftauchte, fuhr O. M. unwillkürlich zurück. Das kaukasische Spiel fand im Jahre 1926 sein Ende, O. M. hatte mich auf der Krim besucht und stieg auf dem Rückweg zufällig zu Bljumkin ins Abteil. Als Bljumkin den »Feind« erblickte, schnallte er demonstrativ die Pistolentasche ab, verstaute den Revolver im Koffer und streckte O. M. die Hand entgegen. Den ganzen Weg über unterhielten sie sich friedlich. Kurz darauf lasen wir von Bljumkins Erschießung. Der Streit zwischen den beiden hatte sich an der Frage der Erschießung entfacht. Dem Geschmack des anspruchslosesten Lesers zuliebe schmückte Georgij Iwanow diese Geschichte so aus, daß sie völlig sinnlos wurde.

Kurz vor Beginn des Konfliktes hatte Bljumkin O. M. vorgeschlagen, in einer neuen, sich erst eben organisierenden Einrichtung mitzuarbeiten, der er eine große Zukunft voraussagte. Nach Bljumkins Meinung würde diese Einrichtung die Epoche bestimmen und zu einem Mittelpunkt der Macht werden. Erschrocken versagte O. M. seine Mitarbeit, obwohl zu diesem Zeitpunkt noch niemand wußte, worauf sich diese neue Einrichtung spezialisieren würde. Allein daß diese Einrichtung mächtig sein würde, genügte O. M., sich so schnell und ausdrücklich von der Sache zu distanzieren. In der Art, wie Kleinkinder »fremdeln«, wich er jeder Berührung mit der Macht aus. 1918, nach seiner Ankunft in Moskau (er war mit einem Regierungszug gefahren), mußte er zum Beispiel einige Tage im Kreml bei Gorbunow verbringen. Ein Hausdiener, der früher am Zarenhof gearbeitet hatte und jetzt die Revolutionsregierung bediente, dabei aber nicht seine unterwürfig-lakaienhafte Art eingebüßt hatte, erklärte O. M. eines Morgens, als er zum Frühstück in den allgemeinen Speisesaal kam, daß selbst Trotzkij jetzt »käme, um Kaffee zu trinken«. O. M. warf schnell seinen Mantel über den Arm, lief davon und ließ sich die einzige Möglichkeit, in einer hungernden Stadt zu Essen zu kommen, entgehen. Den Fluchtimpuls konnte er selbst nicht erklären: »Nun ja. Ich wollte nicht mit ihm frühstücken.« In gleicher Weise verfuhr er mit Tschitscherin, dem Kommissar für Auswärtige Angelegenheiten, als der ihn zu sich gerufen hatte, um sich mit ihm über eine Arbeit in seinem Volkskommissariat zu unterhalten. Tschitscherin kam zu ihm ins Zimmer und schlug ihm vor, den Probetext eines Regierungstelegramms auf französisch zusammenzustellen, dann ließ er ihn allein, und O. M. nützte dies aus und ging fort, ohne das Telegramm verfaßt zu haben. »Warum hast du dich da einfach davongemacht?« fragte ich ihn. Zur Antwort winkte er ab; hätte nur ein kleiner Beamter mit ihm gesprochen, wäre er geblieben und in das Volkskommissariat für Auswärtige Angelegenheiten eingetreten, aber von Leuten, die mit Macht ausgestattet waren, hielt man sich besser fern. Vielleicht war es O. M.s Glück, daß ihn instinktiv, nahezu unbewußt die Macht abstieß, vielleicht rettete ihn das vor vielen lügnerischen und verderblichen Wegen, die sich ihm damals auftaten, in jener Zeit, als selbst sehr erfahrene Menschen die Lage nicht mehr zu überblicken vermochten. Wie hätte sich wohl sein Schicksal gestaltet, wenn er in das Volkskommissariat für Auswärtige Angelegenheiten eingetreten wäre oder vielleicht bei der »Neuen Einrichtung« mitgearbeitet hätte, wozu Bljumkin ihn doch nachdrücklich aufgefordert hatte?

Die Funktion dieser »Neuen Einrichtung« wurde O. M. erst klar, als er mit Bljumkin aneinandergeriet. Der Arbeitsplatz war das Moskauer Literatencafé: das ist das einzig zutreffende Detail in Georgij Iwanows Bericht. Auch ging Bljumkin nicht, wie man im Westen schrieb, als blutdürstiger Tschekist dorthin, um sich ein neues Opfer zu suchen, er war vielmehr ein willkommener Gast. Wohl stand er den Machthabern nahe, aber in literarischen Kreisen schätzte man das sehr. O. M. und Bljumkin gerieten einige Tage vor Mirbachs Ermordung aneinander. Schon am Zeitpunkt ist klar abzulesen, daß sich damals mit dem Begriff »Tschekist« kaum etwas verband. Die Tscheka hatte sich soeben erst konstituiert, und vor ihrer Gründung übten andere Organisationen – wahrscheinlich durch Kriegs- oder Standgerichte – Terror aus und veranlaßten die Erschießungen. Im Gespräch mit Bljumkin erkannte O. M. wahrscheinlich zum erstenmal klar die Funktionen dieser »Neuen Einrichtung«, der er einige Tage zuvor, auf Bljumkins Drängen, beitreten sollte.

Nach O. M.s Bericht prahlte Bljumkin: er habe die Macht über Leben und Tod in seinen Händen und sei dabei, einen »Intelligenzler«, der von der »Neuen Einrichtung« festgesetzt worden sei, zu erschießen. In jenen Jahren war es geradezu modern, spöttisch über »die schwächlichen Intelligenzler« zu sprechen. Ebenso durfte man sich in keinem Fall von Erschießungen beeindrucken lassen; Bljumkin entsprach damit nicht nur der Mode, sondern war einer ihrer Urheber und hauptsächlichen Vertreter. Seine Äußerung bezog sich auf einen Kunsthistoriker, einen ungarischen oder polnischen Grafen, den O. M. nicht kannte. Als mir später O. M. diese Geschichte in Kiew erzählte, erinnerte er sich weder an den Familiennamen noch an die Nationalität dieses Mannes, für den er sich eingesetzt hatte. (Ebensowenig hatte er die Namen der fünf Alten, die er 1928 vor der Erschießung rettete, im Gedächtnis behalten.) Anhand der über die Tscheka veröffentlichten Materialien, ist es heute ein leichtes, den Familiennamen des Grafen herauszufinden: Dserschinskij erwähnt in seinem Bericht über Mirbachs Ermordung, daß ihm der Name Bljumkin schon bekannt sei.

Bljumkins Prahlerei, er würde diesen Intelligenzler, diesen Kunsthistoriker vernichten, empörte einen anderen schwächlichen Intelligenzler, Mandelstam, über alle Maßen, und er sagte, er könne einen solchen Gewaltakt nicht zulassen. Bljumkin erwiderte, er dulde es nicht, daß O. M. sich in »seine Angelegenheiten einmische«, und er werde ihn erschießen, wenn er »ungebeten seine Nase da hineinstecke«. Schon bei diesem ersten Zusammenstoß schien Bljumkin O. M. mit dem Revolver bedroht zu haben. Er tat das beim geringsten Anlaß und, wie man mir erzählte, selbst zu Hause bei seiner Familie.

Im Ausland erzählte man, es gelang O. M., Bljumkin den Befehl zu entwenden und ihn zu zerreißen. Welch ein Befehl konnte das gewesen sein? Der Kunsthistoriker saß damals bereits in der Lubjanka, das bedeutete, sein Verhaftungsbefehl war längst abgeheftet und befand sich keinesfalls mehr bei Bljumkin. Diese Tat war an sich ja auch unsinnig, denn jedes Papier kann leicht nochmals ausgeschrieben werden. So, wie ich O. M. kannte, hat er Bljumkin ein Papier abgenommen und zerrissen, aber niemals hätte er es dabei bewenden lassen. Das entsprach nicht seiner Art, denn es hätte bedeutet, daß er, nachdem er zur eigenen Befriedigung einen kleinen Skandal angezettelt hatte, durch Bljumkins Drohung eingeschüchtert, alles weitere aufgegeben hätte. Doch die Angelegenheit fand ihre Fortsetzung.

Direkt vom Literatencafé aus ging O. M. zu Larissa Reisner und trat dort so auf, daß Raskolnikow – Larissas Mann – Dserschinskij anrief und bei ihm sofort einen Empfang von Larissa und O. M. erwirkte. Im Bericht über diese Angelegenheit heißt es, daß Raskolnikow selbst Mandelstam begleitet habe, aber das ist nicht wahr. Mit Mandelstam ging nur Raskolnikows Frau (Larissa Reisner). Ich glaube, nichts in der Welt hätte Raskolnikow dazu bewegen können, wegen einer solchen Angelegenheit zur Tscheka zu gehen, noch dazu, wenn es sich um O. M. handelte, den er sowieso nicht sonderlich schätzte. Larissas literarisches Engagement ärgerte Raskolnikow sowieso.

Alles übrige gibt der Bericht verhältnismäßig richtig wieder. Dserschinskij hörte O. M. an, ließ sich die Akte über den Fall kommen, nahm O. M.s Bürgschaft für den Kunsthistoriker an und befahl seine Entlassung. Ob der Befehl wirklich ausgeführt wurde, weiß ich nicht. O. M. zweifelte nicht daran, aber einige Jahre später mußte er in einem gleichgelagerten Fall erfahren, daß ein in seiner Gegenwart von Dserschinskij gegebener Freilassungsbefehl nicht ausgeführt wurde. 1918 kam es O. M. nicht in den Sinn, nachzuprüfen, ob ein so hoher Staatsbeamter wirklich sein Versprechen hielt. Übrigens erfuhr er später von irgend jemandem, daß der Graf entlassen worden war und in seine Heimat zurückkehren konnte. Bljumkins weiteres Verhalten sprach dafür.

Dserschinskij begann sich für Bljumkin zu interessieren und fragte Larissa über ihn aus. Sie wußte nicht viel von ihm, aber O. M. beklagte sich später bei mir über ihre Geschwätzigkeit und Taktlosigkeit. Dafür war sie bekannt. Larissas Geschwätz schadete Bljumkin jedenfalls in keiner Weise, und O. M.s Beschwerde wegen der Übergriffe dieses Menschen auf die Gefangenen war, wie zu erwarten, gleich der Stimme des Predigers in der Wüste. Hätte man damals Bljumkin mehr Beachtung geschenkt, hätte vermutlich der Mord an dem deutschen Gesandten vereitelt werden können. Statt dessen aber konnte Bljumkin, ohne im geringsten behindert zu werden, seine Pläne in die Tat umsetzen. Erst nach Mirbachs Ermordung erinnerte sich Dserschinskij an O. M.s Besuch und erwähnte ihn in seinem Bericht offensichtlich nur, um zu zeigen, wie gut er informiert war. Er vergaß sogar, wer O. M. begleitet hatte. Nach der Ermordung Mirbachs mußte Bljumkin für kurze Zeit seinen Dienst aufgeben, bald aber kehrte er zurück und blieb bis zu seiner Hinrichtung Mitarbeiter der Tscheka.

Warum hatte sich Bljumkin trotz seiner Drohung nicht gerächt, obwohl sich doch O. M. »in seine Angelegenheiten eingemischt« und sogar den Sieg davongetragen hatte? Nach O. M.s Meinung war Bljumkin wohl grausam, aber keinesfalls primitiv. O. M. war davon überzeugt, daß Bljumkin ihn bestimmt nicht ermorden würde. Denn schließlich waren alle Überfälle so eingerichtet, daß er immer von Anwesenden entwaffnet werden konnte, und in Kiew hatte er von selbst den Revolver wieder eingesteckt. Revolverziehen, besessenes Toben und Schreien gehörten zu Bljumkins Temperament und zu seiner Effekthascherei: von Natur aus war er ein stürmischer Terrorist, dem keinerlei Einhalt geboten werden konnte, ein Typ, den es vor der Revolution in Rußland häufig gab.

Und noch eine Frage: Wie läßt sich das widerliche Prahlen mit Morden und die Schmähungen eines »Intelligenzlers«, der zum Opfer ausersehen war, mit dem Verhalten der Frau vereinen, die, wenn auch unsinnig, so doch aktiv die Intelligenzija rettete? Natürlich ist es möglich, daß es sich bei meiner Bekannten aus dem ukrainischen Dorf nur um eine der »zeitweiligen Frauen« Bljumkins handelte, so wie es in diesen Kreisen damals üblich war, und daß sie in ihrer Gesinnung mit ihm nicht übereinstimmte. Doch bei Menschen vom Typ Bljumkins kann man nie sicher sein, daß Schein und Wirklichkeit übereinstimmen, und ich hörte, seiner Tätigkeit habe noch ein anderer, geheimer Plan zugrunde gelegen, und wenn er sich in dieser widerwärtigen Weise mit Erschießungen »von schwächlichen Intelligenzlern« brüstete, so sollte das ein Mißtrauen gegen die »Neue Einrichtung«, bei der er arbeitete, hervorrufen, denn er war dort ja als Vertreter der linken Sozialrevolutionäre tätig. In diesem Falle hätte O. M.s Reaktion genau den Überlegungen Bljumkins entsprochen, und so wäre es auch zu erklären, warum er sich nicht gerächt hat. Aber nur ein Historiker, der diese absonderliche Zeit und diesen seltsamen Mann einmal studieren wird, kann solche Fragen beantworten.

Ich hingegen glaube, daß er kein doppeltes Spiel trieb, daß aber die Männer, die damals Geschichte machten, sich durch knabenhafte Grausamkeit und Inkonsequenz auszeichneten. Warum nur werden vor allem junge Menschen so leicht zu Mördern? Was ist die Ursache ihres frevelhaften Leichtsinns gegenüber dem menschlichen Leben? Besonders deutlich wird das in Zeiten, in denen Blut in Strömen fließt und Mord alltäglich wird. Wie Hunde wurden wir auf unsere Mitmenschen gehetzt, und die Meute leckte unter stumpfsinnigem Winseln die Hände des Jägers. Gleich einer Infektion verbreitete sich unter uns die Kopfjägermentalität. Auch ich war schon ein wenig von dieser Krankheit befallen, fand aber noch rechtzeitig einen verständigen Arzt. Das war in Kiew, in Exters Atelier; einer der Gäste, ein gewisser Raschal oder Tschernjak, las Majakowskij-Verse vor, die davon handelten, wie Offiziere in der Mojka ertränkt wurden. Die kecken Verse taten ihre Wirkung, und ich brach in Lachen aus. Daraufhin fiel Ehrenburg wütend über mich her. Er verwies mich in einer Art, für die ich ihm noch heute dankbar bin. Stolz bin ich darauf, daß ich es damals, so unvernünftig ich zu jener Zeit war, doch fertigbrachte, ihm still zuzuhören und mir seine Worte für immer im Gedächtnis einzuprägen. Das war noch vor meiner Bekanntschaft mit O. M., und so mußte er mich nicht mehr von der Menschenfressermentalität heilen und mir auch nicht erklären, warum er für den Grafen eingetreten war.

Gerade das kann bei uns kaum jemand verstehen, und viele fragen mich noch heute, warum O. M. so handelte, das heißt: weshalb er sich damals, als rechts und links die Menschen erschossen wurden, für einen Fremden einsetzte. Wohl versteht man bei uns, wenn man sich »für seine Leute« einsetzt – für einen Verwandten, einen Freund, den Chauffeur, die Sekretärin. Das hörte nicht einmal in der Stalin-Ära auf. Wo aber kein persönliches Interesse vorhanden ist, darf man sich nicht einmischen. Menschen, die in einer Diktatur leben, werden sich sehr bald ihrer eigenen Hilflosigkeit bewußt und finden in ihr Beruhigung und Rechtfertigung für ihre Passivität: »Kann ich, wenn ich meine Stimme erhebe, Erschießungen denn verhindern?« – »Auf mich kommt es doch nicht an.« – »Wer hört schon auf mich?!« – So sprachen die Besten unter uns, und die Gewohnheit, seine Kräfte anzugleichen, führte dazu, daß jeder David, der mit leeren Händen einem Goliath gegenübertrat, nur auf Verständnislosigkeit und Achselzucken stieß. So ging es auch Pasternak, als er seine Unterschrift unter einen Brief der sowjetischen Schriftsteller verweigerte, der die reihenweise Erschießung von »Volksfeinden« billigte. Nur so konnten die Goliaths mühelos die letzten Davids vernichten.

Wir alle suchten den Weg des geringsten Widerstandes. Wir schwiegen und hofften, daß man nicht uns, sondern die Nachbarn umbringe. Und wir wissen nicht einmal, wer unter uns Komplice der Mörder war und wer sich allein durch Schweigen rettete.

Sechsundzwanzigstes Kapitel

Die Frau der Russischen Revolution

»Es muß der Frauentyp der Russischen Revolution geschaffen werden«, sagte Larissa Reisner, als wir nach ihrer Rückkehr aus Afghanistan bei ihr waren. »Die Französische Revolution hat ihren Typ hervorgebracht; wir brauchen unseren.« Das bedeutete keineswegs, daß Larissa dabei war, einen Roman über die Frauen der Russischen Revolution zu schreiben. Sie wollte den Prototyp schaffen, sich ihre Rolle bestimmen. Das war der Zweck ihrer Reisen über die Kriegsfronten hinweg und ihrer Fahrten nach Afghanistan und Deutschland. 1917 fand sie die ihr gemäße Lebensform – die Familientradition half ihr dabei: schon in Tomsk hatte Professor Reisner enge Verbindungen mit den Bolschewiken, und Larissa befand sich so unter den Siegern.

Als wir Larissa trafen, überhäufte sie O. M. mit Geschichten, die von derselben Leichtfertigkeit bestimmt waren, mit der auch Bljumkin nach seinem Revolver griff. Die »russische Frau«, wie Larissa sie sah, entsprach dem Typ Bljumkins. Mit denen, die in Kissen weinten und ihre Hilflosigkeit beklagten, hatte sie nichts gemein. In ihren Kreisen wurde dem Kult der Macht gehuldigt. Schon immer wurde Macht im wohlverstandenen eigenen Interesse ausgeübt. Daß das Volk beruhigt, gefüttert und »geschützt« wurde, diente nur der Tarnung der Macht. Eine solche Argumentation verschmähte Larissa, und das Wort »Volk« hatte sie sogar vollkommen aus ihrem Vokabular gestrichen. Für sie enthielt dieses Wort alle Vorurteile der alten Intelligenzija, gegen die sich all ihr Zorn und ihr Pathos richteten. Berdjajew irrt, wenn er glaubt, das Volk, für das die Intelligenzija alle Opfer auf sich nahm, habe sie vernichtet. Die Intelligenzija hat sich selbst vernichtet, sie hat, wie Larissa, alles, was sich mit dem Kult der Macht nicht vertrug, ausgemerzt.

Als O. M. zu Larissa kam, wurde ihr mit einem Mal klar, wie sehr sie sich verändert hatte, und ging mit ihm zu Dserschinskij: »Warum müssen Sie diesen Grafen denn retten? Das sind alles Spione!« Und bei mir beschwerte sie sich nicht ohne Koketterie über O. M.: Er habe sie so bestürmt, daß sie gar nicht zur Besinnung gekommen und so »in diese Geschichte« hineingeschlittert sei. Und warum war sie wirklich, trotz ihrer Position, bereit, sich für einen unbekannten »Intelligenzler«

einzusetzen? O. M. meinte, sie wollte ihren Einfluß demonstrieren und zeigen, wie nahe sie den neuen Machthabern stehe. Meiner Meinung nach sah sie in O. M.s Bitte nur eine Laune von ihm und war um seiner Gedichte willen bereit, ihr nachzukommen. Die Liebe zur Poesie hatte Larissa nicht verloren. Paßte das aber zu dem von ihr entworfenen Bild der »Frau der Russischen Revolution«? In den ersten Jahren nach der Revolution gab es unter den Siegern viele, die Lyrik liebten. Wie vertrug sich das mit ihrer Gangstermoral: »Wenn ich töte, so ist es gut; wenn sie mich töten, schlecht«?

Larissa liebte nicht nur Gedichte, sondern glaubte im verborgenen auch an ihre Bedeutung, und darum war für sie die Erschießung Gumiljows der einzige dunkle Flecken auf dem Priestergewand der Revolution. Zu diesem Zeitpunkt war sie in Afghanistan, und sie glaubte, wäre sie in Moskau gewesen, hätte sie vielleicht die Hinrichtung verhindern können. Als wir uns sahen, kam sie immer wieder auf dieses Thema zu sprechen, und wir waren dabei, als die Legende von dem Telegramm Lenins, mit dem er die Urteilsvollstreckung verhindern wollte, entstand. An jenem Abend bot uns Larissa die Legende in dieser Form: Als Larissas Mutter erfahren hatte, was in Leningrad vor sich gehen sollte, sei sie unverzüglich in den Kreml gegangen und habe Lenin dazu überredet, ein Telegramm aufzusetzen. Heute schiebt man die Rolle des Informanten Gorkij zu, er sei es gewesen, der mit Lenin verhandelt habe. Weder das eine noch das andere entspricht der Wahrheit. In Larissas Abwesenheit waren wir mehrmals zu ihren Eltern gegangen, und die Mutter hatte sich bitter darüber beklagt, daß sie Gumiljows Verhaftung nicht so viel Bedeutung beigemessen und nicht versucht habe, sich an Lenin zu wenden – vielleicht wäre es dann anders ausgegangen. Was Gorkij anbetrifft, so wandte man sich wirklich an ihn, zum Beispiel bat Ozup ihn um seine Hilfe. Obwohl Gorkij Gumiljow nicht mochte, versprach er trotzdem, sich für ihn einzusetzen. Aber er hielt sein Versprechen nicht. Das Urteil wurde unerwartet schnell vollstreckt und der Vollzug sogleich bekanntgegeben, alles noch ehe sich Gorkij zum entscheidenden Schritt aufgerafft hatte. Wenn wir die rührende Geschichte von dem Telegramm hörten, erinnerte mich O. M. immer wieder daran, wie sie in Larissas Zimmer entstanden war. Vor ihrer Rückkehr kursierten diese Gerüchte nicht, und alle wußten, daß sich Lenin in keiner Weise für den Dichter interessierte: er hatte nicht einmal von ihm gehört. Aber warum hält sich diese Legende zäh in unserem Land, in dem so viel Blut vergossen worden ist? Immer wieder stoße ich auf Menschen, die schwören, daß dieses Telegramm in irgendeinem Band von Lenins Werken abgedruckt sei oder in einem Archiv sorgfältig aufbewahrt werde. Diese Geschichte drang sogar bis zu dem

Dichter in den engen Hosen vor, zu dem, der stets ein Schächtelchen mit Kandiszucker bei sich trägt. Er versprach mir den bewußten Band zu zeigen, in dem er selbst dieses Telegramm gelesen habe; sein Versprechen erfüllte er nicht. Die Sage, die Larissa zum Schutze ihrer eigenen Schwäche erfunden hat, wird noch lange bei uns zu hören sein.

Mit dem Bild der »Frau der Russischen Revolution« hatte Larissa weniger Glück als mit dem Telegramm-Mythos. Vielleicht deshalb, weil sie eben mehr zu den Siegern als zu den Kämpfern gehörte. O. M. erzählte mir, wie luxuriös Raskolnikow und Larissa im hungernden Moskau wohnten: in einem Einzelhaus, mit Dienern und üppig gedecktem Tisch. Darin unterschieden sie sich von den Bolschewiki der alten Generation, die lange die schlichte Lebensart beibehielten. Ihren Lebensstil rechtfertigte Larissa folgendermaßen: Wir bauen einen neuen Staat auf, man braucht uns, wir sind schöpferisch tätig, und so wäre es Heuchelei, auf alles zu verzichten, was Mächtigen zusteht. Larissa war ihrer Zeit voraus und kämpfte gegen die Gleichmacherei, noch ehe sie als solche bezeichnet wurde.

Ich erinnere mich an eine Geschichte, die mir O. M. über Larissa erzählte: Zu Beginn der Revolution sollten mehrere Militärs verhaftet werden, wahrscheinlich waren es Admirale, Kriegsspezialisten, wie man sie damals nannte. Die Raskolnikows versprachen ihre Hilfe: sie luden die Admirale zu sich ein; von der Front und aus der Etappe kamen sie zu ihnen. Die hübsche Hausfrau bewirtete ihre Gäste auf das beste und widmete sich ihnen. Beim Frühstück wurden sie dann von Tschekisten festgenommen, ohne daß dabei ein einziger Schuß fiel. Das war in der Tat ein gefährliches Unternehmen, aber dank Larissas List, mit der sie die Männer in die Falle gelockt hatte, verlief alles reibungslos.

Larissa war zu vielem fähig, aber ich bin davon überzeugt, daß sie, wäre sie zur Zeit von Gumiljows Verhaftung in Moskau gewesen, ihn aus dem Gefängnis herausgeholt hätte, und ebenso wäre sie mit allen ihr zur Verfügung stehenden Mitteln für die Rettung O. M.s eingetreten, hätte sie in der Zeit, als er der Vernichtung entgegenging, noch gelebt und Macht besessen. Aber nichts ist sicher – das Leben verändert die Menschen.

O. M. unterhielt zu Larissa freundschaftliche Beziehungen. Sie wollte ihn mit nach Afghanistan nehmen, aber Raskolnikow duldete es nicht. Als wir bei ihr waren, hatte sie Raskolnikow bereits verlassen; danach rissen unsere Beziehungen ab. O. M. begann, dieser »Frau der Revolution« offen aus dem Wege zu gehen. Als er von ihrem Tod erfuhr, stöhnte er auf. 1937 meinte er, Larissa habe doch Glück gehabt, sie sei noch rechtzeitig gestorben.

Alle, die Larissa gekannt hatten, als sie noch die Professorentochter war, die eine unbedeutende kleine Zeitschrift herausgab und mit den Proben ihrer ersten unbedeutenden Verse zu den Dichtern ging, sind umgekommen, vorzeitig eines unnatürlichen Todes gestorben – ebenso erging es auch ihren Bekannten aus der Zeit, als sie versuchte, die »Frau der Russischen Revolution« zu werden. Sie war eine üppige, eindrucksvolle deutsche Schönheit. Als sie im Kremlkrankenhaus im Sterben lag, wachte Tag und Nacht ihre Mutter bei ihr; kurz nach dem Tode der Tochter beging sie Selbstmord. Ein natürlicher Tod im Krankenhaus ist für uns so ungewöhnlich geworden, daß ich nicht glauben kann, daß diese schöne, lebensvolle Frau wirklich von einem gewöhnlichen Typhus dahingerafft werden konnte. Sie war voller Widersprüche gewesen, zügellos, und hat mit ihrem frühen Tod für alle ihre Sünden bezahlt. Manchmal glaube ich, sie hatte die Geschichte mit den Admiralen erfunden, um sich als »Frau der Russischen Revolution« durch Mord noch aufzuwerten. Alle, die »eine neue Welt« aufbauten, brandmarkten schließlich alle Gebote, die den Sinn von »Du sollst nicht töten« aufrechterhielten, als reine Heuchelei und Lüge. Und als dieselbe Larissa während der größten Hungersnot Anna Andrejewna besuchte, stöhnte sie entsetzt auf, als sie sah, in welcher Armut die Achmatowa lebte. Einige Tage später kam sie mit einem Bündel Kleider und einem Sack Lebensmittel zurück, für beides hatte sie Bezugsscheine bekommen. Dabei darf man nicht vergessen, daß es ebenso schwierig war, einen Bezugsschein zu bekommen wie einen Häftling aus dem Gefängnis herauszuholen.

Siebenundzwanzigstes Kapitel

Bucharin

Ein Wunder geschieht in zwei Stufen: auf der ersten Stufe gelangt ein Brief oder eine Bittschrift an eine völlig unerreichbare Adresse; allgemein durchläuft ein Brief den gewöhnlichen Dienstweg – und nichts geschieht. Es gibt Millionen von Briefen. Die Wunder jedoch kann man an den Fingern aufzählen. Hier besteht nicht die geringste Gleichheit. Diese erste Stufe ist unumgänglich.

Die Telegramme an die Machthaber wären so sinn- und ergebnislos gewesen, wie es die Hausmeisterin vorausgesagt hatte, wenn ich nicht eine Kopie an Nikolaj Iwanowitsch Bucharin geschickt hätte. Meine Beraterin von Tscherdyn wußte das nicht und hatte so im Grunde genommen vollkommen recht. Nikolaj Iwanowitsch war ebenso impulsiv wie O. M. Er fragte nicht, was er eigentlich mit diesem Kranken zu tun habe, und ebensowenig rechnete er seine Erfolgschancen aus. Statt dessen setzte er sich an den Tisch und schrieb an Stalin. Bucharins Vorgehen fiel völlig aus dem Rahmen der bei uns üblichen Verhaltensnormen; zu dieser Zeit gab es in unserem Lande nur noch wenige Menschen, die zu solch impulsivem Verhalten fähig waren, schon längst hatte man sie umerzogen oder vernichtet.

In einem kleinen Erholungsheim für hohe Würdenträger, in das es uns durch Lakobas Versehen verschlagen hatte, unterhielt sich Jeschows Frau mit mir und sagte: »Zu uns kommt Pilnjak, und zu wem gehen Sie?« Als ich voller Unwillen O. M. dieses Gespräch wiedergab, versuchte er mich zu beruhigen: »Alle ›gehen wohin‹. Es ist offensichtlich, daß es nicht anders geht. Und wir gehen zu Nikolaj Iwanowitsch.«

Wir »gingen« ab 1922 zu Nikolaj Iwanowitsch; damals setzte sich O. M. für seinen verhafteten Bruder Jewgenij Emiljewitsch ein. Alle Lichtblicke seines weiteren Lebens verdankte O. M. Bucharin. Seine Gedichte vom Jahre 1928 wären niemals ohne die tatkräftige Hilfe Nikolaj Iwanowitschs herausgekommen, ihm war es sogar gelungen, bei Kirow Unterstützung zu finden. Die Reise nach Armenien, unsere Wohnung, Lebensmittelkarten, Verträge über Abkommen von Veröffentlichungen oder Neuausgaben (sie erschienen niemals, wurden aber bezahlt, und das war sehr wesentlich, denn sie hungerten O. M.

gleichsam aus. Man hatte ihm jede Verdienstmöglichkeit genommen), alles das hatte Bucharin bewirkt. Sein letztes Geschenk an uns war die Übersiedlung von Tscherdyn nach Woronesch.

Schon in den dreißiger Jahren klagte Nikolaj Iwanowitsch, er verfüge über keinerlei Verbindung zu anderen Rädern der Maschinerie mehr. Er verlor an Einfluß und war schon völlig isoliert. Niemals aber versagte er O. M. seine Hilfe, er zerbrach sich nur den Kopf, an wen er sich wenden und wie er am besten vorgehen sollte. Ende der zwanziger Jahre, auf der Höhe seiner Macht – damals war er kaum vierzig Jahre alt –, befand er sich im Zentrum der kommunistischen Weltbewegung; zu dem grauen Haus, wohin die Vertreter aller Rassen und Nationalitäten kamen, fuhr er im schwarzen Auto, drei oder vier ebensolche schwarzen Autos folgten dem seinen, in ihnen saß seine Leibwache. Damals schon sagte er Dinge, die seine Zukunft ahnen lassen konnten.

Als O. M. zufällig auf der Straße von der beabsichtigten Erschießung der drei Alten hörte und wütend in Moskau umherlief, um eine Abänderung des Urteils zu erreichen, zuckte jedermann nur die Schultern, und O. M. stürzte sich mit aller Macht auf Bucharin, den einzigen Menschen, der seine Gründe anhörte, ohne zu fragen: »Und was haben Sie damit zu tun?« Als letzter Versuch, das Urteil abzuändern, schickte O. M. Bucharin seine soeben erschienenen Gedichte mit der Widmung: In diesem Buch spricht jede Strophe gegen das, was Sie zu tun im Begriff sind. Ich setze diesen Satz nicht in Anführungsstriche, denn ich erinnere mich an ihn nicht mehr wörtlich, sondern nur dem Sinn nach. Das Urteil wurde aufgehoben, und Nikolaj Iwanowitsch informierte O. M. durch ein Telegramm, das er nach Jalta schickte. Nachdem O. M. alle Möglichkeiten ausgeschöpft hatte, war er dorthin, zu mir, gefahren. Anfangs hatte Bucharin versucht, O. M. mit den Worten abzuschütteln: »Wir Bolschewiki haben dazu eine ganz simple Einstellung: jeder von uns weiß, auch ihm kann das passieren. Keiner kann schwören, daß es so nicht kommen wird.« Zur Erläuterung wies er noch auf die Komsomolzengruppe in Sotschi hin, die soeben wegen zersetzender Tätigkeit erschossen worden war. Während des Prozesses gegen Bucharin erinnerte sich O. M. an diese Worte.

Von welcher Seite erwartete Bucharin den Schlag? Fürchtete er die Wiederkehr der einst besiegten Feinde, oder fühlte er sich durch die Seinen bedroht? Wir können nur raten. Auf eine direkte Frage hätte dieser rotbärtige Mensch allenfalls mit einem Spaß geantwortet.

1928 saßen in dem Arbeitszimmer, das einst der Drehpunkt der grandiosen Bewegung des zwanzigsten Jahrhunderts gewesen war, zwei Verdammte und unterhielten sich über die Todesstrafe. Beide gingen, wenn auch auf verschiedenen Wegen, ihrem Untergang entgegen. O. M.

fühlte sich noch durch seinen Eid dem »Vierten Stand« gegenüber zu einer Versöhnung mit der sowjetischen Wirklichkeit verpflichtet – zu einer Versöhnung mit allem, außer mit der Todesstrafe. Herzens »prioritas dignitatis« hatte ihn dazu gebracht, die Neuerungen anzuerkennen; sie hatte im stärksten Maße seine Vorstellungen von einer demokratischen Republik untergraben. »Was ist schon eine mechanische Mehrheit!« sagte O. M. und versuchte sich dafür zu rechtfertigen, daß er den demokratischen Formen der Regierung abgeschworen hatte. Aber selbst der Gedanke, das Volk zu erziehen, stammte von Herzen, obwohl er ihn durch die Formulierung, es müsse »durch Gesetze und Einrichtungen geschehen«, abgeschwächt hatte. Ist das nicht der grundlegende Irrtum unserer Zeit und von jedem von uns? Wozu soll das Volk erzogen werden? Welche diabolische Arroganz ist nötig, um sich als Erzieher aufzuspielen! Nur in Rußland wurde das Bestreben, das Volk zu bilden, umgewandelt in das Ziel, es zu erziehen. Als O. M. selbst zum Objekt dieser Erziehung wurde, war er einer der ersten, die sich gegen diese Erziehung und ihre Methoden wandten.

Bucharins Weg war ganz anders. Er sah klar, daß die neue Welt, bei deren Aufbau er aktiv teilgenommen hatte, keineswegs die Verwirklichung der Idee bedeutete. Das Leben verlief nicht nach Plan, die Pläne aber waren zum unantastbaren Heiligtum erklärt worden, und es war verboten, einen Vergleich zwischen ihnen und der Wirklichkeit zu ziehen. Die Theorie des Determinismus brachte, wie es nicht anders zu erwarten war, unglaubliche Praktiken hervor, die jedes Studium der Wirklichkeit kühn mit einem Tabu belegten: Warum sollte man die Grundlagen erschüttern und unnötige Zweifel hervorrufen, wenn die Geschichte uns doch auf jeden Fall zum vorherbestimmten Ziel führte? Wenn die Hohenpriester so fest zusammenhalten, haben Abweichler keinerlei Gnade zu erwarten. Bucharin war keineswegs ein Abweichler, aber er ahnte, wie unausweichlich für ihn die Grube war, in die ihn seine Zweifel hineinziehen würden.

Einmal klagte O. M. bei Bucharin, im Verlag »Land und Fabrik« sei der »gesunde sowjetische Geist« nicht spürbar. »Und welcher Geist herrscht in anderen Einrichtungen?« fragte Bucharin. »Ihr Geist scheint aus einer Müllgrube zu kommen! Er stinkt.« Ein anderes Mal sagte O. M. zu ihm: »Sie wissen nicht, wie man bei uns Menschen verfolgt!« »Wir wissen das nicht?« stöhnte Bucharin, und er und sein Freund T., der auch sein Sekretär war, lachten beide bitter auf.

Das Hauptgebot der Zeit hieß, die Realität nicht bemerken. Die Funktionäre hatten nur die positiven Seiten zu sehen und, einmal in den Elfenbeinturm eingeschlossen – es waren sie, die in ihm saßen und nicht wir! –, wohlwollend auf die Menschenmassen, die dort unten herumkrabbeln, herabzusehen. Wer wußte, daß man die Gegenwart nicht auf den Steinen der Zukunft bauen kann, mußte sich schon von vornherein mit seinem unausweichlichen Ende abfinden und auf seine Erschießung gefaßt sein. Was konnte er tun? Wir alle rechneten mit einem solchen Ende. Als O. M. sich im Winter 1937/38 von Anna Andrejewna verabschiedete, sagte er: »Ich bin auf den Tod gefaßt!« Diesen Satz hörte ich in vielen Varianten von Dutzenden von Menschen. »Ich bin auf alles gefaßt«, sagte Ehrenburg einmal zu mir, als ich mich von ihm verabschiedete. Es war zur Zeit der Ärzteprozesse und des Kampfes gegen die Kosmopoliten.* Auch er mußte befürchten, daß die Reihe an ihn kommt. Eine Ära folgte der anderen, und wir waren stets gewappnet.

Durch Bucharin konnte sich O. M. mit eigenen Augen von den ersten Errungenschaften der »neuen Epoche«, die vor unseren Augen auftauchte, überzeugen, und früher als viele erkannte er die Gefahren. 1922 verwendete sich O. M. für seinen verhafteten Bruder Jewgenij. Damals wandte er sich zum erstenmal an Bucharin. Wir gingen zu ihm ins Hotel Metropol. Augenblicklich rief Bucharin Dserschinskij an und bat ihn, O. M. zu empfangen. Er bekam einen Termin für den nächsten Tag. O. M. ging zum zweitenmal zu der Institution, der Bljumkin eine große Zukunft vorausgesagt hatte, und er konnte dabei die Periode des revolutionären Terrors mit der Zeit, in der sich ein neuer Begriff vom Staat, eine Staatlichkeit neuen Typs herausgebildet hatte, vergleichen. Dserschinskij hatte die alten Angewohnheiten noch nicht aufgegeben. Er empfing O. M. sofort und schlug ihm vor, seinen Bruder gegen Bürgschaft zu entlassen. Dieser Vorschlag stammte natürlich von Bucharin. Dserschinskij ergriff den Telefonhörer und gab dem zuständigen Untersuchungsrichter die entsprechende Anweisung. Am nächsten Morgen ging O. M. zum Untersuchungsrichter. Der Untersuchungsrichter war in Uniform gewesen, bewaffnet. Zwei Leibwächter an seiner Seite rundeten das Bild ab. »Die Anweisung habe ich erhalten«, sagte er, »aber Ihren Bruder können wir auch gegen Bürgschaft nicht herausgeben.« Als Grund gab er an: »Es wäre uns unangenehm, Sie verhaften zu müssen, wenn Ihr Bruder ein neues Verbrechen begeht.« Das hieß, daß er für sie bereits ein Verbrechen begangen hatte. »Ein neues Verbrechen?« sagte O. M., als er nach Hause kam. »Was haben sie sich da wohl zurechtgeschustert?« Wir machten uns keinerlei

* 1952 war eine größere Gruppe von Kreml-Ärzten, meist jüdischer Herkunft, angeklagt, versucht zu haben, Stalin zu vergiften. Kurz nach Stalins Tod wurden sie sämtlich entlassen. »Kosmopoliten«: ein häufig gebrauchter Euphemismus für »Juden« während der antisemitischen Kampagnen zu Beginn der fünfziger Jahre.

Illusionen darüber, daß sie wahrscheinlich Jewgenij Emiljewitsch etwas »anhängen« würden. Uns kam bereits der Gedanke, Dserschinskij habe durch das Telefon eine Anweisung gegeben, die erkennen ließ, daß sie nicht zu befolgen sei.

Auch die Absage war höflich. »Wir wollen Sie ja schließlich nicht verhaften« – aber der allgemeine Ton (dieser ganze Pomp mit den bewaffneten Leibwächtern, die Heimlichkeit und Einschüchterung: »Er wird ein neues Verbrechen begehen«) hatte sich verändert. Die Kräfte der alten Generation ermatteten. So reifte eine Zukunft heran, die in keiner Weise dem Terror der ersten Revolutionstage glich. Es wurde sogar eine neue Sprache – eine Staatssprache – geboren. So schrecklich auch der Terror der ersten Tage gewesen war, man konnte ihn doch nicht mit der planmäßigen Massenvernichtung vergleichen, der die Bürger des mächtigen Staates »neuen Typs« nach den Gesetzen, Instruktionen, Verfügungen und Erklärungen ausgesetzt waren, die von Kollegien, Sekretariaten, Sonderkonferenzen und einfach »von oben« erlassen wurden.

Als Bucharin erfuhr, wie es O. M. beim Untersuchungsrichter ergangen war, wurde er wütend. Er reagierte so stürmisch, daß wir erstaunt waren. Zwei Tage später kam er zu uns und erklärte, es läge kein Verbrechen vor – weder ein altes noch ein neues –, und Jewgenij Emiljewitsch werde in zwei Tagen entlassen. Diese zwei Tage waren noch zur formalen Abwicklung des Falles, das heißt zur Klärung des nicht begangenen Verbrechens, nötig.

Wie konnte man Bucharins Reaktion erklären? Schließlich war er ja auch ein alter Terrorist; weshalb war er dermaßen in Wut geraten? Man hatte einen Jungen zur Abschreckung der Studenten verhaftet und ihm noch nicht einmal mit Erschießung gedroht – das war doch eine ganz normale Angelegenheit. Was war in Bucharin vor sich gegangen? Ahnte er das »Neue«, das sich auf uns zubewegte und uns alle bedrohte? Ob er sich an den Goetheschen Besen, der das Wasser auf Befehl des Zauberlehrlings herbeizog, erinnerte? Ob er sich vorstellen konnte, daß es ihm und seinen Genossen wie dem armen Zauberlehrling ergehen würde, daß sie ebensowenig wie er die von ihnen hervorgerufenen Kräfte wieder unter ihre Gewalt bringen würden? Nein, eher als alles andere war der Grund für Bucharins Zorn in dem Verhalten dieses erbärmlichen Untersuchungsrichters zu suchen, der sich nicht um seine Angelegenheit kümmerte und die Anweisung in der Hierarchie über ihm stehender Senioren nicht befolgte. Er dachte, die Maschine sei noch nicht richtig in Gang gebracht und funktioniere noch nicht in dem gewünschten Maß. Schon immer war er ein temperamentvoller Mensch gewesen, schnell und heftig in seinen Reaktionen, aber zu verschiedenen Zeiten machte er seiner Unzufriedenheit auch auf verschiedene Art und Weise Luft. Bis 1928 rief er einfach: »Idioten!« und griff nach dem Telefonhörer. Ab 1930 verfinsterte sich sein Gesicht, und er sagte: »Ich muß überlegen, an wen ich mich wenden kann.« Die Reise nach Armenien setzte er über Molotow durch und ebenso unsere Pension. Die wurde uns gegeben für »Verdienste an der russischen Literatur und wegen der Unmöglichkeit, für diesen Schriftsteller eine Arbeit in der sowjetischen Literatur zu finden«. Diese Formulierung entsprach gewissermaßen der Wirklichkeit, und wir waren deshalb geneigt, sie Bucharin zuzuschreiben. Für Anna Andrejewna fand man nichts Besseres, als ihr, obwohl sie erst fünfunddreißig Jahre alt war, eine Pension auf Grund ihres Alters zu gewähren. Als fünfunddreißigjährige »Altrentnerin« erhielt sie siebzig Rubel – der Staat sicherte ihr so die Streichhölzer und Zigaretten.

Anfang der dreißiger Jahre wollte sich Bucharin auf der Suche nach »Verbindung zu anderen Rädern der Maschinerie« an Gorkij wenden, um ihn über Mandelstams Situation zu informieren. Vergebens versuchte O. M. ihn von der Nutzlosigkeit dieses Versuches zu überzeugen. Wir erzählten ihm sogar die alte Geschichte mit den Hosen: Als O. M. aus der von Wrangel besetzten Krim über Georgien zurückkehrte, wurde er zweimal verhaftet und kam mehr tot als lebendig, ohne warme Kleidung, in Leningrad an. Damals konnte man keine Kleider kaufen, sie wurden nur gegen Berechtigungsschein ausgegeben. Die Berechtigungsscheine für die Kleidung der Schriftsteller mußten von Gorkij befürwortet werden. Als man ihm die Bitte vortrug, Mandelstam eine Hose und einen Sweater zuzuteilen, strich Gorkij die Hose aus und sagte: »Er muß ohne sie auskommen.« Niemals sonst strich er eine Hose vom Berechtigungsschein, und viele Schriftsteller, die später zu den Mitläufern gehörten, erinnern sich an Gorkijs väterliche Fürsorge. Die Hose – das war eine Kleinigkeit, aber diese Kleinigkeit zeugte von der feindlichen Haltung Gorkijs gegenüber einer ihm fremden Literaturströmung; hier handelte es sich auch wieder um die »schwächlichen Intelligenzler«, die es nur dann zu bewahren galt, wenn sie über grundlegende, breitgefächerte Kenntnisse verfügten. Ebenso wie viele andere Menschen mit gleicher Lebensgeschichte schätzte auch Gorkij Kenntnisse hoch ein und bewertete sie nach dem Prinzip »je mehr, desto besser«. Bucharin glaubte O. M. nicht und probierte die Möglichkeit aus. Bald jedoch sagte er zu uns: »An Gorkij braucht man sich gar nicht erst zu wenden.« Den Grund erfuhren wir freilich nicht.

Bei der Beschlagnahme im Jahre 1934 nahm man uns alle kleinen Botschaften, die Bucharin an uns geschrieben hatte, weg. Sie waren ein wenig geschraubt und von lateinischen Zitaten durchsetzt. Die Bitte um Verzeihung, wenn er uns nicht sogleich empfangen könne, nolens volens aber müsse man das Treffen auf die Uhrzeit verschieben, die sein Sekretär festgelegt habe. »Bitte halten Sie mich nicht für einen Bürokraten, aber sonst könnte ich niemals mit allem fertig werden... Ist es angenehm, morgen um neun Uhr früh?... Ein Passierschein wird vorbereitet sein... Wenn es ungelegen ist, schlagen Sie doch bitte selbst eine Zeit vor...«

Viel würde ich darum geben, wenn ich noch einmal mit der Korotkowa, der eichhörnchengleichen Sekretärin aus der ›Vierten Prosa‹, einen Termin vereinbaren und dann zu Bucharin gehen und mit ihm über alles, was wir damals verschwiegen, sprechen könnte. Vielleicht würde er noch einmal Kirow anrufen und ihn fragen, was man mit uns in Leningrad anstelle? »Warum drucken Sie Mandelstam nicht? Die Ausgabe ist doch schon lange geplant, und von Jahr zu Jahr wird sie immer wieder hinausgeschoben. Seit seinem Tode sind nun schon fünfundzwanzig Jahre vergangen.«

Das Schicksal ist keine mysteriöse äußere Kraft, sondern das mathematisch errechenbare Ergebnis der Anlagen eines Menschen und der grundlegenden Tendenz seiner Zeit; gleichwohl fügten sich aber in unserer Zeit viele Biographien von Märtyrern nach einem grauenhaften Muster. O. M. und Bucharin folgten jedoch ihrem eigenen Wesen, bestimmten selbst ihre Beziehungen zur Zeit.

Achtundzwanzigstes Kapitel

Woronesch

Bei Verhaftungen wurde einem der Paß abgenommen. Als wir nach Woronesch kamen, war O. M.s einziger Ausweis das Begleitschreiben der GPU von Tscherdyn, mit dem wir an den Militärkassen unsere Fahrkarten erhalten hatten. O. M. gab es an einem besonderen Schalter der schäbigen GPU-Dienststelle von Woronesch ab und erhielt dafür ein neues Dokument, auf Grund dessen wir wenigstens eine vorübergehende, auf einige Wochen begrenzte Wohnerlaubnis erhielten. Er lief mit dieser Bestätigung so lange herum, bis geklärt war, ob er in Woronesch selbst bleiben durfte oder auf dem Land leben sollte. Aber anscheinend wußten unsere neuen Gebieter nicht, zu welcher Kategorie von Verbannten O. M. gehörte. Es gab viele Abstufungen. Zwei grundlegende Unterschiede sind mir bekannt: Ob man zu denen mit Meldepflicht oder zu denen ohne gehört. Meldepflicht heißt, man muß regelmäßig auf einer GPU-Dienststelle erscheinen. In Tscherdyn mußte sich O. M. alle drei Tage zur Registrierung melden. Ist man der Meldepflicht nicht unterworfen, so gibt es auch da noch viele Unterschiede, zum Beispiel, ob man in dem Gebiet seiner Verbannung herumreisen darf oder nicht. Im Herbst wurde O. M. zur Polizei gerufen, und es wurde ihm die Erlaubnis erteilt, einen Paß von Woronesch zu erhalten. Eine Verbannung war sehr gut auszuhalten, wenn man einen Paß besaß! Und wir erfuhren auch sogleich, daß die Ausgabe eines Passes ein besonderes Privileg war.

Die Ausgabe des Passes ist im Leben eines Verbannten ein großes Ereignis, denn sie gibt ihm die Illusion, Bürgerrechte zu besitzen. Im ersten Jahr in Woronesch mußte O. M. ständig zur Polizei gehen, um dort ein »Papierchen«, den sogenannten zeitlich begrenzten Paß, zu erhalten. Sieben oder acht Monate lang stellte man ihm dieses Dokument aus, dessen Gültigkeit nach einem Monat erlosch. Eine Woche, ehe diese Frist ablief, begann O. M. die für die Erneuerung notwendigen Bestätigungen einzusammeln: Von der Hausverwaltung mußte bestätigt werden, daß er kein Landstreicher und richtig in das Haus eingewiesen und dort registriert sei, außerdem brauchte er Bestätigungen von der GPU und schließlich auch von seiner Arbeitsstelle. Seine

Beziehungen zu der GPU lagen klar auf der Hand, aber die letzte Bestätigung, die vom Arbeitsplatz, war die größte Schwierigkeit: Wie sollte er zu ihr kommen? Zuerst mußte er zur örtlichen Sektion des Sowjetischen Schriftstellerverbandes gehen und sie erbetteln. Das verlief nie ohne Komplikationen. Die Funktionäre des Schriftstellerverbandes hätten ihm gerne jede nötige Bestätigung ausgestellt, aber sie wagten es nicht, und manche zitterten schon allein, wenn sie an ihr Recht dachten, den Stempel des Verbandes auf ein Stück Papier zu drücken; womöglich gaben sie einem schlechten Schriftsteller eine Bestätigung! Deshalb wandten sich die Leiter der örtlichen Sektion an eine andere Stelle, um von dort die Erlaubnis zu erhalten, O. M. eine Bescheinigung darüber auszustellen, daß er wirklich ein Literaturschaffender war. Die ganze Sache begann mit Flüstern, düsteren, mißtrauischen Blicken und eiligem Herumlaufen. Wenn die Bestätigung eingetroffen war, freuten sich die Woronescher Schriftsteller; auch ihnen war es angenehm, wenn alles gut ausging. Das war noch eine verhältnismäßig harmlose Zeit.

Für jede Bestätigung mußte man mindestens zweimal laufen. Sie beantragen und sie abholen. Oft wurde auch die Ausstellung hinausgeschoben: »Das ist noch nicht fertig.« Die Bestätigungen mußte man dann bei dem Leiter der Paßabteilung der örtlichen Polizeistation abgeben. Hier standen die Menschen immer lange Schlange. Nach zwei bis drei Tagen mußte sich O. M. wieder für den zeitlich begrenzten Paß anstellen, und am nächsten Tag hatte er in den neuen Ausweis die Aufenthaltsgenehmigung eintragen zu lassen. Dafür mußte er sich an dem entsprechenden Schalter der Polizeistation anstellen. Glücklicherweise hatte das Fräulein, das dort arbeitete, ein Herz für ihn; ungeachtet des Murmelns der Hausverwalter, die mit dicken Hausbüchern unter dem Arm (für die Zu- und Abgänge) vor ihrem Fenster Schlange standen, rief sie O. M. auf und nahm seinen Paß, um ihm am nächsten Tag das wertvolle Papier, wieder ohne Schlangestehen, mit dem Stempel der Wohngenehmigung versehen, auszuhändigen.

Im Sommer 1935 hatten wir das Glück, daß O. M. einen Dreimonatspaß bekam und ihm auch für drei Monate die Wohngenehmigung bewilligt wurde. Das war eine große Erleichterung, denn nach den Verfolgungen in Leningrad hatten sich die Schlangen enorm vergrößert; die Glücklichen, die nach Woronesch verbannt worden waren, mußten die ganze, mühsame Paßprozedur durchlaufen. Als dann alle Pässe ungültig und erneuert wurden, bekam O. M. mit einem Mal einen richtigen, drei Jahre gültigen Paß.

Menschen, die ohne Pässe in ihrem Land leben können, haben keine Ahnung, wieviel Vergnügen diesem Zauberbüchlein entspringen kann! Gerade als für O. M. der Paß noch eine wertvolle Neuheit, ein gütiges Geschenk des Schicksals war, gab Jachontow in Woronesch ein Gastspiel. O. M. und er hatten sich schon in Moskau einen Spaß daraus gemacht, die Lebensmittelkarten aus dem Exklusivladen für Schriftsteller zu lesen: »Ich lese Lebensmittelkarten und fange hanfene Reden ein.« Jetzt wandten sie sich dem Paß zu, und das klang wesentlich düsterer. Bei den Lebensmittelkarten lasen sie allein oder im Chor: »Milch, Milch, Milch ... Käse, Fleisch ...« Als Jachontow den Paß las, erklang vieldeutig und drohend: »Der Grund, weshalb ... ausgegeben wurde ... ausgegeben wurde durch ... besondere Bemerkungen ... Wohngenehmigung, Wohngenehmigung, Wohngenehmigung ...« Der Text der Lebensmittelkarten erinnerte oft an das, was Zeitschriften und Staatsverlag uns als Literatur anboten, und wenn O. M. in ›Nowyj Mir‹ (Neue Welt) oder in ›Krasnaja Now‹ (Rotes Neu-Land) blätterte, sagte er jedesmal: »Heute gibt's Gladkow, Senkewitsch oder Fadejew.« Tiefen Doppelsinn hatte auch sein oben zitiertes Gedicht. Auch das Lesen der Pässe fand in einem Gedicht seinen Niederschlag: »Mit meinen Fäusten umklammere ich das schäbige Jahr meiner Geburt, das ich mit der Menge, der Herde gemeinsam habe, und ich flüstere mit blutleeren Lippen: ich bin geboren in der Nacht vom 2. zum 3. Januar im unsicheren Jahr 1891, und die Jahrhunderte umgeben mich mit ihrem Feuer ...«

Das zweite Vergnügen war in gewisser Weise ein Streich: Man »schlug ein Schnippchen«. Und zwar öffentlich, auf der Bühne. Jachontow bot eine Montage: ›Poeten reisen‹ und las Ausschnitte aus Puschkins ›Reise nach Ersrum‹ und Stellen von Majakowskij, aus denen klar hervorging, daß Poeten nur unter der Sowjetmacht in das Ausland reisen können. Das Auditorium verhielt sich vollkommen gleichgültig. Niemandem kam es in den Sinn, daß man ins Ausland reisen könnte. Und als sie nach dem für sie unverständlichen Abend auseinandergingen, sagten sie als einziges: »Ja, denen ging es zu gut.« Um sich selbst aufzumuntern, mußte Jachontow zu kleinen Tricks greifen. In seine Montage fügte er einen Auszug aus Majakowskijs ›Der sowjetische Paß‹ ein. Er zog dabei seinen Paß aus der Tasche, schwang ihn in der Luft hin und her und sah O. M. fest in die Augen. Darauf zog auch er seinen geliebten, neuen Paß aus der Tasche, und sie tauschten verständnisvolle Blicke. Solche und ähnliche Späße hätte die Obrigkeit natürlich nie geduldet, aber bei uns sind die Leute buchstabengläubig, und in den behördlichen Instruktionen war ein ähnlicher Fall nicht vorgesehen.

Überdies gab es immer einen Grund, Mutmaßungen über den Paß anzustellen. Da jede allgemeine Paßerneuerung auch einer heimlichen

Säuberung gleichkam, entschloß ich mich, zur Neuausgabe der Pässe nicht nach Moskau zu fahren, sondern mir in Woronesch einen Paß zu besorgen. So verlor ich das Wohnrecht in der Hauptstadt, und erst achtundzwanzig Jahre später erwarb ich es zurück. In Wirklichkeit hatte ich auch wenig Chancen, einen Moskauer Paß zu erhalten: wo sollte ich eine Arbeitsbestätigung auftreiben? Wie sollte ich erklären, wo sich mein Mann aufhielt, auf dessen Namen unsere Wohnung eingetragen war? Als wir beide unsere Woronescher Pässe hatten, merkten wir, daß sie aus der gleichen Serie stammten, das heißt, die Buchstaben vor der Nummer die gleichen waren. Wir alle dachten, daß die Buchstaben geheime Polizeikennzeichen der Kategorie des Paßinhabers seien, daß sie besagen würden, er sei unbelastet, verbannt oder schon einmal verurteilt worden. »Jetzt bist du endgültig hereingefallen«, sagte O. M., als er Nummer und Serie auf den Pässen sah. Optimistische Freunde beruhigten uns dann, sie waren der Meinung, die Polizei habe vergessen, daß O. M. verbannt sei, auf seinem Paß fehle das entsprechende Kennzeichen. Wir alle waren so fest davon überzeugt, jede Nummer und jeder Stempel auf staatsbürgerlichen Papieren müsse den Kategorien entsprechen, und so kam keinem von uns ein Zweifel über die Bedeutung dieser Buchstaben oder Zahlen in den Sinn. Erst einige Jahre nach O. M.s Tod erwies es sich, daß diese Seriennummern absolut nichts bedeuteten – außer daß meine eingeschüchterten Mitbürger in ihren Fantasien sogar GPU und Polizei übertrafen.

Der Verlust meines Moskauer Passes verdroß uns nur wenig. »Wenn ich zurückkehren werde«, sagte O. M., »dann wirst auch du wieder dort registriert. Und solange ich nicht zurückkommen darf, läßt man dich auch nicht hinein.« Tatsächlich verwies man mich 1938 aus der Hauptstadt, und ich durfte dann immer nur, wenn ich mit einem wissenschaftlichen Auftrag betraut war, auf ein, zwei Monate dorthin zurückkehren. Letzten Endes machte mir dann Surkow den Vorschlag, zurückzukehren: »Sie waren jetzt lange genug im Exil.« Ich gab daraufhin meine Arbeit auf und fuhr nach Moskau, um das vom Schriftstellerverband in Aussicht gestellte Zimmer zugewiesen zu bekommen. Ein halbes Jahr lang hielten sie mich hin, dann kam Surkow zu mir und erklärte, für mich gebe es weder ein Zimmer noch eine Aufenthaltsgenehmigung: »Sie sagen, Sie seien freiwillig fortgezogen«, und er hatte keine Zeit mehr, mit »seinen Kollegen über diesen Fall zu sprechen«. Jetzt endlich, 1964, konnte ich in Moskau plötzlich wieder das Wohnrecht erwerben. Wieviele haben sich deshalb für mich eingesetzt, Briefe geschrieben, Anträge gestellt. Ob es vielleicht darauf zurückzuführen ist, daß sich plötzlich eine kühne Zeitschrift anschickte, Gedichte von O. M. zu drucken?* Das bedeutet auf jeden Fall, er ist nach Moskau zurückgekehrt. Zweiunddreißig Jahre lang ist keines seiner Gedichte gedruckt worden. Er ist fünfundzwanzig Jahre tot, seine erste Verhaftung liegt bereits dreißig Jahre zurück.

Es war wirklich eine große Erleichterung, als O. M. einen richtigen Paß erhielt. Solange O. M. eine »zeitlich begrenzte Aufenthaltsgenehmigung hatte«, nahm ihm die ständige Paßerneuerung nicht nur sehr viel Zeit, sondern er war auch ständig beunruhigt und fragte sich fortwährend, ob sie das Papier ausstellen würden oder nicht. Bei GPU und Polizei hörte man immer nur dasselbe: die einen beschwerten sich am Schalter, weil man ihnen die Aufenthaltsgenehmigung abgesprochen hatte, die anderen baten, sie ihnen zu erteilen. Der Mensch hinter dem Schalter ließ sich in keine Unterhaltung ein, streckte nur die Hand nach der Bescheinigung aus oder teilte die Absage mit. Wer eine Absage bekam, wurde auf das Land abgeschoben, wo es praktisch keine Möglichkeit für einen Verdienst gab und die Lebensverhältnisse unerträglich waren. Gemeinsam mit den anderen, die für die Bescheinigungen alle Büros und Dienststellen durchliefen, zitterten wir jedesmal davor, nicht durchzukommen und wieder wer weiß wohin geschickt zu werden. »Mit meinen Fäusten umklammere ich das schäbige Jahr meiner Geburt, das ich mit der Menge, der Herde gemeinsam habe.« Als O. M. diese Verse Michoëls vorlas, nahm er seinen Paß fest in die Hand.

* Die literarische Monatszeitschrift ›Moskwa‹ (Moskau) veröffentlichte im August 1964 neun Gedichte von Mandelstam.

Neunundzwanzigstes Kapitel

Ärzte und Krankheiten

Als wir in Woronesch ankamen, nahm man uns sogar im Gasthaus auf. Jene, die über uns bestimmten und wachten, hatten offensichtlich entschieden, daß auch Leute ohne Paß in den Gasthäusern übernachten durften. Man gab uns kein Zimmer, sondern wies uns nur je ein Bett in dem Raum für Männer bzw. Frauen zu. Wir wohnten in verschiedenen Stockwerken, was zur Folge hatte, daß ich ständig die Treppe hinauf und hinab lief, da ich ja nicht wußte, wie es O. M. ging. Mit jedem Mal fiel es mir schwerer, die Treppe hinaufzusteigen. Nach einigen Tagen schnellte dann meine Temperatur in die Höhe, und es wurde mir klar, daß ich Flecktyphus hatte; offensichtlich hatte ich mich irgendwo auf dem Weg infiziert. Flecktyphus ist in seinem Anfangsstadium meiner Ansicht nach mit keiner anderen Krankheit und schon gar nicht mit irgendeiner Grippe zu verwechseln. Das hieß: wochenlanger Krankenhausaufenthalt, Isolierbaracke, und in meinem Wahn sah ich, wie O. M. sich aus dem Fenster stürzte. Obwohl meine Temperatur sehr hoch war und noch anstieg, hielt ich sie vor O. M. geheim und beschwor ihn, zum Psychiater zu gehen. »Wenn du willst!« sagte er und wir gingen. O. M. selbst beschrieb so genau den Verlauf seiner Krankheit, daß ich nichts hinzufügen mußte. Er war damals schon völlig objektiv und normal. Dem Arzt gegenüber klagte er, daß er, wenn er müde oder zerstreut war, immer noch Halluzinationen habe. Am häufigsten seien sie beim Einschlafen. Jetzt, sagte O. M., verstehe er, was das für Stimmen seien, und er könne sie zum Teil schon durch Willensanstrengung zum Schweigen bringen, aber im Gasthaus gäbe es auch vieles, was es ihm schwer mache, mit der Krankheit fertig zu werden – es war dort sehr laut, und tagsüber durfte man sich niemals hinlegen und ausruhen. Am schlimmsten aber seien die geschlossenen Türen, obwohl er doch genau wüßte, daß die Türen hier nicht von außen, sondern von innen geschlossen würden.

Das Gefängnis ließ uns nicht los. Wassilissa Schklowskaja zum Beispiel kann geschlossene Türen nicht ertragen: sie saß in ihrer Jugend lange im Gefängnis. Aber auch jene, die selbst noch niemals in einer Gefängniszelle saßen, konnten solche Gefängnisassoziationen nicht ausschalten. Als Jachontow auf seiner Tournee eineinhalb Jahre später in unserem Gasthaus wohnte, fiel auch ihm sogleich auf, wie sich die Schlüssel in den Schlössern geräuschvoll drehten. »Aha!« sagte er, als wir aus seinem Zimmer gingen und dabei die Tür schlossen. »Das klingt ganz anders«, beruhigte ihn O. M. Sie verstanden einander ausgezeichnet. Daraus erklärt sich auch, warum O. M. in seinen Gedichten so nachdrücklich für das Recht »zu atmen und die Türen zu öffnen« eintritt, für das Recht, das er ständig zu verlieren fürchtete.

Der Psychiater war im Gespräch mit uns sehr vorsichtig. Wir alle vermuteten in jedem anderen ja stets einen Spitzel, und unter den Menschen, die so viel wie O. M. durchgemacht hatten, gab es viele Spitzel, denn ein Mensch, der durch seine Erlebnisse traumatisiert war, verlor häufig die Widerstandsfähigkeit. Ohne O. M.s Erzählung bis zu Ende anzuhören, sagte er, daß bei »psychasthenischen Typen«, die im Gefängnis gesessen hätten, häufig derartige »Komplexe« beobachtet werden können.

Dem Arzt sagte ich von meiner Krankheit; sofort begriff O. M., warum ich ihn hierhergebracht hatte, und er war sehr erschrocken. Ich fragte, ob es nicht am besten sei, O. M. während meiner Krankheit in einer Klinik unterzubringen. Der Arzt erklärte entschieden, man könne O. M. unbeaufsichtigt lassen, denn bei ihm sei schon jetzt nichts mehr von einer traumatischen Psychose festzustellen. Und er fügte hinzu, daß häufig bei den nach Woronesch Verbannten ein gleicher oder ähnlicher Zustand wie bei O. M. vorläge. Mehrere Wochen Haft oder sogar schon einige Tage würden einen solchen Zustand wieder hervorrufen. Diese Erkrankung gehe aber immer gut aus und hinterlasse keinerlei Spuren.

Dieses Mal war es O. M. und nicht ich, der fragte, warum jetzt die Menschen schon nach einigen Tagen Gefängnis erkranken, während sie früher mehrere Jahre in Festungshaft saßen und gesund entlassen wurden. Der Arzt zuckte mit den Schultern.

Wurden sie aber wirklich gesund entlassen? Ruft nicht jede Haft eine psychische Erkrankung, wenn nicht sogar ein Trauma hervor? Oder ist das nur ein spezifisches Kennzeichen unserer Gefängnisse? Oder ist vielleicht unsere Psyche schon vor der Verhaftung durch Ahnungen, Ängste und das Nachdenken über »Gefängnisthemen« angegriffen? Für diese Fragen interessiert sich bei uns niemand, und im Ausland erkennt man diese Probleme nicht, denn wir verstehen es, unsere Geheimnisse vor den anderen zu verbergen.

Ich hörte, daß jemand vor kurzem seine Erinnerungen an ein sowjetisches Gefangenenlager veröffentlicht habe. Der Autor wunderte sich über die vielen Geisteskranken unter den Häftlingen. Er war Ausländer und wurde deshalb in der Sowjetunion bevorzugt behandelt. Dadurch lernte er unser Leben nicht richtig kennen, sondern gewann von ihm nur eine oberflächliche Vorstellung. Er kommt zu dem Schluß, daß bei uns einige psychische Erkrankungen nicht behandelt werden und die Kranken wegen Verletzung der Dienstdisziplin und anderer Vergehen, die durch ihre Krankheit bedingt seien, zu Lagerhaft verurteilt würden. Tatsächlich ist der Prozentsatz der psychisch labilen Menschen unwahrscheinlich hoch. Unter denen, die straffällig werden, die wegen Landstreicherei und kleineren Diebstählen verhaftet werden, sind, glaube ich, viele psychisch schwerkranke Menschen oder sogar Psychopathen. Sie sitzen mehrere Jahre, weil sie eingebrochen und aus einem Laden mehrere Liter Wodka gestohlen haben, dann werden sie entlassen und kehren sehr schnell wieder für gute zehn Jahre wegen des gleichen Verbrechens in das Gefängnis oder Lager zurück. Unter Stalin interessierte man sich für diese Menschen weitaus weniger als heute, und man schickte sie viel seltener in Lager. Zu Massen aber wurden sie damals von ihren Angehörigen dorthin abgeschoben. Die Frage, weshalb intelligente und vor allem nervöse und sensible Menschen so stark auf eine Haft reagieren und dieses mysteriöse Trauma, das schnell überwunden wird und keine Spuren zurückläßt, erleiden, bleibt offen. Wo erkrankten jene, die der ausländische Memoirenschreiber sah: im Gefängnis oder in der Freiheit? Und was waren das für Menschen: junge, die gestohlen hatten, um trinken zu können? Oder friedliche Bürger? Waren es Psychopathen oder Menschen, die an eben dieser traumatischen Gefängnispsychose erkrankt waren? Alle diese Fragen werden so lange für Ausländer wie auch für uns unbeantwortet bleiben, bis wir ganz offen und ehrlich über unsere Vergangenheit, Gegenwart und Zukunft reden können.

Nachdem ich aus dem Krankenhaus entlassen worden war, suchte O. M. noch einmal einen Psychiater auf, dieses Mal eine Kapazität, die eigens aus Moskau gekommen war, um das psychiatrische Krankenhaus von Woronesch zu inspizieren. O. M. ging auf eigene Initiative zu diesem Arzt, um ihm von seiner Krankheit zu erzählen und zu fragen, ob sie nicht vielleicht doch auf einem organischen Schaden beruhe. Er erwähnte, daß er schon früher unter Zwangsideen gelitten habe, zum Beispiel konnte er während seiner Konflikte mit dem Schriftstellerverband an nichts anderes mehr denken als nur an diese Streitigkeiten. Außerdem war er mit seiner Hypersensibilität jedem Trauma schutzlos ausgeliefert. Diese Eigenschaft beobachtete ich übrigens auch an O. M.s beiden Brüdern, die vom Typ völlig anders waren als er. Bei ihnen wurde ebenso jedes schwere Ereignis ihres Lebens zu einem Trauma, aus dem Zwangsideen resultierten.

Der Moskauer Psychiater tat etwas völlig Unerwartetes: er forderte O. M. auf, ihn bei der Visite durch die Stationen zu begleiten. Als sie zurückkamen, fragte er O. M., ob er irgend etwas entdeckt habe, das diese Patienten und er miteinander gemein hätten und zu welcher Kategorie von Kranken er sich selbst zählen würde. Zu den Altersschwachsinnigen? Den Schizophrenen? Den Manisch-Depressiven? Den Hysterikern? Als Arzt und Patient sich voneinander verabschiedeten, waren sie Freunde.

Am nächsten Tag ging ich hinter O. M.s Rücken noch einmal zum Psychiater: Ich fürchtete, daß dieser grauenhafte Anblick, den er ihm am Vorabend geboten hatte, ein neues Trauma verursachen könne. Der Arzt beruhigte mich. Er sagte, er habe O. M. absichtlich seine Patienten vorgeführt, die Kenntnis dieser Krankheitsbilder könne ihm nur helfen, sich von den schweren Erinnerungen seiner eigenen Krankheit zu befreien. In O. M.s Hypersensibilität und seinem Unvermögen, einem Trauma Widerstand zu leisten, sah der Psychiater nichts Krankhaftes: die erlittenen Traumata waren erheblich, und man möchte nur wünschen, daß sie in unserem Leben seltener vorkämen. »Der Patient ist leicht erregbar und überaus empfindsam.« Ja, so war es.

Ich war erstaunt, wie leicht O. M. über seine Krankheit lachen und wie schnell er seine Wahnvorstellungen und Halluzinationen vergessen konnte. »Nadenka«, sagte er zu mir, als ich eineinhalb Monate nach unserer Ankunft in Woronesch ihm ein schlechtes Essen vorgesetzt hatte, »ich kann diesen Fraß nicht essen – schließlich bin ich jetzt ja normal.« Das einzige, was von der Krankheit zurückblieb, war in meinen Augen der bei O. M. von Zeit zu Zeit auftretende Wunsch, sich mit der Wirklichkeit zu versöhnen und eine Rechtfertigung für sie zu finden. Das waren gleichsam Anfälle, Exkursionen, während denen er wie unter Hypnose stand. Dann sagte er, er möchte mit den anderen dabeisein und nicht bei der Revolution abseits stehen, nicht aus Kurzsichtigkeit jenes grandiose Ereignis, das sich vor unseren Augen verwirklicht, verpassen. Hier muß erklärt werden, daß viele unserer Zeitgenossen – unter ihnen befanden sich besonders wertvolle Menschen, zum Beispiel auch Pasternak – dieses Gefühl kannten. Mein Bruder Jewgenij Jakowlewitsch meinte, daß bei der Unterwerfung der Intelligenzija weder Furcht noch Bestechung (obwohl es beides zur Genüge gab) die entscheidende Rolle spielten, das Geheimnis stecke in dem Wort »Revolution«, von dem sich keiner um irgendeinen Preis lossagen wolle. Mit diesem Wort wurden nicht nur Städte unterworfen, sondern ganze Völker, und es übte eine so große Macht aus, daß es eigentlich unverständlich war, warum die Machthaber überhaupt noch Gefängnisse und Todesstrafen brauchten.

Zum Glück hatte O. M. nur selten solche Anfälle von dem, was wir hier Patriotismus nennen. Wenn er wieder zu sich kam, bezeichnete er sie selbst als Wahnsinn. Immerhin ist es interessant, daß bei allen Kunstschaffenden die völlige Verneinung der bestehenden Ordnung zum Schweigen führte, die völlige Anerkennung sich auf ihre Arbeit verhängnisvoll auswirkte, sie belanglos werden ließ. Leider waren nur ihre Zweifel produktiv, und diese brachten ihnen Verfolgung durch die Machthaber.

Schon ganz gewöhnliche Liebe zum Leben wirkte als Triebfeder für die Befriedung mit der Wirklichkeit, O. M. hatte keinerlei Neigung zum Märtyrer, aber der Preis, den man für das Leben bezahlen mußte, war zu hoch. Als O. M. sich entschlossen hatte, die erste Zahlung zu leisten, war es bereits zu spät.

Ich war in die Flecktyphusbaracke eingeliefert worden. Als der Oberarzt an meinem Bett stand, sagte er zu einem Inspektor, ich sei schwerkrank und »stehe unter Aufsicht der Geheimpolizei«. Ich dachte, das Gespräch sei eine Fieberfantasie, aber der Oberarzt, der sich dann als Bekannter, als Bruder des Agronomen Fedja entpuppte, versicherte mir nach meiner Genesung, daß er diese Worte tatsächlich gesagt habe und daß ich »unter Aufsicht der Geheimpolizei« stehe. Als ich später durch die Sowjetunion zog, sagten mir oft sowohl offizielle wie auch geheime Mitarbeiter der Geheimpolizei, das heißt Mitglieder der Personalbüros und Spitzel, daß ich »unter Aufsicht Moskaus« stehe. Was das bedeutet, weiß ich nicht. Um es zu begreifen, hätte man den Aufbau der Geheimpolizei, unter deren Aufsicht ich mich befand, erkunden müssen. Mir scheint es weitaus angenehmer, unter keinerlei Aufsicht zu stehen, ich kann mir freilich nicht vorstellen, wie das zu machen ist. Gerne würde ich nur wissen, ob wir alle oder ob nur wenige Auserwählte »unter Aufsicht« standen.

Die Stationsärztin, eine sympathische Frau, erzählte mir, ihr Mann, ein Agronom, stehe kurz vor seiner Entlassung aus einem Lager. Er war mit vielen anderen seines Berufes wegen politischer Brunnenvergiftung angeklagt und verurteilt worden. Das war keine Ausgeburt einer müßigen Fantasie, sondern Tatsache. Als ich wieder genesen nach Moskau fuhr, gab sie mir Pakete mit, die ich in das Lager schikken sollte. Damals konnte man Lebensmittelpakete für die Gefangenen nur in Moskau aufgeben, während sie heute nur aus Provinzstädten abgesandt werden dürfen. Viele Jahre lang fuhr Emma Gerstein in die verschiedensten kleinen Städtchen, beladen mit schweren Paketen, die Anna Andrejewna für ihren Sohn Lew zusammengestellt hatte.

Als der »Brunnenvergifter«, nachdem er seine Frist abgesessen hatte, heimgekehrt war, wurden wir zu einem kleinen Fest eingeladen. Wir tranken auf sein Wohl süßen Wein, und er sang mit seinem weichen Bariton Lieder. 1937 wurde er »wieder abgeholt«.

Eine Krankenschwester, Njura, kümmerte sich besonders rührend um mich. Ihr Mann hatte in der Mühle gearbeitet und einmal eine Handvoll Mehl für die hungernde Familie mit nach Hause genommen. Dafür wurde er zu fünf Jahren verurteilt. Die Krankenschwestern aßen gierig alle Überreste von den Tellern der Flecktyphus- und Ruhrkranken. Sie erzählten uns von ihrem Unglück und ihrer Armut.

Als ich aus dem Krankenhaus entlassen wurde, war ich kahlgeschoren, und O. M. nannte mich seine Zwangsarbeiterin.

Dreißigstes Kapitel

Der enttäuschte Hauswirt

Aus der Flecktyphusbaracke holte mich O. M. nicht in das Gasthaus, sondern in »sein« Zimmer. Es war ihm gelungen, einen vorübergehenden Unterschlupf zu finden: einen Wintergarten in einem verfallenen Einfamilienhaus, das dem besten Koch der Stadt gehörte. Das Haus war wegen der Verdienste seines Eigentümers noch in Privatbesitz. Er war Chef in einem Exklusivrestaurant, zu dem normale Menschen keinen Zutritt hatten. Deshalb meinte O. M., wir könnten endlich einmal ausfindig machen, was es mit diesen geheimen »geschlossenen« Lokalen auf sich habe. Als wir nämlich im Sommer 1933 auf der Krim waren, gelang es uns weder in Sewastopol noch in Feodossija in irgendein Restaurant zu kommen, alle waren »reserviert«. Auf der Krim gab es sogar einen »reservierten« Friseursalon. Und O. M. meinte scherzend, das wäre ein neues »Kannitverstaan«. Vom Koch erfuhren wir nichts über das »reservierte Kannitverstaan«. Ihm war nicht zum Scherzen zumute. Dieser kranke, verbrauchte, appetitlose Alte hauste in einem Zimmer seines Einfamilienhauses und hatte alle übrigen an verschiedene Mieter abgegeben, die ihm schon lange Zeit die gesetzlich festgelegte Monatsmiete bezahlten. Als Eigentümer war der Koch verpflichtet, Reparaturen auf eigene Rechnung ausführen zu lassen, und im Sommer vermietete er den Wintergarten, damit er überhaupt auskommen konnte. Sein ganzer Traum war, daß sein Häuschen abgerissen oder von der Wohnungsgenossenschaft des Orts-Sowjets übernommen würde. Aber der kluge Orts-Sowjet ließ die Hände von solchen Ruinen. Der letzte Privateigentümer eines Hauses in Woronesch ging seinem Ruin entgegen und sehnte sich danach, ein gewöhnlicher Mieter in seinem eigenen Hause zu werden, in dem Haus, das sowieso bald abgerissen werden würde.

Das Woronesch des Jahres 1934 war eine düstere Stadt ohne Brot. Auf den Straßen lungerten enteignete Kulaken und aus den Kolchosen entflohene Bauern herum. Sie standen an den Brotläden und streckten ihre Hände aus. Offensichtlich hatten sie schon längst alle trockenen Brotrinden, die sie als Vorrat in Säcken aus dem heimatlichen Dorf mitgenommen hatten, aufgegessen. In dem Hause des Kochs wohnte ein Alter mit Namen Mitrofanij, der vor Hunger schon halb wahnsinnig geworden war. Trotzdem träumte der Alte immer noch davon, einen Platz als Nachtwächter zu erhalten, aber niemand nahm ihn. All seinen Mißerfolg schrieb er seinem Namen zu: »Weil ich Mitrofanij heiße, denken alle, ich sei ein Kirchenmann, und jagen mich davon.« Im Stadtzentrum stand das halbzerstörte Schloß des heiligen Mitrofanius, und der Alte hatte wahrscheinlich recht. Als wir in unser Winterquartier übersiedelten, erhängte sich der Alte. Mit unserem Auszug verlor er seine letzte Verdienstmöglichkeit. Er hatte uns geholfen, ein Zimmer zu suchen, und dazu immer wieder alte Weiber herangeschleppt, die auf originelle Art Zimmer vermittelten, das heißt, sie machten Besitzer von Zimmern oder Zimmerecken oder auch nur Betten mit den potentiellen Mietern bekannt.

Zur Zimmersuche mußte man in abbruchreife kleine Häuschen, die Privateigentum waren, gehen oder den Beamten aufsuchen, der im Orts-Sowjet die Wohnungsangelegenheiten bearbeitete. Geschäfte mit Wohnraum waren ungesetzlich. Wirte und Mieter haßten sich schon im voraus. Die Mieter wollten so schnell wie möglich einen Streit mit dem Hausherrn vom Zaune brechen, damit sie einen Grund hatten, nicht mehr das Zwanzigfache einer staatlich festgelegten Miete zahlen zu müssen. Und die Hausherren, die von dem Mietgeld das Häuschen hatten reparieren lassen, sahen plötzlich, daß sie ihr Erstgeburtsrecht für eine Linsensuppe verkauft hatten, und fürchteten, die Mieter könnten ihnen ewig »am Hals hängen«, das heißt, den Wohnraum ewig in Anspruch nehmen. Für gewöhnlich lief das Vermieten darauf hinaus, daß der Mieter, wenn er seine Aufenthaltsgenehmigung bekommen und die vereinbarten Monate abgewohnt hatte, sich mit der Hausverwaltung einigte (das ging meist nicht ohne »Schmiergeld«) und er dann das Recht auf eigenen Wohnraum zugesprochen bekam. So ging es in den Häusern, die dem örtlichen Wohnungskomitee unterstanden; in den Privathäusern stellte der Mieter einfach seine Zahlungen ein und weigerte sich auszuziehen. Eine Räumungsklage konnte der Vermieter nicht erheben. Auf diese Art und Weise kamen die meisten Menschen zu ständigem Wohnraum. Das war sozusagen eine natürliche Weiterverteilung des Wohnraums. Sie war viel durchgreifender als alle früheren Beschlagnahmungen und Erlasse. Sie war der Grund zu Dramen, Skandalen und Bergen von Anzeigen, mit denen sowohl Mieter wie auch Vermieter sich einander aus dem Weg schaffen wollten. Das hat sich nun alles geändert, denn jetzt werden Zimmer nur noch an Leute ohne Aufenthaltsgenehmigung vermietet: ein solcher vogelfreier Mieter wagt es nicht, irgendeinen Anspruch zu erheben. Die einzige Möglichkeit zu Ränken ist eine Anzeige des Nachbarn, daß hier ein Mieter ohne Aufenthaltsgenehmigung Unterschlupf gefunden hat. Die Ämter drücken jetzt allerdings ein Auge zu – die Zeiten haben sich geändert.

In Woronesch nahmen die Hauswirte am liebsten Verbannte als Mieter. Dem Verbannten drohte ständig, an einen noch entlegeneren Ort abtransportiert zu werden, und wenn es einen Konflikt mit dem Hausherrn gab, konnte er ein wenig nachhelfen. Deshalb erhielten wir viele Angebote, und O. M. lief ganze Tage herum, um Zimmer in allen möglichen Schuppen und Bruchbuden zu besichtigen. Dennoch dauerte es lange, bis wir wirklich irgendwo einziehen konnten, denn alle forderten die Miete für ein Jahr im voraus. In unserem Wintergarten fror bereits das Wasser ein, als ich nach Moskau fuhr, um eine Übersetzung zu bekommen. Erstaunlicherweise gelang es mir sehr schnell: Luppol hatte von dem »Wunder« gehört, und es hatte ihn überzeugt; so war es kein besonderes Risiko, O. M. eine Arbeit zu verschaffen. Er tat es sehr gerne. Den Vorschuß für die Übersetzung gaben wir unserem neuen Hausherrn am Stadtrand, der damit zufrieden war, nur die Vorauszahlung für ein halbes Jahr zu bekommen.

Jede Fahrt in die Stadt war äußerst mühsam; und wir mußten oft hinein, für Bescheinigungen, Paßverlängerungen, zur Arbeitssuche. Das hieß endloses Warten an Straßenbahnhaltestellen, Menschenmassen, die, zu Trauben geballt, an den Plattformen der Wagen hingen, Gedränge ... Vor dem Krieg war der Personentransport in den Städten katastrophal, sogar in Moskau. Im Winter lernten wir die Steppenwinde in ihrer ganzen Schärfe kennen. Menschen in unserer Lage setzt die Kälte besonders zu, während aller sich stets wiederholender Hungersnöte, im Krieg und in der Gefangenschaft bekamen wir das zu spüren.

Bald stellte sich heraus, daß unser Vermieter, ein Agronom, uns aufgenommen hatte, weil er dadurch interessante Bekanntschaften zu machen hoffte: »Ich dachte, zu Ihnen würden Schriftsteller kommen, vielleicht die Kretowa oder Sadonskij*, und wir würden zusammen Rumba tanzen«, beklagte sich der enttäuschte Hauswirt in seinen hohen Lederstiefeln. So enttäuscht, »ergriff er seine Maßnahmen«. Wenn wir Freunde bei uns hatten, auch Verbannte, Paßlose, wie Kalezkij und Rudakow, stürzte er in unser Zimmer und forderte unsere Gäste auf, ihre Pässe vorzuzeigen: »Hier findet ja eine Versammlung statt, und ich, als Hauswirt, bin dafür verantwortlich.« Wir warfen ihn aus dem Zimmer, er seufzte traurig auf. Einmal fing er mich alleine ab und beklagte sich bitterlich: »Wenn doch nur angenehmere Leute zu

* Schriftsteller aus Woronesch.

Ihnen kämen.« Die Mietvorauszahlung konnte er nicht zurückgeben, und so mußten wir sie abwohnen. O. M. ertrug diesen Zustand lächelnd: Verbannte hatten schon immer unter ihren Hauswirten zu leiden – das ist Tradition. Früher rannten sie zur Polizei, heute zur GPU, und unser Agronom drohte nur, zeigte uns aber nirgends an. Wir wußten das zu schätzen.

Unser nächstes Zimmer – wir bewohnten es von April 1935 bis Februar 1936 – befand sich im Zentrum der Stadt in einer ehemaligen Pension, in der sich nun jede Art von Gesindel herumtrieb. Nicht selten fanden in diesem Haus nächtliche Razzien statt; die Polizei suchte nach schwarzen Schnapsbrennern. Unsere kleine Nachbarin, eine Prostituierte, verehrte O. M., weil er sie auf der Straße grüßte, und immer wieder kam sie mit einem Eimer zu uns gelaufen, sie putzte unseren Fußboden und nahm dafür kein Geld: »Das mache ich aus Freundschaft.« Eine andere Mitbewohnerin, eine alte Jüdin, die drei kleine Enkel aufzuziehen hatte, kam ebenfalls oft zu uns und klagte ihr Leid. Der Hausherr wollte sie los sein und schrieb an Gott und die Welt Briefe und Anzeigen, er beschuldigte sie der Prostitution. Die Jüdin rechtfertigte sich mit ihrem Alter – wer will schon so eine? – und wies auf die Größe ihres Zimmers hin, in dem die Enkel dicht gedrängt schliefen.

Zu unserem Glück schrieben die Denunzianten, was immer ihnen in den Sinn kam, ohne auf Wahrscheinlichkeit bedacht zu sein; erst ab 1937 war das nötig, als in der Presse keine Artikel mehr erschienen, die dazu aufriefen, die Gespräche der Nachbarn den entsprechenden Dienststellen mitzuteilen. Jede Anzeige bewies eigentlich nur das Niveau des Denunzianten, sie zeigte, zu welchen Fantasien er fähig war. Unser zweiter Hausherr in Woronesch gehörte zur untersten Stufe. Einmal rief man uns zum MGB, zeigte uns eine seiner Anzeigen und forderte uns auf, dazu Stellung zu nehmen. In der Anzeige hieß es, nachts hätten wir einen verdächtigen Typ empfangen, und dann sei in unserem Zimmer geschossen worden. Für den ersten Teil mochte es eine Begründung geben, der zweite war völliger Unsinn. Unser nächtlicher Besucher, Jachontow, war auf allen Plakaten, die an den Litfaßsäulen der Stadt hingen, zu sehen. Er kam zum MGB und bestätigte dort, daß er mit uns die Nacht über zusammengesessen habe. Damit war die Sache erledigt.

Wenn man auf eine Anzeige hin vorgeladen wurde, wußte man, daß sie nichts gegen einen unternehmen wollten. So ging es mir 1937, nach Jeschows Sturz, als der Terror nachgelassen hatte. Man rief mich zur GPU-Sektion der Polizeistation Moskau, wo es mir nach O. M.s Tod gelungen war, eine zeitlich begrenzte Wohngenehmigung zu erhalten, und verlangte eine Erklärung von mir. Die gegen mich vorliegende Anzeige war wesentlich qualifizierter. Es hieß, in meinem Zimmer fänden Versammlungen statt, bei denen konterrevolutionäre Gespräche geführt würden. Der einzige Mensch, der mich besucht hatte, war Pasternak. Als er von O. M.s Tod gehört hatte, war er zu mir gekommen. Niemand außer ihm hatte das gewagt; das erklärte ich auch dem Beamten der Geheimpolizei. Die Sache endete damit, daß man mir empfahl, schon vor Ablauf meiner zeitlich begrenzten Aufenthaltsgenehmigung Moskau zu verlassen. Dieses Mal war ich die Vermieterin. Der durch Intervention von Stawskij mir vom sowjetischen Schriftstellerverband vorübergehend in die Wohnung gesetzte Mieter hatte mich hinausgeekelt. Dieser Mensch, sein Name war Kostyrew, gab vor, Schriftsteller zu sein, manchmal aber deutete er auch an, er stehe im Rang eines Generals.

Als die Behörden mir nach dem XX. Parteitag wieder das Wohnrecht zugestehen wollten, wurde ich zum Sowjetischen Schriftstellerverband bestellt und gefragt, wie ich meine Wohnung verloren hätte. Ich erzählte von Kostyrew. Ilin, der Angestellte des Schriftstellerverbandes, suchte lange in den Schriftstellerverzeichnissen nach diesem Namen, konnte ihn aber nicht finden. Ob nun aber Kostyrew Schriftsteller oder General war, das spielt keine Rolle; um sich eine Wohnung zu ergattern, verfuhr er genau nach dem allgemeinüblichen Schema. Ich glaube, Kostyrew wollte von der Geheimpolizei zur Literatur überwechseln, jedoch das gelang ihm nicht. Wahrscheinlich nistete er sich gerade in der Übergangszeit bei mir ein, in dem Moment, als er doppelten Dienst versah, doppelte Aufgaben hatte.

Unser Woronescher Hausherr, der nachts bei uns Schüsse gehört haben wollte, sah in seiner Anzeige nichts Schlimmes. Wahrscheinlich fühlte er sich als nützliches Glied der Gesellschaft, als Ordnungshüter. Welchen Beruf er ausübte, war nicht so leicht herauszufinden. Er schwieg darüber, und wir zogen es vor, ihn nicht danach zu fragen. Er selbst bezeichnete sich als »Agent« und fuhr ständig »in Kollektivierungsangelegenheiten« in der Gegend herum. Auf jeden Fall war er »ein kleines Kaliber«, aber auch solche wurden sorgsam ausgewählt.

Seine sehr junge Frau hatte er »auf sich genommen«, um ihr das schwere Schicksal einer entkulakisierten Familie zu ersparen. Als er wieder lange »in Kollektivierungsangelegenheiten« von zu Hause abwesend war, vermietete sie an uns das Zimmer. Sie selbst siedelte in dieser Zeit in die Küche über und schickte den eingenommenen Mietzins an die Eltern. So hatte der Mann Mieter auf dem Hals, ohne davon einen Gewinn zu sehen. Die »Gerettete« hielt ihren »Erlöser« in Zaum und Zügel. Nach ihren Gesprächen zu urteilen, wußte sie etwas über ihn, dessen Bekanntwerden selbst in der schlimmsten Zeit für ihn nicht ohne Folgen geblieben wäre. Sie sagte ihm ins Gesicht, er sei ein Unmensch. Und wenn sie ihn mit erlesenen Schimpfwörtern überhäufte, zog er den Schwanz ein. Trotzdem aber konnte er mit uns Mietern nicht in Frieden leben und spielte uns so übel wie möglich mit. Zum Beispiel kam er mit einer lebenden Maus, die er am Schwanz hochhielt, in unser Zimmer. (Das Haus wimmelte von Ungeziefer.) Stramm militärisch grüßte er an der Schwelle und sagte dann: »Sie gestatten, daß ich dies hier brate«, und damit ging er auch schon auf unseren elektrischen Kocher mit der Heizspirale zu. Er verachtete die Heizplatte, für ihn war sie eine Grille der Intelligenzija, ein bourgeoises Überbleibsel, mit dem ein ehrlicher sowjetischer Bürger wie mit den Kulaken abrechnen mußte. Rudakow und Kolezkij, die ewig bei uns herumsaßen, traten für die Maus ein, und der Hauswirt, ein ausgemachter Feigling, zog sich schmählich zurück, als er auf Widerstand stieß. Aus dem Nachbarzimmer konnten wir dann seine Späße über die Intelligenzija mit ihren schwachen Nerven hören: »Ich wollte sie einmal so richtig erschrecken – eine Maus auf ihrer Heizplatte braten...« Verwunderlich war, daß er nicht trank und seine Späße alle in gänzlich nüchternem Zustand machte. Die Maus war sein Meisterstück.

Als O. M. zur Erholung ins Sanatorium von Tambow fuhr, warf der Agent alle unsere Sachen aus dem Zimmer. Die Prostituierte sammelte sie ein und hob sie für uns auf. Als wir zurückkehrten, wußten wir nicht, wohin wir uns wenden sollten, und so ging O. M. in die Redaktion der Zeitung, die sich im Nachbarhaus befand. Irgend jemand rief die unbekannte Einrichtung an, in der unser Hausherr arbeitete. Am Abend kam er in die Redaktion und sagte zu O. M.: »Sie können wieder hinein, man hat mir aufgetragen, Ihnen keine Unannehmlichkeiten zu machen.« Uns wurde klar, wie gut es sich bei einem Mitarbeiter einer Einrichtung, in der militärische Disziplin herrscht, leben läßt. Von dieser Zeit an verhielt sich der Agent lammfromm. Als wir ein neues Zimmer fanden und auszogen, lud er unsere Sachen auf das Fuhrwerk, und beinahe hätte er sich vor Freude bekreuzigt: Wem konnte es in den Sinn kommen, daß ein unliebsamer Mieter nicht auf ewig bei ihm bliebe?

Wir hörten, daß er den nächsten Mieter 1937 los wurde, sich aber nicht lange über seinen Wohnraum freuen konnte – er wurde zur Wachmannschaft in ein Arbeitslager abkommandiert.

Während der drei Jahre in Woronesch wechselten wir fünfmal das Zimmer. Nach unserem Auszug bei dem Agenten übersiedelten wir zu einer jungen Witwe, die in einem luxuriösen neuen Haus für Ingenieure und Techniker wohnte. Sie vermietete gleichzeitig zwei Räume – einen an uns und den anderen an Dunajewskij, einen jungen Journalisten. Er war es auch, der uns diese Unterkunft verschafft hatte. Die Hauswirtin hatte jedoch nur zugestimmt, weil sie dachte, er würde sie heiraten. Als ihr Wunsch sich nicht erfüllte, kündigte sie uns, um ihr Glück noch einmal zu versuchen. Wir mußten ausziehen, um einem potentiellen Bräutigam den Platz freizumachen. Unser letztes Zimmer, in einem kleinen bescheidenen Häuschen bei einer Theaterschneiderin, war ein Paradies, ein Traum von der nicht wiederkehrenden Vergangenheit, ein Ausgleich für alle Mühsal und Plage. O. M. hatte alle Unannehmlichkeiten in den verschiedenen Zimmern ruhig hingenommen, bei der Schneiderin lebte er richtig auf.

Die Schneiderin war eine einfache Frau, freundlich und gutmütig. Sie lebte zusammen mit ihrer Mutter, die sie Großmutter nannte, und mit ihrem Sohn Wadik, der wie alle anderen Buben seines Alters war. Ihr Mann war vor einigen Jahren gestorben, und die Schauspieler, denen er die Schuhe repariert hatte, brachten die Frau beim Theater unter, damit sie die Familie ernähren konnte. Sie bemühten sich auch, daß die Frau für den Sohn eine Rente bekam – der Schuhmacher war Parteimitglied gewesen. So lebten sie bescheiden, sie ernährten sich hauptsächlich von Kartoffeln, und außerdem hielt die Großmutter in einem kleinen Schuppen noch zehn Hühner. Die zehn Rubel, die sie von uns für das Zimmer bekam, waren für sie eine bedeutende Einnahme. Meistens waren ihre Mieter Schauspieler, und in diesen Kreisen war sie für ihre Gutherzigkeit bekannt. Deshalb hatte man uns zu ihr geschickt. Dort konnten wir endlich wieder frei atmen.

Früher gab es einmal viele gute Leute, und selbst die schlechten bemühten sich, gut zu erscheinen, weil es sich so gehörte. Darauf sind Heuchelei und Falschheit zurückzuführen – die großen Sünden der Vergangenheit, die der kritische Realismus des ausgehenden neunzehnten Jahrhunderts anprangerte. Diese Enthüllungen hatten ein unerwartetes Ergebnis: Die Gutmütigen sind verschwunden. Denn Güte ist nicht nur eine angeborene Eigenschaft, man muß sie auch entwickeln, und man entwickelt sie, wenn sie gefragt ist. Für uns war Gutmütigkeit altmodisch, eine Eigenschaft, die es nicht mehr gab, und der Gutmütige war so etwas Ähnliches wie ein Mammut. Alles, was uns unsere Zeit gelehrt hat – die Enteignung der Bauern, den Klassenkampf, die ständigen Entlarvungen, plötzliche Obdachlosigkeit und die Suche nach Beweggründen für jede Tat –, alles das entwickelte in uns irgendwelche Eigenschaften, nur nicht die Güte.

Die Güte, wie auch die Gutmütigkeit, mußte man an abgeschiedenen Orten suchen, in die unsere Zeit noch nicht vorgedrungen war. Nur inaktive Menschen hatten diese Eigenschaften, die sie von ihren Voreltern geerbt haben, bewahrt – die Gegenwart lehrte das Gegenteil. Alle anderen waren von dem falschen Humanismus infiziert.

Bei der Schneiderin lebten wir ruhig und wie normale Menschen und vergaßen völlig, daß wir keinen eigenen Wohnraum hatten. Wenn ich später in einem Auto oder der Straßenbahn durch eine große Stadt der Sowjetunion fuhr, zählte ich oft verwundert die Fenster der kleinen Häuser, die an mir vorbeiflogen: Warum gehörte nicht eines davon mir? Immer wieder hatte ich einen eigenartigen Traum, ich sah riesige Korridore, die überdachten Straßen glichen und an beiden Enden Türen hatten. Gleich mußten sich die Türen öffnen, und ich durfte mir ein Zimmer aussuchen. Manchmal wohnten hinter diesen geschlossenen Türen schon meine verstorbenen Verwandten. Ich wurde ärgerlich: Ihr seid hier alle zusammen, und ich muß heimatlos herumziehen? Welcher Freud würde es wagen, Träume mit solchen verdrängten Komplexen zu erklären? Mit verdrängten Sexualempfindungen? Mit dem Ödipuskomplex oder ähnlichen Ungeheuerlichkeiten?

Irgend jemand sagte einmal zu mir, die Sowjetbürger brauchen keine eigenen Häuser zu bauen, denn sie haben das Recht, vom Staat eine kostenlose Wohnung zu fordern. Aber gegen wen sollten wir die Forderung erheben? Selbst in meinen Träumen wußte ich nicht, wie man das macht, und ich erwachte immer genau vor diesem glückseligen Moment, in dem ich die Bestätigung meines Wohnrechtes und die Zuweisung einer Wohnung in meinen Händen halten sollte. In Woronesch hatte ich wenigstens noch die Illusion, eine Wohnung zu besitzen, eine Wohnung, die schwer erworben und in ihrer Art einzig war. Jetzt besitze ich in dieser Beziehung keine Illusionen mehr, und ich kenne die Gesetze, nach denen ich völlig rechtlos bin. Und wievielen geht es wie mir? Bitte glauben Sie nicht, ich sei eine Ausnahme.

Zukünftige Generationen werden nicht verstehen können, was in unserem Leben das Wort »Wohnraum« bedeutete. Viele Verbrechen wurden wegen des Wohnraums begangen. Und viele Menschen hingen so an ihrem Wohnraum, daß sie gar nicht daran dachten, ihn zu verlassen. Wer brachte es schon fertig, seine zwanzigeinhalb Quadratmeter Wohnraum, die ihm so an das Herz gewachsen waren, im Stich zu lassen? Solche Dummköpfe gab es bei uns nicht, und der Wohnraum wurde vererbt, wie Familienschlösser, Einfamilienhäuser, wie der Name. Männer und Frauen, die einander haßten, Schwiegermütter und Schwiegersöhne, erwachsene Söhne und Töchter, ehemalige Hausangestellte, die an dem kleinen Zimmer hinter der Küche hingen, alle waren auf ewig mit »ihrem« Wohnraum verbunden und konnten sich von ihm unter keinen Umständen trennen. Bei Eheschließung und Scheidung erhob sich als erstes immer die Frage nach dem Wohnraum. Ich hörte von Kavalieren, die aus dem Haus gingen und ihren Frauen den Wohnraum überließen, ich hörte von Bräuten mit schönen Wohnungen und jungen Männern, die solche Bräute suchten. Manche klugen Frauen kauften sich wattierte Jacken und vermieteten sich, so verkleidet, als Aufwartefrauen in Studentenheimen, um als Entgelt für ihre Arbeit einen Wohnwinkel zugewiesen zu bekommen. Und dort blieben sie und ließen jahrelang alle Flüche und Androhungen eines Hinauswurfs über sich ergehen. In diesen Wohnheimen leben auch Lektoren, die vom Verwaltungspersonal genauso beschimpft werden. Ich hätte mich auch einmal in einem solchen Wohnheim einnisten können, die ganze Nacht über saß ich zusammengerollt da und hörte die Studentinnen singen und tanzen. Es gab für sie nicht genug Betten, so daß sie gemeinsam mit der Freundin in einem Bett schlafen mußten. Die Aufenthaltsgenehmigung ist eng mit dem Wohnraum verbunden. Wird dir die Aufenthaltsgenehmigung in deiner Stadt entzogen, kannst du dorthin niemals zurückkehren. Für die meisten Menschen wurde die eigene Wohnung zu einer Falle. Wolken zogen sich über ihrem Kopf zusammen, ihre Freunde und Kollegen wurden einer nach dem anderen abgeholt. Wir sagten dazu: die Granateinschläge kommen näher und näher. Die Inhaber von festen, ihnen zugesprochenen Wohnungen blieben an ihrem Platz und warteten, bis man bei ihnen erschien. Im Warten hofften sie noch, daß dieser Kelch an ihnen vorübergehe. So bewachten sie ihre Höhlen, die sie Wohnungen nannten, und wenn einer von ihnen allein und in einem neuen Haus wohnte, so glich das noch mehr einer Falle, und hier gab es nur einen einzigen Ausweg: eine Hintertreppe hatten die neuen Häuser nicht. Ich kannte nur eine einzige bedacht handelnde Frau, die während der Aussiedlung des Adels aus Leningrad ihre Sachen packte und in die Provinz reiste. So blieb ihre Parteikarte »rein«, und sie ersparte sich viel Leid.

Auch ich wurde dadurch gerettet, daß ich keine Wohnung besaß. Mir war es ein einziges Mal gelungen, zu einem Wohnplatz zu kommen. Das war 1933, als uns durch Bucharins Intervention der Taubenschlag in der sechsten Etage des Schriftstellerhauses zugewiesen wurde. Ein halbes Jahr später verhafteten sie O. M., die Wohnung war aber weiterhin auf uns eingetragen. Andere Schriftsteller übten nun auf Mate Salka, der dafür zuständig war, Druck aus, und so fuhr er selbst zum MGB und bat um die Erlaubnis, den Wohnplatz des Verbannten dieser Alten, die dort noch wohnte – das war meine Mutter –, abzunehmen und einem richtigen sowjetischen Schriftsteller zuweisen zu dürfen. Aber das Wunder tat weiterhin seine Wirkung, und er mußte den Schriftstellern, die so nach Wohnraum lechzten, übermitteln, sie sollten doch nicht päpstlicher als der Papst sein. Die Tatsache, daß unsere

Wohnung immer noch uns gehörte, ließ uns hoffen, daß O. M. nach Moskau zurückkehren dürfe. Als wir sie aber dann benötigten, wurde sie uns abgenommen, und man warf auch mich hinaus, obwohl ich doch nicht verbannt worden war. Wäre ich mit dem Schriftsteller-General in der Moskauer Wohnung geblieben, so würden meine Knochen wohl schon längst im Massengrab eines Lagers modern. Nach O. M.s zweiter Verhaftung, als ich ohne irgendeine Wohngenehmigung durch das Land zog, kamen sie in das Zimmer, das ich zuletzt in Kalinin bewohnt hatte, und suchten nach mir, ich aber war nicht mehr dort. Ich hatte dieses Zimmer nicht halten können – es war in einem Privathaus und kostete zuviel. Für mich fand sich keine Falle, und sie vergaßen mich, die Heimatlose; so habe ich überlebt und konnte O. M.s Gedichte hüten.

Und was wäre mit der guten Schneiderin in Woronesch geschehen, wenn sich nach uns im Sommer 1937 vielleicht ein Mieter gefunden hätte, der plötzlich seine Zahlungen einstellte, weil er für das von ihm bereits mit Beschlag belegte Zimmer eine eigene Wohngenehmigung erhielt? Ob sie dann ebenso vorgegangen wäre wie die anderen und ihn bei der Polizei angeschwärzt hätte? (»Bei meinem Mieter werden verbotene Versammlungen abgehalten, auf denen sie konterrevolutionäre Gespräche führen. Und ich, als Hauswirtin, bin doch dafür verantwortlich.«) Oder ob sie friedlich auf den kleinen Nebenverdienst, der sie Mutter und Sohn erhalten ließ, verzichtet hätte? Von ihr weiß ich nur eines – das kleine Häuschen ohne Treppe ist im Krieg zerstört worden, und an seiner Stelle ist etwas vollkommen anderes entstanden.

Einunddreißigstes Kapitel

Geld

In der ersten Zeit in Woronesch ging es uns materiell besser denn je: der Staatsverlag war durch das Wunder beeindruckt und gab uns Übersetzungen. Mein Bruder Schenja sagte sogar, Moskau sei durch die Feuersbrunst schöner geworden. Ich übersetzte schnell einen billigen Roman und erhielt einen weiteren Übersetzervertrag. Im Winter 1934/35 wurden unsere Arbeitgeber, offensichtlich wegen ihrer Güte uns gegenüber, gerügt – ich wurde nach Moskau bestellt, »um mich mit den Methoden des Übersetzens vertraut zu machen«. Damals war Starzew der Redakteur. Er lobte meine »Methoden«, aber die Übersetzerabteilung forderte das Buch von mir zurück, angeblich um noch einmal zu überprüfen, ob dieser Roman gekürzt werden müsse. Ich sah das Buch niemals wieder, kurz darauf kam es in der Übersetzung eines anderen heraus (›Das Nest der einfachen Leute‹). Wir erhielten für mehrere Blätter einer Übersetzung von Maupassant noch etwas Geld, es stand uns nach einem alten Vertrag zu, danach brach für uns der Geldstrom aus Moskau ab.

O. M. bemühte sich stets um Arbeit. Dazu mußte er unendlich viele Erklärungen schreiben und immer wieder zur örtlichen Sektion des Sowjetischen Schriftstellerverbandes gehen. Die Frage seiner Beschäftigung war, wie man sich damals bei uns ausdrückte, »eine prinzipielle Frage«. Das hieß, die Leute in Woronesch erwarteten Richtlinien »von oben«, sie hatten bei der Zentrale, bei dem Amt, das für O. M. zuständig war, angefragt. Weder O. M. noch ich konnten jemals eine Arbeit ohne vorherige große Scherereien und langes Warten bekommen. Sogar 1955 in Tscheboksary konnte ich erst arbeiten, nachdem Surkow herumgefahren war, eine Erlaubnis für mich erwirkt und in meiner Gegenwart das Resultat seiner Unterredungen dem Minister für Erziehung mitgeteilt hatte. Und 1934 hätte keine einzige Organisation ohne Erlaubnis »von oben« einem Verbannten Arbeit gegeben. In der Zeit der »erhöhten Wachsamkeit« halfen keine Hinweise auf eine frühere Erlaubnis oder eine Verfügung »von oben«, die ohnedies nie schriftlich gegeben wurde. Der Zuständige nickte mit dem Kopf oder murmelte durchs Telefon: »Nun ja, schon gut«, oder im besten Fall: »Entscheiden

Sie selbst, wir haben nichts dagegen.« Keine Spur von diesem Kopfnicken oder Murmeln war in den Akten festgehalten, und oft mußten leitende Persönlichkeiten schwer dafür büßen, wenn ihr Arbeitsbereich »von fremden Elementen verseucht war«. So viele Jahre galten wir als »fremde Elemente«, daß wir diesen Mechanismus nur zu gut kannten. Im Laufe der Zeit machte er eine gewisse Entwicklung durch, und die Macht des Staates über den Menschen trat immer deutlicher zutage. In den letzten acht Jahren allerdings, die seit dem XX. Parteitag vergangen sind, hat sich die Lage entschieden geändert – eine neue Zeit ist angebrochen. Ich jedoch spreche von der Stalin-Ära, und die Etappen, die O. M. durchlaufen mußte, verdeutlichen den Verknechtungsprozeß der Literatur; Parallelerscheinungen gab es auf allen anderen Gebieten, natürlich etwas abgewandelt, doch im Grunde war es überall dasselbe.

Als wir 1922 aus Georgien zurückkehrten, war bei allen Zeitschriften O. M.s Name in der Liste der Mitarbeiter zu finden, aber es wurde für ihn schwerer und schwerer, seine Gedichte zu veröffentlichen. Ein typischer Vertreter der feindseligen Stimmung gegen O. M. war Woronskij – er lehnte alles ab. »Was soll ich machen?« beklagte sich der Redaktionssekretär Sergej Antonowitsch Klytschkow. »Er sagt, das ist nicht aktuell.« 1923 verschwand plötzlich O. M.s Name aus den Mitarbeiterlisten der Literaturzeitschriften. Diese unwahrscheinliche Übereinstimmung bewies, daß es kein Zufall sein konnte. Wahrscheinlich hatte im Sommer eine Konferenz über die ideologische Ausrichtung der Literatur stattgefunden und damit der Prozeß eingesetzt, die Schriftsteller in die dazugehörenden und die abseits stehenden einzuteilen.

Im Winter 1923/24 sagte Bucharin, der damals die Zeitschrift ›Scheinwerfer‹ redigierte, zu O. M.: »Ich kann Ihre Gedichte nicht drucken. Geben Sie mir Übersetzungen.« Anfangs schien es, als würde die Beschränkung nur die Zeitschriften betreffen, denn ein 1922 angekaufter Gedichtband ›Das zweite Buch‹ erschien 1923. Zwei Jahre später aber wiederholte Narbut, der damals Chefredakteur des Verlages »Land und Fabrik« war, O. M. gegenüber dieselben Worte, die Bucharin zu ihm gesagt hatte: »Ich kann dich nicht drucken, aber Übersetzungen kann ich dir geben, soviel du willst.« Damals beeilten sich alle zu verkünden, Mandelstam habe die Lyrik aufgegeben und übersetze nur noch. Als dann auch noch die Emigrantenzeitung ›Nakanune‹ (Am Vorabend)* diese Behauptung unserer Presse nachplapperte, war O. M. sehr aufgebracht. Es war sowieso schon alles sehr schwierig: »Sie lassen mich nur

* Diese Zeitung erschien von 1922–1924 in Berlin; sie war prosowjetisch eingestellt und von Moskau finanziert.

noch Übersetzungen machen«, klagte er. Aber auch mit den Übersetzungen war es nicht so einfach. Natürlich gab es hier Konkurrenz, und außerdem gehörte O. M. auch nicht zu denen, deren Lebensunterhalt auf Befehl »von oben« »sichergestellt« sein sollte. Ab der zweiten Hälfte der zwanziger Jahre wurde es mit den Übersetzungen schwerer und schwerer, offensichtlich besaß O. M. kein Recht auf Verdienst. Auch mit Kinderbüchern war es nichts. Marschak hatte ›Die Luftballons‹ und ›Die Straßenbahn‹ gräßlich verstümmelt; als einziger Ausweg blieben die in Armut dahinsiechenden kleinen Privatverlage, solange sie noch existierten. O. M. gelang es, einige Artikel in der Provinz (in Kiew) und in Theaterzeitschriften unterzubringen. Es bestand noch kein völliges Verbot, es gab nur Beschränkungen und die »Empfehlungen«, auf die »Aktualität« bedacht zu sein. Eine neue Etappe in diesem Kampf um »die Reinheit der Linie« eröffnete Stalin 1930 mit seinem Artikel im ›Bolschewik‹, in dem er den Druck unpassender Erzeugnisse strikt verbot. Damals arbeitete ich in der Zeitschrift ›Für eine kommunistische Erziehung‹ und begriff aus Gesprächsfetzen, die ich in der Redaktion aufschnappte, daß jetzt die Zeit des plan- und ziellosen Kampfes zu Ende sei. Trotzdem gelang es O. M., noch einige Gedichte gedruckt zu bekommen, aber für ›Die Reise nach Armenien‹, die in der Zeitschrift ›Swesda‹ (Der Stern) erschien, verlor der verantwortliche Redakteur, Zesar Volpe, der übrigens wußte, was er tat, seinen Posten. Die Schrauben wurden immer fester angezogen. Die Achmatowa und Mandelstam waren die ersten, die am eigenen Leibe verspürten, was die Stalin-Ära bedeutete, nach und nach erfuhren es alle. Vielen kam der Druck, der auf die Literatur ausgeübt wurde, gelegen. Sie wünschen sich heute, 1964, die Rückkehr zur Vergangenheit, sie kämpfen um ihre Positionen und die Aufrechterhaltung der alten Verbote.

Während O. M.s Verbannung konnte von einer Drucklegung seiner Werke natürlich keine Rede sein; Übersetzungen bekam er auch keine mehr. Sein Name wurde, außer in einigen Schmähartikeln, in diesen Jahren überhaupt nicht mehr erwähnt. Jetzt darf man seinen Namen kennen, aber die Menschen sind träge und erwähnen ihn nicht, und in den Kreisen um Kotschetow erregt er immer noch Ärger und Wut. Nicht umsonst wurde Ehrenburg hauptsächlich wegen seiner Äußerungen über die Zwetajewa und Mandelstam gebrandmarkt. Im Winter 1936/37 nahm man uns jegliche Verdienstmöglichkeit. Erst 1939, als erklärt wurde, daß auch die Frauen von Häftlingen das Recht auf Arbeit besitzen, war es mir möglich, überhaupt wieder Arbeit zu bekommen. Aber in den Zeiten der »erhöhten Wachsamkeit« warf man mich immer wieder hinaus. Da sich alle Arbeit in den Händen des Staates befand, blieb als einziges, »unter den Kremlmauern zu heulen«*. Um selbst seinen Lebensunterhalt zu bestreiten, gab es bei uns damals einige wenige Mittel: wenn man ein kleines eigenes Haus mit einem Stück Land hatte, konnte man Gemüse ziehen und sich dort eine Kuh halten (Heu konnte man freilich nur von der Obrigkeit bekommen). Du konntest auch zu Hause schwarz schneidern, bis dich die Finanzverwaltung erwischte; das gleiche galt für schwarz arbeitende Schreibkräfte, aber Schreibmaschinen waren vor dem Krieg sehr teuer. Dann blieb nur noch das Betteln, bei uns bringt es aber nichts ein, denn nur treue Diener des Staates besitzen, und sie kompromittieren sich nicht durch Kontakt mit Ausgestoßenen. Für uns blieb also nur das »Heulen«, das heißt, wir versuchten, »daß unsere Angelegenheit prinzipiell entschieden werde«. O. M. bemühte sich darum in Woronesch, und ich fuhr nach Moskau und sprach, solange man mich überhaupt vorließ, mit den Funktionären des Schriftstellerverbandes, mit Martschenko, Schtscherbakow und anderen. Sie trugen undurchsichtige Masken zur Schau und antworteten auf keine meiner Fragen, aber immerhin leiteten sie die Anfragen »nach oben« weiter.

Im ersten Winter nach der Verbannung strichen sie O. M. die persönliche Rente. Ich fuhr zu Schtscherbakow und versuchte, dies rückgängig zu machen, denn schließlich konnte man O. M. »die Verdienste um die russische Literatur« nicht absprechen und infolgedessen ihm die Pension nicht streichen. Mein logischer Einwand beeindruckte den Würdenträger nicht im geringsten: »Welche Verdienste um die russische Literatur kann Mandelstam schon haben, wenn er wegen seiner Werke verbannt worden ist?« entgegnete er mir schlagfertig. Wir alle (auch ich) hatten den Sinn für normale Rechtsnormen verloren, und ich würde selbst noch jetzt gerne wissen, ob ein Mensch seinen Anspruch auf eine ihm zugesprochene Rente verliert, wenn er ohne Verlust der Bürgerrechte verbannt worden ist.

Es ist nicht zufällig, daß ich Schtscherbakow als Würdenträger bezeichne. Auch der äußere Typ der Würdenträger hat sich bei uns mit der Zeit geändert. Bis Mitte der zwanziger Jahre trafen wir überall auf frühere Mitglieder des revolutionären Untergrunds und ihre jungen Hilfskräfte. Sie waren schroff, äußerst rechtschaffen und oft sehr rauhbeinig. Ihrer draufgängerischen Art entsprach es, keinem Streit auszuweichen. Nach und nach wurden sie dann abgelöst von Rundköpfen in gestickten ukrainischen Hemden, die als ungezwungene Haudegen erscheinen wollten und sich doch vollkommen gezwungen benahmen, so auch ihre Späße rissen und absichtlich grob auftraten. Ihnen folgten

* Ein Zitat aus Anna Achmatowas ›Requiem‹.

Diplomaten, die jedes Wort auf die Goldwaage legten, nichts Unnötiges sagten, keine Versprechen gaben, jedem aber den Eindruck ihrer Gewichtigkeit und ihres Einflusses vermittelten. Einer der ersten Würdenträger dieses Typs war Schtscherbakow. Als ich das erste Mal bei ihm war, schwiegen wir beide mehrere Minuten lang. Ich wollte, daß er zu sprechen beginne, aber daraus wurde nichts; denn der Würdenträger wollte der Bittstellerin die Möglichkeit geben, ihr Anliegen vorzutragen. Ich schnitt die Frage der Veröffentlichung von O. M.s Werken an, obwohl ich von vornherein wußte, daß dieser Versuch hoffnungslos war. Er erklärte mir, das einzige Kriterium für die Drucklegung literarischer Erzeugnisse sei ihre Qualität, und Mandelstams Gedichte hielten offensichtlich dieser Probe nicht stand, denn man drucke sie ja nicht. Dasselbe wiederholte dann, wenn auch mit weniger Pathos, Martschenko. Einmal wurde Schtscherbakow lebhafter. Er fragte mich, worüber O. M. schreibe. Und ich antwortete ihm: »Über die Kama.« Er überhörte das und fragte beinahe lächelnd: »Über den Partisanenkampf?« Sein Lächeln aber erstarrte sofort, als er von mir hörte, daß es hier um den Fluß ging. »Warum über den Fluß?« fragte er. Ihm erschien das absonderlich. Das kurze Aufleuchten in Schtscherbakows Gesicht brachte uns auf den Gedanken, daß sie von O. M. damals wahrscheinlich Lobpreisungen und Hymnen erwarteten und sich wunderten, daß er nichts dergleichen schrieb. Zu diesem Schritt entschloß er sich erst 1937; da war es zu spät, es half ihm nichts mehr.

Trotzdem schlugen wir eine Bresche, und unsere gemeinsamen Anstrengungen zeigten einen gewissen Erfolg. Man gab ihm am Theater von Woronesch die Stelle eines literarischen Direktors. Er besaß nicht die leiseste Ahnung, was er machen sollte, und eigentlich unterhielt er sich nur mit den Schauspielern, die ihn alle sehr gerne mochten. Außerdem wurde ihm auch eine Verdienstmöglichkeit am örtlichen Rundfunk gegeben. Für solch anonyme Arbeit konnten sogar Verbannte zugelassen werden, natürlich nur in ruhigen Zeiten, wenn in der Presse nicht ständig das Wort »Wachsamkeit« auftauchte. Für den Rundfunk schrieben wir zu zweit einige Sendungen: ›Goethes Jugend‹, ›Gulliver für Kinder‹. Oft verfaßte O. M. auch die Einführungen für Konzerte, besonders gerne für ›Orpheus und Eurydike‹ von Gluck. Es gefiel ihm, wenn er durch die Straßen ging und aus allen Radios die eigenen Worte über die geliebte Eurydike hörte. Damals übersetzte er in sehr freier Manier einige neapolitanische Lieder für eine Altistin, die auch in Woronesch im Exil lebte.

Aber selbst in diesen verhältnismäßig guten Tagen in Woronesch war es für uns schwer, durchzukommen. Das Theater zahlte dreihundert Rubel im Monat, das reichte nur für das Zimmer (wir zahlten zwischen zwei- und dreihundert Rubel für unsere verschiedenen miserablen Höhlen). Und dann blieb vielleicht noch eine Kleinigkeit für Zigaretten. Der Rundfunk zahlte ebenfalls zwei- bis dreihundert Rubel im Monat, und ich hatte manchmal einen kleinen Nebenverdienst, wenn ich von der Lokalzeitung um Gutachten für ihnen zugesandte literarische Beiträge gebeten wurde. Dies alles zusammengenommen sicherte uns gerade ein bescheidenes Essen: Pfannkuchen zum Mittagessen, Tee, Butter. Eine Dose Fischkonserven galt schon als Festmahl. Wir kochten Kohlsuppe, und manchmal, wenn wir dringend einer Aufheiterung bedurften, genehmigten wir uns noch eine Flasche georgischen Wein. Es gelang uns, außerdem Sergej Borissowitsch Rudakow mit durchzufüttern; seine Frau schickte ihm monatlich fünfzig Rubel: das reichte gerade für sein Bett. In dem Jahr, als wir bei dem »Agenten« wohnten, waren wir nur selten allein. Häufig kamen Schauspieler vom Woronescher Theater, und viele Musiker besuchten uns auf ihrer Tournee. Woronesch war eine der wenigen Provinzstädte mit eigenem Symphonieorchester, und alle kamen auf ihrer Tournee durch. O. M. ging nicht nur in die Konzerte, sondern auch zu den Proben: er war fasziniert, wie jeder Dirigent wieder auf andere Weise mit dem Orchester zusammenarbeitete. Damals wollte er ein Prosastück über Dirigenten schreiben, es wurde aber nichts daraus, die Zeit reichte nicht. Als Lew Ginsburg mit seinem Namensvetter Grigorij nach Woronesch kam, verbrachten beide viel Zeit bei uns und bereicherten die Gastmähler mit ihren begehrten Kompottkonserven. Marja Wenjaminowna Judina bewarb sich eigens um Konzerte in Woronesch, damit sie O. M. wiedersehen und für ihn spielen konnte. Als wir eine Zeitlang auf dem Land waren, wollte uns der Sänger Migaj besuchen, und wir bedauerten sehr, daß er uns nicht antraf. Das waren die großen Ereignisse unseres Lebens. O. M. war ein geselliger Mensch und konnte nicht ohne andere Menschen leben.

Unser gutes Leben fand plötzlich im Herbst 1936, als wir von einer Reise nach Sadonsk zurückkamen, ein Ende. Die örtliche Rundfunkstation war aufgegeben, alle Übertragungen gingen von der Zentrale aus, das Theater war eingegangen, die Zeitung hatte keine Arbeit mehr für uns. So waren mit einem Mal alle unsere Quellen versiegt. Wir überdachten alle eigenen Möglichkeiten, unseren Lebensunterhalt zu bestreiten, und O. M. sagte: »Eine Kuh muß her!« Und wir begannen von da an, von einer Kuh zu träumen, und erst später dachten wir, daß sie ja auch Heu brauche.

So schwer uns das Leben in jenen Tagen des sogenannten Wohlstandes fiel, so war die Verschnaufpause in Woronesch doch ein großes Glück. Die Stadt gefiel O. M. sehr. Er liebte alles, was mit Grenzland verbunden war, und an Woronesch gefiel ihm, daß es zu Zeiten Peters des Großen Grenzstadt gewesen war und er hier die Flotte für das Asowsche Meer hatte bauen lassen. Er atmete die freie Luft des Grenzlandes und lauschte fasziniert der südrussischen Sprache, die nicht mit dem Ukrainischen zu verwechseln ist. Die Grenze zwischen beiden Sprachen verläuft etwas südlich von Woronesch. Im Dorf Nikolskoje notierte sich O. M. alle Straßennamen. Wohl hatten sie durch die Sowjets schon neue Bezeichnungen erhalten, aber im Gedächtnis der Einwohner waren die alten Namen noch fest verhaftet. Die Einwohner dieses Ortes waren auf ihre Abstammung stolz, die sie auf verbannte Verbrecher und Flüchtlinge zu Zeiten Peters des Großen zurückführten. Und die Straßen waren nach den verschiedenen Verbrechen benannt gewesen: Mörderstraße, Staatsdiebstraße, Falschmünzerstraße. O. M.s Notizbücher, die diese Aufzeichnungen enthielten, gingen bei der zweiten Verhaftung verloren, und ich vergaß die altrussischen Wörter, die den Einwohnern von Nikolskoje derartig selbstverständlich über die Lippen kamen. Sie gehörten einer Sekte an, den sogenannten »Springern«, und besaßen geistliche Gedichte über ihren erfolglosen Versuch, zum Himmel aufzusteigen. Kurz ehe wir nach Nikolskoje kamen, hatte sich in dem Dorf ein Drama abgespielt. Die Sektierer hatten einen bestimmten Tag zu ihrer Himmelfahrt auserkoren und waren fest davon überzeugt, daß sie am nächsten Morgen nicht länger auf dieser Welt sein würden; all ihr Hab und Gut gaben sie den erdgebundenen Nachbarn. Als sie nach ihrer Ekstase zu sich kamen, wollten sie ihre am Vortag verschenkten Gaben wieder einsammeln, und es entbrannte heftiger Streit. Das neueste Gedicht, das wir ausfindig machen konnten, erzählte, wie ein »Springer« sich von seinem geliebten Bienenstock verabschiedet, ehe er ihn fortgibt. O. M. erinnerte sich vom Hören an das Gedicht und zitierte es oft. Der »Springer« aus der Ballade wollte nicht zum Himmel auffahren, es gefiel ihm auf der Erde bei seinen Bienen, seinem Haus, seiner Frau und den Kindern.

Im Winter wurde Woronesch zu einer einzigen großen Eisfläche, ständig rutschte man aus, so, wie die Achmatowa in ihrem Gedicht sagt: »Behutsam schreite ich über Glas . . .« Selbst in den großen Städten gab es nicht genug Hausknechte, die mit Schaufeln den Schnee weggeschafft und Sand gestreut hätten. O. M. fürchtete weder Eis noch Wind. Manchmal war er von der Stadt begeistert, häufiger aber verfluchte er sie und wäre am liebsten auf und davon gelaufen. Eigentlich war es nur das Gefühl, hier festgebunden zu sein, es war wie hinter den verschlossenen Türen. »Meinem Wesen entspricht es, ständig auf etwas zu warten, und jetzt haben sie mich hierher nach Woronesch gesteckt, daß ich die ganze Zeit über auf etwas warten kann.« Und wirklich fügte sich alles so, daß wir ständig auf irgend etwas warteten, auf Geld oder Antwort auf unsere Briefe und Eingaben, auf ein huldvolles Kopfnicken »von oben«, auf unsere Rettung. Eigentlich habe ich niemals einen Menschen gesehen, der so bewußt wie O. M. jeden Moment erlebte. Er hatte ein nahezu körperliches Zeitempfinden, das gleichsam den Ablauf jeder so kostbaren Minute dieses Lebens wahrnahm. In dieser Beziehung war er genau das Gegenteil von Berdjajew, der irgendwo sagt, er könne sich niemals mit der Zeit abfinden, jede Sehnsucht sei ein Verlangen nach der Ewigkeit. Ich glaube, daß für einen Künstler die Ewigkeit in jedem ihm enteilenden Augenblick spürbar ist; ihn möchte er festhalten, um ihn deutlicher zu machen. Die Sehnsucht eines Künstlers ist kein Verlangen nach der Ewigkeit, sondern nur der vorübergehende Verlust des Gefühls, daß jede Sekunde in ihrem Reichtum, ihrer Dichte, ihrer Ganzheit so schwer wiegt – wie die Ewigkeit. Ein solches Sehnen veranlaßt den Menschen natürlich, sich mit der Zukunft zu beschäftigen. So kam es, daß O. M. »ständig auf etwas wartete«. In Woronesch wurde diese Eigenschaft O. M.s – das beständige Warten auf etwas und sein Zeitbewußtsein – immer stärker. Wenn ihn diese Sehnsucht überfiel, war er wie ein Vogel, der es in seinem Käfig nicht mehr aushält. Er rannte ständig nach irgendwelchen Bestätigungen, um für einige Tage nach Moskau zu können. Er wollte sich zum Beispiel die Mandeln herausnehmen lassen, obwohl er in seinem Leben nie an einer Angina gelitten hatte, oder »seine literarischen Angelegenheiten in Ordnung bringen« (dabei vergaß er vollkommen, daß es für ihn solche »literarischen Angelegenheiten« überhaupt nicht mehr gab). Natürlich bekam er keine Reiseerlaubnis. Auf sein Jammern hin gingen Anna Achmatowa und Pasternak sogar zu Katanjan und baten ihn, O. M. in eine andere Stadt übersiedeln zu lassen. Das wurde abgeschlagen. Katanjans Büro stand jedem offen; dort häuften sich die Gesuche, die alle negativ entschieden wurden, so saß O. M. seine vollen drei Jahre in Woronesch ab, und nur einmal kam er über die Gebietsgrenzen hinaus, als er in ein Erholungsheim nach Tambow fahren durfte, von wo er gleich wieder zurückkehrte. Im Gebiet von Woronesch konnte er öfter im Auftrag der Lokalzeitung herumreisen, und einmal war es uns dank Anna Achmatowas Hilfe sogar möglich, auf eine Datscha nach Sadonsk zu fahren. Sie hatte von Pasternak fünfhundert Rubel für uns bekommen und legte von ihrem Geld noch fünfhundert dazu. Wir fühlten uns reich und verbrachten volle sechs Wochen in Sadonsk.

O. M.s Bemühungen, von Woronesch fortzukommen, fanden im Sommer 1936 ein jähes Ende, als wir in Sadonsk im Rundfunk hörten, daß Prozesse bevorstünden. Es kam das Jahr 1937. Damals war O. M.

sehr krank, die Ärzte wollten aber keine Diagnose stellen oder konnten es nicht. Er hatte Anfälle, die auf Angina pectoris schließen ließen. Obwohl er sehr schwer atmen konnte, arbeitete er weiter. Er verbrauchte sich gewissermaßen, und das war gut. Wäre er ein gesunder Mensch gewesen, hätte er noch viel mehr und länger leiden müssen.

Vor ihm lag ein grausamer Weg, und jetzt wissen wir, daß der Tod hier die einzige Rettung war. Für Menschen von O. M.s Generation und auch der meinen gab es nichts, was sie noch hätten erleben müssen. Es hätte sich für ihn auch nicht gelohnt, die verhältnismäßig bessere Zeit zu erleben, die Stalins Tod folgte und die Anna Achmatowa und ich als wirkliches Glück empfanden. Voll begriff ich das Ende der vierziger, Anfang der fünfziger Jahre, als die meisten, die aus Lagern, nachdem sie ihre Frist verbüßt hatten, zurückgekehrt waren (viele von ihnen waren auch im Krieg gewesen), wieder in die Lager zurückgeschickt wurden. »O. M. tat gut daran, gleich zu sterben«, sagte Kasarnowskij* zu mir; er war gemeinsam mit O. M. in einem Verbannungslager und danach noch zehn Jahre in Kolyma. Konnten wir das alles in Woronesch ahnen? Wir glaubten damals, das Ärgste läge hinter uns. Richtiger gesagt, wir wollten, wie auch alle anderen so hart Getroffenen, gar nicht in die Zukunft sehen. Wir bereiteten uns allmählich auf den Tod vor, dehnten jede Minute in die Länge, damit ihr Geschmack noch auf unseren Lippen bliebe, denn Woronesch war ein Wunder, und ein Wunder hatte uns dorthin verschlagen.

* Journalist, wahrscheinlich einer der Zeugen von Mandelstams letzten Tagen. Zu seinem Bericht darüber vgl. die letzten Kapitel dieses Buches.

Zweiunddreißigstes Kapitel

Die Ursache des Wunders

Unter seinem Brief an Stalin hatte Bucharin noch ein Postskriptum gesetzt, in dem er schrieb, daß Pasternak völlig aufgelöst über Mandelstams Verhaftung zu ihm gekommen sei. Es war klar, wozu Nikolaj Iwanowitsch diese Nachricht brauchte: Er wies damit auf die allgemeine Resonanz hin, die Mandelstams Verhaftung hervorgerufen hatte. Bei uns war es immer nötig, die öffentliche Meinung zu personifizieren. Man konnte sagen, der oder jener habe sich aufgeregt, unmöglich aber war es, auf die Unzufriedenheit einer ganzen Bevölkerungsgruppe, vielleicht der Intelligenzija oder der »literarischen Kreise« hinzuweisen. Keine Gruppe hat bei uns das Recht auf eine eigene, selbständige Meinun in bezug auf ein bestimmtes Ereignis. In diesen Dingen gibt es bei uns ganz feine Nuancierungen, die niemand beherrscht oder begreift, der nicht in unserer Haut steckt. Bucharin wußte genau, wie er eine Sache vorbringen mußte, um mit ihr Erfolg zu haben. Genau dieses Postskriptum erklärt, warum Stalin zum Telefonhörer griff und keinen anderen als Pasternak anrief.

Das Telefongespräch fand Ende Juni statt, als O. M.s Urteil bereits revidiert war. Pasternak erzählte sehr vielen Leuten von diesem Gespräch, und am selben Tag ging er auch noch zu Ehrenburg, der sich damals in Moskau befand. Aber aus irgendeinem Grunde sagte er den unmittelbar Beteiligten, das heißt mir, meinem Bruder Jewgenij Jakowlewitsch oder Anna Andrejewna, von dem Telefonanruf kein Wort. Allerdings rief er am selben Tag noch Jewgenij Jakowlewitsch an, der bereits wußte, daß der Urteilsspruch revidiert war; Pasternak versicherte, alles würde gutgehen, ließ es aber bei dieser Versicherung bewenden. Schenja nahm diese Worte nur für ein Zeichen von Pasternaks Optimismus und maß ihnen keine besondere Bedeutung bei. Ich erfuhr von Stalins Anruf erst mehrere Monate später, als ich, nachdem ich Typhus und Ruhr überstanden hatte, zum zweitenmal von Woronesch aus nach Moskau fuhr. In einem zufällig sich ergebenden Gespräch fragte mich Schengeli, ob wir schon die Gerüchte über Stalins Anruf bei Pasternak gehört hätten und ob daran etwas wahr sein. Schengeli war fest davon überzeugt, daß der Anruf nur ein Hirngespinst einer müßigen Fantasie sei, denn Pasternak habe mir ja nichts gesagt. Trotzdem entschloß ich mich, in die Wolchonka-Straße zu Pasternak zu fahren, denn schließlich war das ein gehöriges Rauchzeichen, und ohne Feuer gibt es keinen Rauch. Schengelis Erzählung bestätigte sich dort bis in die letzten Einzelheiten. Pasternak gab mir das Gespräch wieder, er benützte dabei die direkte Rede, das heißt, er zitierte sich und seinen Gesprächspartner. Alles entsprach genau dem, was mir Schengeli erzählt hatte. Offensichtlich hatte Pasternak allen in der gleichen Art und Weise berichtet; die in Moskau verbreitete Variante entsprach genau der Wirklichkeit. Mir erzählte Pasternak folgendes:

Pasternak wurde ans Telefon gerufen, und man sagte ihm schon gleich im voraus, wer ihn sprechen wolle. Als erstes beklagte er sich, daß er schlecht verstehe, weil er aus einer Kommunalwohnung spreche und im Korridor die Kinder lärmten. Eine solche Beschwerde bedeutete damals noch längst keine Bitte um ein Wunder, das heißt um Verbesserung der Wohnverhältnisse. Pasternak begann damals einfach jedes Telefongespräch mit dieser Beschwerde. Wenn er Anna Achmatowa oder mich anrief, so fragten wir einander nebenbei immer leise: »Ist er jetzt mit der Kommunalwohnung fertig?« Mit Stalin sprach er genauso wie mit jedem von uns.

Stalin teilte Pasternak mit, daß Mandelstams Urteil revidiert sei und seine Sache gut ausgehen werde. Dann folgte ein unerwarteter Vorwurf: Warum sich Pasternak nicht an die Schriftstellerverbände oder ihn (Stalin) gewandt habe, warum er sich nicht für Mandelstam einsetzte: »Wenn ich ein Dichter wäre und meinen Dichter-Freund ein solches Unglück träfe, so würde ich alles tun, um ihm zu helfen.«

Pasternak antwortete: »Die Schriftstellerverbände befassen sich mit solchen Sachen seit 1927 nicht mehr, und wenn ich mich eingesetzt hätte, so hätten Sie wahrscheinlich nichts davon erfahren.« Dann bezog sich Pasternak noch auf das Wort »Freund«; er wolle damit seine Beziehung zu O. M. deutlicher umreißen, der Begriff Freundschaft sei nicht ganz zutreffend. Diese Bemerkung entsprach ganz Pasternaks Stil und hatte nicht das geringste mit der Sache selbst zu tun. Stalin unterbrach ihn mit der Frage: »Aber er ist doch ein Genie, nicht wahr, ein Genie?« Pasternak antwortete: »Darum geht es nicht.« »Worum dann?« fragte Stalin. Pasternak sagte, er würde sich gern mit ihm darüber persönlich unterhalten. »Worüber?« – »Über das Leben und den Tod.« Stalin hängte auf. Pasternak probierte, ihn wieder anzurufen, er erreichte aber nur den Sekretär. Stalin kam nicht mehr ans Telefon. Pasternak fragte den Sekretär, ob er von dem Gespräch anderen erzählen dürfe oder nicht. Erstaunlicherweise wurde er sogar ermuntert, das Gespräch in Umlauf zu bringen – es sei nicht nötig, daraus ein Geheimnis zu machen. Der Gesprächspartner wünschte offensichtlich eine möglichst breite Resonanz. Ohne staunende Zeugen ist ein Wunder ja schließlich kein Wunder.

Ebenso wie ich den Namen des einzigen Menschen, der das Gedicht aufgeschrieben hat, nicht nenne, weil ich ihn an der Anzeige und Gefangennahme O. M.s für unschuldig halte, so möchte ich auch hier eine Bemerkung Pasternaks verschweigen, eine Bemerkung, die, wenn man ihn nicht kennt, gegen ihn verwendet werden könnte. Diese Bemerkung war auch völlig unschuldig, nur ließ sie etwas von Pasternaks eindringlicher Beschäftigung mit sich selbst, von seinem Egozentrismus, erkennen. Für uns, die wir ihn gut kannten, klang es nur etwas lächerlich.

Alle konnten jetzt sehen, zu welchen Wundern Stalin fähig war, und Pasternak fiel die Ehre zu, nicht nur die Nachricht von dem Wunder in Moskau zu verbreiten, sondern gleichzeitig auch noch eine Belehrung erhalten zu haben. Das Ziel des Wunders war erreicht: Die Aufmerksamkeit wurde vom Opfer, vom Verbannten, abgelenkt und dem milden Wundertäter zugewandt. Für die Zeit damals war bemerkenswert, daß kein einziger, falls er über das Wunder sprach, fragte, wie konnte Stalin Pasternak vorwerfen, nicht genug zur Rettung seines Freundes getan zu haben, während er doch gleichzeitig völlig gelassen seine eigenen Freunde und Genossen ins Verderben, in den Tod stürzte. Auch Pasternak verfiel nicht auf diesen Gedanken, und als ich ihn äußerte, erschrak er. Meine Zeitgenossen nahmen Stalins Belehrung über die Freundschaft zwischen den Poeten hin und waren entzückt, daß ein Machthaber so viel Wärme und Temperament aufbrachte. O. M. und ich konnten nicht umhin, an Lominadse zu denken, der zu seiner Hinrichtung aus Tiflis nach Moskau gerufen wurde, gerade als wir mit ihm darüber verhandelten, ob sich nicht für O. M. eine Archivarbeit in Tiflis finden lasse. Und außer Lominadse dachten wir noch an alle anderen, deren Köpfe in jener Zeit gerollt sind. Das waren nicht wenige, bei uns aber rechnete man allgemein erst ab 1937, als Stalin plötzlich ausartete und alle zu vernichten begann.

Pasternak selbst war über sein Gespräch mit Stalin sehr unzufrieden, er beklagte sich bei mir und vielen anderen darüber, daß er nicht verstanden hatte, es richtig auszunutzen, denn einen Empfang bei Stalin hatte er damit nicht erreicht. Über O. M. beunruhigte er sich nicht länger, denn er vertraute fest den Worten seines Gesprächspartners, daß alles in Ordnung komme. So wurde ihm sein eigener Mißerfolg noch klarer. Wie viele andere Leute bei uns, so interessierte sich auch Pasternak schon nahezu krankhaft für den Einsiedler im Kreml. Ich glaube, daß es für Pasternak ein Glück war, daß dieses heißersehnte Treffen nicht zustande kam; damals aber verstanden wir vieles noch nicht, mußten wir noch manches lernen. Und hier noch eine Frage: Wie ist es nur möglich, daß uneingeschränkte Machthaber mit ihrem Versprechen, unter allen Umständen das Himmelreich auf Erden herbeizuführen, ihren Zeitgenossen Sand in die Augen streuen können? Jetzt wird keiner daran zweifeln, daß bei Stalins Zusammenstoß mit Mandelstam und Pasternak sowohl die moralische Autorität als auch das richtige Gefühl für die Geschichte und die innere Schuldlosigkeit auf seiten der Dichter war. Pasternak konnte seinen Mißerfolg nur schwer verwinden und sagte zu mir, daß er danach lange nicht einmal mehr Gedichte schreiben konnte. Das wäre alles verständlich, wenn Pasternak eigenhändig die Wunden der Zeit hätte abtasten wollen. Wir wissen jetzt, daß er es nach und nach auch tat, ein Zusammentreffen mit den Machthabern brauchte er dazu aber nicht. Ich glaube, für Pasternak verkörperte sein Gesprächspartner damals die Zeit, die Geschichte und die Zukunft, und er wollte ein solch lebendes, atmendes Wunder nur einmal aus der Nähe bestaunen.

Jetzt sind Gerüchte im Umlauf, daß Pasternak während seines Gespräches mit Stalin die Nerven verloren und sich von Mandelstam losgesagt habe. Kurz vor seiner Krankheit traf ich ihn auf der Straße, und er erzählte mir davon. Ich schlug ihm damals vor, gemeinsam das Gespräch schriftlich festzuhalten; er wollte das aber nicht. Vielleicht hatte sich für ihn alles so gewendet, daß er keine Zeit mehr hatte, um an die Vergangenheit zu denken.

Wie konnte man Pasternak nur so verleumden, vor allem, wenn man bedenkt, daß Stalin ihm gleich zu Anfang mitgeteilt hatte, Mandelstams Urteil sei revidiert und er habe Gnade walten lassen? In den heute kursierenden Gerüchten heißt es, Stalin habe von Pasternak gefordert, daß er für O. M. bürge, und Pasternak habe das abgelehnt. Nichts dergleichen entspricht der Wahrheit. Von einer Bürgschaft war niemals die Rede.

Als O. M. von mir den genauen Bericht gehört hatte, war er mit Pasternak sehr zufrieden, und besonders freute ihn sein Satz über die Schriftstellerorganisationen, die »sich seit 1927 damit nicht mehr befassen«. »Das ist wahr«, lachte er auf. Als einziges ärgerte ihn, daß überhaupt so ein Gespräch stattgefunden hatte: »Warum ist Pasternak da hineinverwickelt worden? Ich muß aus eigener Kraft herauskommen. Er hat nichts damit zu tun.« Und dann fügte er noch hinzu: »Er hatte vollkommen recht, als er sagte, daß es hier gar nicht darauf ankommt, ob ich ein Genie bin oder nicht. Warum hat Stalin solche Angst vor einem Genie? Das wächst sich bei ihm ja schon zu einem Aberglauben aus. Er glaubt, wir könnten ihn wie Zauberer verhexen.« Und dann zum Schluß: »Meine Gedichte müssen ihn wirklich stark beeindruckt haben, wenn er die Revision meines Urteils so in alle Welt hinausposaunt.«

Übrigens ist keinesfalls erwiesen, wie die Sache ausgegangen wäre, wenn Pasternak Mandelstam als Genie gepriesen und ihn in den Himmel gehoben hätte – vielleicht wäre er dann wie Michoëls von Stalin stillschweigend um die Ecke gebracht worden, zumindest aber hätten sie drastischere Maßnahmen ergriffen, um all seine Manuskripte zu vernichten. Ich bin fest davon überzeugt, daß sie nur deshalb erhalten blieben, weil Mandelstam von seinen Zeitgenossen, die zur LEF und den Symbolisten gehörten, ständig als »Dichter der Vergangenheit« bezeichnet und beschimpft wurde. Da die Obrigkeit so der Meinung war, O. M. sei schon erledigt und unschädlich gemacht, er »gehöre der Vergangenheit an«, suchte sie nicht nach Manuskripten und war nicht darauf bedacht, alle seine Spuren gründlich zu verwischen. Sie verbrannten lediglich das, was ihnen in die Hände fiel, und damit gaben sie sich dann auch zufrieden. Hätten sie von Mandelstams dichterischem Nachlaß eine höhere Meinung gehabt, wären wahrscheinlich weder ich noch die Gedichte geblieben. Dann hätte es geheißen: »Ihre Asche soll in alle Winde verstreut werden.«

Die Version des Gespräches zwischen Stalin und Pasternak, die sich im Ausland verbreitet hat, ist völlig unsinnig. Es existieren dort sogenannte Berichte, nach denen O. M. an einem Abend, als er bei Pasternak zu Gast war, sein Gedicht vor Fremden vorgelesen habe. Der arme Hausherr sei hernach »in den Kreml zitiert worden, und man habe ihm dort ordentlich zugesetzt«. Jedes Wort dieser Erzählung zeugt von der völligen Unkenntnis unseres Lebens. Wer hat soviel Fantasie, daß er sich wirklich vorstellen kann, wie sehr wir gebunden waren? Niemand hätte es gewagt, ein Wort gegen Stalin zu sagen oder »bei einer Einladung« ein solches Gedicht vorzutragen. So etwas hätte nur ein Provokateur getan, und auch der nicht. Niemand wurde jemals »zu einem Verhör« in den Kreml gerufen. In den Kreml wurde man zu festlichen Empfängen und zu Ordensverleihungen geladen. Für Verhöre gab es die Lubjanka, aber Pasternak wurde niemals wegen Mandelstam dorthin bestellt. Es ist auch nicht nötig, Pasternak wegen des Gespräches mit Stalin zu bedauern; es hat ihm in keiner Weise geschadet. Und außerdem waren wir niemals bei Pasternak, er kam nur manchmal zu uns. Das hatte sich im Lauf der Zeit so eingebürgert.

Dreiunddreißigstes Kapitel

Die Antipoden

In mancher Beziehung waren O. M. und Pasternak Antipoden, da aber Antipoden zwei entgegengesetzte Pole sind, die sich in allen Eigenschaften bis auf eine gleichen – sie drehen das polarisierte Licht in entgegengesetzte Richtung –, gehören sie zusammen. Keiner von ihnen konnte der Antipode von anderen, vielleicht von Fedin, Oschanin oder Blagoj, sein.

Es gibt zwei Gedichte von O. M., die eine Antwort an Pasternak sind; einmal eine Antwort auf ein Gedicht, einmal auf ein nicht beendetes Gespräch. Ich möchte zuerst über das zweite sprechen, das heißt über das Gedicht von der Wohnung. Es entsprang einer beinahe zufälligen Bemerkung Pasternaks. Er kam zu uns in die Furmanow-Gasse, um zu sehen, wie wir uns in der neuen Wohnung eingerichtet hatten. Beim Abschied stand er noch lange im Korridor herum und lobte die Wohnung: »Nun, jetzt hast du eine Wohnung, jetzt kannst du auch Gedichte schreiben«, sagte er und ging.

»Hast du gehört, was er gesagt hat?« fragte mich O. M. Er war wütend. Er konnte es nicht leiden, wenn Menschen ihre Unfähigkeit zu arbeiten auf äußere Umstände schoben, zum Beispiel auf schlechte Wohnverhältnisse oder Geldmangel. Er war fest davon überzeugt, daß nichts einen Künstler an dem, was er tun mußte, hindern könnte und daß auf der anderen Seite materieller Wohlstand nicht zur Arbeit anrege. Das heißt aber nicht, daß er gegen den Wohlstand eingestellt war, er hätte nichts gegen ihn einzuwenden gehabt. Um uns herum tobte unter den Schriftstellern ein verzweifelter Kampf um die Verbesserung der Lebensverhältnisse, eine Wohnung galt damals als das Erstrebenswerteste, als die höchste Auszeichnung. Etwas später wurden sogar für besondere Verdienste kleine Villen vergeben. Pasternaks Worte hatten ins Schwarze getroffen. O. M. verfluchte die Wohnung und wollte sie denen zurückgeben, für die sie bestimmt war: den ergebenen Verrätern, den Porträtmalern und ähnlichen Glücksrittern. Wenn er die Wohnung so verfluchte, wollte er nicht die Obdachlosigkeit verherrlichen, er fürchtete nur den Preis, den man von ihm für sie verlangen könnte. Bei uns gab es nichts umsonst, weder Wohnungen noch Villen oder Geld.

In Pasternaks Roman ›Doktor Schiwago‹ wird auch auf die Bedeutung der Wohnung hingewiesen oder, besser gesagt, wie wichtig für einen denkenden Menschen ein Schreibtisch ist, an dem er arbeiten kann. Pasternak konnte nicht ohne Schreibtisch sein – er konnte nur mit der Feder in der Hand arbeiten. O. M. konzipierte im Gehen und setzte sich dann kurz hin, um das Ergebnis schriftlich festzuhalten. Auch in ihrer Arbeitsmethode waren die beiden Antipoden. Mandelstam hätte kaum einen eigenen Tisch zum Schreiben beansprucht, solange allen Leuten das Nötigste zum Leben fehlte.

Das zweite in Verbindung mit Pasternak entstandene Gedicht ist ›Draußen auf dem Hofe ist Nacht‹. Es ist eine Antwort auf jene Zeilen Pasternaks, in denen er sagt: »Der Rhythmus ist kein Nachgesang der Zeilenenden, sondern eine Garderobemarke, ein Billet für einen Platz bei den Säulen.« Hier spielt er deutlich auf den großen Saal des Moskauer Konservatoriums an, in den man Leute wie uns, auch wenn sie keine Karten besaßen, immer hineinließ. Das war ein Symbol für die bevorzugte soziale Stellung des Dichters. O. M. verzichtete in seinem Gedicht auf den »Platz bei den Säulen«. In seiner Beziehung zum Wohlstand, seiner Auseinandersetzung mit der Zeit stand O. M. der Zwetajewa wesentlich näher als Pasternak. Bei der Zwetajewa war die Absage abstrakter gehalten; O. M. setzte sich mit seiner Zeit unmittelbar auseinander, er definierte sie genau und machte seine Rechnung.

Schon 1927 sagte ich einmal zu Pasternak: »Nehmen Sie sich in acht, sonst werden Sie von ihnen adoptiert.« Oft erinnerte er mich an diese Worte, das letzte Mal, nachdem der ›Doktor Schiwago‹ erschienen war. Bei unserem ersten Gespräch 1927 sprachen wir über ihn und O. M. Ich sagte, er (Pasternak) sei mehr eine auf seine Art domestizierte Moskauer Erscheinung, ein Mensch, der sehr an seinem bequemen Zuhause und an seiner Datscha auf dem Land hänge. Dank dieser Moskauer Eigenschaften verstünden ihn unsere Moskauer Literaturfunktionäre sehr gut, und sie seien zur Versöhnung bereit, der Bruch sei aber unausweichlich, denn sie gingen Wege, auf denen er ihnen niemals folgen könne. Mandelstam dagegen sei ein Nomade, ein Umherschweifender, den sogar die Mauern der Moskauer Häuser nicht zurückhalten könnten. Später begriff ich, daß es anders war, daß sie ihn zum Nomaden machten. Was Pasternak anbetraf, so wollte ich keineswegs eine Kassandra sein, ich stieß nur etwas früher als er auf die Wirklichkeit. Mir ging es mit ihm wie der erfahreneren Hausmeisterin in Tscherdyn mit mir. Unterdessen weiß ich, daß früher oder später allen, auch wenn sie es nicht zugeben wollen, die Augen geöffnet werden. Bei einem unserer letzten Zusammensein erinnerte mich Pasternak an meine Worte über den unausweichlichen Bruch mit den Literaturfunktionären.

Durch ihre geistig-seelische Struktur war beiden ihr besonderer Schicksalsweg vorgezeichnet. Beide wurden von dem literarischen Establishment verstoßen, Pasternak suchte von Zeit zu Zeit eine Annäherung, während O. M. sich völlig lossagte. Pasternak wußte, daß eine gewisse Sicherheit, vor allen Dingen eine materielle Sicherheit, nur über die anerkannte Literatur zu erreichen war. Diesen Kreis hat er nie verlassen, er hat es niemals versucht. Auch Doktor Schiwago war kein Arzt, sondern ein Dichter, und er hatte sich stellvertretend für Pasternak von der öffentlichen Literatur losgesagt, und zwar erst dann, als Pasternak erkannt hatte, daß der Bruch nicht zu umgehen war.

In jungen Jahren hatte Pasternak gründlich überdacht, welche Literaturform ihm einen gewissen Lebensstandard und die bewußte Sicherheit bieten könne. In einem Brief teilte er damals O. M. mit, daß er beabsichtige, Redakteur zu werden. Selbstverständlich war das eine Fantasie des noch unreifen Pasternak. Aber auch in ihren fantastischen Plänen unterschieden sich Pasternak und O. M. stark voneinander. O. M. sträubte sich sein ganzes Leben gegen die Literatur, gegen Literaturarbeit wie Übersetzung, Redaktion, Zusammenkünfte im Herzen-Haus oder irgendwelche Äußerungen zur Zeit. Der Einfluß, der mit solch repräsentativen Aufgaben verbunden war, zog Pasternak an; O. M. wurde davon eher abgestoßen. Dementsprechend verhielt sich auch die literarische Welt den beiden gegenüber. Auf Pasternak sah sie wohlwollend – zumindest am Anfang –, während sie Mandelstam von vornherein zu vernichten suchte. »Sie wissen, Pasternak gehört auch nicht zu uns«, sagte einmal Fadejew, als er O. M.s Gedichte durchblätterte, »aber trotzdem steht er uns irgendwie näher, und wir können uns mit ihm in manchen Dingen leichter verständigen.« Fadejew war damals Herausgeber der ›Krasnaja Now‹ und Mandelstam schon ein verbotener Dichter. Ich hatte, weil Mandelstam krank war, die Gedichte an seiner Stelle zu Fadejew gebracht. Es waren die Gedichte, die jetzt im ›Ersten Woronescher Heft‹ gesammelt sind. Fadejew interessierte sich weder für den ›Wolf‹ noch für ein Gedicht des ›Wolfszyklus‹. Seine Aufmerksamkeit fand nur ein kleiner Achtzeiler, in dem die blinkenden Sterne am Himmel mit Beamten verglichen werden, die noch lange nachts aufsitzen, um ihre Rapporte zu schreiben. Fadejew stolperte über das Wort Rapporte (auf russisch Rap[p]ortitschki), denn O. M. hatte es mit zwei »p« geschrieben. »Warum stehen hier zwei ›p‹?« fragte Fadejew und wußte aber auch sogleich, daß O. M. hier auf das Wort »RAPP« anspielte. Er schüttelte den Kopf und gab mir die Gedichte mit folgenden Worten zurück: »Mit Pasternak ist das viel leichter – er schreibt von der Natur.«

Aber es ging natürlich nicht um die Thematik der Gedichte, nicht um die Gedichte selbst, sondern darum, daß Pasternak immer noch einige Berührungspunkte mit der traditionellen Literatur hatte und so auch mit den RAPP-Mitgliedern, Mandelstam aber nicht. Pasternak wünschte Freundschaft, Mandelstam schlug sie aus. Es ist müßig, hier die Frage zu stellen, wer von ihnen recht hatte. Es wäre verkehrt. Bemerkenswert ist, daß beide am Ende ihres Lebens ihren früheren Einstellungen zuwiderhandelten: Pasternak schrieb einen Roman, veröffentlichte ihn im Ausland, und so kam es zum offenen Bruch mit dem literarischen Establishment; Mandelstam dagegen suchte, zu spät, die Annäherung. Mandelstam versuchte sich in dem Moment zu retten, als sein Hals sich bereits in der Schlinge befand. Trotzdem bleibt: Er unternahm einen Versuch. Bei der Achmatowa war das ganz anders. Auf sie haben sie Druck ausgeübt, als sie ihren Sohn Lew als Geisel in ihren Fängen hielten. Wäre das nicht gewesen, so hätte sie nie ihre sogenannten »positiven« Gedichte geschrieben.

In einer Beziehung war Pasternak sein ganzes Leben lang konsequent. In seiner Beziehung zur Intelligenzija oder, richtiger gesagt, zu den Intellektuellen, deren gutes, friedliches Leben mit der Revolution zu Ende war. Im Grunde genommen berührte ihn die Situation der Intelligenzija als Ganzes nicht. Universitätsprofessoren zum Beispiel waren für ihn langweilige Leute ohne Tiefgang, die Schiwagos Freundschaft nicht verdienten. Die Schuld an der Zerstörung seines Familienlebens schob der Autor der revoltierenden Masse zu. Gerne hätte Pasternak zwischen Intelligenzija und Volk eine Schutzmauer errichtet. Und wer ist dieser geheimnisvolle jüngere Bruder Schiwagos, dieser Jewgraf, diese aristokratische Erscheinung mit den Kirgisenaugen, der immer wieder als guter Genius mit Lebensmitteln, Geld und Rat auftaucht, der Schutz und Hilfe bietet? »Das Rätsel seiner Macht war nicht zu lösen«, sagt Pasternak. Der Ablauf der ganzen Handlung läßt aber deutlich seine Verbindung zu den Siegern und dem neuen Staat erkennen, und die Hilfe, die er seinem Bruder erweist, gehört selbstverständlich zu diesen »Wundern«, die durch einen Telefonanruf, durch Verbindung zu anderen Rädern der Maschinerie und durch eine Fürsprache Gorkijs bei der »Kommission zur Verbesserung der Lebensverhältnisse der Gelehrten« erwirkt werden. Jewgraf bekleidet eine so hohe Stellung, daß er sogar verspricht, seinen Bruder ins Ausland zu schicken oder seine nach Paris geflüchtete Familie nach Moskau zurückzubringen. Pasternak wußte sehr wohl, wer Anfang der dreißiger Jahre soviel Macht besaß. Wäre Schiwago nicht gestorben, so hätte er durch seinen Bruder »ein Billett für einen Platz bei den Säulen« erhalten. Es entsprach nicht Mandelstams Wesen, in den Staat und seine Wunder Hoffnung zu setzen. Er glaubte, daß »das Volk wie ein Richter zu Gericht sitzen wird«; er sagte: »In trostlosen Jahren gehst du auf, o Sonne, du Volk, du richtest.« Diesen Glauben teilte auch ich mit ihm, und ich weiß, das Volk wird sein Richteramt ausüben, auch wenn es zum Schweigen verdammt ist.

In seinem Roman beschreibt Pasternak, wie ein Kommissar mit Namen Ginz (in Wirklichkeit war es ein gewisser Kommissar Linde) an der Front von seinen eigenen Soldaten umgebracht wird. Für Pasternak bezahlen Leute wie er mit ihrem Tod für ihre Unfähigkeit, die Masse der Soldaten zu leiten und wie Kosakenoffiziere die Macht über sie fest in den Händen zu halten; in seinen Augen versetzten sie das Volk in Aufruhr. O. M. kannte Linde gut, ich glaube durch Sinani. Um seine Reaktion auf diesen Tod zu charakterisieren, muß ich hier folgende Zeilen anführen: »Um ihn zu segnen, wird Rußland in den entferntesten Winkel der Hölle hinabeilen.«

In seinem Artikel über Hamlet schrieb Pasternak, die Tragik Hamlets sei nicht seine Willenlosigkeit, sondern die Tatsache, daß er, wenn er die Tat vollbrachte, zu der ihn seine Sohnespflicht aufrief, das Recht auf sein Erbe, das ihm rechtmäßig zustand, verlor, mit anderen Worten, er verlor damit sein »Billett für einen Platz an den Säulen«. Von Geburt an gehörte Moskau Pasternak. Es mag einen Moment gegeben haben, in dem es ihm schien, als wäre er bereit, auf sein Erbe zu verzichten; dazu kam es nicht, sein Erbe blieb ihm. Auch Marina Zwetajewa kam als rechtmäßige Erbin nach Moskau und wurde dementsprechend dort aufgenommen, aber sie hatte keine Zeit für irgendwelche Erbschaften und schlug sie tatsächlich, sobald sie ihre eigene Stimme in der Dichtung gefunden hatte, aus. Anders stand es mit den Akmeisten, mit der Achmatowa, mit Gumiljow und Mandelstam. Sie brachten etwas mit, das in beiden Lagern der Literatur blinde Wut hervorrief. Auch Wjatscheslaw Iwanow mit seinem Gefolge und der Kreis um Gorkij begegnete ihnen feindselig (Gumiljow gegenüber nicht sofort, sondern erst nach seinem ersten Buch mit akmeistischen Gedichten, nach ›Der fremde Himmel‹). Der Kampf mit ihnen zielte auf Vernichtung und wurde mit wesentlich schärferen Waffen geführt als anderen Dichtern gegenüber. O. M. behauptete immer, die Bolschewiki würden nur jene schonen, die ihnen von den Symbolisten vermittelt werden – mit Sicherheit also nicht die Akmeisten. In der Sowjetzeit holten die LEF-Gruppe und die Überreste der Symbolisten gemeinsam zu einem Vernichtungsschlag gegen die letzten Akmeisten aus, gegen die Achmatowa und Mandelstam. Manchmal nahm der Kampf nahezu lächerliche Formen an, ich denke hier an Brjussows Artikel, in denen er die »neo-akmeistische« Schule groß herausstellte. Als deren führenden Kopf bezeichnete er O. M., und Schüler der Bewegung waren alle, die ihr nur irgendwie abträglich sein konnten. Noch komischer waren die persönlichen Zusammentreffen von O. M. und Brjussow. Einmal zum Beispiel forderte Brjussow O. M. auf, zu sich in sein Dienstzimmer zu kommen, er lobte lang und breit seine Verse und zitierte dabei Makajewskij, einen Kiewer Dichter, der für sein Küchenlatein bekannt war. Ein andermal, auf einer Sitzung, während der die Lebensmittelrationen für Akademiker bestimmt werden sollten, bestand Brjussow darauf, daß O. M. eine Lebensmittelration der zweiten Kategorie bekommen solle; er gab vor, ihn mit einem Juristen gleichen Namens verwechselt zu haben. All das entsprach ganz dem Stil der zehner Jahre; Brjussow ging nie zu politischer Diskriminierung über; das taten die jüngeren Leute von der LEF.

Gerne hätte O. M. die Anerkennung der Symbolisten und LEF-Leute – besonders von Werchowskij und Kirsanow – gefunden, es gelang ihm nicht. Beide Gruppen waren fest in ihrer Stellung ihm gegenüber, und alle Freunde neckten O. M. immer wieder wegen seines völligen Mißerfolges in dieser Beziehung.

Vierunddreißigstes Kapitel

Zwei Stimmen

Nach Andrej Belyj ist die Skizze eine literarische Gattung, zu der alles gehört, was nicht den Stempel des von ihm so gehaßten sozialen Romans oder der Belletristik überhaupt trägt. »So betrachtet«, sagte O. M., »ist mein ›Gespräch über Dante‹ auch eine Skizze.« Andrej Belyj stimmte zu.

Wir waren 1933 mit Belyj zusammen in Koktebel. Die beiden Männer empfanden viel Sympathie füreinander, aber Belyjs Frau erinnerte sich offensichtlich an einige länger zurückliegende Artikel von O. M. und ließ klar erkennen, daß sie keine Annäherung wünsche. Vielleicht kannte sie O. M.s Einstellung gegen die Anthroposophen und Theosophen und erschien er ihr deshalb nicht nur als Fremder, sondern sogar als Feind. Trotzdem trafen sich, wenn auch heimlich, die beiden Männer und fanden viel Vergnügen an den gemeinsamen Gesprächen. Damals schrieb O. M. sein ›Gespräch über Dante‹ und las es Belyj vor. Die Gespräche waren hitzig, und Belyj bezog sich immer wieder auf seine Arbeit über Gogol, die er damals noch nicht abgeschlossen hatte. Wassilissa Schklowskaja sagte einmal zu mir, daß von allen Leuten, die sie kenne, Belyj den größten Eindruck auf sie gemacht habe. Ich kann sie gut verstehen. Es schien, als würde er alles gleichsam mit Licht und Helligkeit überfluten und durchdringen. Niemals bin ich sonst einem solchen »leuchtenden Menschen« begegnet. Ob das der Ausdruck seiner Augen war oder seiner ständig lebhaft hervorsprudelnden Gedanken, kann ich nicht sagen, aber er lud jeden, der zu ihm kam, mit einer Art intellektuellen Elektrizität auf. Seine Gegenwart, sein Blick, seine Stimme regten das Denken an, ließen den Puls schneller schlagen. Bei mir blieb der Eindruck einer Körperlosigkeit zurück, einer elektrischen Ladung, eines materialisierten Gewitters, eines Wunders. Dieser Mensch näherte sich schon dem Ende seines Lebens, und er sammelte in Koktebel Kiesel und Herbstlaub, mit denen er kunstvolle Ornamente legte; er spazierte unter seinem schwarzen Sonnenschirm am Strand von Koktebel mit seiner kleinen, klugen, einstmals schönen Frau, die jeden, der nicht an ihrer komplizierten anthroposophischen Welt teilhatte, verachtete.

Die Symbolisten waren große Demagogen und Seelenfänger. Und wie alle anderen, so warf auch Belyj ständig seine Netze aus. Einmal ging ich ihm ins Garn, und er trug mir ausführlich seine Verstheorie vor, die er in seinem Buch ›Der Symbolismus‹ schon früher dargelegt hatte. O. M. erklärte ihm daraufhin lachend, daß wir alle dieses Buch als Lehrbuch hatten und besonders ich seine Schülerin sei. Das war natürlich etwas übertrieben, aber ich machte keinen Einwurf, denn Belyj, von dem wir dachten, daß er durch Zuneigung, die sich schon beinahe zu einem Kult entwickelt hatte, außerordentlich verwöhnt sei, freute sich ganz plötzlich über seine neue Leserin und strahlte. Offensichtlich litt er in jenen Jahren schon stark unter Verlassenheit und Einsamkeit, fühlte sich abgelehnt und veraltet. Das Schicksal seiner Leser und Freunde war sehr schwer: Er begleitete sie immer nur zur Bahn, wenn sie in die Verbannung fuhren, und traf sich mit ihnen, wenn sie, nachdem sie ihre Frist abgesessen hatten, heimkamen. Er selbst blieb verschont, aber alle um ihn herum wurden weggefegt. Immer, wenn sie seine Frau holten, und das geschah nicht nur einmal, tobte und schrie er vor Wut. »Warum holt man sie und nicht mich?« klagte er in jenem Sommer bei uns – kurz vor unserem Zusammentreffen war sie mehrere Wochen in der Lubjanka eingesperrt gewesen. Dieser Gedanke machte ihn rasend und verkürzte sein Leben beträchtlich. Der letzte Tropfen, der sein Leben noch vergiftete, war Kamenews Vorwort zu seinem Buch über Gogol. Es zeigte, daß, sosehr sich die Partei auch in ihrem Inneren wandeln mochte, die normale Gedankenfreiheit immer verboten blieb. Alles mochte sich wenden, aber die Überzeugung, daß die Staatsbürger erzogen und ihre Gedanken überwacht werden müßten, würde immer die Grundlage der Gundlagen bleiben. »Hier ist die Hauptstraße«, sagten sie uns, »wir haben sie für euch abgesteckt, warum wollt ihr dann auf Feldwegen fahren? Wozu diese Grillen, wenn vor euch die einzig richtigen Aufgaben liegen und ihre Lösung schon im voraus gegeben ist!« Unsere Vormünder in ihren verschiedenen Erscheinungsformen irrten sich niemals, kannten keine Zweifel. Dem Samenkorn bestimmten sie, welche Frucht es zu bringen habe, und von da aus war es nur noch ein Schritt zum Erlaß, alle Samen, alle Gedanken, alle Keime, die sie für unnötig erachteten, zu vernichten. Sie taten es und hatten außerordentlichen Erfolg.

Belyj war davon überzeugt, daß seine Gedanken kompliziert und anderen schwer zugänglich seien. Darauf war auch seine Sprechweise zurückzuführen, die genau das Gegenteil von der Pasternaks war. Belyj hüllte seinen Gesprächspartner praktisch ein, bezwang ihn langsam, überzeugte und faszinierte ihn. Die Intonation seiner Rede war ziemlich verwirrt und fordernd, es war, als wäre er von seinem Zuhörer nicht überzeugt, als fürchte er, nicht oder falsch verstanden zu werden; er wollte unbedingt Vertrauen und Aufmerksamkeit seines Partners gewinnen.

Pasternak dagegen beschenkte einen gleichsam mit seiner Rede und seinem Lächeln. Er betäubte dich mit seiner orgelgleichen Stimme, völlig davon überzeugt, daß jeder bereit sei, seine Gedanken in sich aufzunehmen. Er überredete nicht wie Belyj, er stritt nicht wie Mandelstam, sondern jubelte oder brummte vertrauensselig, erlaubte allen, zuzuhören und begeistert zu sein. Es war, als würde er eine Arie singen und rechnete fest damit, daß Moskau, das ihm von Kindheit an gehörte, ein seiner würdiges Auditorium mit Ohr und Verstand und vor allem mit einer Vorliebe für seine Stimme ihm bereitgestellt habe. In gewissem Grade nahm er auf sein Publikum Rücksicht und versuchte, es nicht zu verletzen. Aber er brauchte ein Publikum und keine Gesprächspartner – denen ging er aus dem Weg. Belyj dagegen wünschte sich Menschen, die in seiner Gegenwart dachten und nach neuen Ideen suchten. Ich fragte O. M.: »Welche von beiden Arten ist die deine?« Er antwortete: »Natürlich Belyjs Art«, aber so war es nicht: O. M. wollte gleichberechtigte Gesprächspartner. Eine reine Zuhörerschaft, Schüler und Bewunderer erzürnten ihn in gleichem Maße. Er hatte einen unstillbaren Durst nach Umgang mit seinesgleichen, und von Jahr zu Jahr wurde es schwieriger, ihn zufriedenzustellen. Unsere Gesellschaft entwickelte die Fähigkeit der intellektuellen Mimikry: alle Gedanken und sogar die Stimmen nahmen Schutzfarbe an.

Fünfunddreißigstes Kapitel

Der Weg ins Verderben

Der Tod eines Künstlers ist kein Zufall, er ist der letzte schöpferische Akt, der mit einem hellen Lichtstrahl sein ganzes Leben beleuchtet. O. M. wußte das schon als junger Mann, als er den Artikel über Skrjabins Tod schrieb. Warum eigentlich sind die Menschen immer wieder darüber erstaunt, daß Dichter mit solchem Scharfblick ihr Schicksal voraussagen, ihre Todesart kennen? Das Ende, der Tod, ist schließlich das stärkste strukturelle Element eine Lebens, und alles andere, der ganze Lebensverlauf, ordnet sich ihm unter. Hier gibt es keinen Determinismus, vielmehr muß in ihm die freie Willensäußerung gesehen werden. O. M. steuerte sein Leben herrisch, gebieterisch dem Untergang entgegen, der in der bei uns am weitesten verbreiteten Form »mit der Menge, der Herde« ihm auflauerte. Im Winter 1932/33 begriff Markisch auf O. M.s Dichterlesung in der Redaktion der ›Literaturnaja Gaseta‹ (Literaturzeitung) schlagartig dies alles und sagte zu ihm: »Sie nehmen sich selbst bei der Hand und führen sich zu Ihrer eigenen Hinrichtung.« Er paraphrasierte ein Gedicht von O. M.: »Ich nahm mich selbst bei der Hand und führte mich durch die Straßen . . .«

O. M. sprach in seinen Gedichten immer wieder von dieser Todesart, aber es war wie mit Majakowskijs Reden über den Selbstmord; niemand beachtete es. Obwohl sich die Menschen so auf den Tod vorbereiten, versuchen sie doch in letzter Minute, ihr Ende, dem sie nicht entrinnen können, hinauszuschieben. Sie verschließen ihre Augen, verstecken sich und leben weiter: sie suchen eine Wohnung, kaufen feste Schuhe, wenden sich von der für sie schon ausgehobenen Grube ab. So verhielt sich auch O. M., nachdem er das verhängnisvolle Gedicht über Stalin geschrieben hatte.

Das Gedicht hatte er geschrieben, als die Kollektivierung ihrem Ende entgegenging, in seinen Werken lag es zeitlich zwischen der ›Alten Krim‹ und der ›Wohnung‹. Gab es für die Niederschrift dieses Gedichtes eines psychologischen Impuls? Natürlich gab es viele, nicht nur einen. Jeder von ihnen hatte an dem teil, was der Richter als »Aktion« bezeichnet hatte und was zu Beginn der Untersuchung als terroristischer Akt angesehen worden war. Der erste Impuls war wohl das »Ich kann nicht schweigen«. Die Generation unserer Väter gebrauchte häufig diese Redewendung. Wir sprachen sie den Vätern nicht nach, aber immer gibt es den Tropfen, der die Schale zum Überlaufen bringt. Bis 1933 hatten wir große Fortschritte in der Erkenntnis unserer uns umgebenden Wirklichkeit gemacht. Der Stalinismus hatte sein Gesicht schon gezeigt: in der Massendeportation der Bauern und, im kleineren Stil, durch die Organisation der Literatur.

Den Sommer hatten wir auf der Krim verbracht, und das erste Mal erschienen in Gedichten Worte, die erkennen ließen, wie stark O. M. von der Entkulakisierung und dem großen Elend der hungernden Bauern in der Ukraine und im Kuban-Gebiet beeindruckt war. In der ersten Fassung des Gedichtes, für das O. M. verhaftet wurde, nannte er Stalin einen »Seelenverderber und Bauernbekämpfer«. Jeder dachte das damals und sagte es auch – natürlich nur leise flüsternd –, und die Gedichte waren so ihrer Zeit keineswegs voraus, nur dem Bewußtsein der regierenden Kreise und ihrer Anhänger.

Die zweite und wohl wichtigste Voraussetzung für die Niederschrift dieses Gedichtes war O. M.s Wissen, daß sein Schicksal besiegelt war. Es war schon zu spät, um sich »wie eine Mütze im Ärmel« zu verstekken. Seine anderen Gedichte der dreißiger Jahre gingen bereits von Hand zu Hand. In der ›Prawda‹ erschien ein langer anonymer Artikel, in dem O. M.s ›Reise nach Armenien‹ als »Prosa eines Lakaien« angeprangert wurde. Das war schon keine Warnung mehr, sondern eine Anklage. Kurz zuvor hatte Tschetschanowskij, der Chefredakteur des Staatsverlages, mir »geraten«, O. M. solle doch unverzüglich auf die Drucklegung seiner ›Reise nach Armenien‹ verzichten, sonst würden wir, wie er sich ausdrückte, es »bereuen«. Alle Warnungen in Form von Drohungen und Ratschlägen waren ausgesprochen (zum Beispiel von Gronskij und Gussew), aber O. M. überhörte sie. Das Verderben rückte näher.

Ich kann mich an nichts Schrecklicheres als den Winter 1933/34 erinnern, den wir in unserer neuen Wohnung verbrachten, in der einzigen Wohnung, die ich in meinem Leben besaß. Durch die Wand hörten wir Kirsanow auf seiner Hawaiigitarre spielen, durch die Belüftungsrohre kamen die Essensgerüche aus den Wohnungen anderer Schriftsteller zu uns heraufgezogen und mit ihnen der Gestank der Ungeziefervertilgungsmittel, mit denen sie die Wanzen bekämpften. Geld hatten wir keines, nichts zu essen und am Abend viele Gäste, von denen die Hälfte Polizeispitzel waren. Der Untergang konnte schnell oder in Form langsamer, sozusagen stufenweiser Vernichtung kommen. O. M., als ungeduldiger Mensch, wollte, daß er schnell käme. O. M. wollte lieber durch »Staatsorgane« umkommen als durch die

Schriftstellerorganisationen, die zu seiner Vernichtung schon angesetzt hatten.

Wie Anna Andrejewna, so lehnte auch O. M. die gewöhnliche Form eines Selbstmordes ab, obwohl uns eigentlich alles dazu hätte treiben können – die Einsamkeit, die Isolation, die Zeit. Einsamkeit, das heißt nicht, daß wir keine Freunde und Bekannte gehabt hätten – davon hatten wir immer genug. Ich meine damit das Leben in »einer Gesellschaft, die keine Warnungen hört und mit geschlossenen Augen weiter den Weg des Brudermordes geht«, alle und jeden mit sich zieht. Nicht zufällig bezeichnete O. M. Anna Andrejewna als Kassandra. Damals erhoben nicht nur einige Dichter wie sie ihre Stimme, sondern auch Menschen der Generation vor uns hatten schon gesehen, was uns erwartete, aber ihre Stimmen hatten sich verloren, waren verhallt. Vor dem Sieg des »Neuen« hatten sie bereits nachdenklich auf dessen Ethik, Ideologie, Intoleranz und verdrehte Rechtsvorstellungen hingewiesen. Diese Warnungen kamen der Stimme des Predigers in der Wüste gleich. Und mit jedem Tag zeigte sich deutlicher, wie schwer es geworden war, zu sprechen. Mit abgeschnittener Zunge läßt sich nicht sprechen. Bei der Auswahl seiner Todesart nützte O. M. eine bemerkenswerte Eigenschaft unserer Führer: ihre grenzenlose, ja allzu abergläubische Hochachtung der Dichtung gegenüber: »Weshalb beklagst du dich«, sagte er, »nur bei uns achtet man die Dichtung – für sie werden Menschen umgebracht. Nirgends sonst werden für sie Menschen getötet.«

Wenn O. M. in den Schaukästen die Porträts unserer Führer sah, sagte er, er fürchte nichts außer den menschlichen Händen. »Fette Finger auf Gedichten« – ohne Zweifel war das der Widerhall von Demjans Geschichte; kein Wunder, daß er sich fürchtete und Pasternak riet, sich nicht in diese Sache einzumischen. An Molotow fiel O. M. immer wieder sein dünner Hals auf – er ragte aus dem Kragen heraus, und oben saß dann ein kleines Köpfchen. »Wie bei einem Kater«, sagte O. M. und zeigte auf das Porträt.

Alle, die als erste das Gedicht hörten, waren entsetzt und beschworen O. M., das Gedicht zu vergessen. Für die Zeitgenossen minderte die augenfällige Wahrheit dieses Gedichtes noch seinen Wert. In den letzten Jahren konnte ich beobachten, wieviel mehr teilnehmende Reaktion es bei den Zuhörern hervorrief. Einige fragten mich, wie O. M. schon 1934 all das richtig hatte sehen können, ob nicht ein Fehler bei der Datierung vorliege? Das waren Menschen, die nur die offizielle Version kannten: daß bis zum Jeschow-Terror alles gut und auch selbst die Jeschow-Zeit nicht so schlecht gewesen sei, und der Mann eigentlich erst nach dem Krieg im Alter wahnsinnig wurde und so viel Unheil anrichtete. Diese Auffassung läßt sich im übrigen nicht mehr halten.

Langsam sickert die Wahrheit durch. Aber wir idealisieren weiter die zwanziger und den Beginn der dreißiger Jahre. Diese Auffassung hält sich hartnäckig. Die ältere Generation stirbt, ohne daß es ihr möglich war, dies zu sagen. Die heutigen Alten, und unter ihnen sogar ehemalige Lagerinsassen, sprechen immer noch von ihrer schönen vergangenen Jugend, die durch ihre Verhaftung dann ein jähes Ende gefunden habe. Was werden unsere Enkel denken, wenn wir sterben, ohne den Mund aufgetan zu haben?

Bei den Zeitgenossen konnte ich drei verschiedene Meinungen über das Stalin-Gedicht feststellen. Kusin meinte, O. M. habe kein Recht, so zu schreiben, denn er habe sich eigentlich ja positiv zur Revolution gestellt. Er beschuldigte O. M. der Inkonsequenz. Er habe die Revolution gewollt, und so habe er sich auch mit ihrem Führer abfinden müssen und habe kein Recht, sich zu beklagen. Darin liegt seine ganze dickköpfige Logik. Ich verstehe nicht, wie Kusin, der O. M.s Gedichte und Prosa liebte und sogar auswendig konnte (obwohl er das in seinem Alter ganz vergaß und sogar an Morosow schrieb, er habe ›Die Reise nach Armenien‹ niemals gelesen), Ambivalenz und ewige Qualen, die sich in O. M.s Werk ausdrückten, übersehen konnte. Offensichtlich verstehen Menschen nur schwer verkleidete oder sogar leicht verschleierte Aussagen. Ihnen muß alles genau auf den Kopf zugesagt werden. Manchmal scheint es mir, als sei O. M. zu dieser »direkten Aussage auf den Kopf zu« übergegangen, weil er der Taubheit seiner Zuhörer überdrüssig war, dieser Zuhörer, die immer wieder sagten: »Welch wundervolle Gedichte, und dazu sind sie noch in keiner Weise politisch! Warum druckt man sie nur nicht?«

Ehrenburg lehnte das Gedicht über Stalin ab, er sah in ihm wegen seiner Direktheit und Unkompliziertheit ein Zufallsprodukt O. M.s.

Aber kann man ein Gedicht, wie auch immer seine Qualität sein mag, als Zufallsprodukt eines Dichters ansehen, wenn es ihm einen schrecklichen Tod gebracht hat? Dieses Gedicht war eine Urkunde, war eine Tat; ich sehe in ihm den logischen Schluß aus O. M.s Leben und Arbeit. Ohne Zweifel haftet ihm auch ein eigentümlich opportunistisches Element an, insofern, als Mandelstam in ihm Konzessionen an seine Leser macht, was er niemals zuvor tat. Niemals zuvor war er darum besorgt gewesen, verständlich zu sein, jeder Zuhörer und Gesprächspartner schien ihm gleichgestellt, und deshalb kaute er ihm seine Gedanken nicht vor, vereinfachte er sie nicht. Dieses Gedicht brachte er jedoch in eine allen zugängliche, direkte, leicht verständliche Form. Auf der anderen Seite war er besorgt, daß es nicht als primitives Mittel politischer Propaganda dienen konnte. Er sagte mir: »Das ist nicht meine Aufgabe.« Mit anderen Worten, er schrieb dieses Gedicht in Gedanken an einen großen Leserkreis, obwohl er wußte, daß er in diesem Moment keinen Leser haben konnte. Ich glaube, daß er nicht aus dem Leben gehen wollte, ohne eine eindeutige Stellungnahme zu dem zu hinterlassen, was sich vor unseren Augen abspielte.

Auch Pasternak lehnte dieses Gedicht ab. Er überhäufte mich mit Vorwürfen (damals war O. M. bereits in Woronesch). Aus dem ganzen Redeschwall kann ich mich nur noch an einen Satz erinnern: »Wie konnte er so ein Gedicht schreiben – er ist doch schließlich Jude!« Die Logik dieses Gedankens ist mir noch heute nicht verständlich, und damals schlug ich Pasternak vor, doch noch einmal das Gedicht durchzulesen, damit er mir genau aufzeigen könne, wo es dem Juden widersprach. Er lehnte es voller Schrecken ab.

Die Reaktion der ersten Zuhörer erinnerte an die Erzählung Herzens von seinem Gespräch mit Schtschepkin, der nach London gekommen war, um Herzen zu bitten, seine Tätigkeit einzustellen, denn alle Jungen in Rußland würden verhaftet, weil sie den ›Kolokol‹ (Die Glocke) läsen. Zum Glück wurde »keine große Sache daraus gemacht«, und niemand kam um, weil er O. M.s Gedicht gehört hatte.

Mandelstam war ja auch kein politischer Schriftsteller, seine gesellschaftlichen Funktionen glichen in keiner Weise denen von Herzen. Aber wo ist hier eigentlich die Grenze? Wie weit muß man seine Mitbürger schützen und gegen sie nachsichtig sein? Was Herzens Zeitgenossen anbetrifft, so wundere ich mich über Schtschepkin: Man kann Menschen doch nicht vor der Außenwelt abschirmen, man kann sie nicht in Watte packen. Was meine eigenen Zeitgenossen anbetrifft, so möchte ich sie nicht in Gefahr bringen – es ist besser, du läßt sie friedlich leben und sich den Zeiten anpassen. Gott gebe, daß alles vorübergeht, und dann sehen wir weiter. Das Leben nimmt sich das Seine, und alles wird in die Reihe kommen. Warum soll ich schlafende Hunde wecken, wenn ich davon überzeugt bin, daß sie eines Tages von selbst aufwachen? Ich weiß nicht, ob ich mit meiner Einstellung recht habe, aber wie alle anderen bin ich von Passivität und Ergebenheit in das Schicksal befallen.

Nur eines ist mir klar: O. M.s Gedicht war seiner Zeit voraus; als es geschrieben wurde, waren die Menschen noch nicht bereit, es aufzunehmen. Das Regime warb noch um Unterstützung, und man hörte noch Stimmen aufrichtiger Anhänger, die glaubten, die Zukunft gehöre ihnen, und ihr Reich würde tausend Jahre bestehen. Die anderen – sie waren zahlreich – flüsterten nur und seufzten. Niemand hörte ihre Stimmen, denn man brauchte sie ja nicht. Die Zeile »Unsere Reden sind auf zehn Schritte nicht zu hören« gibt genau die Situation jener Jahre wieder. Diese Reden galten als nichts Neues, sondern als etwas

Altes, Verlebtes, Vergangenes, das niemals wiederkehren würde. Die Anhänger glaubten nicht nur an ihren kommenden Triumph, sondern waren auch fest davon überzeugt, der ganzen Menschheit das Glück zu bringen, ihre Weltanschauung war so in sich abgeschlossen und ineinandergreifend, daß sie eine große Versuchung darstellte. Schon vorher hatte man sich nach dieser Einheitlichkeit gesehnt, nach der Möglichkeit, aus einer Idee alle Erklärungen für die Welt der Dinge und Menschen ableiten zu können, und alles durch eine einzige gesammelte Anstrengung in Harmonie zu vereinen. Deshalb schlossen die Menschen ihre Augen und gingen blind hinter einem Führer her, verboten sich, seine Theorie mit der Praxis zu vergleichen und die Folgen ihrer Taten abzuwägen. Daraus erklärt sich auch der zunehmende Verlust des Gefühls für die Realität, das erst wieder von neuem entwickelt werden mußte, damit der ursprüngliche Fehler in der Theorie aufgespürt werden konnte. Es wird noch viel Zeit vergehen, bis wir eines Tages die Rechnung aufstellen können, was uns dieser Fehler in der Theorie gekostet hat, an dem wir überprüfen werden, ob es stimmt, daß »die Erde uns zehn Himmel wert war«. Wir haben mit Himmeln bezahlt, aber konnten wir dafür wirklich die Erde erwerben?

Sechsunddreißigstes Kapitel

Kapitulation

O. M. schwieg lange Zeit; ungefähr fünf Jahre, von 1926 bis 1930 schrieb er keine Gedichte, was keineswegs für die Prosa zutraf. Dasselbe Phänomen konnte man auch bei Anna Achmatowa beobachten. Auch Pasternak schrieb gute zehn Jahre gar nichts. »Es muß irgend etwas in der Luft liegen«, sagte Anna Achmatowa, und wirklich, in der Luft lag irgend etwas, vielleicht eine beginnende allgemeine Starre, aus der wir uns erst jetzt allmählich lösen.

Ist es ein Zufall, wenn plötzlich für gewisse Zeit drei vorher produktive Dichter von lähmendem Schweigen befallen werden? Als erster begann O. M. zu schweigen. Wahrscheinlich war für ihn der Prozeß seiner Selbstbestimmung und -orientierung am schwersten. Seine Beziehung zur Zeit war die grundlegende, treibende Kraft seines Lebens und seiner Dichtung und, was seinen Charakter betraf (um mit seinen eigenen Worten zu sprechen: »Sein Wesen war nicht das einer Lilie«), so neigte er nicht dazu, Gegensätze zu überbrücken, vielmehr verschärfte er sie; jede Frage wurde bei ihm grundsätzlich. Mitte der zwanziger Jahre schrieb er keine Gedichte mehr. Was lag damals in der Luft, was ließ O. M. ersticken und brachte ihn zum Schweigen?*

Nach den Äußerlichkeiten zu urteilen, durchlebten wir nicht eine, sondern mehrere Epochen. Ein Historiker kann die letzten vierzig Jahre leicht in mehrere Perioden oder Etappen einteilen, die sich nicht nur

* Damals zeigten sich bei O. M. Herzbeschwerden, die ihn nur noch schwer atmen ließen. Mein Bruder, Jewgenij Jakowlewitsch, war immer der Meinung, O. M.s Atemnot sei nicht nur physisch bedingt; sondern sei eine »Klassen«-Krankheit. Die Umstände, die in der Mitte der zwanziger Jahre zu seiner ersten Herzattacke führten, schienen das zu bestätigen. Marschak war zu uns gekommen und hatte O. M. ausführlich dargelegt, was Dichtung sei. Er gab die offizielle Meinung wieder und sprach wie gewöhnlich sehr aufgeregt, sorgsam auf die Modulation seiner Stimme achtend. Er war ein erstklassiger Seelenfänger, ob es sich um schwache oder starke Charaktere handelte. O. M. stritt nicht mit ihm herum – er hatte mit Marschak nichts gemein. Plötzlich aber konnte er es nicht mehr aushalten, er hörte ein Klingeln in seinen Ohren, das immer wieder die glatten Überlegungen Marschaks übertönte. Er hatte seinen ersten Angina-pectoris-Anfall. *N. M.*

voneinander unterscheiden, vielmehr auch oft miteinander unverträglich erscheinen. Ich dagegen bin davon überzeugt, daß sich das eine logisch aus dem anderen entwickelte. Immer wieder verschwand die obere Schicht, und so wandelte sich auch der physische Erscheinungstyp der Funktionäre. (Wir merkten plötzlich, wie hellhaarige die schwarzhaarigen ablösten, die ihrerseits aber auch wieder sehr schnell verschwanden.) Mit jedem größeren Wechsel veränderte sich der Stil unseres Lebens und unserer Regierung; dennoch gab es ein Element, das all diese Perioden vereinte. Jene, die behaupteten, die Wirtschaft sei die »Basis«, das heißt der die Geschichte antreibende Motor, zeigten durch ihre Praxis, daß die Geschichte sich durch Ideen entwickelt und sie verwirklicht. Ideen bestimmen das Denken ganzer Generationen, werben Anhänger; sie verbreiten sich, erobern die Geister, schaffen neue Formen des Staats- und Gesellschaftslebens, sie triumphieren, verlieren dann langsam an Zugkraft und verschwinden ins Nichts. Als wir Wjatscheslaw Iwanow 1921 auf unserer Reise nach Tiflis in Baku besuchten, sagte er in meiner Anwesenheit, daß er Moskau verlassen und in Baku die Einsamkeit gesucht habe, weil er zu der Überzeugung gekommen sei, daß »die Ideen die Welt nicht mehr beherrschen«. Welch dionysische Kultur verstand er unter »Ideen«, er, der doch der Lehrer, der Meister und Prophet des beginnenden Jahrhunderts gewesen war, wenn er jetzt nicht bemerkte, daß, während wir uns unterhielten, eine *Idee* bereits unwahrscheinlich große Territorien und Massen von Menschen beherrschte, nicht nur bei uns, sondern auch jenseits unserer Grenzen. Ich meine die Idee, daß es eine unerschütterliche wissenschaftliche Wahrheit gibt, mit der die Menschen, wenn sie sie besitzen, die Zukunft beherrschen und den Lauf der Geschichte nach ihren Bedürfnissen, endlich vernunftgemäß, ändern können. Diese Religion – oder Wissenschaft, wie ihre Anhänger bescheiden sagen – verleiht dem Menschen große Autorität und erhebt ihn zu einem gottähnlichen Wesen. Die Idee schuf ihren eigenen Glauben, ihre eigene Moral – wir haben sie selbst erfahren. In den zwanziger Jahren führten viele Menschen den Siegeszug der Christentums als Beispiel an und sahen darin ein Analogon zu der neuen Religion, der sie ein tausendjähriges Reich prophezeiten. Wer es besonders genau nahm, trieb das Beispiel noch weiter, führte die historischen Verbrechen der Kirche an und wies darauf hin, daß die Inquisition letzten Endes nicht das Wesen des Christentums verändert habe. Allen waren die Vorzüge der neuen Idee klar, die statt einer Belohnung im Jenseits das Paradies auf Erden versprach. Das Wesentlichste aber war die völlige Absage an jegliche Zweifel und der absolute Glaube in die gewonnene wissenschaftliche Wahrheit.

»Aber wenn es nicht so ist, wenn man in Zukunft all das vielleicht mit anderen Augen betrachten wird?« fragte ich einmal Awerbach. Es handelte sich um eines seiner literarischen Urteile über O. M. Er hatte gesagt: »Es heißt, Mandelstam sei aus Armenien zurückgekommen und habe schlechte Gedichte veröffentlicht.« Mich interessierten seine Kriterien. Er erklärte mir, O. M. nehme nicht den richtigen klassenbewußten Standpunkt ein. Nach einer Sekunde fügte er hinzu: Es gäbe überhaupt keine Kultur und keine Kunst als solche, sondern eine Kunst des Bürgertums und eine Kunst des Proletariats, dasselbe gelte für die Kultur, nichts sei absolut und ewig, es gäbe nur klassenbedingte Werte. Awerbach störte es nicht im geringsten, daß seine klassenbedingten Einschätzungen als absolut galten, denn schließlich leite der Sieg des Proletariats eine neue Ära ein, die ewig dauern würde; die Werte, die Awerbach festsetzte, waren unumstößlich. Er war äußerst überrascht, daß ich seine Urteile anzweifelte, schließlich beruhten sie ja auf der in seinen Augen einzigen wissenschaftlichen Methode und waren unfehlbar – was von ihm verdammt war, war dies auf Jahrhunderte hinaus. Ich erzählte Mandelstam von unserem Gespräch, das auf der Plattform einer Straßenbahn stattgefunden hatte. O. M. war davon beeindruckt, wie unerschütterlich Awerbach an seine Wahrheit glaubte und sich immer wieder an der eigentümlichen Eleganz seiner logischen Konstruktionen berauschte. Das war 1930, und O. M. konnte es sich damals schon leisten, sich vom Spiel des Awerbachschen Geistes beeindrucken zu lassen. Damals hatte O. M. seine innere Freiheit zurückgewonnen und seine Sprache wiedergefunden – die zwanziger Jahre mit all ihren Hemmnissen und Zweifeln lagen hinter ihm; so konnte O. M. aus der Distanz die »hanfenen Reden« hören, ohne sie sich zu sehr zu Herzen zu nehmen.

Awerbach war ein typischer Vertreter der ersten zehn Jahre nach der Revolution. So wie er dachten, urteilten und sprachen alle Anhänger der neuen Religion, auch auf allen anderen Gebieten. Ihre Reden waren von Eifer durchdrungen, mit großer Liebe zur Sache belehrten und erschütterten sie andere. Sie nahmen es auf sich, die Götzenbilder, das heißt die alten Wertbegriffe, von ihrem Sockel zu stürzen, die Zeit arbeitete mit ihnen, und deshalb bemerkte niemand, mit welchen primitiven Waffen sie kämpften.

»Wofür haben wir gekämpft?« Dieser Schrei ertönte Anfang der zwanziger Jahre und verstummte sofort wieder. Das Volk war noch nicht zum Schweigen verdammt, aber es schwieg, weil es das ihm versprochene gute Leben erwartete. Die Intellektuellen jedoch beschäftigten sich in ihren Mußestunden mit einer Umwertung aller Werte. Das war die Zeit der Massenkapitulation. Im Grunde genommen beschritten alle den Weg, der ihnen von den vorrevolutionären Extremisten und ihren Nachfolgern vom Typ Awerbachs zugewiesen worden war – und natürlich bemühten sie sich dabei, die Ausschreitungen und Grausamkeiten der Schrittmacher zu vermeiden. Angeführt wurden die Kapitulanten von den Dreißigjährigen, die den Krieg überstanden hatten. Die Jüngeren folgten ihnen. Im allgemeinen waren in jenen Jahren die Dreißig- bis Vierzigjährigen tonangebend. Die Älteren, soweit sie noch überlebt hatten, standen schweigend am Rand. Jede Kapitulation wurde damit begründet, daß jetzt das »Alte« vom »Neuen« abgelöst werde; wer noch am »Alten« hänge, habe selbst das Nachsehen. Diese Ansicht basierte auf der Theorie des Fortschritts und dem historischen Determinismus der neuen Religion. Die Kapitulanten schüttelten alle alten Vorstellungen mit der Begründung ab, daß sie ja alt und deshalb überlebt seien. Für viele Neubekehrte gab es jetzt keine Werte, Wahrheiten oder Gesetze mehr, außer denen, die sie jetzt brauchten und die als klassenbewußt bezeichnet wurden. Die christliche Moral wurde bedenkenlos der bürgerlichen gleichgesetzt und mit ihr das alte Gebot »Du sollst nicht töten«. Alles wurde als Fiktion abgetan. Und wie war es mit der Freiheit? Wo haben wir sie jemals erfahren? Es gibt keine Freiheit und gab niemals eine. Die Kunst und besonders die Literatur hatten nur den Auftrag ihrer Klasse zu erfüllen, woraus folgte, daß ein Schriftsteller sich bewußt in den Dienst seines neuen Auftraggebers zu stellen hatte. Viele Wörter – wie »Ehre«, »Gewissen« und ähnliche – verschwanden aus der Umgangssprache. Diese Begriffe abzuschaffen war nicht so schwer, wenn erst einmal das Rezept dafür vorlag.

Es war charakteristisch, daß in jenen Jahren alle diese Begriffe als reine Abstrakta behandelt wurden, ohne den geringsten sozialen und menschlichen Bezug, der ihnen allein Substanz verlieh. Um so leichter war es, sie abzuschaffen: Nichts war einfacher, als zum Beispiel darauf hinzuweisen, daß es nirgendwo in der Welt absolute Pressefreiheit gebe, und dann daraus zu schließen, daß es besser sei, statt der Surrogate, die uns die erbärmlichen Liberalen dafür vorgaukelten, mutig und offen aus eigenem Willen allen Freiheitsbestrebungen zu entsagen. Diese Argumente leuchteten Menschen ein, die noch nicht zu differenzierterer Logik fähig waren.

Die Angst, abseits zu stehen, nicht mit der Zeit zu gehen und das Bedürfnis nach der allumfassenden »organischen Weltanschauung« (wie man sie damals nannte), die auf alle Aspekte des Lebens angewandt werden konnte, waren die psychologischen Faktoren, die alle zur Kapitulation trieben. Außerdem glaubten alle, daß der Sieg endgültig sei und die Sieger auf alle Zeiten an der Macht blieben. Und wer kapitulierte, kam mit leeren Händen. Diese innere Leere kommt vielleicht am besten in Schklowskijs ›Zoo‹ zum Ausdruck, in diesem unglücklichen kleinen Büchlein, wo er unter Tränen die Sieger bittet, ihn unter ihre Fittiche zu nehmen. Ob nun diese Menschen aus eigenem Willen kapitulierten oder Krieg und Schützengraben diese unglückliche Reaktion hervorgerufen haben, Tatsache ist, daß der Wunsch, bevormundet und beschützt zu werden, sich stark bemerkbar machte. Nur wer dieses Gefühl mit den anderen teilte, konnte als fortschrittlicher Mensch angesehen werden. »In Fragen der Literatur sollten sie sich an uns und nicht wir uns an sie wenden«, sagte O. M. einmal in der Redaktion des ›Priboj‹ (Brandung), als er sich weigerte, eine kollektive Petition der Schriftsteller an das ZK zu unterschreiben. Der Brief sollte dazu dienen, einen Kritiker vor den Anwürfen der RAPP zu schützen, er habe eine Kritik über einen Roman von Ljaschko geschrieben, ohne das Werk vorher gelesen zu haben. Die Schriftsteller baten nun das Zentralkomitee, dafür zu sorgen, daß diese Hetzjagd beendet würde. Sie bezogen sich auf den Beschluß des Zentralkomitees über die Literatur (von 1925), in dem die Partei die Schriftsteller aufgerufen hatte, den Kampf innerhalb der Literatur zu beenden und alle Kräfte zu vereinen, um die von der Partei gestellte Aufgabe ausgezeichnet zu erfüllen.

Wie immer, so waren auch damals viele Menschen im Redaktionsbüro, sie umringten O. M. Die Motivierung der Unterschriftsverweigerung stieß, wie wir feststellen mußten, auf völliges Unverständnis. Für die Anwesenden waren O. M.s Worte Plunder aus der Mottenkiste der Vergangenheit, sie ließen ihn wissen, wie veraltet und rückständig er ihnen erschien. Die Aufrichtigkeit ihres Unverständnisses ließ keinen Zweifel: Ich erinnere mich an das erstaunte Gesicht Kawerins, der die Unterschriften einsammelte. Er sah in O. M. lediglich einen Sonderling, der seine Zeit nicht begriff. Als O. M. und Anna Andrejewna kaum über dreißig Jahre alt waren, galten sie tatsächlich schon als alt. Mit der Zeit verjüngten sie sich dann im Bewußtsein der Menschen, während die Ansichten der Anhänger des »Neuen« hoffnungslos veralteten.

In einem Märchen Andersens sagt ein Junge, der König sei nackt, er sagt dies nicht zu früh und nicht zu spät, sondern zum richtigen Zeitpunkt. Wahrscheinlich hatten schon viele vor ihm das gleiche gesagt, aber ihre Worte hatte man nicht gehört. O. M. sagte vieles zu früh, zu einer Zeit, als alle normalen Ansichten veraltet und verdächtig erschienen. Wer nicht in den allgemeinen Chor einstimmte, für den war kein Platz – und der Chor war mächtig, er übertönte alles andere. Viele wollen heute wieder gerne zu den zwanziger Jahren zurück und die Einigkeit wiederfinden, die sich damals von selbst ergeben hatte. Die Überlebenden der zwanziger Jahre wollen nun mit allen Mitteln der neuen

Generation einreden, daß damals alles – Wissenschaft, Literatur, Theater – eine Blütezeit wie nie zuvor erlebt habe. Sie vertreten auch heute noch die Ansicht, daß, wenn alles in den damals aufgezeigten Bahnen weiterverlaufen wäre, wir uns heute auf dem höchsten Gipfel unseres Daseins befinden würden. Einstige LEF-Leute, Mitarbeiter von Tairow, Meyerhold und Wachtangow, ehemals Studenten und Lehrer des IFLI* und des Subow-Instituts, ehemalige Mitglieder des Instituts der Roten Professoren, alte Marxisten, ganz zu schweigen von den Formalisten, sie alle fordern uns auf, zu jener Zeit zurückzukehren, in der sie junge Männer von ungefähr dreißig Jahren waren, und von dort aus den Weg zu beschreiten, den sie uns eröffneten – diesmal aber, ohne von ihm abzuweichen. Mit anderen Worten, sie fühlen sich nicht verantwortlich für das, was später passierte. Sind sie es wirklich nicht? Schließlich zerstörten die Menschen der zwanziger Jahre die bis dahin gültigen Werte und erfanden die Parolen, ohne die auch heute unser junger Staat sein einmaliges Experiment nicht durchführen könnte – beim Hobeln fallen Späne. Alle Hinrichtungen wurden damit gerechtfertigt, daß eine neue Welt aufgebaut werde, in der es keinerlei Gewalt mehr gebe, und für dieses unerhört »Neue« kein Opfer zu groß sein könne. Keiner bemerkte, wie das Ziel die Mittel zu heiligen begann und dann allmählich, wie es in solchen Fällen immer zu sein pflegt, aus den Augen verloren wurde. Gerade die Menschen der zwanziger Jahre hatten damit begonnen, säuberlich die Schafe von den Böcken zu trennen, die Ihren von den Fremden, die Anhänger des »Neuen« von denen, die die einfachsten Regeln menschlichen Zusammenlebens noch nicht vergessen hatten.

Die Sieger mochten über die Leichtigkeit, mit der sie den Sieg davongetragen hatten, erstaunt sein, aber sie fanden es berechtigt, denn sie waren von der Richtigkeit ihres Tuns überzeugt, sie waren sicher, der Menschheit das Glück zu bringen. Ihre Forderungen an die Kapitulanten wuchsen ständig. Das bezeugt auch das schnelle Verschwinden des Ausdrucks »Weggenosse«. Er wurde durch die Bezeichnung »parteiloser Bolschewik« ersetzt, und bald wurde jeder zum treuen Sohn der Heimat, der heiß sein Volk liebte und, ohne zu zögern, Partei und Regierung diente. Dabei blieb es dann.

Das Gedächtnis der Menschen behält nicht ein Ereignis, sondern nur undeutliche Teile oder Legenden über das Geschehene. Deshalb sind idyllische Seufzer nach den zwanziger Jahren Legenden, die unter den zufällig am Leben Gebliebenen entstanden. In Wirklichkeit sind die zwanziger Jahre die Zeit, in der unsere Zukunft vorbereitet wurde: die

* Institut für Philosophie und Literatur.

kasuistische Dialektik, die Abschaffung der alten Werte, der Wille zur Einmütigkeit und Unterordnung. Allerdings bezahlten die eifrigsten Schrittmacher ihre Hingabe später mit dem Tod, doch zuvor hatten sie den Boden für die Zukunft bereitet. In den zwanziger Jahren sammelten unsere Straforgane noch Kräfte, waren aber auch schon tätig. Die Dreißigjährigen verkündeten hartnäckig ihren Glauben. Zuerst überredeten, später drohten sie, sie führten ganze Volksmassen in eine neue Zeit, in der mahnende Stimmen schon gar nicht mehr gehört wurden.

Bei uns gibt es kein Institut zur Erforschung der öffentlichen Meinung und kann es auch keines geben, obwohl ein solches Unternehmen die unterschwelligen Strömungen in der Psyche der Menschen feststellen könnte. Die Aufgabe solcher Institute erfüllen bei uns häufig die Straforgane. In den zwanziger Jahren sondierten sie sogar in der Öffentlichkeit nach der allgemeinen Meinung – zu diesem Zweck hatten sie eine spezielle Informationsorganisation aufgebaut. Später beschlossen sie die Verschmelzung von öffentlicher und offizieller Staatsmeinung, und den Informatoren fiel es nur noch zu, eventuelle Divergenzen zu registrieren, denen dann systematisch die geeignete administrative Maßnahme folgte. Nach 1937 wurde die öffentliche Meinung vollständig verstaatlicht.

In den zwanziger Jahren spielten wir noch mit dem Feuer und begriffen nichts. Kurz nachdem O. M. zu mir gesagt hatte: »Ich weiß nicht, was du willst? Sie werden uns in Ruhe lassen«, tauchten die ersten Streifen am Horizont auf. Der rosig-rote Wsewolod Roschdestwenskij kam zu uns nach Zarskoje Selo. Er war eben erst aus einer kurzen Haft entlassen worden und kam angeblich, um O. M. zu warnen, denn sein Untersuchungsrichter hatte sich sehr für ihn interessiert. Roschdestwenskij lehnte es scharf ab, nähere Angaben zu machen: »Ich habe mein Wort gegeben, und von Kindheit auf wurde ich gelehrt, mein Wort zu halten.« O. M. setzte das artige Kind vor die Tür, und wir kamen dann zu dem Schluß, Roschdestwenskij sei wohl nur zu uns geschickt worden, um O. M. einzuschüchtern und ihn daran zu erinnern, daß es ein alles sehendes Auge gebe. In der folgenden Zeit gab es mehrere derartige Besuche. In seinem ›Gespräch über Dante‹ erwähnte O. M. die gegenseitige Durchdringung von Gefängnis und Außenwelt und stellte fest, in welchem Grad die Regierenden bemüht sind, die Untertanen durch in Umlauf gebrachte schreckliche Gefängniserzählungen einzuschüchtern. Wsewolod Roschdestwenskij erfüllte seine Aufgabe, nur vergaß er in seinen Memoiren davon zu berichten. Statt dessen läßt er O. M. in konventioneller parnassisch-akmeistischer Art über Poesie sprechen und schreibt ihm Gedanken und Belehrungen zu, wie sie von den sowjetischen Kritikern einem »typischen Ästheten« in den Mund gelegt wurden. Mandelstam werden viele unsinnige Gespräche zugeschrieben. Das beste Kriterium für ihre Authentizität ist ein Vergleich dieser Gespräche mit seinen Artikeln; mit ihrer Hilfe läßt sich auch der wirkliche Sinn seiner Äußerungen im Gespräch und Streit feststellen. Seine Zeitgenossen waren ihm nicht gewachsen, und in ihren Memoiren entstellen sie deshalb, mit Absicht oder nicht, seine Gedanken. Schlechter als alle anderen verstanden ihn jene, die gläubig, der neuen Idee ergeben, die zwanziger Jahre durchlebten.

Siebenunddreißigstes Kapitel

Die Umwertung der Werte

O. M. glaubte nicht an die tausendjährige Herrschaft des Neuen, ebenso wie ihn die Revolution nicht unvorbereitet traf. Einerseits trug er schwer an der christlich-jüdischen Kultur, andererseits glaubte er an die rettende und erneuernde Kraft der Revolution, an soziale Gerechtigkeit, den Vierten Stand und an Herzen. Nach unserer Bekanntschaft las O. M. ihn nicht mehr, aber zweifellos übte Herzen einen ganz wesentlichen Einfluß auf sein Leben und Denken aus. Die Spuren der Lektüre von Herzen sind überall zu finden, im ›Lärm der Zeit‹, in der Geschichte von dem Löwenjungen, das der gleichgültigen Masse seine schmerzlich entzündete Pfote entgegenhält und klagt, weil es sich einen Splitter eingezogen hat (später stellt sich heraus, daß der Splitter eine im Unterholz steckengebliebene Hechtgräte ist), in seiner Angst vor Doppelzüngigkeit, seinen Übersetzungen von Barbier und seinen Ansichten über die Rolle der Kunst. »Die Kunst ist eine Macht«, sagte er in Woronesch zu Anna Andrejewna, und sie beugte ihren feingliedrigen Nacken. Die Verbannten, die Kranken, Armen, Gehetzten wollten ihrer Macht nicht entsagen. An O. M.s Auftreten und Benehmen war abzulesen, daß er sich mächtig fühlte, was seine Verfolger ganz besonders erboste. Sie verstanden unter Macht Kanonen, Strafvollzug, Berechtigungsscheine für alles (auch für Ruhm) und die Möglichkeit, ihr Porträt bei jedem Künstler in Auftrag geben zu können. O. M. aber bestand hartnäckig auf seinem Recht – wenn man Menschen für ihre Dichtung in den Tod schickte, so zollte man der Poesie Anerkennung, man fürchtete sich vor ihr, sie war eine Macht.

Es gab schwerlich jemanden, der schwerer als O. M. mit Last beladen zur Revolution kam. Von vornherein war zu erkennen, daß er verdammt war und sich in dieser Welt für ihn kein Platz finden lassen würde. Auch im Namen Herzens konnte das, was vor sich ging, unmöglich gerechtfertigt, es konnte nur verurteilt werden. Herzen behielt sich das Recht vor, in stolze Einsamkeit auszuweichen (»Omnia mea mecum porto«); auf dieses Recht pochte O. M. nicht. Für ihn lag sein Weg bei den anderen, er empfand sich nicht als ein Mensch, der über der Masse stand, sondern als einen der Ihren. Für ihn verbot sich jede Absonderung, offensichtlich wurzelte diese Haltung in seiner Bindung an die christlich-jüdische Kultur. Viele meiner Zeitgenossen, die der Revolution zugestimmt hatten, erlebten einen schweren psychologischen Konflikt. Das Leben stellte sie zwischen verurteilungswürdige Wirklichkeit und das Prinzip, das die Rechtfertigung des Bestehenden forderte. Sie verschlossen die Augen vor der Wirklichkeit, um ungehindert für sie eine Rechtfertigung zu finden, erkannten jedoch, wenn sie ihre Augen wieder öffneten, die Realität. Viele von ihnen hatten ihr ganzes Leben über auf die Revolution gewartet, als sie sie dann aber in ihrer banalen Wirklichkeit sahen, erschraken sie und wandten sich ab. Es gab freilich auch solche, die über ihre eigene Furcht erschraken. Zu ihnen gehörte O. M. Außenstehende erkannten nicht, wie sehr er an die Revolution geglaubt hatte, und entwarfen ein vereinfachtes Bild von seinem Leben; sie strichen daraus einen ganz wesentlichen Bestandteil, eine Grundlinie seines Denkens. Dieses revolutionäre Element zwang ihn, den Ereignissen nah zu sein und sie kritisch zu durchleuchten. Mandelstam lebte das Leben der Menschen seiner Zeit und führte es zu einem logischen Ende.

An den Gedichten der zwanziger Jahre ist deutlich abzulesen, wie sehr O. M. hoffte, daß mit dem Sieg der Revolution eine neue Zeit angebrochen sei. Er sagte: »Die brüchige Zeitrechnung unserer Ära geht ihrem Ende entgegen«, vom Alten bleibe nur ein Laut. Und er imaginierte das Zeitalter als ein wildes Tier mit gebrochenem Rückgrat, das auf die Spuren seiner Pfoten starrt. In all diesen Gedichten spricht er entweder direkt oder indirekt über seine eigene Position in diesem neuen Leben (»mit gelöschtem Kalk im Blut, ein kranker Sohn der Zeit«), darauf bezieht sich auch der Doppelzüngige aus der ›Griffelode‹, er bezeichnet sich als »doppelzüngig, mit gespaltener Seele«.* Erkenntnisse wie diese lassen sich in allen seinen Gedichten finden, gleichsam widerstrebend entschlüpfen sie ihm, niemals ganz ausgeführt, sind sie

* In O. M.s Gedichten der dreißiger Jahre finden sich oft unverhohlene Mitteilungen und bewußt verschleierte Gedanken nebeneinander. In Woronesch kam plötzlich einmal einer dieser halbmilitärischen »Adjutanten«, ein »Liebhaber von Gedichten«, zu uns (heute nennt man sie »Kunsthistoriker in Uniform«). Er fragte uns, was sich hinter der Zeile »Welle folgt auf Welle und bricht der vorangehenden Welle das Rückgrat« für ein Sinn verberge. »Das bezieht sich doch wohl nicht auf die Fünfjahrespläne?« fragte er. O. M. ging im Zimmer auf und ab und fragte erstaunt: »Meinen Sie?« Als er gegangen war, fragte ich O. M.: »Was ist, wenn sie in allem nach einem verborgenen Sinn suchen?« »Sie werden sich wundern«, antwortete O. M. Ich verstand nicht immer den verborgenen Sinn seiner Gedichte, und da er fürchtete, ich könnte einmal verhaftet werden, erklärte er ihn mir auch nicht. Schwachsinn und völlige Unwissenheit waren schon immer eine ausgezeichnete Empfehlung für Gefangene und Bedienstete. *N. M.*

im völlig divergenten Kontext verborgen (ein Gedicht von 1922 schildert ausführlich das Brotbacken, und er bezeichnet sich darin am Ende als »eintrocknende Rinde eines schon lange herausgenommenen Brotes«). O. M. machte es seinen Lesern niemals leicht. Um ihn zu verstehen, mußte man ihn kennen.

In den Gedichten dieser Periode prophezeit er schon zukünftiges Schweigen (»Die menschlichen Lippen bewahren die Form des zuletzt ausgesprochenen Wortes« in: ›Der Finder eines Hufeisens‹, 1923). Diese Zeile veranlaßte auch tatsächlich Brik und Tarassenkow zu verkünden, O. M. »habe sich selbst sein Totenlied gesungen«. Sie fällten dieses Urteil übereilt. Im Kampf waren ihnen alle Mittel recht. In Briks Haus versammelten sich Literaten und seine Mitarbeiter bei der Tscheka (bis hin zu Agranow), dort wurde die öffentliche Meinung erforscht, wurden die ersten Akten angelegt und mit Material gefüllt. Schon 1922 wurden hier O. M. und die Achmatowa als »innere Emigranten« bezeichnet. Diese Abstempelung spielte für ihr weiteres Schicksal eine bedeutende Rolle. Brik war es auch, der als erster im literarischen Kampf nichtliterarische Waffen anwendete. Und trotzdem möchte ich hier den Unterschied zwischen Brik und anderen Zutreibern vom Typ Tarassenkow deutlich machen.

Tarassenkow (O. M. nannte ihn einen »gefallenen Engel«) war ein schöner junger Mann, der leidenschaftlich die Dichtung liebte, der sich im Nu bereit erklärte, den »sozialen Auftrag«, gewisse Gedichte zu vernichten, zu erfüllen. Sorgfältig sammelte er die Manuskripte aller Gedichte, deren Drucklegung er so energisch verboten hatte. Darin unterschied er sich zum Beispiel wesentlich von Lelewitsch, der die Dichtung geradezu haßte, weil sie seiner Meinung nach »bourgeois« war.

Brik bezog eine völlig andere Position. Als kluger Mensch war ihm von Anfang an klar, daß der Staat gewisse bestehende literarische Strömungen anerkennen und fördern würde, und so setzte er sich gegen viele Widersacher für ihre Monopolstellung ein. Der Kampf war hart, und eine Zeitlang schien sein Sieg gewiß. Er fand viele Anhänger, und die jungen Menschen riß er durch seinen persönlichen Charme mit sich. In Parteikreisen hatte er besonders unter den kunstliebenden Tschekisten mächtige Beschützer. Vorsichtig, aber energisch wand er sich durch viele Schwierigkeiten hindurch, riskierte selbst sehr viel, und doch trug Awerbach, der mit seiner RAPP so viel später auf dem Plan erschienen war, den Sieg über ihn davon. Awerbach verdankte seinen Sieg den späten Anhängern Pissarews, die sich in der gehobenen Intelligenz ja schon immer besonderer Beliebtheit erfreut hatten. Mit dem Niedergang der RAPP verschwand dann auch der letzte Schatten eines literarischen Kampfes. Die vielen Gruppen, die bis dahin einander die literarische Monopolstellung streitig gemacht hatten, hatten ausschließlich mit politischen Mitteln gekämpft. Brik aber beabsichtigte, als er die Achmatowa und Mandelstam aus dem Weg räumte, keine direkte politische Anzeige: Er war nur daran interessiert, ihnen die jungen Leser, die leidenschaftliche Anhänger des »Neuen« waren, zu entziehen. Und es gelang ihm: O. M. und die Achmatowa waren lange Zeit isoliert. Die letzten Mohikaner der LEF, die jetzt schon über sechzig Jahre alt sind, preisen noch immer die zwanziger Jahre und wundern sich über die heutigen Leser, bei denen sie jeden Einfluß verloren haben.

Die zwanziger Jahre waren vielleicht die schwerste Zeit in O. M.s Leben. Niemals vorher oder später, obwohl das Leben dann weitaus schrecklicher wurde, hat O. M. mit so viel Bitterkeit über seine Situation gesprochen. In seinen frühen, noch ganz von jugendlicher Sehnsucht erfüllten Gedichten ist stets das Vorgefühl des kommenden Sieges und das Bewußtsein der eigenen Kraft zu spüren (»Ich fühle das Ausmaß meiner Schwingen«), in den zwanziger Jahren aber spricht er ständig von Krankheit, Unzulänglichkeit und von der eigenen Minderwertigkeit. Am Ende dieser Periode ging er beinahe in Parnok auf oder machte ihn zu seinem Doppel. Seine Gedichte lassen erkennen, daß dieses Gefühl der Unzulänglichkeit und Krankheit aus seinen starken Zweifeln an der Revolution erwuchs. In seinem Gedicht ›1. Januar 1924‹ fragt er: »Wen wirst du als nächsten töten? Wen wirst du als nächsten verherrlichen? Welche Lüge wirst du dir jetzt ausdenken?« Wer nicht versucht, »die gebrochenen Wirbel der Jahrhunderte zusammenzufügen«, wer nicht entschlossen ist, die Werte umzuwerten, ist doppelzüngig.

An die Umwertung der Werte ging O. M. sehr vorsichtig heran, obwohl auch er dieser Forderung einen gewissen Tribut zollte. Zuerst wollte er seine Beziehungen zur »Welt der Macht« bestimmen. Darüber schrieb er in ›Lärm der Zeit‹, der ›Ägyptischen Briefmarke‹ und in seinem Gedicht ›Mit der Welt der Macht war ich nur als Kind verbunden‹. Dieses Gedicht gehört, obwohl es in den dreißiger Jahren geschrieben ist, inhaltlich in die zwanziger Jahre. Sein Verhältnis zur »Welt der Macht« bezeichnete O. M. als kindlich, und er rechnete dieser Welt vieles zu, sogar die ihm als Knaben durch »liebliche Europäerinnen« zugefügten Kränkungen. Am weitesten kam er der Forderung nach Umwertung der Werte in drei oder vier literarischen Artikeln nach, die 1926 in Kiew gedruckt wurden (damals war es für ihn bereits völlig unmöglich, in den großen Zeitungen und Zeitschriften, die in Moskau erschienen, etwas zu veröffentlichen, in der Provinz »schlüpfte noch so manches durch«). In diesen Artikeln wird sein Wunsch, um jeden Preis gehört zu werden, deutlich. Allein deshalb möchte er akzeptiert werden und unternimmt den schüchternen Versuch, gewisse Dinge anzuerkennen, sogar gutzuheißen und andere abzulehnen. Er suchte sogar nach Rechtfertigungen für manche seiner zeitgenössischen Prosaisten, für die sogenannten »Weggenossen«, obwohl ihm klargewesen sein mußte, daß er mit ihnen nicht denselben Weg ging. In zwei Artikeln in ›Russkoje Iskusstwo‹ (Russische Kunst, Kiew) waren kritische Bemerkungen gegen die Achmatowa enthalten, auch sie waren eine Konzession an die Zeit. Ein Jahr zuvor hatte er in einer Charkower Zeitung Anna Achmatowas tiefe Verwurzelung in der russischen Prosa aufgezeigt und noch früher in einer nicht veröffentlichten Kritik über den ›Almanach der Musen‹ (1916) prophezeit, daß »diese ärmlich gekleidete, aber majestätische Frau« einmal der Stolz Rußlands sein würde. Als er 1937 den Woronescher Schriftstellern auf ihre Fragen antwortete – sie hatten ihn zu einem Vortrag über den Akmeismus gezwungen und eine »Entlarvung« erwartet –, sagte er über die Achmatowa und Gumiljow: »Ich sage mich weder von den Lebenden noch von den Toten los.« Ähnlich antwortete er den Leningrader Schriftstellern bei seiner Dichterlesung im »Haus der Presse«. Mit anderen Worten, er fühlte sich über alle Zeiten hinweg gerade mit diesen beiden Dichtern und besonders mit der Achmatowa verbunden. Und die 1922 versuchte Absage an sie war durch das Geschrei und Gejohle gegen den Akmeismus hervorgerufen, durch die Vorwürfe, er sei nicht zeitgemäß, »bourgeois« und ähnliches mehr. O. M. befand sich »allein auf allen Wegen« und konnte das nicht ertragen. Er war gestört, verwirrt: Es ist nicht so leicht, sich gegen alle und sogar gegen die Zeit zu stellen. Bis zu einem gewissen Grad hatte jeder von uns, wenn er am Kreuzweg stand, die Versuchung gespürt, sich der Menge anzuschließen, die wußte, wohin sie ging. Die Macht der »öffentlichen Meinung« ist ungeheuer, sich ihr zu widersetzen, ist wesentlich schwieriger, als man denkt, und die Zeit drückt jedem ihren Stempel auf. Die Zeit zielte darauf ab, ja sie forderte, daß sich O. M. von der einzigen für ihn möglichen Gefährtin, von der Achmatowa, trenne. Selbst zu zweit gegen alle zu stehen ist nicht leichter als allein; O. M. versuchte sich von ihr loszureißen, besann sich aber sogleich. Schon 1927, als er seine Artikel zu einem Buch zusammenstellte, verwarf er einen der in der ›Russischen Kunst‹ erschienenen Aufsätze und strich aus einem anderen seine Kritik an der Achmatowa. Von seinen Artikeln, die in der ›Kiewer Zeitung‹ und in ›Rossija‹ erschienen waren, sagte er sich los und bezeichnete sie in seinem Vorwort zu der Sammlung ›Über Poesie‹, die 1928 erschien, als Zufallsprodukte. Die Periode, während der er diese Artikel schrieb, war in seinen Augen die schlechteste seines Lebens. Wenn er sich mit der Zeit seines Tiefstandes, den Jahren zwischen 1922 und 1926, auseinandersetzte, entging ihm, daß er damals auch viele sehr gute und originelle Sachen geschrieben hatte. Ich denke hier vor allem an eine ganze Artikelserie, in der er die um sich greifende Stagnation angriff.

Besonders charakteristisch für die Periode der Umwertung der Werte war vielleicht O. M.s Beziehung zu seinem Artikel, den er über den Tod Skrjabins geschrieben hatte (1915). In ihm legte er seine Ansichten über die christliche Kunst, sein Credo dar. In diesem Artikel schrieb er auch, daß der Tod des Künstlers nicht das Ende, sondern der letzte schöpferische Akt sei. Insoweit als er sich den Tod als »mit der Menge, mit der Herde« auswählte, waren es keine leeren Worte.

Der Artikel wurde niemals gedruckt. O. M. las ihn als Vortrag in einer Petersburger Gesellschaft vor (vielleicht war es eine religiöse oder philosophische Gesellschaft?), die in einem großen Privathaus stattfand.* Hin und wieder besuchte O. M. die Sitzungen dieser Gesellschaft, offensichtlich fühlte er sich mit einem der Organisatoren, mit Kablukow, verbunden. Dieser alte Mann hatte O. M., als er noch ein junger Poet war, sehr freundlich behandelt. (Erst vor kurzem kaufte ich von O. M.s erster Gedichtsammlung ›Stein‹, 1915, ein Exemplar, das Kablukow gehört hatte. Er hatte dort in das Bändchen Abschriften von O. M.s Gedichten eingeklebt; oft waren es Varianten oder Urfassungen.)

Kablukow nahm das Manuskript von O. M.s Vortrag über Skrjabin an sich. Als wir 1921 im Kaukasus waren, starb er, und alle seine Papiere gingen an die Petrograder Öffentliche Bibliothek. O. M. beklagte sich bei mir bitter, daß er den Artikel über Skrjabin eingebüßt hatte: »Er ist das Wichtigste, was ich je geschrieben habe, und jetzt ist er verloren, ich bin darüber sehr unglücklich!« Als ich etwas später in einem Koffer von O. M.s Vater einige Blätter der Urschrift dieses Artikels fand, freute sich O. M. sehr. Seine Beziehung zu diesem Aufsatz war aber ambivalent: auf der einen Seite bat er mich, ihn aufzubewahren, aber in dieser Zeit des Umbruchs, in der er an sich und an seinen Werken zweifelte, war er auch versucht, seine Äußerungen einer Revision zu unterziehen. In der Urschrift der ›Ägyptischen Briefmarke‹ verspottet er Parnok, weil er »im Salon von Madame Perepletnik« einen Vortrag halten wollte. Das ist eine klare Anspielung auf seinen eigenen Vortrag über Skrjabin. Alles, was davon in dem Text, wie er veröffent-

* Einmal erschien dort plötzlich ein bekannter Abenteurer, der Kavallerie-Fähnrich Sawin, stellte auf den Treppenabsatz einen kleinen Tisch, nahm von jedem, der noch kam, Eintritt, meldete sich dann zur Diskussion und erzählte ausführlich vom russischen Teufel, der sich von allen anderen durch besondere List, Erfindungsreichtum und einen Sinn für Humor unterscheide. *N. M.*

licht wurde, stehenblieb, ist die Prophezeiung, daß Parnok eines Tages aus allen exklusiven Salons von St. Petersburg hinausgeworfen werde (auch aus dem Salon von Madame Perepletnik), weil er als Rasnotschinez* dort nichts verloren habe und »der Aristokratenpelz nicht für ihn sei«. O. M. kommt immer wieder auf dieses Thema des intellektuellen Emporkömmlings im glanzvollen Gesellschaftsleben von St. Petersburg zurück. Wahrscheinlich hatte er in seiner Jugend mehrfach Zusammenstöße mit verschiedenen Petersburger Gecken, die ihm klarmachten, daß er nicht zu ihnen gehöre. Kurz nach seiner Verhaftung las er noch, wie Makowskij den Besuch von O. M. und seiner Mutter im Redaktionsbüro des ›Appolon‹ schilderte (damals war O. M. achtzehn Jahre). Sie waren gekommen, um Makowskij O. M.s Verse zu zeigen; und Makowskij charakterisierte O. M.s Mutter als dumme jüdische Händlerin. Wahrscheinlich brauchte Makowskij einen billigen journalistischen Kontrast: »Das junge Genie aus der vulgären Familie.« O. M.s Mutter war Musiklehrerin und hatte ihm die Liebe zur klassischen Musik eingepflanzt, sie war eine kultivierte Frau, die ihren Kindern Bildung vermittelte und niemals solche wüsten Reden führte, wie sie ihr Makowskij in den Mund legte. Das ist ein gutes Beispiel aristokratischen Hochmuts; es veranlaßte O. M. dazu, sich als Mitglied des »Vierten Standes«, als intellektuellen Emporkömmling zu betrachten. In der ›Ägyptischen Briefmarke‹ bestimmte er sein Verhältnis zur »Welt der Macht« und führte seine und Parnoks Abstammung auf die Rasnotschinzy zurück. Etwas Ähnliches enthält auch das ›Gespräch über Dante‹, in dem er beschreibt, wie der gewandte Virgil immer wieder den linkischen und leicht reizbaren Dante davon abhält, sich bloßzustellen. Während er das schrieb, ging es aber schon nicht mehr um die alte Welt: vor unseren Augen war eine neue »Welt der Macht« aufgetaucht, im Vergleich mit ihr erschien die alte erbärmlich dilettantisch. Da O. M. in dieser Zeit eine neue Einstellung zu sich, zu seinen Werken und der Welt suchte, war es ihm leichter, in dieser neuen Welt seine Kraft zu bestimmen. Und wieder – dieses Mal in seinen Gedichten – erklärte er sich zum intellektuellen Emporkömmling (»Wozu haben die ausgezehrten Rasnotschinzy der sechziger Jahre ihre Schuhe ausgetreten, wenn ich sie jetzt verrate?« – ›Mitternacht in Moskau‹, 1932).

Alle Versuche, mit der Zeit übereinzukommen, waren erfolglos. Von Kapitulanten forderte sie zuviel. Dazu kam noch, daß er sich wohl mit der Revolution auseinandersetzte, nicht aber mit der *neuen* »Welt der

* Nichtadeliger Intellektueller; meist versteht man darunter die Angehöriden der radikalen Intelligenzija der sechziger Jahre des 19. Jahrhunderts.

Macht«, in der wir uns plötzlich befanden. In unserer Wirklichkeit gab es niemanden, der verstand, was O. M. sagen wollte. Der Chor der Anhänger der neuen Religion und des neuen Staates sang seine Messen in der Sprache der neuen Religion, und niemand wollte etwas von einem neuen »intellektuellen Emporkömmling« mit all seinen Zweifeln und Einwänden wissen. Für die Anhänger und »Weggenossen« war alles klar: »Du mußt begreifen, wo du lebst! Was willst du noch!« hörte O. M. von allen Seiten. An sie dachte er, als er sich entschloß, Barbiers ›Hundemeute‹ zu übersetzen: »Mit ihren Klauen reißen sie das Fleisch, die Borste knirscht in den Zähnen – jeder braucht sein eigenes Stück ... so lautet das Recht der Hundehütte, das Gesetz der Hundeehre: Schleife dein Teil nach Hause, wo deine eifersüchtige, stolze Hündin ihren Mann erwartet, damit sie den dampfenden Knochen zwischen den Zähnen des Familienvaters sehe und ihn, wenn er das Aas hinschmeißt, ausrufen höre: ›Das ist Macht!‹ – Das ist unsere Ehre in diesen großen Tagen.« Barbiers Gedicht übersetzte O. M. 1923; 1933 taucht das Motiv des »guten Familienvaters« in dem Gedicht ›Die Wohnung‹ wieder auf. (Irgendein ehrenhafter Verräter, der während der Säuberungen wie Salz gesiedet worden war, ein Ernährer von Frau und Kind, erschlägt eine solche Motte.) Sein ›Schwur auf den Vierten Stand‹ und seine Barbier-Übersetzung fielen in dasselbe Jahr – kein Wunder, daß es bei jenen, von denen die Verteilung der irdischen Güter abhing, so kalt aufgenommen wurde.

Vielleicht hörte er deshalb Mitte der zwanziger Jahre auf, Gedichte zu schreiben, weil er in dieser Umbruchsituation das Gefühl, im Recht zu sein, eingebüßt hatte. Mit seinen Prosaarbeiten bestimmte er von neuem seinen Platz im Leben, bestätigte seine Gedichte und kam so weit, daß er sagen konnte: »Hier stehe ich, ich kann nicht anders.« Als er die Überzeugung zurückgewonnen hatte, schuldlos zu sein und in der Dichtung den richtigen Standpunkt eingenommen zu haben, konnte er auch wieder Gedichte schreiben: »Stark war in ihm das Bewußtsein der inneren Schuldlosigkeit, und es strömte wie Wellen über.« Schon in einem seiner ersten Artikel (›Über den Gesprächspartner‹ – ›Appolon‹, 1913) schrieb O. M. von dem »kostbaren Bewußtsein, als Dichter die Wahrheit zu sagen«. Offensichtlich war gerade dieses Bewußtsein für O. M. Vorbedingung zur Arbeit, sonst hätte er es nicht schon zu Beginn seiner dichterischen Tätigkeit so klar benennen können – als er den Artikel schrieb, war er erst zweiundzwanzig Jahre alt. Die Wirklichkeit akzeptierend, verdammte er seine eigenen Zweifel. Er hörte den allgemeinen Chor der Anhänger des »Neuen« und war betroffen von seiner Einsamkeit; er wurde von den Symbolisten, der LEF, RAPP und allen anderen literarischen Gruppen angegriffen, die, ohne von Zweifeln befallen zu sein, das neue System unterstützten, und so konnte er sich nur noch als »eintrocknende Rinde eines schon lange herausgenommenen Brotes« empfinden. Das Bewußtsein, im Recht zu sein, ist mit all diesen negativen Empfindungen unvereinbar. Natürlich hatte er immer Leser, die unerschütterlich hinter ihm standen und zu ihm hielten, aber er fühlte sich, ohne es zu wollen, von ihnen abgestoßen. In ihm wuchs die Unzufriedenheit mit seinen Lesern. Ich glaube, daß er auch sie zu der »eintrocknenden Rinde« zählte und daran glaubte, daß es irgendwo wirklich neue Menschen geben müßte. In den zwanziger Jahren bemerkte er noch nicht, wie diese »neuen Menschen«, die einen so forschen Eindruck machten und so laut sprachen, die klassische Metarmorphose durchmachten – hölzern wurden; sie hatten eingebüßt, was den Menschen zum Menschen macht – ihre Empfindungen für Werte.

Die Befreiung folgte durch die Prosa, dieses Mal durch die ›Vierte Prosa‹. Die Bezeichnung war eigentlich nur für uns bestimmt – sie war seine vierte Prosaarbeit, wenn man die Artikel mitrechnete, außerdem ließ die Zahl noch Assoziationen auf den Vierten Stand zu, der O. M. so stark beschäftigte, und auf das Vierte Rom – auf das wir hofften.* Eben diese Prosa bereitete den Weg für neue Gedichte, sie bestimmte O. M.s Platz in der Wirklichkeit und gab ihm das Gefühl zurück, auf dem richtigen Weg zu sein. In der ›Vierten Prosa‹ sprach O. M. von unserem blutdurchtränkten Land, verfluchte die offizielle Literatur, riß sich den literarischen »Pelz«, den er vorübergehend umgelegt hatte, vom Leib und streckte erneut seine Hand dem intellektuellen Emporkömmling entgegen, »dem ersten Komsomolzen, Akakij Akakijewitsch«. In der Stunde der Gefahr vernichteten wir das erste Kapitel, in ihm hatte O. M. unsere Vorstellungen vom Sozialismus dargelegt.

Der ›Vierten Prosa‹ liegt seine Arbeit an der Eulenspiegel-Übersetzung** mit allen ihren Komplikationen zugrunde. Die ganze Ange-

* ›Viertes Rom‹ bezieht sich auf eine Idee des Mönchs Filaret, der im siebzehnten Jahrhundert verkündete, Moskau sei das Dritte Rom, »und ein Viertes werde es nicht geben«.

** In den zwanziger Jahren war Mandelstam vom Staatsverlag mit einer Neuübersetzung der ›Eulenspiegel-Legenden‹ von de Coster beauftragt worden. Mandelstam benützte dabei weitgehend zwei bereits vorliegende Übersetzungen (von A. G. Gornfeld und W. Karjakin). Als die Übersetzung 1928 erschien, war als Übersetzer nur Mandelstam genannt. Gornfeld beschuldigte Mandelstam daraufhin des Plagiats. Die Episode zog weite Kreise, auch der Journalist D. Saslawskij (der später mit einer scharfen Attacke gegen die Nobelpreisverleihung an Pasternak Aufsehen erregte) griff Mandelstam scharf an. Die Affäre fand in der Öffentlichkeit großen Widerhall, eine Gruppe von Schriftstellern trat für Mandelstam ein (u. a. Pasternak, Soschtschenko, Fadejew, Katajew und Awerbach) und schrieb zu seiner Vertei-

legenheit wäre viel schneller wieder in Vergessenheit geraten, wenn O. M. sich nicht so verzweifelt bemüht hätte, sie dem schnellen Vergessen zu entreißen. Eigentlich war sie es, die O. M. die Augen für die Wirklichkeit öffnete. Die Luft in den sowjetischen Institutionen erinnerte wirklich, wie Bucharin gesagt hatte, an den Geruch einer Müllgrube. Während der Eulenspiegel-Affäre glaubten wir oft, einen Film über die Literatur im Dienste des »Neuen« vor uns ablaufen zu sehen, einen Film über den ungeheuren bürokratischen Apparat (wir mußten sogar mit Schkirjatow sprechen), einen Film über die sowjetische Presse mit ihrem Saslawskij, einen Film über die Komsomol-Zeitung, in der O. M. nach dem Bruch mit den Schriftstellerorganisationen ein Jahr lang gearbeitet hatte, usw. usf. Nahezu zwei Jahre vergingen über diesem Streit, aber tausendfach wurde sie O. M. vergolten: der »kranke Sohn der Zeit« begriff plötzlich, daß er gesund war. Als er wieder schreiben konnte, war in seinen Gedichten nichts mehr von der »langsam austrocknenden Rinde« zu finden. Jetzt hörte man die Stimme eines Abtrünnigen, der wußte, warum er allein war, und der seine Einsamkeit zu schätzen wußte. O. M. war gereift, war »Augenzeuge« geworden. Der schwer auf ihm lastende Druck verflog wie ein böser Traum. Bis Mai 1934, das heißt in der ersten gegen Mandelstam gerichteten Vernichtungskampagne, wurden Methoden angewandt, die weder etwas mit Literatur noch mit Politik zu tun hatten. Vielmehr handelten hier die Schriftstellerorganisationen aus eigener Initiative und wurden »von oben unterstützt«. »Als Dichter können sie mir nichts anhaben«, sagte O. M., »deshalb wollen sie mich als Übersetzer erledigen.« Vielleicht war es gerade dieser »Versuch, ihn zu erniedrigen«, der ihm half, sich stolz aufzurichten. Er brauchte diese Erfahrung, um die Wirklichkeit zu begreifen. Die Sowjetmenschen lobten ihre Blindheit und erkannten erst die Realität, wenn sie selbst betroffen waren. Die Massenkampagnen – Kollektivierung, Jeschow-Terror und Nachkriegsmaßnahmen – dienten dazu, den Kreis derer, die sehend geworden waren, zu erweitern. O. M. gehörte zu denen, die frühzeitig sehend geworden waren, aber er war bei weitem nicht unter den ersten.

O. M. wußte immer, daß seine Gedanken gegen den Strom der Zeit standen, »der Welt gegen den Strich liefen«, aber nach der ›Vierten

digung einen offenen Brief an die ›Literaturnaja Gaseta‹. Wie sich herausstellte, waren durch einen Fehler des Verlages die beiden früheren Übersetzer nicht genannt und hatten für die Benützung ihrer Übersetzungen auch keinerlei Entschädigung erhalten. 1929 erschien eine Neuausgabe der ›Eulenspiegel-Legenden‹. Als Übersetzer war jetzt Gornfeld genannt. Ob es die alte Übersetzung Gornfelds war oder die von Mandelstam überarbeitete, war nicht festzustellen.

Prosa‹ schreckte ihn das nicht mehr. Im ›Gespräch über Dante‹ und seinem Gedicht ›Canzona‹ (1931) sprach er nicht zufällig von einer besonderen Art von Gesichtssinn, mit dem die Raubvögel und die Toten in Dantes ›Göttlicher Komödie‹ ausgestattet sind: Sie können die Gegenstände nicht aus der Nähe unterscheiden, sind aber in der Lage, aus großer Entfernung weite Strecken zu überblicken; sie sind der Gegenwart gegenüber blind, aber fähig, die Zukunft vorauszusehen.

O. M. begann wieder zu schreiben, als wir uns auf unserer Rückreise von Armenien in Tiflis aufhielten. Es war weiter so, als rolle sich ein Film vor unseren Augen ab: Gleichsam unter unseren Blicken kam Lominadse um. In seinen letzten Lebenstagen zeigte er, wie sehr er O. M. beistehen wollte. Vom ZK, unterschrieben von Gussew, erhielt er ein Telegramm mit der Anweisung, O. M. behilflich zu sein, in Tiflis eine Arbeit zu finden. Er wollte helfen, wurde aber im gleichen Moment nach Moskau gerufen und kehrte nicht mehr zurück. Alle Zeitungen verwünschten dann in vollen Tönen eine »feindselige Zusammenarbeit von Lominadse und Syrzow«. Das war unser Schicksal: Jeder aus der Führungsspitze, der sich für O. M. verwenden wollte, kam um. Das bedeutete, daß für den neuen Rasnotschinez in der *neuen* »Welt der Macht« kein Platz war. O. M. hatte drei- bis viermal mit Lominadse im Gebietskomitee sprechen können, und schon merkten wir, daß sogleich nach Lominadses Tod uns, wo wir gingen und standen, Spitzel folgten. Wahrscheinlich hatte sich die örtliche Sektion der Geheimpolizei dazu entschlossen, auf jeden Fall ein Auge auf den geheimnisvollen Besucher des in Ungnade gefallenen Würdenträgers zu werfen. Wir begriffen, daß in Tiflis für uns kein Bleiben war, und machten uns in Richtung Moskau auf den Weg. Als wir Gussew, der O. M. zu Lominadse geschickt hatte, erzählten, daß wir von Spitzeln beobachtet worden waren, hörte er unseren Bericht mit steinernem Gesicht an. Derart steinerne Gesichter konnten nur sowjetische Beamte aufsetzen. Es bedeutete: Wie konnte ich wissen, daß Lominadse ein Volksfeind war, und wer weiß, welche Gründe die georgischen Kollegen hatten, Sie zu überwachen? Schon damals konnte ein unschuldiger Mensch ohne weiteres in eine fremde Affäre verwickelt werden, und deshalb trug Gussew diese steinerne Maske zur Schau. Ebenso erging es uns bei Molotow, der auf Bucharins Bitte hin Gussew beauftragt hatte, unsere Reise nach Suchumi und Armenien zu organisieren und auch weiterhin auf uns zu achten. Wohin wir auch fuhren, Gussew wandte sich stets an den Vorstand der örtlichen Parteiorganisation und bat ihn, für uns zu sorgen. Er hatte diese Bitte auch an Lominadse gerichtet, und der war in demselben Moment, als er helfen sollte und wollte, umgekommen. Das hätte auch O. M. ins Verderben stürzen können, doch dieses Mal kam er noch mit heiler Haut davon; es hätte einen Prozeß nach sich ziehen können, aber er fand nicht statt. Wir hatten Glück. Damals begriffen wir das noch nicht und lachten über Gussews steinerne Maske. Mit der Affäre Lominadse endete auch Gussews Vormundschaft über O. M., aber ich kann nicht behaupten, daß in unseren Händen nur ein Häufchen Lehm zurückgeblieben sei – in Armenien begann O. M. wieder Gedichte zu schreiben, und für uns begann ein neuer Lebensabschnitt.

Achtunddreißigstes Kapitel

Die Arbeit

Erst 1930 wußte ich, wie Gedichte entstehen. Vorher wußte ich nur, daß ein Wunder geschieht; plötzlich erschien etwas, das vorher nicht dagewesen war. Anfangs – zwischen 1919 und 1926 – begriff ich nicht einmal, daß O. M. arbeitete, und war immer erstaunt, wenn er angestrengt und konzentriert aussah, einem Gespräch aus dem Wege ging und manchmal jäh aus der Wohnung auf den Hof, auf den Boulevard stürzte. Als dann 1930 seine Periode des Schweigens zu Ende war, wurde ich, ob ich wollte oder nicht, zum Zeugen seiner Arbeit.

Besonders deutlich wurde mir das alles erst in Woronesch. Das Leben in gemieteten Zimmern, das heißt in einer Hundehütte, einer Bude oder einem Schlafsack – wie soll ich es sonst sagen? –, stets zu zweit, ohne Freunde, hoffnungslos, entwurzelt, kümmerlich, dahinvegetierend – aus dieser Nähe gewann ich Einblick in seine »wohlklingende Arbeit«. Sobald ein gewisses Stadium erreicht war, zog er sich vor den Menschen nicht mehr zurück. Er sagte: Ist die Arbeit in Gang, kann sie durch nichts mehr gestört werden. Wassilissa Georgijewna Schklowskaja, mit der er sehr befreundet war, erzählte mir, daß er 1921, als sie im »Haus der Kunst« an der Mojka in Leningrad nachbarlich beisammen wohnten, oft zu ihr ins Zimmer gelaufen kam, um sich am eisernen Ofen etwas aufzuwärmen. Manchmal legte er sich aufs Sofa, preßte ein Kissen gegen die Ohren, um nicht die Gespräche im überfüllten Zimmer zu hören. Er hielt es bei sich allein nicht mehr aus, kam zu Wassilissa und arbeitete so bei ihr. Das Gedicht über den Engel Maria kam im Zoologischen Museum zur Welt, als wir mit dem Kustos Kusin und seinen Freunden bei einer Flasche georgischen Weins saßen, die irgend jemand in seiner Aktenmappe hereingeschmuggelt hatte. Wir saßen am Tisch, O. M. aber blieb nicht ruhig sitzen, sondern ging unaufhörlich in Kusins großem Arbeitszimmer auf und ab. Wie so oft, schrieb er sein Gedicht erst in Gedanken, dann diktierte er es mir noch im Museum. Überhaupt war es ihm, nachdem er mich geheiratet hatte, zu unbequem, seine Gedichte selbst niederzuschreiben, und er diktierte sie mir immer.

In Woronesch aber war die Nähe zu seiner Arbeit schon zu groß. Er konnte sich nirgendwohin flüchten, wenn er allein sein wollte. In

Moskau war es nicht viel besser gewesen, aber wenigstens gab es dort immer ein Plätzchen, wohin ich mich auf eine Stunde verziehen konnte. In Woronesch hätte ich auf die verschneite Straße hinaus müssen, und die Winter waren besonders streng.

Wenn die Gedichte schon einen gewissen Reifegrad erreicht hatten, bedauerte ich immer den armen O. M., der mir wie ein eingesperrtes wildes Tier erschien, und ich tat, was ich konnte: Ich legte mich manchmal aufs Bett und gab vor zu schlafen. Als O. M. das bemerkte, überredete er mich manchmal, wirklich zu schlafen oder ihm wenigstens den Rücken zuzukehren.

Im letzten Jahr in Woronesch, in dem kleinen Haus bei der Näherin, erreichte unsere Abgeschiedenheit ihren Höhepunkt. Wir verließen unsere bescheidene Behausung meist nur noch, um zum Telefon zu gehen, das zwei Schritte vom Haus entfernt war, um mit meinem Bruder zu telefonieren. Wischnewskij und Schklowskij gaben ihm in jenem Winter jeden Monat 100 Rubel, die er uns schickte. Sie fürchteten sich davor, es selbst zu tun. Alles konnte zum Verhängnis werden. Von dem Geld bezahlten wir unser Zimmer, es kostete genau 200 Rubel im Monat. Einkünfte hatten wir kaum mehr – weder in Moskau noch in Woronesch gab man einem von uns beiden eine Arbeit. Die Bekannten auf der Straße wandten sich von uns ab oder sahen durch uns hindurch. Auch das gehörte allgemein zur erhöhten Wachsamkeit. Nur die Künstler erlaubten es sich, unvorsichtig zu sein. Sie lächelten uns freundlich zu und redeten uns sogar auf der Hauptstraße an. Das mochte daran liegen, daß die Theater nicht im gleichen Maß wie andere Einrichtungen Repressionen ausgesetzt waren. Zu uns nach Hause kamen nur Natascha Stempel und Fedja Maranz; doch beide arbeiteten und hatten nur sehr wenig Zeit. Natascha erzählte mir, daß ihre Mutter sie vor möglichen Folgen ihrer Besuche bei uns gewarnt habe; nun versuchte sie, ihr zu verheimlichen, wohin sie ging. Aber die Mutter sagte zu ihr: »Ich weiß, wohin du gehst. Ich muß dich warnen, aber du mußt wissen, was du tust. Lade sie doch zu uns ein.« Von dieser Zeit an gingen wir häufig zu Natascha, und ihre Mutter bemühte sich immer, uns mit allem, was sie nur hatte, zu bewirten. Schon vor langer Zeit hatte sie sich von ihrem Mann, einem Adelsmarschall getrennt und, um sich und die beiden Kinder durchzubringen, anfangs in der städtischen Lehranstalt und dann in der Elementarschule unterrichtet. Diese bescheidene, kluge, fröhliche und leichtfüßige Marja Iwanowna war die Einzige in Woronesch, die ihr Haus nicht vor uns verschloß. Alle übrigen Türen waren gleichsam mit doppelten Schlössern gesichert: Wir waren Ausgestoßene, mit uns durfte die sozialistische Gesellschaft nicht in Berührung kommen.

Alles wies auf das nahende Ende hin, und O. M. bemühte sich, die letzten ihm verbleibenden Tage zu nützen. Ihn beherrschte ein einziges Gefühl: Er müsse eilen, sonst werde er unterbrochen und könne nicht zu Ende reden. Manchmal beschwor ich ihn, sich etwas Ruhe zu gönnen, einen kleinen Spaziergang zu machen, kurz zu schlafen, aber er winkte nur ab: Das sei nicht möglich, die Zeit vergehe im Flug. Ein Gedicht folgte dem anderen. Er arbeitete an mehreren Gedichten gleichzeitig. Oft bat er mich, gleich zwei, drei Gedichte auf einmal niederzuschreiben, die er in seinem Kopf schon fertig hatte. Ich konnte ihn nicht aufhalten: »Hilf mir, sonst werde ich nicht fertig.«

Natürlich war das einfach das Vorgefühl des nahenden Endes, aber mir war das nicht so klar wie ihm. Mir sagte er nichts, nur in Briefen, die er an Menschen in Moskau richtete (in diesem Winter fuhr ich zweimal hin, um zu Geld zu kommen), stellte er vorsichtig die Frage, was uns wohl erwarte. Aber es blieben Andeutungen, als handle es sich bei uns um ganz normale Schwierigkeiten. Vielleicht wehrte er diese Gedanken ab; wahrscheinlicher ist, daß er mich schonen und die letzten Tage unseres gemeinsamen Lebens nicht trüben wollte.

Er jagte sich selbst ein ganzes Jahr. Er beeilte sich. Er beeilte sich sehr. Von dieser Hetze kam er in immer schmerzhaftere Atemnot: Sein Atem stockte, sein Puls schlug unregelmäßig, seine Lippen wurden blau. Häufig bekam er auf der Straße Angina-pectoris-Anfälle. Im letzten Jahr in Woronesch konnte er nicht mehr allein ausgehen. Zu Hause war er nur ruhig, wenn ich bei ihm war. So saßen wir einander gegenüber: Ich sah schweigend auf seine Lippen, wie sie sich bewegten; er beeilte sich, um seine letzten Worte zu sagen.

Jedesmal, wenn O. M. ein Gedicht geschrieben hatte, zählte er die Zeilen und verkündete, wieviel er jetzt nach dem höchsten Tarif »verdient« habe – mit einem niedrigeren wollte er gar nicht rechnen. Nur selten, wenn er mit einem Gedicht sehr unzufrieden war, teilte er es der »zweiten Sorte« zu, er rechnete dafür einen niedrigeren Tarif. Er verfuhr nach dem Vorbild Sologubs, bei dem alle Gedichte in Sorten, die den verschiedenen Preisen entsprachen, eingeteilt waren. Wenn er so eine »Tageseinnahme« errechnet hatte, gingen wir, im Hinblick auf die zukünftigen Honorare, uns Geld für ein Päckchen Tee, ein Stück Brot oder einen Eierkuchen zum Mittagessen zu borgen. Schauspieler, Schriftsetzer und manchmal auch zwei Professoren (einer von ihnen war ein Freund von Natascha, der andere ein Naturwissenschaftler) gaben uns »gegen diese Sicherheit« Geld.

Mit unseren Gönnern verabredeten wir uns meistens in einer menschenleeren Seitenstraße, wo wir wie Verschwörer langsam aneinander vorbeigingen und sie uns ein Kuvert mit den Almosen zusteckten. Wenn wir am Vorabend keine Verabredung hatten treffen können, gingen wir zu den Schriftsetzern in die Druckerei. O. M. hatte sie im Sommer 1935 kennengelernt, als wir bei dem Mäusequäler im Haus neben der Druckerei und Redaktion der Lokalzeitung wohnten. Oft hatte O. M. ihnen als ersten seine neuesten Gedichte vorgelesen. Die Setzer freuten sich immer, wenn er kam, nur die jungen verblüfften ihn manchmal zum Ärgernis der älteren mit Urteilen, die der ›Literaturnaja Gaseta‹ nachgeredet waren. Als wir so große Not litten, hörten die Älteren schweigend seine Gedichte an, hielten O. M. eine gewisse Zeit mit Gesprächen über dies und jenes auf, während einer von ihnen schnell in ein Geschäft lief und O. M. dann ein kleines Eßpaket in die Hand drückte. Sie wurden sehr schlecht bezahlt und wußten selbst kaum, wovon sie leben sollten, trotzdem aber meinten sie, daß »es unmöglich sei, einen Genossen in einer solchen Zeit im Elend allein zu lassen«.

Auf unseren Wegen gingen wir auch bei der Post vorbei und schickten O. M.s Gedichte an die Moskauer Literaturzeitschriften. Nur ein einziges Mal – auf den ›Unbekannten Soldaten‹ – bekamen wir Antwort. Die Redaktion der ›Snamja‹ (Das Banner) teilte uns mit, daß es gerechte und ungerechte Kriege gebe und der Pazifismus keinerlei Verherrlichung verdiene. Wir waren soweit, daß wir selbst diese abgeschmackte Antwort als gute Nachricht empfanden: Es war doch jemand da, der uns geantwortet hatte und mit uns sprach!

Das Gedicht vom Schatten, der unter den Menschen einherwandert und »sich an ihrem Wein und dem Himmel aufwärmt«, wurde ausnahmsweise nicht nach Moskau, sondern nach Leningrad, wahrscheinlich an die ›Swesda‹ (Der Stern), geschickt. Manchmal finde ich jetzt unter den Kopien, die heute verbreitet sind, verloren geglaubte Gedichte und Varianten, die diesen Sendungen an die Redaktionen entstammen. Die Mitarbeiter der Zeitschriften entwendeten die Blätter mit den verbotenen Gedichten und verbreiteten sie.

Der Journalist Kasarnowskij, der mit O. M. in einem Verbannungslager zusammentraf, sagte, daß O. M. vorgeworfen worden sei, er habe seine Gedichte unter den Redaktionsangehörigen der Zeitschriften verbreitet. Die Gedichte belegten sie dabei mit einem nicht wiederholbaren Wort. Ist es nicht gleichgültig, was sie ihm zur Last legten? Die Akte über O. M.s Verurteilung besteht nur aus zwei Blättern. Ich sah den Aktendeckel bei der Staatsanwaltschaft, als man mir dort 1956 erklärte, daß O. M. von den bei der zweiten Verurteilung ihm zur Last gelegten Anschuldigungen rehabilitiert sei. Gerne hätte ich gelesen, was dort geschrieben stand, und noch lieber hätte ich es ohne jegliche Änderung und ohne Kommentar veröffentlicht.

Neununddreißigstes Kapitel

Bewegte Lippen

Es war 1932. Ich ging aus der Redaktion der Zeitschrift ›Für eine kommunistische Erziehung‹ durch die Nikitskij-Straße nach Hause. Damals wohnten wir auf dem Twerskij-Boulevard. Plötzlich sah ich O. M. Er saß auf der Treppe eines verdreckten Einfamilienhauses. Sein Kopf war so verdreht, daß sein Kinn fast auf der Schulter ruhte. In der rechten Hand wirbelte er seinen Spazierstock herum, mit der linken stützte er sich, um sein Gleichgewicht zu halten, auf einer Steinstufe ab. Er bemerkte mich sofort, sprang auf, und wir gingen zusammen nach Hause.

Wenn O. M. dichtete, hatte er immer das Bedürfnis, sich dabei zu bewegen. Er ging im Zimmer auf und ab – leider wohnten wir immer in solchen Buden, daß es nichts gab, wohin man gehen konnte; oft lief er auf den Hof hinaus, in den Garten, auf den Boulevard oder schlenderte durch die Straßen. An dem Tag, als ich ihn auf der Treppe sitzen sah, war er vom Umherwandern müde geworden und wollte sich etwas auf der Treppe ausruhen. Damals arbeitete er am zweiten Teil der ›Verse über die russische Dichtung‹. Für O. M. gehörten Dichtung und Bewegung, Gedichte und Umherwandern zusammen. In seinem ›Gespräch über Dante‹ stellt er die Frage, wieviel Sohlen wohl Alighieri abgelaufen habe, als er seine ›Comedia‹ schrieb. Die Vorstellung vom Dichten im Gehen findet sich auch in seinen Gedichten über Tiflis, von denen er sagte, daß sie an den »abgenutzten Glanz« der Schuhe eines am Ziel angelangten Dichters erinnern. Hier ist nicht nur auf seine Armut hingewiesen – seine Schuhe waren immer abgelaufen –, sondern auch seine Ansicht vom Entstehen eines Gedichts.

Nur zweimal habe ich erlebt, daß O. M. dichtete, ohne umherzulaufen. Das eine Mal war es in Kiew, als wir Weihnachten 1923 bei meinen Eltern zu Gast waren; damals saß er mehrere Tage unbeweglich neben dem kleinen eisernen Ofen und rief von Zeit zu Zeit nach mir oder meiner Schwester Anja, damit wir die Zeilen des ›1. Januar 1924‹ niederschrieben. Und dann in Woronesch, in der Zeit, als er bis zur Erschöpfung arbeitete, hatte er sich einmal einen ganzen Tag hingelegt, um auszuruhen. Aber in seinem Kopf summte beständig ein

Gedicht, und er konnte von ihm nicht loskommen. So entstand das Gedicht über die Sängerin mit der tiefen Stimme, das am Ende des ›Zweiten Woronescher Heftes‹ steht. Kurz zuvor hatte er im Radio Marian Anderson gehört und am Vorabend eine andere Sängerin, die aus Leningrad nach Woronesch verbannt worden war. Für sie machte O. M. eine freie Übersetzung neapolitanischer Lieder, die sie im Radio singen sollte. Wir eilten zu ihr, nachdem wir erfahren hatten, daß ihr Mann, der erst vor kurzem fünf Jahre in einem Lager abgesessen hatte und nach Woronesch kommen durfte, erneut verhaftet worden war. Noch nie zuvor hatten wir von einer sofortigen Wiederverhaftung gehört, und wir wußten nicht, was das bedeuten sollte. Die Sängerin lag im Bett. Leute, die seelisch getroffen sind, legen sich hin. Meine Mutter, die als Ärztin vor der Revolution während einer Hungersnot in den Dörfern des Wolgagebietes geholfen hatte, erzählte, daß in allen Hütten die Menschen immer lagen, selbst dort, wo es noch Brot gab und die Leute vom Hunger noch nicht erschöpft waren. Emma, eine Bekannte von ihr, die Lehrerin am pädagogischen Institut von Tschita war, fuhr mit Studenten zum Arbeitseinsatz in eine Kolchose. Als sie zurückkam, erzählte sie mir ganz verwundert, alle Kolchosbauern hätten immer nur gelegen. Es lagen und liegen die Studenten in ihren Wohnheimen, es liegen die Angestellten zu Hause nach ihrer Arbeit. Wir alle liegen. Ich habe mein ganzes Leben gelegen.

Die Sängerin schmiedete fieberhaft Pläne für die Zukunft – dieses Fieber ergreift uns alle in Minuten der Bedrohung durch Tod, Verhaftung und andere Unglücksfälle. Sind es nicht gerade diese gleichsam fieberhaften Wahnvorstellungen, die uns helfen, wahrhaft unerträgliche Situationen, wie es der Tod eines nahestehenden Menschen oder sein Abtransport in ein Gefängnis des 20. Jahrhunderts ist, zu überleben? Die Sängerin sagte uns, es könne doch unmöglich sein, daß sie ihren Mann wieder zurück ins Lager schickten, er sei doch soeben erst entlassen worden. Das hieße, sie würden ihn irgendwohin verbannen, nun, das war nicht so schlimm. Wohin er auch käme, sie würde ihm nachreisen, sie würde singen. Es wäre doch egal, wo sie sänge, ob in Leningrad, in Ischim, in Woronesch oder Irgis. Überall könne sie singen, in jedem sibirischen Dorf. Sie würde singen, und man würde ihr Mehl geben, sie könnte dann Brot für ihn backen, und sie würden es gemeinsam essen.

Der Mann kehrte nicht zurück, denn es war ein neuer Erlaß herausgekommen, wonach alle, die schon einmal im Gefängnis waren, wieder zu verhaften seien. Damals (oder in den fünfziger Jahren, ich entsinne mich nicht mehr genau) erschien auch eine Verfügung, nach der alle, die in Lagern gewesen waren, auch nach ihrer Entlassung in der

Verbannung leben mußten. Auch die Sängerin verschwand sehr bald – sie wurde irgendwohin geschickt, zum Singen oder um Bäume zu fällen; wir konnten nicht erfahren, wohin.

O. M. erklärte mir, daß in dem Gedicht über die Sängerin mit der tiefen Stimme zwei Gestalten vereint seien – die Sängerin aus Leningrad und Marian Anderson. An diesem Tag, als er das Gedicht verfaßte, ahnte ich nicht, daß er arbeitete, denn er lag ruhig und still. Die Ruhelosigkeit war für mich immer das erste Anzeichen dafür, daß er arbeitete. Als zweites galt mir, wenn er seine Lippen bewegte. In einem Gedicht sagt er, es wäre unmöglich, ihm jemals die Lippen wegzunehmen, auch unter der Erde würden sie sich ständig noch bewegen. So kam es auch.

Der Dichter arbeitet mit der Stimme, und die Lippen sind sein Instrument. Das haben der Flötist und der Dichter gemeinsam. Hätte O. M. nicht bewußt selbst erfahren, wie sich Lippen bewegen, hätte er nie das Gedicht über den Flötisten, der, »mit den Lippen seine Intention ausdrücken will«, schreiben können.

Der Flötist des Gedichtes war ein Bekannter von uns. Er hieß Schwab. Er war Deutscher und lebte ständig in Angst um seine einzige Flöte, die ihm ein alter Kollege vom Konservatorium aus Deutschland geschickt hatte. Wir gingen manchmal zu ihm, dann nahm er seine Flöte aus dem Futteral und spielte eigens für O. M., um ihn zu trösten, Bach, Schubert und andere Klassiker. Alle, die auf ihrer Tournee nach Woronesch kamen, mochten Schwab sehr gern. Beide Ginsburgs sagten von ihm, er sei ein wahrer Musiker. Einmal nach der Arbeit – O. M. war damals noch am Theater angestellt – schlichen wir uns auf einen der Ränge, um das Sinfoniekonzert anzuhören. Von oben herab sah man auf das Orchester, es lag wie auf dem Handteller ausgebreitet vor uns, und plötzlich bemerkte ich, daß auf Schwabs Platz ein anderer Flötist saß. Ich neigte mich zu O. M. und flüsterte: »Schau doch!« Die Nachbarn zischten, aber wir flüsterten weiter miteinander. »Sie werden ihn doch nicht geholt haben?« sagte O. M., und in der Pause liefen wir schnell hinter die Kulissen. Unsere Vermutung bestätigte sich; solche Vermutungen bestätigten sich in unserem Leben immer. Wir waren abergläubisch geworden und fürchteten schon, derartige Gedanken auszusprechen, damit sie sich nicht erfüllten. Wie wir später erfuhren, hatten sie Schwab der Spionage beschuldigt und ihn für fünf Jahre in ein Lager für Kriminelle in der Nähe von Woronesch gesteckt. Dort starb er auch, denn er war schon alt, ein alter Mann mit seiner Flöte. Oft dachte O. M. darüber nach, ob Schwab wohl seine Flöte mit ins Lager genommen oder gefürchtet habe, daß die Diebe, mit denen er zusammen in einer Baracke leben mußte, sie ihm wegnähmen. Hatte er sie mitgenommen, so spielte er sicher für die anderen Strafgefangenen abends in der Baracke. Das Flötenspiel, das schwere Schicksal des alten Flötisten und erste Anzeichen der Angst, daß »schreckliche Dinge auf ihn zukommen«, inspirierten O. M. zu diesem Gedicht.

In dem Gedicht spricht O. M. von der Bewegung der »sich erinnernden« Lippen. Ob nur die Lippen des Flötisten im voraus wissen, was sie ausdrücken werden? Beim Prozeß des Dichtens gibt es ein ähnliches Erinnern an Dinge, die vorher noch nie gesagt wurden. Und ist nicht diese Suche nach dem »verlorenen Wort« (»Ich vergaß das Wort, das ich sagen wollte, eine blinde Schwalbe kehrt in die Behausung des Schattens zurück«) ein Versuch, noch nicht Existentes zu erinnern? Mit starker Konzentration suchen wir nach dem Vergessenen, und dann taucht es blitzartig in unserem Bewußtsein auf. Im ersten Stadium bewegen sich die Lippen lautlos, dann ein Flüstern, und »plötzlich tönt der gespannte Bogen in meinem Gemurmel«. Die innere Musik ordnete sich sinnvoll. Die Erinnerung kam wie die Lichtspuren auf einem Film zum Vorschein.

Nicht zufällig haßte O. M. das abgedroschene Gerede von Form und Inhalt, das bei uns so modern und für die Auftraggeber so bequem war, denn für den offiziellen Inhalt forderten sie immer eine schöne Form. Über dieser Trennung von Form und Inhalt zerstritt sich O. M. augenblicklich mit den armenischen Schriftstellern, als er auf ihrem ersten Zusammentreffen, ohne zu wissen, wen er zitierte*, über die Losung herfiel, die Kultur, Literatur und Kunst solle »national in der Form, sozialistisch im Inhalt« sein. So waren wir selbst in Armenien isoliert. Das Bewußtsein, daß Form und Inhalt eine absolut unteilbare Einheit bilden, hatte O. M. offensichtlich aus seiner Arbeit an den Gedichten gewonnen. Die Gedichte entstanden aus einem einzigen Impuls, und schon die Melodie, die in den Ohren tönte, schloß den von uns so genannten Inhalt mit ein. Im ›Gespräch über Dante‹ verglich O. M. die »Form« mit einem Schwamm, aus dem »der Inhalt« herausgepreßt werde. Ist der Schwamm trocken und enthält nichts, so kann aus ihm auch nichts herausgepreßt werden. Der umgekehrte Weg heißt: für einen vorgegebenen Inhalt die entsprechende Form finden. Dieses Verfahren verdammte O. M. im ›Gespräch über Dante‹; er nannte Leute, die diesen Weg gingen, »Übersetzer fertiger Gedanken«.

Ilja Ehrenburg sagte einmal in meiner Anwesenheit zu Sluzkij, O. M. verderbe seine Gedichte immer, indem er viele »phonetische Verbesserungen« anbringe. Nie habe ich dergleichen bemerkt. Gedichtvarianten und »Verbesserungen« sind qualitativ völlig verschiedene Dinge.

* Stalin.

Wenn O. M. sagte: »Wir sind die Wortdeuter«, so wußte er, daß jedes Wort eine Information enthält, signifikant ist. Verbesserungen sind typisch für Übersetzer, wenn sie versuchen, den vorgegebenen Sinn so gut wie nur möglich auszudrücken; phonetische Korrekturen können allein der ästhetischen Verbesserung dienen. Der Dichter sucht nach der vollständigen Übereinstimmung, die in dem hintersten Winkel seines Bewußtseins verborgen ist, und verwirft dabei alles Überflüssige und Trügerische, durch das dieses – wie ich es nenne – bereits existierende Ganze verdeckt wird. Das Gedichteschreiben ist eine schwere, erschöpfende Arbeit, die ungeheure innere Anstrengung und Konzentration erfordert. Ist die Arbeit in Gang, so kann nichts die innere Stimme stören, die vom Dichter ganz Besitz ergreift. Deshalb glaube ich auch Majakowskij nicht, wenn er sagt, daß er »dem eigenen Lied auf die Kehle getreten sei.« Wie will er das gemacht haben? Nach meiner seltsamen Erfahrung – der Erfahrung eines Zeugen bei der Arbeit eines Dichters – möchte ich sagen: Die Worte, die einem Dichter erscheinen, können nicht gezügelt werden, man kann ihnen nicht auf die Kehle treten, ihnen keinen Maulkorb anlegen. Gedichte gehören zu den tiefsten Offenbarungen des Menschen. Weil der Dichter ein Träger der Harmonie ist, spricht er von dem, was die Menschen angeht, er lebt unter ihnen, teilt ihr Schicksal. Er spricht nicht »für sie«, sondern mit ihnen, er sondert sich von ihnen nicht ab – und darin besteht seine Wahrheit und Gültigkeit.

Immer erstaunte mich, wie kategorisch fordernd der ursprüngliche Trieb war, sich selbst – mit den Menschen und unter ihnen – zu entäußern. Es war unmöglich, ihn zu simulieren oder künstlich herbeizuführen, und natürlich ist das für den Dichter selbst ein Unglück. Ich verstehe Schewtschenkos Klagen – die O. M. nur zu gut kannte –, daß es ihm unmöglich sei, sich der Aufdringlichkeit der Gedichte zu erwehren, die ihm nur Unheil einbrächten und ihn am Malen, das ihm allein Freude bereite, hinderten. Der Trieb versiegt, wenn das Material ausgeht, wenn die Verbundenheit des Dichters mit der Welt und den Menschen schwindet, wenn er aufhört, sie zu hören und mit ihnen zu leben. Diese Verbundenheit mit den Menschen vermittelt dem Dichter das Gefühl der Wahrhaftigkeit seiner Mitteilungen. Der Trieb erlischt, wenn der Dichter stirbt, auch wenn die Bewegung seiner Lippen für alle Zeiten in den Versen, die er hinterläßt, erhalten bleibt. Wie kann man nur so eine unsinnige Behauptung aufstellen, daß Dichter ihre eigenen Gedichte schlecht lesen, sie verderben? Was verstehen solche Menschen von Gedichten? Nur die Stimme des Dichters verleiht den Gedichten Leben, und in ihnen lebt die Stimme des Dichters für immer weiter.

Als ich mit Anna Achmatowa zusammenlebte, konnte ich ihre Arbeitsweise beobachten, obwohl sie sie viel mehr verheimlichte als O. M. und ich nicht immer erkannte, wann sie arbeitete. In allem war sie weitaus verschlossener und zurückhaltender als O. M., und immer wieder erstaunte mich ihre für eine Frau vollkommene Beherrschtheit, die schon nahezu asketisch war. Nicht einmal ihren Lippen erlaubte sie, sich so offensichtlich zu bewegen, wie es O. M. tat, mir scheint, wenn sie dichtete, preßte sie die Lippen noch fester zusammen, und ihr Mund nahm einen noch bittereren Ausdruck an. Als ich die Achmatowa noch nicht kannte, sagte O. M. einmal zu mir – und später wiederholte er es oft –, daß man ihre Stimme hören könne, wenn man auf ihre Lippen sähe, daß ihre Gedichte aus ihrer Stimme gemacht seien, sie mit ihr ein unteilbares Ganzes bildeten und die Zeitgenossen, die ihre Stimme hörten, reicher als alle kommenden Generationen seien, die sie nicht mehr hören könnten. Diese Stimme mit den gleichen Intonationen in jungen und reifen Jahren, diese Stimme mit ihrer Tiefe, die O. M. so betroffen machte, konnte vor kurzem von Nika erstaunlich gut auf ein Band aufgenommen werden. Wenn dieses Band erhalten bleibt, wird es die Wahrheit meiner Worte bestätigen.

Einige Bewegungen der Achmatowa prägte sich O. M. besonders ein, und immer nach einem Zusammensein mit ihr fragte er mich, ob ich gesehen habe, wie sie plötzlich ihren Hals streckte, den Kopf nach hinten warf und die Lippen anspannte, so als wolle sie »nein« sagen. Er wiederholte diese Bewegung und war erstaunt, daß ich sie nicht so genau wie er bemerkt hatte. In den Varianten des ›Wolfs‹ fand ich den Hinweis auf einen Mund, der »nein« zu sagen schien, es war dies aber nicht Anna Achmatowas Mund, sondern der Mund von O. M., der Anna Andrejewnas Mimik wiederholte. Die Freundschaft dieser beiden unglücklichen Menschen hielt ihr ganzes Leben über an und war vielleicht die einzige Belohnung für alle harte Arbeit und den schweren Weg, den jeder von ihnen durchlief. Erst im Alter wurde Anna Andrejewna das Leben leichter, und sie verstand es zu nützen. Aber ihre Gedichte bleiben unveröffentlicht, es ist unmöglich, das Vergangene aus dem Gedächtnis zu streichen, und hätte sie nicht, wie anscheinend alle Dichter, die Fähigkeit, immer in der Gegenwart zu leben, so könnte sie sich ihres Lebens kaum so erfreuen, wie sie es heute tut.

Vierzigstes Kapitel

Buch und Heft

»Sie haben ein Buch in sich«, sagte Tscharenz, als er O. M.s Gedichten über Armenien zuhörte. (Das war in Tiflis, denn in Eriwan hätte er es nicht gewagt, zu uns zu kommen.) O. M. freute sich über diese Worte: »Vielleicht ist es wirklich so, vielleicht habe ich wirklich ein Buch in mir.« Einige Jahre später trug ich auf O. M.s Bitten einen ganzen Pakken Gedichte, die er in Woronesch geschrieben hatte, zu Pasternak. Der sah sie sich an und sprach von »dem Wunder des Werdens eines Buches«. Er sagte, in seinem Leben sei ihm das nur einmal widerfahren, als er ›Meine Schwester, das Leben‹ geschrieben habe. Ich berichtete O. M. von dem Geprä̈ch und fragte: »Ist das nun ein Buch oder sind es Gedichte?« O. M. lachte nur.

Die Reihenfolge, in der Gedichte entstehen, entspricht einer ebensolchen Gesetzmäßigkeit wie die Anordnung der einzelnen Zeilen in einem Gedicht, nur sind die Zeichen dieser Gesetzmäßigkeit nicht so klar erkennbar. Wenn man nur von der äußeren Form eines Gedichtes spricht, so ist das jedem klar, aber die innere Folgerichtigkeit lyrischer Gedichte springt nicht gleichermaßen ins Auge. O. M.s Äußerung über das »Gefühl für Stereometrie« eines Dichters (in ›Gespräch über Dante‹) bezieht sich auch auf lyrische Gedichte, die in ihrer Gesamtheit ein sogenanntes »Buch« bilden.

Das Werden eines Buches vollzieht sich wahrscheinlich bei jedem Dichter anders. Bei dem einen tauchen zusammengehörende Gedichte in chronologischer Reihenfolge auf, die anderen stellen Gedichte, die wohl zu verschiedener Zeit geschrieben, aber doch ein und derselben Periode zuzuordnen sind, zu einem Buch zusammen, das, wie bei Pasternak, dann doch oft der letzten inneren Übereinstimmung entbehrt. Ich denke hier auch an Annenskijs ›Kleeblätter‹. O. M. gehört zum ersten Typ: Seine Gedichte kamen in Gruppen oder ganzen Strömen, so lange, bis der Impuls erschöpft war. Wenn er ein Buch zusammenstellte, mußte er nur die chronologische Reihenfolge einhalten. Dieses Prinzip ist nun in ›Tristia‹ durchbrochen, aber dieses Buch stellte er auch nicht mehr selbst zusammen.

Die chronologische Folge in O. M.s Werken aufzuspüren, ist nicht erst heute schwer, nachdem viele Daten verlorengegangen sind, schon zu seinen Lebzeiten, als überall die Daten vermerkt waren, bestanden diese Schwierigkeiten. Der Grund dafür ist darin zu suchen, daß Daten schon allein in sich eine Ungenauigkeit enthalten, denn sie bezeichnen immer nur den Augenblick der Niederschrift und nicht Anfang und Ende der Arbeit. Mir scheint, daß nur bei rein rational geleiteten Versifikationen ein genauer Zeitpunkt bestimmt werden kann. Ob O. M., wenn er dem vorerst noch verschwommenen Summen zu lauschen begann, wirklich wußte, was er niederschreiben, was aus dem Murmeln seiner Lippen entstehen würde? Die zweite Schwierigkeit bei einer Datierung ist, welcher Augenblick als entscheidend für das Gedicht angesehen werden soll, der Beginn oder das Ende der Arbeit? Das ist um so wichtiger, als der Dichter oft nicht nur an einem, sondern an mehreren Gedichten gleichzeitig arbeitet.

In vielen Fällen war es selbst für O. M. nicht leicht, die zeitliche Abfolge seiner Gedichte zu bestimmen, so beim ›Wolfs-Zyklus‹ und den Gedichten, die in der Mitte des ›Zweiten Woronescher Heftes‹ enthalten sind. Es gelang ihm nicht mehr, sich hier endgültig festzulegen. Die Gedichte der Jahre 1930 bis 1937 wurden in Woronesch geschrieben; die Manuskripte aus den Jahren 1930 bis 1934 waren bei den Haussuchungen beschlagnahmt und nicht zurückgegeben worden. Die Hauptarbeit, diese Gedichte für den Druck vorzubereiten, wurde noch zu O. M.s Lebzeiten gemacht, das heißt, sie wurden in »Hefte« eingeteilt. Um Gedichte niederschreiben zu können, mußten wir uns bemühen, zu Papier zu kommen, und das war nicht leicht; gutes Papier war für uns überhaupt völlig unerreichbar, wir kamen nur an Schulhefte – daher diese Bezeichnung. Zuerst wurde die Lyrik, die jetzt als ›Erstes Woronescher Heft‹ bezeichnet wird, zusammengestellt. Dann bemühten wir uns, die Gedichte der Jahre 1930 bis 1934 zu erinnern, das heißt: ›Die neuen Gedichte‹. O. M. selbst bestimmte Beginn und Ende der beiden Hefte, die in den ›Neuen Gedichten‹ zusammengefaßt sind. O. M. sah das »Heft« offensichtlich als Teil eines Buches an. Als sich im Herbst 1936 viele Gedichte angehäuft hatten, bat mich O. M., ihm ein neues Heft zu besorgen, obwohl in den alten noch Platz war. So entstand das ›Zweite Woronescher Heft‹. Obwohl zwischen dem ›Zweiten‹ und ›Dritten Woronescher Heft‹ praktisch kein zeitlicher Zwischenraum liegt, stellt das ›Dritte‹ doch etwas völlig Neues dar. Die Gedichte des ›Dritten Woronescher Heftes‹ sind nicht mehr vom vorangehenden Impuls getragen. Würde man die Gedichte genau untersuchen, könnte man feststellen, daß jedes Heft einem bestimmten Thema und einem schöpferischen Impuls folgt. Aber auch ohne weitschweifige Analyse ist leicht erkennbar, wo der Impuls endet.

Mit dem Wort »Buch« verbindet man bei uns allgemein etwas Gedrucktes; ein Buch muß einen gewissen Umfang besitzen. Für ein »Heft« gibt es keine Regeln, hier ist kein arithmetisches Maß vorgeschrieben. Anfang und Ende eines »Heftes« werden nur durch den schöpferischen Impuls bestimmt, der sich in Gedichte umgesetzt hat und ihnen den inneren Zusammenhang gibt. Ein »Heft« ist eigentlich dasselbe wie ein »Buch«, in dem Sinn, wie es Tscharenz, Pasternak und Mandelstam verstanden, nur werden Umfang und Komposition des Heftes, die bei einem Buch allzu oft künstlich sind, nicht von Forderungen der Drucklegung bestimmt. Auf die Bezeichnung »Heft« verfielen wir rein zufällig – es wurde von unserer ewigen Papiernot diktiert; diese Bezeichnung weist zum einen auf die unangenehme Wirklichkeit hin, zum andern ist sie Assoziation zum »Notenbuch« von Schumann. »Heft« umschreibt also eine häusliche, handschriftliche Tradition und war in unserer gleichsam vorgutenbergschen Zeit von großer Bedeutung.

In seiner Jugend war für O. M. das Wort »Buch« gleichbedeutend mit »Phase«. 1919 glaubte er, nur der Autor eines einzigen Buches zu sein, dann bemerkte er, daß ›Stein‹ und die Gedichte, die später in ›Tristia‹ zusammengefaßt wurden, keine Einheit bildeten. Den Titel für diese Gedichtsammlung ersann übrigens Kusmin in O. M.s Abwesenheit.

›Tristia‹ ist eine zufällig entstandene Sammlung, sie wurde aus einer Menge nicht geordneter Manuskripte zusammengestellt, die von dem Verleger ohne Wissen des Autors nach Berlin geschickt worden waren. Das ›Zweite Buch‹ wurde durch die Zensur entstellt; O. M. gab ihm diesen Titel, als er erkannt hatte, daß seine Annahme, der Autor eines einzigen Buches zu sein, falsch war. Ihm war nicht sofort klar, wo der vorrevultionäre ›Stein‹ endete und das zweite Buch mit seinen Gedichten über den Krieg, sein Vorgefühl der Revolution und die Revolution selbst begann. Die Sammlung ›Neue Gedichte‹ (1930 bis 1935) spiegelt das Bewußtsein seiner Abtrünnigkeit ebenso wie die ›Woronescher Hefte‹ seine Verbannung und seinen Untergang wider. Unter jedes Gedicht, das ich für ihn in Woronesch abschrieb, setzte er das Datum und den Buchstaben »W«. Als ich ihn fragte: »Warum tust du das?« antwortete er mir: »Nur so«, es war als stempele er diese Blätter, aber sehr wenige von ihnen sind erhalten geblieben, denn vor uns lag das Jahr 1937.

Einundvierzigstes Kapitel

Der Zyklus

Das Wort »Phase«, auf den Menschen angewandt, bezeichnet einen Abschnitt in seiner Entwicklung, in dem er seiner Reife entsprechend einen gewissen Standpunkt gegenüber der Welt, sich selbst und seinen Werken einnimmt. Die in ›Tristia‹ enthaltenen Gedichte schrieb O. M., als er auf die Revolution wartete und in der ersten Zeit nach der Revolution. Die ›Neuen Gedichte‹ entstanden, nachdem er das Schweigen mit Hilfe der ›Vierten Prosa‹ überwunden hatte. In einer Phase konnten aber auch mehrere Bücher entstehen. So glaube ich, daß die ›Neuen Gedichte‹ und die ›Woronescher Hefte‹, obwohl zwei Bücher, zwischen denen Haft und Verbannung liegen, eine Einheit bilden, einer »Phase« in O. M.s Leben zuzuschreiben sind. Das eine zerfällt in zwei, das andere in drei Teile, von denen jeder als »Heft« bezeichnet wird. Mit anderen Worten, für O. M. entsprach ein Buch einer Periode seines Lebens, während ein »Heft« eine Gedichteinheit darstellte.

»Zyklus« ist eine noch engere Unterteilung. Als Beispiel mögen der ›Wolfs‹-(oder ›Zuchthaus‹-)Zyklus und der armenische Zyklus dienen, die beide im ›Ersten Heft‹ der ›Neuen Gedichte‹ enthalten sind. Allerdings ist die unter der Überschrift ›Armenien‹ zusammengefaßte Gedichteinheit eigentlich kein Zyklus, sondern eher eine Auswahl. Bei O. M. finden wir zwei solcher Auswahlen: ›Armenien‹ und ›Achtzeiler‹. Nur hier hielt O. M. nicht die chronologische Reihenfolge ein, und deshalb haben diese Gedichteinheiten auch nicht den Charakter eines lyrischen Tagebuchs, der zum Beispiel für die ›Woronescher Hefte‹ typisch ist. Die Gedichte der Gedichtauswahlen stammen aber aus frühen Perioden in O. M.s Leben, als O. M. unter seinen Gedichten strenge Auslese gehalten und eine große Anzahl nicht ausgereifter Gedichte vernichtet hatte.

Jeder Zyklus enthält ein Kerngedicht, das den Ausgangspunkt für alle anderen bildet. (Im ›Wolfs‹- oder ›Zuchthaus‹-Zyklus ist leicht das Gedicht ›Der Wolf‹ als Kern zu erkennen.) Es gibt Zyklen, in denen ein Gedicht aus dem anderen logisch hervorgeht und sich die Gedichte wie Glieder einer Kette aneinanderreihen, und andere Zyklen, in denen sich alle Gedichte um ein einziges, um ihre Matrix, wie Schößlinge um den Haupttrieb herum ansiedeln. In diesen Fällen ist die Arbeit des Dichters mit der eines Gärtners zu vergleichen: Er muß die lebenstüchtigen Schößlinge vom Stamm abtrennen und sie sich eigenständig entwickeln lassen. Der gemeinsame Ursprung ist jedoch, auch wenn sich die Gedichte oft weit auseinanderentwickeln, an der Wiederholung bestimmter Schlüsselworte oder der Grundthemen zu erkennen. Die Grundthemen des ›Wolfs-Zyklus‹ sind O. M.s Furcht, eine Beute der Verlogenheit zu werden (»durch Unwahrheit ist mein Mund verzerrt«), das Bedürfnis, seine eigene Stimme zu behalten (»bewahr für immer meine Rede«), und immer wieder der Gedanke, der ihn so grausam in Tscherdyn verfolgte: die Furcht, wie zu Zeiten Peters des Großen mit einer Axt hingerichtet zu werden.

Der russische Pelzmantel (Schuba), der auch im ›Wolfs-Zyklus‹ vorkommt, ist ein immer wiederkehrendes Thema in O. M.s Werk. Er symbolisiert vieles: den russischen Winter, eine angenehme sichere Existenz, den sozialen Status (der für den Rasnotschinez unerreichbar ist). Wir finden den Pelzmantel in O. M.s erstem Gedichtband ›Stein‹ (hier sind die Hausmeister in dicke Pelze gehüllt), in seinem Gedicht über Alexander Gerzowitsch und in ›Ich trinke auf das Wohl der Offiziers-Epauletten‹. (In diesem Gedicht steht der Pelzmantel für seine angebliche Identifikation mit dem alten Regime.) Sein erstes Prosastück hieß sogar ›Der Pelz‹; durch die Schuld eines Kiewer Verlages, den Rakowskijs Schwester leitete, ist es leider verlorengegangen. Im ›Lärm der Zeit‹ kommt der aristokratische Pelzmantel vor, der nichts für Menschen wie Parnok oder O. M. ist, und in der ›Vierten Prosa‹ wird an ihm O. M.s Bruch mit seinen sowjetischen Schriftstellerkollegen verdeutlicht: Er wirft den »literarischen Pelz ab« und tritt ihn mit Füßen.

Seinen ironischen Toast auf den Aristokratenpelz (in ›Ich trinke auf das Wohl der Offiziers-Epauletten‹) liegt eine kleine Episode zugrunde. Ende der zwanziger Jahre klagte eine vornehme Dame, die später umkam, bei Emma Gerstein, sie habe immer den Eindruck gehabt, O. M. »gehöre nicht zu uns«, denn immer sähe sie ihn vor sich, wie er zu Beginn der NEP in einem eleganten Pelzmantel durch Moskau spaziert sei. Als wir das erfuhren, konnten wir nur aufstöhnen. Wir hatten den Pelzmantel, der von einem verarmten Kirchendiener stammte, auf dem Markt von Charkow erstanden. Dieser rötliche Waschbärmantel hatte viele Mottenlöcher, reichte bis auf den Boden und war so plump wie eine Soutane. Der alte Diakon hatte ihn verkauft, um Geld für Brot zu bekommen, und O. M. hatte ihn auf unserem Weg vom Kaukasus nach Moskau erstanden, damit er im Norden nicht so friere. Diesen ersten literarischen, das heißt keineswegs »aristokratischen« Pelz liehen wir Prischwin, als er in einem Wohnheim auf dem Twerskij-Boulevard unterkam, als Matratze. Eines Tages explodierte sein Petroleumkocher, und er nahm den Mantel, um mit ihm die Flammen zu ersticken. Die letzten roten Haare des Waschbärpelzes waren versengt, und O. M. konnte nicht mehr die Befriedigung erleben, seinen Pelz von den Schultern zu reißen und ihn mit Füßen zu treten, so wie er es gemußt hätte: Ein Pelz war seinem Status nicht angemessen.

Der ›Wolfs-Zyklus‹ vermittelt das Vorgefühl der Verbannung, oft erscheinen hier die sibirischen Wälder, Gefangenenpritschen, kleine Holzhütten. Der ganze Zyklus ist gleichsam aus Holz: Richtblock, Kübel, Kiefern, Fichtensarg, Späne (mit denen die Bauern ihre Hütten erleuchten), Axtstiel, Würfelspiel, Kirschkern. Das häufigste Epitheton dieses Zyklus – rauh – fügt sich gut ein.

Die Vorahnung der Verbannung ist schon in Gedichten, die vor dem ›Wolf‹ entstanden, deutlich zu spüren, zum Beispiel spricht O. M. in einem Gedicht von Türketten, die als Fesseln für einen Zuchthäusler verwendet werden. An anderer Stelle vergleicht er Petersburg mit einem Sarg (»in Petersburg zu leben heißt in einem Grab schlafen«), und diesem Sarg kann man nur noch entrinnen, wenn man auf den Bahnhof flüchtet, »wo uns keiner mehr aufstöbern kann«. Das Thema dieses ganzen Zyklus ist das Ausgestoßensein, das Nichtanerkanntwerden. In seinem Gedicht ›Bewahre meine Rede ...‹ (1931) spricht er von sich als einem nicht anerkannten Bruder«. Bei Baudouin de Courtenay las ich, daß ursprünglich nicht der Blutsverwandte als Bruder bezeichnet wurde, sondern der vom eigenen Stamm anerkannte Mensch. O. M. wurde vom »Stamm« seiner Schriftstellerkollegen nicht anerkannt, von der Sowjetliteratur ausgeschlossen, und sogar der schäbige Pelzmantel des Diakons bewies noch seine angeblich bourgeoise Gesinnung.

Zweiundvierzigstes Kapitel

Der letzte Winter in Woronesch

Von dem Geld, das uns, wie ich schon erzählte, Anna Achmatowa, Pasternak und mein Bruder Jewgenij gaben, konnten wir im Sommer 1936 für einige Wochen aufs Land fahren und in einer bescheidenen Datscha wohnen. Da O. M.s Herzanfälle sich häuften und verstärkten, war das besonders wichtig. Als Erholungsort fiel unsere Wahl auf Sadonsk, eine kleine Stadt am Don, die durch ihr Kloster und den Mönch Tichon Sadonskij bekannt geworden ist. So verbrachten wir ungefähr sechs Wochen am Oberlauf des Don, lebten und dachten an nichts. Eines Tages hörten wir dann im Radio von dem beginnenden Terror. Der Sprecher teilte mit, daß Kirows Mörder aufgefunden seien und ihre Prozesse vorbereitet würden. Nach dieser Meldung gingen wir schweigend hinaus auf den Klosterweg. Es gab dazu nichts zu sagen – alles war klar. Am selben Tag stieß O. M. seinen Spazierstock in Pferdespuren, die sich, da es am Vortag geregnet hatte, mit Wasser gefüllt hatten; er machte mich auf sie aufmerksam und sagte: »wie Erinnerungsspuren«. Später tauchten diese Spuren (als »Spuren, die unter dem Tritt von Pferden entstanden«) wieder auf, damals, im darauffolgenden Januar, als O. M. sich an die dröhnende Stimme des allgemein bekannten Radiosprechers erinnerte und sich durch sie dazu getrieben sah, Maßnahmen zur eigenen Rettung zu ergreifen.

Als wir dann nach Woronesch zurückkehrten, waren für uns alle Türen verschlossen. Niemand sprach mehr mit uns, niemand lud uns zu sich ein, keiner wollte uns kennen und schon gar nicht in der Öffentlichkeit. Heimlich aber war mancher doch bemüht, uns zu helfen. So verschaffte uns der Theaterverwalter das Zimmer bei der Theaterschneiderin. Ihr Haus – eine ärmliche Kate, die gleichsam ins Land hinein versunken war – stand auf einem Hügel über dem Fluß. Von dem kleinen Grundstück aus konnte man in der Ferne das gegenüberliegende Ufer mit einem schmalen Waldstreifen sehen. Dort rodelten kleine Buben den Abhang hinab, direkt auf den Fluß zu. Diese Landschaft hatten wir immer vor Augen, und vielfach tauchte sie in O. M.s Versen auf, und wenn er sie auch manchmal verfluchte, so war sie ihm doch sehr ans Herz gewachsen.

Die kleinen Buben fragten ihn oft: »Onkelchen, bist du ein Pope oder ein General?« Immer antwortete O. M. dann: »Ich bin alles beides ein wenig.« Bald fanden wir heraus, daß sie ihn für einen General hielten, weil er sich so geradehielt und »die Nase in die Luft streckte«, das heißt seinen Kopf nach hinten reckte. Durch Wadik, den Sohn unserer Hauswirtin, beteiligte sich O. M. am Vogelhandel.* O. M. meinte: »Knaben haben eine besondere Beziehung zu Vögeln. Hast du schon je einmal kleine Mädchen mit Tauben gesehen oder erlebt, daß sie mit Vögeln handeln?« In seinen Versen kommen nicht selten wilde Vögel vor. So erbärmlich dieser Winter auch war: wir wußten doch, daß er unsere letzte Verschnaufpause sein würde, und versuchten, das Beste aus ihm zu machen. Wir fühlten wie Klytschkow in seinen Versen, die O. M. so sehr liebte: »Vor uns liegt nur Unrast, Unrast hinter uns. Setze dich zu mir ein wenig, um Gottes willen, setze dich.« Und so kam es, daß in dieser letzten Periode das heiterste aller »Hefte« entstand.

Für jede intellektuelle Arbeit muß sich ein Mensch wie ein Instrument stimmen. Natürlich sind hier auch die Menschen verschieden, die einen funktionieren störungsfrei, ohne Unterbrechung, sie stimmen sich gleichsam selbst, wenn sie in Betrieb sind, während die anderen immer wieder unterbrochen werden und sich neu einstimmen müssen. Dichter mit stark ausgeprägten Phasen gehören zur zweiten Kategorie, bei ihnen entstehen zu Beginn einer neuen Phase Schlüsselgedichte, die man mit dem Kammerton vergleichen kann. Das Gedicht von der »Fabriksirene der sowjetischen Städte, die in die Tiefen der Zeit hinein heult«, wurde zum Ausgangspunkt des ›Zweiten Heftes‹. »Warum gerade die Fabriksirene?« fragte ich. »Vielleicht bin ich das selbst«, antwortete mir O. M.

Wie konnte sich dieser gehetzte, in völliger Isolation, in diesem Vakuum lebende Mensch als »Fabriksirene der sowjetischen Städte« empfinden? Völlig vom Leben abgeschnitten erklärte O. M., er sei jene Stimme, die über den sowjetischen Städten ertöne. Nur weil er sich im Recht fühlte, konnte er sich selbst so erklären. Der Kampf um die soziale Anerkennung des Dichters, der Kampf um seine Position und das Recht, sich Gehör zu verschaffen, war vielleicht das, was sein Leben und Werk bestimmte.

Gleichzeitig mit der »Fabriksirene« tauchte im ›Zweiten Heft‹ das Thema der Selbstbestätigung des Dichters durch seine Dichtung auf. In der Zeit des ständig zunehmenden Terrors wäre es unmöglich gewesen, überlegt an ein solches Thema heranzugehen. Wie immer, so drängte

* Noch heute werden in Rußland wilde Vögel gefangen und als Singvögel weiterverkauft.

es sich auch diesmal von selbst auf, war rational nicht vorgegeben. Es schlich sich heimlich ein, verbarg sich hinter Alltäglichkeiten – wie zum Beispiel der Fabriksirene.

Die Situation des Dichters hatte in O. M. schon im Gedicht über den Stieglitz reflektiert, zumindest aber in der Variante dieses Gedichtes, wo O. M. den Stieglitz als sein Ebenbild bezeichnet und ihm zu leben befiehlt. In einem seiner Artikel berichtet O. M. von einem jungen Dichter, der von Redaktion zu Redaktion läuft und all seine literarischen Erzeugnisse anbietet, für die niemand Verwendung hat. (Die Bezeichnung für einen solchen Menschen deckt sich im Russischen beinahe mit dem Wort Stieglitz.) Da O. M. niemals frühere Assoziationen und Gedanken oder von ihm gebrauchte Bilder vergaß, wird er in dem Gedicht über den Stieglitz bestimmt auf die Zurückweisung seiner eigenen literarischen Arbeiten angespielt haben. Vielleicht befahl er sich deshalb so nachdrücklich weiterzuleben.

Der Stieglitz wurde in einen Käfig gesperrt und durfte nicht in die Freiheit des Waldes hinausfliegen. »Mich aber können sie nicht halten«, sagte O. M. »Erst vor kurzem war ich heimlich auf der Krim.« Damit meinte er das Gedicht ›Die Gebirgsspalten in den runden Buchten‹ (Februar 1937). In diesem Gedicht ist in allem das Tempo plötzlich stark verlangsamt (»Ein langsames Segel, von einer Wolke verlängert«). Wir litten darunter, daß die Zeit wie nie zuvor verflog, und O. M. hatte das Gefühl, so richtig wie früher würde man sich im Süden, nur im Süden fühlen können.

»Du warst doch in Tiflis«, sagte ich und erinnerte an seine Tiflis-Verse. »Das war eine Zwangsreise«, antwortete O. M. »Ein böser Geist hat mich dorthin geschleppt.« Seine Gedichte über Tiflis waren für ihn nur ein Beiprodukt, als er versuchte, die Ode auf Stalin zu verfassen.

In einem anderen Gedicht, das er im Januar 1937 geschrieben hat, spricht er von seiner »klaren Sehnsucht«, die es ihm nicht gestattet, die »noch jungen Hügel von Woronesch« um der »heiteren, der ganzen Menschheit gehörenden Hügel der Toskana« willen zu verlassen. Durch die italienische Literatur und einige Bildbände italienischer Architektur, die wir besaßen, war in unserer Behausung auch immer ein Stück Italien. Oft lud mich O. M. dazu ein, mit ihm in Gedanken im Baptisterium von Florenz herumzuspazieren, und dieser Bummel bereitete uns ebensoviel Freude wie die Aussicht, die sich uns von dem kleinen Grundstück der Schneiderin aus bot.

Und dann der Wechsel der Jahreszeiten. »Das ist auch eine Reise«, sagte O. M., »und das können sie uns nicht nehmen.« Aus allen Dingen, zum Beispiel dem herbstlichen Schlamm oder der bitteren Kälte im Winter, die andere Menschen (in diesem Falle besonders mich) zur

Verzweiflung treiben konnten, schöpfte dieser überaus lebensbejahende Mensch immer wieder neue Kraft. Er hatte das Gefühl, alles habe ihm früher gehört, der Süden, Reisen, Züge und Schiffe, und deshalb sagte er zu seiner Verbannung, dem Festgehaltensein in Woronesch, sie hätten ihm alles »weggenommen«.

Als O. M. seine Gedichte über die Sterne schrieb, war er sehr aufgebracht. Seinem Gefühl nach schrieb man Gedichte über Sterne, wenn die schöpferische Kraft am Ende war oder, wie er sagte, »dem Schneider das Material ausgeht«. Gumiljow hatte gesagt, jeder Dichter habe seine eigene Beziehung zu den Sternen. Für O. M. waren die Sterne gleichbedeutend mit Orientierungsverlust, mit einem Abschied von der Welt.

Noch größeren Kummer bereitete ihm sein im Mai 1937 geschriebenes Gedicht ›Die Kiewerin‹; es war in diesem Winter das zweite Gedicht von einer Frau, die von ihrem Mann gewaltsam getrennt worden war und ihn in den Straßen Kiews suchte. »Das kommt nicht von ungefähr«, sagte er zu mir – immer verfolgte ihn die Angst vor neuer Trennung. Oft und vor allen Dingen dieses Mal fürchtete er, Gedichte könnten Wirklichkeit werden. Er las mir einige Zeilen vor, und danach erwähnte er mir gegenüber dieses Gedicht nie mehr. »Frag nicht danach«, bat er mich, »sonst könnte das wirklich eintreten.« Abergläubisch fürchteten wir, alles, was er an geheimen Ängsten in seine Gedichte einbrachte, ginge uns verloren. So war es zum Beispiel mit O. M.s Spazierstock mit dem weißen Griff, den er in seinem Gedicht ›Der Patriarch‹ erwähnt hatte: kurz danach verlor er ihn. Auch die Reisedecke, mit der ich ihn immer zudecken mußte, zerfiel, kurz nachdem O. M. geschrieben hatte, »du wirst mich mit ihr wie mit einer Feldfahne zudecken, wenn ich sterbe«. Von ihr ist nur noch ein Fetzen übriggeblieben, den ich noch immer habe. Unsere Wohnung, um die ich so hart gekämpft habe, ging uns sehr bald nach dem Gedicht ›Die Wohnung‹ verloren, und unseren Stieglitz fraß die Katze.

Dreiundvierzigstes Kapitel

Die Ode

Weil Gedichte, wie ich sie verstehe, in gewisser Weise die Zukunft vorwegnehmen, kommt ein Dichter durch seine Werke zum Verständnis der Wirklichkeit. »Das ist bei allen so«, sagte Anna Achmatowa gleichgültig, als ich ihr ein kleines Gedicht von O. M. zeigte, das deutlich erkennen ließ, wie er die Zukunft vorausgesehen hatte. Sie kannte sein Werk nur zu gut und war deshalb keineswegs erstaunt.

Das ›Zweite Woronescher Heft‹ enthält einen Zyklus, dessen Schlüsselgedicht die ›Ode auf Stalin‹ ist, zu der sich O. M. im Winter 1936/37 gezwungen hatte. ›Die Ode‹ erfüllte ihren Zweck nicht – sie hatte O. M.s Leben retten sollen –, aber sie zog eine ganze Serie anderer Gedichte nach sich, Gedichte, die ihr völlig unähnlich, ja sogar entgegengesetzt sind, so als würde hier das Pendel zurückschlagen.

Der zeitlich genau vorangehende ›Goldfisch‹-Zyklus entsprang einem verstärkten Lebenshunger, einer Lebensbejahung, trägt in sich aber schon das Vorgefühl des nahenden Todes (»Bald werde ich mich in den violetten Schlitten setzen«), läßt unsere Trennung und die auf uns lauernden Schrecken vorausahnen. Doch wir standen erst am Anfang aller »fürchterlichen Dinge«, und die Zukunft kam »vorsichtig«, »drohend« und erbarmungslos heraufgezogen, wie die Wolke in O. M.s Gedicht über das Gebiet von Woronesch (Dezember 1936). Und dann schrieb O. M. Anfang Januar 1937 das Gedicht über die ausgestorbenen Ebenen, über die »der langsam kriecht, der uns im Schlaf aufschreien läßt, der Judas der kommenden Völker«. Klar sah er sich vor die Wahl gestellt, entweder passiv den Untergang zu erwarten oder einen Rettungsversuch zu unternehmen. Am 12. Januar 1937 war der Wendepunkt gekommen: das Datum bedeutet das Ende der Stieglitz-Gedichte und den Beginn eines neuen Zyklus, der sich um die ›Ode‹ herum aufbaute.

Der Mensch, auf den die ›Ode‹ geschrieben war, beherrschte unsere Gedanken und Vorstellungen so stark, daß Äußerungen über seine Person selbst an Stellen verborgen sind, wo man es am wenigsten erwartet. O. M. hatte feststehende, immer wiederkehrende Assoziationen – sie verrieten ihn. Ein Gedicht vom Dezember 1936 handelt zum Beispiel von einem Götzen, der in dem Inneren eines Berges lebt und sich an die Tage zu erinnern versucht, als er noch ein Mensch war. (Im Russischen besteht eine phonetische Ähnlichkeit zwischen den Worten Kreml und Berg, sie geht über die Worte *kremen* [»Kieselstein«] und *kamen* [»Stein«].) Das Bild vom Götzen kann gut auf eine Erzählung von Jachontows Frau Lilja zurückgehen; sie war eine liebenswerte Stalinistin besten Typs und erzählte während eines Besuches bei uns in Woronesch, was für ein wunderbarer, kühler, lebhafter Revolutionär Stalin in jungen Jahren gewesen sei. Gefährlich ist in demselben Gedicht auch noch das Wort »fett« (»Fettperlen tropfen von seinem Nakken«) – man erinnert sich an die »fetten Finger« in O. M.s erstem Gedicht über Stalin. Wir lebten in Assyrien, und so war es unmöglich, nicht an den Assyrer zu denken – O. M. schrieb die ›Ode‹.

An dem Fenster in dem kleinen gemieteten Zimmer bei der Theaterschneiderin stand ein Eßtisch, der uns zu jedem Zweck diente. O. M. beschlagnahmte ihn und legte sich dort Bleistift und Papier zurecht. Das hatte ich noch nie erlebt: stets hatte er erst am Ende der Arbeit Bleistift und Papier benötigt. Aber für die ›Ode‹ war er bereit, alle früheren Gewohnheiten zu durchbrechen, und während er daran arbeitete, mußten wir an einem kleinen bescheidenen Eck des Tisches oder sogar am Fensterbrett essen. Jeden Morgen setzte sich nun O. M. an den Tisch, nahm den Bleistift in die Hand, so wie es sich für einen Schriftsteller vom Schlage Fedins gehörte. Ich erwartete schon fast, er würde sagen: »Wenigstens jeden Tag eine Zeile«, aber Gott sei Dank kam das nicht. Wenn er so eine halbe Stunde in schriftstellerischer Pose gesessen hatte, sprang O. M. plötzlich auf und verfluchte sein Unvermögen: »Denk doch an Assejew – er kann das. Er würde nicht erst lange nachdenken, sondern gleich losschreiben.« Wenn sich O. M. dann wieder beruhigt hatte, legte er sich aufs Bett, bat um eine Tasse Tee, stand wieder auf, fütterte durch das Oberlicht den Hund des Nachbarn mit Zucker – dazu mußte er auf den Tisch mit den fein säuberlich ausgelegten Papieren steigen –, dann ging er wieder im Zimmer auf und ab, und endlich murmelte er vor sich hin, daß es ihm unmöglich sei, die wirkliche Poesie in sich zu ersticken – sie hatte den Gehörnten besiegt. Der Versuch, sich Gewalt anzutun, war gescheitert. Sein künstlich herbeigeführtes Gedicht, in das O. M. alles Material, das sich in ihm angehäuft hatte, hineinlegen wollte, wurde zur Matrix für einen ganzen Zyklus völlig anderer, ja der Absicht der ›Ode‹ zuwiderlaufender Gedichte. Dieser Zyklus, der durch die ›Ode‹ entstand, beginnt mit dem Gedicht ›Die Hefe der Welt‹ und endet mit dem ›Zweiten Woronescher Heft‹.

Eines der hauptsächlichsten äußeren Kennzeichen für die Zusammengehörigkeit der ›Ode‹ und der anderen Gedichte dieses Zyklus, die O. M. völlig unbeabsichtigt über die Lippen kamen, ist die hier und dort immer wiederkehrende Silbe »os«. Sie erscheint in vielen voneinander völlig unabhängigen Worten, wie zum Beispiel »Wespe« (osa) und »Achse« (os). Zum Beispiel beginnt ein Schlüsselgedicht vom 8. Februar 1937: »Ausgestattet mit dem beschränkten Gesichtskreis der Wespen (os), / nagend an der Achse der Welt, der Weltenachse (os).«*

Aber weitaus bedeutender als diese phonetische Verbindung zwischen der ›Ode‹ und dem übrigen Zyklus ist die Art und Weise, in der Einzelheiten der ›Ode‹ in den »freien« Gedichten widerlegt oder anders interpretiert werden. Zum Beispiel zeichnet in der ›Ode‹ der Künstler unter Tränen das Porträt des Führers, in dem oben angeführten Gedicht aber erklärt O. M. frank und frei, er könne nicht zeichnen: »Und ich zeichne und singe nicht...« O. M. selbst war betroffen von diesem unerwarteten Eingeständnis, mir gegenüber sagte er dazu: »Sieh, darin liegt mein Unvermögen: es liegt auf der Hand, ich kann nicht zeichnen.«

Die Erwähnung von Aischylos und Prometheus in der ›Ode‹ führte zu »freien« Gedichten, die Tragik und Märtyrertum zum Inhalt haben (das Gedicht vom 19. Januar / 14. Februar). Auch das Gedicht über Rembrandt (8. Februar) behandelt das Märtyrertum. Hier überträgt O. M. ohne Scheu Golgatha auf sich selbst. (Oft waren wir gemeinsam im Museum von Woronesch, in dem sich die Überreste des Reichtums der Universität Dorpat befanden: ein kleines Golgatha-Gemälde von Rembrandt und einige griechische Vasen.)

Selbstverständlich wird der Kaukasus als Stalins Heimat in der ›Ode‹ erwähnt, dabei allerdings nicht mit dem Machthaber in Verbindung gebracht, sondern O. M. erinnert an den Dichter mit den abgetretenen Schuhen (in dem Gedicht vom 7. bis 11. Februar). Und der Elbrus, als höchster Berg des Kaukasus, wird zum Sinnbild für die Not der Menschen, die Brot und Dichtung in gleichem Maße brauchen.

Gleich auf die ›Ode‹ folgt in einer Variante des Gedichtes ›Hefe der Welt‹ die Klage: »Ich bin betrübt: meine aufrichtige Sache / plappert verlogen daher. / Sie wurde von einer anderen durchkreuzt, / verhöhnt, ihre Achse wurde verschoben!«**

Dichtung ist die »Hefe der Welt«, eine »wohlklingende Arbeit«, sie ist unschuldig. In diesem Zyklus erklärt O. M., er sei ein Dichter, wenn er

* Russen drängt sich bei der Wiederholung der Silbe »os« in diesem Kontext die Assoziation zu der volkstümlichen Form für den Namen Jossif, Ossja, auf. Oft wurde Stalin herabsetzend mit Ossja oder Oska bezeichnet. Auch Mandelstams Vorname, Ossip, ist eine Form von Jossif.

** Dieser Gedichtausschnitt wiederholt die Silbe »os« viermal.

»nichts Unaufrichtiges im Sinn« habe und sein Werk »selbstlos« sei: »Ein uneigennütziges Lied ist sein eigenes Lob, / Trost für die Freunde, Pech für die Feinde.« Der Feind, der sich in unserer Moskauer Wohnung eingenistet hatte, der bereits erwähnte Schriftsteller-General, schrieb eigenhändig auf eigener Maschine – ein Luxus, den sich sonst kaum jemand leisten konnte – alle Gedichte von O. M. ab. Wir konnten diese »Freundlichkeit« nicht ausschlagen, ihm nicht die Texte verweigern – er hätte sie auf jeden Fall bekommen, und wenn er sie unter meinem Kopfkissen hervorgeholt hätte. Als Warnung hatte er die Worte »uneigennütziges Lied« rot unterstrichen. Wenn eines Tages die Archive geöffnet sein werden, lohnt es sich, nach seinem Bericht über dieses Gedicht zu suchen.

In den Gedichten dieses Zyklus verherrlichte O. M. den Menschen (»Vergleiche nicht – ein Lebender ist unvergleichlich«) noch einmal; zum letztenmal ließ er seiner Liebe zum Leben freien Lauf. Er beklagte sich, daß seine Sehkraft nachlasse, einst wäre sie »schärfer gewesen als eine gewetzte Sense«, der es aber nicht vergönnt gewesen sei, »aufmerksam die einsame Vielzahl der Sterne zu betrachten« (letztes Gedicht dieses Zyklus vom 8./9. Februar). In den letzten drei Zeilen seines Gedichtes vom 12. Februar zieht er die Summe aus seinem Leben und Werk: »Und ich begleite das weltumfassende Entzücken, / wie gedämpftes Orgelspiel / eine Frauenstimme begleitet.« Er spricht von sich und gebraucht dabei, wie er im ›Gespräch über Dante‹ sagt, »die unerbittliche Vergangenheit«. Noch einige Monate und er würde zu Anna Andrejewna sagen: »Ich bin zum Sterben bereit.« Diese Worte nahm sie in ihr ›Gedicht ohne Held‹ auf, in Gedanken an O. M. versah sie es mit dem Datum des 27. Dezember 1938, seinem Todestag.

Den Höhepunkt des Zyklus bilden vielleicht die stolzen Worte eines zum Sterben Verdammten, der noch um sein Leben kämpft: »Unglücklich ist der, den, wie sein eigener Schatten, / Hundegebell schreckt und der Wind hinwegrafft, / und erbärmlich ist, wer halblebendig / bei einem Schatten um Gnade fleht.« Den, bei dem alle um Gnade flehten, bezeichnete er als Schatten, und tatsächlich war er ein Schatten. Der um Atem ringende, von allem geschreckte, niemanden aber fürchtende bärtige Mensch, zertreten und verflucht, forderte in seinen letzten Tagen noch einmal den Diktator heraus, der mit einer Macht ausgestattet war, wie sie die Welt vorher noch nicht gekannt hatte.

Menschen, die die Sprache beherrschten, mußten die niedrigste aller Qualen erdulden: Man schnitt ihnen die Zungen ab und befahl ihnen, mit dem noch verbleibenden Stummel den Machthaber zu preisen. Der Wunsch zu leben ist unbesiegbar, und er brachte die Menschen dazu, diese Form der Selbsterniedrigung zu ertragen, um wenigstens physisch zu überleben. Wer auf diese Art und Weise am Leben blieb, war aber so tot wie die, die umgekommen waren. Es lohnt nicht, ihre Namen aufzuzählen, sicher aber ist, daß keiner, der damals als Schriftsteller tätig war, Zeuge wurde. Sie hatten sich im Netz verfangen und konnten sich nicht mehr befreien, sie konnten mit ihren Zungenstümpfen nichts mehr sagen. Unter ihnen waren manche, die unter anderen Bedingungen ihren eigenen Weg und ihre eigene Sprache gefunden hätten.

Im letzten Moment tat O. M., was man von ihm forderte – er schrieb eine Lobeshymne, sie aber erfüllte ihre Aufgabe nicht, rettete ihn nicht. Vielleicht jedoch habe ich es ihr zu verdanken, daß sie nicht auch mich liquidiert haben. Gewöhnlich entlastete es wenigstens die Witwen, wenn ihre Männer den »Auftrag« erfüllt hatten, selbst wenn die Erfüllung nicht zufriedenstellend ausgefallen war. So konnte ich seine Gedichte bewahren, die sonst nur in den illegalen Kopien, wie sie seit 1937 im Umlauf waren, überliefert worden wären.

Um verstehen zu können, warum O. M. bis zuletzt darum bat, der Kelch möge an ihm vorübergehen, muß man erfahren haben, wie unerträglich es ist, zu wissen, daß der Tod sich langsam nähert und unabwendbar ist. Auf einen Genickschuß zu warten ist viel schwerer, als plötzlich niedergemäht zu werden. Den ganzen letzten Winter in Woronesch und dann noch das nächste Jahr, in dem wir im Gebiet um Moskau umherirrten, warteten wir auf das Ende.

Um eine solche ›Ode‹ zu schreiben, mußte man sich wie ein Instrument stimmen, ganz bewußt sich der allgemeinen Hypnose unterwerfen und die Worte der Liturgie, die damals alle Köpfe erfüllte, in sich eindringen lassen. Auf andere Weise konnte ein Dichter damals nichts Ähnliches schreiben – es war nicht in ihm. Anfang 1937 unternahm O. M. einen verheerenden Versuch, der bis an den Rand der Selbstzerstörung ging. Er peitschte sich auf, stimmte sich für die ›Ode‹ und zerstörte dabei sein seelisches Gleichgewicht. »Jetzt weiß ich«, sagte er danach zu Anna Achmatowa, »es war eine Krankheit.«

»Warum nur sehe ich, wenn ich an ihn denke, vor mir nur Köpfe – Berge von Köpfen? Was macht er mit ihnen?« fragte mich O. M. Als wir Woronesch verließen, bat O. M. Natascha Stempel, die ›Ode‹ zu vernichten. Viele Menschen raten mir jetzt, sie zu verheimlichen, so zu tun, als habe es sie nie gegeben. Ich entschloß mich aber zum Gegenteil, sonst wäre alles nur eine Teilwahrheit: das Doppelleben war ein unumstößliches Faktum unserer Zeit, und niemand konnte es umgehen. Die anderen verfaßten solche Oden in ihren Wohnungen und Villen und wurden dafür belohnt. O. M. schrieb sie mit der Schlinge um den Hals, Anna Achmatowa, als die Schlinge um den Hals ihres Sohnes gelegt war. Wer kann sie wegen dieser Gedichte verurteilen?

Vierundvierzigstes Kapitel

Goldene Regeln

Anfang Januar 1937, als O. M. gerade sein Gedicht ›Lächle, wütendes Lämmchen‹ geschrieben hatte, kam zu uns ein Junge, eine richtige Rotznase, der sich vor uns hinsetzte und erklärte, »die Schriftsteller müssen mit ihren Lesern zusammenarbeiten.« Dieses Lied war uns wohlbekannt: er wollte, daß O. M. ihm seine neuesten Gedichte gebe, damit er sie abschreiben könne. Deshalb war er zu uns geschickt worden, aber man hatte ihn nicht ausreichend instruiert, und so verhaspelte er sich, log, schwatzte Unsinn und wußte nicht einmal genau zu erklären, was er wollte.

Wir alle sind geduldig und haben eine goldene Regel: Wenn sie dich bedrängen, leiste keinesfalls Widerstand – tue was sie wollen, das heißt wähle, wie sie es erwarten, unterschreibe jeden beliebigen Aufruf, kaufe Staatsobligationen* und antworte den Spitzeln auf alle Fragen, damit sie ihren Auftraggebern Rede und Antwort stehen können, sonst »zahlt man es dir heim«, und sie erreichen sowieso, was sie wollen. Die Hauptsache in solchen Situationen war, so gut und so schnell wie möglich sich von den Verfolgern zu befreien. O. M. hielt sich auch stets an diese Regel, aber in diesem Fall wurde er so ärgerlich, daß er, wie Anna Andrejewna es nannte, »über die Ufer trat«.

In unserer Isolation waren Besucher wie der Jüngling einfach unerträglich. In seinem Zorn warf O. M. den ungebetenen Gast hinaus und lachte dann später über sich selbst: Was hatte er sich eingebildet, als er dachte, man würde nur qualifizierte Agenten zu ihm schicken! Als aber dann der nächste erschien, nur etwas älter, aber ebenso ungeeignet, lachte O. M. schon nicht mehr, sondern – ich gebrauche wieder einen Ausdruck Anna Achmatowas – »erlitt einen epileptischen Anfall«.

Es empfahl sich nicht, Agenten zu entlarven; die Behörde, die sie geschickt hatte, duldete nicht, daß ihre Arbeit kompromittiert wurde, und früher oder später rächte sie sich an denen, die sie bloßgestellt hat-

* Unter Stalin waren alle Sowjetbürger verpflichtet, Staatsobligationen zu kaufen, »freiwillig« sollten sie bei Betriebszusammenkünften einen Monatslohn zur Verfügung stellen. Das war eine Art ständig wiederkehrender Abgaben.

ten. Auch heute noch ziehen es viele vor, die in Gefängnissen und Lagern gesessen haben, sich über ihre »Taufpaten«* auszuschweigen — sie wissen, es lohnt nicht, zu sprechen, das würde nur schlecht enden. In jenen Jahren schwiegen alle. Seltene Ausnahmen bestätigen nur die Regel. Solch eine Ausnahme war zum Beispiel Marietta Schaginjan. Alle wußten, daß sie keinen Spitzel an sich heranließ, und wenn es einer dennoch wagte, so machte sie großes Aufsehen, um ihn vor allen ehrlichen Menschen bloßzustellen. 1934 machte sie in meiner Gegenwart eine solche Szene. Wir kamen zusammen aus dem Staatsverlag, und sie fragte mich nach unserem Leben in Woronesch; damals mied uns noch niemand, und niemand hatte Angst, mit uns gesehen zu werden, denn das Gerücht über Stalins Gespräch mit Pasternak war bereits verbreitet. Kaum hatten wir das Gebäude verlassen, als der Dichter B. uns nachgelaufen kam — auch er wollte sich nach O. M. erkundigen.

Marietta fiel über B. her: »Ich werde beim ZK vorgelassen«, schrie sie, »ich erlaube nicht, daß man hinter mir herspioniert.« Ich versuchte Marietta zu beschwichtigen und erklärte ihr, daß B. ein guter Bekannter von mir sei. Sie aber ließ sich darauf nicht ein, und mir kam der Verdacht, sie habe B. ganz bewußt als Objekt für einen Skandal ausersehen. Marietta fiel über absolut ehrbare Menschen her und hoffte wohl damit, wirkliche Spitzel, mit denen sie kaum gewagt hätte, so umzugehen, von sich fernzuhalten. Aber ich wiederhole, Marietta war eine Ausnahme. Die Spitzel stießen meist auf keinerlei Widerstand, sie gewannen mehr und mehr freie Hand und wurden gerade deshalb immer dreister.

Der Woronescher Spitzel, der den hinausgeworfenen Nichtsnutz ablöste, kam, wann immer er wollte — zu den unmöglichsten Zeiten: morgens, abends, tagsüber, ohne anzuklopfen, drang er in das kleine Haus der Theaterschneiderin ein. Die Tür war meist nicht abgeschlossen, denn Wadik stürzte als leidenschaftlicher Vogelhändler und Kenner von Gimpel und Stieglitz ständig auf die Straße. Der neue Spitzel kam so unerwartet über die Schwelle, daß wir nur kurz aufstöhnen konnten und es uns nicht gelang, die Manuskripte vom Tisch zu nehmen. Ohne abzulegen, setzte er sich an den Tisch und machte sich daran, die Papiere, nicht ohne die nötigen Kommentare, durchzusehen. Er fragte zum Beispiel: »Wieviel Strophen sind das hier?« oder »Bei dieser Handschrift findet man sich überhaupt nicht durch! Ihre (er meinte mich) ist viel besser!« O. M. riß ihm wütend die Manuskripte aus der Hand und zerriß sie in viele kleine Stücke. Später mußten wir sie wie-

* Offiziere der Geheimpolizei, mit der Gefangenenüberwachung betraut.

der aus dem Gedächtnis niederschreiben – das steigerte nur noch unsere Wut.

»Warum kommen Sie während der Arbeitszeit?« fragte ihn O. M. Der Spitzel hatte sich als Arbeiter, als Fräser oder Schlosser ausgegeben. Er antwortete, er habe sich freigeben lassen, oder er arbeite jetzt in der Nachtschicht. »Und man läßt Sie in der Fabrik gehen, wann Sie wollen?« fragten wir. Ihm war das alles gleichgültig, er antwortete, wie es ihm gerade in den Sinn kam; ob es glaubwürdig war, kümmerte ihn nicht. Jedesmal, nachdem ihn O. M. hinausbegleitet hatte, sagte er: »Jetzt war es bestimmt das letzte Mal, er wird nicht wiederkommen.« Er glaubte, der Bursche besäße nicht die Courage, noch einmal das Haus zu betreten, in dem man ihn entlarvt hatte. Die Hoffnung war vergebens: Zwei oder drei Tage später begann alles wieder von vorn. Natürlich war er nicht so dumm gewesen, den Vorgesetzten gegenüber seinen Mißerfolg einzugestehen – ein entlarvter Agent ist keinen Pfifferling wert.

Als O. M. an dem Gedicht arbeitete, in dem es heißt »Unglücklich ist der, den, wie sein eigener Schatten, Hundegebell schreckt und der Wind hinwegrafft«, rief er die GPU an und bat um eine Unterredung mit dem Sektionschef. Obwohl das sonst nicht üblich war, gab man seiner Bitte statt. Normalerweise forderte man solche Leute auf, ein Gesuch zu schreiben und es in den Spezialkasten der Kommandantur einzuwerfen; das ist die bei uns übliche Art, mit den Behörden zu verkehren. Ich erfuhr von diesem Vorhaben erst, als der Termin bereits feststand, und ging dann zusammen mit O. M. in das »Große Haus« (so werden in allen sowjetischen Städten die Gebäude der GPU bezeichnet). Nach seinem Angina-pectoris-Anfall im Jahr 1936 ging O. M. nach Möglichkeit nicht mehr allein aus. Wäre die nächste Telefonzelle weiter als einige Schritte entfernt gewesen, so wäre er nicht einmal ohne mich telefonieren gegangen. Natascha Stempel erzählte mir später, daß O. M., als sie einmal gemeinsam spazierengingen, sie zu einer Telefonzelle schleppte und von dort aus die GPU anrief, um sich zu erkundigen, ob der Termin schon feststehe. Er bat sie, mir nichts davon zu sagen, denn er wußte, daß ich dagegen sein und ihm vorhalten würde, es nütze ja nichts und man solle keinesfalls unnötigerweise die Aufmerksamkeit auf sich lenken.

Nach einer kurzen Erklärung gab man uns in der Verwaltung zwei Passierscheine – in Woronesch wußten sie, daß O. M. krank war und nicht ohne Begleitung ausgehen konnte. Uns empfing der Stellvertreter des Kommandanten, der wie ein gewöhnlicher Offizier der Roten Armee aussah. Diesen Typ trifft man in höheren Stellen der Geheimpolizei häufig an. O. M. war davon überzeugt, daß man sie speziell für die Repräsentationspflichten eingestellt habe, denn von ihren breiten, »offenen« Gesichtern könne man nicht ablesen, was »drinnen« vor sich gehe. Der Beamte, der uns empfing, kam kurze Zeit später zur Filmindustrie; wie Schklowskij versicherte, kamen sie dort alle gut mit ihm aus. Die Filmindustrie wimmelt von solchen Menschen. Aber auch alle anderen Institutionen, besonders die wissenschaftlichen Institute und Hochschulen sind voll von ihnen, oft sitzen sie auf den Lehrstühlen für Literatur, Philosophie und Ökonomie und beschäftigen sich mit wissenschaftlicher Arbeit. Überall nimmt man sie gerne auf, man nennt das: »Verstärkung der Kader«. Ich hatte den Eindruck, daß man ganz gezielt eine große Anzahl junger Leute in die Geheimpolizei einschleuste, damit sie dort ihre Bewährungsprobe ablegten und eine gewisse Schulung erhielten, ehe sie in das große Leben hinausgelassen wurden, wo sie dann ihre Alma mater nicht vergaßen. Unter ihnen gab es viele nette junge Burschen, die an einem fröhlichen Abend unter Alkohol amüsante Geschichten zu erzählen wußten, Geschichten über ihren Dienst in den »Organen« (wie die Geheimpolizei oft genannt wird) und wie sie von ihnen wieder freikamen. Als ich im Tschuwaschischen Pädagogischen Institut arbeitete, kannte ich einen solchen sehr netten Jungen. Er schrieb seine Dissertation über die materielle Grundlage der Tschuwaschischen Kolchose und klagte, daß »darüber sich selbst der Teufel das Bein brechen würde«. Wie er mir erzählte, war er gleich nach Beendigung der Schule zu den »Organen« gegangen. Er hatte »Abenteuer« gesucht, mußte dann als erstes aber in Kälte und Hitze stundenlang vor einem Haus, in dem irgendein Greis wohnte, Wache stehen und alle notieren, die zu ihm kamen. Doch, wie ihm zum Trotz, kam niemand, und selbst der »faulende Alte« streckte nicht einmal seine Nase auf die Straße, nur manchmal zog er den Vorhang zurück und sah zum Fenster heraus. Dem Doktoranden schien es manchmal sogar, der Alte habe den Auftrag, ihn zu beobachten, zu überprüfen, ob der junge Tschekist seine Wachstunden wirklich einhielt oder schnell zwischendurch einmal davonwitschte, um ein Bier zu trinken. »Warum betrachtete er mich sonst so? Was für ein Interesse hatte er an mir?« überlegte mein Mitarbeiter, der dieselbe Aufgabe gehabt hatte wie die von Anna Andrejewna und mir sogenannten »Wassjas«, von denen ich schon erzählte. Aber der Beobachtungsposten vor dem Haus der Achmatowa war lustiger – dann und wann kam jemand zu ihr, man ließ sie trotz allem nicht im Stich. Der »faulende Greis« war übrigens, wie man den wachhabenden »Wassja« gewarnt hatte, ein ehemaliger Menschewik.

Allgemein war das Verhältnis der übrigen Mitarbeiter zu den Leuten, die von den »Organen« in die Institute kamen, nicht schlecht. Immer hieß es, daß sie in solchen Stellungen weiterhin keine Spitzeldienste leisteten, und das leuchtete auch ein: sie waren dazu weit weniger geeignet als zum Beispiel eine Dame oder ein junger Mann aus gebildeter oder adeliger Familie, denen es ein leichtes war, sich in das Vertrauen anderer einzuschleichen und ihre Bekannten zu offenen Äußerungen zu bringen. Dazu kam, daß solche Leute, die zur »Verstärkung der Kader« eingestellt waren, auch keine Angst vor Entlassung haben mußten; deshalb beteiligten sie sich seltener an Intrigen, die darauf abzielten, Rivalen zu vernichten.

Der Kommandant von Woronesch empfing uns in einem riesigen Raum mit ebensovielen Türen oder Schränken, wie ich sie im Arbeitszimmer des Moskauer Untersuchungsrichters gesehen hatte. Er fragte O. M., weshalb er gekommen sei, und betrachtete uns mit offener Neugierde – vielleicht war sie der Grund, weshalb er die Sitte durchbrochen und uns empfangen hatte, vielleicht wollte er diesen Vogel selbst einmal sehen, der bei ihm im Käfig saß? Auch Kommandanten haben menschliche Schwächen. Aber ich glaube, O. M. konnte dem sowjetischen General nicht imponieren. Solche Leute mußten von einem Schriftsteller ganz andere Vorstellungen haben. Ausgemergelt, mit eingefallenen Wangen und blutleeren Lippen stand Mandelstam »halb lebendig« (wie er sich in dem Gedicht vom Schatten bezeichnet) neben dem breitschultrigen, bereits dick werdenden, aber noch strammen, gut rasierten, rotbackigen Kommandanten.

O. M. sagte, daß er zwei Fragen habe. Erstens: Wie er das zum Leben notwendige Geld verdienen solle? Wer verbannt sei, bekomme nirgends Arbeit, wer einen Verbannten einstelle, werde »mangelnder Wachsamkeit« beschuldigt und zusammen mit ihm entlassen. Eine Arbeitsvermittlung gebe es nicht, wie solle man dann sein in der Verfassung verbürgtes Recht auf Arbeit wahrnehmen? Jetzt seien ihm alle Türen verschlossen, aber damals, als man ihn noch einließ, habe er sich immer wieder mit diesen Fragen an die zuständige Parteibehörde gewandt. Das letzte Mal, im Sommer 1937, gelang es ihm sogar, zum Gebietskomitee vorzudringen und dort seine schwierige Lage zu schildern. Damals sagte man ihm: »Sie müssen ganz von vorn anfangen – suchen Sie sich eine Stelle als Wächter oder Garderobier und leisten Sie dort gute Arbeit.« Aber das war doch Heuchelei – als Wächter würde man ihn wegen besagter Wachsamkeit nicht nehmen, und außerdem, wenn ein Intellektueller eine solche Arbeit antrete, würde es ihm als politische Demonstration ausgelegt werden. Keine Organisation, angefangen beim Schriftstellerverband, wolle mit ihm etwas zu tun haben, und deshalb befaßten sie sich auch nicht mit seinen Schwierigkeiten, Arbeit zu finden. Wie O. M. sagte, habe er offensichtlich nur zur GPU eine gewisse Beziehung. Und er fragte, ob sich nicht das Recht auf Arbeit der Lagerinsassen auch auf die Verbannten erstrecke.

Der Kommandant antwortete, mit der Arbeitsbeschaffung für die Verbannten könnten sich die Organe nicht befassen – das sei eine »zu große Last«, und im übrigen sei das auch nicht nötig, denn die Verbannten könnten arbeiten, was sie wollen, und bekanntlich gebe es in der Sowjetunion keine Arbeitslosigkeit.

»Was tun Sie im Moment?« fragte er.

O. M. antwortete, daß er keine bezahlte Arbeit habe und sich deshalb mit der spanischen Sprache und Literatur beschäftige, das heißt vor allem mit einem Dichter, einem Juden, der jahrelang in den Kellern der Inquisition gesessen und dort täglich ein Sonett gedichtet habe. Nach der Freilassung habe er seine Sonette niedergeschrieben, wurde darauf aber sofort wieder verhaftet und in Ketten gelegt. Ob er dann noch seine dichterische Tätigkeit fortgesetzt habe, wisse man nicht. O. M. fragte, ob es nicht möglich sei, im GPU-Klub einen spanischen Zirkel zu organisieren und ihn mit seiner Leitung zu betrauen.

Ich bin mir nicht ganz sicher, glaube aber, daß wir zur Zeit unseres Besuches beim Kommandanten schon Gerüchte von Verhaftungen der Leningrader Hispanologen gehört hatten und O. M. deshalb seine Beschäftigung mit der spanischen Sprache hervorhob. Der Kommandant war über O. M.s Vorschlag, eine spanische Studiengruppe einzurichten, sehr erstaunt und antwortete, daß sich wahrscheinlich »unsere Jungs« kaum für die spanische Sprache interessieren würden. Ich bezweifle sogar, ob er die Erzählung über die Inquisition richtig verstand, glaube vielmehr, er wunderte sich über den Sonderling, der vor ihm saß.

»Und warum helfen Ihnen Ihre Verwandten und Freunde nicht?« fragte der Kommandant plötzlich. O. M. antwortete, daß er keine Verwandten habe, und die Freunde würden sich, wenn man ihm begegnete, abwenden und seine Briefe nicht beantworten: »Sie wissen selbst, warum.«

»Wir verbieten niemandem, mit Verbannten zusammenzukommen«, lachte der Kommandant und schlug vor, zur zweiten Frage überzugehen.

Die zweite Frage betraf seine Gedichte: O. M. sagte dem Kommandanten, er wolle ihm alle seine neuen Gedichte direkt mit der Post zuschicken – »damit Ihre Angestellten nicht deshalb von ihrer Arbeit weglaufen müssen«, fügte er erklärend hinzu. Später erzählte er mir, es lag ihm auf der Zunge, die Worte des Kommandanten von »unsere Jungs« zu wiederholen, er wollte schon sagen: »Warum verschwenden ›Ihre Jungs‹ ihre Zeit auf meine Gedichte?« Zum Glück aber hielt er sich vor dieser äußerst patriarchalischen Terminologie zurück.

Der Kommandant wurde immer freundlicher. Er versicherte O. M., daß sich seine Institution in keiner Weise für Gedichte, sondern nur für die Konterrevolution interessiere! »Wozu brauchen wir Ihre Gedichte – schreiben Sie, was Sie wollen!« Plötzlich aber fragte er: »Warum haben Sie das bewußte Gedicht geschrieben, das Sie ins Unglück gestürzt hat? Waren Sie so über die Kollektivierung erschrocken?« In Parteikreisen war es damals üblich, von den Massendeportationen der Kulaken in der Vergangenheit zu sprechen und dabei elegant einzugestehen, daß das eine notwendige und nützliche Sache gewesen war, die entschlossen hatte durchgeführt werden müssen: »Einige Ausschreitungen kamen da natürlich vor, das kann man nicht leugnen«, das griff vielleicht die Nerven mancher labiler Bürger an. O. M. antwortete ausweichend.

Während unseres Gespräches klingelte plötzlich das Telefon, und wir hörten, wie der Kommandant der Person am anderen Ende der Leitung antwortete: »Ja, ja... das ist Verleumdung... schicken Sie es her, wir machen es rechtskräftig.« Uns war klar, daß sich hier ein Schicksal entschied, auf eine Anzeige hin ein Haftbefehl erteilt werden würde: Jemand hatte etwas gesagt. Das genügte, um aus dem Leben ausgeschieden zu werden. Es war gleichgültig, was wir sagten – Dinge, die in anderen Ländern selbstverständlich und alltäglich sind, von denen man überall spricht, konnten uns zur Last gelegt werden. Wenn wir uns mit Freunden unterhalten hatten, sagten wir beim Abschied oft im Spaß: »Heute haben wir genug gesprochen, um zehn Jahre zu bekommen.«

Wir trennten uns vom Kommandanten nahezu freundschaftlich. Ich fragte O. M.: »Wozu brauchst du diesen Hanswurst?« »Er soll wissen, was los ist«, antwortete O. M. Ich sagte: »Das wissen sie sowieso.« Selbst mit dieser Bemerkung konnte ich O. M.s gute Laune nicht verderben; noch die ganzen nächsten Tage war er sehr fröhlich und rief sich noch einmal alle Details des Gespräches ins Gedächtnis zurück. Etwas hatte er doch erreicht: Die Spitzel waren wie hinweggeblasen, und bis zum Ende unserer Woronescher Zeit erschien kein einziger mehr bei uns. Wozu waren sie eigentlich auch nötig? Alle Gedichte kamen sowieso an die richtige Stelle, an die »Organe«, aber nicht in Woronesch, sondern über den wachsamen Kostyrew und die Zeitschriftenredaktionen in Moskau.

Es bleibt nur die Frage, warum der Kommandant seine Spitzel zurückzog, anstatt O. M. wegen »Verleumdung« anzuzeigen und einen Haftbefehl gegen ihn auszustellen? Ob immer noch der Befehl »isolieren, aber bewahren« galt oder O. M. einfach »zu Moskau« gehörte und die Woronescher Sektion ihre Spitzel nur aus besonderem Diensteifer geschickt hatte, um zu zeigen, daß »auch sie nicht auf den Kopf gefallen waren«? Die dritte Möglichkeit wäre, daß der Kommandant sich einfach eine gewisse liberale Haltung herausnahm. Das kam manchmal vor, denn schließlich sind auch Kommandanten Menschen, und manchen von ihnen schien es wohl, es seien mittlerweile genug Menschen umgebracht worden. Sonderbar ist nur, daß es Menschen, ganz gewöhnliche Menschen getan hatten und taten: »Solche Menschen wie ihr, mit Augen im Schädel, Menschen, die im gleichen Maße Richter sind, wie ihr es seid.« Wie kann man das erklären? Wie das verstehen? Und es bleibt die eine Frage: Wozu?

Fünfundvierzigstes Kapitel

Hoffnung

Die dreijährige Frist der Verbannung war Mitte Mai 1937 abgelaufen, aber wer interessierte sich schon für Fristen? Wir sind keine Formalisten – ob eine Frist wirklich endet, ist eine Glückssache und keine Rechtsfrage: Sie können die Frist verkürzen oder verlängern – wie es ihnen gerade gefällt. Erfahrene Verbannte wie die in Tscherdyn waren glücklich, wenn ihre Frist ohne erneute Verhandlung verlängert wurde. Sonst mußten sie damit rechnen, daß ihr Verfahren wieder aufgerollt und sie nach erneuter Verhaftung, nochmaligen Verhören und Anklagen an einen anderen, ihnen völlig fremden Ort verbannt wurden. Lagerinsassen und Verbannte wissen nur zu gut, wie wichtig es ist, so lange wie möglich an einem Ort bleiben zu dürfen. Das ist die Rettung, denn nur so findet man Freunde, die einem helfen, die schweren Lebensbedingungen der Haft oder Verbannung zu ertragen; langsam kommt man zu einer armseligen Habe, man schlägt, wie man sagt, Wurzeln und verbraucht weniger Kraft im harten Kampf um die Existenz. Aber was soll man schon über die Verbannten reden! Auch für andere, sozusagen normale Menschen bedeutet jede Umsiedlung unter den bei uns herrschenden Zuständen eine schwere seelische Erschütterung; nicht umsonst klammern sie sich mit aller Kraft an ihren Wohnort. Nur der unverbesserliche Vagabund O. M., für den schon allein der Gedanke, einen Zwang ertragen zu müssen, unerträglich war, konnte den Aufenthalt in Woronesch nicht mehr ertragen und träumte von der Übersiedlung an einen anderen Ort. Aber eine Übersiedlung bringt nichts als Unglück.

Im April fuhr ich nach Moskau, sah mich dort aber einer Wand gegenüber und begriff, daß es unmöglich war, sie zu durchdringen. Um O. M. zu beruhigen und zu trösten, schrieb ich nach Woronesch, daß sich die Frist ja nun dem Ende nähere und wir bald umsiedeln würden. O. M. reagierte in keiner Weise, nur meine Mutter ging auf den Leim, sie fuhr nach Woronesch, um eine Zeitlang bei O. M. zu bleiben, so daß ich noch einmal nach Moskau fahren und eventuell neue Möglichkeiten eröffnen konnte.

Warum hat man mich nur an der Schwelle des neuen Jahrhunderts, zu Beginn des Brudermordes des zwanzigsten Jahrhunderts Nadeschda (»Hoffnung«) genannt? Von Freunden und Bekannten hörte ich immer nur: »Hoffe nicht, daß irgend jemand hilft – alle haben sich daran gewöhnt, daß ihr verloren seid. Hoffe nicht auf wirkliche Hilfe, hoffe nicht auf Arbeit, niemand wird deine Briefe lesen, hoffe nichts. Niemand wird dir die Hand drücken, hoffe es nicht. Und hoffe nicht, daß dich einer, wenn er dich trifft, grüßen wird. Was hast du dir nur gedacht!« Und worauf sollten wir hoffen? Ohne Hoffnung kann man nicht leben, und so blieb uns nichts, als uns nach einer enttäuschten Hoffnung an die nächste zu klammern. In Woronesch konnten wir nur mit persönlicher Hilfe einzelner existieren, das hatte auch der GPU-Chef klar zu erkennen gegeben, darauf konnten wir aber nicht hoffen, und so mußten wir eine Übersiedlung an einen anderen Ort anstreben.

Am 16. Mai 1937 gingen wir zu demselben Schalter der GPU, an dem wir vor drei Jahren unsere Begleitpapiere aus Tscherdyn abgegeben und über den O. M. in den letzten Jahren alle Gespräche über sein Schicksal mit dem Staat geführt hatte. Hierher kamen alle »Zugewiesenen«, um sich registrieren zu lassen – manche einmal im Monat, andere jeden dritten Tag. Es gab so viele von unserer Sorte – menschliches Kroppzeug, das vom Staat aufs Korn genommen worden war, hier stand es vor dem Fenster in einer langen Menschenschlange. Es war uns noch nicht bewußt, daß diese Menschenansammlungen ein gutes Zeichen waren, daß sie bedeuteten, daß wir, wie die Achmatowa sagte, noch in »vegetarischen Zeiten« lebten.

Alles ist relativ – bald lasen wir in den Zeitungen, daß unter Jagoda die Gefangenen in ihren Lagern wie in Kurorten lebten. Alle Zeitungen fielen in den Chor ein und beschuldigten Jagoda der allzu großen Nachsicht gegenüber dem Gesindel in den Lagern und in der Verbannung. »Wer hätte gedacht, daß wir uns in den Händen von Humanisten befinden!« sagten wir zueinander.

Mitte Mai 1937 war die Schlange vor dem MGB-Schalter auf zehn bis fünfzehn schwermütige, abgerissene Intellektuelle zusammengeschmolzen. »Alle sind fort von Woronesch«, flüsterte mir O. M. zu. Trotz unserer Isoliertheit wußten wir den Grund sofort: Die meisten alten Verbannten waren wieder verhaftet, aber sie wurden nicht mehr verbannt. Die »vegetarischen Zeiten« waren vorbei. Jetzt gab es keine Verbannten mehr. Vom Gefängnis aus gab es nur noch zwei Wege: ins Lager oder ins Jenseits. Einige Privilegierte wurden in Gefängnissen gehalten. Sogar die Frauen und Kinder der Gefangenen wurden nicht mehr in bestimmten Zonen, fern von den großen Städten, zwangsangesiedelt, sondern in Speziallagern interniert. Für Kinder und kleine Kinder, in denen man die möglichen Rächer ihrer

Väter sah, wurden sogar besondere Kinderhäuser eingerichtet. 1956 sagte Surkow zu mir: »Gegen Gumiljow liegt anscheinend etwas vor – bei so einem Vater – den hat man ja schließlich erschossen! Er hat ihn bestimmt rächen wollen.« Interessant, daß diese Worte aus Surkows Mund kamen: Er war ganz der kaukasischen Mentalität verhaftet und sah Blutrache als eine Männersache an.

Bis 1937 wurden die potentiellen Rächer verschickt und standen zur Meldung an den Schaltern der Provinzkommandanturen. Als wir nach Woronesch kamen, trafen wir dort den Sohn von Stoletow, er ging allein, halb wahnsinnig in den Straßen umher und beklagte sich über seinen Vater, der sich als »Schädling« erwiesen habe. 1937 wäre der Sohn eines Mannes, den man erschossen hatte, nicht mehr nach Woronesch verbannt, sondern hinter Stacheldraht gesetzt worden. Seine Klagen über seinen Vater, von deren Aufrichtigkeit übrigens niemand, auch wir nicht, überzeugt war, hätten ihm dann nichts genutzt. Aber es gab auch Söhne, die wirklich aus tiefstem Herzen ihre hingerichteten Eltern verfluchten. Als es mich nach O. M.s Tod für eine Zeit in eine Vorstadt von Kalinin (Twer) verschlagen hatte, traf ich dort einige Frauen, die durch ein günstiges Geschick statt in ein Lager hierher in die Verbannung geschickt worden waren. Man hatte auch einen vierzehnjährigen Jungen, der entfernt mit Stalin verwandt war, hierher transportiert. Für ihn sorgte seine ehemalige Gouvernante und eine nicht weit entfernt in der Verbannung lebende Tante. Die Eltern waren spurlos verschwunden. Der Junge verfluchte tagelang seinen Vater und seine Mutter, er bezeichnete sie als Treulose, als Verräter der Arbeiterklasse, als Volksfeinde. Er gebrauchte eine Formulierung, die ihm gründlich bei seiner Erziehung eingeprägt worden war: »Stalin ist mein Vater, einen anderen brauche ich nicht«, und erinnerte an Pawlik Morosow, den Helden der sowjetischen Lesebücher, dem es noch rechtzeitig gelungen war, seine Eltern anzuzeigen. Ihn quälte der Gedanke, daß er nicht das Glück gehabt hatte, rechtzeitig die verbrecherische Tätigkeit seiner Eltern zu bemerken und anzuzeigen, und er deshalb nicht in die sowjetischen Lesebücher als Held einging. Tante und Gouvernante konnten dazu nur schweigen. Sie wußten, was ihr Schützling täte, wenn sie auch nur ein Wort verlauten ließen. Dieser Junge durfte auch nach 1937 als Verbannter in Kalinin bleiben, aber Ausnahmen bestätigen die Regel. Nach Woronesch zumindest wurden damals keine Verbannten mehr geschickt.

Ohne jede Hoffnung und Erwartung standen wir eine halbe Stunde in der spärlichen Schlange. »Was für eine Überraschung werden sie wohl für uns auf Lager haben?« flüsterte O. M. mir zu, als er an den Schalter trat. Er nannte seinen Namen und fragte, ob für ihn etwas vorliege, seine Frist sei um. Sie gaben ihm ein Papier. Zuerst konnte er nicht fassen, was darauf stand, er stieß plötzlich einen Laut der Überraschung aus und ging nochmal an den Schalter zurück. »Bedeutet das, daß ich fahren kann, wohin ich will?« fragte er. Der Beamte fuhr ihn grob an – sie sprachen immer grob mit uns, das war ihr Umgangston, wir aber entnahmen seiner Rede, daß O. M. wieder frei war. Eine Art Elektroschock pflanzte sich durch die Menschenschlange fort, die hoffnungslos wartend hinter uns stand. Sie kam in Bewegung, und die Leute begannen zu flüstern. Unser Fall entfachte offensichtlich erneut die in ihnen schon erloschene Hoffnung: Wenn einer freikam, vielleicht hatte dann ein anderer noch dasselbe Glück.

Wir brauchten einige Tage, unseren kleinen Woronescher Haushalt aufzulösen. Trotz unserer Armut hatten sich einige Besitztümer angesammelt: Eimer, Wasserfaß, Bratpfanne, Bügeleisen (O. M. schrieb an Benedikt Lifschiz, daß ich ausgezeichnet Männerhemden bügele), Kochherd, Lampe, Petroleumkocher, Matratze, Strohsack, Büchsen, Teller, zwei bis drei Kochtöpfe. Das hatten wir alles auf dem Markt für teures Geld gekauft; jede Anschaffung war ein Ereignis. Aber noch teurer wäre es gewesen, alles mitzunehmen: Taxifahrer und Gepäckträger hätten uns »ruiniert«, obwohl es unsinnig war, dieses Wort auf unsere Situation überhaupt noch anzuwenden. Einen Teil verkauften wir, das meiste gaben wir so ab. Und wozu brauchten wir in Moskau Eimer – dort gab es ja schließlich eine Wasserleitung. Wir zweifelten nicht im geringsten, daß wir nach Moskau zurückkehren dürften: Wenn man O. M. in einer solch schweren Zeit keine zusätzliche Frist gegeben hatte, so bedeutete es, er durfte zurückkehren. Und wir erinnerten uns plötzlich, daß es uns aus irgendeinem Grund gelungen war, unsere Wohnung die ganzen drei Jahre über zu behalten. Andere Schriftsteller aus dem Haus, die unter ihrer Einzimmerwohnung litten, waren oft vorstellig geworden und hatten versucht, uns unseren »Palast« wegzunehmen, sie gingen zu meiner Mutter, um zu überprüfen, wieviel Wohnraum hier noch frei sei. Sie aber ließ sie erst gar nicht herein, sondern fertigte sie schon an der Schwelle ab, sie wies darauf hin, wie man sich nach altbewährten ethischen Maßstäben der Intelligenzija einem verbannten Schriftstellerkollegen gegenüber zu verhalten habe. Über Kostyrew machten wir uns keine Sorgen, wir glaubten noch an den Anstand der Vertreter öffentlicher Organisationen, und schließlich hatte sich Stawskij für ihn verbürgt. Wir hatten ihm damals ein Zimmer abgegeben; er würde es selbstverständlich räumen, wenn der Besitzer es brauchte. Dann erinnerten wir uns an Stalins Telefonat mit Pasternak: »Mit Mandelstam geht alles glatt.« Wir hatten Winawers Warnung vergessen, hatten vergessen, wo wir lebten.

Einige Tage später saßen wir mit unseren Habseligkeiten auf dem Bahnhof von Woronesch. Meine Mutter und ich hatten von Moskau so viel Geld mitgebracht, daß es gerade für Fahrkarten für uns drei reichte. Niemand begleitete uns. Fedja war im Dienst, und Natascha hatte als Lehrerin in dieser Zeit Unterricht zu geben. Ihr Beruf hatte ihr von O. M. schon manche Gedichte eingebracht (»Wenn Gott wüßte, daß Natascha Pädagogin ist, würde er sagen: Um Gottes willen, schafft diesen Pädagogen ab«). Am Vorabend hatten wir noch zusammen eine Flasche Wein getrunken, und als Natascha nach Hause gehen wollte, weil ihre Mutter sich sonst Sorgen mache, ließ O. M. sie nicht gehen. Auch da entstand ein kleines Gedicht: »Natascha kam. Wo war sie nur? / Sie wird doch nichts gegessen, nichts getrunken haben ... / Schwarz wie die Nacht riecht die Mutter, / Nach Wein und Zwiebel riecht die Tochter.« In guter Stimmung, mit großen Hoffnungen reisten wir ab und vergaßen vollkommen, wie trügerisch die ist, nach der ich benannt war.

Sechsundvierzigstes Kapitel

Ein zusätzlicher Tag

Wir öffneten die Tür unserer Wohnung mit unserem eigenen Schlüssel und waren freudig überrascht, daß niemand in der Wohnung war. Auf dem Tisch lag eine kurze Notiz von Kostyrew, in der er uns mitteilte, daß er mit Frau und Kind auf eine Datscha gezogen sei. Nichts hatte er zurückgelassen, was irgendwie an ihn erinnerte, und so war es, als hätte hier niemals jemand ohne O. M. gelebt, seine Gedichte genommen, um sie abzuschreiben, meine Gespräche abgehört, die ich, als wir in Woronesch lebten, während meiner kurzen Aufenthalte in Moskau mit Freunden, die trotz allem zu mir kamen, führte. Warum hielt es Kostyrew für angeraten, zu verschwinden? Keinesfalls aus Taktgefühl. Wir nahmen sein Verschwinden als gutes Zeichen. Schließlich hatte er bei seinem Einzug versprochen, die Wohnung zu räumen, wenn Mandelstam sie brauche. Er hatte sie geräumt, das bedeutete also, Mandelstam war offiziell zurückgekehrt, man hatte damit gerechnet.

Kostyrews Abwesenheit und die Realität der vertrauten Wände und Sachen – Decken, Vorhänge, Kochtöpfe und das Regal mit den wenigen verbliebenen Büchern – löschten plötzlich völlig die Erinnerung an Tscherdyn und Woronesch. Wir hatten die Illusion, das sei unser richtiges Zuhause, wo wir früher gewohnt hatten und jetzt nach einer Zeit des unverständlichen und sinnlosen Herumvagabundierens wieder wohnen würden. Es dauerte nicht länger als eine Sekunde, bis Vergangenheit und Gegenwart sich zusammenfügten – die uns aufgezwungene dazwischenliegende Zeit, dieses Stück Leben, das wir nicht frei gewählt hatten, verblaßte und verschwand. Dank seiner Begabung, dem Heute zu leben, konnte O. M., ohne sich umzublicken, von einer Periode in die andere überwechseln, wie es an der klaren Einteilung seiner Dichtung in Phasen abzulesen ist. Deshalb verlor, als er die Wohnung betrat, mit einem Schlag die dreijährige Verbannung ihre Wirklichkeit für ihn, und deshalb fügten sich auf der Stelle, ohne Einschränkung, die beiden Teile seines Lebens nahtlos aneinander.

Manchmal schieben sich Teile eines Lebens ineinander, manchmal nicht, dieses Gefühl hatte ich, wie ich schon erzählte, als wir von

Moskau nach Tscherdyn abfuhren. Aber jetzt, wieder zurück in Moskau, schien es uns, als seien wir nie woanders gewesen. Dieses Gefühl ist vielen wohlbekannt, besonders entlassenen Lagerhäftlingen, die ein Zuhause haben, wohin sie zurückkehren können. Aber unendlich viele müssen so viele Jahre absitzen, daß sie, wenn sie zurückkehren, auch nichts mehr vorfinden: Die Frauen sind verbannt, die Eltern gestorben, die Kinder verschwunden oder völlig entfremdet. Solchen Menschen bleibt nichts, als ganz von vorn anzufangen, ein neues Leben zu beginnen, ein Leben, das aus Bruchstücken besteht, die nicht zusammenpassen wollen. Manchmal können sie auch ohne Zuhause, ohne Familie wieder den Anschluß an ihr früheres Leben finden, wenn es ihnen, nach den Jahren fremder, ihnen aufgezwungener Arbeit oder Zwangsarbeit, möglich ist, zum eigenen Beruf zurückzukehren. Obwohl ich selbst dem Lager entging, mußte ich am eigenen Leib erfahren, was es heißt, die einzelnen voneinander gewaltsam getrennten Teile eines Lebens wieder aneinanderzufügen. In solchen Augenblicken wird der Mensch wieder er selbst und wirft die Maske ab, die er so lange tragen mußte. Viele von uns überlebten in bestimmten Verhältnissen nur, wenn sie ihr wirkliches Wesen verbargen und vorgaben, wie die anderen Menschen ihrer Umgebung zu sein. Unter solchen Umständen war es nicht angebracht, zu zeigen, daß man irgendeine tiefe Bindung zur Vergangenheit besaß. Ein ehemaliger Kulak konnte überleben, wenn er sich rechtzeitig zu einer anderen Arbeit entschloß und sein Land, seine Erde vergaß. Zwanzig Jahre lagen zwischen dem Zeitpunkt, als ich die Nachricht von O. M.s Tod erhielt, und dem Augenblick, als ich aus dem Versteck den Packen geretteter Gedichte auf den Tisch, richtiger gesagt, auf den Koffer – denn einen Tisch hatte ich nicht – legte. Und in all diesen Jahren durfte ich nie ich selbst sein, sondern mußte immer sozusagen eine eiserne Maske tragen. Niemandem gegenüber konnte ich eingestehen, daß ich eigentlich gar nicht lebte, sondern etwas im Geheimen bewahrte und auf den Moment wartete, wann ich wieder ich selbst sein und offen sagen dürfe, worauf ich alle diese Jahre gewartet und was ich aufbewahrt hatte.

Die auseinandergerissenen Teile meines Lebens fügten sich erst 1956 wieder zusammen, im Mai 1937 konnte davon noch keine Rede sein: Die historische Entwicklung damals war nicht dazu angetan, diese Teile zu vereinen, sie vertiefte vielmehr ihre Spaltung, und an dem Tag, als wir in Moskau ankamen, waren wir nur Opfer einer optischen Täuschung, erlagen wir einer Illusion. Ihr verdankte O. M. »einen zusätzlichen Tag«.

In einem Leben wie dem unseren gab man sich gern Illusionen hin, die Menschen suchten eifrig etwas, woran sie glauben, sich klammern konnten, sie wollten gefühlsmäßig in einer Wirklichkeit, auch wenn sie nur ein Schein war, verankert sein. Menschen, die von Schein umgeben sind, suchen nach einer Scheintätigkeit, treten in Scheinverbindungen zu anderen, gehen eine Scheinliebe ein – irgend etwas braucht der Mensch, um daran Halt zu finden. »Uns scheint, alles gehe, wie es soll, das Leben gehe weiter, aber das nur deshalb, weil die Straßenbahnen fahren«, sagte O. M. lange vor seiner ersten Verhaftung einmal zu mir, als wir an der Straßenbahnhaltestelle standen.

Unsere leere Wohnung mit ihren Bücherregalen, die Wohnung, in der nichts an Kostyrew erinnerte, verführte viel leichter zu Illusionen als eine überfüllte Vorkriegsstraßenbahn. Und wir ermunterten uns noch gegenseitig, indem wir uns an Äußerungen von Stalin oder Stawskij erinnerten – wir taten, als wüßten wir nicht, daß ihre Versprechen die schrecklichsten Täuschungen waren, wir wollten daran nicht denken, wollten uns angenehme Illusionen erhalten. Anstatt unsere Lage zu erörtern, was notwendigerweise die Gefahr mit sich gebracht hätte, dem Trübsinn zu verfallen und zu schlimmen Schlußfolgerungen zu gelangen, legten wir all unsere Sachen in die Mitte des Zimmers und gingen sofort zu den »Franzosen« in die kleine Galerie in der Krapotkin-Straße.

In Woronesch hatte O. M. oft zu mir gesagt: »Wenn ich jemals zurückkehren sollte, gehe ich als erstes zu den ›Franzosen‹.« Marja Wenjaminowna Judina wußte, wie sehr sich O. M. nach den französischen Gemälden sehnte: Nicht einmal, wenn sie nach Woronesch kam und ihm vorspielte, vergaß er sie. Um ihn zu trösten, schickte sie ihm einen Katalog, den dieses Museum herausgebracht hatte. Die Reproduktionen waren aber sehr schlecht und verstärkten in O. M. nur die Sehnsucht nach den Originalen. Ohne uns umgezogen zu haben, nach einer kleinen Teepause, eilten wir sofort in die Galerie. O. M. wollte auch noch zu Tyschler gehen: »Man muß sich sattsehen, ehe wieder etwas passiert.« Schon sehr früh, als er auf der ersten OSS*-Ausstellung seine Zeichenserie ›Der Wetterdirektor‹ gesehen hatte, erkannte er Tyschlers Bedeutung. Später, nachdem er mit ihm in Jalta zusammen war, sagte er: »Du weißt noch gar nicht, was Tyschler alles kann.« Das letzte Mal fuhr er noch kurz vor seinem Tod im März 1938 zu Tyschler, um seine Bilder zu sehen.

* Gesellschaft für Tafelmalerei, 1921 von Jurij Annenkow und Dawid Sternberg gegründet.

Siebenundvierzigstes Kapitel

Der bessarabische Kremser

Gleich am Morgen unseres Ankunftstages kam Anna Andrejewna zu uns. Ihre Ankunft aus Leningrad richtete sie so ein, daß sie mit unserer Rückkehr zusammenfiel. Ich lag mit fürchterlichen Kopfschmerzen in der Küche auf einer Matratze, und O. M. lief in dem kleinen Zimmer, das wir den »Götzentempel« nannten, hin und her und las der Achmatowa Gedichte vor. Er legte ihr Zeugnis über seine Gedichte des ›Zweiten‹ und ›Dritten Woronescher Heftes‹ ab. So hielten sie es schon seit Beginn ihrer Freundschaft, sie erörterten miteinander jede von ihnen geschriebene Zeile. An diesem Tag las Anna Andrejewna zum erstenmal ihr O. M. gewidmetes Gedicht über Woronesch vor. Es endete mit den Zeilen: »Jedoch im Zimmer des verbannten Dichters / tun schichtweis Angst und Muse Dienst. / Die Nacht zieht auf, / die keine Dämmrung kennt.«

Als Anna Achmatowa uns in Woronesch besuchte, erlitten wir alle einen Anfall verzweifelter, unsinniger Furcht. Es war Abend, und wir saßen in unserem Zimmer, das wir von dem »Agenten«, der uns angedroht hatte, Mäuse auf unserer Kochplatte zu rösten, gemietet hatten. Der Strom war, wie es häufig in der Provinz vorkam, abgeschaltet, und unser kleiner Raum wurde nur von einer Kerze erhellt. Plötzlich öffnete sich die Tür, und herein kam der Taschkenter Biologe Leonow und mit ihm ein anderer, uns unbekannter Mann. Obwohl keine Vorwarnung erfolgt war, gab es keinen Grund, zu erschrekken: wie wir wußten, besuchte Leonow des öfteren seinen in Woronesch lebenden Vater. Leonow war ein Einsiedler, eine Art russischer Derwisch, mit seiner eigenen Philosophie, immer etwas angetrunken, aber absolut rechtschaffen und vertrauenswürdig. Kusin hatte ihn eines Tages mitgebracht, und seitdem tauchte er von Zeit zu Zeit bei uns auf und verschwand dann wieder in seiner Taschkenter Universität, wo er früher einmal mit Poliwanow zusammengearbeitet und Geschmack an Philologie und Poesie gefunden hatte. Warum erschraken wir so? Immer, wenn wir mit Anna Andrejewna zusammen waren, hatten wir das Gefühl, eine kleine Verschwörergruppe zu sein, und erschraken bei dem geringsten Anlaß. Im übrigen bekamen damals alle Sowjetbürger einen Schrecken, wenn sie unerwartet Besuch erhielten, ein Auto vor ihrem Haus hielt oder nachts auf einmal der Aufzug benutzt wurde. Damals, als Anna Andrejewna uns in Woronesch besuchte, tat die Angst bei uns noch nicht »Dienst«, nur manchmal schnürte sie uns die Kehle zu. Dann aber in Moskau, als wir völlig in Illusionen lebten, fürchteten wir nichts. So unglaublich es klingen mag, verfielen wir in eine unerklärliche Ruhe und fühlten uns – wenn auch unbegründet – sicher.

Von diesen Tagen in Moskau blieb mir nur die Erinnerung an einzelne, aus dem Zusammenhang herausgelöste Episoden, sie sind wie einzelne scharfe, durch Abgründe des Vergessens voneinander getrennte Bilder. Eine solche bruchstückhafte Erinnerung habe ich an eine Situation, an der die Achmatowa auch beteiligt war; wir warteten unendlich lange auf Chardschijew, er wollte mit einer Flasche Wein zu uns kommen und verspätete sich so, wie es nur in Moskau möglich ist – und das vor allen Dingen in jenen Tagen, als niemand mehr eine Uhr besaß und Straßenbahnen und Busse auch nur dann und wann fuhren. Anna Andrejewna hatte sich entschlossen, nicht länger auf Chardschijew zu warten, und war schon gegangen – während dieses Aufenthaltes wohnte sie bei der Tolstaja in der Pretschistenka-Straße. Endlich erschien Chardschijew aber doch. »Man muß sie zurückrufen«, sagte O. M. und rief bei der Tolstaja an. Es war Hauptverkehrszeit, und Anna war in keine Straßenbahn hineingekommen. So hatte sie den ganzen Weg zu Fuß zurückgelegt und war, als wir sie anriefen, eben erst in den Korridor getreten. »Kommen Sie zurück«, sagte O. M., und sie machte sich auch gleich auf den Rückweg.

Wir saßen im großen Zimmer, das wir jetzt das Kostyrew-Zimmer nannten, und gingen, als Anna Andrejewna kam, wieder in unser sehr schmales und kleines Durchgangszimmer hinüber. Mit einem Schrank hatten wir dort noch einen kleinen Raum abgeteilt, hier standen ein kleiner Tisch und eine Liege, das heißt eine Matratze mit Beinen – in unseren beschränkten Wohnverhältnissen hatten wir sehr schnell gelernt, ohne Bett auszukommen. Zumeist stand die Matratze längs an der Wand, aber jetzt hatten wir sie aus Furcht vor Wanzen quer ins Zimmer gestellt, so daß sie nur mit dem Kopfende an die Wand stieß. Sie nahm nahezu die ganze Breite des Zimmers ein, so daß nur ein schmaler Durchgang zu dem breiten, stets offenstehenden Fenster blieb. Während ich in der Küche wirtschaftete, saßen die drei auf der Matratze.

»Wir sitzen in einem bessarabischen Kremser«, erklärte O. M., als ich hereinkam, »hier die verarmte Gutsbesitzerin mit ihrem Verwalter und ich – ein Jid.«

Aus ihrem Umgang miteinander war immer deutlich zu spüren, daß die Freundschaft zwischen O. M. und Anna Andrejewna aus ihrer fröhlichen ausgelassenen Jugendzeit stammte. Wenn sie sich sahen, wurden sie wieder jung und wetteiferten darin, einander zum Lachen zu bringen. Sie hatten ihren eigenen Wortschatz, ihre eigene gemeinsame Sprache. Viele Ausdrücke erinnerten an gemeinsame Erlebnisse. So hießen zum Beispiel die ausgelassenen Lachanfälle, die sie bei ihren Begegnungen überkamen, bei ihnen »großes Lachen«, wobei »Lachen« mit italienischem Akzent ausgesprochen wurde. Dieser Ausdruck ging auf die Zeit zurück, als Anna Andrejewna von Nathan Altman gezeichnet wurde, sie für ihn Modell saß und O. M. von Zeit zu Zeit im Atelier vorbeischaute. Eines Tages erzählten sie, ein Nachbar von Altman, ein Italiener, der ebenfalls Künstler war, sei hereingekommen und habe, als er sie so schallend lachen hörte, gesagt: »Hier ist ja anscheinend großes Lachen.« Und so gab es noch viele Ausdrücke in ihrer Sprache.

Der »bessarabische Kremser« ist die letzte Szene mit der Achmatowa, an die ich mich erinnere. Wahrscheinlich fuhr sie dann nach Leningrad zurück, um mit Punin ins reine zu kommen. – Schon lange stimmte es bei ihnen nicht mehr, und ich weiß nicht, wann sie mir das erste Mal sagte, daß es ihr in dieser Beziehung sehr schlecht ginge. In Moskau hatte sie mit Garschin eine Aussprache, ihr folgte der endgültige Bruch mit Punin. Nachdem sie aus dem Kremser ausgestiegen war, erschien Jachontow mit seiner Freundin Lilja. Dem Äußeren nach hätte man Lilja leicht für eine kleine bessarabische Dame halten können, aber dieser Vergleich hätte sie kaum zum Lachen gebracht. Ganz ernst versuchte sie, O. M. im Sinne eines empfindsamen und sentimentalen Stalinismus (so etwas gab es) umzuerziehen. Ihrer Meinung nach war ein Schriftsteller, der versäumte, sich in Stalins Dienst zu stellen, ein verlorener Mensch. Wer würde einen solchen Schriftsteller lesen? Ihm waren alle Wege in die Literatur versperrt, er war zu ewigem Vergessen verbannt. Lilja zweifelte nicht, daß Stalin der Retter der Menschheit sei. Sie wollte ihm sogar schreiben und ihm klarmachen, daß man so schnell wie möglich alle Gedichte von O. M. drucken müsse, denn nur so würde man ihm helfen, auf den rechten Weg zu gelangen. So etwas nannte man später Gaponismus*. Da Lilja für Jachontow Skizzen schrieb, war sie in der Parteiliteratur sehr bewandert. Jeden Tag wartete sie mit einer neuen Geschichte über die Wunder auf, die der Führer vollbracht hatte. Jachontow teilte ihre Einstellung nicht – er machte lieber Spaß und führte uns amüsante kurze Szenen vor. Eines

* Siehe unter Gapon im Anhang.

seiner Glanzstücke war die Darstellung des eigenen Vaters, eines großen, wohlbeleibten, eifrigen Beamten, der in ständiger Angst vor der Obrigkeit lebte (Liljas Kommentar dazu war: »Unter dem Zarismus hatten alle Beamten Angst«). Manchmal rezitierte Jachontow Lermontows ›Prophet‹, dabei benutzte er seinen Spazierstock als Marionette. Bald bohrte er sich durch eine imaginäre Menschenmenge, dann wieder wich er ängstlich zurück und verbeugte sich artig vor Lilja: »Er ist nackt und arm«, sagte Jachontow und zeigte dabei auf O. M.; O. M. aber zeigte auf Jachontow, für den diese Worte ebenso zutrafen. Dennoch war er es, der uns damals Geld gab, so daß wir diese Zeit ohne allzu große Schwierigkeiten durchstehen konnten.

Als wir abfuhren, nahm Lilja einige marxistische Bücher vom Bord und wollte sie O. M. zu seiner Aufklärung geben, Jachontow aber sagte, »warum nur, das ist völlig unnötig«, und gab O. M. anstatt dieser Bücher seine eigene Bibel – ich besitze sie heute noch. Jachontow war ebenso schwer erziehbar wie O. M.

Anna Andrejewna ist eine gute Kennerin des Alten Testaments und liebt es sehr. Großes Vergnügen bereitete es ihr stets, mit Amusin, einem wirklichen Kenner, den ich bei ihr einführte, über die letzten Feinheiten der Auslegung zu diskutieren. O. M. dagegen fürchtete in gewisser Weise den alttestamentarischen Gott mit seiner totalitären, furchtgebietenden Macht. Er sagte immer (und denselben Gedanken fand ich später bei Berdjajew), daß das Christentum durch die Trinität die Alleinherrschaft des jüdischen Gottes überwunden habe. Es war nur natürlich, daß wir jede Alleinherrschaft fürchteten.

Achtundvierzigstes Kapitel

Die Illusion

Was eine Illusion ist, begriffen wir im Herbst 1933, als wir uns in der früheren Naschtschokin-Gasse, die später zu Ehren unseres Nachbarn zur Furmanow-Gasse wurde, in der einzigen, ärmlichen Wohnung, die wir jemals besaßen, gemütlich einzurichten versuchten.

Eines Tages klopfte ein Mann mit Rucksack an unsere Tür und fragte nach O. M.s Bruder Schura. Er hatte einen unmöglichen Familiennamen, der aus verschiedenen, feudal klingenden Einzelteilen (einer davon war Dolgopalowyj) bestand, aber es war ihm lieber, wenn wir ihn »Bublik« – das war sein Spitzname – nannten. Ich wollte den Gast zu meinem Schwager abschieben. Ich hatte genug von den vielen Übernachtungsgästen, denn es gab kaum Hotels, und alle, die nach Moskau kamen, baten ihre Bekannten, bei ihnen unterschlupfen zu dürfen. Aber mein Schwiegervater, der damals bei uns zu Besuch war, trat für Bublik ein. Er erinnerte sich, wie er als rotbackiger, gepflegter Junge gemeinsam mit Schura das Gymnasium besucht hatte. Beinahe weinend sagte mein Schwiegervater: »Schaut, wie weit es mit ihm gekommen ist!« So hieß es immer wieder: »Kinder, wie seid ihr verarmt, ihr seid ja auf die Lumpen gekommen!« O. M. wußte, was das hieß, er stieß mich beiseite und forderte Bublik auf, einzutreten. Unser Gast entschloß sich sofort, uns zu beruhigen, er erklärte, er habe nur wegen einer normalen Strafsache gesessen, wir müßten uns nicht sorgen: mit dem gefürchteten Artikel 58 habe er nichts zu tun. In diesen Jahren hatte sich O. M. fest in das Gedächtnis eingeprägt, daß die Polizisten im Westen mit Gummiknüppeln bewaffnet waren. Als er es Bublik gegenüber erwähnte, lächelte der nur und sagte: »Wenn Sie wüßten, was unsere Leute mit den Kriminellen machen!« Gerüchte darüber, was bei uns den Gefangenen, und nicht nur den Kriminellen, angetan wurde, waren uns schon Anfang der zwanziger Jahre zu Ohren gekommen. Bublik war ein durch und durch fröhlicher Mensch. Immer wieder ging er fort, um sich mit irgendwelchen Kameraden zu treffen, mit denen er in den hohen Norden gehen wollte, denn dort »sei alles voll von unserer Sorte«, das bedeutete, dort müßte es leichter sein, sich anzusiedeln. Während er bei uns wohnte, half er gerne im Haushalt, schlug Nägel ein, befestigte Bretter und bohnerte den Boden auf Hochglanz. Er war der Hausarbeit völlig entwöhnt und erledigte gerne zusammen mit O. M. die in unserem vereinfachten Leben für Männer anfallenden Arbeiten im Haus. O. M. schickte ihn oft mit einer Vollmacht zum Staatsverlag, und Bublik brachte dann ziemlich erhebliche Summen nach Hause: sie zahlten uns nach und nach 60 Prozent Vorschuß für O. M.s gesammelte Werke, die jedoch, da er ›Die Reise nach Armenien‹, einige Gedichte und viele Artikel nicht streichen wollte, niemals erschienen. So und so wäre es niemals zur Veröffentlichung gekommen, denn Bucharin hatte keinen Einfluß mehr, und in einem gewissen Stadium wäre die Ausgabe dann doch »abgewürgt« worden. Taktisch richtig wäre es aber gewesen, einen Kompromiß anzustreben und wenigstens das, was ihnen genehm war, zu publizieren. Die Tatsache, daß nichts mehr von O. M. erschien, ermöglichte es unseren offiziellen Stellen, das Gerücht zu verbreiten, O. M. habe schon in den zwanziger Jahren das Schreiben aufgegeben und treibe sich nur noch in Moskauer Kneipen herum.

Dieses Gerede wurde von vielen, ganz besonders im Westen, geglaubt. Denn dort bedeutet das Schweigen eines Schriftstellers, daß er aufgehört hat zu schreiben. Wie aber sollten wir klarmachen, daß es bei uns anders war? Aber die Dichtung hat ihre eigenen Gesetze: man kann sie nicht lebendig begraben; sie gewinnt immer wieder neues Leben, ungeachtet aller Anstrengungen einer noch so nachdrücklich betriebenen Propaganda, wie wir sie kennen. »Jetzt bin ich beruhigt«, sagte Anna Andrejewna in den sechziger Jahren zu mir, »wir haben erfahren, wie zählebig die Dichtung ist.«

Bublik brachte das Geld in einer Aktentasche und verlangte, daß ich es nachzähle – um sich das lange Anstehen in der Schlange vor der Kasse etwas zu verkürzen, hatte er sich nur erlaubt, ein belegtes Brot zu kaufen. In O. M.s Augen war er bereits unersetzlich geworden, und das besonders, als sich herausstellte, daß er ein ausgezeichneter Lateiner war.

Mit jedem, der zu uns kam, führte O. M. sein besonderes Gespräch. Kusin und die Biologen sprachen über Genetik, Bergsons élan vital und die Aristotelische Entelechie. Sie alle waren mehr Erzähler als Gesprächspartner, und O. M. hörte mit großem Vergnügen ihren Erzählungen zu. Mit Kusin ging O. M. häufig in Konzerte, beide waren ausgezeichnete Zuhörer und Kenner, sie konnten die kompliziertesten Sinfonien wiedergeben – O. M. pfiff, Kusin sang sie nach. Auch Margulis war ein solches Einmannorchester. Seine Frau, Isa Chanzyn, unterrichtete am Konservatorium. Oft erzählte sie, wie O. M. ihrem Spiel lauschte, wenn sie ihm bei ihren Besuchen in Moskau vorspielte. Damals lebte sie hauptsächlich in Leningrad, während ihr Mann Moskau auf der Suche nach Verdienstmöglichkeiten durchkämmte. O. M. behauptete immer, Margulis ersetze ihm eine Druckpresse: hungrig nach Gedichten, bat er sich jedes neue, noch so kleine Gedicht aus und setzte es in von ihm handschriftlich gefertigten Kopien in Umlauf. Das war der Beginn einer neuen Zeit, in der die Literatur durch handschriftliche Kopien verbreitet wurde. Man versuchte dem Einhalt zu gebieten, indem man von da an bei Haussuchungen sowohl Manuskripte als auch Bücher beschlagnahmte.

Damals kam auch manchmal Tschetschanowskij zu uns, mit ihm hatte ich Anfang der dreißiger Jahre in der Zeitschrift ›Für eine kommunistische Erziehung‹ zusammengearbeitet. Wir luden ihn eigens ein, um uns mit ihm über den Marxismus auseinanderzusetzen. Für ihn war »Entwicklung« gleichbedeutend mit »Progress«, und »wir lassen nicht zu, daß uns Mandelstam unseren Progress nimmt«. Tschetschanowskij war beauftragt worden, O. M. vorzuschlagen, sich von der ›Reise nach Armenien‹ zu distanzieren. Ob er uns auch ausspionierte, weiß ich nicht. Wahrscheinlich nicht, aber das ist jetzt auch unwichtig: O. M. las ihm sein verhängnisvolles Gedicht über Stalin jedenfalls nicht vor, dafür lieferte er ihm jeden Abend, den wir gemeinsam mit ihm verbrachten, mehr als genug Gründe zu einer Verhaftung – bei uns war das nicht schwer.

Dann kam auch noch Nilender zu uns, ein Hellenist und Fachmann für Althebräisch. Früher war er Marineoffizier gewesen, jetzt arbeitete er in der öffentlichen Bibliothek und kam für gewöhnlich gegen Mitternacht, zur Sicherheit immer mit einem Päckchen Tee bewaffnet. Er übersetzte Sophokles und sprach fortwährend über den ›Goldenen Schnitt‹. Dann endlich war noch Wygotskij, ein außerordentlich kluger Mensch, Psychologe und Autor des Buches ›Denken und Sprechen‹. Allerdings wurde Wygotskij, wie alle anderen Gelehrten damals, bis zu einem gewissen Grad von dem allgemein anerkannten und herrschenden Rationalismus eingeschränkt. Auf der Straße trafen wir manchmal den Hegel-Übersetzer Stolpner, der O. M. immer davon zu überzeugen versuchte, daß er nicht in Worten denke.

Unter all diesen zahlreichen Gesprächspartnern fand Bublik seinen Platz. Auch mit ihm gab es ein besonderes Gespräch, besondere Studien. O. M. nützte die glänzende humanistische Bildung Bubliks, und sie lasen zusammen mit Genuß Ovids Briefe aus der Verbannung; für den einen waren sie Vorahnung des Kommenden, der andere hatte die Reise einer sowjetischen Verbannung schon ausgekostet.

Bublik lebte mehrere Wochen bei uns und war sehr froh über die unerwartete Verschnaufpause. Von seiner Haut verschwand die grünliche Zuchthausfarbe, er sah frisch aus und erinnerte an einen Lateinlehrer eines Provinzgymnasiums der guten alten Zeit. Aber die Freunde drängten ihn, und die Angst vor der Polizei trieb ihn aus Moskau fort. Zufällig traf es sich, daß O. M.s Vater zur gleichen Zeit wie er nach Leningrad fahren mußte, und wir baten Bublik, ihn bis dorthin mitzunehmen. Sorgfältig packte er den ärmlichen großväterlichen Plunder in den komischen altmodischen Koffer und bat noch um einen alten Teekessel (»um schnell mal etwas kochendes Wasser zu holen«) und eine zerrissene Schlafdecke (»dann müssen wir im Zug nicht noch unnötigerweise Geld für Wäsche ausgeben«). Den Teekessel band er sorgfältig an den Koffergriff (»damit er nicht verlorengeht«).

Wir begleiteten die beiden zum Bahnhof, aber schon am nächsten Tag bekamen wir vom Großvater ein empörtes Telegramm: Bublik hatte den Großvater auf dem Bahnsteig stehenlassen und war mitsamt dem Koffer verschwunden. Der Alte war tödlich beleidigt und forderte, die Kriminalpolizei solle unverzüglich den Verbrecher einfangen, Bublik den Koffer seinem Besitzer zurückgeben und einem ordentlichen Gericht überantwortet werden. Dazu hätte O. M. an die Kriminalpolizei eine große Eingabe machen und danach in die Sprechstunde des Chefs der Kriminalpolizei gehen und ihm ordentlich aufgrund seines Status als Schriftsteller zusetzen müssen. Anders, so schrieb der Großvater, käme er wohl kaum wieder zu seinem Koffer. O. M. ging natürlich nicht zur Kriminalpolizei. Er staunte nur, weshalb Bublik Opas Koffer mit dem sorgfältig am Griff angebundenen Teekessel so verlockt hatte, er aber die beträchtlichen Summen vom Staatsverlag immer richtig nach Hause gebracht hatte. Wir wußten Bubliks edle Gesinnung wohl zu schätzen und kauften vom Rest des Verlagsgeldes dem Großvater neue Unterhemden. Aber der tobte und klagte noch lange, er machte sich selbst Vorwürfe, denn er hatte ja darauf bestanden, daß wir »diesen Vagabunden«, der ihn so verraten hatte, aufnahmen. Nicht einmal ein Päckchen von Bublik konnte ihn besänftigen; es enthielt fein säuberlich gefaltet die Ausweispapiere des Alten, Briefe und seine Reiseerinnerungen – er hatte sie in seiner unmöglichen Handschrift in deutsch niedergeschrieben und O. M. ständig gebeten, sie zu lesen und dafür zu sorgen, daß sie publiziert würden.

Durch diesen Bublik war uns klar geworden, was eine Illusion ist. Am ersten Abend, als O. M. und sein Vater darauf bestanden hatten, diesen zerlumpten Vagabunden bei uns aufzunehmen, fühlte ich mich krank und tat mein Bestes, Bublik zu zeigen, wie wenig willkommen er hier war. Es ist wohl bekannt, wie oft Frauen solchen Unannehmlichkeiten aus dem Weg gehen wollen und in ihre Rolle als Hüterin des häuslichen Herdes – auch wenn es so etwas nicht mehr gibt – verfallen. Bublik verstand und begann, sich sein Lager für die Nacht selbst zu bereiten. Er breitete mehrere Zeitungen auf dem Küchenfußboden aus, rief O. M. herein und sagte: »Ossip Emiljewitsch, wissen Sie, was eine Illusion ist? Das hier!« und mit großer Geste zeigte er auf die Zeitungen. Das war zuviel für O. M., und er zog die einzige Matratze, die wir besaßen, unter mir hervor. Ich legte noch großzügig Kissen, Bettlaken und dieselbe zerrissene Bettdecke dazu, die später mit Großvaters Koffer verschwand.

Unsere ganze Wohnung mit dem Bücherregal und unser ganzes Leben waren die Illusion von einer friedlichen Existenz. Wir vergruben uns in den Kissen und versuchten zu glauben, wir schliefen ruhig.

Neunundvierzigstes Kapitel

Der Leser eines Buches

In seiner Jugend achtete O. M. sorgfältig auf alle Worte, wenn er sprach, erst später wurde er in dieser Beziehung sorgloser. 1919, damals war er noch sehr jung, sagte er einmal zu mir, es sei doch nicht nötig, viele Bücher zu besitzen: der beste Leser sei, der sein ganzes Leben über ein einziges Buch lese. »Du meinst wohl die Bibel?« fragte ich. »Und wenn schon«, antwortete er. Ich dachte an die schönen bärtigen Alten im Osten, die ihr ganzes Leben über nur den Koran lasen, vielleicht waren sie noch die einzigen, die nur ein Buch lasen, ich freilich konnte mir meinen fröhlichen Weggefährten in dieser Rolle nicht vorstellen. »Nun ja, ich natürlich nicht«, gestand er ein, »aber trotzdem ...«

O. M. wurde niemals zu einem idealen Leser in seinem Sinne – eine solche Beschränkung ist im zwanzigsten Jahrhundert unmöglich –, aber seine beiläufig gemachte Bemerkung war nicht zufällig gewesen. Es gibt Menschen, bei denen jede Äußerung aus einem Wissen um die letzten Zusammenhänge aller Dinge kommt. Zu diesen Menschen, die sich und alles andere als Teil des Universums empfinden, gehören vor allem die Dichter, nur sind Weite und Tiefe dieser Erkenntnis bei jedem von ihnen verschieden. Aber treibt sie nicht gerade dieses Merkmal dazu, sich zu offenbaren, und ist es nicht das Maß für die Verbindlichkeit der dichterischen Aussage? Es gibt Menschen, die wohl nicht schlechter schreiben als wirkliche Dichter, aber etwas ist an ihren Gedichten doch nicht so, jeder empfindet es sofort, aber niemand kann erklären, woran es liegt. Das Gerede, Dichter könnten von ihren Zeitgenossen nicht gebührend gewürdigt werden, ist naiv. Ein wirklicher Dichter wird immer sofort erkannt – sowohl von seinen Feinden als von den Menschen, die sich an ihm freuen. Es scheint unumgänglich, daß ein Dichter viel Feindschaft hervorruft. Selbst Pasternak, der so lange und geschickt der blinden Wut der Spießbürger zu entgehen verstand und bewußt jeden Gesprächspartner bezauberte, ereilte am Ende seines Lebens das gleiche Schicksal. Vielleicht ziehen Dichter diese Wut auf sich, weil sie den anderen klar zu erkennen geben, daß sie im Recht sind und offen zu urteilen wagen. (»Die Offenheit unserer Sprache ist kein bloßer Kinderschreck«, sagt O. M. in einem seiner Gedichte.)

Und sie entspringt ihrem abgerundeten Weltbild. Jeder Dichter ist ein »Zerstörer von Anschauungen«, das heißt, er bedient sich nicht der vorgefertigten Meinungen seiner Zeitgenossen, sondern verkündet neue Gedanken, die seinem besonderen Weltverständnis entspringen. Menschen, die bequeme, allgemeine Formeln übernommen haben, müssen sich angegriffen fühlen, wenn sie sich mit ungefälligen, unüblichen Gedanken in ihrem Rohzustand konfrontiert sehen. Und war das nicht O. M.s Gedanke, wenn er von der Dichtung als »von einem Rohmaterial« sprach, das unvergleichlich »roher« sei als die lebendige Umgangssprache? Menschen, die diese Ungefälligkeit scheuen, fragen, weshalb der Dichter besser sei als sie, oder beschuldigen ihn der Arroganz, des Mißtrauens, meinen, er wolle sie verletzen, ewig streiten, alle belehren. So begründete man auch die Hetzjagd auf Anna Achmatowa, auf Mandelstam, Pasternak und Majakowskij, bevor er zum Staatsdichter erklärt wurde. Selbst dem toten Gumiljow warf man noch lange solche Vergehen vor. Diese Maßnahmen sind unumgänglich – werden die Urteile dann aber revidiert, so sind die Menschen mit vorgefertigten Meinungen als erste bereit, das, was sie vor einer Woche sagten, zu vergessen, denn sie vertauschen die alten Formeln gegen neue. Man darf nur nicht vergessen, daß Dichter außer von Spießbürgern auch immer von Freunden umgeben sind und daß diese letztlich den Sieg davontragen.

Als O. M. von dem »Leser eines einzigen Buches« sprach, zielte er damit auf die ihm verhaßte Fähigkeit ab, bedenkenlos miteinander unvereinbare Dinge in sich aufzunehmen, er verdammte damit zugleich das herabgesetzte Unterscheidungsvermögen, das er in seiner ›Vierten Prosa‹ als »Toleranz allem und jedem gegenüber« bezeichnete. (»Was war doch das Mütterchen Philologie, und was ist aus ihm geworden – es war voller Saft und Kraft, voller Unduldsamkeit, und jetzt ist es hündisch und jedem gegenüber tolerant.«)

Eine scharfe Anklage gegen das Alles-in-sich-Aufnehmen hörte ich das erste Mal aus O. M.s Mund 1919 in Kiew, als er Brjussows Gedichte über die verschiedenen Epochen der Geschichte angriff und sie mit bunten chinesischen Laternchen verglich. O. M. sagte, wenn diese Gedichte einen solchen Vergleich zuließen, so bedeute es, daß Brjussow sich allem gegenüber lau verhalte, sich an der Geschichte nur betrachtend ergötze. Ich erinnere mich in diesem Zusammenhang nicht mehr genau an seine Worte, aber ihrem Sinn nach waren sie so, wie ich sie hier wiedergegeben habe. Später faßten die Achmatowa und er eine solche Haltung kurz in der Formel »die Völker im Verlauf der Geschichte« zusammen. O. M. selbst wußte oder versuchte zumindest immer zu wissen, wann er »ja« oder »nein« zu etwas sagen sollte. Seine

Stellungnahmen waren extrem, das war gewissermaßen seine Art von Dualismus, die der antiken Ansicht von Gut und Böse als den beiden grundlegenden Gegensätzen des Seins entsprach. Dichter können sich weder dem Guten noch dem Bösen gegenüber gleichgültig verhalten und können niemals sagen, alles Bestehende sei vernünftig.

O. M.s sicheres Gefühl und sein scharfes Unterscheidungsvermögen zeigten sich in der Art, wie er las. In den »Notizbüchern« seiner ›Reise nach Armenien‹ findet sich eine Bemerkung über den »Dämon des Lesens«, der einer »sich breitmachenden tiefgreifenden Kulturzerstörung« entstamme. Beim Lesen versänken die Menschen in eine illusionäre Welt und bemühten sich, das Gelesene zu behalten, mit anderen Worten, sie begäben sich dann in die Gewalt des gedruckten Wortes. Wenn O. M. las, versuchte er nicht, sich das Gelesene ins Gedächtnis einzuprägen, sondern verglich jedes Wort mit seiner eigenen Erfahrung und bemühte sich, es zu seiner Grundidee, daß der Mensch eine eigenständige Persönlichkeit sei, ins richtige Verhältnis zu bringen. Denn schon immer ermöglichte passives Lesen die Propaganda wohlfeiler Ideale, auf diesem Weg wurden für den Massengebrauch vorgefertigte, glattpolierte »Wahrheiten« angeboten. Ein solches Lernen regt nicht zum Nachdenken an, sondern wird eher wie eine Hypnose wirken, obwohl es heute weitaus wirkungsvollere Mittel gibt, um den Willen eines Menschen zu manipulieren.

O. M. bezeichnete das Lesen als »Beschäftigung«, und für ihn war es hauptsächlich ein Auswählen. Einige Bücher blätterte er nur durch, besah sie sich, andere (zum Beispiel Joyce und Hemingway) las er mit großem Interesse. Dann aber gab es auch Bücher, die ihn intensiv beschäftigten, die ihn prägten, die eine Periode seines Lebens oder sein ganzes Leben bestimmten. Wenn ein neues Buch in sein Leben trat, war es wie die erste Begegnung mit einem Menschen, der dazu bestimmt war, sein Freund zu werden. Seine Zeile: »Durch Freundschaft wurde ich wie durch einen Schuß geweckt«, bezog sich nicht nur auf Kusin, sondern weit mehr auf seine »Begegnung« mit den deutschen Dichtern, von denen er schrieb: »Sagt mir, Freunde, in welchem Walhall haben wir zusammen Nüsse geknackt, welche Freiheit teilten wir, welche Meilensteine habt ihr mir gesetzt?« O. M. hatte Goethe, Hölderlin, Mörike und die Romantiker schon früher gekannt, aber damals war es nur ein Lesen gewesen und keine »Begegnung«.

Es war nicht zufällig, daß diese »Begegnung« in Armenien stattfand. Die langersehnte Reise dorthin (in seiner ›Vierten Prosa‹ erzählt er von seinem ersten, gescheiterten Versuch einer Armenienreise) erweckte sein bis dahin schlummerndes Interesse für das, was ich völlig zu Unrecht heute als Naturphilosophie bezeichne und wofür der Ausdruck Kulturphilosophie noch viel weniger treffend wäre. Es war das lebhafte Interesse für dieses kleine Land, diesen Vorposten des Christentums im Osten, dieses kleine Bollwerk, das jahrhundertelang den Angriffen des Islam getrotzt hatte. Vielleicht wurde O. M. in unserer allgemeinen Krise des christlichen Bewußtseins von dieser Standhaftigkeit angezogen. Georgien mit seinem unvergleichlich leichteren Schicksal übte auf ihn längst nicht den gleichen Reiz aus. In unserem kleinen Hotelzimmer in Eriwan hatten wir im Handumdrehen einen ganzen Stapel Bücher über die Kultur Armeniens: die armenische Chronik von Strschigowskij, Mojssej Chorenskij und viele andere Bücher über Wissenschaft und Natur des Landes. Von den Büchern über Armeniens Wirtschaft beeindruckte O. M. am meisten die ›Beschreibung der Staatswirtschaft Armeniens‹ von Schopen, einem Beamten aus der Zeit Alexanders I. O. M. verglich das lebhafte Interesse Schopens an diesem Land mit der Gleichgültigkeit vieler verärgerter und verdrossener »Hierherkommandierter«, die mit in unserem Hotel wohnten.

Die Anziehungskraft Armeniens führte O. M. zu Goethe, Herder und anderen Dichtern. Eine Begegnung mit dem jungen Biologen Kusin – dessen Begeisterung für Literatur und Philosophie noch recht burschenhaft war – wäre in Moskau wahrscheinlich wenig ins Gewicht gefallen, hier aber in Armenien wurde sie für beide zu einem Erlebnis. Im Hof einer Moschee, wo es persischen Tee in kleinen Gläsern gab, kamen sie miteinander ins Gespräch, und dann gingen sie zu mir ins Hotel, um ihre Unterhaltung fortzusetzen. O. M. interessierte sich für die Anwendung der Biologie auf die Dinge, die ihn angingen, wie zum Beispiel die immer wiederkehrende Frage nach der Entstehung neuer Formen. Schon lange vor seiner Bekanntschaft mit Kusin hatte O. M. einmal geschrieben, daß das Studium der Dichtung erst dann zu einer Wissenschaft werden könne, wenn man auf sie die Methoden der Biologie anwenden werde. Es ist sehr leicht möglich, daß sich in dieser Äußerung eine zwischen 1910 und 1920 weitverbreitete Theorie über die Sprachwissenschaft widerspiegelte, in der man ihre Verbindung sowohl zu den Sozialwissenschaften als auch zur Biologie hervorhob.

Kusin liebte Goethe, und auch das war damals für O. M. von großer Bedeutung. Als O. M. dann in Moskau Dante »begegnete«, wurden aus dem Freund Kusin und den übrigen Biologen Bekannte, mit denen man sich hin und wieder zu einem Glas Wein zusammensetzte. O. M. erklärte mit einem Schlag, Dante sei das Wichtigste in seinem Leben.

Er erklärte ihn zu seinem Gefährten, von dem er sich niemals mehr trennen wolle, und nahm ihn sogar zweimal mit ins Gefängnis. In

Gedanken an eine mögliche Verhaftung – jeder, den ich kannte, zog sie immer in Erwägung – besorgte er sich eine kleinformatige Ausgabe der ›Göttlichen Komödie‹ und trug sie immer bei sich. Denn die Menschen wurden nicht nur zu Hause verhaftet, sondern auch auf der Straße und in Ämtern, ja, manchmal wurden sie eigens irgendwohin bestellt, um dort verhaftet zu werden, und niemand hörte mehr etwas von ihnen. Einer meiner Freunde klagte einmal, daß er seinen Sack mit allem Notwendigen für ein Lagerleben nicht mit zur Arbeit nehmen könne, als er aber dann wirklich verhaftet wurde, kamen sie nachts zu ihm nach Hause, und er war so verwirrt, daß er ganz vergaß, seine vorbereiteten Utensilien mitzunehmen.

Als O. M. nach Samaticha fuhr, wo sie ihn zum zweitenmal verhafteten, hatte er seine Dante-Taschenausgabe in Moskau gelassen und nahm eine andere, längst nicht so handliche Ausgabe mit. Ich weiß nicht, ob er sie noch hatte, als er im Verschickungslager Wtoraja Retschka bei Wladiwostok ankam, wo er dann auch starb. Ich glaube es nicht: in den Lagern unter Jeschow und Stalin verging jedem der Gedanke an ein Buch.

Rein zufällig begann Anna Achmatowa gleichzeitig mit O. M. Dante zu lesen. Als sich das herausstellte, zitierte sie eine Stelle, die sie im Gedächtnis behalten hatte: »Donna m'apparve nello manto verto«, und als O. M. diese Strophen von ihrer Stimme, die er so sehr liebte, gesprochen hörte, war er so gerührt, daß er den Tränen nahe war.

Beide, die Achmatowa und O. M., entwickelten, wenn sie Werke von schon verstorbenen Dichtern lasen, eine ungewöhnliche Fähigkeit: sie überbrückten jede räumliche und zeitliche Entfernung. Eine solche Art des Vortrags ist natürlich anachronistisch, aber sie gingen mit dem Autor eine persönliche Verbindung ein, es war wie Gemeinschaft im Gespräch, nicht nur mit Zeitgenossen, sondern auch mit schon lange Verstorbenen. Aus der Art, wie er im Hades seine Lieblingsdichter der Antike begrüßt, schloß O. M., daß Dante ebenfalls diese Fähigkeit besaß. In seinem Artikel ›Über das Wesen des Wortes‹ erwähnte O. M., wie Bergson nach einer Verbindung gleichartiger Erscheinungen, die nur zeitlich voneinander getrennt sind, sucht, und er meint, man könne auch über räumliche und zeitliche Entfernungen hinweg nach Freunden und Gefährten Ausschau halten. Sicherlich hätte ihn Keats hier verstanden, er wollte sich mit all seinen lebenden und toten Freunden in einer Taverne treffen. Wenn die Achmatowa die Toten vor sich auferstehen ließ, um mit ihnen in Verbindung zu treten, interessierte sie sich für ihr Leben, ihre Art, ihre Beziehung zu anderen Menschen. Ich erinnere mich, wie sie vor mir als ersten Shelley wieder auferstehen ließ – er war für sie gleichsam das Übungsprojekt. Dann kam die Zeit, in der sie die Verbindung mit Puschkin aufnahm. Sorgfältig, wie ein Detektiv oder eine eifersüchtige Frau, erkundete sie schrittweise Handlungen, Gedanken und Gespräche seiner Umgebung, untersuchte ihre psychologischen Motive und kehrte bei jedem, der nur ein Lächeln Puschkins erhascht hatte, wie bei einem Handschuh, das Innerste zuäußerst. Für keinen Lebenden brachte die Achmatowa ein gleiches brennendes Interesse auf. Vor allem konnte sie die Frauen von Schriftstellern und schon ganz besonders von anderen Dichtern nicht ertragen. Niemals werde ich begreifen, warum sie bei mir eine Ausnahme machte, so war es in der Tat, aber auch sie konnte nicht erklären, warum. Im Gegensatz zu der Achmatowa, versuchte O. M. niemals in das persönliche Leben toter Dichter einzudringen, obwohl er trotz seiner scheinbaren Zerstreutheit unwahrscheinlich aufmerksam war und über unsere lebenden Freunde weitaus mehr wußte als ich. Manchmal glaubte ich ihm ja nicht, aber immer stellte sich heraus, daß er recht hatte. Keinerlei Interesse aber zeigte er für Natalja Gontscharowa, Paletika* oder Anna Grigorjewna Dostojewskaja. Anna Achmatowa wußte, wie gleichgültig er diesen Fragen gegenüberstand, und erörterte sie niemals mit ihm. Und über die Lebenden schwieg er: sollten sie doch tun, was sie wollten. Ihr gemeinsames Gespräch ging immer über Gedichte und Stücke ihrer Lieblingsdichter (»Bemerkten Sie dort diesen wundervollen Ausdruck?« »Erinnern Sie sich an diese Zeile?«). Oft lasen sie gemeinsam laut und machten sich gegenseitig auf ihre Lieblingsstellen aufmerksam, teilten ihre Funde miteinander. In den letzten Jahren beschäftigten sie sich hauptsächlich mit Dante, anderen Italienern und, wie immer natürlich, mit den russischen Dichtern. Weitaus schwieriger ist es, die Bücher zu nennen, die O. M. in früheren Jahren besonders beeindruckten. Als er 1919 nach Kiew kam, hatte er Florenskijs ›Säule und Grundlage der Wahrheit‹ dabei. Offensichtlich beeindruckte ihn an diesem Buch, was dort über den Zweifel gesagt ist; denn er sprach oft in diesem Sinn vom Zweifel, ohne jedoch die Quelle zu nennen. Als Schüler hatte er natürlich Alexander Herzen gelesen und als Jüngling Wladimir Solowjow, der ihm wohl nicht als Dichter, aber als Philosoph viel mehr bedeutete, als man gemeinhin annimmt. Weshalb er in keinem seiner Artikel Solowjow erwähnt, ist leicht zu erklären: die meisten Artikel sind für die Veröffentlichung unter den Sowjets gedacht, kein Redakteur hätte damals ein Wort über Solowjow, wenn es nicht abträglich war, durchgehen lassen. Trotzdem aber ist in O. M.s gesamtem Werk immer wieder Solowjows Einfluß spürbar: man findet

* Freundin Puschkins; Natalja Gontscharowa seine Frau.

ihn in O. M.s christlich-religiöser Weltanschauung (die in Solowjows Sinn ist), in seiner Art und Weise zu polemisieren, in seinen Gesprächen, in vielen feststehenden Ausdrücken, ja sogar im Gebrauch einzelner Worte. Als Beispiel soll hier die Zeile »Menschenmengen, Ereignisse, Eindrücke« aus dem Gedicht über Belyj genannt sein, sie ist direkt an Solowjows Ausdruck »Ideenmengen« angelehnt, der irgendwo in seinen philosophischen Aufsätzen auftaucht. O. M. schätzte Solowjow sehr. Als wir im Sanatorium Zekubu waren, auf dem ehemaligen Gut der Trubezkojs, wo Solowjow gestorben war, war O. M. immer wieder davon betroffen, wie gleichgültig hier sowjetische Gelehrte sich mit ihren eigenen Angelegenheiten beschäftigten, Artikel schrieben, Zeitung lasen und in dem blauen Arbeitszimmer, in dem Solowjow gearbeitet hatte, sogar Radio hörten. Damals wußte ich noch nichts von Solowjow, und er sagte mir voller Verachtung: »Du bist genauso eine Barbarin wie die da.« Für O. M. waren diese Professoren eine Horde Barbaren, die in die heiligen Hallen der russischen Kultur eingedrungen waren.

Immer wenn wir in solchen Sanatorien waren, sprach er wenig mit anderen Kurgästen und hielt sich abseits. Einmal, in Bolschewo, wurde er von einigen Damen, die Philosophie- und Literaturstudien betrieben, umringt, sie baten ihn, ihnen einige Gedichte vorzulesen, und versicherten immer wieder, er sei »ihr Dichter«. Als Antwort gab er ihnen zu bedenken, daß es entweder seine Dichtung oder ihre Wissenschaft gäbe, und deshalb sei Versöhnlichkeit hier absolut nicht angebracht. Solche Ausfälle kamen bei ihm öfters vor, in Redaktionen, bei Auftritten (daß es geschlossene Veranstaltungen waren, versteht sich von selbst) und in privaten Gesprächen – eine Folge davon war, daß man O. M. in weiten Kreisen als »unmöglich« bezeichnete. Aber O. M. war einfach zu keinem Kompromiß bereit. Seine Kompromißlosigkeit hätte gut für ein Dutzend Schriftsteller ausgereicht, leider aber wurde diese Eigenschaft nicht mit Karten zugeteilt. Kompromißlos war O. M. vor allem unserer akademischen Intelligenzija gegenüber: »Die haben sich alle verkauft.« Ende der zwanziger und Anfang der dreißiger Jahre wurde bei uns der Lebensstandard derer angehoben, die sich als nützlich erwiesen hatten, dabei sollte aber unbedingt jegliche Art von »Gleichmacherei« vermieden werden. Die daraus resultierenden Unterschiede machten sich sehr bemerkbar, und jeder wollte seinen mit Mühe errungenen, relativen Wohlstand erhalten, und das ganz besonders jetzt, wo die bittere, nachrevolutionäre Armut überwunden war. Diese Erfahrung wollte niemand wiederholen, und unmerklich bildete sich eine sehr dünne Schicht der Privilegierten heraus; sie bekamen ihre »Pakete«, Datschen und Autos. Die Vergänglichkeit dieses

Wohlstandes erkannten diese Leute erst viel später – in der Periode des Massenterrors, als es sich herausstellte, daß ihnen alles das über Nacht, ohne jeglichen Grund, abgenommen werden konnte. Bis dahin aber bemühten sich diese Leute, die ein Stück von der Torte bekamen, alles, was man von ihnen forderte, zu erfüllen. Einmal in Woronesch zeigte mir O. M. eine Zeitung, in der das Akademiemitglied Bach eine Erklärung zum ›Kurzen Lehrgang‹* veröffentlicht hatte.

»Schau, was der hier zu schreiben wagt: ›Der ‹Kurze Lehrgang› wurde zum Wendepunkt in meinem Leben.‹« »Wahrscheinlich hat er das gar nicht geschrieben, sondern nur unterschrieben«, sagte ich. Solche Erklärungen wurden zumeist fertig vorgelegt, worauf die Betroffenen dann nur noch ihre Unterschrift daruntersetzen mußten. »Um so schlimmer«, antwortete O. M.

Aber was hätte Bach im Grunde genommen tun sollen? Hätte er den Text etwas ändern können, damit sein Name nicht unter einem offensichtlich staatlichen Papier stünde? Ich glaube kaum. Oder hätte er den Journalisten, der ihn um seine Unterschrift »gebeten« hatte, hinauswerfen sollen? Kann man so etwas von Menschen erwarten, wenn sie genau wissen, welche Folgen dann auf sie zukommen? Ich glaube, nein. Ich selbst kann die Frage, wie man sich verhalten sollte, nicht beantworten. Das Kennzeichen des Terrors ist, daß allen Hände und Füße gebunden sind und keiner auch nur den kleinen Finger rühren kann.

Die einzige Frage, die man hier stellen kann: Gab es in unserem Leben einen Augenblick, in dem die Intelligenzija für ihre Unabhängigkeit hätte eintreten können? Es hat sicher so einen Augenblick gegeben. Aber die Intelligenzija war schon vor der Revolution schwer angeschlagen und gespalten und dachte nicht an ihre Unabhängigkeit. Sie mußte kapitulieren und die Umwertung der Werte vornehmen. Vielleicht setzt man jetzt allmählich die alten Ideale, die man damals verließ, wieder ein. Das geht langsam und ist beschwerlich, der Boden ist nicht vorbereitet. Ob es möglich sein wird, ihnen Achtung zu verschaffen und sie bei den uns bevorstehenden Prüfungen zu bewahren, werde ich nicht mehr erfahren.

* ›Die Geschichte der KPdSU‹ (›Kurzer Lehrgang‹), 1938 veröffentlicht, war bis zu Stalins Tod Grundlage der politischen Schulung. Zu Beginn galt Stalin als Autor des 4. Kapitels (Über den dialektischen Materialismus), nach dem Krieg wurde ihm der ganze ›Kurze Lehrgang‹ zugeschrieben.

Fünfzigstes Kapitel

Kolja Tichonow

Der Dichter Nikolaj Tichonow sprach immer sehr überzeugt, laut und eindrucksvoll, war charmant, Seelenfänger und Verführer in einer Person. In die Reihen der Literaten nahm man ihn freudig auf: den jungen Kolja, diesen Prachtkerl, der so voller Lebensenergie steckte. Er war der neue Mensch, Soldat von Kopf bis Fuß, und dazu ein wundervoller Erzähler. Auch heute noch sind viele von diesem Kolja Tichonow bezaubert – sie wissen nicht, was aus ihm wurde. Kolja Tschukowskij führte Kolja Tichonow bei uns ein. O. M. gefielen die beiden jungen Männer. »Schau nur, was Kornej Tschukowskij für einen Sohn hat«, und über Tichonow sagte er: »Nun ja, der geht, nur sieht er aus, als würde er gleich einen Eisenbahnwagen betreten und sagen: ›Bürger, Ihre Dokumente!‹« O. M. sprach diesen Satz genau wie die Anführer der Trupps für Lebensmittelkonfiskation, die während des Bürgerkrieges die Züge nach Schwarzhändlern, die ein Pud Mehl in die Stadt einschmuggelten, durchsuchten. Und auch O. M. erlag für kurze Zeit seinem Charme. Tichonow zeigte uns früher als den anderen sein wirkliches Gesicht. Ich erinnere mich vor allem, wie er, fest überzeugt, zu uns sagte: »In Leningrad wird Mandelstam nicht wohnen. Wir werden ihm kein Zimmer geben.« Das war nach unserer Rückkehr aus Armenien, als wir nicht wußten, wohin wir sollten, und O. M. die Schriftstellerorganisation bat, ihm ein freies Zimmer im »Haus der Schriftsteller« in Leningrad zu überlassen. Als ich die Absage erhielt, war ich über die Formulierung doch sehr erstaunt, fragte Tichonow aber, ob O. M. die Schriftstellerorganisation um die Erlaubnis bitten solle, sich in einem privat gemieteten Zimmer in Leningrad niederzulassen. Tichonow wiederholte erbarmungslos: »In Leningrad wird Mandelstam nicht wohnen.« Ich versuchte herauszubekommen, ob er von sich aus so sprach oder Instruktionen erhalten hatte. Ich brachte aber nichts aus ihm heraus. Ob man Instruktionen in einem derart überzeugten Ton weitergibt? Wie auch immer es gewesen sein mag, es hatte nichts Gutes zu bedeuten. Deshalb fuhren wir nach Moskau. Mehr oder weniger wollte Tichonow wohl sagen: »Wir alle verhalten uns, wie man es von uns erwartet, und dann kommt dieser Mandelstam daher, der auf niemanden und nichts Rücksicht nimmt. Wer weiß, was er treibt, und der will von uns noch Zimmer und Arbeit. Er nimmt sich so viel heraus, und wir sind dann für ihn verantwortlich.« Von seinem Standpunkt aus hatte Tichonow recht. In den Augen eines dem Regime vorbehaltlos Ergebenen wie er, war Mandelstam eine Anomalie, ein überflüssiger Mensch, eine schädliche Ausgeburt der Vergangenheit in der Literatur, wo die Plätze durch höhere Instanzen denen gegeben wurden, die sie verdienten.

Damals hatten wir Tichonow bereits erkannt. Kurz vor dem Gespräch über das Zimmer und über das Wohnrecht in Leningrad trafen wir ihn, als er die Redaktion der Zeitschrift ›Swesda‹ verließ, die Taschen vollgestopft mit Manuskripten, die er rezensieren sollte. Tichonow klopfte auf seine Taschen und sagte: »Wie an der Front.« Wir wußten, wie gerne sich Tichonow an den Bürgerkrieg erinnerte, begriffen aber nicht, welche Verbindung zwischen der Front und seinen vollgestopften Taschen bestand. Die Erklärung aber folgte sogleich: »Literaturkrieg.« Seinen Kriegseifer übertrug Tichonow auf die literarische Kleinarbeit: Gelegenheitsromane, von denen die Redaktionen immer überschwemmt werden, abzuschießen und gleichzeitig etwas ideologisch Fremdes aufzudecken, verlieh ihm das Gefühl, eine revolutionäre Pflicht erfüllt zu haben. War das kein Krieg? Ein Krieg, in dem der Soldat keinerlei Risiko einging und, ohne zu plündern, seine Wohnung mit bescheidenem sowjetischem Komfort ausstatten konnte. Was war daran schlecht?

»Wie an der Front«, war Tichonows Lieblingsausdruck. Gelegentlich hörten wir ihn aber auch andere Siegesrufe ausstoßen. Aus irgendeinem Grunde mußte ich einmal in Moskau zu ihm. Zufällig war das am 23. April 1932, an dem Tag, als der RAPP der Todesstoß versetzt worden war – wir hatten es morgens durch die Zeitung erfahren. Tichonow war damals im Herzen-Haus, in dem wir zu dieser Zeit wohnten; er allerdings war im »aristrokratischen Flügel« bei Pawlenko zu Besuch. Das Ende der RAPP kam für alle völlig überraschend. Ich traf Tichonow und Pawlenko bei einer Flasche Wein. Sie tranken auf den Sieg. »Auf das Ende der RAPP-Herrschaft«, rief der schlagfertige Tichonow; der klügere, aber auch gefährlichere Pawlenko schwieg.

»Aber Sie waren doch mit Awerbach befreundet«, sagte ich erstaunt. Statt Tichonow antwortete mir Pawlenko: »Der literarische Krieg ist in eine neue Phase eingetreten...«

Als wir in Woronesch waren, schickte O. M. an Tichonow seine Gedichte über Kaschtschej* und den Kater. Er hoffte, daß Tichonow,

* Zauberer in der russischen Folklore.

wenn er von einem verbannten, in Armut dahinvegetierenden Kameraden ein Gedicht über Gold und Edelsteine erhielte, ihm Geld schikken werde. Tichonow ließ O. M. sehr bald durch ein Telegramm wissen, daß er alles, was in seinen Kräften stehe, für ihn täte. Damit endete die Beziehung; offensichtlich konnte er nichts tun. Ich erinnerte Tichonow Anfang der sechziger Jahre durch Surkow an dieses Telegramm; die »Dichterbibliothek«* suchte verzweifelt jemanden, der das Vorwort zu einem Gedichtband von O. M. schrieb, den man herausgeben wollte. Einer nach dem anderen lehnte es ab, dieses alberne Vorwort zu schreiben, niemand wollte mit der Redaktion die Verantwortung für die Auferstehung Mandelstams teilen. Hätte Tichonow sich bereit erklärt, das Vorwort zu verfassen, wäre das Buch schon lange erschienen. Damals, kurz vor dem Erscheinen von Solschenizyns ›Ein Tag im Leben des Iwan Denissowitsch‹, wäre der Zeitpunkt für eine Publikation richtig gewesen. Ein Vorwort von Tichonow hätte seine besondere Wirkung gehabt. Seine Billigung allein hätte schon ausgereicht, um den Band vor Angriffen zu schützen. Solche Angriffe können für die ganze Auflage schon vor ihrem Erscheinen verhängnisvoll werden. Surkow versuchte Tichonow zu überreden und erinnerte ihn an sein telegraphisches Versprechen, »alles zu tun«, aber Tichonow lehnte entschieden ab: »Er hat sich völlig in einen chinesischen Götzen verwandelt«, sagte ich zu Surkow. Er widerlegte das nicht; es gab auch nichts zu widerlegen.

Es ist schwierig, den jungen Kolja Tichonow, mit seinen schwungvollen Bewegungen, so wie wir ihn gekannt hatten, aus dem Gedächtnis zu streichen. »Tichonow und Lugowskoj haben niemals jemandem geholfen«, sagte Anna Andrejewna einmal zu mir, »aber trotzdem sind sie besser als die anderen.« 1937 traf Anna Andrejewna einmal Tichonow, und sie gingen eine halbe Stunde zusammen am Ufer spazieren. Die ganze Zeit klagte Tichonow über die verfluchte Zeit. »Er sagte dasselbe wie wir«, meinte Anna Andrejewna, und darin liegt wahrscheinlich der Grund, weshalb sie auch heute noch nicht so schlecht auf ihn zu sprechen ist. Aber wie er das sagte! Zu Hause angekommen, konnte sie sich an keinen einzigen Satz von ihm, in dem er seine Beziehung zum Terror darlegte, erinnern. Alles war so geschickt verschleiert, daß er mit seinen Reden selbst der Achmatowa »kein Material« gegen sich »in die Hand spielte«. Wohl beklagte er sich, ließ aber kein einziges überflüssiges Wort fallen – das war die hohe Kunst der Disziplin! Mit Lugowskoj möchte ich ihn nicht auf eine

* ›Biblioteka poeta‹, populäre, von M. Gorkij begründete Klassikerbibiliothek für Lyrik, erscheint in zwei – einer »kleinen« und einer »großen« – Serien im Verlag »Sowjetischer Schriftsteller«.

Stufe stellen. Er war ein ganz anderer Typ, wesentlich naiver und anständiger. An der Front hatte er sich tapfer im Feuerregen geschlagen, am Literaturkrieg nahm er aber nicht teil, und wenn er betrunken war, konnte es passieren, daß er eine Menge Unsinn daherredete. Tichonow dagegen war immer von sich und der Sache, der er diente, überzeugt. Die letzten Mohikaner werden zu seinem Begräbnis erscheinen, um ihre Ehrenbezeigungen diesem außerhalb der Partei stehenden Krieger der Literatur zu erweisen, für den auch die Zeitschrift ›Swesda‹ ein Teil der Front war. Nach Erzählungen stellte Tichonows Frau Spielzeug aus Pappmaché her. Auch der einstmals lebensvolle Tichonow hat sich in eine Pappmaché-Figur verwandelt, der man keine Werte zusprechen kann. Deshalb wahrscheinlich hat Tichonow auch nie eine Umwertung der Werte vorzunehmen brauchen. Dennoch war er immer noch einer der besten, die zu Beginn der zwanziger Jahre für das »Neue« eintraten.

Einundfünfzigstes Kapitel

Das Bücherbrett

Am Maifeiertag 1938, also vor mehr als einem Vierteljahrhundert, kam ich aus Samaticha, einem Erholungsheim in der Nähe von Murom, wo O. M. verhaftet worden war, nach Moskau zurück. »Solange sein Schicksal noch nicht entschieden ist, muß ich ihm helfen«, sagte ich mir, nahm einige Bücher vom Bücherbrett und ging mit ihnen zum Antiquar. Für den Erlös kaufte ich das erste und einzige Lebensmittelpaket, das mit dem Vermerk »Adressat verstorben« zurückkam. Immer hatte ich mir gewünscht, daß etwas von diesem Bücherbrett bleiben würde, von diesem Bücherbrett, das uns einstmals die Illusion eines friedlichen Lebens vermittelt hatte, denn schließlich spiegelte die Auswahl dieser Bücher O. M.s Interessen der dreißiger Jahre wider. Deshalb gab ich damals Chardschijew eine Liste der von mir verkauften Bücher. Die Liste war natürlich ungenau; eine Frau kann sich in dieser Lage, in der ich mich damals befand, auf nichts wirklich konzentrieren. Die Bücher, die mir blieben, das heißt, die der Antiquar nicht nahm, sind jetzt bei meinem Bruder Schenja, ich habe noch heute keine Möglichkeit, sie bei mir unterzubringen.

Unsere ersten gemeinsamen Bücher kauften wir uns, als ich in der Redaktion der Zeitschrift ›Für eine kommunistische Erziehung‹ meinen Dienst antrat. Dort bekam ich jeden Monat einen »Berechtigungsschein für den kostenlosen Erwerb von Büchern«. So wurde bei uns den Journalisten die Kultur eingeimpft. »Kaufen Sie sich grundlegende Werke«, riet mir Tschetschanowskij, als er mir den ersten Berechtigungsschein aushändigte. Besonders warm empfahl er mir eine sechsbändige Lenin-Ausgabe oder die Gesammelten Aufsätze Stalins, mit deren Veröffentlichung man damals gerade begonnen hatte. Bei all unseren Bekannten standen damals auf den Bücherbrettern schon alle Gesammelten Ausgaben der Klassiker des Marxismus; das gehörte zur Wohnungsausrüstung jedes Intellektuellen. Unsere Erzieher bestanden hartnäckig darauf. Stalin glaubte wirklich, daß jeder Intellektuelle, wenn er all diese Bücher gründlich gelesen habe, nicht anders könne, als sich ihrer unbezwinglichen Logik zu beugen und allen idealistischen Vorurteilen abzusagen. Die Nachfrage nach marxistischer Literatur hatte damals ihren Höhepunkt erreicht. Der rotbackige Tschekist, der uns bei der Haussuchung 1934 mit Kandiszucker aus seiner kleinen Blechdose bewirtete, war auch völlig überrascht, daß bei uns keine marxistische Literatur auf dem Bücherbrett stand. »Wo haben Sie Ihre Klassiker des Marxismus?« hatte er mich gefragt; als O. M. dies hörte, flüsterte er mir zu: »Er verhaftet zum erstenmal einen Menschen, der keinen Marx besitzt.«

Wir besaßen überhaupt weder die grundlegenden Klassiker des Marxismus-Leninismus noch andere mehrbändige Ausgaben, obwohl man sie uns geradezu aufdrängte. Nur Benedikt Lifschiz hatte Erfolg, unter seinem Einfluß kaufte O. M. einen mehrbändigen Larousse. Lifschiz meinte, ein Übersetzer könne ohne Larousse nicht auskommen. Das war Mitte der zwanziger Jahre, als O. M. nur noch durch Übersetzen verdienen konnte. Die dicken Bände des Larousse lagen unberührt und immer noch verschnürt, so wie sie ins Haus gekommen waren, bei uns herum, bis sie, nachdem es O. M. nicht gelungen war, Übersetzer zu werden, zum Antiquar zurückgebracht wurden. An Standardausgaben der Klassiker war O. M. nicht interessiert. Überhaupt war er kein Büchersammler. Weder jagte er seltenen Ausgaben nach, noch war er darauf bedacht, irgendeine Ausgabe vollständig zu besitzen. Er wollte mit den Büchern leben, zu denen er eine persönliche Beziehung hatte. Andere wußte er wohl zu schätzen, konnte aber ohne sie auskommen. So ließ er sich zum Beispiel von Katajew Pasternaks soeben erst erschienenes Buch ›Meine Schwester, das Leben‹ entführen. »Wozu brauche ich es, ich kenne es und erinnere mich daran; ich denke, er hat es nötiger«; immer wieder sagte er: »Ein Buch muß bei dem sein, der es braucht.«

Kaum je gelang es mir, O. M. durch meine Funde in den Buchhandlungen zu begeistern. Einmal brachte ich voller Stolz ein Exemplar von Gumiljows ›Cor ardens‹ nach Hause, ich hatte es in einem großen Bücherhaufen in einem Antiquariat gefunden (damals wollte ich alle Bücher, die ich einstmals besessen und dann verloren hatte, wiederhaben). O. M. bemerkte ziemlich gleichgültig: »Warum nur immer dasselbe?« Dieses Buch gehörte einer abgeschlossenen Lebensphase an, und O. M. wollte nicht zurück. Allerdings freute sich O. M. sehr über einen Band Bürger: »Du weißt immer, was ich brauche.« Aber das war nicht wahr. Außer Bürger stießen meine Vorschläge bei ihm immer auf Ablehnung.

Auf unserem Bücherbrett standen in den dreißiger Jahren außer Annenskij, den beiden Akmeisten Gumiljow und Anna Achmatowa und zwei bis drei zufälligen Büchern keine Dichter des zwanzigsten Jahrhunderts. Mit der Lyrik des zwanzigsten Jahrhunderts beschäftigte sich

O. M. intensiv erst 1922, als zwei junge Menschen ihr Glück als private Herausgeber versuchen wollten und O. M. beauftragten, eine Anthologie der russischen ›Lyrik von den Symbolisten bis heute‹ zusammenzustellen. Die Anthologie begann bei Konewskoj und Dobroljubow und endete mit Boris Lapin. Wie andere, so suchte auch O. M. jeweils einen in seinen Augen besonders geglückten Wurf heraus. Bei Dobroljubow fiel seine Wahl auf die ›Sprechenden Adler‹, bei Balmont auf ›Das Lied eines Arabers, der NICHTS heißt‹, bei Komarowskij ›Auf den Plätzen ist das einzige Wort „daki"‹, bei Borodajewskij auf ›Die Uferschwalben‹, bei Losina-Losinskij auf ›Die Schachspieler‹. Mit Vergnügen übernahm er zwei oder drei Gedichte von Boris Lapin: eines handelte von einem klugen Kopf und »Sternen in den Fenstern der Tscheka«, ein anderes begann: »Als ob er den Astern die Finger anbeißen würde, küßte Tril-Tral die Blüten.« Die große Schwierigkeit war Brjussow. O. M. fand bei ihm nichts Geeignetes, aber es war unmöglich, ihn auszulassen. Brjussow erschien uns damals viel bedeutender als heute, und uns fehlte Lomonossows »Weite«, um ihn richtig einzuschätzen. Ein zu geringer Abstand verzerrt leicht die Perspektive. Brjussow mußte gebührend vertreten sein; als O. M. seine Gedichte las, geriet er außer sich und fragte: »Was soll das heißen? ›Du sollst heiß sein wie die Flamme, du sollst scharf sein wie das Schwert.‹« Als er auf die Strophe über die von unterirdischen Flammen verbrannten Wangen Dantes stieß, stürzte O. M. zu den Herausgebern, um ihnen die Arbeit hinzuwerfen. Gerade Gedichte von Brjussow schleppten sie in ihren Taschen immer wieder haufenweise an. Aber sie waren nette Kerle, und nach einer kleinen Auseinandersetzung steckten sie ihren Schatz wieder ein und bewahrten ihn für ihre eigene Erbauung auf. Noch oft erinnerte O. M. sie daran. Im Vergleich zu allen anderen sowjetischen Herausgebern erschienen sie uns als reine Engel. Die Anthologie konnte nie erscheinen, sie wurde von der Zensur verboten, weil O. M. keinen der damals schon unter den schützenden Fittichen des Staates stehenden Dichter, das heißt keinen »Proleratier« einbezogen hatte. Ihre Namen sind unterdessen vergessen, und auch ich kann mich nicht mehr daran erinnern, um wen es sich damals handelte. Die Zensur verlangte außerdem, daß eine beträchtliche Anzahl »bourgeoiser, klassenfeindlicher« Gedichte aus der Sammlung entfernt würden. Von dieser ganzen Arbeit blieben einige Blätter im Probedruck. Von allen im Auftrag ausgeführten Arbeiten war die Anthologie die angenehmste. Ich meine, jeder junge Dichter sollte einmal eine Anthologie der Lyrik seines Landes zusammenstellen.

»Was soll das heißen?« war ein häufiges Argument O. M.s gegen

Gedichte, die ihn ärgerten. Dieselbe Frage stellte er mir über die bekannte Zeile Majakowskijs: »Unser Gott ist der Lauf, unser Herz eine Trommel.« Solange ich nicht über den Sinn dieser Worte nachdachte, hatte mir dieses Wortgeklingel gefallen. Grundsätzlich jedoch mochte O. M. Majakowskij. Er erzählte mir, wie sie sich in Petersburg angefreundet hatten, bald aber wieder getrennt wurden, weil ihre Ziele zu verschieden waren – Dichter verschiedener Richtungen sollten sich nicht miteinander befreunden. Aus dieser Zeit stammt die Fotografie, auf der O. M. mit Majakowskij, Lifschiz und Kornej Tschukowskij zu sehen ist. Sie wurde in irgendeiner Zeitung veröffentlicht und sollte verdeutlichen, welche Kretins sich »heutzutage in die Literatur einschleichen«. Hier muß bemerkt werden, daß wir die Heranbildung der Leser und den Umschwung der Einstellung zur Lyrik, der sich vor dem Ersten Weltkrieg und zu Beginn der Revolution bemerkbar machte, den Symbolisten und ihrer enormen erzieherischen Arbeit zu verdanken haben. Ich, die ich so alt bin wie dieses Jahrhundert, gehöre ebenfalls zu der durch sie geformten Generation. In diesen unter ihrem Einfluß stehenden Kreisen, die sich mit der Zeit immer weiter ausdehnten, wurden Tolstoj und besonders Dostojewskij neu entdeckt, begann man sich mit Puschkin intensiv zu beschäftigen, feierten Tjuttschew, Baratynskij, Fet und viele andere ihre Auferstehung. Die realistische Tradition in der russischen Literatur mit ihren besonders stark betonten sozialen Themen verlor in der Öffentlichkeit ihre Anhänger. In der Literatur selbst und in den Schriftstellerkreisen aber behielt sie ihre Bedeutung. Diese Menschen bekämpften alles, was die Symbolisten getan hatten, den durch ihre Tätigkeit bewirkten kulturellen Aufschwung, die Symbolisten selbst freilich konnten sie nicht angreifen. Lange schien es, als wäre die Kultur des sogenannten »silbernen« Zeitalters völlig niedergetreten, jetzt aber tauchte ein neuer Hoffnungsschimmer am Horizont auf. Was wird aus ihm werden? Wird er uns weiterführen können?

In den dreißiger Jahren interessierte sich O. M. verhältnismäßig wenig für die russische Dichtung des zwanzigsten Jahrhunderts; auf unserem Bücherbord stand die Lyrik des neunzehnten Jahrhunderts. O. M. liebte die Erstausgaben von Lyriksammlungen, was aber keineswegs meiner vorher aufgestellten Behauptung widerspricht, daß ihm jeglicher Sammeleifer fremd war. In den Erstausgaben ist immer noch die Hand des Autors spürbar, man merkt aus ihnen, wie er seine eigenen Gedichte einschätzte, auswählte und zusammenstellte. Wir besaßen Erstausgaben von Derschawin, Jasykow, Schukowskij, Baratynskij, Fet, Polonskij und anderen. Wenn O. M. sich mit der Lyrik des zwanzigsten Jahrhunderts beschäftigte, suchte er, wie immer, nach in seinen Augen besonders gut gelungenen Gedichten. Bei Mej beeindruckte ihn besonders ›Die Pompejianerin‹, bei Slutschewskij seine ›Jaroslawna‹ und ›Die Hinrichtung in Genua‹ (die letzten Zeilen über die Alte erinnern hier nahezu an Annenskij), bei Poleschajew das Gedicht von der Zigeunerin. Ich erinnere mich nicht mehr, welches der Gedichte ihn bei Appolon Grigorjew so begeisterte; er las auch seine Gedichte, wie sie in der Erstausgabe erschienen; zufällig hatte er dieses kleine Büchlein erwerben können, vielleicht waren es die ›Hymnen‹, die in nur fünfzig Exemplaren herauskamen. Von Fet liebte er sehr viele Gedichte, unter anderem ›Die Schlange‹. Seine Auswahl wurde unbewußt sicherlich mitbestimmt von dem Geschmack seines ersten Lehrers, Wladimir Wassiljewitsch Gippius, von dem O. M. in der Prosa ›Im Lärm der Zeit‹ erzählt. Anna Andrejewnas Lieblingszeilen von Fet waren: »Meinen Wahnsinn wollte, der die Windungen dieser Rose drehte.« Sie tauschten ihre Lieblingsgedichte immer untereinander aus, schenkten sie einer dem anderen. Mit Majakowskij ging es wie mit Brjussow: Bei ihm konnte er nichts finden, was ihm besonders gefiel. Die Ecke im Bücherbrett, in der die russischen Dichter standen, wuchs ständig an, aber es fand sich dort kein Anwärter für die Anthologie, und es konnte sich dort auch keiner finden.

Am zweitstärksten waren in unserer Bibliothek die Italiener vertreten. Außer Dante besaß O. M. Ariosto, Tasso, Petrarca, jeweils in der Originalfassung und einer deutschen Prosaübersetzung. Zuerst, als O. M. das Italienische noch nicht beherrschte, griff er manchmal zu den Übersetzungen. Von den russischen Übersetzungen ließ er nur eine Prosaübertragung des ›Purgatoriums‹ gelten, die, soviel ich weiß, von Garbow zwischen 1910–1920 besorgt worden war. Versübersetzungen konnte er nicht ausstehen. Zu selten gelingen sie so, daß sie (wie bei Gneditsch) Literatur sind. All diese italienischen Ausgaben waren sehr einfach gehalten, das heißt praktisch ohne Kommentar, wie die Oxford-Ausgabe des Dante von 1904. Natürlich hätten wir auch neuere Ausgaben gekauft, aber selbst heute ist es unmöglich, an sie heranzukommen. Von den italienischen Prosaisten erinnere ich mich an Vasari, Boccaccio und Vico – aber das waren bestimmt nicht alle.

O. M. besaß auch ziemlich viele lateinische Dichter: Ovid, Horaz, Tibull, Catull. Wir kauften sie beinahe alle in Ausgaben mit einer deutschen Übersetzung, denn die Deutschen sind als Übersetzer genauer als die Franzosen.

In Armenien kehrte O. M. zu den Deutschen zurück, und in den dreißiger Jahren kaufte er vor allem Goethe, die Romantiker, Bürger, Lenau, Eichendorff und beide Kleists. Er schaffte sich auch Klopstock an, der, wie er sagte, wie eine Orgel klinge, Herder und andere.

Dann hatte er noch Mörike und Hölderlin und etwas an mittelhochdeutscher Dichtung. Franzosen besaß er weitaus weniger. Von früher hatte er noch Chénier, Barbier und den unverwüstlichen Villon. Neu kaufte er noch Verlaine, Baudelaire und Rimbaud dazu. In seiner Jugend hatte er einmal versucht, Mallarmé zu übersetzen, Annenskij hatte ihm dazu geraten, er meinte, das Übersetzen sei sehr lehrreich. Es kam aber nichts dabei heraus, und O. M. überzeugte mich davon, daß Mallarmé ein Spaßvogel sei. Auch Gumiljow und Georgij Iwanow würden sich mit doppeldeutigen Versen über ihn lustig machen.

1922, als man O. M. mit der Übersetzung altfranzösischer Epen beauftragt hatte, brachte er aus Leningrad all seine altfranzösischen Bücher von früher an. Vor kurzem entdeckte Sascha Morosow in irgendeinem Archiv O. M.s freie Übersetzungen von der Klage über Alexis* und von Aliscans**. Beide waren für ihn nicht einfach Übersetzungen. Aus ihnen sprach das Schicksal, und O. M. spürte das: die Alexis-Legende verkörperte das Gelübde der Bedürfnislosigkeit, und in Aliscans gab er gleichsam das Versprechen, sich niemals zu verbergen, wenn das Leben zu verteidigen ist.

O. M. ging mit allen Manuskripten sehr nachlässig um, nichts bewahrte er auf – »soll der es aufbewahren, der es braucht«; er glaubte an Archive und Redaktionen: das einzige Exemplar dieser Übersetzung gab er an die Redaktion der Zeitschrift ›Rossija‹, und er erlaubte mir nicht, eine Kopie davon zu machen. Außer der üblichen Nachlässigkeit war hier noch etwas anderes im Spiel: Er fürchtete diese Gedichte ebenso wie die schon einmal erwähnten Doppelverse, in denen einer Frau ein so schweres Schicksal vorausgesagt wurde. Vor Gedichten wie diesen verbarg er sich, weder erwähnte er sie, noch bewahrte er sie zu Hause auf. Hier war er wie ein Kind, das seine Augen schließt und denkt, daß es so nicht gesehen wird, oder wie ein Vogel, der seinen Kopf unter dem Flügel verbirgt. Aber das war hier schon Prophezeiung – wie konnte sich in einer solchen Welt unser Schicksal anders gestalten? Es ist immerhin gut, daß ich weiterlebte und O. M.s Werk bewahren konnte. Auch Anna Andrejewna hat ausgehalten. Manchmal kommt mir das wie ein Wunder vor.

Von anderen russischen Büchern kaufte O. M. begierig die russischen Philosophen, Tschaadajew und die Slawophilen. Mit den deutschen Philosophen kam er offensichtlich nicht zurecht. Einmal, als er einen kleinen Band Kant gekauft hatte, schnupperte er an ihm herum und

* ›La Cançun de Saint Alexis‹ – die älteste französische Bearbeitung der Alexis-Legende aus dem Jahre 1040.

** Heldenlied aus dem 12. Jahrhundert, das dem Zyklus von Wilhelm von Oranien zuzuordnen ist.

sagte: »Nadenka, das ist nichts für uns« und warf es hinter die anderen Bücher, um sich nicht in Versuchung zu führen. Mit den Russen war es ganz anders – mit ihnen lebte er. Ziemlich früh hörten wir, wie sich Berdjajew in der Emigration entfaltet hatte. O. M. fragte immer nach ihm und versuchte, seine Bücher zu bekommen. Aber von Tag zu Tag wurde das schwieriger und gefährlicher. So lebten wir von der Gegenwart abgeschnitten – auf Trockenration gesetzt. Uns blieb nur die Vergangenheit, und wir nützten sie nach Kräften.

In der kurzen Zeitspanne zwischen 1930 und der Verbannung beschäftigte sich O. M. intensiv mit der altrussischen Literatur. Er sammelte die Chroniken in den verschiedenen Ausgaben, natürlich auch ›Das Lied von Igors Heerfahrt‹ (das er immer sehr liebte und auswendig konnte), einige frühe Prosaerzählungen (powesti), außerdem russische und slawische Lieder in verschiedenen Sammlungen, wie denen von Kirejewskij, Rybnikow und anderen. Begierig griff O. M. nach der altrussischen Literatur, er war ebenso vertraut mit Awwakum wie mit der unglücklichen Prinzessin, die mit dem Bruder der Braut des Zaren verheiratet worden war. Auf unseren Bücherbrettern stand Kljutschewskij – einschließlich seiner frühen Arbeiten wie ›Legendäre Erzählungen der Ausländer‹ – und die von ihm zusammengestellten historischen Dokumente, die bei uns groß herausgegeben wurden: Dokumente über Pugatschows Aufstand, die Prozeßakten der Verfahren gegen die Dekabristen und Narodowolzy. Kurze Zeit interessierte sich auch Anna Andrejewna für dieses Material, und während der Jeschow-Ära las sie beinahe nur ›Verbannung und Zwangsarbeit‹*. Die Tenischew-Schule vermittelte ihren Schülern ein ausgezeichnetes Wissen über die altrussische Sprache und Literatur, sie gingen ihnen gleichsam ins Blut über. Als ich an den verschiedenen Pädagogischen Hochschulen arbeitete, dachte ich mir oft, wie bedauerlich es doch sei, daß man die alte Oberschule abgeschafft hatte. Ich glaube, weder ich noch O. M. hätten je eine sowjetische Schule abschließen können, und wenn, so hätte sie uns keinesfalls für das ganze Leben diese einfachen Vorstellungen und mühelos erworbenen Kenntnisse wie das russische Gymnasium vermitteln können.

Neu waren für O. M. die armenischen Chroniken. Durch Zufall ergatterte er bei einem Antiquar ein Exemplar von Mojssej Chorenskij und noch einiges andere, aber es war sehr wenig. Mit biologischer Literatur hatte er Glück: es gelang ihm, Linné, Buffon, Pallas und Lamarck zu erwerben, ebenso Darwins ›Zoologie der Reise von H. M. S. Beagle‹

* ›Ssylka i katorga‹, eine Zeitschrift über politische Gefangene der Zarenzeit, die später, 1935, verboten wurde.

und einige Philosophen, die sich auf die Biologie stützten, wie zum Beispiel Drisch.

O. M. interessierte sich für Kultur- und Biologie-Philosophie; mit Hegel konnte er ebensowenig wie mit Kant anfangen. Von Marx war er als Gymnasiast begeistert, und damit war die Sache auch erledigt. Und als Leschnew kurz vor O. M.s Verhaftung 1938 ihm Engels ›Dialektik der Natur‹ schenken wollte, lehnte O. M. dieses Geschenk ab und stieß den Schenkenden durch seine heftige Abwehr vor den Kopf. Dieser Leschnew war früher Herausgeber der Zeitschrift ›Rossija‹ gewesen, und O. M. hatte mit ihm zusammengearbeitet. Er war es sogar gewesen, der O. M. beauftragt hatte, den ›Lärm der Zeit‹ zu schreiben, dann aber hatte er sich davon distanziert: ihm schwebten ganz andere Erinnerungen und eine völlig andere Kindheit vor; so wie er sie später dann selbst beschrieb. Seine Geschichte war die eines Judenjungen, der in einem Marktflecken aufwuchs und für sich den Marxismus entdeckte. Leschnew hatte mit dem Buch Glück: zuerst wollte es niemand drucken – obwohl es bestimmt nicht schlechter als andere war –, dann las es Stalin und lobte es. Er rief sogar Leschnew an, erreichte ihn aber nicht. Nach diesem ersten Anruf hoffte Leschnew auf einen zweiten, er saß die ganze Woche zu Hause und wich nicht vom Telefon. Er hoffte auf eine Wiederholung des Wunders, aber bekanntlich wiederholen sich Wunder nicht. Nach einer Woche teilte man ihm mit, daß es keinen zweiten Telefonanruf geben werde, aber schon Verfügungen erlassen worden seien: das Buch werde gedruckt und er selbst – im Auftrag von Stalin – in die Partei aufgenommen und zum Leiter der Literaturabteilung der ›Prawda‹ bestellt. Aus dem Nichts heraus, wo ihn als Entrechteter und enteigneter privater Herausgeber jeder mit Füßen treten konnte, stieg Leschnew empor und verlor vor freudiger Bewegtheit beinahe den Verstand. Das größte Harun-al-Raschid-Wunder aber war, daß es Bestand hatte: Leschnew blieb bis zu seinem Tode auf diesem oder einem gleichwertigen Posten. Als Leschnew diesen Schicksalsspruch erfuhr, entschied er sich, das Telefon zu verlassen. Zuerst stürzte er zum Friseur – während der einen Woche des Wartens zu Hause war sein Bart beträchtlich gewachsen –, dann zu uns, um O. M. ›Die Dialektik der Natur‹ zu schenken und von dem Wendepunkt in seinem Leben und davon, wie er zum Marxismus kam, zu erzählen. Als Herausgeber der ›Rossija‹ waren ihm solche Gedanken noch nicht gekommen. Nach seiner Erzählung hatte sich Leschnew eingehend mit den neu entdeckten Büchern von Engels, besonders mit der ›Dialektik der Natur‹ beschäftigt und plötzlich begriffen. Er ging sogar in die Buchhandlung und kaufte dort das bewußte Exemplar dieses Buches, weil er hoffte, O. M. würde dann auch endlich ein Licht aufgehen.

Leschnew war ein grenzenlos aufrichtiger und wohlwollender Mensch. In diesem Moment damals beneidete ich ihn sogar etwas. Ein aufrichtiger Übertritt zum wahren Glauben, der einen all der Unannehmlichkeiten enthob und ein reguläres Einkommen mit sich brachte, war wirklich eine angenehme Sache. O. M. schlappte in Hausschuhen durchs Zimmer, pfiff und warf hin und wieder einen Blick auf Leschnew. Das Geschenk winkte er nur lässig ab. Leschnew war hartnäckig, und O. M. griff zum letzten Mittel: »Ich brauche es nicht«, sagte er und zeigte dabei auf mich: »Sie hat es gelesen und sagt, ich brauche es nicht.« Leschnew stöhnte auf: Wie könne man nur einer Frau die Auswahl der Literatur überlassen, wenn es um solch grundlegende ideologische Fragen gehe? »Man kann es«, sagte O. M., »sie weiß es besser. Sie weiß immer, was ich lesen muß.« Leschnew verließ uns voller Zorn; als wir uns später in Taschkent, wohin wir beide evakuiert waren, einmal plötzlich gegenüberstanden, grüßte er nicht einmal. Wahrscheinlich war ich in seinen Augen O. M.s böser Genius gewesen. Dennoch muß man ihm Gerechtigkeit zuteil werden lassen: er hat mich nicht denunziert. Wie Leschnew sich in der ›Prawda‹ verhielt, weiß ich nicht, wahrscheinlich wie alle anderen. In meinen Augen war er immer ein anständiger und ehrenhafter Mensch. Ich glaube sogar, daß sich ihm beim Lesen der ›Dialektik der Natur‹ die Augen geöffnet haben: dieses Buch war genau das Richtige für ihn.

Auch jetzt gab es auf unserem Bücherbrett keine marxistische Literatur. Übrigens hatten schon lange vor Leschnew O. M.s Biologen-Freunde ihm dieses Buch gezeigt und geklagt, daß es ihnen das Leben erschwere. Anstelle der marxistischen Literatur hatten wir einige illustrierte Bücher über Architektur und mehrere Kunstbücher, unter anderem ein Buch über Rodin und eines über französische Gotik. Irgend jemand schickte O. M. 1937 einige von italienischen Museen herausgegebene Bücher. O. M. freute sich unwahrscheinlich, aber Kostyrew verdarb ihm seinen Spaß: er riet ihm, jegliche Verbindung zu imperialistischen Ländern abzuschneiden, denn dort seien alle Spione. »Wenn sie Ihnen diese Bücher schicken, verfolgen sie damit auch ein bestimmtes Ziel!«

Auf dem Bücherbrett standen auch noch O. M.s Kinderbücher: Puschkin, Lermontow, Gogol, die Ilias. Von ihnen erzählt O. M. im ›Lärm der Zeit‹, und zufällig wurden sie von O. M.s Vater gerettet. Später, als ich vor den Deutschen floh, verlor ich die meisten davon in Kalinin. So wurden wir im zwanzigsten Jahrhundert hin- und hergefegt, eingeklemmt zwischen Hitler und Stalin!

Wir hatten natürlich noch viel mehr Bücher, aber ich kann mich nicht mehr an alle erinnern: Winckelmann zum Beispiel, ein wundervolles Rosarium und noch und noch. Die Antiquare wußten, womit sie uns verlocken konnten. Einmal boten sie O. M. einen höchst vergnüglichen Totentanz an, aber er war zu teuer, und wir kauften ihn nicht. »Nun ja«, sagte der alte Antiquar, »dann bekommt es Leonow, er nimmt alles, was mehr als fünfzig Rubel kostet.« Ich habe Leonow nie mehr getroffen, und so bleibt dieses Gerücht auf dem Gewissen dessen, der es ausgestreut hat.

Zweiundfünfzigstes Kapitel

Unsere Literatur

In den vierziger Jahren wurde der Raum für Studien des Marxismus-Leninismus an der Universität von Taschkent von einer kurzhaarigen Alten mit einer Krücke beaufsichtigt. Man erzählte sich, sie sei von einem besessenen Motorradfahrer überfahren worden und die Ärzte hätten ihr das Bein abnehmen müssen, weil sich dort schon ein Gangrän ausbreitete; die Ussowa aber schwor, das hätten sie absichtlich gemacht, denn die Alte wäre allen schon auf die Nerven gegangen. Mir erwies sie einmal einen großen Dienst, und ich glaube nicht an die üble Nachrede der Ussowa.

Die Alte war schon seit 1905 Mitglied der Partei, und vor ihrem Unfall hatte sie eine hohe Stellung bekleidet; als sie nun lahm geworden war, mußte sie, ob sie wollte oder nicht, sich hinter den Mauern der Universität niederlassen. Niemand verhielt sich ihr gegenüber korrekt, und keiner nahm auf sie Rücksicht, aber trotzdem fürchteten sich in gewisser Weise alle vor ihr: In dem neuen Staat und den realen Umständen fand sie sich wie ein blindes Hühnchen zurecht, sie hielt an den geheiligten Grundsätzen der Vergangenheit fest und war bereit, aus jedem Anlaß Lärm zu schlagen. Man konnte sich nur schwer vorstellen, wie sie die Jeschow-Ära hatte überleben können; sicher hatte man sie, weil sie länger als ein Jahr im Krankenhaus lag, vergessen. Hätte man sich zufällig ihrer erinnert, so hätten sie sich nicht geschämt, mit einem Haftbefehl im Krankenhaus zu erscheinen. Solche Fälle gab es. Als ich einmal im Butyrka-Gefängnis beim Buchstaben »M« anstand, erzählte mir eine Namensschwester, daß sie ihren Mann, einen siebzigjährigen Greis (vielleicht war es der Jurist Mandelstam?) direkt aus dem Botkin-Krankenhaus, wo er mit einer Herzbeutelentzündung lag, geholt hatten. Die hinkende Alte mit ihrer unglaublich niedrigen Parteinummer war wahrscheinlich ein solcher Anachronismus, daß sich in den verhängnisvollen Jahren niemand an sie erinnerte.

Ich bereitete mich auf das Kandidatenexamen in Philosophie vor und saß im Arbeitsraum für Marxismus an einem kleinen Tisch, auf dem sich die Bücher türmten. Das waren alles Werke, die nach dem Programm gefordert wurden, und ich überflog sie. Die Alte kam in das Arbeitszimmer und traute ihren Augen nicht: Niemand las sonst die Literatur, die in ihrem Leben eine solche Rolle gespielt hatte, im Original! Sie erinnerte sich wahrscheinlich an ihre im Untergrund verbrachte Jugend und das Beben, mit dem sie zum erstenmal das geheiligte ›Kapital‹ aufgeschlagen hatte.

»Ach, wenn doch alle Aspiranten so lesen würden wie Sie!« sagte sie zu mir. »Die anderen wollen von mir nichts anderes als immer nur das Wörterbuch*.« Dieses unverdiente Lob machte mich verlegen; die Examensvorbereitung mit Hilfe des Wörterbuches war auch mir bekannt. »Nein, nein«, sagte die Alte, »Sie kennen das nicht – nur Vorlesungsaufzeichnungen, das Wörterbuch und sonst nichts.« Sie gab mir die Bücher mit nach Hause, ging zu all meinen Prüfern und machte bei ihnen für mich gutes Wetter: »Sie kennen die Jungen nicht – sie brauchen alles vorgekaut, aber uns früher war das fremd. Wenn wir stolperten, dann waren wir eben erledigt. Aber ich habe ihnen erzählt, wie Sie lesen und wie ihre Aspiranten arbeiten.« Der zweite Punkt, die Aufklärung über ihre Aspiranten, war für mich wesentlich. Alle meine Prüfer hatten Angst davor, sich mit der schädlichen Alten anzulegen, und entschlossen sich, mich nicht durchfallen zu lassen, obwohl es das Leichteste von der Welt gewesen wäre: denn ich beherrschte nicht die Kunst, mich mit meinen Lehrern abzusprechen, so daß Frage und Antwort wie ein Tennisball hin- und hergingen; außerdem passierte es mir leicht, daß ich die ganzen Parteikongresse durcheinanderwarf. In den Korridoren hörte man auch schon flüstern, daß man mir nicht trauen dürfe, es sei nötig, meine Kenntnisse sehr gründlich zu überprüfen. Das war aber kein Befehl »von oben«, dem man unbedingt Folge leisten mußte, sondern ein Gegenplan »von unten«, von den jungen Lehrkräften; sie wollten verhindern, daß ich, eine Fremde, in die privilegierte Schicht der Lehrenden, die sehr gut bezahlt wurde, eindringe. Hier muß gesagt werden, daß sie ein ausgezeichnetes Gefühl hatten: schon auf einen Kilometer Entfernung erkannten sie einen Fremden, er mochte seine Augen verbergen, sosehr er wollte. Mit einem Wort, die Alte rettete mich, und sie wußte, was sie tat. Für einen hilflosen Menschen war es nicht leicht, sich inmitten der Intrigen und Eifersüchte der jungen Generation zu behaupten. Außerdem fühlte sie sicher, daß wir etwas gemeinsam hatten: in jenen Jahren las niemand die Bücher, die sie damals und die mich heute beeinflußten; diese Bücher hatten ausgedient, und wir hofften beide, daß trotz allem

* Gemeint ist das ›Philosophische Wörterbuch‹, ein Standardwerk für die ideologische Schulung.

unsere Literatur wieder zu neuem Leben auferstehe. Sie und ich glaubten an die Unzerstörbarkeit der von uns erkannten Werte; obwohl meine im Untergrund waren und blieben, die Untergrundliteratur ihrer Jugend aber zur Staatsliteratur geworden war, hatte sowohl die eine wie die andere ihre Leser verloren.

Unterdessen sind ungefähr zwanzig Jahre vergangen. Die Alte ist wahrscheinlich schon lange gestorben, aber es gibt noch Gleichgesinnte, Menschen der zwanziger Jahre, die fest hoffen, daß die Jugend, wenn sie zur Besinnung gekommen ist, erneut nach den Antworten auf alle Fragen des dialektischen ABC ihrer Jugend sucht. Sie hoffen, daß dieses Alphabet nur deshalb verworfen wurde, weil es von dem ›Vierten Kapitel‹* ersetzt worden war. Es gibt auch noch junge Menschen, die noch keine sechzig Jahre alt sind und trotzdem von der Wiederkehr gerade dieses ›Vierten Kapitels‹ und allem, was mit ihm zusammenhing, träumen. Sie stehen ziemlich allein, aber sie tröstet die Lehre von These, Antithese und Synthese. Sie hoffen bis zur Synthese auszuhalten und daß dann alles mit neuer Macht zurückkehre. Und endlich gibt es Junge, die sich an die ruhmreichen Tage ihrer heute pensionierten Väter erinnern. »Das Ziel heiligt nicht die Mittel«, sagte einmal jemand aus einer Studentengruppe, die ich unterrichtete. »Ich glaube, daß es sie heiligt«, antwortete streng ein hübsches junges Mädchen, das eine schöne Wohnung hatte und alle Vorteile genoß, die eine Gebietsstadt ihren privilegierten Einwohnern bieten kann: Krankenhäuser, Sanatorien und Exklusivläden. Der Vater dieses Mädchens hatte sich nach dem XX. Parteitag in den Ruhestand versetzen lassen und als Wohnort die Gebietsstadt, in der ich arbeitete, gewählt. Als einzige von der ganzen Gruppe wußte sie, was sie wollte, nur sie hatte Solschenizyn gelesen und sich energisch gegen die Drucklegung dieser Bücher ausgesprochen. Die alte Bibliothekarin empörte sich, daß die Aspiranten das ›Kapital‹ nicht lasen, dieses Mädchen interessierte sich nur für das ›Vierte Kapitel‹ und die Aufrechterhaltung der Ordnung. Beide hofften auf die Wiederkehr der Vergangenheit.

Ich für meinen Teil warte mit Beben und Hoffnung darauf, daß sich die Zahl derer, die die Gedichte und die ›Vierte Prosa‹ lesen, vergrößert. Die grundlegenden Ideen werden meist in der Jugend eingepflanzt und selten später von den Menschen revidiert. Ich und meine Antagonisten stehen weiterhin für das Unsere ein. Wir sind These und Antithese. Eine Synthese erwarte ich nicht, nur wollte ich gerne wissen, wem die Zukunft gehören wird.

* Über den Diamat in Stalins ›Kurzem Lehrgang‹.

Dreiundfünfzigstes Kapitel

Italien

Auf die Frage: »Was ist Akmeismus?« antwortete O. M. einmal: »Sehnsucht nach einer Weltliteratur.« Das war in den dreißiger Jahren entweder im »Haus der Presse« in Leningrad oder bei einem Vortrag beim Schriftstellerverband in Woronesch, wo er auch erklärte, daß er sich weder von den Lebenden noch von den Toten lossage. Kurz darauf schrieb er: »Und die deutliche Sehnsucht entläßt mich nicht aus den jungen Hügeln von Woronesch, läßt mich nicht ziehen zu den allen Menschen gehörenden, hell leuchtenden Hügeln der Toskana.«

In diesen Zeilen hat er seine Beziehung zu Italien, das heißt zum Mittelmeer, wahrscheinlich deutlicher als an irgendeiner anderen Stelle ausgedrückt. Einmal las ich eine Bemerkung von Gleb Struve, er sei sich darüber nicht im klaren, ob O. M. jemals in Italien gewesen sei oder nicht, und er zählte alle, wie er sie nannte, »italienischen Motive« in Mandelstams Gedichten auf. O. M. war zweimal in Italien, einmal, als er in Heidelberg, das andere Mal, als er an der Sorbonne studierte. Das waren kurze Reisen (von nur einigen Wochen insgesamt), die er allein in seiner Jugend unternahm und die keinen tiefen Eindruck, sondern vielmehr das Gefühl des Unbefriedigtseins hinterließen: »Es war, als wäre ich nicht dort gewesen«, sagte er einmal. Darum geht es aber nicht, wesentlich war, welche Rolle »das allen Menschen gehörende Land« Italien, noch richtiger gesagt, der ganze Mittelmeerraum, für O. M. spielte. In seiner Jugend schrieb er in einem Artikel über Tschaadajew: »Geschichte willentlich zu beginnen, völlig unvorstellbar, es fehlt dann die Folgerichtigkeit, die ihr innewohnende Einheit. Tradition kann nicht begonnen, nicht ausgedacht, nicht erlernt werden. Wo sie fehlt, gibt es im günstigsten Falle ein ›procedere‹, aber keine Geschichte, höchstens die mechanische Bewegung eines Uhrzeigers, aber keine tiefgreifende Verbindung, keine innere Folge der Ereignisse.« Diese Worte beziehen sich auf Tschaadajew, aber zweifellos waren diese Gedanken auch O. M. vertraut. Für ihn war das Mittelmeergebiet der geheiligte Bezirk, in dem die Geschichte begann und das mit diesem Anfang Europa die christliche Kultur gab.

Ein Seitenhieb in O. M.s ›Reise nach Armenien‹, der alle Marxisten aufhorchen ließ, ist mir nicht ganz verständlich: »Eine Pflanze ist ein Ereignis, eine Begebenheit, ein Pfeil, und keine langweilige Entwicklung mit Bart.«

Der Begriff »Entwicklung« verband sich für ihn offensichtlich mit den Positivisten, mit Comte, Stuart Mill und all den anderen, die von der Generation seiner Mutter gelesen und verehrt wurden und den Boden für den Marxismus vorbereiteten. Jedenfalls unterschied O. M. zwischen zwei verschiedenen Arten von Erscheinungen – den positiven und den negativen. Zu den positiven Erscheinungen gehörten Gewitter, Ereignisse, Kristallbildungen. Er wandte diese Ausdrücke auch auf die Geschichte an, auf die Kunst und sogar auf das Entstehen des menschlichen Charakters. Zur negativen Gruppe der Erscheinungen gehörten für ihn alle Arten mechanischer Bewegung: der Lauf eines Uhrzeigers, die Entwicklung, das »procedere«. Hierher gehört für ihn auch die schnelle Aufeinanderfolge von Filmbildern, die er im ›Gespräch über Dante‹ mit der »Metarmorphose eines Bandwurms« verglich. Das war eine Spitze gegen den bestechenden Glanz des in unseren Tagen, so modernen Eisenstein mit seinen mechanischen Schönheiten. Eine solche Bewegung war für O. M. gleichbedeutend mit Bewegungslosigkeit, mit Buddhismus, mit Wladimir Solowjows ›Feldzug barbarischer Pferdewagen‹. Eben deshalb bezeichnete er Moskau als buddhistisch – »ich bin nach Moskau zurückgekehrt, nein, ich bin gegen meinen Willen in das buddhistische Moskau zurückgebracht worden«. Die ständig bei uns geführten Gespräche über das neue Leben und die Zukunft des tausendjährigen Reiches mit seinem nie endenwollenden Fortschritt machten O. M. zornig. In diesen Theorien vermutete er den überlieferten »altslawischen Traum vom Stillstand der Geschichte«. Ich weiß nicht, wie weit O. M. an die Zweckmäßigkeit des geschichtlichen Fortschritts glaubte – bis zur Mitte des zwanzigsten Jahrhunderts war das auch außerordentlich schwer. Jedenfalls aber sah er das Ziel der Geschichte keinesfalls in einem allgemeinen Glück. Zur Idee eines allgemeinen Glücks verhielt er sich wie zum persönlichen Glück: »Warum glaubst du, daß du glücklich sein müßtest?« Die Theorie vom allgemeinen Glück erschien ihm vom Erbe des neunzehnten Jahrhunderts als die bürgerlichste.

Ein zweiter Grund zu ständigem Streit war für O. M. die Frage der Kontinuität, nach der er überall suchte, in der Geschichte, in der Kultur, in der Kunst. Hier half ihm auch der Vergleich mit der Uhr: eine Uhr wird aufgezogen, und die Bewegung beginnt aus dem Nichts heraus, ein Ereignis aber ist ohne Kontinuität vorher und nachher undenkbar.

O. M. zeichnete sich manchmal durch eine nahezu lächerliche, kindlich-trotzige Beziehung zu Gegenständen aus: nachdem er die Analogie zwischen einem Uhrzeiger und »der törichten Endlosigkeit« herausgefunden hatte, lehnte er einen solch nützlichen Gegenstand, wie es die Uhr ist, ab; er mochte keine Uhren und besaß niemals eine. Er sagte: »Wozu brauche ich eine Uhr, wenn ich auch ohne sie sagen kann, wie spät es ist?« Wirklich war sein Zeitgefühl erstaunlich genau, niemals irrte er sich mehr als um wenige Minuten. Ich glaube, das ist eine typische Eigenschaft von Städtern, und er war ein richtiger Städter. Die einzige Art von Uhren, die er, nachdem ich darauf bestand, im Haus duldete, war eine Standuhr. Der Perpendikel, das Gewicht an einer kleinen Kette und ein Bild auf dem Zifferblatt besänftigten seine Ablehnung gegen den mechanischen Chronometer. Die Standuhr erinnerte ihn an eine Küche, und die Küche war ihm der liebste Raum in einer Wohnung, er selbst aber besaß nie eine eigene Küche. Sonst gefielen ihm noch Sanduhren, er wollte immer eine fürs Bad kaufen, aber unsere Wohnung mit dem Bad nahm man uns so schnell wieder ab, daß wir nicht mehr dazu kamen. In seinen Gedichten für Kinder kommen auch Uhrzeiger vor, sie werden dort mit Schnurrbärten verglichen, die über einen Teller laufen – es gibt Gesichter, die so viel aussagen wie die Oberfläche eines Tellers.

Maschinen lehnte O. M. in keiner Weise ab: er interessierte sich für sie, liebte ihre vernünftige Arbeit und unterhielt sich gerne mit Ingenieuren – obwohl er sich darüber ärgerte, daß keiner etwas von ihm las. Die technische Jugend jener Jahre fühlte sich, wenn sie sich für die Literatur überhaupt interessierte, von der LEF angezogen. Manche lasen Pasternak, auch er wurde ihnen durch die LEF vermittelt. Jetzt ist das anders, auch werden heute die Angehörigen der technischen Intelligenzija nicht mehr als die typischen Vertreter dieses Jahrhunderts, als die modernsten Menschen empfunden. Die gescheiteren unter ihnen schämen sich, daß sie zu den Technokraten gehören. Der Mythos von der Größe der Industrie und ihrer entscheidenden Rolle in der Geschichte, von der »historischen Notwendigkeit« und dem Überbau, der vollkommen von der Basis abhängt, ist schon kaum mehr zu hören. Es scheint, als nähere sich die Epoche des sozialistischen Determinismus ihrem Ende, als ließe sie aber einen anderen Mythos zurück, den Mythos über die Gegensätzlichkeit und Unvereinbarkeit von Kultur und Zivilisation. Ob unsere Kultur daran krankt, daß wir weitaus vollkommenere Instrumente als vor hundert Jahren besitzen?

Schon Blok sprach von der Verderbtheit der Zivilisation, die anstelle der Kultur getreten sei, und verglich unsere Epoche mit dem Niedergang Roms. Nach Blok ist unsere individualistische Zivilisation der Einheit beraubt und reißt den Humanismus und seine ethischen Werte mit sich in den Abgrund. Abgelöst wurde sie von barbarischen, von der Zivilisation unberührten Massen, die den »Geist der Musik« bewahrt hätten und eine neue Kultur mitbrächten. Es ist interessant, daß Blok germanische und slawische Massen anrücken sah: es ist, als hätte er den Faschismus schon 1918 vorausgeahnt. Bloks Gedanken erinnern an Spengler. Dennoch bleibt er ungeachtet seines volkstümlichen Christentums und seines Glaubens an den »Geist der Musik« im Grunde genommen ein Positivist: denn für ihn ist die Persönlichkeit kein Kennzeichen der christlichen Kultur, sondern nur (wie auch die ethischen Werte und die Humanität) ein Charakteristikum des Humanismus.

Von Spenglers Theorie war O. M. keinen Augenblick betört. Nachdem er den ›Untergang des Abendlandes‹ gelesen hatte, sagte er mir nahezu beiläufig, er glaube nicht, daß Spenglers Analogien auf die christliche Kultur angewandt werden könnten. Er selbst hatte niemals das Gefühl des kurz bevorstehenden Untergangs, auf den sich Bloks Pessimismus unter anderem gründete. Unter Kultur verstand O. M. die dem historischen Prozeß zugrundeliegende Idee, wobei die Geschichte selbst Prüfstein für Gut und Böse war.

Die Überzeugung, daß die Kultur wie eine Gnade überliefert würde und daß es ohne sie überhaupt keine Geschichte gäbe, brachte O. M. dazu, im Mittelmeergebiet seinen geheiligten Bezirk zu erblicken. Deshalb in seinen Gedichten die beständigen Hinweise auf Rom und Italien: Rom ist für den Menschen der Mittelpunkt der Welt, und seine Schritte klingen dort wie Taten. Zum Mittelmeergebiet gehörten für O. M. auch noch die Krim und der Kaukasus. In seinem Gedicht über Ariosto beschreibt er seinen Traum: »In einem großen und brüderlichen Lasurblau werden wir deine lasurene Bläue und unser Schwarzes Meer zusammenfließen lassen.«

»Das Land, auf dem die ersten Menschen unterwiesen wurden«, war für O. M. das einzige Ziel für eine wirkliche Pilgerfahrt. Bei all seiner Liebe zum Reisen lehnte er Fahrten nach Mittelasien und dem Fernen Osten strikt ab. Es zog ihn nur auf die Krim und in den Kaukasus. Die alte Verbindung dieser Landstriche (vor allen Dingen von Armenien) mit Griechenland und Rom erschien ihm als Unterpfand der Gemeinschaft mit der Weltkultur oder, besser gesagt, der europäischen Kultur. Die meisten Schriftsteller, die in das Grenzland fuhren – das war damals bei uns weit verbreitet –, wählten als Ziel gewöhnlich die Welt des Islam. O. M. meinte, die Vorliebe unserer Leute für den muselmanischen Osten sei nicht zufällig: der Determinismus, das Aufgehen der Persönlichkeit in einem für heilige Ziele kämpfenden Heer, die ornamentalen Aufschriften der überwältigenden Architektur, das alles sei für die Menschen unserer Epoche weitaus mehr geeignet als das Christentum mit seiner Lehre von der Freiheit des Willens und dem Eigenwert der Persönlichkeit.

O. M., dem die Welt des Islams fremd war (»und mit Scham und Schmerz wandte sie sich ab von den bärtigen Städten des Ostens«), suchte nur nach dem hellenischen und christlichen Erbe. Feodossija liebte er nicht nur wegen seiner ungewöhnlichen Landschaft, sondern auch wegen des Namens, wegen der Überreste der genuesischen Festung und des Hafens mit seinen Mittelmeerschiffen. Einmal sagte O. M. zu Chardschijew, daß er sich für den letzten christlich-hellenischen Dichter in Rußland halte. Diese Bezeichnung »der letzte« ist der einzige Ausdruck, der eine Furcht vor dem Ende der Kultur erkennen läßt. Ich glaube, er wäre gerne auf der Krim begraben worden, nicht bei Wladiwostok, im Lande der Verbannung.

Es ist völlig verständlich, warum sich O. M. im Kaukasus die Fähigkeit zu dichten zurückerwarb. Einmal gesteht er ein, daß er arbeitet, wenn er in seiner Brust das »Wiegen von Kolchis« spüre, daß heißt sich mit der Welt der Geschichte und Kultur verbunden fühle. Nur unter diesen Bedingungen konnte bei ihm »ein uneigennütziges Lied« entstehen. Hartnäckig und lange versuchte er, nach Armenien zu kommen, er zog es sogar Georgien, dem östlichen Vorposten des Christentums, vor, obwohl er oft von Georgiens Bedeutung für die russische Lyrik gesprochen hat.

Wie alles Gute in unserem Leben, so wurde uns auch diese Reise von Bucharin vermittelt. Zum erstenmal versuchte er O. M. Ende der zwanziger Jahre nach Armenien zu schicken. Das armenische Volkskommissariat für Erziehung unterstand damals Mrawjan. Er lud O. M. zu einer Vorlesungsreihe und einem Seminar an die Universität von Eriwan. Diese Reise zerschlug sich, zum einen durch den plötzlichen Tod von Mrawjan, zum anderen, weil sich O. M. vor der Rolle des Lehrers fürchtete. Er konnte sich nicht vorstellen, jemanden etwas lehren zu können, und bekannte, daß er keinerlei systematische Kenntnisse besitze. Als O. M. 1930 von Bucharins Sekretärin Korotkowa (der Eichhörnchen-Sekretärin aus der ›Vierten Prosa‹) gefragt wurde, wohin wir fahren wollten, antwortete er: »Nach Armenien.« Sie stöhnte auf, betrachtete O. M. ernst und sagte: »Wieder nach Armenien? Das heißt, Ihnen ist das sehr ernst.« Es war kein Zufall, daß O. M. in seiner ›Vierten Prosa‹ diese Sekretärin erwähnte: aus ihr sprach seelische Anteilnahme und Güte, in unseren Ämtern etwas Außergewönliches. Hier erinnere ich mich an ihr Gegenstück, »die Sekretärin von einer unmenschlichen Schönheit« aus den dramatischen Szenen der Achmatowa, die sie, völlig zu Recht, in einem Anfall von Angst zerstörte. Diese Sekretärin wiederholt die ganze Zeit den Satz, den wir immer und überall zu hören bekamen: »Sie sind viele und ich bin allein.« Dieser Satz umreißt den ganzen Stil der Epoche von der Warte der niedrigsten Beamtin aus.

Filippow, der Redakteur der amerikanischen Ausgabe von O. M.s Werken, meinte mit dem allen Redakteuren eigenen Scharfsinn, O. M. sei vor den Fünfjahresplänen nach Armenien geflohen. In den Grenzgebieten wurde der Aufbau viel stärker als im Inneren des Landes vorangetrieben; und wieso sollte O. M. etwas dagegen haben? Warum sollte ihm die planmäßige Organisation der Wirtschaft ein Ärgernis sein? Was sollte das?

Für ihn waren die Krim, Georgien und Armenien Gebiete am Schwarzen Meer, die durch ihre Verbindung mit dem Mittelmeerraum an der Weltkultur teilhatten; für alle Erscheinungen blieb Italien der Maßstab. Es war kein Zufall, daß er sich Dante auserkor, um seine Ansichten über die Poetik darzulegen: Dante war für O. M. die Quelle der gesamten europäischen Poesie. In den Notizbüchern zu dem ›Gespräch über Dante‹ sind einige Bemerkungen über »die italienische Veredelung« der russischen Dichter zu finden. Diese Bemerkungen wurden in den Endtext nicht aufgenommen, wahrscheinlich weil O. M. allzu große Offenheit fürchtete und nur ungern seine Gedankengänge enthüllte.

Von dem italienischen Charakter der Schlösser im Kreml war er betroffen (»Und die fünfköpfigen Moskauer Schlösser mit ihrer sowohl italienischen wie russischen Seele« und »die sanfte Himmelfahrt: Florenz in Moskau«). Beim Anblick von Rubljows ›Dreieinigkeit‹ sagte er, Rubljow müsse zweifellos die italienischen Meister gekannt haben, und das unterscheide ihn von den anderen Ikonenmalern seiner Zeit. Für eine kurze Rundfunksendung über Goethes Jugend wählte O. M. Episoden, die nicht nur für Goethes Biographie, sondern für die Biographien aller Dichter charakteristisch waren, und er schloß mit der ›Italienischen Reise‹. Eine solche Pilgerfahrt zu den heiligen Orten der europäischen Kultur erschien ihm unumgänglich, und er sah in ihr eine entscheidende Etappe in dem Leben eines jeden Künstlers.

Warum hat es O. M., der mit seinen Jugendreisen nach Italien unzufrieden war, abgelehnt, in den zwanziger Jahren noch einmal ins Ausland zu fahren? Der damals allmächtige Bucharin und Woronskij hatten sich für ihn verbürgt, das heißt, sein Auslandspaß war sichergestellt. Diese Bürgschaften lagen, ohne ihren Sinn zu erfüllen, bei mir im Koffer, bis sie bei der Haussuchung 1934 zusammen mit den

Manuskripten der Gedichte in die Lubjanka mitgenommen wurden. Sie wurden sozusagen der Akte beigefügt.

In jungen Jahren verstand ich nicht ganz die Verbindung zwischen O. M.s Tun und dem, was er schrieb. Jetzt sehe ich vieles klarer als in jenen Tagen, als er noch lebte und unsere Zeit und Gedanken von alltäglichen Streitigkeiten, gegenseitigen Sticheleien und Wortwechseln in Anspruch genommen waren. Eine Erklärung, weshalb er die Reise nach Europa abgelehnt hatte, fand ich in dem Artikel über Tschaadajew, in dem O. M. erzählt, Tschaadajew sei im Westen, in der »historischen Welt« gewesen und zurückgekehrt. Er hatte den Rückweg gefunden, und darin lag in O. M.s Augen sein Verdienst. Mit der gleichen naiven Beharrlichkeit, mit der O. M. keine Uhren in der Wohnung duldete, erinnerte er sich an Tschaadajews Rückkehr und entsagte der Versuchung, noch einmal nach Westeuropa zu reisen. O. M. setzte seine Ideen immer in Taten um, da er aber fürchtete, sich vor mir lächerlich zu machen, verbarg er oft vor mir seine Motive. Doch schon zu seinen Lebzeiten wußte ich, daß sowohl seine Gedichte als auch seine Prosa sein Verhalten erklärten oder, besser gesagt, vieles von dem, was er schrieb, für ihn wie ein Gelübde war. So leistete er in seinem Gedicht über Saint Alexis das Gelübde der Bedürfnislosigkeit, in ›Aliscans‹ versprach er, den Kampf, so gefährlich und unangenehm er auch sein mochte, fortzuführen, und in seinem Artikel über Tschaadajew, verzichtete er auf Europa. Diesen Artikel hat er in jungen Jahren geschrieben, doch schon damals hatte er seine eigene Weltanschauung gefunden, und die Versprechen, die er als junger Mann gegeben hatte, hat er bis in seinen Tod gehalten.

Vierundfünfzigstes Kapitel

Soziale Strukturen

Anfang der dreißiger Jahre sagte O. M. einmal zu mir: »Weißt du, wenn es einmal ein Goldenes Zeitalter gegeben hat, so war es das neunzehnte Jahrhundert. Wir haben es nur nicht gewußt.«

Wir wußten und verstanden vieles wirklich nicht, und das kam uns teuer zu stehen. Warum nur müssen die Menschen für ihr Suchen nach den vollkommeneren Formen des sozialen Lebens immer so grausam bezahlen? Kürzlich hörte ich jemanden sagen: »Es ist bekannt, daß alle, die den Menschen Glück bringen wollten, ihnen immer das größte Unglück brachten.« Das sagte ein junger Mann, der jetzt jeder Veränderung aus dem Weg gehen will, nur, um weder sich noch anderen neues Unglück zuzufügen. Viele Menschen, die selbstverständlich mehr oder weniger wohlhabenden Kreisen angehören, denken wie er. Oft sind das junge Spezialisten und Wissenschaftler, deren Arbeit der Staat braucht. Sie leben in ererbten Zwei- oder sogar Drei- und Vierzimmerwohnungen oder hoffen durch ihre Institution, bei der sie arbeiten, eine Wohnung zu bekommen. Über die Taten ihrer Väter sind sie entsetzt, aber noch schlimmer scheint ihnen eine mögliche Veränderung. Ihr Ideal ist, ihr ganzes Leben über still an einer Rechenmaschine zu sitzen, ohne darüber nachzudenken, wozu ihre Berechnungen nötig sind und was sie bewirken, und die Freizeit ganz nach Geschmack mit Lesen, Frauen, Musik oder Fahrten nach dem Süden zu verbringen. Nicht umsonst hat Viktor Schklowskij, der alte Spaßvogel, als ihm eine neue Wohnung zugewiesen worden war, zu den anderen Glücklichen, die in das gleiche Haus einzogen, gesagt: »Jetzt müssen wir nur noch beten, daß keine Revolution kommt!« Schklowskij hatte ins Schwarze getroffen; das persönliche Glück hatte seinen Höhepunkt erreicht, jetzt wollte man es genießen, wollte, was man nie gehabt hatte, Ruhe, wenigstens ein wenig.

Die jungen Spezialisten, die keine Veränderung wünschen, haben die richtige Formel gefunden; denn wer weiß schon, wohin die Jagd nach Vollkommenheit führt. Ein älterer, sehr erfahrener Mann, der aktiv für das »Neue« gekämpft hatte, obwohl nicht bei uns, sich aber trotzdem für alles Vorgefallene verantwortlich fühlte, gestand mir vor kurzem: »Einmal im Leben wollten wir das Volk beglücken, und das werden wir uns nie verzeihen.« Trotzdem glaube ich, daß er sich selbst alles verziehen hat und sich vom Leben das nehmen wird, was ihm für seine Verdienste zusteht. Die Massen, über die so viel Unsinn geredet wurde (zum Beispiel von Blok, wenn er sagte, sie seien von der Zivilisation unberührt, verkörperten den Geist der Musik und seien mechanisiert), bleiben unten und zerbrechen sich den Kopf, wie sie noch etwas hinzuverdienen können, um ebenfalls sorglos zu leben. Die einen holen sich Schwarzarbeit ins Haus, um Kleider oder Schuhwerk kaufen zu können, andere wollen einen trinken. Woher sollen sie das Geld bekommen, um sich mit Wodka zu betäuben? Als ich in Pskow lebte, wohnte neben mir ein Maler, ein ehemaliger Partisan, der immer noch Stalinist reinsten Wassers war. Am Zahltag beschimpfte er den Brigadier, weil er ihn angeblich betrogen habe. Und am Abend lärmte er im Flur der Kommunalwohnung: »Seht doch nur, wie Grigorij Semjonytsch lebt. Alles hat er! Für alles hat Stalin gesorgt.« Seine Frau zog ihn dann in das Zimmer, in dem sie zu viert lebten, hier ging das Loblied weiter: »ER hat ihm eine Wohnung gegeben, Orden, Ehre und Achtung... Ihr wißt selbst, was ich meine...« An den Feiertagen kamen die Schwestern der Frau mit ihren Männern. Sie saßen beisammen und erinnerten sich an die Zeit der Kollektivierung; den Frauen war es gelungen, rechtzeitig vom elterlichen Hof zu fliehen und sich zuerst als Dienstmägde zu verdingen und dann im Staatsdienst unterzuschlupfen. Die Frau des Malers war von allen die findigste – im Finnischen Krieg hatte sie nahe der Front in einer Kantine des MGB gearbeitet. Der Erfolg war, daß sie immer noch von den »bösen Finnen« sprach. Sie tranken auf Stalins Andenken und versicherten, daß es ihnen früher, zu Stalins Zeiten, an nichts gefehlt habe, es jetzt aber hinten und vorn nicht reiche... Den ganzen Winter über half mir die Frau des Malers bei der Hausarbeit und denunzierte dann im Frühling aus Gewohnheit ihre Nachbarin, meine Wirtin, weil sie eine nichtregistrierte Person bei sich wohnen habe. Danach weinte sie bitterlich, bat mich um Verzeihung und ging in die Kirche, um Abbitte zu tun. Das sind die Nachwirkungen der übermächtigen Vergangenheit, die wir nur langsam überwinden. Wohl wollen diese Menschen eine Veränderung, das heißt, sie wollen die Wiederkehr ihrer Jugend, die ihnen jetzt in so freundlichem Licht erscheint, und die Rückkehr dessen, der das Leben damals so einfach gemacht und sie die Formel gelehrt hatte: »Dank dem Genossen Stalin für unser glückliches Leben.« Und jetzt besitzen sie sogar den »Geist der Musik« – den wichtigsten Gegenstand, einen Fernsehapparat. Uns hat man »beglückt«, und niemand bereut es.

Meiner Meinung nach tauchte Anfang des zwanzigsten Jahrhunderts die Überzeugung auf, es sei nun an der Zeit, vollkommene oder, besser gesagt, ideale Formen des sozialen Lebens zu schaffen, die unbedingt das Wohlergehen und Glück aller garantieren müssen. Diese Idee entstand aus dem Humanismus und den demokratischen Tendenzen des neunzehnten Jahrhunderts, wenn auch gerade sie es waren, die sich für die Verwirklichung der sozialen Gerechtigkeit als hinderlich erwiesen: denn das neunzehnte Jahrhundert wurde als das Jahrhundert der großen Worte und der Kompromisse, des Lavierens und der allgemeinen Labilität entlarvt. Das zwanzigste Jahrhundert hingegen versuchte, seine Ideen zu retten und durch Geradlinigkeit, eiserne soziale Ordnung und eine Disziplin, die auf dem Gehorsam der Autorität gegenüber beruht, durchzusetzen. Alles wurde kontrapunktisch zur Vergangenheit aufgebaut. Ende des letzten und zu Beginn dieses Jahrhunderts sehnten sich die Menschen nach einem »organischen« System und nach einer einheitlichen Idee, die ihr ganzes Denken und Handeln erfüllen konnte. Weil das Lieblingskind des Humanismus, der freie Gedanke, die Autoritäten untergrub, mußte er den neuen Idealen geopfert werden. Das rationalistische Programm der sozialen Umgestaltung forderte blinden Glauben und Gehorsam gegenüber der Autorität. So wurde die Autorität restauriert, und es entstand die Idee der Diktatur. Der Enthusiasmus war echt und tief verwurzelt. Ein Diktator ist nur dann stark, wenn er über ihm blind ergebene Vollzugskader verfügt. Kaufen kann er sie nicht – das wäre zu einfach. Aber wenn die Kerntruppe vorhanden ist, so kann man sie noch ergänzen, noch Anhänger dazukaufen, und das besonders, wenn den Menschen keine Wahl bleibt. Aber jede Idee hat ihren Anfang, ihren Höhepunkt und ihren Abstieg. Wenn der Abstieg beginnt, bleibt das Trägheitsmoment: junge Leute, die sich vor einer Veränderung fürchten, Vernichtete, die nach Ruhe lechzen, eine Handvoll Greise, die über ihre Taten erschrocken sind, und engstirnige, gemeine Schergen, die mechanisch immer noch die ihnen in ihrer Jugend eingeimpften Worte wiederholen.

O. M. hat sich nie vom Humanismus und seinen Werten losgesagt, aber er hat einen weiten Weg zurücklegen müssen, ehe er das neunzehnte Jahrhundert das Goldene Zeitalter nannte. Wie alle seine Zeitgenossen prüfte er das Erbe des neunzehnten Jahrhunderts und zog daraus seine eigene Bilanz. Ich glaube, bei der Herausbildung seiner Ideen spielte bei O. M. die persönliche Erfahrung, die Erfahrung als Künstler, eine große Rolle; sie bestimmte wahrscheinlich ebenso stark wie die mystische Erfahrung sein Weltverständnis. Deshalb suchte er auch im sozialen Leben nach Harmonie, Abstimmung der einzelnen

Bereiche aufeinander und ihrer Einordnung in das Ganze. Nicht umsonst verstand er die Kultur als die Idee, als formende Kraft im historischen Prozeß. So sprach er auch von der Architektur der Persönlichkeit und der Architektur des Sozialrechtes und der Ökonomie. Wie er in einigen seiner Artikel sagte, stieß ihn das neunzehnte Jahrhundert durch seine Armut, ja durch seine Dürftigkeit der sozialen Architektur ab. In den westlichen Demokratien, die schon Herzen verhöhnte, fand O. M. nicht die Harmonie und Größe, nach denen er strebte. Er wollte einen klaren Aufbau der Gesellschaft, eine »Jakobsleiter«, wie er es in seinem Artikel über Tschaadajew im ›Lärm der Zeit‹ ausdrückte. Diese »Jakobsleiter« sah er in der Organisation der katholischen Kirche und im Marxismus, die ihn beide als Schüler gleichzeitig begeisterten. Davon sprach er im ›Lärm der Zeit‹ und in einem Brief an seinen Lehrer W. W. Gippius, den er nach Abschluß der Tenischew-Schule während seines Studiums in Paris schrieb. Sowohl im Katholizismus wie im Marxismus verspürte er eine grundlegende Idee, die das Ganze organisierte und miteinander verband. 1919 sagte er einmal zu mir in Kiew, daß eine Art Theokratie ihm als die beste Form einer sozialen Organisation erscheine. Deshalb schreckte ihn nicht die Idee der Autorität, die sich in diktatorische Macht verwandelte. Das einzige, was ihn damals wahrscheinlich störte, war die Organisation der Partei. »Die Partei ist eine entartete Kirche.« Das heißt, die Partei ist wie die Kirche auf Gehorsam gegenüber der Autorität aufgebaut, nur ohne Gott. Ein Vergleich mit dem Jesuitenorden drängte sich damals noch nicht auf.

Die neuen Formen der Staatlichkeit machten sich erst nach dem Bürgerkrieg bemerkbar. Engels hat sehr richtig bemerkt, daß die todbringende Waffen produzierende Industrie immer die fortschrittlichste ist. Das bezeugt die Geschichte, angefangen bei der Erfindung des Pulvers bis zur Kernspaltung heute. Entsprechend sind die »fortschrittlichsten« und für den Staat charakteristischsten Institutionen jene, die sich mit dem Menschentöten im Namen des »sozialen Aufbaus« beschäftigen. Sie verdeutlichen am besten die Idee des Staates. O. M.s erste Begegnung mit dem neuen Staat war sein Besuch bei Dserschinskij und dem Untersuchungsrichter, als er sich 1922 um die Freilassung seines Bruders bemühte. Dieses Zusammentreffen zwang ihn, über den relativen Wert der »sozialen Architektur« und der menschlichen Persönlichkeit nachzudenken.

Die »Architektur« zeichnete sich damals erst undeutlich ab, versprach aber schon eine den ägyptischen Pyramiden gleichkommende, einmalige Größe. Eine gewisse Einheitlichkeit konnte man ihr nicht absprechen. Der Jugendtraum O. M.s schien sich zu verwirklichen, aber wie jeder Künstler verlor auch O. M. niemals das Empfinden für das Wirkliche: deshalb blendete ihn auch die Größe der Staatsformen des Sozialismus nicht, sie schreckte ihn. In diese Zeit gehört sein Gedicht ›Das Zeitalter‹, in dem er sich an die Vergangenheit wendet und fragt, wie man »die Wirbel beider Jahrhunderte« verbinden könne, und sein Artikel ›Humanität und Gegenwart‹; in diesem Artikel schreibt er, daß der Mensch das Maß der sozialen Architektur sei, es aber Epochen gäbe, in denen man nicht für den Menschen baue: »Sie sagen, der Mensch gehe sie nichts an, man müsse ihn wie einen Ziegelstein benützen, wie Zement, man müsse *aus* ihm, nicht *für* ihn bauen.« Als Beispiel sozialer Strukturen, die sich den Menschen gegenüber feindlich verhalten, führt er Assyrien und Altägypten an: »Assyrische Gefangene schwirren wie Küken unter den Füßen des mächtigen Königs umher; Krieger, die die menschenfeindliche Macht des Staates verkörpern, töten mit langen Lanzen die aneinandergebundenen Pygmäen; die Ägypter und ägyptischen Baumeister gehen mit den Menschenmassen wie mit Material um, das in beliebiger Qualität für ihre Zwecke geliefert werden muß.« Die Gegenwart erinnerte O. M. an Ägypten und Assyrien, aber er hoffte, daß die zukünftigen monumentalen Formen der feststehenden Staatlichkeit durch Humanismus gemildert würden.

Unter den Fotografien von O. M., die erhalten sind, gibt es eine, die ihn als jungen Mann in Pullover mit einem ernsten, besorgten Gesicht zeigt. Diese Aufnahme wurde 1922 gemacht, als er zum erstenmal die assyrische Natur unserer Staatlichkeit entdeckte. Auf dem zweiten Foto ist er ein alter Mann mit Bart. Zwischen beiden Aufnahmen liegen nur zehn Jahre, aber 1932 wußte O. M. schon, in was sich seine Jugendträume von der »schönen sozialen Architektur«, von Autorität und Bewältigung des Erbes des neunzehnten Jahrhunderts verwandelt hatten. Damals konnte er schon über den assyrischen König sagen: »Er hat sich meine Luft genommen. Der Assyrer umschließt mein Herz«, und das Gedicht schreiben: ›Wir leben, unter uns das Land nicht kennend‹. Als einer der ersten kehrte er zum neunzehnten Jahrhundert zurück und nannte es das »Goldene Zeitalter«, obwohl er wußte, daß die neuen Ideen die aufgegangene Saat des neunzehnten Jahrhunderts waren.

Am Ende seines Lebens erinnerte sich O. M. noch einmal an die verhängnisvolle »soziale Architektur« und lachte über sich selbst: »Er schmückte sich mit dem auserlesenen Hundefleisch des ägyptischen Staatssystems, bedachte die Taten mit allerlei Zeug und hielt sich auf mit Pyramiden, Bagatellen ... er lebte im Einklang mit der Gotik, er lebte ausgelassen und spuckte auf die Rechtslehre, der weise Schüler und stehlende Engel, der unvergleichliche François Villon.«

Vielleicht sind wir wirklich Assyrer und verhalten uns deshalb so gleichgültig gegenüber Massenmorden von Sklaven, Gefangenen, Geiseln und Ungehorsamen? Immer, wenn uns so etwas zu Ohren kommt, sagen wir zueinander: »Das ist eine Massenerscheinung, was können wir da schon tun!« Wir respektieren Massenkampagnen, -maßnahmen, -planungen, -entschlüsse und -verfügungen. Unter den assyrischen Königen gab es auch gute und böse, aber wer hinderte die Hand des Königs, das Zeichen zum Mord der Gefangenen zu geben oder dem Hofarchitekten zu erlauben, sich einen Palast zu bauen?

Und sind nicht die der Vernichtung Anheimgegebenen die gleiche Masse wie die, mit der wir einander schrecken? Überall, wo eine eiserne Ordnung herrscht, entsteht eine »Masse«, aber im Alltag führen die Leute ihr Leben und bleiben Menschen. Immer schon fiel mir auf, wie Menschen in der abgeschlossenen Welt eines Krankenhauses, einer Fabrik oder des Theaters ihr wirklich eigenes, absolut menschliches Leben führen, das sie in keiner Weise mechanisiert, sie nicht zur »Masse« macht.

Fünfundfünfzigstes Kapitel

»Ne treba«*

»Es stellt sich heraus, daß wir im Überbau leben«, sagte O. M. zu mir 1922, als wir aus Georgien zurückkehrten. Kurz zuvor hatte O. M. über die Abtrennung der Kultur vom Staat geschrieben, aber nun war der Bürgerkrieg zu Ende, und die jungen Baumeister des neuen Staates machten sich daran – wenn auch vorerst nur theoretisch –, allen Erscheinungen des Lebens ihren bestimmten Platz zuzuweisen. Damals wurde die Kultur dem Überbau zugewiesen, und die Folgen ließen nicht auf sich warten. Klytschkow, ein scheuer Mensch mit sanfter Umgangsart, ein Zigeuner mit leuchtenden hellblauen Augen, sagte ganz verstört zu O. M. über Woronskij: »Er sperrt sich und ist nicht davon abzubringen. Er sagt: ›Ne treba!‹ «

Wie alle anderen, so lehnte auch Woronskij es ab, O. M. zu drucken, denn der Überbau sollte die Basis befestigen, und O. M.s Gedichte waren dazu nicht geeignet.

Das stereotype »Ne treba!« klang auf ukrainisch noch grotesker. 1923 ging O. M. in Kiew zur Kunstabteilung, um die Genehmigung für eine Dichterlesung einzuholen. Der Beamte im bestickten ukrainischen Hemd lehnte ab. Warum? »Ne treba!« antwortete er gleichgültig. Dieser Ausspruch wurde bei uns zum geflügelten Wort.

Die gestickten ukrainischen Hemden kamen bei uns in Mode, sie lösten das Russenhemd ab, und Mitte der zwanziger Jahre wurden sie sozusagen zur Uniform der verantwortlichen Mitarbeiter des Zentralkomitees und der Kommissariate.

Richtige Ordnung wurde im Überbau 1930 eingeführt, als im ›Bolschewik‹ Stalins Brief erschien, in dem er dazu aufrief, nichts zu drukken, was von der offiziellen Linie abwich. Damit verlor die Zensur im Grunde genommen jegliche Bedeutung. Die vielfach verfluchte Zensur ist in Wirklichkeit ein Zeichen relativer Pressefreiheit: Sie verbietet die Drucklegung von Werken, die sich gegen die bestehende Ordnung richten, aber sie kann, so töricht sie auch sein mag, nicht die Literatur vernichten. Stalins Redaktionsapparat arbeitete sehr viel gezielter: Er

* Ukrainisch: »Brauchen wir nicht.«

wies alles zurück, was nicht dem direkten Auftrag des Staates entsprach. In der Redaktion der Zeitschrift ›Für eine kommunistische Erziehung‹, wo ich gerade arbeitete, als Stalins Aufsatz erschien, begann eine fieberhafte Durchsicht der Manuskripte – wir zerrissen und zerschnitten Berge von Material. Das nannte sich »Umstellung im Lichte der Weisungen des Genossen Stalin«. Ich nahm ein Exemplar der Nummer des ›Bolschewik‹, der Stalins Brief enthielt, mit nach Hause und zeigte ihn O. M. Er las ihn durch und sagte: »Wieder ›Ne treba‹, dieses Mal aber endgültig.« Er hatte recht. Dieser Brief war der Wendepunkt für die Struktur des Überbaus. Auch heute noch hat er seine Bedeutung für die Hüter Stalinscher Traditionen, die sowjetische Leser vor Mandelstams, Sabolozkijs, Achmatowas, Pasternaks und Zwetajewas bewahren wollen. Der Einwand »Ne treba« klingt uns auch heute noch in den Ohren.

Sergej Klytschkow war viele Jahre sowohl im »Herzen-Haus« als auch in der Furmanow-Gasse unser Nachbar, und wir hatten immer ein gutes freundschaftliches Verhältnis zu ihm. Ihm ist der dritte Teil von O. M.s ›Gedichten über die russische Poesie‹ gewidmet: »Ich liebte den herrlichen Wald ...« Dieses Gedicht wurde ihm zugeeignet, nachdem Klytschkow über die beiden darin enthaltenen Zeilen: »Dort spielen Mißgeburten ohne Nutzen in größter Gefahr leidenschaftlich Karten ...« gesagt hatte: »Das ist weder über mich noch über Sie, Ossip Emiljewitsch.« Keiner von beiden spielte Karten, sie hatten eine andere »Große Gefahr«, und ihr Einsatz war höher als bei jedem Kartenspiel.

Klytschkow hatte man sehr bald von der Redaktionsarbeit ausgeschlossen, denn mit seiner bäuerlichen Art konnte er nicht zu einem rechten Beamten werden und sich nicht um die Reinheit des »Überbaus« bemühen. Er lebte von der Übersetzung irgendeines endlosen Werkes. Abends setzte er seine Brille auf (weil ein Bügel abgebrochen war, befestigte er sie auf der einen Seite mit einer kleinen Schnur), und wie ein gelehrter Schuster die Bibel liest, so las er die Enzyklopädie. Mir machte er das netteste Kompliment, das man einer Frau machen kann: »Nadenka, Sie sind eine sehr kluge Frau und ein sehr dummes kleines Mädchen.« Der Anlaß dazu war, daß ich Luppol O. M.s Epigramm über ihn vorgelesen hatte.

O. M. schätzte Klytschkows ›Wolfs‹-(›Abtrünnigen‹-)Zyklus; las oft Teile daraus und ahmte dann Klytschkows nördlichen Akzent nach. Diese Gedichte wurden, als sie bei Klytschkow Haussuchung hielten, mitgenommen und gingen verloren, weil Klytschkow nicht genug Zeit fand, sie zu verstecken. Sie sind, wie alles, was in die Lubjanka kam, spurlos verschwunden. Auch Sergej Antonowitsch selbst ist spurlos verschwunden. Seiner Frau sagten sie, er habe zehn Jahre »ohne das

Recht auf Briefwechsel« bekommen. Damals wußten wir noch nicht, daß das seine Erschießung bedeutete. Es wird gesagt, daß er beim Untersuchungsrichter mutig und wie ein freier Mensch aufgetreten sei. Ich glaube, daß Augen wie die seinen Untersuchungsrichter zur Raserei bringen mußten. Untersuchungsrichter damals wußten genau, daß, wenn sie einen Menschen für schuldig befanden, er auch schuldig war und deshalb kein großes Gerichtsverfahren mehr nötig war. Oft erschossen sie die Menschen während des Verhörs, und man sagte, auch Klytschkow sei so umgekommen.

Nach Klytschkows Tod wurde Moskau ärmer. Er war mit Pawel Wassiljew eng befreundet gewesen und hatte ihn seinen bösen Genius genannt, weil Pawel ihn immer zu Frauen und Trinkgelagen mitschleppte: Einmal hatten die Mädchen, die im Redaktionsbüro der ›Krasnaja Niwa‹ arbeiteten, versehentlich Gedichte von Klytschkow unter Mandelstams Namen veröffentlicht. Zu zweit mußten sie in die Redaktion gehen, den Mädchen die Richtigkeit ihrer Aussagen beteuern und das Honorar auf Klytschkows Namen überschreiben lassen. Beide waren kluge Männer und doch auch dumme Jungen: keinem kam es in den Sinn, daß eines Tages die Frage nach der Autorschaft dieser Gedichte aufgeworfen werden könnte. Die Mädchen wollten ihren Irrtum nicht öffentlich bekennen. Sie fürchteten, wegen Nachlässigkeit ihre Stellung zu verlieren, denn schließlich wurde entlassen, wie es gerade paßte. So verlangten O. M. und Klytschkow keine Richtigstellung, und jetzt sind diese Gedichte von Klytschkow in der amerikanischen Ausgabe von O. M.s Werken enthalten. Die Herausgeber der nächsten Ausgabe sollten auf diesen Fehler aufmerksam gemacht werden.

Zu der Zeit, als sich das Schicksal von Klytschkow und Wassiljew entschied, warteten O. M. und ich auf dem Sawelowo-Bahnhof auf einen Zug; zufällig kamen wir an eine Zeitung und lasen, daß die Todesstrafe abgeschafft und die längste Haftstrafe auf zwanzig Jahre erhöht worden seien. Zuerst freute sich O. M. – Hinrichtungen waren für ihn immer ein Greuel –, dann erst begriff er, worum es ging: »Wieviele mögen sie dort töten, wenn sie die Todesstrafe abschaffen müssen!« sagte er. 1937 erkannten wir, daß auch die Menschen für Vernichtung nach dem Prinzip ausgewählt wurden: »Treba« oder »Ne treba«.

Sechsundfünfzigstes Kapitel

Die Welt und das Weltliche

Eine Frau, die nach vielen Jahren Lagerhaft zurückkehrte, erzählte mir, daß sie und ihre Genossinnen im Unglück Trost in Gedichten gesucht haben, die sie glücklicherweise auswendig konnten. Besonders berührte sie ein Gedicht O. M.s, das er als junger Mann geschrieben hatte: »Aber ich liebe diese Erde, weil ich eine andere nicht gesehen habe . . .«

Unser Leben fesselte uns an die Erde und verleitete uns nicht dazu, nach transzendenten Wahrheiten zu suchen. Immer, wenn ich von Selbstmord sprach, sagte O. M.: »Du kommst schon noch zur rechten Zeit dran, überall ist ein und dasselbe Ende, und bei uns hilft man noch nach.« Der Tod war bei uns so viel realer und einfacher als das Leben, daß jeder danach strebte, sein Leben, und sei es nur für einen Augenblick, zu verlängern, denn vielleicht brachte ja der folgende Tag eine Erleichterung! Im Krieg, in Lagern und im Zeichen des Terrors denken die Menschen viel weniger an Tod (aber an Selbstmord) als in Friedenszeiten. Wenn sich über der Erde Angst verbreitet, wenn Berge absolut unlösbarer Probleme auftauchen, treten die allgemeinen Fragen des täglichen Lebens in den Hintergrund. Wie konnten wir uns vor Naturkräften und den ewigen Gesetzen des Seins fürchten, wenn bei uns der Schrecken täglich fühlbare soziale Formen annahm? Wie sonderbar das auch klingen mag – darin lag nicht nur Schreckliches, sondern auch der Reichtum unseres Lebens. Wer weiß schon, was Glück ist? Vielleicht ist es besser, anstelle des weit dehnbaren Wortes Glück die konkreteren Ausdrücke Fülle und Intensität des Lebens zu setzen, und vielleicht lag darin, wie wir uns an das Leben klammerten, etwas Tieferes als das, wonach die Menschen gewöhnlich streben. Immer wieder erinnere ich mich an ein Gespräch mit Sonja Wischnewskaja, der Witwe Wischnewskijs. Wir zogen gemeinsam Bilanz aus allem, was uns widerfahren war. Sonja sagte: »Wir haben unser Leben gelebt, ich ein glückliches, du ein unglückliches.« Arme, dumme Sonja! Ihr Mann hatte die Illusion von Macht in Händen gehalten, zu ihm waren Schriftsteller gekommen, um untertänig etwas zu erbitten, weil er irgendwelche Gelder verwaltete, und er gab den »ihm Ergebenen«

die neuesten Befehle der Regierung weiter. Er wurde beim Zentralkomitee vorgelassen und einige Male von Stalin empfangen. Er trank nicht weniger als Fadejew, sog gierig Staatsluft ein und nahm sich kleinste Unbotmäßigkeiten heraus: verlangte, daß man Joyce drucke, und schickte den Verbannten Geld (zuerst einem Marineoffizier, der nach Taschkent verbannt war, und dann durch meinen Bruder uns nach Woronesch). Er besaß Auto, Wohnung und eine Datscha, die man Sonja nach seinem Tod niederträchtigerweise abgenommen hat. Sonja blieb bis zu ihrem Tode dem treu, der ihr diesen Luxus gegeben hatte, und zürnte Chruschtschow, weil er den Erben eines Schriftstellers nur noch das halbe Honorar auszahlen ließ, das ihnen nach ihrer Meinung ganz zustand. Über Sonja erzählte man sich viele Anekdoten, aber trotz allem war sie kein schlechter Mensch, und niemand verübelte ihr, als sie lauthals verkündete, Volksfeinde hätten ihren Mann im Kreml-Krankenhaus umgebracht. Im Grunde genommen kam es ihr sehr gelegen, daß er noch rechtzeitig starb, ehe er seine Erbschaft irgendeiner Rivalin Sonjas vermachen konnte. Viele beneideten Sonja und hätten ihr nur zu gerne etwas von ihrem »Glück« entrissen. In diesem Sinne konnte sie mit Recht ihr Leben glücklich und erfolgreich nennen.

Auch ich wünschte mir, wenn schon kein Glück, so wenigstens Wohlergehen (wie es O. M. in einem seiner Gedichte ausdrückte: »O, wie viel schöner ist für sie das Knirschen der Ruderdolle, die freie Weite eines Decks, eine Herde Schafe«). Ein friedliches Leben mit gewöhnlicher Verzweiflung, mit Gedanken über die Unausweichlichkeit des Todes und die Nutzlosigkeit alles Irdischen. All das war uns nicht vergönnt, und vielleicht meinte O. M. gerade das, als er zum Untersuchungsrichter sagte, daß er mit der Revolution auch die Angst verloren habe.

Für O. M. war der Akmeismus nicht nur »die Sehnsucht nach einer Weltkultur«, sondern auch eine Bestätigung des irdischen und sozialen Lebens. Wie bei allen Menschen, die ein einheitliches Weltbild besitzen, zeigte sich in all seinen Überlegungen das Verständnis für die Zusammenhänge aller Dinge. Natürlich war das kein ausgeklügeltes philosophisches System, sondern eher das, was er in einem seiner Artikel »das Weltempfinden eines Künstlers« nannte. T., ein hervorragender Künstler, sagte einmal zu mir: »Da sitzt ein Mensch, schnitzt an einem Stück Holz herum, und es entsteht Gott.« Über Pasternak sagte er: »Warum mußte er die Religion wechseln? Wozu brauchte er, der doch seine Kunst hatte, Vermittler?« Ähnlich wie die mystische Erfahrung die religiöse Weltanschauung bestimmt, so erschließt dem Künstler seine Arbeitserfahrung die ihn umgebende geistige und materielle Welt. Erklärt nicht vielleicht diese Erfahrung als Künstler, warum

O. M. seine Ansichten über die Poesie, über die Rolle des Künstlers in der Gesellschaft und über »das Verschmelzen des geistigen und sittlichen Anfangs« in der Kultur als Ganzem und bei einzelnen Menschen während seines ganzen Lebens keine grundlegende Veränderung erfuhren und er sich nicht von seinen frühen, noch im ›Apollon‹ gedruckten Gedichten lossagen mußte? Im wesentlichen stimmten während seines ganzen Lebens seine Ansichten mit seinem Weltempfinden überein. Ungeachtet der deutlichen Einteilung in Perioden zeigen auch seine Gedichte diese Übereinstimmung, und nicht selten weisen sie eine Gemeinsamkeit sogar mit seiner frühen Prosa auf. Darum kann auch die Prosa als Kommentar zu seinen Gedichten dienen.

Bis zuletzt blieb O. M. der Welt und dem Weltlichen treu und erwartete seinen Lohn »nur hier auf der Erde und nicht im Himmel«, obwohl er fürchtete, auch das nicht zu erleben. »Gut, wenn wir es erleben«, sagte er zu mir. In einem seiner letzten Gedichte, schon in Erwartung des Todes, schrieb er: »Unter dem kurzlebigen Himmel des Fegefeuers vergessen wir oft, daß ein glückliches Himmelsreservat ein offenes und diesseitiges Haus ist.«

Als ich die ›Selbsterkenntnis‹ von Berdjajew, einem unserer besten Zeitgenossen, las, fiel mir auf, wie verschieden sich er und O. M. dem Leben und der Welt gegenüber verhielten. Vielleicht ist das damit zu begründen, daß der eine ein Künstler war, der andere aber in abstrakten Gedanken lebte. Außerdem fühlte sich Berdjajew innerlich sehr mit den Symbolisten verbunden, und obwohl es schon zu Meinungsverschiedenheiten mit ihnen gekommen und er von ihnen in gewissem Sinn enttäuscht war, brach er doch nicht mit ihnen. Für O. M. aber bestimmte die Verschwörung gegen den Symbolismus sein ganzes Leben und seine Kunst.

Für Berdjajew war »das Leben die aus Sorgen bestehende Alltäglichkeit«, er strebte zu Poesie und Schönheit des Lebens, im Leben aber überwogen Prosa und Häßlichkeit. Der Schönheitsbegriff bei Berdjajew ist genau dem entgegengesetzt, was ich bei allen Künstlern und Dichtern fand, die sich vom Symbolismus losgesagt hatten: weder für einen Maler noch für einen Dichter gibt es eine verachtungswürdige Alltäglichkeit, gerade in ihr sehen sie die Schönheit (ein Begriff, der von meiner Generation kaum gebraucht wurde).

Symbolisten wie Wjatscheslaw Iwanow und Brjussow verhielten sich dem Leben gegenüber weitgehend wie Hohepriester, und deshalb konnten bei ihnen Alltäglichkeit und Schönheit nicht zusammenkommen. Die folgende Generation kehrte wieder auf die Erde zurück und erweiterte damit spürbar ihre Welt, für sie gab es keine Trennung mehr zwischen häßlicher Prosa und über allem schwebender Poesie. In diesem Zusammenhang denke ich an die Achmatowa, die wußte, »aus welchem Kehricht Gedichte, die keine Scham kennen, wachsen können«, und an Pasternaks prächtige Verteidigung des Alltäglichen in seinem ›Doktor Schiwago‹. O. M. war ein solches Dilemma völlig fremd: er suchte nicht wie Berdjajew und die Symbolisten einen Ausweg aus dem Irdischen, Alltäglichen, aus Raum und Zeit in die Sphäre des reinen Geistes. In seinem Aufsatz ›Der Morgen des Akmeismus‹ versuchte er, die Verbundenheit der Poesie mit der dreidimensionalen Erde zu erreichen. Er spricht davon, daß für ihn die Erde »keine Last ist, durchaus kein unglücklicher Zufall, sondern ein von Gott gegebenes Schloß«. Dann folgt ein polemischer Ausbruch gegen die, die wie Berdjajew von hier weg in eine bessere Welt streben und das Leben auf dieser Welt als ein Zeichen des von Gott Verlassenseins ansehen. In dem gleichen Aufsatz, der auch als »Manifest« bezeichnet werden kann, schreibt O. M.: »Was würden Sie über einen Gast denken, der auf Rechnung des Wirts lebt, seine Gastfreundschaft nutzt und ihn gleichzeitig aus ganzer Seele verachtet und nur daran denkt, wie er ihn überlisten könnte?« »Überlisten« bedeutet hier, der Zeit und dem dreidimensionalen Raum entrinnen. Mandelstam oder, wie er sich selbst nennt, ein Akmeist braucht den dreidimensionalen Raum, braucht das Leben, weil er dem Wirt gegenüber seine Schuld empfindet – er war hier, um zu bauen, und man baut nur dreidimensional. Das erklärt sein Verhältnis zur Welt der Dinge. Diese Welt ist dem Künstler oder, wie er sagt, dem Baumeister gegenüber nicht feindlich gesinnt, denn die Dinge sind da, damit man mit ihnen baut. ›Stein‹ – so heißt seine erste veröffentlichte Gedichtsammlung – ist das Baumaterial, das »gleichsam nach einem anderen Sein strebt« und nach einem »Kreuzgewölbe« verlangt. O. M. gebrauchte nicht das Wort »Schöpfung«. Dieser Begriff war ihm fremd. In seiner Jugend empfand er sich als »Baumeister« – »aus feindseliger Schwere werde ich etwas Herrliches errichten«. Er wurde also nicht von der Materie zurückgewiesen, sondern war sich ihrer Schwere, ihrer Vorbestimmung, an dem Bau teilzunehmen, bewußt. Berdjajew spricht immer wieder von der höheren Bestimmung des Menschen auf dieser Erde, von seiner Schöpferkraft, definiert aber nicht, worin diese Schöpferkraft besteht. Wahrscheinlich war es so, daß er die Erfahrung des Künstlers nicht besaß: er hatte kein Gefühl für die Schwere der Dinge und das Gewicht des Wortes. Er besaß eine mystische Erfahrung, die ihn zum Ende der dinglichen Welt führte. Die Intuition des Künstlers kommt der des Mystikers nahe, aber sie offenbart den Schöpfer durch seine Schöpfung, Gott durch den Menschen. Ich glaube, diesen Weg bestätigt Solowjows (und Berdjajews) Lehre von der »Gottmenschlichkeit«. Und hat nicht vielleicht deshalb jeder wahrhafte Künstler das Gefühl der Rechtlichkeit, von der O. M. sprach?

Berdjajew empfand, sosehr er auch dagegen ankämpfte, dem »Massenmenschen« gegenüber Verachtung. Auch darin ist er den Symbolisten verwandt. Ob das auf Nietzsche zurückzuführen ist, der auf die Symbolisten einen so großen Einfluß ausübte? Berdjajew beklagt, daß »wir in einem Zeitalter des Kleinbürgertums leben«, das sich dem Auftreten starker Persönlichkeiten widersetze. Berdjajew liebte es »zurückzutreten«. Ihm war es »zuwider, seine Bedeutung und seine intellektuelle Überlegenheit erkennen zu lassen«. Als ich das las, erinnerte ich mich an die Worte Puschkins: »Von allen Erdensöhnen ist er der nichtigste vielleicht«, die von dem ganzen Werewjajew-Pack falsch verstanden wurden. Puschkin meint das einfachste Gefühl, das Eins-Sein mit dem Menschen, das Gleichsein mit allen, das nicht ein bißchen besser sei, Fleisch vom Fleisch, Knochen vom Knochen, wenn auch nicht jeder Knochen gleich gut ist. Ich glaube, das Gefühl, allen anderen gleich zu sein (und vielleicht sogar etwas Neid, daß sie alle so wohlgeraten sind), ist ein grundlegendes Merkmal des Dichters. In seinem Artikel ›Der Gesprächspartner‹, den O. M. als junger Mann schrieb, sagte er über den Unterschied zwischen Literatur und Dichtung: »Der Schriftsteller wendet sich immer an einen konkreten Zuhörer, an seinen Zeitgenossen. Was der Schriftsteller zu sagen hat, geht aufgrund des physikalischen Gesetzes der kommunizierenden Röhren in den Zeitgenossen über. Das heißt, der Schriftsteller muß ›über der Gesellschaft‹ stehen, ihr ›überlegen‹ sein. Das Wesen der Literatur ist Belehrung... Anders verhält es sich mit der Dichtung. Der Dichter ist nur einem providenziellen Gesprächspartner verbunden. Er muß nicht besser als seine Zeit, nicht besser als seine Gesellschaft sein.« O. M. fühlte sich wirklich den anderen Menschen gleich, fühlte sich wie sie, wie alle Menschen, vielleicht sogar schlechter als andere: »Ich gehe mit dem bärtigen Bauern, ich, ein Passant.« Die Symbolisten verstanden sich als Lehrer – und darin lag ihre kulturelle Mission, darum standen sie über der Menge, liebten sie die starken Persönlichkeiten. Nicht einmal Blok war frei von dem Gefühl, etwas Besonderes zu sein. Dieses Bewußtsein wurde bei ihm allerdings von dem jedem Dichter eigenen Gefühl, mit der Straße, der Menge, den Menschen verbunden zu sein, abgelöst. Berdjajew fühlte sich als Philosoph, nicht aber als Künstler natürlich über die Menge erhaben; seine Vorliebe für Aristokratie und die Anziehungskraft, die starke Persönlichkeiten auf ihn ausübten, waren ein Zug der Zeit.

O. M. griff nie das »Kleinbürgertum« an und schätzte das auch nicht. Eher verehrte er die Kleinbürger, und es war auch kein Zufall, daß er

Herzen, der sie brandmarkte, »Baron« nannte. Aber besonders bestürzten ihn die offiziellen Angriffe auf die Kleinbürger und das Kleinbürgertum in unserem Land. »Was wollen Sie von den Kleinbürgern?« sagte er einmal. »Das ist doch die widerstandsfähigste Schicht – alles ruht auf ihr.« Im Grunde genommen wies O. M. nur eine Menschenkategorie ab, das waren die literaturbeflissenen Damen, die ihre Salons hielten, und ihre Nachfolgerinnen unter den Sowjetdamen. Wegen ihrer Überheblichkeit konnte er sie nicht ausstehen, und sie brachten ihm die gleichen Gefühle entgegen. In der ›Reise nach Armenien‹ ist eine Stelle zu finden, die man als einen Angriff auf das Kleinbürgertum auslegen könnte. O. M. spricht hier von unseren Nachbarn im Samoskworetschje, dem alten Handelsviertel in Moskau. Diese Leute hatten aber weder je eine feste Existenz gekannt noch nach kleinbürgerlicher Sitte gelebt, sie bildeten eine träge, finstere Masse freudloser Menschen, die gerne eine neue Sklaverei auf sich nahm.

In diesem Punkt stimmt O. M. Berdjajew zu, der sagt, daß »nach dem Ersten Weltkrieg eine neue Generation heranwuchs, die Freiheit haßte und Autorität und Gewalt wollte«. Berdjajew hatte recht, wenn er das als Resultat des »demokratischen Jahrhunderts« ansah. Unsere ganze Geschichte der letzten Jahrzehnte war hochgradig antidemokratisch, bei uns war das besonders zu spüren.

Schließlich war das »ganze Führertum« der ersten Hälfte des zwanzigsten Jahrhunderts eine Absage an die Demokratie. Aus der Entfernung eines Emigranten bemerkte Berdjajew nicht, wie man den einfachen Menschen zertrampelte, er sah nicht, wie sich das entwickelte, was wir »die Menschenverachtung der GPU« nannten. Es war ja nicht nur ein Diktator – jeder, der etwas Macht in seinen Händen hielt, mochte er Untersuchungsrichter oder Hausverwalter sein, war ein Diktator. Vorher hatten wir keinen Begriff davon, welch eine Versuchung Macht darstellen kann. Wir sagen, wer will denn schon ein Napoleon sein? Aber es liegt ja gerade daran, daß zum Beispiel ein Institutsdirektor gar nicht nach oben strebt, sondern sich mit aller Macht an seinen Direktorenposten klammert, um hier sein ganzes Machtbedürfnis zu befriedigen. Überall entwickelten sich kleine Diktatoren. Von ihnen wimmelte es und wimmelt es noch heute in unserem Land, aber allmählich verschwinden sie doch, denn ihre Zeit ist abgelaufen, weil die Menschen dieses Spiels überdrüssig geworden sind.

Wie andere Symbolisten, so erkannte Berdjajew weder eine »Gruppenmoral« noch »Vererbung« an, weil sie mit der Freiheit unvereinbar seien. An diesem Punkt nähert sich seine Idee der Freiheit bereits der Selbstherrlichkeit, die der vorrevolutionären Intelligenzija ja zum Verhängnis wurde. Denn Kultur ist nicht nur, was die obere Schicht der

Gesellschaft hervorbringt, sondern auch das, was eine Generation der anderen weitergibt, eine Kontinuität, ohne die das Leben zusammenbricht. Die »Vererbung« nimmt oft nahezu unerträgliche, starre Formen an, im ganzen gesehen kann sie aber nicht so schrecklich sein, wenn das Menschengeschlecht ihr standhielt und immer noch existiert. Die Menschheit wird nicht von der vererbten Moral bedroht, sondern von dem überdimensionalen Erfindungsgeist ihrer regen Gesellschaftsschicht. O. M. bezeichnete den Dichter als den, der »den Sinn in Schwingung versetzt«. Mit diesem Ausdruck meinte er nicht Rebellion gegen vererbte Ordnung, sondern Absage an die erstarrte Form, an sinnentleerte Phrasen, die auch das Denken verzerren. Das ist ein Aufruf zum Leben, zur lebendigen Beobachtung, zur Registrierung der Ereignisse – er wendet sich gegen die Erstarrung. Und spricht er nicht in diesem Sinn auch über die »Kultur des Anstands«? Kunst ist anscheinend die Wiederholung dessen, was wahr und abgeschlossen ist, was von den Menschen aber mit Freude aufgenommen wird, weil sie es vorziehen, sich in einiger Entfernung zu halten von dem, »der den Sinn in Schwingung« versetzt.

Berdjajews Hauptproblem war die Freiheit, sein ganzes Leben schlug er sich mit diesem Problem herum. Für O. M. war das kein Problem, weil er sich wahrscheinlich wie jeder Künstler nicht vorstellen konnte, daß es Menschen gab, die keine innere Freiheit besaßen, für ihn gehörte sie einfach zum Menschen, war von ihm nicht wegzudenken. Im sozialen Bereich erstrebte Berdjajew den Primat der Persönlichkeit über die Gesellschaft, O. M. dagegen fragte nach der Stellung der Persönlichkeit innerhalb der Gesellschaft, ähnlich wie er um den Platz des Dichters und der Dichtung gekämpft hatte. Das bedeutete, er anerkannte die Gesellschaft als gegeben und als höchste Form menschlicher Organisation.

So lächerlich es klingt, aber selbst in solchen Kleinigkeiten wie die Beziehung zur Frau oder, besser gesagt, in der Beziehung zu den Frauen verhielten sich Berdjajew und O. M. als Symbolist oder als Akmeist. In den symbolistischen Gedichten gibt es »wunderbare Damen« (zum Beispiel in Bloks Gedichten), Hohepriesterinnen oder, wie die Achmatowa und ich es nannten, »Weltenträgerinnen«. In meiner Jugend gab es derer noch viele, und sie traten, da sie sich der Größe ihres »Dienstes« bewußt waren, unwahrscheinlich anmaßend auf. Sie gaben gewaltigen Unsinn von sich, wie zum Beispiel E. R. in ihren Bemerkungen zu seiner ›Autobiographie‹*, in der die Schlangen aus

* E. Rapp, Berdjajews Schwägerin, versah Berdjajews ›Autobiographie‹ mit Fußnoten.

unerfindlichen Gründen Krallen bekommen, die Frauen Schlangengesichter haben und die Männer in Umhängen aus Schwertern erscheinen. Alle diese Frauen fallen aus dem normalen Rahmen, und auch die Beziehungen zu ihnen waren ungewöhnlich. Bei uns war das alles einfacher.

Berdjajew kannte keine Freuden. Obwohl Mandelstam auch das Glück nicht suchte, nannte er alles Kostbare in seinem Leben Freude, Spiel: »Unsere ganze zweitausendjährige Kultur ist dank der wunderbaren Güte des Christentums eine Freigabe der Welt für das Spiel, für seelische Vergnügen, für die freie Nachahmung Christi.« Und: »Das Wort ist reine Freude, Befreiung von der Schwermut.«

Gerne würde ich sagen, wie O. M. das Wort verstand. Aber es übersteigt meine Kräfte. Ich glaube nur, er wußte, was die »innere Form eines Wortes« ist, und kannte den Unterschied zwischen dem Wort als Zeichen und als Symbol.

Das berühmte Gedicht Gumiljows über das Wort ließ ihn kalt, aber er erklärte nicht, warum. Anscheinend verstand er auch die Zahl anders als Gumiljow. Übrigens errechnete O. M. immer die Zahl der Verse und der Zeilen in einem Gedicht und die Zahl der Kapitel in der Prosa. »Ist das so wichtig?« fragte ich ihn verwundert. Er wurde böse. – Für ihn war mein Unverständnis Nihilismus und Ignoranz; er meinte, es sei doch nicht zufällig, daß gewisse Zahlen wie zum Beispiel drei und sieben für viele Menschen magische Bedeutung besäßen. Die Zahlen sind ein Teil unserer Kultur, eine uns von anderen Menschen überlieferte Gabe.

In Woronesch begann O. M. Gedichte aus sieben, neun, elf Zeilen zu komponieren. In größeren Gedichten erschienen Sieben- und Neunzeiler als Untereinheiten. Er hatte das Gefühl, daß eine neue Form zu ihm komme: »Du verstehst doch, was ein Vierzehnzeiler bedeutet, auch diese Sieben- und Neunzeiler müssen etwas bezeichnen. Sie springen immer heraus.« Darin lag keine Mystik, eher eine erprobte Methode, um die Harmonie zu überprüfen.

Alles, was ich über die Gegensätzlichkeit von Berdjajew und O. M. sagte, bezieht sich nur auf Berdjajews Besonderheiten, die er mit den Symbolisten teilte. Als Philosoph war er mit ihnen absolut nicht einig, nur manche seiner Ansichten über Geschmack trugen das Zeichen seiner Zeit. Wir alle sind wohl den Einflüssen unserer Zeit unterworfen, und obwohl Berdjajew ebenso wie O. M. immer wieder sagte, daß er niemandes Zeitgenosse sei, lebte er doch mit ihnen in einer Zeit. Und gerade Berdjajew machte die grundlegende Aussage über die Symbolisten: daß es für sie keine ethischen und sozialen Probleme gebe. Von ihnen haben sie sich losgesagt. Gerade deshalb empörte sich O. M.

gegen die »Allesfresserei« Brjussows, gegen das Schwanken und die Zufälligkeit ihrer Werte. Berdjajew überwand die Symbolisten in allem außer in Fragen des Geschmacks, trotzdem aber blieb er dem Zauber dieser großen Seelenfänger verfallen.

Es ist bedauerlich, daß O. M., obwohl er sich so darum bemühte, nie Berdjajews Bücher bekommen konnte. Er hat seinen Zeitgenossen nicht gelesen, und ich weiß nicht, wie er seine Lehre aufgenommen hätte. Unglücklicherweise waren wir in unserer Verbannung vom Denken der übrigen Welt abgeschnitten. Das ist ein besonders großes Unglück, das einen Menschen treffen kann.

Siebenundfünfzigstes Kapitel

Archiv und Stimme

»Die Welterfühlung ist für den Künstler Werkzeug und Mittel wie der Hammer in den Händen des Steinmetzen, und das einzig Reale ist das Werk« (›Der Morgen des Akmeismus‹). Einige von O. M.s Gedichten und verschiedene Prosatexte sind verlorengegangen, aber der größere Teil ist erhalten geblieben. Das ist die Geschichte meines Kampfes mit den destruktiven Kräften, mit allem, was versuchte, mich mit den armseligen Papierfetzen, die ich hütete, hinwegzufegen.

In der Jugend kümmern sich die Menschen nicht um ihre Papiere. Kann sich denn ein junger Mensch nicht vorstellen, daß die von ihm beschriebenen Papiere irgendwann noch einmal gebraucht werden? Aber vielleicht ist es auch gut, wenn die Jugendgedichte verlorengehen, das ist eine Auslese, die jeder Künstler vornehmen sollte.

In Kiew kam O. M. mit einem kleinen Handkorb an. Seine Mutter hatte darin Näh- und Strickzeug aufbewahrt, und er schleppte das Körbchen immer mit sich herum, denn es war der einzige Gegenstand, der ihm von seiner Mutter geblieben war. An dem Körbchen hing ein großes Schloß. O. M. sagte mir, es enthalte die Briefe seiner Mutter und einige seiner eigenen Aufzeichnungen. Er wußte selbst nicht mehr, was er hineingesteckt hatte. Von Kiew aus verschlug es O. M. gemeinsam mit seinem Bruder Alexander auf die Krim. Hier spielte Alexander mit den Soldaten Karten und verspielte nacheinander die Hemden seines Bruders. In O. M.s Abwesenheit bemächtigten sich die Soldaten seines Korbes und benützten das Papier zum Zigarettendrehen. O. M. hing sehr an den Briefen seiner Mutter und ärgerte sich schrecklich über seinen Bruder. Der Verlust seiner eigenen Papiere kümmerte ihn weniger – er hatte alles im Gedächtnis.

In unseren ersten gemeinsamen Jahren besaß O. M. nicht ein einziges Fetzchen beschriebenen Papiers. Sein ›Zweites Buch‹ stellte er aus dem Gedächtnis zusammen, er erinnerte sich an die Gedichte, diktierte oder schrieb sie auf, sah sie durch, hob einige auf, warf andere weg. Vorher hatte er einen ganzen Packen an Petropolis* geschickt. Man

* Russisches Verlagshaus in Berlin.

hatte diese Manuskripte ins Ausland gebracht und diese Gedichte unter dem Sammeltitel ›Tristia‹ herausgegeben. Damals dachten wir noch nicht daran, daß ein Mensch sterben kann und sein Gedächtnis mit ihm. Abgesehen davon dachte O. M., wenn er seine Gedichte einer Redaktion gab, so wären sie sicher und für alle Zeiten aufbewahrt. Er hatte keine Vorstellung von der Schlamperei und Unordnung in unseren Redaktionen.

Meine Mutter hatte mir ganz reizende kleine Koffer und eine Ledertruhe, die mit bunten Plaketten ausländischer Hotels beklebt waren, geschenkt. Die Köfferchen trugen wir zum Schuster, der uns aus dem gelben Kofferleder Schuhe anfertigte. In jenen Tagen war das ein ungewöhnlicher Luxus, und wir prunkten mit unseren hellgelben kofferledernen Schuhen. Aber die kleine elegante Truhe war nicht zu verwenden: woher sollte man Sachen zum Hineinlegen nehmen? Ich begann, verschiedene Papiere darin aufzubewahren, ohne zu wissen, daß daraus ein Schriftstellerarchiv werden sollte.

Als O. M.s Vater krank wurde, fuhren wir nach Leningrad. Nachdem der alte Mann aus dem Krankenhaus entlassen worden war, konnte er nicht in sein unwahrscheinlich vernachlässigtes Zimmer zurückkehren. Wir brachten ihn zu O. M.s jüngerem Bruder Jewgenij Emiljewitsch. Als ich die Sachen zusammenpackte, stieß ich auf einen Koffer, genau wie den meinen, nur ein klein wenig größer, auch mit bunten Plaketten beklebt. Es stellte sich heraus, daß ihn O. M. einmal irgendwo in München gekauft hatte, als er wie ein eleganter Tourist aussehen wollte. Diese Koffer waren vor dem Ersten Weltkrieg große Mode. Der Großvater hatte in ihm, zusammen mit dem entwerteten Geld aus der Zeit Nikolaus II. und Kerenskijs, in buntem Durcheinander seine Hauptbücher aufbewahrt. Ganz zuunterst entdeckte ich einen Packen Manuskripte: es waren Fragmente früher Gedichte und einige Seiten des Vortrags über Skrjabin. Wir steckten die Manuskripte in den Koffer und nahmen ihn mit nach Moskau. Das war der Grundstein für O. M.s Archiv. In den Koffer wurden alle im Moment nicht benötigten Schriftstücke hineingesteckt: Urfassungen von Gedichten, Briefe, Artikel. O. M. hatte nichts dagegen einzuwenden, und so wuchs der Berg. Das einzige, was nicht hineinkam, war unbedeutende Alltagsarbeit: Übersetzungen von Gedichten und Prosa, Zeitungsartikel und Notizen über Manuskripte meist fremder Bücher, die ihm zur Rezension von Verlagen zugeschickt worden waren. Alle Rezensionen, außer ein oder zwei, die mehr oder minder durch Zufall in den Koffer geraten waren, gingen bei Lengis* verloren. O. M. hatte geglaubt, daß

* Staatsverlag in Leningrad.

sie dort erhalten blieben. Als er dann ein Buch aus seinen Artikeln zusammenstellte, benötigte er die Zeitschriften- und Zeitungsartikel. Mein Bruder Jewgenij und ich schrieben sie in der Bibliothek ab, natürlich hatten sie schon die Zensur durchlaufen. Aus irgendeinem unerfindlichen Grund hatten wir das Manuskript von ›Lärm der Zeit‹ nicht im Archiv aufbewahrt. Vielleicht waren wir erst nach seiner Niederschrift in den Besitz des Koffers gelangt.

Die Wende in der Einstellung zu seinen Papieren kam bei O. M. erst nach der ›Vierten Prosa‹, richtiger gesagt, sie war eine Art Warnsignal, das uns dringend mahnte, irgend etwas mit den Papieren zu unternehmen. Das zweite Signal war O. M.s Verhaftung 1934.

Als wir nach Armenien fuhren, wollten wir das einzige Exemplar der ›Vierten Prosa‹ nicht mitnehmen. Wenn auch die Zeiten damals noch rosig waren, so hätte O. M. für diese Prosa nicht gerade eine Belobigung erwarten können. Wir mußten also einen vertrauenswürdigen Menschen suchen, bei dem wir sie lassen konnten. Das war unser erster Versuch, Dinge nicht mehr bei uns zu Hause aufzubewahren. Eigentlich war es aber schon der zweite. – 1919 hatte O. M. auf der Krim zwei Gedichte geschrieben, die er auch nicht bei sich behalten wollte. Er gab sie seinem Freund Lenja L. Ich habe Lenja nur ein einziges Mal, 1922, in Moskau gesehen, und damals sagte er, die Gedichte wären noch unversehrt. Danach verschwanden die Gedichte und auch Lenja. Ich erinnere mich nur noch an ein bis zwei Strophen aus diesen Gedichten. Sie werden nun wohl auch nie mehr auftauchen. Diese Erfahrung hat mich gelehrt, auf alle Plätze, an denen ich Manuskripte untergebracht hatte, gut achtzugeben und immer viele Kopien aufzubewahren. Die ›Vierte Prosa‹ behielten wir nie zu Hause, sondern verbargen sie an verschiedenen Orten. Ich habe sie so oft von Hand abgeschrieben, daß ich sie auswendig kenne.

Als wir aus Armenien zurück waren und O. M. plötzlich unwahrscheinlich viele Gedichte schrieb, bekam er gleich zu spüren, daß er ein Ausgestoßener war. Ich erinnere mich hier besonders an ein Gespräch im Leningrader Büro der ›Iswestija‹. Ein scheinbar freundlich gesinnter Mensch las O. M.s Gedicht ›Ich kehrte wieder in meine Stadt zurück‹ und sagte: »Wissen Sie, was nach solchen Gedichten passiert? Es kommen drei in Uniform.« Das wußten wir, aber die träge Sowjetmacht beeilte sich vorläufig noch nicht. Unglaublich schnell, allerdings in verhältnismäßig kleinem Kreis, verbreitete sich dieses Gedicht. O. M. meinte, das sei eine Art, sein Werk zu erhalten: »Die Menschen werden es bewahren.« Ich war damit nicht zufrieden, und die Welt zeigte, daß ich recht hatte. Schon damals begann ich, Abschriften zu machen und sie zu verstecken. Die meisten verbarg ich zu Hause.

Manche Kopien gab ich zur Aufbewahrung an andere. Durch die Haussuchung 1934 hatten wir gesehen, wo man suchte, die Gedichte waren aber damals schon in Kopfkissen eingenäht, in Kochtöpfen und in Schuhen versteckt. Dort suchten sie nicht. Unglücklicherweise waren an diesen Plätzen nur Kopien, und dazu waren sie oft nicht vollständig: denn ich konnte ja nicht wegen jedes neuen Gedichtes die Kissen auftrennen. Als ich aus Woronesch zurückkam, holte ich aus einem Kissen das Gedicht über Ariosto heraus.

Woronesch war für uns eine Etappe unseres Lebens, wir bekamen eine neue Beziehung in unserem Umgang mit den Manuskripten. Die Ära der idyllischen Kissen war zu Ende, denn ich erinnerte mich nur zu gut, wie während des Denikin-Pogroms in Kiew die Federn aus den jüdischen Kissen flogen. Mit zunehmendem Alter ließ O. M.s Gedächtnis nach, und uns war bewußt, daß es gemeinsam mit dem Menschen vergeht, und der Preis für ein Leben fiel an unserer geheimnisvollen Börse Tag für Tag. Man mußte Menschen finden, die bereit waren, die Manuskripte für uns aufzubewahren. Aber es gab immer weniger. Ich bekam einen neuen Beruf: Während der ganzen drei Jahre in Woronesch schrieb ich Gedichte ab und verteilte sie; doch außer bei meinem Bruder Jewgenij fand ich keinen vertrauenswürdigen Platz, und zu Hause bei uns wollte ich sie nicht behalten. In diesem Moment tauchte Rudakow auf.

Sergej Borissowitsch Rudakow, der Sohn eines zaristischen Generals, war zusammen mit anderen Adeligen aus Leningrad ausgewiesen worden. Zu Beginn der Revolution hatte man seinen Vater und seine älteren Brüder erschossen. Seine Schwestern zogen ihn auf, und er hatte eine normale sowjetische Pionierkindheit, war in der Schule einer der Besten gewesen, absolvierte sogar die Universität und bereitete sich auf eine solide Tätigkeit vor, als er plötzlich Leningrad verlassen mußte. Wie viele Kinder, die ohne Eltern aufwachsen, war er sehr bemüht, mit der Zeit in Einklang zu stehen, und dachte sich sogar eine besondere Literaturtheorie aus, nach der man Bücher schreiben sollte. Er selbst schrieb, nicht ohne von Marina Zwetajewa beeindruckt zu sein, elegante Verse, wie sie damals in Mode waren, und wählte Woronesch zu seinem Verbannungsort, um O. M. näher zu sein. Als ich in Moskau war und mich um Übersetzungen bemühte, tauchte er auf und verbrachte ungefähr einen Monat allein mit O. M. Als mich O. M. vom Bahnhof abholte, sagte er zu mir, ein neuer Freund sei aufgetaucht, nicht Boris Sergejewitsch, sondern Sergej Borissowitsch, er schreibe soeben ein Buch über die Dichtung und sei überhaupt ein feiner Kerl. Nach seiner Krankheit hatte O. M. viel von seinem Selbstvertrauen verloren und brauchte für seine neuen Gedichte einen ihm wohlgesonnenen Zuhörer. Überhaupt konnte er niemals im luftleeren Raum arbeiten, und ich glaube, niemand kann das.

Rudakow bemühte sich nicht einmal, fest in Woronesch Fuß zu fassen – er hoffte, seine Frau könnte ihn über einen der Generale (die 1937 umkamen) loseisen. Er mietete ein Bett in einem Zimmer, das er mit Troscha, einem jungen netten Arbeiter, teilte, und aß und trank bei uns. Durch Übersetzungen, Theater und Radio ging es uns damals verhältnismäßig gut, und so fiel es uns nicht schwer, den armen Jungen mit durchzufüttern. Als ich in Moskau war, hatte Rudakow sorgfältig alle Varianten des in seiner Anwesenheit von O. M. verfaßten Gedichtes ›Schwarzerde‹ gesammelt, und als O. M. und ich nach meiner Rückkehr uns daranmachten, die bei der Haussuchung verlorenen Gedichte wieder zusammenzustellen, schrieb Rudakow sie für uns alle in ein Heft. Am Morgen erschien er und brachte die Gedichte, die er in der Nacht kunstvoll von Hand, mit Schnörkeln verziert, auf Zeichenpapier übertragen hatte. Er verachtete meine Handschrift, die für ihn wie Krähenfüße aussah, und verstand nicht, daß ich auf das ästhetische Äußere der Manuskripte keine Sorgfalt verwendete. Er fand es zum Beispiel unmöglich, mit Tinte zu schreiben, es mußte wenigstens Tusche sein. Er verzierte sie sogar mit Tuschzeichnungen, die an Pflastermalereien erinnerten, und zeigte uns dann voller Stolz seine Meisterwerke. Mir zeigte er eine wundervoll ausgeführte Kopie von O. M.s Gedichten und sagte: »Das ist, was in den Archiven aufbewahrt werden wird, nicht Ihre und O. M.s Kritzeleien.« Wir lächelten nur ein wenig und wollten ihn nicht kränken.

Mehrmals warnten wir Rudakow davor, daß ihm seine Bekanntschaft mit uns schaden könne, aber er antwortete mit einem Schwall erhabener Sentenzen, so daß wir nur noch stöhnen konnten. Vielleicht verhielten wir uns deshalb einigen, ihm eigenen unangenehmen Zügen gegenüber nachsichtiger. Zum Beispiel war er sehr hochmütig und schmähte ständig unsere anderen treuen Besucher wie Kalezkij, der auch Leningrader und ein Schüler von all unseren Bekannten wie Eichenbaum, Tynjanow und anderen war. Obwohl Kalezkij ein bescheidener und scheuer junger Mann war, sagte er manchmal zu uns Dinge, die kein anderer auszusprechen wagte. Einmal zum Beispiel äußerte er voller Schrecken O. M. gegenüber, alle Einrichtungen, die wir kannten, taugten nichts, sie könnten nicht die geringste Belastung ertragen, wie eine Totenhand ruhe der sowjetische Bürokratismus auf ihnen. Und wenn es mit der Armee das gleiche wäre? Und plötzlich Krieg ausbräche? Rudakow erinnerte sich, was er in der Schule gelernt hatte, und erklärte: »Ich glaube an die Partei.« Das verwirrte Kalezkij, und errötend sagte er leise: »Ich glaube an das Volk.« Neben dem hochgewachsenen und schönen Rudakow sah er völlig unscheinbar aus, aber die innere Kraft war auf seiner Seite. Und Rudakow nannte ihn spöttisch ein »Quentchen« und erklärte: »Das ist die kleinste Energieeinheit, die eine Arbeit verrichten kann.«

Der zweite schwer erträgliche Wesenszug Rudakows war sein ewiges Jammern. Seiner Meinung nach habe in Rußland die Umwelt »schon immer die begabten Leute aufgefressen«, und er, Rudakow, würde seine Aufgabe auch nicht erfüllen, nicht sein Buch über die Dichtung schreiben, nicht den Menschen die Augen öffnen. O. M. konnte solche Gespräche nicht ertragen: »Und warum schreiben Sie es jetzt nicht? Wenn ein Mensch etwas zu sagen hat, wird er es unter allen Umständen sagen.« Über diesem Punkt brach immer heftiger Streit aus; Rudakow beklagte sich über Zimmer, Geld, Stimmung – er wurde böse, ging weg und schlug die Tür heftig hinter sich zu. Nach einer Stunde erschien er dann wieder, als sei nichts gewesen.

Rudakow erwies sich als geborener Lehrer. Er lehrte alle und alles: mich die Manuskripte abzuschreiben, O. M. Gedichte zu verfassen, Kolezkij nachzudenken. Jedes neue Gedicht begrüßte er mit einer Theorie aus seinem nicht geschriebenen Buch, und im Untergrund schwang immer die Frage mit: »Warum haben Sie mich nicht vorher gefragt?« Ich bemerkte, wie er O. M. oft störte, und wollte ihn entfernen, aber O. M. erlaubte es nicht: »Was soll er denn essen?« fragte er, und alles ging wie bisher weiter. Und trotz allem waren uns Rudakow wie auch Kolezkij ein großer Trost. Ohne sie hätten wir uns schon viel früher völlig isoliert gefühlt. Beide kehrten 1936 nach Leningrad zurück, und wir blieben allein. Dann kam manchmal Natascha Stempel zu uns. Als wir in Woronesch bei dem »Agenten« wohnten, kam Rudakow mit Scharlach ins Krankenhaus und lernte dort einige Mädchen kennen, die er sorgsam vor uns verheimlichte. Natascha war eine von ihnen. Und als er abfuhr, mußte sie ihm sogar versprechen, daß sie nicht zu uns gehe. Aber zu unserem Glück hielt sie ihr Wort nicht. Mit einem Wort: der Junge war ein Sonderling, und in unserer Zeit enden Bekanntschaften mit Sonderlingen schlecht. Ich gab ihm die wertvollsten Autographen zur Aufbewahrung, und die Achmatowa schaffte auf einem Schlitten das ganze Archiv Gumiljows zu ihm.

Im Krieg wurde Rudakow nach seiner ersten Verwundung in Moskau als Rekrutierungsoffizier eingesetzt. Bei ihm erschien einer seiner Verwandten und sagte, daß es ihm als überzeugten Tolstojaner nicht möglich sei, zu kämpfen. Aufgrund seiner Machtbefugnisse befreite Rudakow ihn vom Wehrdienst; das wurde entdeckt und er dafür in ein Strafbataillon gesteckt, wo er dann kurz darauf umkam. Die Manuskripte blieben bei der Witwe, und sie gab sie nicht zurück. Als ich

1935 Anna Andrejewna in einem Konzert traf, sagte sie mir, alles wäre noch vorhanden, aber schon sechs Monate später erklärte Emma Gerstein, daß man die Rudakowa kurz vor Aktschluß verhaftet und alles konfisziert habe. Dann kam noch eine Version auf – man habe sie verhaftet und ihre Mutter habe alles verbrannt. Es war unmöglich, die Wahrheit herauszufinden. Wir wissen nur, daß sie einige Manuskripte von Gumiljow verkauft hat, allerdings nicht selbst, sondern sich dabei gewisser Mittelsmänner bediente.

Anna Andrejewna ist darüber sehr empört, aber auch sie kann nichts unternehmen. Einmal bestellten wir unter dem Vorwand, die Veröffentlichung von einigen Artikeln von Rudakow zu versuchen, die Witwe (Rudakow-Finkelstein) zur Achmatowa, aber wir konnten nichts aus ihr herausbringen. Chardschijew hatte mehr Erfolg, er tauchte bei ihr auf, und sie gab ihm Rudakows Briefe und erlaubte, alles zu kopieren, was er brauchte. Chardschijew ist ein sehr gut aussehender Mann, außerdem ein großer Charmeur und erreicht alles, was er will. Rudakows Briefe, die er täglich wie ein Tagebuch schrieb und sorgfältig für die Nachwelt numerierte, enthielten jedoch nichts für uns Wesentliches. Der unglückliche Kerl war offensichtlich ein schwerer Psychopath. Seine Briefe strotzten vor unsinnigen Reden, wie: In O. M.s Zimmer habe sich die ganze Poesie zusammengefunden – ich weiß nicht mehr, sprach er von der »Weltpoesie« oder nur von der russischen, damit meinte er O. M., sich selbst und ein kleines Buch von Waginow. Dann schrieb er, er habe O. M. das Dichten gelehrt, ihm alles erklärt, und unglücklicherweise sei dann aller Ruhm nicht ihm, sondern Mandelstam zugefallen. Mandelstam selbst benehme sich wie Derschawin: bald brülle er, daß er ein Kaiser sei, dann verfalle er in tiefste Klagen und fühle sich wie ein Wurm. In einem seiner Briefe erklärte sich Rudakow zum Erben Mandelstams: Mandelstam habe zu ihm gesagt: »Sie sind mein Erbe, machen Sie mit meinen Gedichten, was Sie für notwendig halten.« Ich zitiere diese Briefe aus dem Gedächtnis, die Kopien hat Chardschijew. Als wir sie durchlasen, begriffen wir, daß das Verschwinden des Archivs kein Zufall war – Rudakow hatte sich das so ausgedacht, und seine Witwe vollstreckte nur seinen Willen. Der Verkauf der Originalmanuskripte, der sehr viel einbringt, war nicht nur als reiner Handel zu betrachten, sondern erwies sich als das Ergebnis von Rudakows Wahnvorstellungen. Es ist schwer zu sagen, wie alles sich entwickelt hätte, wenn ich gestorben wäre. Vielleicht hätte Rudakow alle Werke O. M.s als seine eigenen ausgegeben. Obwohl das nicht leicht gewesen wäre, da die meisten Gedichte sich in Kopien bereits im Umlauf befanden. Als Sewa Bagrizkij einen solchen Versuch unternahm, endete er mit einem

Skandal; seine Mutter hatte den ›Stieglitz‹ herausgegeben und Sewa zugeschrieben. Weitaus schlimmer wäre es gekommen, wenn ich seinerzeit auf Rudakow gehört und ihm ausnahmslos alle Papiere von O. M. gegeben hätte; er ließ mich von Emma Gerstein, mit der er befreundet war, in diesem Sinn bearbeiten. Seine Begründung war, alle Papiere sollten an einem Platz aufbewahrt sein. Aber Chardschijew und ich diskutierten das und beschlossen, es sei besser, sie zu verteilen, wenn sie an einem Ort verlorengingen, sollten Kopien an einem anderen die Zeit überstehen. Durch Rudakow gingen viele Gedichte verloren, beinahe alle Woronescher Urschriften und viele Originalmanuskripte von ›Tristia‹. Wahrscheinlich erahnte O. M. das Schicksal seines Archivs, als er im ›Gespräch über Dante‹ schrieb: »Ob Urfassungen erhalten bleiben, ist ein Gesetz der Energetik des Werkes. Um dieses Ziel zu erreichen, muß man die Winde berücksichtigen, die in anderer Richtung wehen.«

Wie seine Ziele auch gewesen sein mögen, so beschuldige ich bei der ganzen Rudakow-Affäre nicht ihn, sondern jene, »die uns ein solch glückliches Leben beschert haben«. Hätten wir wie Menschen und nicht wie gejagte Tiere gelebt, so wäre Rudakow einer derer gewesen, die bei uns im Haus ein und aus gingen, und es wäre ihm dann kaum in den Sinn gekommen, Mandelstams Archiv zu rauben und sich zu seinem Erben zu erklären. Sicher hätte dann auch seine Witwe keinen Handel mit Gumiljows Briefen an die Achmatowa getrieben.

Rudakow war eine der Hauptfiguren in der Geschichte des Archivs, aber außer ihm gab es auch noch viele positive und negative Momente, Episoden, die Stoff für einen Film abgegeben hätten: zum Beispiel wie Natascha, als die Deutschen vorrückten und Woronesch bereits brannte, O. M.s Briefe an mich in einer Blechdose unter Teeblättern versteckte und mit sich aus der Stadt nahm. Und dann war da noch Nina, die Kopien von O. M.s Gedichten an dem Tage vernichtete, als sie die erneute Verhaftung ihrer Schwiegermutter erwartete, und ihr Freund Edik, der sich brüstete, die Blätter, die ich ihm zur Aufbewahrung gegeben hatte, gut gehütet zu haben, obwohl er eigentlich zur Prahlerei keinen Grund hatte, denn er lebte bei seinem Schwiegervater, dem Taschkenter Selbstmörder, von dem ich schon berichtete.

Ich verteilte Kopien und hoffte, daß manche von ihnen erhalten bleiben würden. Die einzige Hilfe war mein Bruder, wir waren beide darauf bedacht, den wesentlichen Bestand immer wieder an einen anderen Ort zu verlagern. Ich behielt bei mir im Koffer einen Packen Prosamanuskripte, den ich unter meinen sprachwissenschaftlichen Papieren, die ich zur Dissertation brauchte, versteckte. Ich hoffte, damit eventuell ungebildete Spitzel irrezuleiten. Manchmal verschwanden

Papiere bei mir, und auch jetzt kommt das noch vor, obwohl wahrscheinlich aus einem anderen Grund. Ich kann mich nicht an alle Papiere erinnern, es fiel mir aber auf, daß vor kurzem bei mir ein ganzer Hefter mit der Aufschrift »Material zur Biographie« verschwand. Kopien von ihm sind erhalten, wohin aber die Originale gekommen sind, verstehe ich nicht. Ich erwähnte schon einmal eine Ausgabe des ›Stein‹, die ursprünglich Kablukow gehörte. Wegen der von Kablukow eingetragenen Varianten und vier losen Seiten, die O. M. selbst geschrieben hatte, kaufte ich dieses Exemplar für zweihundert Rubel; zwei von den Urfassungen sind verschwunden. Außerdem verschwand auch ein Brief von Pasternak an mich, in dem er schrieb, daß ihn in der zeitgenössischen sowjetischen Literatur – das war kurz nach dem Krieg – nur Simonow und Twardowskij interessierten, denn er wolle den Mechanismus des Ruhms studieren. Ich nehme an, daß sowohl dieser Brief wie auch die Urfassungen ganz einfach von Liebhabern entwendet worden sind und sicher nicht verlorengehen. Es mag sein, wie es will, ich jedenfalls behalte nach diesen Verlusten nichts mehr zu Hause, wenn das, wo ich wohne, so bezeichnet werden kann! – und wieder quält mich die Sorge, wo wird es erhalten bleiben, wo wird es verlorengehen?

Trotz allem konnte ich größere Verluste vermeiden und habe alles, was mir möglich war, für eine Publikation bewahrt. Eine Veröffentlichung ist freilich noch nicht in Aussicht. Eine Art, O. M.s Werke zu bewahren, mußte ich mit zunehmendem Alter aufgeben: bis 1956 konnte ich alles auswendig – sowohl Prosa wie Gedichte. Um nichts zu vergessen, mußte ich jeden Tag gewisse Stellen in meinem Gedächtnis festigen. Ich tat es, solange ich noch eine gewisse Lebenserwartung hatte. Jetzt ist es dazu zu spät.

Es gibt viele Frauen, die wie ich jahrelang in schlaflosen Nächten die Worte ihrer toten Männer immer und immer wiederholt haben. Ich möchte hier von einer Frau erzählen, deren Namen ich, da sie noch lebt, nicht nennen kann. 1937 erschienen in allen Zeitungen täglich Artikel gegen ihren Mann, der ein bekannter Würdenträger war. Er wartete auf seine Verhaftung und saß bei sich zu Hause, wagte nicht auszugehen, denn das Haus war von Spitzeln umstellt. In den Nächten verfaßte er eine Botschaft an das Zentralkomitee, und seine Frau lernte sie stückweise, wie sie entstand, auswendig. Er wurde erschossen, und sie hielt man gute zwanzig Jahre in Lagern und Gefängnissen. Als sie entlassen war, schrieb sie die Botschaft ihres Mannes nieder und lieferte sie beim Zentralkomitee ab. Dort verschwand sie, ich hoffe, nicht für immer.

Und nun zur Stimme. Aufnahmen von O. M.s Stimme gibt es nicht mehr. Sergej Ignatjewitsch Bernsteins Phonothek ist vernichtet worden, als man ihn wegen Formalismus vom Subow-Institut verjagte. Dort gab es Tonaufnahmen von Gumiljow und Mandelstam, aber damals zerstreute man die Asche derer, die umgekommen waren, in alle Winde. Fotografien gibt es noch einige wenige – ich versuchte sie auf die gleiche Weise wie die Manuskripte zu erhalten, die Tonaufnahmen aber waren für mich unerreichbar. Ich erinnere mich gut an O. M.s Art zu lesen und an seine Stimme, aber sie ist unwiederholbar und klingt nur noch in meinen Ohren. Wenn sie ertönte, würde es klar, was er »verstehende Darstellung« oder »dirigieren« nannte. Durch phonetische oder Intonierungszeichen kann nur ein grobes Schema der Pausen, des Anhebens und Absinkens der Stimme wiedergegeben werden. Unberücksichtigt bleiben Vokallängen, Obertöne und das Timbre seiner Stimme. Aber welches Gedächtnis kann alle Nuancen einer Stimme behalten, die schon vor einem halben Jahrhundert verstummte!

Allerdings ist etwas von seiner Stimme im Aufbau seiner Gedichte erhalten geblieben, und jetzt, wo die Zeit des Schweigens zu Ende ist, haben Tausende von Jungen den Klang seiner Gedichte eingefangen und die Tonalität gehört, und unwillkürlich wiederholen sie die Intonation des Autors. Nichts kann auf ewig in alle Winde zerstreut werden.

Glücklicherweise haben sich dieser Gedichte die Schauspieler, Sprecher und Schullehrer noch nicht bemächtigt. Einmal hörte ich eine Sprecherin von Radio ›Liberty‹* mit schamloser Stimme ›Ich trinke auf die Kriegsastern‹ vortragen. Dieses kleine Scherzgedicht wurde bei uns von Leuten wie Nikulin benützt, um billige politische Anschuldigungen gegen O. M. zu verbreiten, und jetzt nützte es eine ausländische Sprecherin und las es mit derselben, unverschämten »ausdrucksvollen« Intonation, die sie von unseren Sprecherinnen übernommen hatte. Angewidert und traurig stellte ich das Radio ab.

* Emigrantensender in München.

Achtundfünfzigstes Kapitel

Altes und Neues

An einem der ersten Tage nach unserer Rückkehr aus Woronesch fuhr uns Valentin Katajew in seinem neuen, aus Amerika mitgebrachten Wagen durch Moskau. Begeistert sah er O. M. an und sagte: »Ich weiß, was Ihnen fehlt, ein befohlener Aufenthaltsort.« Am Abend nahm er uns mit in das neue »Haus der Schriftsteller«, das mit seinem prächtigen Treppenaufgang aus Labrador-Marmor die Vorstellungskraft der Schriftsteller, die noch unter dem Eindruck des Elends der Revolutions- und Kriegsjahre standen, stark beeindruckte. Auch in Katajews Wohnung war alles neu – eine neue Frau, ein neues Kind, neues Geld, neue Möbel. Blinzelnd sagte Katajew: »Ich liebe das Moderne.« Und einen Stock tiefer begeisterte sich Fedin an Möbelgarnituren aus Mahagoni. Das Geld hatte die Schriftsteller um den Verstand gebracht, denn es war nicht nur neu, sondern auch neu für sie. Als Katajew in das Haus eingezogen war, ging er drei Stockwerke höher, um zu sehen, wie sich Schklowskij in der neuen Wohnung eingerichtet hatte. In diesem Haus entsprachen die Stockwerke dem Rang der Schriftsteller. Wischnewskij zum Beispiel bestand darauf, daß man ihm die Wohnung Ehrenburgs, der gerade abwesend war, gab – er meinte, bei seiner Stellung innerhalb des Schriftstellerverbandes sei es unmöglich, bis unter das Dach hinaufzukriechen. Als offizielle Begründung gab Wischnewskij an, er leide an Höhenkrankheit.

Nachdem er Schklowskijs Wohnung besichtigt hatte, fragte Katajew ganz erstaunt: »Und wohin hängen Sie Ihre Anzüge?« Schklowskij hatte noch seine alte Frau, die alten kleinen Kinder und eine, im besten Fall zwei Hosen. Aber er hatte schon den ersten Anzug seines Lebens bestellt. Es war einfach nicht mehr angebracht, zerlumpt herumzulaufen, man mußte schon einen herrenhaften Eindruck machen, wenn man Redaktionen oder ein Filmatelier aufsuchen wollte. Die Komsomolzenjacken und -blusen der zwanziger Jahre waren endgültig aus der Mode gekommen – »alles muß aussehen wie früher«. Zu Kriegsende versprach man Lehrern, die es fertigbrachten, sich gut anzuziehen, sogar eine Prämie.

Katajew bewirtete uns mit spanischem Wein und frischen Orangen, die es seit der Revolution das erste Mal wieder zu kaufen gab. Alles »wie früher«, sogar die Apfelsinen! Aber unsere Eltern hatten keine elektrischen Kühlschränke, sie bewahrten die Lebensmittel in Eisschränken, die jeden Morgen mit Stangeneis frisch gefüllt wurden. Katajew war der erste Schriftsteller, der einen Kühlschrank besaß, er hatte ihn aus Amerika mitgebracht; in unserem Wein schwammen kleine Eisstücke, die neueste Errungenschaft der Technik, der letzte Komfort. Es kam Nikulin mit seiner neuen Frau, die soeben erst Zwillinge zur Welt gebracht hatte. Katajew drückte sein Erstaunen darüber aus, daß solche schamlosen Menschen auch Kinder bekamen. Ich erinnerte mich an einen früheren Ausspruch Nikulins, den ich nicht mehr lustig fand: »Wir sind keine Dostojewskijs, wir brauchen nur Geld.« Nikulin trank spanischen Wein und sprach über spanische Dialekte. Erst vor kurzem war er in Spanien gewesen, um einen Blick auf die spanische Revolution zu werfen.

Als wir Moskau verlassen hatten, waren die Schriftsteller noch keine privilegierte Kaste, doch jetzt hatten sie Wurzeln geschlagen und überlegten, wie sie ihre Privilegien halten könnten. Katajew legte uns seinen Plan dar: »Heute muß man wie Walter Scott schreiben.« Das war nicht gerade leicht, es erforderte harte Arbeit und Talent.

Die Einwohner des neuen Hauses mit dem Aufgang aus Labrador-Marmor hatten die Bedeutung des Jahres 1937 besser erfaßt, denn sie sahen die beiden Seiten des Prozesses. Das, was vor sich ging, glich dem Jüngsten Gericht: während auf den einen die Teufel herumtrampelten, wurden zu Ehren der anderen Lobgesänge angestimmt. Wer das himmlische Manna genoß, wollte nicht in die Hölle hinabgestoßen werden. Ja, und wer wollte das überhaupt? Deshalb wurde auf Familientreffen und freundschaftlichen Zusammenkünften beschlossen, sich dem Jahr 1937 anzupassen. »Valja ist Stalin ergeben«, sagte Katajews neue Frau Esther, die von ihrem Elternhaus her wußte, was es hieß, eine Ausgestoßene zu sein. Und auch Katajew, durch frühere Erfahrungen klug geworden, sagte schon lange und immer wieder: »Ich will keine Unannehmlichkeiten... Nur die Obrigkeit nicht erzürnen.«

»Wer erinnert sich jetzt noch an Mandelstam?« sagte Katajew bekümmert zu uns. »Nur Schenja Petrow und ich erwähnen ihn im Gespräch mit Jungen, das ist alles.« O. M. nahm das nicht übel, denn es war ja die volle Wahrheit. Mit Ausnahme dessen, daß die Brüder Katajew es nicht wagten, seinen Namen in Gesprächen mit Außenstehenden zu erwähnen. Ein neues Moskau baute sich auf, brachte es zu Erfolg, errang Rekorde, eröffnete die ersten Bankkonten, kaufte Möbel und schrieb Romane. Alle waren potentielle Anwärter auf leitende Stellen, denn jeden Tag wurde einer aus dem Leben ausgeschlossen, und ein anderer rückte auf seinen Platz vor. Natürlich war auch jeder ein Anwärter auf den Tod. Aber tagsüber dachten sie nicht daran – für solche Ängste war die Nacht lang genug. Wer ausgeschieden war, wurde auch sofort vergessen, und vor ihren Frauen, wenn es ihnen gelang, einen Teil des früheren gemeinsamen Wohnraumes zu behalten, verschlossen sich mit einem Schlag alle Türen derer, die im Wohlstand lebten. Wirklich überlebten nur wenige Frauen die Haftzeit ihrer Männer: 1937 begann man ganze Familien auszurotten.

O. M. hatte ein gutes Verhältnis zu Katajew. Er sagte: »Er hat den Charme eines Banditen.« Katajew hatten wir 1922 in Charkow kennengelernt. Damals sah er wirklich wie ein echter Vagabund aus, mit klugen, lebhaften Augen, er hatte schon ernsthafte Schwierigkeiten hinter sich, und es war ihm gelungen, sich herauszuwinden. Von Charkow aus fuhr er nach Moskau, um es im Sturm zu erobern. In Moskau kam er dann zu uns immer mit Witzen aus der Mylnikow-Gasse, dem früheren Zigeunerviertel in Odessa. Viele dieser Späße lasen wir später in den ›Zwölf Stühlen‹. Valentin hatte sie an seinen jüngeren Bruder weitergegeben, er war aus Odessa nach Moskau gekommen, um bei der Kriminalpolizei zu arbeiten, war aber auf Rat seines älteren Bruders Schriftsteller geworden.

Ende der zwanziger Jahre stellte sich nach den ersten Erfolgen bei allen Prosaikern meiner Jugend, außer Tynjanow und Soschtschenko, etwas unsauber Belletristisches, Miserables ein. In Katajews Fall nahm es durch sein Talent und seinen Zynismus besonders krasse Formen an. Ende der zwanziger Jahre fuhren wir einmal mit Katajew in einem Taxi. Wir hatten uns eine Ewigkeit nicht gesehen, da wir längere Zeit in Leningrad und dann auf der Krim gelebt hatten. Das Zusammensein nach der langen Trennung war sehr freundschaftlich, und Katajew erbot sich, uns irgendwohin zu begleiten. Er saß auf dem Notsitz und sprach ununterbrochen. Niemals zuvor hatte ich solche Reden gehört. Er warf O. M. vor, daß er zu wenig produziere und publiziere: »Wenn Sie sterben, wo sind dann die gesammelten Werke? Wieviel Seiten werden sie haben? Es ist nicht einmal genug vorhanden, um es einbinden zu lassen! Jeder Schriftsteller sollte wenigstens zwölf Bände mit Goldaufdruck haben!« Bei Katajew kam alles »Neue« aufs alte heraus: was er schrieb, war wie die Beilage zur ›Niwa‹*. Seine Frau ging Besorgungen machen, und er, der Familienernährer, war ein perfekter Despot, der mit dem Fuß aufstampfte, wenn die Köchin das Fleisch anbrennen ließ. Als Junge hatte er tödliche Ängste durchgestanden und Hunger gelitten, und jetzt wünschte er Frieden und Sicherheit, Geld, Frauen und das Ver-

* Vorrevolutionäre Zeitschrift, ähnlich der ›Gartenlaube‹.

trauen der Obrigkeit. Lange wußte ich nicht, wo bei ihm der Spaß endete und wo die Farce begann. »Sie sind alle gleich«, sagte O. M., »nur dieser hier ist klug.«

Während des Krieges, als ich nach Taschkent evakuiert war, traf ich Katajew wieder. Er freute sich, weil er bei einer Reise nach Aralsk ein Kamel gesehen hatte, das ihn an Mandelstam erinnerte: »Wie es seinen Kopf hielt – ganz wie Ossip Emiljewitsch.« Dieser Anblick hatte Katajew wieder jung werden lassen und inspirierte ihn zu einem Gedicht. Hier liegt der Unterschied zwischen Katajew und all den anderen Schriftstellern: ihnen kamen niemals unsinnige Assoziationen. Fedin zum Beispiel wäre die Verbindung von einem Kamel zu einem Gedicht undenkbar gewesen. Von allen Schriftstellern, die dazu ausersehen waren, im Wohlstand zu leben, verlor wahrscheinlich Katajew als einziger nicht seine Liebe zu Gedichten und sein Gefühl für Literatur. Sonst wäre wohl kaum O. M. mit ihm in Moskau herumgefahren und hätte kaum noch im Juni 1937 spanischen Wein mit ihm getrunken. Als uns Katajew danach auf den Flur hinausbegleitete, sagte er: »Ossip Emiljewitsch, vielleicht werden Sie jetzt endlich vernünftig. Es wäre an der Zeit.«

Als nach dem XX. Parteitag viele »rehabilitiert« wurden, wollte Katajew unbedingt einige von O. M.s Gedichten in der Zeitschrift ›Junost‹ veröffentlichen, aber er fürchtete, den Zorn der Obrigkeit auf sich zu lenken. Die anderen dachten nicht einmal daran.

Was wäre wohl aus Katajew geworden, wenn er nicht »wie Walter Scott« hätte schreiben müssen? Er ist ein so begabter Mensch, scharfsinnig und witzig, er gehört zu dem aufgeklärtesten Flügel der heute in hohen Auflagen erscheinenden sowjetischen Schriftsteller.

In jenem Sommer wollten wir wirklich nichts weiter als »vernünftig« sein. Wir schmiedeten Zukunftspläne: schön wäre es, die Wohnung wechseln zu können, um nicht mehr ohne Lift im vierten Stockwerk zu wohnen. Die Veränderung würde nicht eilen, wenn erst einmal Stawskij sein Versprechen einlöste und Kostyrew in eine andere Wohnung einwies.

O. M. hatte einen heftigen Streit mit meinem Bruder Jewgenij Jakowlewitsch über eine Frage, die uns allen sehr aktuell erschien: ob er Übersetzungen übernehmen sollte. Jewgenij meinte, es sei in der ersten Zeit unbedingt notwendig, und »wenn es Ihnen zuwider ist, so kann ja Nadja übersetzen«. O. M. beteuerte, daß ihm diese Tätigkeit unerträglich sei und er auch nicht ruhig zusehen könne, wenn »Nadenka übersetzt«. Luppol, der Chefredakteur vom »Staatsverlag« entschied die Diskussion. Er sagte, solange er am Redaktionstisch sitze, werde Mandelstam weder eine Zeile zum Übersetzen noch irgendeine Arbeit erhalten. Bald wurde Luppol verhaftet und kam um; an seinem Tisch saß dann ein anderer, aber das änderte nichts: die Menschen gehen, aber die »prinzipiellen Beschlüsse« bleiben wirksam, sie überdauern die Menschen. »Die prinzipielle Entscheidung« ist eine Wand, die man selbst heute noch nicht durchbrechen kann.

Auch Luppols Antwort ernüchterte uns nicht – nach wie vor hofften wir, daß sich alles geben werde. Narbut war verschwunden. Margulis war verschwunden. Klytschkow war verschwunden. Viele waren verschwunden. O. M. wiederholte immer wieder leise Gumiljows Zeile: »Leid, Leid, Furcht, Schlinge und Grube.« Aber dann freute er sich wieder seines Lebens und beruhigte mich, alles würde sich geben. »Warum klagst du?« sagte er. »Lebe, solange du kannst, und dann wird man sehen. So geht es jedenfalls nicht weiter!« Lange Jahre war diese Ansicht die einzige Quelle für unseren Optimismus. Diese Einstellung kannte schon Lew Tolstoj. Er läßt Besuchow diese Worte sagen und meint danach verachtungsvoll, daß »sie« sich immer so trösten.

»Ein zusätzlicher Tag« wurde zu mehr als einer Woche.

Anna Andrejewna las die Bibel und fand heraus, daß »Leid, Leid, Furcht, Schlinge und Grube« nahezu wörtlich aus dem prophetischen Buch Jesaia übernommen sind, dort heißt es: »Darum kommt über Euch, Bewohner der Erde, Schrecken, Grube und Strick.« (24, 17)

Neunundfünfzigstes Kapitel

Die Miliz währt ewiglich

»Müssen auch Feuerwehrleute sterben?« fragte Tatka, O. M.s Nichte. »Müssen auch die Reichen sterben?« wandelte O. M. diese Frage ab, als ihm in Woronesch aufgegangen war, daß Geld und Wohlbefinden die Lebenserwartung erhöhten. »Muß man sich denn auch in Moskau polizeilich melden?« fragte O. M., als ich ihn daran erinnerte, daß es höchste Zeit sei, sich anzumelden. Gerade zu dieser Zeit kam Kostyrew auf ein bis zwei Tage, und O. M. war sich darüber im klaren, daß die Angelegenheit nun nicht länger hinausgeschoben werden könne. Er ging zur Hausverwaltung hinunter und war auch gleich wieder zurück: »Deinen Paß«, sagte er. »Wozu brauchst du meinen Paß?« Wie sich herausstellte, hatte Kostyrew, nachdem ich im Mai nach Woronesch abgereist war, gründlich Ordnung gemacht und für mich einen schönen Empfang vorbereitet: er hatte mich abgemeldet. Bis dahin galt ich als in Moskau wohnhaft und war in Woronesch nur »zu Besuch«. Die Hausverwaltung wußte nicht einmal, daß ich in Woronesch meinen Paß hatte verlängern lassen. Irgendwie war mir das gelungen. Kostyrew hat es geschafft, anstelle der befristeten eine unbefristete Aufenthaltsgenehmigung zu erhalten – und noch dazu vor Ablauf der vorgeschriebenen Wartezeit. »Wir wurden angewiesen«, sagte der Hausverwalter, »in Kostyrews Fall eine Ausnahme zu machen.« Unsere Wohnung war eine Genossenschaftswohnung, und wir hatten sehr viel Geld für sie bezahlt. Nach dem Gesetz waren wir die Eigentümer dieser Wohnung, und es konnte ohne unsere Zustimmung niemand eingewiesen werden. Gerade mit diesen Genossenschaftswohnungen gab es viele Scherereien: die Familien der aus Moskau Verbannten versuchten darin wohnen zu bleiben, widersetzten sich aber einer Einquartierung neuer Mieter. Deshalb war ein neues Gesetz in Vorbereitung, das alle Rechte der Bauherren von Genossenschaftswohnungen abschaffen wollte. Das Gesetz war noch nicht erlassen, aber man sprach bereits an höchster Stelle davon. Erst gegen Ende 1938 wurde es verabschiedet, aber bei uns haben selbst noch nicht erlassene Gesetze bereits rückwirkende Kraft. Übrigens, was nützen Gesetze! Kostyrews Einweisung in unsere Wohnung machte uns deutlich, daß die Behörden ihm behilflich waren, von unserer Wohnung Besitz zu ergreifen, und das war ein schlechtes Omen. Aus irgendeinem Grunde nahm sich O. M. diesen Vorfall gar nicht zu Herzen, er war inzwischen Fatalist sowjetischer Prägung: »Wenn die dort oben wollen, geht alles. Wenn sie nicht wollen, dann steht man machtlos da!« Sein Fatalismus steckte mich an. Damals prägte er den Ausspruch: »Wenn ich nach Moskau zurückdarf, dann wirst auch du nach Moskau zurückkehren. Man wird dir nicht erlauben, allein zurückzukommen.« Jetzt, ein Vierteljahrhundert nach O. M.s Tod darf ich zwar wieder in Moskau wohnen, aber O. M. lassen sie immer noch nicht herein, wenn man von der Veröffentlichung einiger seiner Gedichte in der Zeitschriftt ›Moskwa‹ absieht.

Kostyrew ist nur ein winziges Rad in einem komplizierten Getriebe. Er ist ein Mensch ohne Gesicht, einer von denen, die man auf der Straße oder im Omnibus nicht wiedererkennt, dessen Gesicht uns jedoch in vielen Menschen begegnet. Er hätte in jeder historischen Situation einen erbsengrünen Mantel getragen*. Aber unsere Zeit begünstigte geradezu diesen Menschenschlag, und er hatte es bis zum Schriftsteller und gleichzeitig zum General gebracht. Nachdem er sich in O. M.s Zimmer eingenistet hatte, hämmerte er ununterbrochen auf der Schreibmaschine seine Erzählungen über den Fernen Osten und tippte einige von O. M.s Gedichten ab. Einmal, als er seine ›Fragmente der runden Buchten‹ tippte, sagte er zu mir: »Ossip Emiljewitsch liebt die Krim nur deshalb, weil er noch nie im Fernen Osten war.« Seiner Meinung nach sollte jeder Schriftsteller eine gewisse Zeit im Fernen Osten verbringen. Er sagte das zu einer Zeit, als sich die Gefangenentransporte in Wladiwostok bis nach Wtoraja Retschka hinzogen, als Kolyma langsam in ein unübersehbar großes Gefangenenlager verwandelt wurde – und wir alle wußten das. Ein Mensch, auf den die Geheimpolizei einen so wichtigen Mann wie Kostyrew ansetzte, hatte die besten Chancen, in den Fernen Osten zu kommen. Im Augenblick aber ging es noch nicht um Kolyma, sondern um unsere Aufenthaltsgenehmigung für Moskau.

Das Polizeirevier lehnte unseren Antrag ungewöhnlich schnell ab und verwies uns an das Zentralrevier in der Petrowka-Straße. »Wenn man unseren Antrag ablehnt«, sagte O. M., »fahren wir zurück nach Woronesch.« Wir riefen sogar unsere frühere Wirtin an und baten sie, uns für alle Fälle ein Zimmer freizuhalten. In der Petrowka-Straße händigte man uns den abschlägigen Bescheid aus und erklärte, weshalb O. M. keine Aufenthaltsgenehmigung für Moskau bekommen könne: weil er vorbestraft sei. Dieser rein sowjetische Begriff der »Vorstrafe«,

* Solche Mäntel trugen die Polizeispitzel im zaristischen Rußland.

die es jetzt, wenn das Urteil fünf Jahre nicht übersteigt, nicht mehr gibt, darf nicht mit der Aberkennung der bürgerlichen Ehrenrechte aufgrund eines Urteils verwechselt werden. Eine Vorstrafe ist ein Brandmal für das ganze Leben, und das nicht nur für den Verurteilten, sondern auch für alle Familienmitglieder. Ich habe Dutzende von Fragebogen ausfüllen und die Frage beantworten müssen, ob ich oder meine nächsten Angehörigen vorbestraft seien. Um die »Vorstrafe« von Verwandten zu verheimlichen, logen sich viele einen Lebenslauf zusammen. Die Frage, ob man angibt, daß der Vater im Gefängnis oder Lager umgekommen ist oder nicht, war eines der wichtigsten Gesprächsthemen zu Hause, wenn die durch Zufall davongekommenen Kinder die Schule beendet hatten. Einige Jahre lebe ich nun schon ohne dieses Brandmal der Vorstrafe, aber in literarischer Hinsicht bin ich immer noch gebrandmarkt.

In der Petrowka-Straße erfuhren wir zum erstenmal, welche Folgen eine Vorstrafe nach sich zieht. »Wo gehen Sie jetzt hin?« fragte der Milizionär, der O. M. den abschlägigen Bescheid überreichte: Er mußte »in der Akte« vermerken, wohin wir uns begaben. »Zurück nach Woronesch«, sagte O. M. »Fahren Sie nur hin«, sagte der Milizionär und fügte gleich noch hinzu: »Aber dort werden Sie auch keine Aufenthaltsgenehmigung bekommen.« Wir stellten fest, daß das Urteil zwar auf »minus zwölf« lautete, das heißt, daß O. M. ein Aufenthaltsverbot für zwölf Städte erhalten, man aber jetzt nach Verbüßung der drei Jahre das Verbot auf mehr als siebzig Städte – und zudem noch auf Lebenszeit – ausgedehnt hatte.

»Und wenn ich trotzdem in Woronesch bleibe?« fragte O. M. Der Milizionär erklärte darauf, daß »wir mit unserer Arbeit nicht nachkommen« und O. M. deshalb vergessen werden könnte, allerdings nur für eine kurze Zeit, dann würde er aber aus der verbotenen Stadt ausgewiesen werden. Das alles überraschte uns nicht mehr. Wir hatten uns damit abgefunden, daß die Aufenthaltsgenehmigung ein so großes Hindernis ist, daß kein normaler Sterblicher es nehmen kann. Niemand – außer den Arbeitsverpflichteten – darf sich an einem Ort anmelden; außerdem braucht man für die Anmeldung einen Paß, den unwahrscheinlich viele Menschen nicht besitzen, das heißt, sie können ihren Ort überhaupt nicht verlassen. Viele von uns wissen heute noch nicht, daß ein Paß in unserem Land ein großes Privileg ist. 1937 war uns dieser »Fortschritt«, wie es O. M. nannte, jedoch neu.

Als ich nach Hause kam, sagte O. M. zu mir: »Warum versuchst du nicht, ohne mich eine Aufenthaltsgenehmigung zu bekommen? Du bist doch nicht vorbestraft.«

Es war dies das erste und einzige Mal, daß er vorschlug, mein Schicksal von dem seinen zu trennen. Ich beschloß, mein Glück zu versuchen:

es war ebenfalls das erste und einzige Mal, daß ich unsere Wohnung retten wollte.

An den Tischen im großen Saal saßen die höchsten Milizionäre der Stadt. Als sie meinen Antrag abgelehnt hatten, wollte ich den Grund erfahren. »Sie sind vorbestraft«, sagte ein Milizbeamter. »Ich bin nicht vorbestraft«, entgegnete ich empört. »Wieso denn nicht?« fragte der Milizionär und kramte in den Akten. »Hier haben wir es, Ossip Mandelstam – vorbestraft.« »Ossip, das ist doch ein Mann«, beharrte ich, »und ich bin eine Frau – Nadeschda.« Der Beamte pflichtete mir bei: »In der Tat«, sagte er, dann wurde er plötzlich wütend: »Er ist immerhin Ihr Ehemann, oder nicht?«

Der Milizionär stand auf und schlug mit der Hand auf den Tisch: »Vom Artikel 58 haben Sie wohl noch nie etwas gehört?« Er schrie noch irgend etwas, aber ich lief aus lauter Angst davon, obwohl ich wußte, daß seine Wut nur gestellt war, daß er auf Befehl »von oben« meinen Antrag hatte ablehnen müssen und daß er auf meine Fragen keine Antwort wußte. Wir alle haben immer nur Befehle ausgeführt, und wenn uns einer widersprach, dann schrien wir ihn einfach an. Manche hatten dabei Glück, und die Befehle, die sie ausführten, waren durchaus harmlos, zum Beispiel Verweigerung eines amtsärztlichen Attestes, Entzug des Stipendiums für einen Studenten oder Kommandierung eines Hochschulabsolventen an einen ihm nicht genehmen Ort. Andere mußten auf Befehl »von oben« mit voller Wucht zuschlagen, ausweisen, verhaften. Es war nur eine Frage des Berufs, welchen Befehl der Betreffende auszuführen hatte. Ich wäre nicht so entsetzt gewesen, wenn irgendein schlechtgelaunter Milizionär mich angeschrien hätte, aber ich wußte, daß er das Sprachrohr des Staates war. Seither kann ich nie mehr ein Milizrevier betreten, ohne zu zittern, und das um so mehr, als die Schwierigkeiten mit den Behörden nach wie vor bestehen und ich nie dort leben kann, wo ich als vollberechtigte Bürgerin gelte. Von Mandelstam erbte ich die Obdachlosigkeit und das Unvermögen, irgendwo Wurzeln zu schlagen. Gerade deshalb hat man wohl vergessen, mich auszurotten.

Mandelstam wartete draußen auf mich. Wir mußten beide an Gumiljows Parodie auf das Gedicht über Venedig denken: »Der Mensch wird geboren und stirbt. Die Miliz jedoch währt ewiglich.« Wir gingen nach Hause, in die Wohnung, die nicht mehr unser Zuhause war.

Sechzigstes Kapitel

Der Zufall

O. M.s Schicksal und das meine waren eng miteinander verknüpft. Aber gerade die Tatsache, daß wir einander verbunden blieben, bewirkte bei mir eine Trennung zwischen mir als Privatperson und mir als Frau von O. M.: Während ich obdachlos von Ort zu Ort zog und unter fremden Menschen lebte, war meine Bindung an O. M. nicht so auffällig, als wenn ich im Schriftstellerhaus oder überhaupt in Moskau geblieben wäre. Wohin ich auch ging, folgte mir mein Dossier, meine »Akte«, nach, aber da für mich weiterhin die Moskauer Behörden zuständig waren, bedeuteten Denunziationen in der Provinz keine ernsthafte Gefahr für mein Leben. In gewisser Hinsicht verdanke ich es Kostyrew, der mich aus meiner Wohnung verjagt, und dem Milizbeamten, der mich angeschrien hatte, daß ich mit dem Leben davonkam. Wäre ich in der Furmanow-Gasse geblieben, so hätten mich bestimmt die Schriftsteller entweder aus Gier nach der Wohnung oder aus »Staatsraison« den Behörden in Erinnerung gebracht.

Mich rettete ein Zufall. Unser Schicksal wurde allzu häufig von Zufällen entschieden; meist waren sie verhängnisvoll, und Zufall bedeutete häufig Tod. Ich habe von vielen solchen Zufällen gehört, als ich stundenlang Schlange stand, um O. M. Geld zu schicken oder eine Auskunft von der Staatsanwaltschaft zu erhalten. Nie werde ich die Frau vergessen, deren Sohn zufällig anstatt des gleichnamigen Nachbarn, der gerade nicht zu Hause war, verhaftet wurde. Der Frau gelang es, bei irgendeiner Stelle vorzusprechen und zu beweisen, daß im Haftbefehl, mit dem man ihren Sohn abgeholt hatte, der Vorname und Vatersname seines Nachbarn aufgeführt waren. Sie mußte Berge versetzen, um nur das zu erreichen. Die Freilassung ihres Sohnes war bereits angeordnet, als sich herausstellte, daß er nicht mehr am Leben war. Er starb durch einen seltsamen Zufall, während sein Nachbar durch Zufall am Leben blieb und sich versteckt halten konnte.

Als sie den Tod ihres zufällig verhafteten Sohnes erfuhr, weinte und jammerte die Frau in der Staatsanwaltschaft. Der Staatsanwalt kam hinter der Absperrung hervor und schrie die Frau mit der gleichen gestellten Wut an wie mich seinerzeit der Milizbeamte. Sein Schreien verfolgte einen erzieherischen Zweck: Ist es denn möglich, seine verantwortungsvollen Aufgaben als Staatsanwalt zu erfüllen, wenn man keine Ruhe hat? Zu den Pflichten eines Staatsanwaltes gehöre es, Auskunft zu geben, dem einen zu sagen, das Urteil laute auf zehn Jahre, dem anderen, auf zehn Jahre ohne Recht auf Korrespondenz. Auskünfte über Todesfälle wurden hier nicht erteilt. Diese Frau muß eine ungewöhnliche Ausdauer gehabt haben, wenn es ihr gelang, Auskunft über das Schicksal ihres Sohnes zu erhalten. Solche Dinge erfuhr man meist nur zufällig oder nie. Was es hieß, als Häftling »ohne Recht auf Korrespondenz« geführt zu werden, wußten wir damals noch nicht.

Um den schreienden Staatsanwalt und die weinende Frau scharten sich sogleich die Menschen, die Schlange standen. Auch sie mißbilligten das Verhalten der Frau. »Weinen nützt nichts«, bemerkte eine vielgeplagte Frau, die sich ebenfalls nach dem Schicksal ihres Sohnes erkundigte, »davon wird er nicht wieder lebendig. Das hält uns nur auf.« Die Ruhestörerin wurde hinausgeführt, die Ordnung war wiederhergestellt. Der sowjetische Mensch benimmt sich bei Behörden oder in Amtsräumen – wie man früher sagte – ehrfurchtsvoll. Wenn der Sohn zu Hause gestorben wäre, hätte niemand etwas dabei gefunden, wenn die Mutter laut geschrien oder geweint hätte; die innere Disziplin gestattete es jedoch nicht, sich in Amtsräumen laut zu benehmen. Wir alle zeichnen uns durch eine erstaunliche Selbstbeherrschung aus. Wir schafften es ohne weiteres, nach einer nächtlichen Haussuchung und Verhaftung von Angehörigen pünktlich zum Dienst zu erscheinen und – wie immer – zu lächeln. Wir sollten immer lächeln. Das diktierten uns der Selbsterhaltungstrieb, die Angst um die Familienangehörigen und besondere sowjetische Anstandsregeln. Bei der zweiten Verhaftung ihres Sohnes verstieß Anna Achmatowa gegen diese Anstandsregeln; in Gegenwart der Männer, die Ljowa holten, schrie sie laut auf. Sonst aber verhielt sie sich in jenen Jahren sehr tapfer, so daß sie sogar von Surkow gelobt wurde: »Anna Andrejewnas Haltung in all diesen Jahren ist bewunderungswürdig.« Was bleibt einem anderes übrig, wenn sie eine Geisel haben? Ist es ein Zufall, daß fast niemand von uns die Regeln des sowjetischen Anstands verletzt hat?

Nur O. M. zum Beispiel hat sie vollkommen ignoriert. Er hatte überhaupt keine Selbstbeherrschung. Er machte Witze, schrie, hämmerte an verschlossenen Türen, wurde wütend und hörte bis zur letzten Minute nicht auf, sich darüber zu wundern, was um uns herum vor sich ging.

Jetzt sind meine Selbstbeherrschung und Selbstdisziplin so weit geschwächt, daß ich diese Seiten schreibe, obwohl man uns gesagt hat, daß wir bei der Erinnerung an jene Jahre Vernunft und Einsicht walten lassen sollten. Die einzige zulässige Form solcher Erinnerungen besteht darin, zu zeigen, daß der Mensch unter den widrigsten Umständen dem Kommunismus treu zu bleiben und die Hauptsache – unser Ziel – von Nebensächlichkeiten – der Verstümmelung und Zerstörung des eigenen Lebens – zu unterscheiden vermag. Niemand machte sich Gedanken über die Unsinnigkeit dieser Forderung, aber es ging auch so. Aufgestellt wurde sie anscheinend von Menschen, die ihr halbes Leben in Lagern zugebracht haben, und die, die sie zur Zwangsarbeit geschickt haben, nickten nur zustimmend mit dem Kopf. Ich hatte ein einziges Mal in meinem Leben einen Zusammenstoß mit einem Vertreter dieser Forderung – zwischen mir und Menschen dieses Schlages gibt es unüberwindliche gesellschaftliche Schranken, so daß diese Begegnung ein reiner Zufall war.

»Wer ist denn dieser Solschenizyn, von dem Ihre Freunde gesprochen haben?« fragte mich mein Nachbar im Eisenbahnabteil, als ich von Pskow nach Moskau fuhr. Eine Gruppe von Freunden hatte mich an den Zug begleitet, und alle waren aufgeregt und erfreut über die Nachricht vom Vortag, daß Twardowskij endlich die Genehmigung hatte, Solschenizyns Erzählung in ›Nowyj Mir‹* zu veröffentlichen. Ein Blick auf meinen unwilligen Nachbarn sagte mir, daß die unsichtbare Verbindung zwischen uns beiden kommunizierenden Röhren vergleichbar war. Es bestand jedoch ein Unterschied: Die Flüssigkeit in den kommunizierenden Röhren schwankt, bis die Pegel angeglichen sind, während unser beider Seelenzustand nie auf gleicher Ebene sein konnte – je höher sein Pegel stieg, desto niedriger sank der meine, und umgekehrt.

Ich erzählte ihm von Solschenizyn und hörte auch sogleich sein Urteil: Unbesonnen, so etwas zu drucken. »Haben Sie die Erzählung ›Der ungeschliffene Diamant‹ gelesen? Sie ist auch vollkommen überflüssig, aber wenigstens hat die ihr zugrundeliegende Idee erzieherischen Wert.« Auf meinen Einwand, daß es nötig sei, die Wahrheit über die Vergangenheit zu sagen, erwiderte er: »Man muß sich darüber im klaren sein, daß dies alles eine historische Notwendigkeit war.« »Wieso eine Notwendigkeit?« fragte ich. »Es heißt doch immer, das alles sei Zufall gewesen: der schlechte Charakter Stalins.« »Rein äußerlich machen Sie den Eindruck einer gebildeten Person, aber Marx scheinen Sie nicht richtig gelesen zu haben. Sie vergessen, was er über Zufälle sagt: Sie sind ebenfalls eine Notwendigkeit, deren man sich jedoch nicht bewußt ist.« Er wollte damit sagen, wenn es Stalin nicht gegeben hätte, dann hätte ein anderer all diese Menschen in die Lager geschickt.

* ›Ein Tag im Leben des Iwan Denissowitsch‹, erschien in der Novembernummer 1962.

Mein Reisegefährte trug eine Uniformjacke ohne Schulterstücke; sein Gesicht war fahl und aufgedunsen, wie bei Menschen, die ihr ganzes Leben am Schreibtisch sitzen und an Schlaflosigkeit leiden. Man sah ihm an, daß er gewissermaßen auch hier am Schreibtischsessel saß: Er neigte sich mit seinem ganzen Oberkörper dem Gesprächspartner entgegen und winkelte plötzlich die Arme an, als suchte er die Armstützen des Sessels.

Dem Gespräch mit meinen Freunden auf dem Bahnsteig hatte er außerdem den Namen Pasternak entnommen. »Meinen Sie *den* Pasternak?« Über die Geschichte mit Pasternaks Roman ließ er sich mit professioneller Klarheit aus: »Wie konnte man das zulassen ... Denken Sie doch einmal nach, was das heißt, er hat sein Manuskript ins Ausland geschickt. Und die haben Beifall geklatscht.« Pasternak selbst hatte er nicht gelesen und »wird ihn auch nicht lesen«. »Wer liest ihn schon? In punkto Literatur bin ich auf dem laufenden, muß es auch sein – aber ich hatte niemals von ihm gehört.« Ich erwiderte, daß er wahrscheinlich ebensowenig von Tjuttschew und Baratynskij gehört habe. Er zog sein Notizbuch heraus: »Wie sagten Sie? Ich werde mich damit befassen.«

Von sich selbst sagte er anfangs, er sei Arzt, allerdings jetzt im Ruhestand (seiner Erscheinung nach schien er dafür noch zu jung), und befasse sich jetzt mit Jugendkriminalität. »Warum nicht mit der Medizin?« »Das hat sich so ergeben.« Die Medizin schien weit hinter ihm zu liegen. Durch seine Tätigkeit habe er die Ansichten sowohl der Freunde wie auch der Feinde des Regimes kennengelernt. »Wo konnten solche Menschen denn ihre Meinung vertreten?« fragte ich ihn, bekam aber keine Antwort. Als er in Ruhestand trat, hatte er sich in Tallin niedergelassen, »wegen seiner Arbeit«. Dort hatte man ihm eine Dreizimmerwohnung zugeteilt, in der er nun mit seiner Frau und seinem jüngsten Sohn wohnte. »Das ist mir neu, daß man Ärzten mit einer so kleinen Familie eine Dreizimmerwohnung gibt«, sagte ich. »Aber es kommt vor«, antwortete er lakonisch.

An dieser Stelle begann er, mir als Lehrerin seinen Familienkummer mitzuteilen. Mit seinen beiden Ältesten hatte er Glück. Er war gerade auf dem Weg, sie zu besuchen. Die Tochter hatte einen Gebietssekretär geheiratet, der Sohn arbeitete im Gebietssekretariat. Aber der Jüngste – nach dem Krieg geboren – tauge, wie er sagte, zu nichts. Er sei ein Tagedieb, der nicht mehr zur Schule wolle und nun in einer Fabrik arbeiten möchte. »Warum ist er ein Tagedieb, wo er doch arbeiten will?« Es stellte sich heraus, daß der Sohn mit dem Vater nicht mehr unter einem Dach wohnen wollte, und das alles wegen des dummen Zeugs, das seine Freunde ihm erzählten. Darüber hinaus hatte er auch auf die Mutter noch einen schlechten Einfluß, jetzt mache auch sie noch Schwierigkeiten. »Und das alles, weil es ihm immer zu gut ging.« Die Älteren hätten im Krieg die Not kennengelernt. Der Jüngste sei im Wohlstand aufgewachsen, mit Apfelsinen und Schokolade. »Sehen Sie, was aus ihm geworden ist. Wäre er doch nie geboren!« Er konnte mir nicht sagen, was sein wird, wenn erst einmal der Kommunismus erreicht ist und die Kinder keine Not mehr kennenlernen. Werden sie dann alle den Eltern aus den Händen gleiten? Die Freunde seines Sohnes wußten offensichtlich etwas über die Tätigkeit des Vaters, der seinerzeit »aus dienstlichen Gründen« nach Tallin gekommen war.

Es war mir klar, daß ich mit einem »Überbleibsel der Stalin-Ära« sprach. War es Zufall, daß sich der Sohn gegen den Vater auflehnte? War es Zufall, daß der Vater nicht an der Vergangenheit rühren wollte, an »diese historische Notwendigkeit«, für die er sich so eingesetzt hatte? Solschenizyns Erzählung ist eine Art Prüfstein. Die Reaktion des einzelnen Lesers gibt Aufschluß über seine Vergangenheit oder die seiner Familie.

Die Vergangenheit ist noch nicht überwunden, noch nicht geistig verarbeitet. Und es sind zu viele Menschen, die direkt oder indirekt darin verwickelt waren oder zumindest verschweigen, was sie wissen. Sie alle können auch heute nicht der Vergangenheit guten Gewissens gegenüberstehen. Es ist völlig klar, was »die Überbleibsel der Stalin-Ära« wollen, die jetzt wartend herumsitzen und der Miliz behilflich sind, schwererziehbare Jugendliche zu bessern. Sie warten darauf, daß ihre den heutigen Erfordernissen angepaßten Gesinnungsgenossen ans Ruder kommen, und wollen ihnen dann ihren Segen erteilen.

Menschen, die zu den Ereignissen geschwiegen oder ihnen gegenüber die Augen verschlossen haben, versuchen ebenfalls, die Vergangenheit irgendwie zu rechtfertigen. Mir werfen sie gewöhnlich Subjektivismus vor, weil ich die Angelegenheit nur von einer Seite gesehen habe und die anderen Dinge nicht erwähne: den Aufbau der Industrie, Meyerholds Inszenierungen, die Tscheljuskin-Expedition und so fort. Ob das denn gar nichts gewesen sei? Ich meine, daß wir uns trotz dieser Positiva mit den Ereignissen der Vergangenheit auseinandersetzen müssen. Wir waren Zeugen einer schweren Krise des Humanismus des neunzehnten Jahrhunderts, erlebten, wie all seine ethischen Werte in sich zusammenfielen, weil sie nur auf den Bedürfnissen und Wünschen des Menschen oder einfach seinem Glückstreben aufgebaut waren. Dafür zeigte uns das zwanzigste Jahrhundert ungewöhnlich anschaulich, daß das Böse große selbstzerstörende Kraft besitzt. Seine Entwicklung führt unweigerlich zum Selbstmord. Wir mußten leider erfahren, daß das Böse, wenn es sich selbst zerstört, auch alles übrige Leben auf der Erde auslöschen kann. Das sollten wir nicht vergessen. Sooft wir diese einfachen Wahrheiten auch hinausschreien, sie werden doch nur von denen gehört, die selbst nicht das Böse wollen. Alles ist schon einmal dagewesen, ist verschwunden und ist wiedergekommen, aber immer mit neuer Kraft und in größerem Ausmaß. Zum Glück werde ich nicht mehr erleben, was die Zukunft uns bringt.

Einundsechzigstes Kapitel

Der Monteur

»Wir sollten noch nicht aufgeben«, sagte O. M. eines Morgens und ging zum Schriftstellerverband, um Stawskij zu sprechen. Dieser empfing ihn jedoch nicht und ließ durch seine Sekretärin bestellen, daß er ihn vor einer Woche unmöglich sprechen könne, weil er bis zum Hals in Arbeit stecke. Vom Schriftstellerverband aus ging O. M. zum Literaturfonds*, dort erlitt er auf der Treppe einen Herzanfall. In einem Krankenwagen wurde er nach Hause geschafft und bekam Bettruhe verordnet. Das kam O. M. sehr gelegen. Er hoffte so lange in der Wohnung bleiben zu können, bis ihn Stawskij empfangen und ihm zu einer Aufenthaltsgenehmigung verhelfen würde. Woran er nicht dachte, war, daß Menschen vom Typ Stawskijs und all die anderen Mittelsmänner zwischen uns und den Behörden sich die Hände in Unschuld wuschen und immer sagten, sie seien beschäftigt und könnten keine Minute erübrigen. Genauso verhielt sich Surkow 1959, als ich wieder einmal – das letztemal – aus Moskau ausgewiesen wurde. Er erklärte mir, daß er nicht eine Minute Zeit habe, um mit seinem Kollegen über mein Schicksal zu sprechen. Damals drohte mir allerdings nur Obdachlosigkeit, aber zu Stalins Zeiten ging es um Leben oder Tod.

O. M. verbrachte die nächsten Tage in ziemlich guter Stimmung auf der »bessarabischen« Liege. Jeden Tag kam der Arzt vom Litfonds, um nach ihm zu sehen. Nach zehn Tagen wurde er an die Spezialistin des Litfonds, Frau Professor Rasumowa, überwiesen, eine Frau mit klugem Gesicht, in deren Zimmer mehrere Skizzen von Nesterow hingen. Wir waren überrascht, wie schnell sie O. M. bescheinigte, daß er stationär behandelt und gründlich untersucht werden müsse. Natürlich war sie nicht verpflichtet, über O. M.s rechtliche Lage Bescheid zu wissen, aber nach den Mühsalen in Tscherdyn und Woronesch überraschte uns das Verhalten der Rasumowa und auch der anderen Ärzte des Litfonds – es war wie das Verhalten der russischen Intelligenzija im zaristischen Rußland gegenüber Verbannten.

* Der Literaturfonds wird unabhängig vom Schriftstellerverband verwaltet, er ist eine Einrichtung zur Unterstützung der Schriftsteller (durch Geld, Krankenbetreuung, Erholungsurlaub u. ä.).

Jetzt kam O. M. die unsinnige Idee, das Schicksal überlisten zu wollen und sich in Moskau festzukrallen, in Moskau, der einzigen Stadt, in der wir immerhin ein Dach über dem Kopf hatten und irgendwie existieren konnten. Er wurde darin durch das Entgegenkommen des Litfonds bestärkt, der ihm Ärzte schickte und sich nach seinem Befinden erkundigte. Wie läßt sich das erklären? Vielleicht empfand einer der Angestellten dort für O. M. Mitgefühl. Oder hatten sie einfach Angst, daß man dem Litfonds vorwerfen könne, er habe während des Herzanfalls nicht rechtzeitig Hilfe geleistet? Das eine wie das andere war durchaus möglich. Wie dem auch sei, der Litfonds war bemüht, irgendwie zu helfen, und in unserer Lage war das erstaunlich: Gleichmacherei gab es und gibt es bei uns nicht, jeder erhält nur das, was ihm aufgrund seiner Verdienste zusteht.

Plötzlich erschien Kostyrew in der Wohnung, schaute sich um, knallte die Türen zu und ging wieder fort, nachdem er meiner Mutter mitgeteilt hatte, er werde einige Tage in Moskau bleiben. Bald kam er zurück und ließ die Tür zu unserem Zimmer offenstehen, wir saßen gerade mit Rudakow zusammen, der sich auf der Durchreise von Leningrad kurz in Moskau aufhielt. Wir dachten, Kostyrew wolle uns belauschen, dann aber stellte sich heraus, daß er Besuch erwartete. Als der Besucher eintrat, führte er ihn nicht in sein Zimmer, sondern blieb in unserem Zimmer, das wir mit dem Schrank abgeteilt hatten, vor dem Schrank stehen, hinter dem wir saßen. Er sprach mit dem Besucher über die Verlegung einer Leitung. Der Besucher, offensichtlich ein Monteur, riet ihm, die Leitung anders zu verlegen; mich wunderte, daß sich Kostyrew um Dinge kümmerte, die nur den Wohnungseigentümer angingen. »Was soll das hier?« fragte O. M. beunruhigt. Ich konnte ihn nicht zurückhalten, mir schien, als habe er wieder Halluzinationen, er sprang auf und stürzte auf den Monteur zu: »Sie brauchen sich nicht zu verstellen, sagen Sie offen, weshalb Sie gekommen sind – meinetwegen?«

»Was macht er da wieder!« flüsterte ich verzweifelt Rudakow zu und war fest davon überzeugt, daß O. M. unter Wahnvorstellungen leide. Zu meinem Erstaunen hielt der Monteur O. M.s Verhalten für vollkommen normal. Es folgten noch einige Fragen und Antworten, und beide zeigten einander die Ausweise. Dann forderte der Mann, der einige Minuten zuvor noch den Monteur gespielt hatte, O. M. auf, mit ihm auf die Miliz zu gehen. Ich empfand Angst und Freude zugleich: Angst, daß O. M. verhaftet und ins Lager geschickt würde, Freude, weil er, Gott sei Dank, nicht wieder unter Halluzinationen litt.

O. M. wurde auf die Milizstation geführt, Rudakow rannte hinterher. Sie kamen jedoch nicht bis dorthin. Unterwegs erlitt O. M. einen neuen Herzanfall. Er wurde wieder im Krankenwagen nach Hause gefahren und in einem Sessel, der aus Kolytschews Wohnung im Erdgeschoß stammte, zu uns hinaufgetragen. Während sich der Arzt um O. M. bemühte, wartete der »Monteur« im Zimmer. Als sich O. M. etwas erholt hatte, zeigte er dem ungebetenen Gast alle seine ärztlichen Atteste. »Geben Sie mir das mit dem dreieckigen Stempel«, sagte der als Monteur verkleidete Geheimpolizist, nahm das Attest der Rasumowa und ging in Kostyrews Zimmer, um von dort aus zu telefonieren. Nachdem er seine Weisungen erhalten hatte, kehrte er zu uns zurück und sagte: »Sie können vorläufig hierbleiben«, und ging fort.

O. M. blieb mehrere Tage im Bett. Jeden Tag kam morgens und abends der Monteur oder einer seiner Kollegen, immer in Zivil. Außer ihnen kamen noch Ärzte. Tagsüber konnte O. M. sogar noch Witze machen: »Man stelle sich vor, was für Scherereien die mit mir haben!« Er tröstete sich mit dem Gedanken, daß sie ihn bestimmt nachts geholt hätten, wenn er nicht diesen Monteur rechtzeitig entlarvt hätte. In der Nacht war seine Stimmung nicht so gut. Einmal wachte ich auf und sah ihn am Fußende des Bettes stehen, den Kopf zurückgeworfen und die Arme weit ausgebreitet. »Was machst du?« fragte ich. Er wies auf das geöffnete Fenster: »Ich glaube, es ist Zeit. Tun wir's, solange wir noch beisammen sind.« Ich antwortete: »Noch nicht!« Und er widersprach nicht. War es richtig von mir, so zu handeln? Wieviel Qualen hätte ich ihm ersparen können und auch mir ...

Am Morgen ließen wir den Besuch des Monteurs, der uns »seinen Arzt« zu schicken versprach, über uns ergehen. Den Spitzel am Abend warteten wir erst gar nicht ab, sondern machten uns aus dem Staub. Wir verbrachten die Nacht bei Jachontow und versuchten uns abzulenken. Am anderen Tag kam ich nach Hause, um unsere Sachen zu packen, aber Kostyrew lief zur Miliz. Diesmal mußte ich mit. »Wo ist Mandelstam?« »Fort.« »Wohin?« »Ich weiß nicht.« Man gab mir vierundzwanzig Stunden Zeit, um Moskau zu verlassen. Für seine Arbeit erhielt Kostyrew O. M.s Zimmer von sechzehn Quadratmeter. Dort wohnen noch heute seine Witwe und seine Tochter. Es wäre gut, wenn die Tochter diese Zeilen über ihren Vater lesen würde, aber Kinder solcher Eltern lesen keine Bücher, es sei denn »aus dienstlichen Gründen«, wenn sie ebenfalls in der »Literaturabteilung« der Lubjanka arbeiten. In diesem Falle wäre es besser, wenn ihr dieses Manuskript nicht in die Hände fiele.

Wir blieben drei Tage bei Jachontow und studierten die ganze Zeit Karten von der Umgebung Moskaus. Schließlich fiel unsere Wahl auf Kimry. Den Ausschlag gab, daß es von der Bahnstation Sawelowo nicht weit entfernt lag und Sawelowo von der Moskauer Vorstadt Marina

Roschtscha aus, wo Jachontows lebten, leicht zu erreichen war. Außerdem lag Kimry auch noch an der Wolga. Wenn man schon in einer Provinzstadt leben muß, dann nach Möglichkeit doch wenigstens an einem Fluß. In unserer Wohnung in der Furmanow-Gasse ließen wir uns nicht mehr blicken. Die Sachen sollten unsere Brüder – Alexander Emiljewitsch und Jewgenij Jakowlewitsch – an die Bahn bringen. Meine Mutter war noch in der Wohnung; um sich von uns zu verabschieden, kam sie auf die Straße herunter. Als O. M. meine Mutter sah, ging er ihr mit ausgebreiteten Armen entgegen und sagte: »Guten Tag, meine illegale Schwiegermutter.« Meine Mutter seufzte nur.

Anfang Juni verließen wir Moskau.

Die Miliz verhielt sich eigentlich ungewöhnlich human und verständnisvoll: Sie gestattete einem Kranken, illegal in Moskau zu bleibei, bis er reisefähig war. Im allgemeinen ist man nicht so rücksichtsvoll, und selbst Kranke dürfen sich nicht in verbotenen Städten aufhalten.

Übrigens hat sich die Miliz in unserem Fall vollkommen legal verhalten, denn Vorbestraften ist der Aufenthalt in Großstädten verboten. Ich habe meine »Verbindung mit Moskau« verloren, weil ich mit einem Vorbestraften in die Provinz fuhr. »Der Staat muß sich schützen«, sagte ein Narbut zu mir. Aber darum geht es ja nicht. Um sich zu schützen, hat der Staat viele Gesetze erlassen und damit gleichzeitig einen Wall zwischen sich und den Menschen errichtet.

Heute stelle ich mir die Frage, ob O. M. seine Krankheit dramatisiert hat, um den Staat zu täuschen? Ich glaube, ja. Es dauerte ja noch ein ganzes Jahr Obdachlosigkeit und acht Monate Gefängnis und Lager, bis er starb. Bei uns dürfen nur Menschen, die dem Staat noch nützlich sind, über nicht tödlich verlaufene Leiden klagen. Politische Verbrecher müssen im Stehen sterben. O. M. legte sich ins Bett, als er sich noch auf den Beinen halten konnte, er benahm sich, als sei er ein nützlicher Mensch, den der Staat heilt, pflegt und hätschelt. Er versuchte also, seine Krankheit aufzubauschen und den Staat zu überlisten. Der Staat hatte nicht nur vor dem Gesetz, sondern auch moralisch das Recht, sich vor einem derartig undisziplinierten Bürger zu schützen.

Unser Staat bevormundet zweihundert Millionen Menschen und läßt gegenüber denen, die ihm nicht treu und aufrichtig dienen, keine Nachsicht walten. *Der Staat ist eine sich selbst genügende Macht, die besser als wir weiß, was wir brauchen.* Wenn alle Völker unseren Weg beschreiten, dann werden sie begreifen, daß die Freiheit eine Notwendigkeit ist.

Zweiundsechzigstes Kapitel

Auf dem Land

»In diesem Jahr sind wir etwas früh aufs Land gefahren«, sagte O. M., als er sich vor der Moskauer Miliz in Sawelowo, einer kleinen Siedlung auf dem Steilufer der Wolga gegenüber von Kimry, versteckte. Der Wald war dort gelichtet. Auf dem Markt vor dem Bahnhof wurden Erdbeeren, Milch und Buchweizen feilgeboten und alles mit dem gleichen Maß gemessen – mit einem Glas. Wir gingen in das »Echo des Invaliden«, die Teestube auf dem Marktplatz, und blätterten dort in den Zeitungen. Uns erheiterte der Name dieser Teestube so sehr, daß ich ihn für den Rest meines Lebens behielt. Das »Echo des Invaliden« wurde von einer rußenden Petroleumlampe beleuchtet; wegen seiner Augen konnte O. M. bei diesem Licht nicht lesen. Deshalb hatten wir zu Hause auch nur Kerzen. Wir alle haben in unserem Leben so viel bei rußenden Funzeln gesessen, daß es um unser Sehvermögen nicht sehr gut bestellt ist. Außerdem hatten wir so gut wie keine Bücher mitgenommen, weil wir dort keine Wurzeln schlagen, sondern wie richtige Sommerfrischler leben wollten. Dies war ein vorübergehender Aufenthalt – den wir nötig hatten, damit wir uns ausruhen und unseren weiteren Weg bestimmen konnten.

Sawelowo ist ein Ort mit zwei oder drei Straßen. Die Häuser waren solide, aus Holz und hatten altertümliche Fensterstöcke und Türen. Nicht weit entfernt lag Kaljasin, ein kleiner Ort, der kurz darauf unter Wasser gesetzt wurde, weil man in diesem Gebiet einen Stausee anlegte.

Von dort brachte man ausgezeichnetes Bauholz nach Sawelowo herüber, und wir hätten uns ein kleines Haus bauen können, wenn wir nur Geld gehabt hätten. Aber wie sollten wir das bewerkstelligen, wo wir schon kein Geld für die täglichen Bedürfnisse hatten. Die Bewohner von Sawelowo arbeiteten in der Fabrik und ernährten sich von der Wolga – sie trieben Fischfang und verkauften die Fische unter der Hand. Und der Fluß hielt sie im Winter auch warm – nachts zogen sie mit Bootshaken Holz, das vom Oberlauf heruntergetrieben wurde, ans Ufer. Die Wolga war damals noch die allgemeine Ernährerin; jetzt hat man Ordnung gemacht, und die Flüsse ernähren uns nicht mehr.

Wir zogen es vor, in Sawelowo zu bleiben – es war die Endstation der Eisenbahn – und nicht nach Kimry zu ziehen, einem halbzerfallenen Städtchen auf der gegenüberliegenden Seite, weil das Übersetzen über den Fluß die Fahrten nach Moskau erschwert hätte. Die Eisenbahn war irgendwie der letzte Faden, der uns mit dem Leben verband. Unsere Freundin G. M., die all das durchgemacht hatte, was uns bevorstand, das heißt Lager und danach ein Leben mit dem Vermerk »Vorbestraft« in der Akte, riet uns: »Ihr könnt euch ansiedeln, wo ihr wollt, aber bleibt unbedingt in der Nähe der Eisenbahn – selbst dann, wenn ihr nur ab und zu ihr Pfeifen hören könnt!«

Eine verbotene Stadt zieht wie ein Magnet an. Die Zuzugsgenehmigung erhielt man nur für Orte, die mindestens 105 Werst von den gesperrten Städten entfernt waren, wobei die Eisenbahnpunkte in dieser Zone von ehemaligen Lagerinsassen und Verbannten nur so wimmelten. Die Ortsansässigen nannten sie die »Hundertwerstler«, die Frauen etwas genauer »Hundertfünfwerstlerinnen«. Diese Bezeichnung hörte ich zum erstenmal in Strunino, wo ich mich nach O. M.s Verhaftung niederließ. So nannten mich dort die Arbeiter in der Textilfabrik, wo ich zwölf Spulmaschinen bediente. Ich tauschte meine Tag- gegen eine Nachtschicht, alle arbeiten lieber tags und nicht nachts, und fuhr nach Moskau, um für O. M. etwas abzugeben und Auskünfte einzuholen, die man sonst nicht bekam.

Bei den aus Moskau stammenden »Hundertwerstlern« oder »Hundertfünfwerstlerinnen« erfreute sich der Ort Alexandrow (»die Siedlung der Besessenen« aus O. M.s Gedichten) besonderer Beliebtheit, denn von hier aus konnten sie in Sagorsk in die Elektrische steigen und für einen Tag nach Moskau fahren, um dort Geld aufzutreiben oder »vorstellig« zu werden, und am Abend mit der letzten Bahn an ihren legalen Wohnsitz zurückkehren; denn der Mensch muß wohnen, wo er gemeldet ist. Mit der Elektrischen dauerte die Fahrt von Alexandrow nach Moskau nicht länger als drei Stunden, anstatt vier oder viereinhalb mit einem anderen Verkehrsmittel.

Als 1937 alle, die schon einmal in Gefängnissen und Lagern gesessen hatten, wieder verhaftet wurden, hatte die Geheimpolizei leichtes Spiel – anstatt sich jeden Fall einzeln vorzunehmen, vernichtete sie gleich ganze Siedlungen. Da diese Maßnahmen planmäßig vorgenommen und mit Zahlen belegt wurden, erhielten die Tschekisten bestimmt eine stattliche Belohnung für ihre aufopferungsvolle Tätigkeit und die Erfüllung des Plansolls. Die geräumten Siedlungen wurden immer wieder von neuen »Hundertwerstlern« belegt, auf die das gleiche Schicksal wie das ihrer Vorgänger wartete. Wer hätte annehmen können, daß Siedlungen wie Alexandrow einfach Fallen waren? Keinem von uns wäre es in den Sinn gekommen, daß bestimmte Kategorien von Menschen systematisch ausgerottet wurden. Jeder glaubte, er sei ein Sonderfall und hielt die Erzählungen über die »mit einem Fluch belegten Orte« für Geschwätz. In Moskau waren wir vor dem Gemetzel in Alexandrow gewarnt worden, aber auch wir glaubten natürlich nicht daran. Wir fuhren nicht dorthin, weil O. M. nicht in die »Siedlung der Besessenen« wollte. Er sagte: »Einen schlechteren Ort gibt es nicht!« Außerdem waren, wie wir erfuhren, die Zimmerpreise in Alexandrow zu hoch, und wir gingen keine ausgetretenen Wege.

In Sawelowo gab es außer uns weder Sommerfrischler noch »Hundertwerstler«, wenn man von ein paar kriminellen Häftlingen absah, die dort das Unwetter vorübergehen ließen: Auf sie machte man keine Jagd, hätte sie jedoch im Bedarfsfall benützt, um das Plansoll zu erfüllen. Mit einem von ihnen kamen wir in der Teestube ins Gespräch, und er setzte uns sehr überzeugend auseinander, welchen Vorteil Sawelowo gegenüber Alexandrow oder Kolomna hatte, beispielsweise: »Wenn das Pack an einem Ort versammelt ist, kann man es wie Schaum auf einmal abheben.« Er war ein naiver und zugleich gescheiter »Achtundfünfziger«. Viele von ihnen hatten früher die Universität besucht und glaubten fest daran, daß jeder die Verantwortung für seine Verbrechen selbst trägt und daß niemand für das gleiche Vergehen zweimal bestraft werden kann. Da sie sich überhaupt keines Vergehens bewußt waren, meinten sie immer noch, daß die Gerechtigkeit siege – weil es doch so nicht ewig weitergehen könne! Statt dessen landeten sie im »Schwarzen Raben«, wie der Wagen, der sie abholte, genannt wurde.

Zwischen 1948 und 1953 war ich wieder Zeuge eines »Hundertwerstlerdramas«, allerdings eines vergleichsweise kleinen Dramas, ohne Massengrab und die für unsere Zeit typischen Foltermethoden. Ich lebte in Uljanowsk und sah, wie die Stadt von allen, die »vorbestraft« waren, gesäubert wurde. Ein Teil von ihnen wurde sofort mitgenommen, den anderen die Zuzugsgenehmigung entzogen, und so strömten diese Menschen in das Land jenseits der Hundertwerstzone. Am Rande dieser Zone erfreute sich der Ort Melikes einer gewissen Beliebtheit. Dorthin zog auch ein mir bekannter Geiger, eine frühere Berühmtheit, im Alter von O. M., ehemaliges Parteimitglied, der seinerzeit mit Brjussows Schwester in der Musik tonangebend war. 1937 kam er ins Lager, dort saß er acht oder zehn Jahre, bis es ihn Ende der vierziger Jahre nach Uljanowsk verschlug. Außer sich vor Freude, daß alles Furchtbare nun hinter ihm lag – wie oft sind wir diesem Trugbild erlegen! –, beschloß der Geiger, ein neues Leben anzufangen. Seiner früheren Frau und den Kindern war es gelungen, sich von ihm »loszusagen«, so heiratete er eine meiner Arbeitskolleginnen, eine gute Frau, und kam an der Musikschule unter. Ein neuer Sohn, ein Junge mit hoher Stirn, griff bereits nach der Geige, und der glückliche Vater träumte davon, aus ihm einen Geiger zu machen. Er versuchte mich davon zu überzeugen, daß es kein größeres Glück gäbe, als von der Kunst und für die Kunst zu leben, und zitierte dazu die Klassiker des Marxismus. Der Sohn war drei Jahre alt, als man den Vater zur Miliz bestellte, ihm die Zuzugsgenehmigung entzog und nahelegte, die Stadt binnen vierundzwanzig Stunden zu verlassen. An jenem Tage schaute ich gerade zufällig bei ihnen vorbei und konnte gleich in ihren Gesichtern lesen, was vorgefallen war. Ich wurde so zu ihrer Vertrauten, denn über ein derartiges Vorkommnis bewahrte man immer Stillschweigen, weil sonst vielleicht die ganze Familie darunter zu leiden hatte.

In der gleichen Nacht fuhr der Geiger nach Melikes. Dort mietete er sich in irgendeinem Loch ein und konnte dort sogar einige Stunden Violin- und Klavierunterricht geben. Bald danach begannen auch in Melikes die Verhaftungen ehemaliger Lagerinsassen. An kleinen Orten verbreiten sich solche Nachrichten in Windeseile; die Zimmerwirtin informiert die Nachbarin, daß man in der Nacht den Untermieter geholt habe, und so weiter. Die Verhaftungen bedeuteten, daß sich in Melikes verdächtige Elemente angesammelt hatten und die örtliche Geheimpolizei einen Plan zur Säuberung der Stadt durchführte. Alles rannte zur Miliz, um sich dort abzumelden, und der Bahnhof war mit Flüchtlingen überfüllt. Der Geiger brachte es ebenfalls fertig, rechtzeitig aus dieser gefährlichen Stadt zu fliehen. Seit dieser Zeit bis zum Tode Stalins, das heißt etwas über zwei Jahre, trieb er sich an der Wolga herum – bis nach Sysran –, und auf allen Nebenstrecken der Eisenbahn zog er von Ort zu Ort. An manchen Orten konnte er nicht einmal eine Schlafstelle finden, da alles von Flüchtlingen überfüllt war, an anderen wiederum erhielt er keine Aufenthaltsgenehmigung. Ein einziges Mal gelang es ihm sogar, an der örtlichen Musikschule Stunden zu geben, aber dann erreichte ihn die Nachricht, daß auch dort die Verhaftungen anfingen, und er packte seine Sachen zusammen und machte sich auf den Weg. Auf seinen Wanderungen kam er manchmal durch Uljanowsk und schlich sich nachts zu seiner Frau. Er wagte es nicht, sich tagsüber auf der Straße zu zeigen oder bei seiner Frau anzuklopfen, die Nachbarn hätten ihn sofort denunziert. Er zitterte vor Angst, magerte ab, hustete und machte sich mit seiner Geige erneut auf den Weg. An jedem neuen Ort begann das gleiche von vorn. Er fuhr sogar nach Moskau, um sich beim Künstlerausschuß, wo man sich seiner noch erinnerte, zu beschweren, daß man an den Musikschulen Leute ohne Vorbildung einstelle, während er mit seiner Qualifikation arbeitslos sei. Man versprach ihm, sich der Sache anzunehmen, aber dann fingen an dem Ort, wo er sich niedergelassen hatte, gerade die Verhaftungen an, und er machte sich eiligst wieder auf den Weg. Er konnte nicht einmal mehr erfahren, ob die Moskauer Beamten ihrem Versprechen nachgekommen waren.

Nach Stalins Tod wurde ihm als Invaliden gestattet, zu seiner Frau nach Uljanowsk zurückzukehren. Er starb zu Hause, ohne Gelegenheit gehabt zu haben, seinem Sohn das Geigespielen beizubringen. Er wagte nicht einmal, sich dem Jungen zu nähern, sosehr fürchtete er, ihn mit der Tuberkulose anzustecken, die er sich während seiner zur Rettung seines Lebens unternommenen Wanderungen durch das Land geholt hatte.

Trotz allem ist der Geiger als verhältnismäßig glücklicher Mensch zu bezeichnen. Seine Frau konnte am Wohnort bleiben und behielt ihren Arbeitsplatz, weil es ihr gelang, ihre Ehe, die ohnehin nicht auf dem Standesamt geschlossen war, geheimzuhalten; ihm gelang es aufgrund seiner Erfahrung, anrückende Gefahr rechtzeitig zu erkennen, und er entkam so einer erneuten Verhaftung. Auch mit seiner Nationalität hatte er Glück, er war kein Jude – der erste Schlag damals richtete sich gegen sie. Mit seiner Geige verdiente er sich ein Stück Brot – gerade ein Stück Brot und nichts weiter, aber das war sehr wichtig. Überhaupt litten die Musiker weniger Not als Leute aus anderen Berufen. Ihm rettete jedoch nur seine nie erlahmende Energie das Leben. In seiner Lage wären viele in Melikes geblieben und hätten nach dem Prinzip: »Man kann ihnen sowieso nicht entgehen« auf ihre Verhaftung gewartet. Er rettete sich nur, um zu Hause zu sterben. Aber gerade das ist ein großes Glück.

Beim Anblick des Geigers mußte ich immer daran denken, was O. M. erwartet hätte, wenn er am Leben geblieben und aus dem Lager zurückgekehrt wäre. Hätten wir alle möglichen Varianten des Schicksals voraussehen können, dann hätten wir die letzte Chance eines normalen Todes nicht verstreichen lassen – das offene Fenster unserer Wohnung im vierten Stock des Schriftstellerhauses in der Furmanow-Gasse in Moskau.

Woronesch war ein Wunder, ein Wunder hatte uns dorthin geführt, und Wunder wiederholen sich nicht.

Dreiundsechzigstes Kapitel

Den Wolf ernähren seine Beine

Als ich in meiner Kindheit über die Französische Revolution las, stellte ich mir oft die Frage, ob man Terror physisch und psychisch überstehen kann. Jetzt weiß ich, daß es unmöglich ist. Wer die Luft des Terrors geatmet hat, stirbt, auch wenn er zufällig am Leben bleibt. Tote sind Tote, aber auch alle anderen, die Henker, Ideologen, Helfershelfer und Anbeter der Macht, die die Augen verschlossen und ihre Hände von jedem Dreck fernhielten, und selbst die, die nachts mit den Zähnen knirschten – sie sind alle ebenfalls Opfer des Terrors. Jede Bevölkerungsschicht litt – je nachdem, wie der Schlag gegen sie geführt wurde – an ihrer besonderen Variante der durch den Terror hervorgerufenen schrecklichen Krankheit, von der sie sich bis heute noch nicht erholt haben; sie sind noch krank und für ein normales bürgerliches Leben untauglich. Krankheiten sind erblich – Söhne müssen für ihre Väter büßen, und erst die Enkel sind ganz geheilt, oder, genauer gesagt, die Krankheit nimmt bei ihnen eine andere Form an.

Wer sagt, bei uns habe es keine verlorene Generation gegeben, lügt. Und auch die Lüge ist ein Resultat des Terrors. Bei uns kam eine Generation nach der anderen um, und doch vollzog sich hier ein ganz anderer Prozeß als im Westen. Alle arbeiteten, kämpften um ihre Stellung, hofften auf Rettung und konzentrierten sich auf die Dinge des Alltags. In solchen Zeiten ist der Alltag ein Betäubungsmittel. Je anstrengender er ist, desto besser, man kann sich in ihm vergraben. Die Jahre fliegen dahin, und im Gedächtnis bleibt nur ein verschwommener Schatten. In meiner Generation bewahrten nur einzelne ein klares Gedächtnis. In O. M.s Generation wurden alle von einer frühen Sklerose befallen.

Trotz alldem muß ich mich ständig wundern, wie widerstandsfähig wir waren. Nach Stalins Tod sagte mein Bruder Jewgenij zu mir: »Wir sind uns doch gar nicht dessen bewußt, was wir erlebt haben.« Vor kurzem fuhr ich in einem überfüllten Omnibus. Neben mich setzte sich eine alte Frau, die sich mit ihrem ganzen Gewicht auf mich stützte. »Dir ist das sicher zu schwer?« fragte sie plötzlich. »Keineswegs«, antwortete ich. »Wir sind doch alle zäh.« »Zäh?« fragte die Alte und lachte: »Freilich, zäh.« »Das stimmt«, sagte jemand und lachte ebenfalls. Einen

Augenblick später wiederholten alle Passagiere: »Wir sind zäh!« Aber da hielt auch schon der Omnibus, alles drängte dem Ausgang zu und versank im »Alltagskram«, das heißt, man begann zu drängeln. Die Erleuchtung kam und verflog: Wir sind zäh, denn sonst hätten wir nicht ertragen können, was das Schicksal uns aufgebürdet hat.

In jener Zeit, die die »Jeschow-Ära« genannt wurde, folgte eine Verhaftungswelle der anderen, nur die Intensität wechselte – mag sein, daß in den überfüllten Gefängnissen der Platz nicht ausreichte; uns, die wir noch in Freiheit waren, schien es manchmal, daß die schwerste Prüfung bereits hinter uns läge und der Sturm sich gelegt hätte. Nach jedem Prozeß atmeten die Menschen erleichtert auf: So, jetzt ist Schluß! Das bedeutete: Gott sei Dank, ich habe es anscheinend heil überstanden. Eine neue Welle erhob sich, und dieselben Leute hatten nichts Eiligeres zu tun, als Artikel mit Verwünschungen »der Volksfeinde« zu schreiben. Was immer sie auch über jene schrieben, die bereits erschossen waren, sie wurden nachher selbst erschossen. »Stalin braucht die Köpfe nicht abzuschlagen«, sagte O. M., »sie fliegen von selbst, wie Löwenzahn.« Er sagte dies zum erstenmal, als er Kossiors Artikel las und danach erfuhr, daß er trotz aller seiner Artikel verhaftet worden war.

Im Sommer 1937 waren wir »Sommerfrischler«. »Im Sommer hat man es immer leichter«, sagte O. M. Wir fuhren ziemlich häufig nach Moskau, und manchmal besuchten wir sogar unsere Bekannten in ihren Sommerhäusern. Wir waren bei Pasternak in Peredelkino. Er sagte: »Ich glaube, Sina backt Piroggen.« Er ging hinunter, um ihr Bescheid zu sagen, kehrte aber traurig zurück – Sina empfing uns nicht. Als ich einige Jahre später aus Taschkent zurückgekommen war und Pasternak anrief, sagte er mir am Telefon: »Bitte kommen Sie nur nicht nach Peredelkino.« Ich habe danach nie wieder angerufen. Aber er kam manchmal mit zu mir hinauf, wenn er mich in der Lawruschenskij-Straße traf, wo ich lange Zeit bei Wassilissa Schlowskaja wohnte. Er war außerdem der Einzige, der mich besuchte, als er vom Tode O. M.s erfuhr.

An dem Tage, als ich mit O. M. zum letztenmal bei ihm in Peredelkino war, begleitete er uns zum Bahnhof. Wir sprachen lange auf dem Bahnsteig und ließen einen Zug nach dem anderen davonfahren. Pasternak fantasierte noch über Stalin und sagte, daß er keine Gedichte schreiben könne, weil es ihm damals nicht gelungen sei, am Telefon eine persönliche Untersuchung zu erwirken. O. M. lächelte verständnisvoll – ich staunte. Nach dem Krieg war bei Pasternak der Stalin-Wahn verschwunden. Jedenfalls erwähnte er ihn nicht mehr in seinen Gesprächen mit mir. Die Absicht, den Roman zu schreiben, hatte er schon lange, denn bei jeder Begegnung – noch vor dem Krieg –

sagte Pasternak, daß er ein Buch »über uns alle« schreibe. Die Konzeption dieses Buchs hat sich im Laufe der Zeit wahrscheinlich geändert, das ist auch am Roman abzulesen. Die Zeiten waren so, daß die Menschen hin und her schwankten und nicht wußten, auf welcher Seite die Gerechtigkeit stand.

Schklowskij erfaßte sehr scharf, was damals vor sich ging, er hoffte jedoch, daß die Verhaftungen »durch ihre eigenen Rechnungen in Grenzen gehalten würden«. Als man Kolzow abholte, sagte er, daß uns das nicht berühre, er reagierte jedoch heftig, wenn man einfach »die Intellektuellen« verhaftete. Er wollte zum »Zeugen« werden, als die Ära aber vorüber war, erging es ihm wie uns allen: Wir waren bereits zu alt und hatten verloren, was den Menschen zum Zeugen macht – das Verständnis für Gegebenheiten und Standpunkte.

Ljowa Bruni steckte O. M. Geld zu und sagte: »Wer braucht schon dieses verfluchte Regime!« Marietta Schaginjan tat, als ob sie nichts von den Verhaftungen gehört hätte: »Wen hat man verhaftet? Warum? Ich will es dir sagen, man hat eine Verschwörung aufgedeckt, fünf Menschen abgeführt, und die Intellektuellen stimmen ein großes Geschrei an.« Ihre eigene Tochter schrie ihr den Fall der Familie Tretjakow ins Ohr, aber Marietta, mit Schwerhörigkeit gesegnet, verstand nichts. Adalis hatte Angst, uns bei sich übernachten zu lassen, das war durchaus verständlich. Sie spielte aber gleich Komödie: »Warum geht ihr nicht zu euch nach Hause, ich gehe mit euch, und wenn die Miliz kommt, erkläre ich ihr alles – das mache ich.« Die Menschen waren ganz durcheinander, und jeder sagte, was ihm gerade in den Sinn kam, rettete sich, wie er konnte. Die Angst ist eine der furchtbarsten Qualen. Von ihr können sich die Menschen nie wieder erholen.

Wir hatten nichts zum Leben und mußten Freunde und Bekannte um Hilfe bitten. Einen Teil des Sommers lebten wir von dem Geld, das uns Katajew, sein Bruder (Jewgenij Petrow) und Michoëls gaben. Michoëls schloß O. M. in seine Arme und wetteiferte mit Markisch, ihn zu trösten. Die ganze Zeit gab uns Jachontow Geld, bis zu seiner Abreise. Jedesmal, wenn O. M. nach Moskau fuhr, ging er zum Schriftstellerverband und versuchte Stawskij zu sehen. Dieser weigerte sich jedoch, ihn zu empfangen, und verwies ihn an seinen Vertreter Lachuti.

Lachuti bemühte sich nach Kräften, irgend etwas für O. M. zu erreichen. Er schickte ihm sogar vom Schriftstellerverband aus auf Dienstreise an den Weißmeerkanal und beschwor ihn, wenigstens irgendein kleines Gedicht über den Kanalbau zu schreiben. Dieses kleine Gedicht warf ich mit Anna Andrejewnas Zustimmung in den Ofen. Übrigens hätte O. M.s Gedicht vom Kanal keinen zufriedengestellt – er konnte sich nur ein Gedicht über die Landschaft abringen.

Vierundsechzigstes Kapitel

Kuh oder Dichterlesung

Wie jedermann, so versuchten auch wir, uns zu retten. Das tun alle. Selbstverbrennungen – sie gehören zum Fernen Osten, wir hingegen sind Europäer und wollen uns nicht selber ins Feuer werfen. Wir hatten für unsere Rettung zwei Pläne – der eine war mein Plan, der andere stammte von O. M. Diese beiden Pläne hatten ein Merkmal gemeinsam, beide waren absolut undurchführbar.

Mein Plan hieß »die Kuh«. In unserem Land, wo alle Möglichkeiten des Broterwerbs verstaatlicht sind, das heißt in den Händen des Staates liegen, gibt es für das Privatleben zwei Schlupflöcher: die Bettelei und eine Kuh. Von der Bettelei lebten wir, und dies erschien uns unerträglich. Vor Bettlern schrecken alle zurück, keiner will ihnen Almosen geben, und das um so mehr, wenn die eigenen Mittel ebenfalls Almosen des Staates sind. Einst hatte das Volk in Rußland Mitleid mit den »unglücklichen Häftlingen und Sträflingen«, und die Intelligenzija hielt es für ihre Pflicht, die politischen Verbannten zu unterstützen. Mit dem »abstrakten Humanismus« ist das verschwunden. Und schließlich hatten die Leute vor uns Angst: Wir waren nicht nur Bettler, sondern auch Pestkranke. Jeder fürchtete sich vor jedem – denn in der Nacht konnte selbst der glücklichste Mensch geholt werden, dessen Artikel gegen die »Volksfeinde« eben erst in der ›Prawda‹ erschienen war. Auf eine Verhaftung folgte eine ganze Reihe weiterer Verhaftungen – Verwandte, Bekannte, diejenigen, deren Telefonnummern im Notizbuch des Verhafteten standen, derjenige, mit dem er im vergangenen Jahr zusammen Silvester gefeiert hatte, und auch derjenige, der zugesagt hatte, dann aber aus Angst nicht gekommen war. Die Menschen hatten vor jeder Begegnung und vor jedem Gespräch Angst, und so schreckten sie um so mehr vor uns zurück, denen die Pest die ersten Beulen gemacht hatte. Uns selbst kam es vor, als ob wir die Pest verbreiteten. Ich hatte nur den einen Wunsch, mich in irgendeinen Winkel zu verkriechen und niemanden mehr zu sehen. Deshalb träumte ich von der Kuh. Es ist dies »die allerletzte kleine Kuh« der volkstümlichen Literatur, die der Bauer an den Hörnern auf den Markt führt, um sie zu verkaufen. Dank der Besonderheit unseres Wirtschaftssystems konnte eine Kuh jahrelang eine Familie ernähren. Millionen Familien hausten in kleinen Hütten und lebten von einem handtuchgroßen Acker, der ihnen Kartoffeln, Gurken, Kohl, rote Rüben, Möhren und Zwiebeln lieferte –, und von einer Kuh. Ein Teil der Milch wurde zum Kauf von Heu verwendet, der Rest war für die Kohlsuppe; eine Kuh macht die Menschen unabhängig, sie brauchen sich nur das Brot noch hinzuzuverdienen. Der Staat weiß bis heute nicht, wie er sich gegenüber diesem Überbleibsel der alten Zeit, das muht und Milch gibt, verhalten soll. Gibt man den Leuten Heu für die Kuh, dann faulenzen sie und arbeiten auf der Kolchose nur ein Minimum, nimmt man ihnen die Kuh weg, verhungert das Volk. Die Kuh wird einmal verboten, dann wieder erlaubt. Es gibt jedoch immer weniger Kühe, und die Frauen haben nicht genug Kraft, ihren gehörnten Schatz zu verteidigen.

Eine Kuh wäre unsere Rettung gewesen, und ich war überzeugt, noch Melken lernen zu können. Wir würden verschwinden, in der Menge untertauchen, niemals das Haus verlassen und uns in unsere vier Wände verkriechen. Aber der Erwerb einer Hütte und einer Kuh erfordert ungeheure Geldmittel, die jetzt auch meine Kräfte überstiegen. Zu uns nach Sawelowo kamen Frauen, die ganz billig das Holzwerk ihrer kleinen Häuser anboten, wir mußten kräftig schlucken, so appetitlich gelb, dottergelb, hatten sie ihre Wände bemalt. Aber um in der Menge unterzutauchen, sich in ihr anzusiedeln, muß man von Geburt an zu ihr gehören und eine schäbige Hütte mit löchrigem Dach und ein kleines Grundstück mit einem kaputten Zaun von irgendeiner vom Hunger ausgezehrten Großmutter erben. Vielleicht fänden sich in den kapitalistischen Ländern Sonderlinge, die für einen verbannten Dichter Geld für den Erwerb einer Bauernkate und einer Kuh sammeln würden, bei uns jedoch ist dies ausgeschlossen. Eine Hilfsaktion für einen Verbannten zu organisieren oder für ihn Geld zu sammeln, galt als ein Verbrechen, für das man sogar ins Lager kommen konnte.

O. M. verhielt sich meinem »Kuh-Plan« gegenüber kühl; um ihn zu verwirklichen, fehlte das Geld, aber auch die Idee selbst gefiel ihm nicht: »Aus solchen Einfällen wird nie etwas.« Sein Plan war das genaue Gegenteil vom meinem: Er wollte – anstatt in der Menge unterzutauchen – sich von ihr abheben. Irgendwie glaubte er, daß man ihm, falls es ihm gelänge, eine Dichterlesung im Schriftstellerverband zu veranstalten, auch eine Arbeit geben würde. Er gab sich der Illusion hin, daß man mit Gedichten jemanden besiegen und auch überzeugen könne. Diese Überzeugung hatte er seit seiner Jugend, und einmal sagte er mir, daß niemand ihm etwas versage, wenn er Gedichte schriebe. Wahrscheinlich war das auch so – er hatte eine gute Jugend gehabt, in der er von seinen Freunden beschützt und geschätzt worden war. Diese Verhältnisse auf das Moskau des Jahres 1937 zu übertragen, war jedoch vollkommen unsinnig. Dieses Moskau glaubte niemandem und an nichts. Es lebte von der Losung: Rette sich, wer kann. Es pfiff auf die Werte dieser Welt und erst recht auf Gedichte. Wir wußten das, aber O. M., der ein äußerst aktiver Mensch war, konnte die Hände nicht in den Schoß legen. Übrigens ging es hier nicht allein um seine Aktivität: Den Wolf ernähren seine Beine, und es ist ihm nicht vergönnt, bis zu seinem Tode einen Augenblick innezuhalten.

Lachuti griff die Idee der Dichterlesung auf. Auch ihm erschien sie als Rettung. Aber was weiß ich denn schon über Lachuti, außer daß er freundlich und aufmerksam war. Nichts. In dieser vertierten Umwelt schien mir seine Freundlichkeit wie ein Wunder. Weder Stawskij noch Lachuti konnten die Frage der Dichterlesung in eigener Zuständigkeit entscheiden. Alles wurde »oben« entschieden. Wir warteten in Sawelowo die Entscheidung dieser für uns lebenswichtigen Frage ab und rafften uns nur selten dazu auf, beim Schriftstellerverband vorzusprechen, um die Meinung der höchsten Instanz in dieser Angelegenheit zu erfahren. Bei einem dieser Besuche im Schriftstellerverband sprach O. M. im Korridor mit Surkow; als er auf die Straße trat, fand er in seiner Tasche dreihundert Rubel. Surkow hatte ihm offensichtlich dieses Geld heimlich zugesteckt. Nicht jeder hätte den Mut dazu gehabt; größte Unannehmlichkeiten hätten sich daraus für ihn ergeben können. Bei einer Beurteilung Surkows möge man ihm dies zugute halten. Es war wie die Szene, die in den russischen Kirchen meist in der Kuppel abgebildet ist, wie der Griff nach dem jungfräulichen Gewand, damit die Muttergottes den Sünder ins Paradies ziehen kann.

Die Dichterlesung wurde noch immer nicht angesetzt. Endlich rief jemand vom Schriftstellerverband bei Jewgenij Jakowlewitsch an, um von ihm zu erfahren, wie man Mandelstam ausrichten könne, daß die Lesung am darauffolgenden Tag stattfinden solle. Auf den Telegrafendienst war kein Verlaß, und Jewgenij wollte sich ihm nicht auf Gnade und Ungnade ausliefern. Er stürzte zum Bahnhof und kam mit dem letzten Zug zu uns. In diesem Augenblick glaubte er anscheinend selbst, Gedichte und Dichterlesungen könnten O. M. retten.

Am darauffolgenden Tag fuhren wir nach Moskau und waren zur angegebenen Zeit im Schriftstellerverband. Die Sekretärinnen saßen noch an der Arbeit, aber von der Dichterlesung wußte keiner etwas: Ja, man hatte etwas davon gehört, aber was genau, konnte keiner sagen. Im Klub war alles geschlossen. Nirgends eine Ankündigung.

Wir konnten nur noch eines tun, nämlich ausfindig machen, ob Benachrichtigungen verschickt worden waren. Schklowskij hatte keine erhalten, aber er riet uns, irgendeinen der Dichter anzurufen, da Einladungen häufig nur an die Sektionsmitglieder ergingen. Wir hatten die Nummer von Assejew zur Hand. O. M. rief ihn an und fragte, ob er eine Einladung erhalten habe. Bei Assejews Antwort verfärbte sich O. M. und hängte ein. Assejew hatte gesagt, daß er flüchtig irgend etwas davon gehört habe, sich mit ihm aber nicht unterhalten könne, da er gerade etwas vorhabe, er müsse schnell ins Bolschoj-Theater zu einer ›Schneewittchen‹-Aufführung. Andere Dichter anzurufen, wagte O. M. danach nicht mehr.

Das Rätsel der Dichterlesung zu lösen, gelang uns nicht. Man hatte tatsächlich vom Schriftstellerverband angerufen, aber wer, das ließ sich nicht feststellen. Vielleicht war es die Personalabteilung gewesen; denn die Sekretärinnen, die sich gewöhnlich mit diesen Angelegenheiten befaßten, hatten keinerlei Anweisung erhalten, obwohl sie sich dunkel erinnerten, irgend etwas gehört zu haben. Wenn es die Personalabteilung gewesen war, warum kamen sie dann ausgerechnet auf Mandelstam? In uns stieg die Vermutung auf, daß man O. M. aus Sawelowo locken wollte, um ihn zu verhaften, daß man dann aber doch von dem Vorgesetzten, vielleicht sogar Stalin, der sich an diesem Fall in der Vergangenheit so interessiert gezeigt hatte, die Genehmigung nicht erhalten hatte. Zur Entlastung der überbeschäftigten Tschekisten wurden die Leute oft in Ämter gerufen, um von dort aus in die Lubjanka befördert zu werden. Man erzählte sich viel über solche Fälle. Für uns hatte es aber keinen Sinn, länger über alles nachzudenken. Wir kehrten nach Sawelowo zurück und waren wieder »Sommerfrischler«.

Beide Pläne für unsere Rettung scheiterten – »die Dichterlesung« mit großem Eklat; »die Kuh« – allmählich. Es gab keine Rettung, nicht einmal mehr in den Träumen.

Was das ›Schneewittchen‹ betraf, so war es verständlich, daß Assejew gerade diese Oper erwähnte. Die Dichtersektion des Schriftstellerverbandes, dem er angehörte, zollte damals dem vorchristlichen Rußland Tribut. Wir hatten keine Lust, nachzuspüren, was an jenem Abend im Bolschoj-Theater gespielt worden war und ob es nicht schon Sommerpause hatte. Man hat mir erzählt, Assejew sei im Alter einsam und verlassen gewesen. Er erklärte seine Vereinsamung damit, daß er gegen den Personenkult angekämpft und deshalb seine Stellung verloren habe. Auch Kotschetows Freunde schreiben, Kotschetow habe den Personenkult bekämpft. Wie sich jetzt herausstellt, hat es bei uns keinen einzigen Stalinisten gegeben, alle haben tapfer gekämpft. Doch ich kann bezeugen, daß von meinen Bekannten keiner gekämpft hat, alle haben nur versucht, nicht aufzufallen. Das war auch das einzige, was Menschen, die noch ein Gewissen hatten, überhaupt tun konnten – und schon dazu gehörte wirklich Mut.

Fünfundsechzigstes Kapitel

Ein alter Freund

Das Scheitern der Dichterlesung warf O. M. nicht um. Er sagte: »Wir müssen alles auf den Herbst verschieben.« Sobald es auf den Juni zuging, wurde Moskau leer, deshalb schmiedeten wir keine neuen Pläne zu unserer Rettung, sondern dachten nur daran, wie wir die Zeit bis zum Herbst durchstehen könnten. Damals erklärte mir O. M.: »Ich muß mir einen anderen Beruf suchen – jetzt, wo wir Bettler sind.« Er wollte nach Leningrad fahren.

Früher haben O. M. und ich immer Gespräche geführt. Mir blieben seine Worte und Gedanken in Erinnerung. Im letzten Jahr jedoch waren dies keine zusammenhängenden Sätze mehr, sondern nur einzelne Ausrufe! Worüber sprachen wir? Über nichts Besonderes: »Ich bin müde, legen wir uns hin... Ich kann nicht mehr gehen... Wir müssen etwas unternehmen... Es tut sich nichts... Es wird immer so bleiben – mein Gott!... Wen haben sie abgeholt?... Schon wieder!«

Wenn das Leben absolut unerträglich wird, dann beginnt man zu denken, der Schrecken werde nie enden. In Kiew während der Bombenangriffe begriff ich, daß das Unerträgliche dennoch ein Ende hat; was ich noch nicht wußte, war, daß es oft erst mit dem menschlichen Leben endet. Was den Stalin-Terror angeht, wußten wir immer schon, daß er schwächer oder stärker werden kann, daß er aber niemals aufhören würde. Warum auch? Keiner hatte Zeit zum Denken. Alle gingen ihrer Arbeit nach, alle lächelten, alle führten bedingungslos ihren Auftrag aus und lächelten wieder. Fehlte das Lächeln, so bedeutete das Angst oder Unzufriedenheit, und solche Gefühlsregung wollte keiner zugeben: Wenn jemand Angst hat, dann hat das seine Gründe – er hat ein schlechtes Gewissen. Jeder im Staatsdienst – bei uns ist jeder kleine Verkäufer an einem Stand ein Angestellter, der Verantwortung trägt – gab sich fröhlich und gutmütig, gerade als wollte er sagen: »Was um mich her passiert, geht mich nichts an, ich habe einen verantwortungsvollen Posten und stecke bis obenhin in Arbeit. Ich nütze dem Staat, also lassen Sie mich in Ruhe. Mein Gewissen ist rein wie klares Wasser. Wenn man den Nachbarn geholt hat, dann hat das wohl seine Gründe.« Nur zu Hause ließ man die Maske fallen, und auch das nicht immer. Man mußte doch selbst vor den Kindern seine Angst verbergen – Gott verhüte, daß sie sich in der Schule versprechen. Viele hatten sich dem Terror so angepaßt, daß sie gelernt hatten, aus ihm Nutzen zu ziehen. Den Nachbarn zu denunzieren, um seine Wohnung oder seinen Arbeitsplatz zu bekommen, war nahezu schon selbstverständlich. Aber die Maske sieht nur ein Lächeln, kein Lachen vor; Fröhlichkeit war verdächtig und rief bei den Nachbarn verstärktes Interesse hervor: »Worüber lachen sie? Wahrscheinlich machen sie sich über uns lustig.«

Nach unserer Ankunft in Leningrad gingen wir direkt zu Losinskij, der in einer abgelegenen Datscha in der Nähe von Luga wohnte. Er zog sofort fünfhundert Rubel heraus, mit denen wir nach Sawelowo zurückkehren und unsere Datscha bis zum Ende des Sommers bezahlen konnten. Was waren diese fünfhundert Rubel wert? Bei uns hat es nie stabile Preise gegeben – sie änderten sich ständig, und eine Logik konnten wir in dieser sprunghaften Bewegung nicht erkennen. Bei freier Marktwirtschaft unterliegen die Preisschwankungen einer Gesetzmäßigkeit, die dem Steigen und Fallen des Geldwertes entspricht. Bei den geheimnisvollen Schwankungen der Planwirtschaft jedoch soll sich der Teufel auskennen. Die Preise wurden anscheinend nach Belieben erhöht oder gesenkt. Deshalb war es für uns schwer, den Wert dieser fünfhundert Rubel anzugeben, aber trotzdem lag in den Hundertern und Tausendern, die durch unsere Hände gingen, eine gewisse magische Kraft. Und als uns Losinskij die fünfhundert Rubel gegeben hatte, fühlten wir uns nicht mehr wie gewöhnliche Bettler, sondern wie ganz besondere, die Almosen en gros und nicht in Kopekenstücken erhielten.

Wir aßen bei Losinskij, er machte Späße, und O. M. erzählte am laufenden Band Witze, beide lachten wie in den Tagen der »Dichtergilde«. Nach dem Essen zogen sich Losinskij und O. M. zurück, und O. M. las lange Zeit Gedichte vor. Ein heiterer Losinskij begleitete uns zum Bahnhof. Wir gingen durch den Wald, denn wir wagten nicht, auf den belebten Straßen zusammenzugehen: Losinskij könnte mit verdächtigen Fremden zusammen gesehen werden! Noch schlimmer wäre gewesen, wenn uns jemand vom Schriftstellerverband begegnet wäre, der O. M. persönlich kannte. Wir wollten Losinskij nicht gefährden, deshalb verabschiedeten wir uns am Waldrand.

Als Gemeinsamkeit stellte sich heraus, daß die Achmatowa, Losinskij und O. M., die alle in den neunziger Jahren geboren sind, in den dreißiger Jahren bereits zur älteren Generation der Intelligenzija gerechnet wurden, weil die Älteren bereits umgekommen, emigriert oder in Vergessenheit geraten waren. In den Augen der Umwelt waren diese drei sehr bald »die Alten«, während die »Weggenossen« Kawerin, Fedin, Tichonow und andere sehr lange als »die Jungen« galten, obwohl sie nur einige Jahre jünger waren. Babel gehörte weder zu den Jungen noch zu den Alten – er war ein Mensch für sich. Als wollten sie der öffentlichen Meinung entgegenkommen, alterten O. M. und Losinskij sehr bald. 1929, als O. M. bei der Zeitung ›Moskowskij Komsomolez‹ arbeitete – sie war auf der Twerskaja in der alten Passage neben dem Varieté-Theater untergebracht –, sagte der Theaterdiener, der mir ansah, daß ich jemanden suchte: »Ihr alter Herr ist in den Speisesaal gegangen.« Der »alte Herr« war noch keine Vierzig, aber sein Herz streikte bereits. Übrigens ist es eine Erfindung Ehrenburgs, O. M. sei klein gewesen. Ich trug damals hohe Absätze und reichte ihm kaum bis ans Ohr, dabei bin ich mittelgroß. Ehrenburg war jedenfalls kleiner als O. M. Auch war O. M. nicht schmächtig, er hatte breite Schultern. Wahrscheinlich erinnerte sich Ehrenburg an den O. M. von der Krim, wie er damals vom Hunger ausgezehrt war, vielleicht paßte es in seine journalistische Konzeption, ihn als schwach und harmlos darzustellen, als den verfeinerten jüdischen Typus, ähnlich dem Pianisten Aschkinasi*. O. M. aber war Aschkinasi ganz unähnlich, er war viel robuster.

O. M. hatte ein krankes Herz, das der grausamen Belastung unseres Daseins und dem ungestümen Temperament seines Besitzers nicht gewachsen war. Losinskij wurde von einer geheimnisvollen Elephantiasis heimgesucht, die in die Bibel und nicht in das Leningrad unserer Tage zu gehören schien. Seine Finger, Lippen und die Zunge schwollen zur doppelten Größe an. Als ich Losinskij Mitte der zwanziger Jahre zum ersten Male sah – er besuchte uns damals in der Morskaja-Straße –, fühlte er buchstäblich das Herannahen der Krankheit und sagte, daß nach der Revolution alles schwierig geworden sei, alle von der geringsten Anstrengung, vom Sprechen, von einem Besuch oder Spaziergang ermüden würden. Ebenso wie O. M. hatte Losinskij damals schon eine Haft hinter sich. Auch er war einer von denen, die zu Hause immer eine gepackte Tasche bereitstehen hatten. Er ist mehrmals abgeholt worden, einmal, weil seine Schüler – er hielt irgendwo ein Übersetzungsseminar – sich gegenseitig Spitznamen gaben. Spitznamen waren damals bei uns nicht beliebt, weil man dahinter eine Verschwörung vermutete. Alle Spaßmacher wurden inhaftiert. Zum Glück kannte Losinskijs Frau irgend jemand in Moskau, und als man ihren Mann abholte, eilte sie unverzüglich zu ihrem Beschützer. Das gleiche tat Schirmunskijs Frau. Ohne solch eine schützende Hand in Moskau wären beide Männer in jenen Tagen nicht so glimpflich davongekommen. Eigentlich schienen beide von Anfang an dem Untergang geweiht zu sein; daher waren wir alle sehr glücklich, als wir Losinskijs Namen auf der Liste der ersten

* Wladimir Aschkinasi, sowjetischer Pianist, lebt jetzt im Westen.

Schriftsteller entdeckten, die mit einem Orden ausgezeichnet wurden. Auf dieser Liste war Losinskij so etwas wie ein schwarzes Schaf, aber man ließ auch einen Außenseiter unter ihm artfremden Menschen leben. Später mußten wir feststellen, daß auch Orden einen Menschen nicht vor dem Schlimmsten bewahrten – sie wurden den Betreffenden bei der Verhaftung einfach weggenommen; Losinskij jedoch hatte insofern Glück, als es ihm gelang, an seiner eigenen schrecklichen und unwahrscheinlichen Krankheit zu sterben.

Wir alle waren nach den ersten Jahren der Revolution von Krankheiten und Erschütterungen gezeichnet. Dies zeigte sich zuerst bei den Frauen, die sich trotzdem als zählebig erwiesen, die Hälfte ihres Lebens krank waren, aber dann doch genasen. Die Männer schienen irgendwie stärker, sie hielten den ersten Schlägen stand, doch richteten sie dabei ihr Herz zugrunde, und selten erreichte einer das siebzigste Lebensjahr. Jene, die von Gefängnis und Krieg verschont blieben, wurden von Herzinfarkten oder, wie Losinskij und Tynjanow, von ungewöhnlichen Krankheiten dahingerafft. Jeder von uns ist davon überzeugt, daß es einen ursächlichen Zusammenhang zwischen seelischen Erschütterungen und Krebs gibt. Zu häufig haben wir gesehen, wie das Schicksal einen Menschen ereilte, wie er öffentlich verhöhnt und eingeschüchtert wurde und ihm – wer weiß welche – schrecklichen Dinge angedroht wurden; nach einigen Jahren ging dann das Gerücht um, daß es bei ihm nicht das Herz sei, sondern ganz gewöhnlicher Krebs. Es steht außer Frage, daß man uns schlimm zugesetzt hat. Nur die gefühllose Statistik behauptet unentwegt, daß sich die mittlere Lebenserwartung ständig erhöhe, wahrscheinlich kommt es durch den Frauenüberschuß bei uns – wir Frauen haben uns wirklich als unwahrscheinlich zählebig erwiesen.

Sechsundsechzigstes Kapitel

Die parteilose Tanja

O. M.s Bruder, Jewgenij Emiljewitsch, wohnte mit seiner Familie auf der Twerskaja. Von Losinskij aus fuhren wir zu ihm, weil O. M. seinen Vater sehen wollte. Zu seinem Bruder hatte O. M. überhaupt kein Verhältnis. Er war eine Krämerseele und hatte sein Medizinstudium zugunsten einer einträglicheren Tätigkeit bei den Schriftstellerorganisationen aufgegeben. Er kassierte Honorare für Dramaturgen, den Litfonds und ähnliches, und gegen Ende seines Lebens ging er in die Filmindustrie. Während seines ganzen Lebens hat er O. M. nicht geholfen und verlangte ständig, daß wir den alten Vater zu uns nähmen. Er bestand bei jeder Begegnung darauf und schrieb uns das überallhin – nach Woronesch, Sawelowo, wo immer wir waren. O. M. schrieb ihm einige Briefe aus Woronesch und war so klug, sich eine Abschrift zu machen, da er wußte, daß Jewgenij seine Briefe vernichtete. In diesen Briefen machte O. M. seinem Bruder Vorhaltungen über dessen Einstellung zu ihm und bat ihn, nie zu erwähnen, daß er sein Bruder sei. Bis 1956 existierten wir für Jewgenij Emiljewitsch nicht, und er verhielt sich gegenüber Menschen, die ihn nach mir fragten, immer außerordentlich barsch. In den letzten Jahren dagegen ehrte er das Andenken O. M.s und bemühte sich sogar, Verbindung zu mir aufzunehmen. Einmal erschien er in eigener Person bei mir und lud mich hartnäckig zu sich ein. Er ist der typische Geschäftemacher, der im Leben alles erreicht hat: Wohlstand, Geld, ein Auto und sogar einen Filmvorführapparat, um sich in den Mußestunden zu zerstreuen. In unserem grausamen Leben können solche Leute nicht von normalen Geschäften leben, sondern von ihrer Wetterwendischkeit, was ihnen allerdings nicht zur Ehre gereicht.

Außer seinem Vater wollte O. M. auch noch seine Nichte Tatka sehen. Sie war Jewgenijs Tochter aus erster Ehe mit der Schwester von Sarra Lebedewa. Später, während der Blockade, bekam Tatka Tuberkulose und starb früh. Ich lernte sie als kleines Mädchen kennen. Ihrem Vater ähnelte sie überhaupt nicht. Erzogen wurde sie von ihrer Großmutter mütterlicherseits, der prächtigen alten Marja Nikolajewna Darmolatowa, in deren Wohnung auch Jewgenij wohnte. Nach O. M.s Verhaftung verbot Tatkas Vater ihr den Umgang mit mir, die Großmutter aber richtete es ein, daß ich sie heimlich bei der Lebedewa sehen konnte. Sie beschwerte sich bei mir, daß ihr Vater eine Kopie von Gedichten von O. M., die sie sich mühsam von literarisch Interessierten beschafft hatte, ins Feuer geworfen habe. Die Abschriften existierten nur in wenigen Exemplaren, denn sie wurden bei den Haussuchungen immer beschlagnahmt.

Als der Krieg ausbrach, war Tatka Studentin an der philosophischen Fakultät und mit einem jungen Mann verlobt, der Gedichte schrieb und O. M. sehr schätzte. Er fiel in den ersten Kämpfen, und Tatka lief im hungernden Leningrad herum, um irgend etwas über ihn zu erfahren. Zu Hause hatte Tatka es schwer – der Vater zankte sich ständig mit der Großmutter und warf ihr, als wäre er ein Komsomolze, »Rückständigkeit« vor. Ihrer Stiefmutter ging Tatka aus dem Weg. Ich habe mich immer gewundert, daß ein Mädchen, das in einer so schweren Zeit und unter so schwierigen Familienverhältnissen aufwuchs, die Einflüsse alles »Neuen« bewältigte und die besten Traditionen der russischen Intelligenzija wahrte, jener vergessenen, verhöhnten und von der höheren Vernunft der neuen Moral besiegten Schicht.

Tatkas Stiefmutter, Tanja Grigorjewa, war die Tochter eines Chemielehrers an einem der besten und fortschrittlichsten Gymnasien des Landes. Sie wuchs in einer intellektuellen Atmosphäre auf, in einer Familie, die den Stil der sechziger Jahre des vorigen Jahrhunderts pflegte und Belinskij und Dobroljubow las. Tanja war stolz auf ihre Familientradition und verachtete etwas die Großmutter Marja Nikolajewna wegen ihrer adeligen Herkunft. Auch in ihrem Äußeren verkörperte Tanja den Typ der demokratischen Studentin alter Prägung: Sie hatte ein kluges Gesicht, glatte, in einem Knoten zusammengefaßte Haare von unbestimmbarer Farbe und trug ein schlichtes zeitloses Kleid, wie es vor der Revolution für fortschrittliche Lehrerinnen typisch war. Tanja sprach leise und scherzte gern. Ihr Stolz war, daß sie alle Bäume, Vögel, Pflanzen und Gräser mit Namen kannte, denn ihr Vater hatte mit seinen Töchtern ausgedehnte Spaziergänge ins Grüne unternommen und sie die heimatliche Natur beobachten gelehrt. Ihrer Ansicht nach hatte Tatka eine völlig andere, nichtdemokratische Erziehung erhalten, und sie machte sich über Tatka lustig, weil sie im Winter nicht die Bäume und Sträucher unterscheiden konnte.

Tatkas Studienwahl fand Tanja lächerlich. Sie akzeptierte nur Berufe, die dem Volk Nutzen brachten. Dabei variierte sie übrigens die traditionelle Formulierung etwas ab und sprach vom »Nutzen für die Kolchosen«. Damit Tatka nicht von der Frömmigkeit der Großmutter angesteckt werde, führte sie Tanja öfter in das atheistische Museum der Sankt-Isaak-Kathedrale. Während eines dieser Besuche kam es zu einer regelrechten Szene: Tatka war mit der dort propagierten Auslegung eines Textes aus dem Evangelium nicht einverstanden. Sie brach in Tränen aus, als man ihr erklärte, daß man ja schließlich der kollektiven Erfahrung der besten Sachverständigen, die den Schwindel der Pfaffen aufgedeckt hätten, vertrauen müsse und nicht so überheblich sein dürfe. Dem Text nach verherrlichte das Evangelium den Reichtum, und das gescheite Mädchen spürte sofort, daß die Auslegung nicht der Wahrheit entsprach. Wir waren gerade in Leningrad, und Tatka versuchte heimlich von O. M. zu erfahren, wer recht habe, die Großmutter oder die Stiefmutter und der Vater. Wahrscheinlich ging ihre Zuneigung zu dem Onkel auf diese Situation zurück.

Tanjas Vater hatte ihr ausgezeichnete Beziehungen zur Führungsspitze der Partei hinterlassen. Sie und ihre Schwester Natascha waren zu Beginn der Revolution verwaist; um sie kümmerte sich Jenukidse, den sie den »Rothaarigen Abel« nannten. Entweder war das ein alter Deckname aus der Zeit der Untergrundarbeit der Partei oder ein scherzhafter Spitzname, den er im Hause Grigorjew erhalten hatte. 1937 wurde Jenukidse eingesperrt, aber Tanja ging mit der Zeit und erklärte mir gegenüber: »Sicherlich hat er irgend etwas auf dem Kerbholz – Macht verdirbt den Charakter.« Zu dieser Zeit brauchte Tanja ihre ehemaligen Beschützer nicht mehr und hatte sie bereits schon überflügelt; sie waren zurückgeblieben und vermochten nicht, Stalin auf seinem Weg zu folgen, mit ihm alle notwendigen revolutionären Änderungen durchzuführen, von denen Tanjas verstorbener Vater geträumt hatte! Mit diesen Argumenten erklärte Tanja die Verhaftungen der alten Bolschewiki und unterstützte von ganzem Herzen alle Maßnahmen – von der Liquidierung der Kulaken bis zur Ausweisung der Adeligen aus Leningrad und den Massenverhaftungen des Jahres 1937. Um konkret zu bleiben, führte sie für alles Beispiele aus dem Leben ihres Instituts oder der Hausverwaltung an. Ohne ihre Stimme zu erheben, war Tanja der ideologische Mittelpunkt ihres Haushalts, in dem sie bestimmte. Wahrscheinlich verhielt sie sich im Dienst genauso – ich habe es nicht selbst beobachtet, aber ich kenne diesen Frauentyp aus eigener Erfahrung. Das einzige, was Tanja verdroß, war Tatkas Starrköpfigkeit. Das Mädchen lernte früh zu schweigen, und keine Macht der Welt hätte sie dazu bringen können, auch nur mit einem Wort Tanjas Theorien zu billigen. Zur ersten großen Auseinandersetzung zwischen Tatka und ihrer Stiefmutter kam es, als die Adeligen, zu denen Tanjas Freundin und Spielkameradin Olga Tschitschagowa gehörte, aus Leningrad ausgewiesen wurden. Tanja behauptete, die Adeligen hätten in der Stadt Lenins nichts zu suchen und es lohne sich nicht, wegen der Aussiedlung der Tschitschagows zu flennen. Tatka schwieg.

Tanja sagte, es sei ein Verbrechen, bei der herrschenden Wohnraumnot den Adeligen – anstatt den Arbeitern – in Leningrad Wohnung zu geben. Tatka schwieg. Tanja meinte, es sei ihr völlig unverständlich, warum sich Tatka so ungeeignete Freundinnen ausgesucht habe: Was konnte sie, die in der Familie Jewgenijs und Tanjas aufgewachsen war, schon mit diesem adeligen Fräulein von nebenan gemein haben! Tatka schwieg und begleitete nach dieser Auseinandersetzung Olga trotzdem auf den Bahnhof. Tanja beschuldigte sogar die alte Großmutter, Vorschub geleistet zu haben.

Kurz auf dieses Drama folgte die Farce. Tanja und ihre Schwester wurden vor die Leningrader Aussiedlungskommission geladen, und man schlug ihnen vor, die Stadt zu verlassen. Die Aussiedlung erfolgte nach dem Buch ›Ganz Leningrad‹, und in ihm war Grigorjew, Tanjas Vater, als persönlich Geadelter* aufgeführt. Die Kommission kümmerte es nicht, daß der alte Grigorjew nur persönlich geadelt war – sie hatten ihr Soll zu erfüllen, und die ihnen erreichbaren Adeligen waren nicht genug oder auch schwer aufzufinden... Nur der »Rothaarige Abel«, der damals seinen Einfluß noch nicht verloren hatte oder dessen Macht wenigstens noch für solch kleine Angelegenheiten ausreichte, konnte den Schwestern helfen.

»Die Gerechtigkeit hat gesiegt!« erklärte mir Tanja, als wir uns kurz darauf in Moskau trafen.

»Warum ließ es euer Vater aber zu, als ›persönlich Geadelter‹ aufgeführt zu werden?« fragte ich. »Man braucht den Leuten nur einen halben Rubel zuzustecken, und dann trugen sie es nicht in die Dokumente ein.«

»Mein Vater bestach aus Prinzip niemanden«, antwortete Tanja kalt.

Marja Nikolajewna und ich waren doch ein wenig schadenfroh und blinzelten uns zu. Uns kam der böse Gedanke, daß der unerschütterlich fortschrittliche Grigorjew es doch gerne hatte, adelig genannt zu werden, und deshalb das ihm mit Universitätsabschluß zufallende Recht nicht verschmäht hatte.

Wir wußten im voraus, welchen Empfang wir in der Siwerskaja zu erwarten hatten, und waren froh, als sich herausstellte, daß Jewgenij Emiljewitsch nicht zu Hause war. Er kam erst spät in der Nacht zurück. Am nächsten Morgen spielte sich die gewöhnliche Szene ab. Er forderte, daß wir den Großvater zu uns nähmen. Der Alte war, um Jewgenijs Worte zu gebrauchen, für die Familie eine zu große Belastung, wurde ihr zum Verhängnis, zog sie in den Abgrund. O. M. stritt nicht lange

* Ein nicht vererbbarer Status, der im zaristischen Rußland automatisch mit gewissen öffentlichen Stellungen verbunden war.

mit seinem Bruder. Da er morgens immer früh aufstand, hatte er schon mit seinem Vater und Tatka sprechen können. Sobald Jewgenij Emiljewitsch aufstand und Gespräche über den Vater begann, verabschiedeten wir uns. In diesem Moment fragte Tanja, warum wir nach Leningrad gekommen seien. Wir erklärten es ihr, so gut wir konnten, und sie zeigte sich sehr überrascht: »Ich verstehe nicht, wie zwei erwachsene Menschen es nicht fertigbringen, sich ihr Brot zu verdienen!« Ich versuchte ihr zu erklären, daß sich alle Arbeit in Staatshänden befinde und sie nicht von »Unwerten« ausgeführt werden dürfe. Tanja tat meine Argumente mit den Worten »Panik« und »intellektuelle Hirngespinste« ab. Wie Marietta Schaginjan hatte auch sie nie etwas von Verhaftungen gehört. Ich erinnerte sie an den »Rothaarigen Abel«, über den sie sofort ihr Urteil fällte. Sie hatte etwas Hartes, Unbeugsames an sich, das an große Vorbilder erinnerte: an Spartanerinnen, an die Mutter der Gracchen, an eine Kämpferin der »Narodnaja Wolja«. Beim Weggehen sagte ich zu ihr: »Wenn über Nacht die Bolschewiki von Faschisten abgelöst würden, du würdest den Unterschied nicht einmal merken.« Tanja erwiderte, dies werde nie eintreten.

Das war die letzte Begegnung O. M.s mit seinem Vater und Tatka. Über Tanja lächelte er nur: »Was erwartest du? Sie ist doch eine parteilose Bolschewikin!« Damals kam dieser Begriff in Mode, und alle, die einen guten Arbeitsplatz hatten, wurden parteilose Bolschewiki genannt und verhielten sich dementsprechend. Frauen wie Tanja wurden auf der dienstlichen Leiter nach oben, bis in die Höhen befördert, wo man parteilos sein durfte. Sie vertraten in den Ämtern die sogenannte »demokratische Intelligenzija«, auf die sich laut Stalins Befehl der ganze Apparat stützen sollte. Im ganzen gesehen erinnerte sie an die opferfeudigen Radikalen vor der Revolution, und sie waren sowohl für den Staat als auch für die Familie unentbehrlich.

Ich traf mit Tanja nach mehr als zwanzig Jahren wieder zusammen, als sie mit Jewgenij Emiljewitsch zu Schklowskijs kam, um mich dort zu sehen. Natürlich erkundigte ich mich, wie sie sich denn zum XX. Parteitag stellte, aber statt ihrer antwortete Jewgenij Emiljewitsch, anfangs sei sie sehr ungehalten gewesen: »Was immer sie angerichtet haben... Es lohnt nicht, viel Lärm darüber zu machen. Als Chruschtschow Leningrad besuchte, wollte sie ihn gar nicht sehen – er überholte sie in ihrem Auto auf dem Newskij-Prospekt, und stellen Sie sich vor, sie wandte sich ab!« Tanja habe sich jedoch bald mit dem neuen Regime abgefunden: Es hat wirklich Auswüchse gegeben, und dann die Dialektik...

Als 1938 der Großvater im Sterben lag und ich ihn besuchte, war mir Marja Nikolajewna behilflich, eine Zeit zu wählen, in der Jewgenij

Emiljewitsch und Tanja nicht zu Hause waren. Großvater glaubte, Ossip und ich könnten ihn von seiner Armut, Einsamkeit und seiner letzten schrecklichen Krankheit erlösen. Ich brachte es nicht über mich, ihm von der Verhaftung seines ältesten Sohnes zu erzählen. Bald darauf brachte Jewgenij Emiljewitsch ihn ins Krankenhaus, wo er an Krebs starb. Die Ärzte riefen telegrafisch den zweiten Sohn aus Moskau ans Krankenlager, er kam jedoch zu spät. Nach den Worten des Krankenhauspersonals hat niemand den alten Mann auch nur ein einziges Mal im Krankenhaus besucht. Er starb einsam. Ich mußte an Tanjas Erzählung denken, wie ihre Großmutter gestorben war. Sauber und leise wie eine Maus habe sie sich in ihrem Kämmerlein verkrochen und ebenso lautlos ihren Atem ausgehaucht, um den Tagesablauf ihrer Enkelinnen nicht zu stören. Tanja wiederholte diese rührende Erzählung häufig, und Marja Nikolajewna war davon überzeugt, daß sie dies als Lehre für sie und den Großvater getan habe. In der Tat starben beide so, daß sie weder Jewgenij Emiljewitsch noch Tanja störten – der Großvater im Krankenhaus und Marja Nikolajewna während der Blockade. Auch Tatka starb im Krankenhaus, im Krankenhaus von Wologda. Sie war dorthin gefahren, als die Blockade durchbrochen und die Ausfahrtstraße wieder passierbar war. Ihre Tante, Sara Lebedewa, war in den letzten Tagen ihres Lebens bei ihr. Einen Tag vor ihrem Tod hatte es Tanja fertiggebracht, ihre ganze Kleidung aus dem Krankenhaus mitzunehmen – Tatka hatte ja Krankenhauswäsche an. Damals lebten alle davon, daß sie Lumpen gegen Brot tauschten, und Tanja hielt es für richtig, Tatkas Plunder dafür zu verwenden, um Brot für sich und ihren Sohn zu beschaffen, anstatt sie der Erde zu überantworten. Das ist sehr vernünftig, aber trotzdem war nichts da, worin Tatka hätte beerdigt werden können. Das erzählte mir Sara Lebedewa.

Es gibt einen Grad von Verrohung, in dem die Menschen alle Hüllen fallen lassen, die sich eine scheinheilige Gesellschaft erdachte, um das eigentliche Wesen der Dinge zu verbergen. Wir zeichneten uns dadurch aus, daß wir nie unsere schöne und liebenswürdige bürgerliche Maske abnahmen. Ich habe häufig Menschen getroffen, die wegen ihres intelligenten Gesichts und ihrer angenehmen Stimme Karriere gemacht haben. Ich denke da zum Beispiel an den Direktor des Pädagogischen Instituts von Uljanowsk, der mit Freuden den Pogrom gegen die jüdischen Mitglieder des Lehrkörpers leitete*. Als ich vom Institut gejagt und eigens aus diesem Anlaß eine Versammlung des Lehrkörpers unter dem Vorsitz des Direktors einberufen wurde, wollte ich meine Augen

* Die »Aufdeckung« der »Ärzteverschwörung« führte in den letzten Monaten vor Stalins Tod zu einem umfassenden Judenpogrom.

nicht von seinem Gesicht abwenden: Er sah Tschechow zum Verwechseln ähnlich und trug – da er sich dessen offensichtlich bewußt war – nicht etwa eine Brille, sondern einen goldumrandeten Kneifer. Unvergeßlich bleiben mir sein Mienenspiel und die sanfte Modulation seiner Stimme. Ihn zu beschreiben ist unmöglich: Es würde sich wie eine Parodie anhören.

Ich eröffnete den Reigen der Ausgestoßenen. Es hatte einige Zeit gedauert, bis die Anweisung zur Verfolgung der Juden in der Provinz angekommen war, und als sie Uljanowsk erreichte, war es schon zu spät – wenige Tage nach der Sitzung erreichte uns die Nachricht von Stalins Tod. Ich nahm noch an den Trauerfeierlichkeiten teil, bei denen wirklich alle schluchzten. Eine von den am Institut angestellten Botinnen sagte zu mir: »Irgendwie ist es uns bis jetzt gelungen, angepaßt zu leben, und keiner hat uns behelligt. Aber was wird jetzt werden?« Da jede Vertreibung entsprechend begründet werden mußte, hatte der Direktor seine laut Plan gestellte Aufgabe zu Stalins Lebzeiten noch nicht vollenden können, deshalb setzte er seine Arbeit nach Stalins Tod fort. Er vertrieb sechsundzwanzig Personen, nicht nur Juden, sondern auch Angehörige anderer Nationalitäten – bis er dann selbst wegen der Verfolgung von Professor Ljubischtschew, eines Biologen, der einst gegen Lyssenko aufgetreten war, davongejagt wurde. Er kam an ein anderes Institut, wo seine Mitarbeiter sein sanftes Wesen und sein an Tschechow erinnerndes Äußere besonders schätzten. Dieser Mann liebte in der Tat Pogrome, fühlte ich zu ihnen berufen, und mit seinem trügerischen Äußeren war er wie für unsere heuchlerische Zeit geschaffen. Eine derartige Mimikry führte zum Erfolg. Einem intelligenten Äußeren und einer sanften Stimme gingen nicht wenige auf den Leim.

Siebenundsechzigstes Kapitel

Liebhaber von Gedichten

Wir verbrachten zwei Tage in Leningrad und übernachteten bei Punins, wo sich alle bemühten, O. M. aufzuheitern. Man rief sogar Andronikow hinzu, der damals noch ein prächtiger junger Mann war und vor O. M. gern seine Possen riß. Am Abend saßen wir bei Tisch, stießen miteinander an und erzählten. Alle wußten, was uns bevorstand, aber keiner wollte die letzten Minuten des Lebens verderben. Anna Andrejewna erschien unbeschwert und fröhlich, war laut und lachte. Ich bemerkte jedoch ein immer häufiger auftretendes nervöses Zucken ihrer linken Wange und des linken Lides.

Am nächsten Tag gingen wir zu Stenitsch. Blok nannte Stenitsch einen russischen Dandy. Unter den sowjetischen Schriftstellern galt er als Zyniker. Etwa deshalb, weil alle seine spitze Zunge fürchteten? Stenitsch machte auch Späße, die jedoch ganz anderer Art waren als die von Andronikow. Noch in der Mitte der zwanziger Jahre hatte er eine Glanznummer. Er erzählte, wie er sich vor seinen Vorgesetzten fürchtete und sie liebte – so liebte, daß er nichts lieber tat, als dem Direktor des Staatsverlages in seinen Pelz zu helfen. Diese Erzählung präsentierte er allen Schriftstellern, die sie ziemlich kühl aufnahmen. Es war leichter, Stenitsch für einen Zyniker zu halten, der mit der eigenen Speichelleckerei prahlte, als in der dargestellten Person sich selbst zu erkennen. Aber war er nun eigentlich Satyriker oder Zyniker – ich weiß es nicht.

Stenitsch hatte mit Gedichten begonnen. In Kiew hatte er 1919 im Literatenkeller »Chlam« böse Verse vorgetragen. Viele erinnern sich noch heute an seine Zeilen über ›Die Sitzung des Sownarkom‹*, die er darstellte, wie sie wirklich war, und nicht so, wie die Führung sie gerne gesehen hätte. Er gab das Dichten auf, war jedoch nach wie vor einer der größten Liebhaber von Gedichten. Wahrscheinlich hätte er Prosaist, Essayist, Kritiker – oder wie diese seltsamen Berufe alle heißen – werden können, mit einem Wort, er hätte irgend etwas schaffen können, aber die Zeit war Leuten seines Schlages nicht wohlgesonnen. Zeit sei-

* Rat der Volkskommissare.

nes Lebens war Stenitsch sehr gesellig, plauderte, machte Witze, übersetzte ein wenig; seine Übersetzungen dienten sogar allen Prosaübersetzern als Beispiel. Er hatte ein ausgezeichnetes Gefühl für Sprache und Literatur und einen besonderen Sinn für die Moderne – das bezeugten seine Übersetzungen aus dem Amerikanischen.

Zur Begrüßung umarmte Stenitsch O. M. Als O. M. ihm sagte, weshalb er gekommen sei, seufzte Stenitsch und sagte, die Mehrzahl der Schriftsteller sei im Moment nicht in der Stadt, viele jedoch auf ihren Datschas. So würde man noch schwerer zu Geld kommen. Ljuba, seine Frau, beruhigte ihn und versprach, nach Sestrorezk zu fahren. Gleich nach dem Essen setzte sie sich ein kokettes Hütchen auf und machte sich auf den Weg. Stenitsch bestand darauf, daß wir nicht gingen, bevor sie zurück sei. Zu ihm kamen Leute, die uns sehen wollten, unter anderem Anna Andrejewna und Wolpe – der gleiche Wolpe, der aus der Redaktion der ›Swesda‹ gejagt worden war, weil er O. M.s ›Reise nach Armenien‹ gedruckt hatte und noch dazu mit dem Schluß über den Zaren Schapuch, der vom Assyrer einen »zusätzlichen Tag« geschenkt bekam. Dieser Schluß war von der Zensur verboten worden. Der Tag, den wir bei Stenitsch verbringen konnten, war ebenfalls so ein »zusätzlicher Tag«.

Ljuba kam mit ihrer Beute zurück – etwas Geld und ein paar Kleidern. Unter dem Plunder befanden sich zwei Paar Hosen – das eine riesengroß und breit, das andere paßte O. M. Die Riesenhosen nahmen wir mit nach Sawelowo. Sie gingen dort in den Besitz unseres Bekannten, des Kriminellen, über, der uns erklärt hatte, warum sich die »Stowerstniki« (Hundertwerstler) nicht an Orten wie Alexandrow niederlassen dürfen – »sie werden wie Schaum abgehoben«. O. M. hatte nie über einen längeren Zeitraum ein zweites Paar Hosen. Es fand sich immer irgend jemand, der nicht einmal ein einziges Paar hatte. Auch Schklowskij gehörte damals zu den Menschen, die nur eine Hose besaßen, und sein Sohn Nikita war bereits auf das gleiche Schicksal gefaßt. Einmal fragte ihn seine Mutter, was er sich wünschen würde, wenn die gute Fee ihm wie im Märchen einen Wunsch erfüllte. Nikita antwortete, ohne auch nur einen Augenblick lang zu überlegen: »Ich wünschte mir, daß alle meine Freunde Hosen bekämen.« In unserer Lebenslage kennzeichnete der Verzicht auf ein zweites Paar Hosen und die Sorge um die »hosenlosen« Freunde einen Menschen besser als seine Worte, seine Novellen, Romane, Erzählungen, Skizzen und Artikel. Ich habe festgestellt, daß die sowjetischen Schriftsteller ein harter Menschenschlag sind, aber Ljuba, der Frau Stenitschs, hatten sie nur schwer ihre Hilfe für einen verbannten Kollegen abschlagen können.

Der bei Stenitsch verbrachte Tag erschien uns friedlich und ruhig, aber auch da spürten wir die Gegenwart. Stenitsch war mit Dikijs Frau befreundet. Sie hatte bereits eine Haft hinter sich, und Dikij hatten sie geholt. Stenitsch rechnete damit, daß er selbst bald an die Reihe käme. Er machte sich Sorgen um Ljuba: Was wird aus ihr, wenn sie allein zurückbleibt? Am Abend läutete das Telefon. Ljuba nahm den Hörer ab. Es meldete sich niemand, und sie begann zu weinen. Wir alle wußten, daß sich die zuständigen Stellen manchmal erst auf diese Weise vergewisserten, ob der Betreffende zu Hause war, ehe sie sich mit dem Haftbefehl auf den Weg machten. An diesem Abend wurde Stenitsch nicht abgeholt. Er mußte bis zum Winter warten. Als wir uns im Treppenhaus verabschiedeten, zeigte Stenitsch auf eine Tür nach der anderen und erzählte uns, wann und unter welchen Umständen wer abgeholt worden war. Von zwei Stockwerken war er der einzige, der noch in Freiheit lebte, wenn man das überhaupt Freiheit nennen konnte. »Jetzt bin ich an der Reihe«, sagte er. Bei unserer nächsten Reise nach Leningrad trafen wir Stenitsch nicht mehr an, und Losinskij war entsetzt, als wir bei ihm vorbeischauten: »Wißt ihr denn nicht, was aus eurem Amphitryon geworden ist?« Losinskij dachte, man habe Stenitsch deshalb abgeholt, weil wir einen Tag bei ihm gewesen waren. Wir mußten sogleich gehen, ohne sogar Losinskij um Geld gebeten zu haben. Mir schien, Losinskij hat die kriminalistischen Methoden unseres Strafvollzugs überschätzt.

An Realitäten war ihnen am wenigsten gelegen, sie stützten sich auf ein Netz ständiger Denunzianten und auf Informationen der freiwilligen Zuträger, aufgrund derer sie dann ihre Verhaftungslisten zusammenstellten. Sie brauchten keine Fakten, sondern Namen, um das Soll zu erfüllen. Während der Gerichtsverhandlung legten sie sich einen Vorrat an Aussagen der Verhafteten gegen irgendwelche Personen an, selbst gegen solche, die sie gar nicht verhaften wollten. Ich hörte von einer Frau, die allen Folterungen heroisch standhielt und keine Aussagen gegen Molotow machte. Von Spasskij forderte man eine Aussage gegen Ljuba Ehrenburg, die er nie von Angesicht gesehen hatte. Es gelang ihm, eine Nachricht darüber aus dem Lager zu schmuggeln, worauf Ljuba dann auf schnellstem Wege gewarnt wurde. Anscheinend hat sie Anna Andrejewna darüber informiert. Ljuba wollte das nicht glauben: »Was für ein Spasskij? Ich kenne ihn nicht.« Sie war noch naiv, später begriff sie alles.

In den Folterkammern der Lubjanka wuchsen die Akten über Ehrenburg, Scholochow, Alexej Tolstoj und andere, die man nicht im entferntesten anzurühren dachte. Mehrere Dutzend, wenn nicht gar Hunderte von Menschen kamen in Lager, weil sie der Teilnahme an einer Verschwörung beschuldigt wurden, an deren Spitze Tichonow und

Fadejew stehen sollten. Auch der erwähnte Spasskij gehörte zu diesen Menschen. Wüste Erfindungen, ungeheuere Beschuldigungen – dies alles wurde zum Selbstzweck; die zuständigen Stellen taten sich darin hervor, sie genossen förmlich ihre eigene Machtvollkommenheit. Das Grundprinzip der Gerichtsverfahren bestand darin, was uns Ende der zwanziger Jahre Furmanows Bruder erzählt hatte: »Ist erst der Mensch da, dann wird sich auch etwas finden.« An jenem Tag, als wir bei Stenitsch saßen, stand sein Name sicherlich schon auf der Liste der zu Inhaftierenden, weil seine Telefonnummer in Dikijs Notizbuch gefunden worden war. Mehr Information über ihn brauchte man nicht.

Die Grundsätze und Ziele des Massenterrors unterscheiden sich grundlegend von den üblichen Aufgaben der Sicherheitsorgane. Terror ist Einschüchterung. Um das Land in einen Zustand permanenter Angst zu versetzen, muß die Zahl der Opfer ins Astronomische gehen und müssen auf jedem Stockwerk einige Wohnungen gesäubert werden. Die restlichen Bewohner des Hauses, der Straße, der Stadt, durch die einmal der eiserne Besen gefegt ist, werden dann bis zum Ende ihres Lebens mustergültige Bürger sein. Das einzig Wichtige für jene, die durch Terror herrschen, ist, die neuen Generationen nicht zu vergessen, die Generationen, die ihren Vätern nicht mehr glauben. Die Säuberungen müssen turnusmäßig wiederholt werden. Stalin lebte lange und sorgte dafür, daß Intensität und Ausmaß der Terrorwellen von Zeit zu Zeit erhöht wurden. Eines aber kalkulierten die Anhänger des Terrors nicht mit ein: Man kann nicht alle umbringen, zumal sich unter der eingeschüchterten Menge immer ein Zeuge finden wird.

Bei unserer ersten Fahrt nach Leningrad machten wir noch einen Abstecher zu Soschtschenko nach Sestrorezk (oder Rasliw?). Soschtschenko hatte ein krankes Herz, aber ausgezeichnete Augen. Die ›Prawda‹ hatte bei ihm eine Erzählung bestellt, und er hatte über die Frau des Dichters Kornilow geschrieben, wie sie Arbeit sucht und überall davongejagt wird, weil sie die Frau eines Häftlings ist. Die Erzählung wurde selbstverständlich nicht gedruckt, jedoch konnte sich damals nur Soschtschenko eine derartige Provokation erlauben. Es ist erstaunlich, wie glimpflich er damals davongekommen ist; es ist ihm später aber bestimmt angelastet worden, – er hat nachher sämtliche Rechnungen auf einmal begleichen müssen.

Von Punins aus gingen wir zum Bahnhof. Wir nahmen den letzten Zug und verließen deshalb das Haus erst nach Mitternacht. In dieser »mitternächtlichen Bläue« erschien Anna Andrejewna die Stadt »nicht als europäische, wegen ihrer Schönheit ausgezeichnete Hauptstadt, sondern als Ausgangspunkt für schreckliche Verschickung nach Jenissejsk, als Umschlagplatz der Verbannung nach Tschita, nach Ischim, dem ausgetrockneten Irgis, nach dem berühmten Atabassar, als Umschlagplatz für die Fahrt in die Stadt Swobodnyj, für die Fahrt im Pestgeruch faulender Pritschen – so erschien mir in dieser mitternächtlichen Bläue diese Stadt, einst verherrlicht von unserem größten Dichter, von uns Sündern und von dir«. War es erstaunlich, daß ihr diese Stadt so erschien? Wir alle empfanden gleich, und die Stadt war auch wirklich ein Umschlagplatz für Verbannungen, nur daß die von der Achmatowa erwähnten Orte mit der Zeit dicht besiedelt wurden und die Häftlingstransporte an andere Bestimmungsorte gingen.

Ljuba Stenitsch erzählte mir eine Episode aus dieser Nacht, die ich vergessen hatte: Auf dem Bahnhof ging O. M. zu einer Palme, die dort in einen Kübel eingepflanzt stand, hängte etwas an ihr auf und sagte: »Ein Araber, ein Nomade in der Wüste...«

Die erste Fahrt nach Leningrad brachte uns so viel ein, daß wir uns drei Monate über Wasser halten konnten. Vor unserer Abreise nach Samaticha im Frühling beschlossen wir, in Leningrad noch einmal unser Glück zu versuchen. Diesmal hatten wir jedoch keinen Erfolg. Am Morgen gingen wir zu Anna Andrejewna, und sie las O. M. das oben zitierte Gedicht vor. Das war die letzte Begegnung von Anna Achmatowa und O. M. Wir hatten ausgemacht, uns noch bei Losinskij zu treffen, mußten dann aber unerwarteterweise seine Wohnung stehenden Fußes wieder verlassen, und so traf sie uns dort nicht mehr an. Wir fuhren ab, ohne über Nacht geblieben zu sein, es gelang uns lediglich, uns in letzter Minute von ihr telefonisch zu verabschieden.

Nach kurzem Besuch bei Losinskij standen wir lange auf der Straße und wußten nicht, wohin wir gehen sollten. Vielleicht zu Marschak?

Samuil Jakowlewitsch Marschak begrüßte uns so überaus freundlich, daß O. M. es nicht über sich brachte, ihn nach Geld zu fragen. Es entspann sich ein literarisches Gespräch, und O. M. las einige seiner Woronescher Gedichte vor. Marschak seufzte – die Gedichte gefielen ihm nicht: »Ihnen kann man nicht entnehmen, mit wem Sie zusammenkommen, worüber Sie sprechen. Bei Puschkin . . .« »Du siehst, was er gerne hätte«, flüsterte O. M. mir zu, und wir verabschiedeten uns. Der nächste Schriftsteller, den wir besuchen wollten, war nicht zu Hause. Wir warteten auf der Straße, bis er zurückkam. O. M. bat ihn um Geld, er hatte jedoch keines. Er hatte alles ausgegeben, sich eine Datscha gebaut. Außer bei Selwinskij war das während der ganzen Zeit die einzige Abfuhr, die wir erlebten. Den Namen dieses Schriftstellers möchte ich nicht nennen, denn ich glaube, seine Weigerung war nicht böswillig, sondern ein Mißverständnis. Denn in unseren Augen war er ein anständiger Mensch, einer der letzten heimlichen Angehörigen der alten Intelligenzija (an die wir uns damals wandten), ein Liebhaber von

Gedichten. In dieser Zeit hatte er aber anscheinend den Kopf verloren und handelte wie ein Mitglied des Schriftstellerverbandes.

In den letzten Tagen vor der Abreise nach Samaticha sagte O. M. zu mir: »Wir sollten zu Paustowskij gehen und ihn um Geld bitten.« Wir kannten uns gar nicht, deshalb war ich erstaunt. »Er gibt uns bestimmt etwas«, beruhigte mich O. M. Kürzlich erzählte ich das Paustowskij: »Warum sind Sie damals nicht gekommen?« fragte er ärgerlich. Ich erklärte es ihm: »Die Zeit hat nicht mehr gereicht, O. M. wurde verhaftet.« Paustowskij beruhigte sich wieder. »Wenn O. M. zu mir gekommen wäre, hätte ich alle meine Taschen umgekrempelt«, sagte er und lächelte sein feines Lächeln. Ich zweifle nicht daran, daß er uns Geld gegeben hätte. Er war der typische heimliche Anhänger der alten Intelligenzija; heute kann er seine Einstellung wieder offen zeigen.

Vor kurzem wurde mir folgender Klatsch zugetragen: Ein hochgestellter Beamter der Literaturabteilung äußerte sich verwundert über Mandelstam, weil er Geld geliehen und nicht zurückgegeben habe. Mandelstam gefällt ihm offensichtlich nicht. Mag sein, daß O. M. in seiner Jugend leichtsinnigerweise tatsächlich seine Schulden nicht beglich, aber der Beamte war damals noch nicht auf der Welt. Das, was wir in der Stalin-Ära taten, kann nicht als »Geldleihen« bezeichnet werden, das war unverhülltes Betteln; der Staat, besser gesagt jenes Leben, das in der Presse als glücklich bezeichnet wurde, hat O. M. dazu gezwungen. Betteln war jedoch nicht das Schlimmste an diesem Leben.

Achtundsechzigstes Kapitel

Finsternis

»Wer braucht dieses verfluchte Regime?« sagte Ljowa Bruni und steckte O. M. Geld für eine Fahrt nach Malyj Jaroslawez zu. Im Herbst schien es uns ratsam, von Sawelowo aufzubrechen, und wir studierten erneut die Umgebung Moskaus auf der Karte. Ljowa riet uns, nach Malyj Jaroslawez zu ziehen; dort hatte er eine Kate für Frau und Kinder seines Bruders Nikolaj gebaut, der zuerst Geistlicher, dann Flugzeugkonstrukteur und 1937 Lagerinsasse war. 1937 hatte er »für ein Vergehen im Lager«, wie das damals genannt wurde, eine zweite Strafe bekommen. Mit anderen Worten, er war ein »Wiederholer«, dem es nicht gelungen war, wenigstens für einen Augenblick auf freiem Fuß zu sein. Die aus Moskau ausgewiesene Nadja Bruni und ihre Kinder lebten bereits einige Jahre in Malyj Jaroslawez. Sie ernährten sich von ihrem Gemüsegarten – zu einer Kuh reichte es bei Ljowa nicht. Er ernährte seine eigene große Familie und noch alle Kinder seines Bruders. Wahrscheinlich hat er sich sein ganzes Leben lang nie richtig sattessen können – er lebte von Kartoffeln und starb nach dem Kriege an Unterernährung. Das war das Los der »heimlichen Intellektuellen«. Ljowa mochten alle. Er war, ungeachtet aller Prüfungen, die ihm das Schicksal auferlegte, noch ein Mensch. Die meisten von uns leben nicht, sondern warten geduckt auf irgend etwas und vegetieren vom Morgen zum Abend, bis sie sterben.

Im Herbst wird es früh dunkel. In Malyj Jaroslawez war nur der Bahnhof beleuchtet. Wir gingen die vom Schmutz glitschigen Straßen entlang und kamen an keiner einzigen Laterne, keinem einzigen erleuchteten Fenster vorbei, kein Mensch war auf der Straße. Zweimal mußten wir an fremden Fenstern klopfen, um nach dem Weg zu fragen. Auf unser Klopfen erschien im Fenster ein angstverzerrtes Gesicht. »Wo geht es hier zur ...« fragten wir, und auf dem Gesicht des Menschen am Fenster ging eine Verwandlung vor sich – die Züge entkrampften sich, es strahlte ein sanftes Lächeln, und mit außerordentlicher Bereitwilligkeit wurde uns der Weg eingehend beschrieben. Als wir schließlich an unserem Ziel angelangt waren, sagte Nadja Bruni, die sich unsere Erzählung vom Verhalten der Bewohner bei unserem Klopfen angehört hatte, daß in Malyj Jaroslawez in den letzten Wochen sowohl Ortsbewohner als auch Verbannte verhaftet worden waren und daß sich die Bevölkerung, dadurch erschreckt, in ihre Häuser verkriecht. Wie im Bürgerkrieg: auch damals machte man nirgends Licht, man wollte nicht die Aufmerksamkeit von im Land umherziehenden Condottieri auf sich lenken. Sahen sie ein Licht, so waren sie auch schon da. In den von den Deutschen besetzten Städten saß man ebenfalls im Dunkeln. 1937 spielte ein erleuchtetes Fenster keine Rolle mehr; die Verhaftungen wurden nicht eigenmächtig, sondern nach Befehl vorgenommen. Trotzdem gingen die Leute möglichst früh zu Bett, um kein Licht machen zu müssen. Wahrscheinlich folgten sie einem Instinkt. In der dunklen Höhle fühlt man sich sicherer als bei Licht. Ich kenne dieses Gefühl selbst – hält ein Auto vor dem Haus, lösche ich unwillkürlich das Licht.

Das nächtliche Städtchen versetzte uns in solchen Schrecken, daß wir am anderen Morgen, nachdem wir bei Nadja Bruni übernachtet hatten, nach Moskau flüchteten. Ljowas Rat nahmen wir nicht an; man mußte schon über die Seelenstärke der bescheidenen und zärtlichen Nadja Bruni verfügen, um diese Angst zu ertragen, die sich wie ein Tuch über die ganze Stadt, richtiger gesagt über das ganze Land, gelegt hatte. In den Dörfern und Großstädten spürte man das nicht so stark.

Unser nächster Ratgeber war Babel. Anscheinend hat er nie in Schriftstellerhäusern gewohnt, sondern immer dort, wo man ihn nie vermutete. Wir fanden ihn mit Mühe in irgendeinem Privathaus. Daß er dort wohnte, war uns unverständlich. Ich erinnere mich dunkel, daß in diesem Privathaus Ausländer wohnten, bei denen Babel sich im ersten Stock eingemietet hatte. Mag sein, daß er uns das nur sagte, um uns in Erstaunen zu versetzen. Er liebte es, Menschen zu überraschen. Damals mied man Ausländer wie die Pest; selbst eine flüchtige Bekanntschaft mit ihnen wurde übel vermerkt. Wer würde es wagen, sich bei Ausländern einzumieten? Auch heute staune ich noch darüber und kann es nicht verstehen. Immer, wenn wir Babel sahen, überraschte er uns mit etwas.

Wir erzählten Babel von unserer Not. Das Gespräch dauerte lange, und er hörte uns mit ungewöhnlicher Neugier zu. Babels Kopfhaltung, Mund, Kinn und besonders seine Augen verrieten immer Neugierde. Selten findet man bei Erwachsenen einen solch unverholen neugierigen Blick. Ich hatte den Eindruck, daß Babels Hauptantriebskraft eine ungestüme Neugier war, mit der er das Leben und die Menschen betrachtete.

Babel entschied unser Schicksal rasch – er verstand es, den Stier bei den Hörnern zu packen. Er sagte: »Fahrt nach Kalinin, dort ist auch Erdman, ihn lieben die Frauen.« Das hieß, Erdman hatte sich an keinem schlechten Ort niedergelassen, seine Verehrerinnen hätten das niemals zugelassen. Erdmans »Frauen« glaubte Babel auch im Notfall für uns einspannen zu können, zum Beispiel, um ein Zimmer zu finden. Aber Babel hatte Erdmans Macht über die »Frauenzimmer« überschätzt – als wir nach Kalinin kamen, sahen wir keine einzige von ihnen. Offensichtlich mußte Erdman zu ihnen fahren, weil sie nicht zu ihm kamen.

Das Geld für die Übersiedlung wollte Babel am anderen Tag beschaffen, und so ging das Gespräch auf andere Themen über.

Babel erzählte, daß er nur mit Milizionären zusammenkäme und mit ihnen trinke. So habe er am Vorabend mit einem der Hauptmilizionäre von Moskau zusammengesessen, und dieser habe in seiner Trunkenheit erklärt, daß, wer das Schwert erhebe, durch das Schwert fallen werde. Die Anführer der Miliz fielen, wie er sagte, wirklich einer nach dem anderen. Gestern habe man diesen abgeholt, eine Woche zuvor jenen. »Heute ist man am Leben, wer weiß, was morgen sein wird.«

Das Wort »Milizionär« war natürlich ein Euphemismus. Wir wußten, daß Babel von Tschekisten sprach, aber unter seinen Zechkumpanen befanden sich anscheinend wirklich auch Milizionäre. O. M. wollte wissen, warum sich Babel zu den Milizionären hingezogen fühle. Um bei der Vergabe des Todes die Finger mit im Spiel zu haben? »Nein«, antwortete Babel, »ich will da nicht mitmischen, sondern nur meine Nase hineinstecken, um herauszufinden, wonach es hier riecht.«

Unter den Milizionären, die Babel besuchten, war bekanntlich auch Jeschow. Nach Babels Verhaftung behaupteten Katajew und Schklowskij, Babel sei ein solcher Angsthase gewesen, daß er selbst zu Jeschow gegangen sei, aber ihm habe das nichts genützt, denn Berija habe ihn gerade deswegen verhaften lassen. Ich bin davon überzeugt, daß Babel nicht aus Angst zu Jeschow gegangen ist, sondern aus Neugier, um »seine Nase hineinzustecken« und herauszufinden, wonach es dort roch.

Das Thema »Was wird morgen mit uns geschehen« zog sich durch all unsere Gespräche. Babel – ein Prosaist – legte es in den Mund dritter Personen, der Milizionäre. O. M. überging es schweigend; für ihn hatte der morgige Tag schon begonnen. Nur einmal sprudelte es aus ihm heraus: Als er zufällig auf der Straße den uns vollkommen fremden Scherwinskij sah, sagte O. M. plötzlich zu ihm, daß es mit ihm (O. M.) so nicht weitergehen könne: »Man beobachtet mich die ganze Zeit. Sie wissen nicht, was sie mit mir anfangen sollen. Das bedeutet, sie werden mich bald holen.« Es war ein kurzes, leidenschaftliches Gespräch. Scherwinskij hörte schweigend zu. Nach O. M.s Tod habe ich ihn manchmal getroffen, er hat dieses Gespräch jedoch nie erwähnt. Es würde mich nicht wundern, wenn er es vergessen hätte. Unangenehmes sollte man vergessen. Es gab zuviel davon.

Neunundsechzigstes Kapitel

Eine kleine Episode

Nicht nur Babel kannte Jeschow, auch wir kannten ihn. Jener Jeschow, mit dem wir 1930 in Suchumi in einer Staatsvilla wohnten, sah dem Jeschow der späteren Bilder und Fotografien erstaunlich ähnlich – besonders dem Foto, auf dem Stalin dem strahlenden Jeschow die Hand reicht und ihm zu dem von der Regierung verliehenen Orden beglückwünscht. Der Jeschow von Suchumi hinkte etwas, und ich erinnere mich, wie Podwojskij, der gerne über das Thema »Was ein echter Bolschewik alles macht« moralisierte, mir, der tatenlosen Faulenzerin, »unseren Jeschow« als Vorbild hinstellte, der trotz seines kranken Beines oder gerade deswegen russisch tanzte. Es gibt viele Jeschows, und ich glaube nicht, daß wir gerade den legendären Volkskommissar an der Schwelle zu seiner kurzen, jedoch glänzenden Karriere gekannt haben. Man kann sich kaum vorstellen, daß man am Tisch saß, aß und trank, Konversation machte und den Menschen ansah, der den Willen, unser Jahrhundert zu töten, verkörperte, der nicht in der Theorie, sondern in der Praxis alle Voraussetzungen für den Humanismus zerstörte.

Der Jeschow von Suchumi war ein bescheidener und recht angenehmer Mensch. Er hatte sich noch nicht so sehr an das Auto gewöhnt, als daß er es als sein ausschließliches Privileg betrachtete, das kein normaler Sterblicher beanspruchen dürfe. Wir baten ihn manchmal, uns in die Stadt mitzunehmen, und er schlug es nie ab.

Oben in unserer Regierungsvilla war dies eine akute Frage. Auf unserem Hügel fuhren ständig Autos des abchasischen Volkskommissariats vor. Die Kinder der dort zur Erholung weilenden ZK-Mitarbeiter verjagten die kleinen Schmutzfinken der Bediensteten und setzten sich mit gewichtiger Miene in die Autos, die ihnen – wie sie meinten – als den Kindern verantwortungsvoller Mitarbeiter zustanden. Einmal machte O. M. Jeschows Frau und die Frau irgendeines anderen Tschekisten auf diese Szene aufmerksam. Daraufhin befahlen die beiden Frauen den Kollegenkindern, ein wenig zusammenzurücken und den anderen Kindern im Wagen Platz zu machen. Die Frauen waren sehr entrüstet, als sie sahen, wie die Kinder sich von den demokratischen Prinzipien ihrer

Väter entfernten, und sie versicherten uns, daß die Kinder in die gleichen Schulen gingen und auch nicht besser als die anderen gekleidet seien, damit sie sich nicht »vom Volk unterscheiden«.

Noch bereiteten sich die Kinder darauf vor, das Volk zu regieren, aber viele von ihnen erwartete ein anderes Schicksal.

Jeschow stand früher auf als alle anderen, um möglichst viele Rosen für eine junge Literaturhistorikerin, eine Freundin Bagrizkijs, der er den Hof machte, zu schneiden. Gleich nach ihm stürzte Podwojskij hinaus; auch er schnitt Rosen – für Jeschows gekränkte Frau. Er brachte ihr die Rosen, wie es unter den Bewohnern der Regierungsvilla hieß, aus reiner Ritterlichkeit; denn Podwojskij war ein vorbildlicher Familienvater und hätte keine verheiratete Frau, außer seiner eigenen, hofiert. Die restlichen Damen, mit denen keiner flirtete, schmückten ihre Zimmer selbst mit Blumen und erörterten das romantische Benehmen Podwojskijs.

Jeschows Frau Tonja (ich glaube, sie hieß Tonja) verbrachte die Tage auf einer Chaiselongue, die auf einer Terrasse gegenüber der Datscha stand. Selbst wenn sie das Verhalten ihres Mannes geärgert haben sollte, zeigte sie es nicht – Stalin hatte noch nicht angefangen, die Familien zu festigen. »Wo ist Ihr Genosse?« fragte sie, wenn ich allein war. Zuerst begriff ich nicht, daß sie damit O. M. meinte. In ihren Kreisen wurden noch die Bräuche aus den Zeiten des Untergrunds gepflegt, und der Ehemann war in erster Linie der Genosse. Tonja las ›Das Kapital‹ und rekapitulierte es immer wieder laut. Sie ärgerte sich über die kühne und gescheite Frau Kossiors, weil sie mit einem jungen und etwas unverschämten Musiker, der Material über die abchasische Folklore sammelte, ausritt. »Wir alle kennen Kossior«, sagte Tonja. »Er ist unser Genosse. Aber wer ist dieser Mensch? Er könnte ein Spion sein!« Alle verurteilten Lakobas Leichtsinn, weil er in eine Villa, die so verantwortungsvolle Menschen beherbergte, einen fremden Menschen hineingebracht hatte. Wahrscheinlich war die Anwesenheit irgendeines Parteilosen in der Villa Anlaß, daß »die Gleichgesinnten« darüber klatschten. Es wurde sogar davon gesprochen, daß es an der Zeit sei, die Verteilung der Plätze in den Erholungsheimen der Partei zentral vorzunehmen. Aber Lakoba kümmerte sich nicht darum. Die Villa gehörte dem abchasischen Volkskommissariat, das hieß: ihm.

Neben uns auf der zweiten Etage wohnte in einem kleinen Zimmer ein ZK-Mitglied der älteren Generation, ein kluger Mann, ein Lette. Er wahrte allen gegenüber eine vorsichtige Distanz und sprach nur mit O. M. Aus seinen Gesprächen hörten wir oft alarmierende Untertöne heraus, deren Bedeutung uns nicht aufging. Die ›Vierte Prosa‹ war bereits geschrieben, und wir wußten, daß es um die Literatur schlecht stand, aber unser Lette befaßte sich nicht mit Literatur, er war nichts weiter als ein führender Parteifunktionär, er wurde keiner Abweichung beschuldigt, warum also diese Unruhe und das immer wiederkehrende Thema: »Was wird morgen sein?« Weiter weiß ich nichts von ihm, aber er hat bestimmt an dem »Kongreß der Sieger«* teilnehmen müssen, und deshalb ist es nicht schwer, über sein weiteres Schicksal Mutmaßungen anzustellen – später ist man immer klug.

Abends kam Lakoba herüber, um Billard zu spielen oder mit den Gästen im Speisesaal zu plaudern. Diese Villa mit ihren auserwählten Gästen war für ihn die einzige Oase, an der er sich zerstreuen und aussprechen konnte. Einmal brachte uns Lakoba einen jungen Bären mit, den ihm die Bergbewohner geschenkt hatten. Podwojskij nahm das Tier mit auf sein Zimmer, bis es Jeschow eines Tages nach Moskau in den Zoo brachte. Lakoba verstand es, die Menschen mit interessanten Erzählungen zu fesseln. So erzählte er uns von einem seiner Vorfahren, der zu Fuß nach Petersburg gegangen war, um seinen Todfeind, ich glaube den Fürsten Scherwaschidse, zu sich nach Suchumi zum Essen einzuladen. Scherwaschidse hielt den Zeitpunkt für gekommen, die Blutfeindschaft zu beenden, und nahm die Einladung an. Seine Gutgläubigkeit wurde ihm zum Verhängnis, sie kostete ihn das Leben. Lakobas Erzählung machte auf O. M. einen tiefen Eindruck. Es schien ihm, als habe die Erzählung einen Hintergrund, der interpretiert werden müsse. Später erzählte man uns, Lakoba sei 1937 schon tot gewesen. Er sei an einem Ehrenplatz, einer Art abchasischer Kremlmauer, beigesetzt worden, doch habe Stalin, der über den Verstorbenen aus irgendeinem Grund verärgert war, die sterblichen Überreste ausgraben und vernichten lassen. Wenn das wahr ist, kann man nur froh darüber sein, daß Lakoba rechtzeitig gestorben ist.

Dieser Lakoba hatte uns in der Regierungsvilla untergebracht, denn wir waren mit einer Bescheinigung des ZK angekommen, aus der hervorging, daß wir uns von unserer Reise nach Armenien erholen sollten. Zur gleichen Zeit wie wir waren noch die Schriftsteller Besymenskij und Kasin dort, die sich beide in der Villa sehr wohl fühlten. Von uns konnten wir das nicht behaupten.

An dem Tag, als Majakowskij starb, gingen wir mit einem eleganten, aber arroganten Georgier, einem Rundfunkredakteur, im Garten spazieren. Im Speisesaal hatten sich die Gäste versammelt, um sich zu amüsieren. Gewöhnlich sangen sie abends oder tanzten Jeschows Lieblingstanz, den Gopak. Unser Begleiter sagte: »Die georgischen Volks-

* Der Parteikongreß 1934, von dessen Teilnehmern drei Jahre später viele bei den Säuberungen umgekommen sind.

kommissare würden am Todestag ihres Nationaldichters gewiß nicht tanzen.« O. M. gab mir ein Zeichen: »Sag das Jeschow.« Ich ging in den Speisesaal und gab die Worte des Georgiers an den vom Tanzen erhitzten Jeschow weiter. Man hörte sofort auf, aber mir schien, daß außer Jeschow niemand wußte, warum. Einige Jahre zuvor, 1923, hatte O. M. Wyschinskij, der sich mit seinem Nachbarn laut unterhielt und lachte, während ein junger Dichter aus seinen Werken vorlas, um Ruhe gebeten. Das war im Erholungsheim Zekubu-Gaspse gewesen.

Wir konnten Sanatorien und Erholungsheime nicht ausstehen, mußten aber manchmal, wenn wir sonst nirgendwo unterkommen konnten, dort absteigen. Irgendwie rochen sie nach Tod.

Siebzigstes Kapitel

›Der Selbstmörder‹

Wer ist sich schon darüber im klaren gewesen, daß der freiwillige Verzicht auf Menschlichkeit, gleich, aus welchem Grunde es geschieht, zu nichts Gutem führt? Wer war sich dessen bewußt, daß wir mit dem Ausruf »Uns ist alles erlaubt« den Weg ins Verderben beschritten haben? Daran dachte nur ein Häuflein Intellektueller, aber niemand hörte auf sie. Jetzt bezichtigt man sie des »abstrakten Humanismus«, aber in den zwanziger Jahren machte sich jeder über sie lustig. Sie waren nicht gefragt. Man nannte sie verächtlich »schwächliche Intelligenzler«, »Weichlinge«, »Schwächlinge«. Unter den damals dreißigjährigen Verfechtern »des Neuen« war für sie kein Platz. Der oberste Grundsatz lautete, sie in der Literatur lächerlich zu machen. Ilf und Petrow übernahmen diese Aufgabe und siedelten die »Weichlinge« in ihren ›Zwölf Stühlen‹ in »Krähwinkel« an. Die Zeit hat die grellen Farben, in denen man diese Personen in der Literatur zeichnete, verblassen lassen, und jetzt fällt es keinem mehr ein, daß der verzagte Idiot, der zu seiner Frau hält, die ihn verlassen hat, den Typ des Intellektuellen verkörpert. Der Leser der sechziger Jahre wird bei der Lektüre des unsterblichen Werkes dieser beiden jungen unfertigen Menschen überhaupt nicht wissen, gegen wen sich die Satire richtet und über wen sie sich lustig machen. Ein ähnliches Schicksal hatte ein weitaus tieferes Werk, Erdmans ›Selbstmörder‹, von dem Gorkij entzückt war und das Meyerhold inszenieren wollte. Der ursprüngliche Gang der Handlung sah vor, daß ein bemitleidenswertes Häuflein von Intelligenzlern in abstoßenden Kostümen und Masken einen Menschen bedrängen, der Selbstmord begehen will. Sie versuchen, seinen Tod für ihre Zwecke auszunutzen – als Protest gegen ihre Existenzschwierigkeiten, gegen die Ausweglosigkeit ihrer Lage, die sich auf ihre Unfähigkeit, in dem neuen Leben ihren Platz zu finden, gründet. Der gesunde Instinkt siegt, der Mann, der Selbstmord begehen wollte, bleibt trotz bereits arrangierten Abschiedsbanketts und liberaler Reden am Leben, er spuckt auf die Masken, die ihn in den Tod drängen wollten.

Erdman, ein Künstler im wahrsten Sinne des Wortes, schlug in der polyphonen Szene mit den Masken der Spießbürger – so beliebte man die Gebildeten zu nennen –, ohne daß er es wollte, durchdringende und tragische Töne an. Als »spießbürgerliche Gespräche« wurden die Worte bezeichnet, mit denen man Unzufriedenheit mit der bestehenden Ordnung zum Ausdruck brachte. Jetzt, da jeder weiß und sich nicht scheut, offen darüber zu reden, daß man so nicht leben kann, klingen die Klagen der Masken wie Chöre gequälter Schatten. Die Weigerung des Helden, Selbstmord zu begehen, erfährt jetzt eine andere Deutung: Das Leben ist scheußlich und unerträglich, aber man muß leben, weil das Leben eben das Leben ist... Ob Erdman diesen Unterton bewußt wählte oder seine Ziele einfacher waren? Ich weiß es nicht. Ich glaube, daß in die ursprüngliche, gegen die Gebildeten oder Kleinbürger gerichtete Handlung plötzlich das Thema der Menschlichkeit eindrang. Dieses Stück handelt in meinen Augen davon, warum wir am Leben blieben, obwohl uns alles zum Selbstmord drängte.

Erdman verurteilte sich selbst zum Schweigen, nur um sein Leben zu erhalten. Er wohnte in Kalinin in einem kleinen engen Zimmer, in dem gerade ein Bett und ein kleiner Tisch Platz hatten. Als wir kamen, lag er – man konnte dort nur entweder liegen oder auf dem einzigen Stuhl sitzen. Er wurde sofort fröhlich und führte uns an den Stadtrand, wo man manchmal in privaten, aus Holz gebauten Häusern Zimmer mieten konnte. Er besuchte uns ziemlich häufig, jedoch immer ohne seinen Mitautor und Antipoden, Mischa Wolpin. Wahrscheinlich kam er, wenn Mischa nach Moskau fuhr.

Erdman fiel bekanntlich wegen seiner Fabeln in Ungnade. Katschalow las sie leichtsinnigerweise auf einer Abendgesellschaft im Kreml jenem Kreis von Menschen vor, mit denen wir in der Regierungsvilla in Suchumi zusammengewohnt und die den Begleiter von Kossiors Frau sogleich der Spionage verdächtigt hatten. Noch am selben Abend wurden alle Spötter verhaftet und in die Verbannung geschickt. Mischa Wolpin sogar in ein Lager. Soviel ich weiß, hatten die Behörden noch eine alte Rechnung aus seiner Jugend mit ihm zu begleichen. Von Erdman sagt man, er habe die Briefe an seine Mutter mit »Mamin Sibirjak«* unterschrieben und noch zum Abschied eine Fabel gedichtet: »Einmal begab sich die GPU zu Äsop / und packte ihn am Kragen... Der Sinn dieser Fabel ist klar genug: / Nun ist Schluß mit diesen Fabeln!«

Hier ließ Erdman sein Rezept zum Überleben erkennen, und aus seinem Munde waren keine Fabeln oder Witze mehr zu hören – dieser Mensch wurde zum Schweiger. Im Gegensatz zu O. M., der das Recht verteidigte, wenigstens »die Lippen bewegen zu dürfen«, verschloß

* Romanschriftsteller Ende des neunzehnten Jahrhunderts, dessen Name auch als »Mammis Sibirier« gelesen werden kann.

Erdman seine Lippen fest. Manchmal teilte er mir flüsternd die Handlung eines Stückes mit, das ihm soeben eingefallen war, das er aber nicht schreiben wollte. Ich erwähnte schon eines seiner ungeschriebenen Stücke, das von dem Überwechseln der Normalsprache in die Amtssprache handelte. – Als Erdman von O. M.s Verhaftung hörte, murmelte er etwas Unverständliches wie etwa: »Wenn die schon solche Leute holen...« – und begleitete mich hinaus.

Während des Krieges, als wir nach Taschkent evakuiert waren, erschienen bei meinem Bruder zwei Männer in Militäruniform. Der eine davon war Erdman, der andere, der ununterbrochen über Dichtung sprach, Wolpin. Er meinte, Poesie müsse »interessant« sein, Majakowskij und Jessenin seien in seinen Augen »interessant«, aber nicht die Achmatowa. Wolpin war ein Produkt der LEF und wußte, was interessant war. Erdman schwieg und trank. Dann erhoben sie sich und gingen zur Achmatowa, die über meinem Bruder wohnte.

Noch heute treffe ich manchmal bei der Achmatowa Erdman und Wolpin. Wenn er mich erblickt, ruft Erdman: »Sie sind es! Ich freue mich!« Dann trinkt er und schweigt. Und Wolpin redet. Sie arbeiten zusammen und sind offenbar durchaus glücklich miteinander.

Einmal, als Garin den Sommer in Tarussa verbrachte, klagte er über die Lage des Theaters und war in trübseliger Stimmung. Am Abend stritten wir, um wen es schlechter bestellt sei, um die Literatur, das Theater, die Malerei oder die Musik. Jeder verteidigte sein Gebiet und behauptete, daß es am schnellsten und tiefsten sinke. An einem dieser Abende las Garin Erdmans ›Selbstmörder‹ vor, das Stück, das nie zur Aufführung gelangte; ich hörte einen neuen Ton heraus: »Ich werde euch sagen, warum ihr nicht aus dem Fenster gesprungen seid, warum ihr weiterlebt...«

Die Angriffe gegen die Intellektuellen hielten an. Die feindliche Einstellung gegen die Intelligenzija ist ein Erbe der zwanziger Jahre, und es ist Zeit, damit Schluß zu machen.

Viele werden über das, was ich vorhin über die ›Zwölf Stühle‹ gesagt habe, gekränkt sein. Ich selbst lachte und lache noch immer über die verschiedenen Gaunerstreiche und staune, wie die Autoren zu schreiben wagten, daß Ostap Bender mit anderen Odessaer Gaunern im Schriftstellerwagen auf der wiedereröffneten Turskip so gut zu den Schriftstellern paßte, daß er den ganzen Weg über unerkannt und unentdeckt mitfuhr. Allerdings finde ich es nicht lustig, wie er die Intellektuellen in »Krähwinkel« unterbringt, natürlich sind die Menschen in ihrem halbverfallenen Haus scheu geworden und von den Frauen, die noch irgendeinen Marktwert besaßen, verlassen. Es ist zu billig, über Menschen zu spotten, die nicht mehr atmen können.

Einundsiebzigstes Kapitel

Vorbote eines neuen Lebens

Ich muß zugeben, daß ich ein unverbesserlicher Optimist bin. Gleich denen, die zu Beginn des Jahrhunderts glaubten, daß das Leben unbedingt besser werden soll und muß, als es im neunzehnten Jahrhundert war; genauso bin ich jetzt ganz und gar davon überzeugt, daß wir unmittelbar vor dem Sieg des Humanismus und einer hohen Menschlichkeit stehen. Dies gilt auch für die soziale Gerechtigkeit, für die Kultur und alles andere. Mein Optimismus wurde nicht einmal durch die grausame Erfahrung in der ersten Hälfte unseres außergewöhnlichen Jahrhunderts erschüttert. Eher ist es genau umgekehrt: Was wir erlebt haben, bekehrt die Menschen von vielen zunächst verlockend erscheinenden Theorien, die behaupten, daß der Zweck die Mittel heilige und »wir alles dürfen«. O. M. lehrte mich, zu glauben, daß in der Geschichte die Wege des Guten und Bösen in der Praxis überprüft und ausprobiert würden. Wir haben die Wege des Bösen ausprobiert. Will man es noch einmal probieren? Werden denn nicht auch bei uns die Stimmen lauter, die vom Gewissen und vom Guten sprechen? Ich meine, wir stehen an der Schwelle einer neuen Zeit. Und ich glaube, Zeichen neuer Verhaltensweisen zu erblicken. Sie sind nicht zahlreich und kaum wahrnehmbar. Aber sie sind da.

Leider teilt fast niemand meinen Glauben und meinen Optimismus. Die Menschen, die Gut und Böse zu unterscheiden vermögen, rechnen eher mit neuem Unglück und neuen Verbrechen. Die Möglichkeit eines Rückfalls ist wohl vorhanden, dennoch glaube ich, daß uns eine lichtere Zukunft beschieden ist. Wir haben miterlebt, wie das Böse, nachdem die Werte des Humanismus verunglimpft und mit den Füßen getreten worden waren, den Sieg davontrug. Die Ursache hierfür lag wahrscheinlich darin, daß diese Werte sich auf nichts anderes als das grenzenlose Vertrauen in den menschlichen Intellekt stützten. Ich glaube, daß wir jetzt, zumindest durch die schrecklichen Erfahrungen der Vergangenheit, für diese Werte ein besseres Fundament finden können. Viele frühere Versuchungen haben ihre Anziehungskraft heute verloren: Einst hat Rußland die europäische christliche Kultur vor den Tataren gerettet, jetzt hat es sie vor dem Rationalismus und seinen Folgen – dem

Willen zum Bösen – errettet. Das hat enorme Opfer gekostet. Wie kann ich glauben, daß sie alle umsonst waren?

Ich habe einen Freund, der noch ganz jung, aber klug und für sein Alter zu schwermütig ist. Von allen Dichtern schätzt er am meisten Blok, weil ihn die Vorausahnung des Untergangs der russischen Kultur keine Ruhe finden ließ. Dieser Blok-Anhänger verachtet mich wegen meiner großmütterlichen rosaroten Brille. Seiner Ansicht nach ist die Kultur, wie Blok voraussagte, tatsächlich untergegangen, und wir liegen unter ihren Ruinen begraben. Dieser Pessimist bemerkt nicht, welch ein Umschwung seit unserer ersten Begegnung stattgefunden hat. Er kam gleich nach dem XX. Parteitag zu mir, damals, als die Menschen verwirrt fragten: »Warum hat man uns das gesagt?« Die einen wollten das Unangenehme nicht hören, die anderen, die sich anschickten, die Führung zu übernehmen, verdroß es, daß diese Tätigkeit jetzt schwieriger geworden war als früher; andere wieder seufzten fassungslos bei dem Gedanken, daß sie mit den alten Praktiken jetzt nicht mehr Karriere machen konnten, daß sie jetzt also nach neuen Methoden suchen mußten.

Die Zeit, in der viele glaubten, jetzt erhalte man »von oben« die Erlaubnis, offen zu reden, wird allgemein als »Tauwetterperiode« bezeichnet. Die Hoffnung dieser Menschen hat sich nicht erfüllt, aber nicht alle begreifen, daß es im Grunde nicht darum geht. Es geht um den Menschen, um jeden einzelnen Menschen und sein Weltgefühl. Das Bedürfnis, »von oben« eine Erlaubnis zu erhalten, ist ein Überbleibsel der vergangenen Epoche mit ihrem Glauben an Autorität, an Sanktionen und lehrreiche Unterweisungen, mit ihrer Angst vor Strafe und der Furcht, vom Vorgesetzten angeschrien zu werden. Diese Angst kann wiederkommen, wenn erneut einige Millionen Bürger in Lager geschickt werden, aber jeder einzelne dieser Millionen wird klagen. Ihre Familien werden klagen. Ihre Freunde und Nachbarn werden klagen. Und das ist viel.

Mein Freund kam zum erstenmal zu mir, als ich in einer schwarzen und schmutzigen Baracke wohnte, in der das Wohnheim für die Lehrer des Pädagogischen Instituts von Tscheboksary untergebracht war. Es stank, und alles war von dickem schwarzem Petroleumruß überzogen. In meinem Zimmer war es kalt – so kalt wie draußen: Im ersten Stock hatte sich ein Balken gelockert, hing nun herunter und drohte jeden Augenblick auf die spielenden Kinder herabzustürzen. Der Wind, der ungehindert durch mein Zimmer zog, roch nach tauendem Schnee. Der Gast erklärte mir, er verehre O. M. so sehr, daß er mich unbedingt habe sehen und sprechen wollen. Er war einfach so gekommen, ohne einen Brief von Bekannten, aus dem ich hätte schließen können, was für ein

Mensch er war. Aber sein ganzes Verhalten und insbesondere der Ausdruck seiner Augen flößten mir gleich Vertrauen ein.

Ich bat ihn, Platz zu nehmen, und sprach mit ihm ganz anders als normalerweise mit zufälligen Besuchern. Ich sagte: »Wenn jemand zu mir kommt und sagt, er liebe Mandelstam, dann weiß ich, daß dies ein Spitzel ist. Entweder ist er zu mir geschickt worden oder aus eigener Initiative gekommen, um mich zu denunzieren. So geht das nun schon zwanzig Jahre. Einfach so über Mandelstam spricht niemand mit mir. Literaten, die seine Gedichte gelesen haben, erwähnen ihn nie in Gesprächen mit mir. Ich sage Ihnen das, weil Sie auf mich einen guten Eindruck gemacht haben. Sie erweckten in mir Vertrauen. Aber ich kann nicht einfach mit Ihnen über Mandelstam und seine Gedichte sprechen. Jetzt wissen Sie warum.« Der Gast ging. Nach ungefähr zwei Jahren erfuhr ich, daß wir gemeinsame Bekannte hatten, und lud ihn zu mir ein. Durch unsere erste Begegnung war er offensichtlich verschreckt, und so kam er mit deutlichem Widerwillen. Bald aber war das vergessen. Ich weiß nicht, ob er begriff, daß alles, was ich bei unserem ersten Zusammensein gesagt hatte, ein Beweis des tiefen Vertrauens war, das er mit seiner Erscheinung bei mir erweckt hatte.

Seither sind viele Jahre vergangen; jetzt antworte ich ruhig jedem, der mich nach Mandelstam fragt. Meist sind es Angehörige der jüngeren Generation, obwohl auch manchmal plötzlich ältere Menschen bei mir auftauchen. Jetzt sprechen wir über viele Dinge, die früher absolut tabu waren und über die die meisten Menschen meines Kreises nicht einmal nachzudenken wagten. Heute wollen wir nicht wissen, welche Themen immer noch verboten sind — wir kümmern uns nicht mehr darum und haben das vergessen. Aber das ist nicht alles.

In den zwanziger Jahren sammelten die jungen Intellektuellen gerne Informationen für ihre Vorgesetzten und die Geheimpolizei, denn sie dachten, das sei zum Wohle der Revolution, sei für die schweigende Mehrheit, die an der Aufrechterhaltung der Ordnung und der Festigung der Macht interessiert sei. Von den dreißiger Jahren an bis zum Tode Stalins taten sie dasselbe, der einzige Unterschied war die Motivation. Der Anreiz war jetzt erhoffter Vorteil oder Angst. Sie brachten Mandelstams Gedichte zur Polizei oder denunzierten Kollegen, damit ihre eigenen Werke publiziert oder sie selbst befördert würden. Andere handelten aus der primitiven Angst, nur nicht abgeholt, nicht eingesperrt oder umgebracht zu werden. Man schüchterte sie ein, und sie ließen sich einschüchtern. Man warf ihnen Almosen zu, und sie nahmen sie an. Außerdem versicherte man ihnen, ihre Tätigkeit werde nie ans Tageslicht kommen. Und dieses Versprechen ist auch gehalten worden; diese Menschen verbringen ihre Tage heute in aller Ruhe und genießen die bescheidenen Vorteile, die ihnen ihre Tätigkeit eingebracht hat.

Menschen, die jetzt für diese Dienste angeworben werden, glauben an keine Garantien. Es gibt keine Rückkehr zur Vergangenheit. Ein Generationswechsel hat stattgefunden, und die junge Generation ist bei weitem nicht so leicht einzuschüchtern, ist nicht so unterwürfig wie die vorhergehenden. Und vor allen Dingen ist es unmöglich, sie davon zu überzeugen, daß ihre Väter richtig gehandelt hätten; sie glauben nicht, daß »alles erlaubt ist«. Das bedeutet jedoch nicht, daß es heute keine Spitzel gäbe. Lediglich das Zahlenverhältnis hat sich geändert. Früher mußte ich von jedem jungen Menschen das Schlechteste erwarten – von den verdorbenen Menschen meiner Generation ganz zu schweigen; auch heute kann sich in meinem Bekanntenkreis ein Schuft einschleichen, aber nur selten und nur mit List, und dieser Schuft dürfte dann gar keine Gemeinheit begehen, weil es ihm unter den jetzigen Verhältnissen keinen Vorteil einbrächte und sich alle von ihm abwenden würden.

Unter diesen neuen Intellektuellen, die vor unseren Augen heranwachsen, hat das Sprichwort: »Keiner kann mit dem Kopf durch die Wand« seine Gültigkeit verloren, und keiner sagt mehr mitfühlend: »Wo gehobelt wird, da fallen auch Späne.« Mit anderen Worten, es erstehen wieder Werte auf, die für immer abgeschafft schienen, und sogar wer aufgrund seines Charakters ohne diese Werte auskommt, muß jetzt mit ihnen rechnen. Das kam sowohl für jene ganz unerwartet, die sich dieser Werte noch gut erinnerten, als auch für die anderen, die sie für immer begraben sehen wollten. Aber diese Werte haben im verborgenen weiterexistiert, sie flüchteten in die Stille abgeschiedener Behausungen mit gedämpften Lichtern. Jetzt sind sie in Bewegung geraten und gewinnen erneut an Kraft. Die Initiative zur Destruktion der Werte war von der Intelligenzija der zwanziger Jahre ausgegangen, mit dem Ergebnis, daß sie, die Intelligenzija völlig entartete. Jetzt setzt der rückläufige Prozeß ein, er vollzieht sich erstaunlich langsam, und wir sind ungeduldig. Wie könnten wir nach allem, was wir erlebt haben, noch geduldig sein?

Ich glaube, keiner kann den Begriff der Intelligenzija definieren und sagen, wodurch sie sich von den sogenannten Gebildeten unterscheidet. Sie ist – und nur soviel kann man sagen – ein historischer Begriff, der in Rußland aufkam, und von uns nach dem Westen gelangte. Die Intelligenzija besitzt viele Merkmale, aber selbst die Gesamtheit dieser Merkmale ergibt keine volle Begriffsbestimmung. Das Schicksal der Intelligenzija im Laufe der Geschichte ist dunkel und verschwommen, weil oft Schichten so genannt wurden, die kein Recht auf diesen Namen haben. Kann man etwa Technokraten und Beamte zur Intelligenzija rechnen, selbst wenn sie Diplome besitzen oder Romane und Gedichte schreiben? Zur Zeit der Kapitulation hat man die wirkliche Intelligenzija verhöhnt, ihren Namen haben sich die Kapitulanten angeeignet.

Was ist die Intelligenzija? Jedes ihrer Merkmale findet man auch bei anderen sozialen Schichten: einen gewissen Bildungsgrad, kritisches Denken und die damit verbundene Unruhe, Freiheit des Denkens, Gewissen, Humanismus ... Die Charakteristika sind heute besonders wichtig, weil wir gesehen haben, wie ihr Verschwinden auch für die Intelligenzija das Ende bedeutet. Die Intelligenzija ist Trägerin dieser Werte, und schon bei dem geringsten Versuch einer Umwertung entartet sie langsam, sie geht zugrunde – so war es bei uns. Aber nicht nur die Intelligenzija bewahrte die Werte, auch im Volk haben sie ihre Kraft in den dunkelsten Stunden behalten, als man sich auf dem sogenannten kulturellen Höhepunkt von ihnen lossagte. Vielleicht liegt es daran, daß die Intelligenzija nicht stabil ist und die Werte in ihren Händen eine dynamische Kraft annehmen. Sie neigt sowohl zur Entfaltung als auch zur Selbstvernichtung. Die Menschen, die die Revolution vollbracht hatten und sich in den zwanziger Jahren hervortaten, gehörten zur Intelligenzija, die sich von vielen Werten zugunsten anderer, die sie für die höchsten hielten, losgesagt hatten. Das war die Wende zur Selbstvernichtung. Was haben ein Tichonow oder Fedin mit einem normalen russischen Intellektuellen gemeinsam? Nur die Brille und das künstliche Gebiß. Aber die jungen Leute, die jetzt auf der Szene erscheinen – manche noch Jünglinge –, sind aus einem anderen Holz; man kann sie sofort als wirkliche Intellektuelle erkennen, obwohl es schwer ist, die Merkmale zu definieren, die sie dazu machen. Als der dänische Sprachwissenschaftler Jespersen einmal der Streitigkeiten, wie man die Satzteile unterscheiden müsse, müde war, meinte er, das Volk wisse, wie man ein Nomen von einem Verb unterscheidet, genauso wie der Hund Brot von Lehm unterscheiden kann. Aber die Hauptsache ist, diese jungen Intellektuellen sind auf dem Plan erschienen, und das kann nicht mehr rückgängig gemacht werden, selbst nicht durch ihre physische Vernichtung, die sich die Vertreter der Vergangenheit so sehr wünschten. Heute erzeugt Verfolgung eines Intellektuellen ein Dutzend neuer Intellektueller. Der Brodskij-Prozeß hat es uns gezeigt.

Die russische Intelligenzija hat ein besonderes Merkmal, das dem Westen wahrscheinlich fremd ist. In der Provinz habe ich auf den Lehrstühlen für westliche Philologie nur eine »Intellektuelle« getroffen, sie hieß Marta und stammte aus Tschernowiz. Erstaunt fragte sie mich damals, warum Studenten, die das Gute und die Wahrheit suchen, sich unweigerlich zur Dichtung hingezogen fühlten. Ich selbst kann das auch nur bestätigen und sagen, das ist typisch für Rußland. Einmal fragte O. M. mich, oder genauer gesagt sich selbst, was den Menschen zum Intellektuellen mache. (Er meinte »Intellektueller«, wenn er dieses Wort auch nicht gebrauchte. In jenen Jahren hatte es eine Bedeutungsänderung erfahren und einen prejorativen Beiklang erhalten und wurde dann schließlich auf die bürokratischen Elemente der sogenannten freien Berufe angewandt.) Er fragte sich, ob es die Universität war oder das Gymnasium? Nein; aber was dann? Vielleicht die Einstellung zur Literatur? Vielleicht, jedoch nicht durchgängig. Damals hob er dann als entscheidendes Merkmal die Einstellung eines Menschen zur Dichtung hervor. Bei uns spielt die Dichtung eine besondere Rolle. Sie weckt die Menschen und formt ihr Bewußtsein. Die Entstehung der Intelligenzija ist gegenwärtig von einer nie dagewesenen Hinwendung zu Gedichten begleitet. Das ist die Schatzkammer mit unseren Werten. Gedichte erwecken zum Leben, sie wecken das Gewissen und die Gedanken. Warum das so ist, weiß ich nicht, aber es ist eine Tatsache.

Mein Freund, der Blok liebt und aus ihm Kraft für seinen Pessimismus schöpft, war der erste Bote der wiedererstandenen Intelligenzija, die dadurch geweckt wird, daß sie Gedichte abschreibt und liest. Sein Pessimismus ist nicht gerechtfertigt. Die Dichtung tut das ihre. Alles ist in Bewegung geraten. Der Gedanke lebt. Die Hüter des Feuers haben sich in dunkle Spalten zurückgezogen, aber das Feuer ist nicht erloschen. Das gibt es.

Zweiundsiebzigstes Kapitel

Die letzte Idylle

Unser Aufenthalt in Moskau zog sich in die Länge – Gespräche, Neuigkeiten, Beschaffen von Geld. Wenn wir uns rechtzeitig besannen, wo wir waren, eilten wir zum letzten Zug nach Kalinin, um nicht noch einmal in der verbotenen Stadt zu übernachten. Manchmal wurde mir im überfüllten Zug ein Platz angeboten, und ich spürte aus Gesprächen ein seltsames Mitgefühl mit mir. O. M. erzählte das Pjast. Pjast schnaufte – sein Lachen glich einem Schnaufen: »Das kommt, weil sie so angezogen ist. Die Leute glauben, sie ist es und nicht Sie.« Damals trug ich ein Schafsfell, und Pjast wollte sagen, daß man mich deshalb für eine Verbannte hielt und Mitleid mit mir hatte. In Moskau mieden uns damals so viele Menschen, und so empfand ich das Mitgefühl der fremden Menschen in ihren Schmierstiefeln als ein unerwartetes Geschenk. Der Schafspelz spielte übrigens nur eine untergeordnete Rolle, denn auch anders gekleidet verhielten sich viele mir gegenüber oft teilnehmend und aufmerksam.

Im Zug stritten O. M. und ich uns immer, ob wir in Kalinin eine Kutsche nehmen sollten. Ich wollte lieber zu Fuß gehen und Geld für einen weiteren Tag unserer Atempause in Kalinin haben. O. M. dagegen meinte, ein einziger Tag ändere nichts und wir müßten ohnehin bald wieder nach Moskau fahren, »um unsere Angelegenheiten in Ordnung zu bringen«. Das waren Variationen über das übliche Thema der letzten Jahre seines Lebens: »So kann es nicht weitergehen.« In Kalinin sprachen wir nur darüber – es gab dort ja keine Angelegenheiten, die wir hätten regeln können.

Dieser Streit wurde auf einfache Weise beendet: Vor dem Bahnhof warteten ohnehin nur zwei oder drei Kutscher. Der Staat hatte diese Privatunternehmer durch hohe Steuern ruiniert und »als Klasse liquidiert«. Auf diese Kutscher stürzte sich nun eine Menge Menschen, und sie fuhren mit geschickteren und schnelleren Fahrgästen, als wir es waren, davon. Uns blieb nichts anderes übrig, als zu Fuß zu gehen.

Auf den Brücken über die Wolga und Tmaka blies ein schneidender Wind, der Wind der Verbannung und Verfolgung. Die Vorstadt, in der wir ein Zimmer gemietet hatten, war im Herbst von Morast überzogen, und im Winter versanken wir im Schnee. Die Menschen können dort nur leben, weil sie nirgendwo anders hingehen als zum Dienst und zurück. O. M. ging fast der Atem aus, und er behauptete, wir hätten das Geld für den Kutscher besser nicht gespart. Ich stapfte geduldig hinter ihm her.

Auf unser Klopfen machte uns die Wirtin auf – eine große, dürre Frau von ungefähr Sechzig. Sie blickte uns finster an und fragte, ob wir nicht Hunger hätten. Ihr finsterer Blick drückte keinen Ärger aus, weil wir sie mitten in der Nacht geweckt hatten, sondern sie blickte immer so finster und lachte nie. Wir versicherten ihr, daß wir nicht hungrig seien, sondern schon vor unserer Abreise in Moskau gegessen hätten. Schweigend verschwand sie in ihrer Wohnungshälfte, erschien jedoch einen Augenblick später in unserem Zimmer mit einem halben Liter Milch und den Resten des eigenen Essens – Pfannkuchen, Kartoffeln und Kohl. Im Winter hatten sie ein Schwein geschlachtet, sie brachte uns noch ein Stück Fleisch. »Essen Sie nur, das ist eigenes, ist nicht gekauft.« Unsere Frauen rechnen nie ihre Arbeit: alles aus dem Garten oder dem Stall ist »Eigenes«, kostet nichts, ist von Gott gegeben.

Während wir aßen, stand sie dabei und fragte uns aus, was wir in Moskau erreicht hätten – Rückkehr oder wenigstens Arbeit? Wir sprachen leise, um nicht die anderen Bewohner, einen Mann und eine Frau, zu wecken. Auch sie waren verbannte »Hundertwerstler« und schliefen hinter einer nicht ganz bis an die Decke reichenden Bretterwand. Der Nachbar stammte aus Leningrad und war früher Sekretär von Schtschegolow gewesen. Nach Lager und Verbannung saß er nun in Kalinin herum. Als wir auf den Rat von Passanten bei Tatjana Wassiljewna – so hieß unsere Wirtin – anklopften, kam der Leningrader heraus und erkannte O. M. Als die Wirtin merkte, daß wir keine Gauner waren, vermietete sie uns ein Zimmer, das war eine glückliche Fügung. Bei uns ist das immer so schwierig, vielleicht sogar noch schwieriger als im Westeuropa der Nachkriegszeit, als die Städte nach den Bombenangriffen in Schutt und Asche lagen. Tatjana Wassiljewna lebte mit ihrem Mann zusammen, einem Metallarbeiter. Im Haus führte sie das Regiment, und ihr Mann, ein guter und weicher Mensch, ordnete sich ihr gerne unter. Sie wahrten jedoch immer die Form: Tatjana Wassiljewna entschied nichts, ohne vorher ihren Mann zu fragen; sie lud uns zum Tee ein – bis der Mann nach Hause kam, der entscheiden würde, ob das Zimmer zu vermieten sei oder nicht; der Mann sagte zu allem: »Wie Mutter es wünscht.« So hatte er auch nichts gegen die neuen Mieter einzuwenden. Mit O. M. freundete er sich bald an, sie verband die gemeinsame Liebe zur Musik. Zur Silberhochzeit hatten die Söhne – sie waren »große Piloten« geworden, und der eine von ihnen wurde sogar Stalin vorgestellt – dem Vater einen Plattenspieler und einige Platten geschenkt. Es waren hauptsächlich Lieder, wie sie damals bei den Komsomolzen und Soldaten beliebt waren. Der Alte zog dem »Gesinge« die Platten vor, die O. M. besorgt hatte: ein Brandenburgisches Konzert, irgendeine geistliche Musik von Dvořak, alte Italiener und Mussorgskij. Damals war es außerordentlich schwierig, an Platten zu kommen, die Auswahl war reiner Zufall, aber den beiden Männern bereiteten die Platten große Freude. Während unseres Aufenthaltes in Kalinin veranstalteten sie abends Konzerte. Tatjana Wassiljewna stellte den Samowar auf und bewirtete uns mit Tee und eigenem Eingemachten. O. M. achtete darauf, daß der Tee nach seiner Art zubereitet wurde und erzählte, daß Schewtschenko, als er Geld bekam, sich als erstes ein Pfund Tee gekauft habe. Beim Tee überflog O. M. gewöhnlich die Zeitung (dem Wirt war es als zum Stammpersonal gehörendem Arbeiter gelungen, die ›Prawda‹ zu abonnieren).

Hier machte ich die Erfahrung, daß in den Arbeiterfamilien in jener furchtbaren Zeit viel direkter und offener gesprochen wurde als in den Familien der ›Intelligenzija‹. Nachdem in Moskau alles schweigend übergangen und der Terror krampfhaft gerechtfertigt wurde, waren wir durch die offene Rede unserer Hausleute verwirrt. Uns hat man Schweigen gelehrt; Tatjana Wassiljewna sagte auf eine ausweichende Antwort von O. M., den sie mitleidsvoll anschaute: »Da ist nichts zu machen – Sie alle sind verschreckt.« Schon die Väter und Großväter unserer Wirtsleute hatten in der Fabrik gearbeitet. Tatjana Wassiljewna sagte nicht ohne Stolz: »Wir sind angestammte Proletarier.« Sie erzählte von den politischen Agitatoren, die sie zu Zeiten des Zaren bei sich zu Hause versteckt hatten: »Sie hatten immer nur von dem einen geredet, und was ist dabei herausgekommen!« Die Prozesse verurteilten beide voll und ganz: »Was wird nicht alles in unserem Namen gemacht!« sagte der Hausherr und warf voller Abscheu die Zeitung hin. »Das ist ihr Kampf um die Macht«, so faßte er die Ereignisse auf. Daß all dies »Diktatur des Proletariats« genannt wurde, brachte sie beide in Wut: »Sie haben uns mit unserer Klasse ganz schön den Kopf verdreht«, oder: »Die Macht ist in den Händen unserer Klasse, sagen sie, aber versuch mal, davon Gebrauch zu machen, und sie zeigen dir, was deine Klasse ist.« Ich erläuterte den Alten die Theorie, daß die Klassen von den Parteien und die Parteien von den Führern beherrscht werden. »Sehr bequem«, sagte der Alte – sie beide hatten einen Begriff vom proletarischen Gewissen, von dem sie sich nicht lossagen wollten.

In dieser Familie trat das seit undenklichen Zeiten existierende Problem der Väter und Söhne kraß zutage. Unsere Wirtsleute freuten sich nicht über den Erfolg ihrer Söhne und waren auch nicht von dessen Dauerhaftigkeit überzeugt: »Hier, am unteren Ende der Erfolgsleiter, gibt es viele, und es ist leichter, am Leben zu bleiben. Sobald man sich nach oben begibt, kann man stürzen, ehe man sich's versieht«, pflegte Tatjana Wassiljewna zu sagen. Auch der Vater sah den Dingen auf den Grund – er traute den Kindern nicht. In ihrer Gegenwart schwieg er: »Eines Tages denunzieren sie uns noch, wir wissen, wie die Kinder heutzutage sind.« Aber an die schmerzhafteste Stelle kamen wir nicht gleich – um zu erfahren, was die Eltern am meisten quälte, mußten wir erst gemeinsam das bewußte Pud Salz gegessen haben.

Tatjana Wassiljewna hielt eine Kuh. »Mit dem Lohn eines Arbeiters kann man keine Söhne großziehen, nur die Kuh hat uns gerettet.« Die Kuh war der einzige Berührungspunkt der Familie mit dem Dorf, denn die gesamte Familie war schon vor langer Zeit in die Stadt umgezogen – »zur Klasse der Proletarier«. Das Heu für die Kuh wurde vom Kolchosbauern gekauft und der Handel am Tisch beim Samowar abgeschlossen. Tatjana Wassiljewna führte dabei Gespräche über die Kollektivierung, über Pläne und Arbeitstage*. Eines Tages kam Tatjana Wassiljewna, nachdem sie die Gäste an die Tür begleitet hatte, vom Gespräch erhitzt in unser Zimmer und erzählte O. M., wie ihr ältester Sohn, als er noch Komsomolze war, zur Liquidierung der Kulaken aufs Dorf geschickt worden war. Er hatte sich dort ziemlich lange aufgehalten und erzählte den Eltern nach seiner Rückkehr nichts, antwortete auf keine ihrer Fragen und verließ bald darauf für immer das elterliche Haus. »Was hat er dort gemacht? Es ist nicht herauszukriegen! Warum habe ich ihn nur großgezogen!« Wenn sie mit den Kolchosbauern sprach, mußte Tatjana Wassiljewna immer daran denken, was ihr Ältester dort auf dem Dorf gemacht haben mochte; ihr Mann beruhigte sie: »Laß das sein, Mutter, heute sind sie alle so.«

Bald stellten wir bei unseren Wirtsleuten einen eigentümlichen Charakterzug fest – diese nüchternen Menschen, die über unser Leben richtig urteilten, mißbilligten jede Form des politischen Kampfes und überhaupt jede politische Aktivität. Beim Lesen der Prozeßberichte sagte uns der Hausherr: »Wieso haben sie sich da eingemischt? Sie hatten doch ein gutes Gehalt.« Er verabscheute es, daß sich die Opfer des Prozesses politisch betätigt hatten. Wir dagegen waren entsetzt, daß niemand einen Finger gerührt hatte, um Stalin an der Übernahme der Macht zu hindern. Im Gegenteil, alle hatten ihm geholfen, ein Opfer

* Die Arbeit in den Kolchosen wurde nach »Arbeitstagen« berechnet. Entsprechend der Anzahl der Arbeitstage wurde am Ende des Jahres eine kleine Summe Bargeld ausgezahlt.

nach dem anderen zu erledigen. Unser Hausherr erinnerte sich, »wie sie früher waren«, und deshalb hatte er sie in Verdacht, daß sie »sich eingemischt hatten«. O. M. gegenüber verhielten sie sich wohlwollend, weil sie ihn für ein passives Opfer des Regimes hielten. »Er hat damit überhaupt nichts zu tun, er hat einfach nur sein Zeug geschrieben.« Sie wären mit ihren Söhnen zufrieden gewesen, wenn sie sich jeglicher Politik enthalten hätten; mit Machthabern kamen sie selbst nicht in Berührung, sie wollten sich »nicht über ihre Klasse erheben«. Jede Art des Widerstandes erschien ihnen nutzlos und ehrenrührig. Sie nannten es immer »sich einmischen«. In Kalinin nahmen wir zum ersten Male an Wahlen* teil. O. M., der von der Art und Weise, wie sie organisiert wurden, vollkommen überrascht war, wußte nicht, was er tun sollte. Er versuchte sich zu trösten: »Das ist nur am Anfang so, später gewöhnt sich das Volk daran, und dann wird alles normal verlaufen«; doch dann sagte er, daß er um keinen Preis an dieser Komödie teilnehmen würde. Die Wirtsleute stritten mit ihm. Ihr erstes Argument: »Man kann nicht mit dem Kopf durch die Wand«, ihr zweites: »Inwiefern sind wir besser als die anderen – alle gehen, also gehen wir auch«, und das letzte und überzeugendste: »Leg dich nicht mit ihnen an, dann werden sie dich auch nicht verfolgen.« Dem mußten wir beipflichten, besonders in unserer Lage. Wir alle gingen wählen – die Wirtsleute um sechs Uhr früh, wie ihnen in der Fabrik befohlen wurde, wir später, nach dem Frühstück.

Tatjana Wassiljewna befolgte im wesentlichen die Gesetze, nicht etwa weil sie besondere Achtung vor den Gesetzen gehabt hätte – unseren Gesetzen gegenüber verhielt sie sich ausgesprochen negativ –, sondern weil es die allgemeine Lebenslage erforderte. Sie hielt es für ihre erste Pflicht zu leben, und aus diesem Grunde hatte sie sich aller weiteren Betätigungen zu enthalten. Der Gedanke, sich für eine Idee selbst zu opfern oder sich selbst aufzugeben, erschien ihr als größte Ungeschicklichkeit. Sie beharrte darauf, daß »wir kleine Leute« sind, denen es nicht anstand, sich hervorzutun. Wir spürten aus dieser Haltung einen gewissen Hochmut heraus: »Oben« gibt es Kampf, Verbrechen und Spekulationen im Namen der Arbeiterklasse, mit der sie ein so starkes Zugehörigkeitsgefühl verband. Damit hatten sie aber nichts zu tun, ihre Hände waren rein, es waren Arbeiterhände. Für sie gab es nur Leben und Arbeit. Sollen die sich doch zugrunde richten. Sie war aber auch nicht religiös und ging nicht in die Kirche, obwohl vor den Ikonen bei ihr das ewige Licht brannte – wahrscheinlich aus Gewohnheit.

* Wahlen (Einheitslisten) zum Obersten Sowjet, 1936 durch Stalins Verfassung eingeführt.

Es gab Augenblicke, in denen wir Tatjana Wassiljewna als angekränkelte Mitglieder der Oberschicht erschienen, die sie in Verdacht hatte, sie seien nicht lebensfähig und hätten keinen Lebenswillen. Wenn O. M. irgend etwas Zynisches, Fürchterliches oder Grausames in der Zeitung las, sagte er oft: »Wir sind erledigt.« Zum erstenmal sprach er so, als er mir den Kommentar Stalins zu Gorkijs Märchen ›Das Mädchen und der Tod‹ zeigte. Stalin hatte geschrieben: »Dieses Stück ist stärker als Goethes ›Faust‹. Die Liebe überwindet den Tod.« Ein andermal sagte O. M.: »Wir sind erledigt«, als er auf der Titelseite einer Illustrierten sah, wie Stalin Jeschow die Hand reichte. »Wo hat es das gegeben«, wunderte sich O. M., »daß sich ein Staatsoberhaupt mit dem Minister der Geheimpolizei fotografieren läßt?« Es ging dabei nicht darum, wer mit wem fotografiert wurde, sondern um den Ausdruck in Jeschows Gesicht: »Er ist zu allem fähig, nur um Stalin zu gefallen.« Einmal las O. M. am Tisch bei Tatjana Wassiljewna eine Rede Stalins vor Absolventen einer Militärschule. Stalin trank auf das Wohl der Wissenschaft, die wir brauchen, und verdammte die Wissenschaft, die wir nicht brauchen. Die Worte klangen unheilverkündend: Gibt es erst einmal eine Wissenschaft, die wir nicht brauchen, die uns fremd ist, so werden wir sie vernichten und mit den Wurzeln ausrotten. Wie gewöhnlich sagte O. M.: »Wir sind erledigt.« Jetzt wurden Tatjana Wassiljewna und ihr Mann böse: »Immer wollen Sie zugrunde gehen. Sie beschwören das ja herauf. Wenn Sie nur einmal daran denken würden, wie Sie leben können. Lernen Sie das. Schauen Sie uns an, wir leben! Mischen Sie sich in nichts ein, dann bleiben Sie am Leben.« O. M. resümierte: »Die erste Pflicht des Menschen ist zu leben.«

Nach O. M.s Verhaftung kam ich in das stabile Holzhaus am Stadtrand von Kalinin zurück, um noch den Korb mit Manuskripten, den ich dortgelassen hatte, zu holen. Als die Wirtsleute von O. M.s Verhaftung erfuhren, waren sie so niedergeschlagen, daß ich mich nicht weiter beherrschen konnte und losweinte. Die nie lachende Tatjana Wassiljewna umarmte mich und sagte: »Nicht weinen – ihr werdet wie die Heiligen sein.« Der Hausherr fügte noch hinzu: »Dein Mann konnte keinem etwas Böses antun – es ist das letzte, wenn man solche Menschen holt.« Beide wollten ihren Söhnen davon erzählen, um ihnen die Augen zu öffnen, wem sie dienten und was sie anbeteten. »Trotzdem werden sie nicht auf uns hören«, seufzte der Hausherr plötzlich. Die Söhne von Tatjana Wassiljewna waren »Stalinfalken«, tugendhafte »Himmelsstürmer«, wie sie Solschenizyn in der Person des Sotow so treffend porträtierte. Es lohnte sich wirklich nicht, ihnen etwas zu erzählen, in ihnen gingen die Ideen zugrunde, von denen die Welt einst beherrscht wurde. Jetzt, Mitte der sechziger Jahre, sind das die Väter, die sich nach allen Seiten hin über ihre Kinder – die Enkel von Tatjana Wassiljewna – beschweren. Die Enkel schließen sich den Großvätern an und sagen sich von ihren Vätern los. Ich erinnere mich an eine Begegnung in der Eisenbahn mit einem anderen »Relikt des Imperiums«. Im Gegensatz zu dem anderen, von dem ich schon erzählte, befürwortete er den XX. Parteitag ohne Ausnahme, weil er unter Stalin irgendwelche Unannehmlichkeiten gehabt hatte. Er war zwar nicht verhaftet worden, aber viel hatte nicht gefehlt. Jetzt freute er sich seines Lebens und bezog eine hohe Pension als verantwortlicher Parteifunktionär. Um nicht untätig herumzusitzen, erteilte er in einem Leningrader Technikum politischen Unterricht. Er sprach als Pädagoge zu einer Pädagogin und erzählte von all seinen Schwierigkeiten. Am Wahltag wollte er seine Schutzbefohlenen zur Eile mahnen, keiner wollte gehen. Er sagte: »Ihr solltet euch an uns ein Beispiel nehmen, wir haben die Revolution zuwege gebracht«, und er erzählte ihnen, daß er bereits am frühen Morgen seinen Stimmzettel abgegeben habe. Die Schüler antworteten: »Wer hat euch denn gebeten, die Revolution zu machen? Früher hat man besser gelebt.« Seine ganze Revolutionsphraseologie kam nicht an: »Stellen Sie sich vor, was das für eine Jugend ist! Wie werden Sie denn mit ihnen fertig?« Ich antwortete aufrichtig, daß ich gut mit ihnen zurechtkäme, mit viel Geduld. Das sind die Enkel von Tatjana Wassiljewna; aber ist in ihnen noch etwas anderes außer der negativen Reaktion?

Kurz nachdem ich bei ihr war, kam die Polizei zu Tatjana Wassiljewna mit einem Haftbefehl für mich. Ich war aber nicht mehr dort. Sie durchwühlten das ganze Haus, einschließlich Dachboden, Schuppen und Keller, aber man fand keine Sachen von uns, denn ich hatte vorher alles weggeschafft. Sie hatten die Fotografie einer Frau dabei und verglichen sie aufmerksam mit den beiden Frauen, der Hausfrau und der Untermieterin. Ich erfuhr das alles ein Jahr später auf dem Bahnhof, als ich gerade nach Kalinin fuhr, um mich dort für einige Zeit niederzulassen. In Leningrad erfuhr ich, daß sie gekommen waren, um mich zu holen; der ehemalige Sekretär von Schtschegolow hatte diese Nachricht nach Leningrad mitgebracht. Hätte ich das früher gewußt, so wäre ich sicher nicht noch einmal nach Kalinin gefahren. So waren meine Sachen aber bereits im Wagen, und ich dachte mir: »Soll kommen, was da mag.« Die Angst hatte schon etwas nachgelassen: Jeschow war tot, und es gab keine Massenverhaftungen mehr. In Kalinin lebte ich dann fast zwei Jahre, bis zur Evakuierung. Niemand rührte mich an, obwohl in meiner Akte ein nicht ausgeführter Haftbefehl lag. Das klingt phantastisch, aber das gab es öfter: Die Soll-Zahlen für die Vernichtung von Menschen waren jetzt geändert, wen man noch nicht geholt hatte, der blieb am Leben. Der Terror wurde ebenfalls wie die Wirtschaft geplant, mit ihm wurden Tod und Leben geregelt, gehandhabt.

Die Haussuchung machte auf Tatjana Wassiljewna einen gewaltigen Eindruck: Drei dicke Männer stellten das ganze Haus auf den Kopf. Tatjana Wassiljewna verfluchte sie und mich. Als ich sie ein Jahr später wiedersah, beschimpfte sie mich, ich hätte ihr verheimlicht, daß ich im Gefängnis gesessen habe, und vielleicht verdächtigte sie mich sogar irgendwelcher anderer Dinge: »Warum haben sie dich herausgelassen – jetzt lassen sie doch keinen mehr heraus.« Es wollte ihr nicht in den Kopf, daß »sie« jemanden abholen wollten und nicht abholen konnten, weil sie ihn nicht fanden. In welchen Kopf will das schon hinein? Zum Schluß war sie etwas milder gestimmt und fragte, ob ich denn wüßte, wo ich bleiben könnte. »Wenn du nichts gefunden hast, dann kannst du in Gottes Namen bei mir bleiben. Es heißt, wen Gott einmal beschützt hat, den beschützt er auch weiterhin. Heute kann sich sowieso keiner mehr selbst beschützen.« Im Grunde genommen verstieß sie damit gegen ihr Prinzip, sich in das ruhelose Leben unseres Landes nicht einzumischen. Ich blieb aber nicht bei ihr, denn dort hätte mich der Gedanke an die feisten Männer weniger schlafen lassen als in allen anderen Häusern.

Dreiundsiebzigstes Kapitel

Die Textilarbeiterinnen

Auf meinen Wanderungen bin ich mit den verschiedensten Leuten zusammengekommen, und überall habe ich mich wohler gefühlt als unter denen, die sich die Blüte der sowjetischen Intelligenzija nennen. Übrigens legten diese Leute auch keinen gesteigerten Wert auf meine Gesellschaft.

Nach O. M.s Verhaftung ließ ich mich in Strunino nieder, einer kleinen Textilarbeiterkolonie bei Sagorsk. Von dieser Kolonie hatte ich durch Zufall gehört, als ich von Groß-Rostow aus, wo ich mich ursprünglich niederlassen wollte, nach Moskau zurückkehrte. Gleich am ersten Tag traf ich Efros. Er wurde ganz blaß, als ich ihm von O. M.s Verhaftung erzählte – eben erst hatte er mehrere Monate in der Lubjanka gesessen. Vielleicht war er der einzige Mensch, der unter Jeschow nur mit einer Ausweisung aus Moskau davongekommen ist. Als O. M. einige Wochen vor seiner Verhaftung erfuhr, daß Efros freigelassen worden war und sich in Rostow niedergelassen hatte, seufzte er und sagte: »Efros ist der Große und nicht Rostow.« Ich vertraute der Weisheit des großen Efros, als er mir riet, nicht in Rostow zu bleiben: »Fahren Sie weg, hier gibt es zu viele von uns.« Auf der Rückfahrt sprach ich im Zug mit einer älteren Frau. Ich erzählte ihr, daß ich nach einem Zimmer suchte, und sie riet mir, in Strunino auszusteigen, und gab mir die Anschrift »von guten Leuten«, an die ich mich wenden könnte: Er trinkt nicht und flucht nicht. Dann fügte sie noch hinzu: »Ihre Mutter hat gesessen – sie wird Mitleid mit dir haben.« Die Menschen, mit denen ich in den Zügen fuhr, waren durchwegs freundlicher als die Moskauer. Obwohl es Frühling war und ich den Schafspelz verkauft hatte, errieten sie immer noch, was mit mir los war.

Strunino lag an der Bahnlinie von Jaroslawl, auf der die Gefangenen nach Sibirien transportiert wurden. Ich hatte die verrückte Idee, daß ich eines Tages irgendwie im Fenster, das heißt in einem Spalt des Güterwagens, O. M.s Gesicht sehen könnte; deshalb stieg ich in Strunino aus und ging zu den »guten Leuten«. Mit ihnen hatte ich sofort Kontakt. Ich erzählte ihnen, warum ich eine Bleibe in der Hundertwerstzone brauchte. Übrigens hatten sie es ohnehin schon begriffen. Ich mietete mich bei ihnen in einem kleinen Seitenflügel des Hauses ein, der von niemandem benutzt wurde. Als die Kälte kam, schleppten sie mich gewaltsam in ihr Zimmer, teilten mir eine Ecke mit Schränken und Laken ab: »Damit du so etwas wie ein eigenes Zimmer hast, denn du bist doch nicht daran gewöhnt, mit anderen Menschen in einem Raum zu leben.«

Was den Judenhaß anbelangt, kann ich aus eigener Erfahrung sagen, daß es ihn im Volk nicht gibt. Er kam und kommt immer von oben. Ich habe nie verheimlicht, Jüdin zu sein, und in all diesen Familien – bei Arbeitern, Kolchosarbeitern, kleinen Angestellten – behandelte man mich immer wie eine der ihren. Nie habe ich dort solche Dinge erlebt wie später an den Hochschulen der Nachkriegszeit, wo es auch heute noch nach Judenhaß riecht. Das schlimmste ist Halbbildung, und in einer halbgebildeten Umgebung findet sich immer ein Nährboden für Faschismus, Chauvinismus und Haß auf die Intelligenzija. Die Anti-Intelligenzija-Stimmung ist schrecklicher und weiter verbreitet als der primitive Judenhaß; sie macht sich bemerkbar in allen überbelegten Einrichtungen, wo die Menschen ihr Recht auf Unwissenheit mit allen Mitteln verteidigen. Wir haben ihnen eine stalinistische Bildung gegeben, und sie haben stalinistische Diplome bekommen. Es ist klar, daß sie an den Privilegien festhielten, zu denen ihre Diplome sie berechtigten. Wo sollten sie sonst hin?

Von Strunino aus fuhr ich oft nach Moskau, um für O. M. etwas abzugeben, und meine kümmerliche Habe – ich mußte O. M.s Bücher verkaufen – schmolz bald dahin. Die Wirtsleute merkten, daß ich nichts zu essen hatte, und teilten ihre Tjura und ihre Murzowka* mit mir. Rettiche nannte man dort »Stalinspeck«. Die Wirtin goß mir heiße Milch ein und sagte: »Iß und trink, sonst kommst du noch ganz von Kräften.« Den größten Teil des Milchertrages mußten sie verkaufen, um Heu zu bekommen, und sich selbst verwöhnten sie sehr selten mit Milch. Ich sammelte für sie im Wald Himbeeren und andere Beeren. Fast den ganzen Tag war ich im Wald, und wenn ich nach Hause zurückkam, verlangsamte ich meine Schritte: Ich stellte mir vor, Mandelstam käme jetzt, aus dem Gefängnis entlassen, mir entgegen. Es ist schwer zu glauben, daß ein Mensch von zu Hause weggeholt und einfach vernichtet wird. Man kann es wohl mit dem Verstand begreifen, aber das Gefühl kann es nicht fassen.

Im Herbst waren meine Mittel erschöpft, und ich mußte mich nach einer Arbeit umsehen. Mein Wirt war Textilarbeiter, seine Tochter

* Tjura – kalte Brotsuppe mit Kwaß; Murzowka – Eier und Ziebeln, mit Kwaß oder Wasser vermischt.

Weberin und Färberin. Sie waren sehr unzufrieden, daß auch ich mich in diese Tretmühle begeben wollte, aber ich sah keinen anderen Ausweg, und als am Tor der Fabrik eine Bekanntgabe über Personaleinstellungen hing, bewarb ich mich und wurde angenommen. Ich mußte an den Spulmaschinen arbeiten – jede Frau hatte zwölf Spindelbänke zu betreuen. Ich arbeitete freiwillig in der Nachtschicht und lief so durch die große Fabrikhalle und murmelte, um mich wach zu halten, O. M.s Verse vor mich hin. Ich mußte alles auswendig können, für den Fall, daß mir die Papiere abgenommen würden oder die verschiedenen Leute, denen ich Kopien zur Aufbewahrung gegeben hatte, sie im gegebenen Moment in einem Anfall von Angst in den Ofen steckten – mehr als einmal haben das die besten und literarisch interessiertesten Leute getan. Das Gedächtnis war so für mich ein zusätzlicher Hort, und ich muß zugeben, daß es mir bei meiner schweren Aufgabe sehr zustatten kam. So widmete ich die acht Stunden meiner Nachtschicht nicht nur den Spulbänken, sondern auch O. M.s Gedichten.

Um sich immer wieder kurz auszuruhen, liefen die Frauen von den Maschinen weg auf die Toilette. Dort versammelte sich ein richtiger kleiner Klub. Sobald sie die eiligen Schritte einer Komsomolzin hörten, die Karriere machen wollte, verstummten sie und stoben auseinander. »Nimm dich vor der in acht«, warnten mich die Arbeiterinnen. In ruhigen Minuten, wenn wir unter uns waren, erzählten sie mir unverhohlen, wie sie lebten, und verglichen ihr jetziges Dasein mit früher. »Damals war der Tag wohl lang, aber zwischendurch konnte man wenigstens einmal Tee trinken – weißt du, an wieviel Maschinen jede arbeitete?« Erst im Gespräch mit ihnen wurde mir klar, wie populär Jessenin war; ständig erwähnten sie seinen Namen. Um diesen Dichter entstand im Volk eine richtige Legende – sie empfanden ihn als einen der ihren und liebten ihn.

Wenn die Frauen morgens aus dem Fabriktor hinausgingen, stellten sie sich sogleich um Textilien oder Brot an. Vor dem Krieg war Kleiderstoff kaum zu bekommen, und das Brot reichte auch nicht. Die Leute führten ein erbärmliches Dasein. Heute haben sie das vergessen, und meine stalinistischen Nachbarn in Pskow behaupteten hartnäckig, daß sie vor dem Krieg nicht gewußt hätten, was Not sei, sie hätten sie erst jetzt kennengelernt. Die Menschen besitzen, wenn sie wollen, ein erstaunlich kurzes Gedächtnis.

Hier in Strunino hörte ich zum ersten Mal das Wort »Stopjatniza« (»Hundertfünfwerstlerin«), alle nannten mich hier so. Sie waren gut zu mir, besonders die älteren Männer. Manchmal kam einer zu mir in die Fabrikhalle und gab mir einen Apfel oder ein Stück Pirogge: »Komm, iß davon, meine Frau hat's gestern gebacken.« Im Speisesaal hielten sie mir in der Pause einen Platz frei und belehrten mich: »Nimm tüchtig Brot. Ohne Brot wirst du nicht satt.« Auf Schritt und Tritt begegnete ich freundlicher Anteilnahme, sie galt nicht meiner Person, sondern der »Stopjatniza«. Hier war von einer feindseligen Einstellung gegen die Intelligenzija nichts zu merken.

Einmal kamen nachts in meine Fabrikhalle zwei sauber gekleidete junge Männer, stellten meine Maschinen ab und forderten mich auf, ihnen in die Kaderabteilung zu folgen. Der Weg zum Ausgang – die Kaderabteilung war im Hof in einem gesonderten Gebäude untergebracht – führte durch mehrere Hallen. In den Sälen, die wir passierten, schalteten die Arbeiter ihre Maschinen ab und folgten uns. Wir gingen die Treppe hinunter, ich hatte Angst, mich umzudrehen, denn ich fühlte, daß mir die Arbeiter das Abschiedsgeleit gaben: Sie wußten, daß man von der Kaderabteilung häufig direkt zur GPU gebracht wurde.

In der Kaderabteilung führten sie mit mir ein idiotisches Gespräch. Sie fragten mich, warum ich nicht in meinem Beruf arbeite. Ich antwortete, daß ich keinen Beruf habe. Warum ich denn in Strunino lebe? Ich erwiderte, ich wüßte nicht, wo ich sonst leben sollte. »Und Sie, als gebildeter Mensch, arbeiten an den Maschinen?« Damals hatte ich außer dem Gymnasium keine Bildungsanstalt besucht, ich hatte kein Hochschuldiplom, aber ich gehörte zur Intelligenzija, und das erfaßten die beiden instinktiv. »Warum arbeiten Sie nicht in einer Schule?« – »Ohne Diplom wird man nicht genommen...« – »Das ist es nicht – sprechen Sie offen.« Ich begriff nicht, was sie wollten. Schließlich ließen sie mich in dieser Nacht gehen, vielleicht, weil die Arbeiter draußen zusammengeströmt waren. Als sie mich entließen, fragten sie mich, ob ich denn morgen wieder Nachtschicht habe. Sie forderten mich auf, mich vor Arbeitsbeginn in der Kaderabteilung zu melden. Ich mußte sogar ein dementsprechendes Papier unterschreiben.

In dieser Nacht ging ich nicht mehr zurück an die Maschinen, sondern geradewegs nach Hause. Die Wirtsleute schliefen nicht – jemand aus der Fabrik war zu ihnen gelaufen und hatte ihnen erzählt, daß ich »zu den Kadern« geschleppt worden sei. Der Hausherr holte eine kleine Flasche Wodka, schenkte drei Gläser aus und sagte: »Laßt uns trinken und überlegen, was wir machen.«

Als die Nachtschicht zu Ende war, kam ein Arbeiter nach dem anderen an unser Fenster. Sie sagten: »Hau ab!« und legten Geld auf das Fenstersims. Die Wirtin packte meine Sachen, und der Hausherr und zwei Nachbarn setzten mich in einen der ersten Züge. So entkam ich der Katastrophe dank der Menschen, die noch nicht gelernt hatten, gleichgültig zu sein. Selbst wenn die Kaderabteilung ursprünglich nicht vorhatte, mich zu verhaften, so wäre ich nach dem »Abschiedsgeleit«, das mir die Arbeiter gegeben hatten, bestimmt nicht heil davongekommen.

Strunino, das war Mitgefühl mit unseren Nöten und unserem Leben als Geächtete. Die Züge mit den Häftlingen fuhren meistens nachts durch den Ort, und am Morgen schauten die Textilarbeiter, die die Gleise überquerten, aufmerksam auf den Boden – sie hielten Ausschau nach Zetteln. Manchmal gelang es den Häftlingen, eine Botschaft aus dem Fenster zu werfen. Wer sie fand, steckte sie in ein Kuvert, versah es mit der Aufschrift und schickte es ab. So erhielten manchmal die Angehörigen Nachricht von ihrem Sträfling. Wenn der Zug tagsüber hielt, versuchte jeder hinter dem Rücken der patroullierenden Wachmannschaft irgend etwas zum Essen oder Rauchen in den Zug zu werfen. So warf meine Wirtin, wie ich schon erzählte, eine Kinderschokolade hinein. Auch in Strunino hatte man viele abgeholt, und die Menschen dort waren darüber verbittert. Hier hörte ich zum erstenmal, daß Stalin im Volk »der Pockennarbige« genannt wurde. Auf die Frage warum, antworteten sie: »Weißt du nicht, daß er Pocken hatte? Im Kaukasus ist es in dieser Beziehung schlecht.« Für diese Reden hätten sie weit mehr als nur Pocken bekommen können, aber die Leute waren äußerst vorsichtig und sprachen nur so, wenn sie unter sich waren; ihre lokalen Spitzel kannten sie gut. Genau das ist der Vorteil einer kleinen Siedlung. Wir wußten bei weitem nicht immer, wer unsere Spitzel waren.

Auch in Sawelowo befolgten die Bewohner die Gesetze, aber ihre angeborene Güte hinderte sie daran, sich ihnen widerspruchslos zu unterwerfen. Jakulow sagte einmal zu mir: »Die Russische Revolution ist nicht grausam, der Staat hat die ganze Grausamkeit in sich aufgesogen – jetzt sitzt sie in der Tscheka.«

Man sieht, in Rußland spielt sich alles oben ab. Das Volk schweigt, sträubt sich ergeben oder ergibt sich sträubend. Es verurteilt die Grausamkeit, wird aber nie irgendeine Aktivität gutheißen. Wie sich diese Eigenschaften mit den großen Aufständen und Revolutionen vertragen, weiß ich nicht. Ob man es begreifen kann?

Vierundsiebzigstes Kapitel

Die Schklowskijs

In Moskau gab es nur ein Haus, das den Verstoßenen offenstand. Wenn wir in den Monaten vor O. M.s Verhaftung während unserer kurzen Besuche in Moskau Viktor oder Wassilissa nicht zu Hause antrafen, kamen uns die Kinder entgegengesprungen: die kleine Warja, meist mit einer Schokolade in der Hand, die hochaufgeschossene Wassja (die Tochter von Wassilissas Schwester Natalja) und Nikita, ein Junge mit weitausholenden Bewegungen, ein Vogelfänger und Wahrheitssucher. Nie hatte den Kindern jemand etwas erklärt, aber sie wußten selbst, was zu machen war: In den Kindern spiegeln sich immer die Sitten des Hauses wider. Sie führten uns in die Küche – bei Schklowskijs wurde immer in der Küche gegessen –, gaben uns zu essen und zu trinken und erfreuten uns mit ihren kindlichen Gesprächen. Wassja – sie spielte Viola – erzählte gerne vom letzten Konzert; damals erregte eine Schostakowitsch-Symphonie gerade besonderes Aufsehen. Schklowskij hörte sich alle Erzählungen ruhig an und verkündete dann freudig: »Schostakowitsch hat alle überrundet.« Damals mußte man jedem unbedingt seinen Platz zuordnen, bestimmen, wer der Erste und wer der Letzte war, wer den anderen überrundet hatte. Der Staat ermutigte die Leute, sich wie die Bojaren im mittelalterlichen Rußland zu verhalten, die um ihre Plätze an der Zarentafel gekämpft haben, die letzte Entscheidung darüber, wer »an der Spitze« sitzen sollte, aber dem Zaren überließen. So sah sich plötzlich der überaus bescheidene Lebedew-Kumatsch zum »Ersten Dichter des Landes« ernannt. Schklowskij machte bei diesem Spiel mit, wartete aber sehnlichst auf den »Hamburger K. o.«*. Wassja gab ihren ersten Preis auch an Schostakowitsch. Gern hätte O. M. einmal die Symphonie gehört, aber er wußte nicht, wie er dann den letzten Zug hätte erreichen sollen.

Mit Warja sprachen wir über andere Dinge. Sie zeigte uns ihr Schulbuch, in dem auf Befehl der Lehrerin ein Bild unserer Führer nach dem anderen, so wie sie der Reihe nach in Ungnade fielen, mit dickem

* Eine unter diesem Titel (»Gamburskij stschot«) 1928 erschienene Aufsatzsammlung, in der Schklowskij sehr dezidiert noch einmal die »formale Methode« verteidigt, die 1929 aber offiziell als unmarxistisch gerügt wurde.

Papier überklebt war. Warja wollte auch gleich das Bild von Semaschko zukleben: »Wir kleben es sowieso zu, besser, ich mach es gleich!« Die Herausgeber von Enzyklopädien und Nachschlagewerken schickten an die Subskribenten – die meisten Werke dieser Art wurden auf Subskriptionsbasis gekauft – Listen mit den Artikeln, die überklebt oder herausgeschnitten werden sollten. Bei Schklowskijs befaßte sich Viktor damit. Mit jeder neuen Verhaftung wurden überall die Bücher durchgesehen, und die Werke der in Ungnade gefallenen Führer wanderten in den Ofen. In neuen Häusern, wo es keine Öfen und Herde mehr gab, sondern nur noch Zentralheizung, mußten die verbotenen Bücher, persönlichen Tagebücher, Briefe und andere »subversive Literatur« in kleine Stücke geschnitten und die Toilette hinuntergespült werden. Die Menschen waren gut beschäftigt...

Nikita, der schweigsamste unter den Kindern, verstand es oft, die Erwachsenen zu verblüffen. Einmal zum Beispiel war er, wie Viktor erzählte, mit Paustowskij zu einem bekannten Vogelzüchter gegangen, der Kanarienvögel dressierte. Auf ein Zeichen hin flog der Kanarienvogel aus dem Käfig, setzte sich auf einen Zweig und begann zu singen. Auf ein weiteres Zeichen des Hausherrn flog der Vogel wieder artig in seinen Käfig zurück. »Wie ein Mitglied des Schriftstellerverbandes«, kommentierte Nikita und ging aus dem Zimmer. Immer, wenn er jemanden verblüfft hatte, verschwand er in sein Zimmer, wo er seine selbstgefangenen Vögel hielt. Aber er behandelte sie gut und machte keinerlei Versuche, sie zu dressieren. Er erzählte, daß Singvögel das Singen von älteren Artgenossen, die es besonders gut können, lernen. Im Gebiet von Kursk, einstmals berühmt für seine Nachtigallen, wurden die besten Sänger weggefangen, und die jungen Vögel konnten so das Singen nicht mehr lernen. Die Kursker »Nachtigallenschule« ist so durch die Laune der Menschen, die die besten Sänger in einen Käfig sperrten, zerstört worden.

Kam dann Wassilissa mit ihren strahlenden, hellblauen Augen, dann schritt sie sofort zur Tat. Sie bereitete uns ein Bad und holte Wäsche. Mir gab sie von ihrer, O. M. bekam ein Hemd von Viktor. Und dann sorgte sie dafür, daß wir uns ausruhten. Viktor zerbrach sich den Kopf, wie er O. M. helfen könnte, außer daß er ihn mit Scherzen aufheiterte und ihm Neuigkeiten erzählte. Im Spätherbst besorgte er ihm einen alten Mantel aus Hundefell, den Andronikow, das »Ein-Mann-Orchester«, im letzten Winter, als er nichts Warmes besaß, getragen hatte. Jetzt ging es Andronikow gut, er hatte Erfolg und konnte sich einen seinem Status als Mitglied des Schriftstellerverbandes entsprechenden neuen Mantel kaufen. Viktor rief ihn zu sich, und gemeinsam hingen sie O. M. feierlich den Hundepelz um, Schklowskij hielt eine Rede:

»Alle sollen sehen, daß Sie richtig im Zug und nicht auf den Puffern hergefahren sind.« Bisher hatte O. M. einen gelben Ledermantel getragen, auch er war geschenkt. In diesem gelben Mantel kam er auch in das Lager.

Wenn jemand bei Schklowskijs klingelte, wurden wir, ehe sie die Tür öffneten, in der Küche oder im Kinderzimmer versteckt. Waren es Gleichgesinnte, dann holten sie uns sogleich mit freudigem Rufen aus unserem Versteck hervor; kamen aber Leute wie Pawlenko oder Lelja Powolozkaja, die spitzelnde Nachbarin, die, wie ich schon erzählte, bei ihrer Rehabilitierung einen Schlaganfall erlitt, blieben wir in unserem Versteck. Nicht ein einziges Mal wurden wir überrascht. Darauf waren wir sehr stolz.

Bei Schklowskijs war der einzige Ort, an dem wir uns wie Menschen fühlten. In dieser Familie wußte man, wie man mit verlorenen Menschen, wie wir es waren, umging. In der Küche diskutierten wir unsere Probleme – wo wir über Nacht bleiben, ob wir ins Konzert gehen, wo wir zu Geld kommen könnten und was überhaupt zu tun sei. Wir vermieden es, bei Schklowskijs zu übernachten, weil es in ihrem Haus Fahrstuhlbedienerinnen, Hausmeisterinnen und Portierfrauen gab. Diese an sich gutmütigen und bedauernswerten Geschöpfe spitzelten schon immer für die Geheimpolizei. Geld bekamen sie keines dafür, Spitzeln gehörte zu ihren Aufgaben. Ich weiß nicht mehr, wo wir damals übernachteten, aber ins Konzert gingen wir letzten Endes doch einmal. Als ich nach O. M.s Tod einmal wieder zu Schklowskijs ging, fragten mich die Portierfrauen, wo er denn sei. Ich sagte: »Er ist tot.« Sie seufzten und meinten: »Und wir dachten immer, daß Sie als erste gingen.« Aus dieser Bemerkung zog ich zwei Schlüsse: Das Verdammtsein war uns in unsere Gesichter geschrieben, und ich brauchte mich vor diesen unglücklichen Frauen nicht zu fürchten, auch sie hatten ein Herz. Die mich damals bedauerten, landeten bald auf dem Friedhof. Sie mußten wie wir von ihrer Hungerration leben. Seither habe ich mich immer mit ihren Nachfolgerinnen angefreundet, nie berichteten sie der Miliz, daß ich ohne Anmeldung in Schklowskijs Wohnung übernachtete. Wenn ich nach Mitternacht zurückkehrte, so daß sie aufstehen und mir die Haustür öffnen mußten, steckte ich ihnen immer zwanzig oder dreißig Kopeken zu, so wie es sich gehörte. Erst nach der Währungsreform der sechziger Jahre gab man als Trinkgeld nicht mehr Zehnkopekenstücke, sondern zwei bis drei Kopeken. Was die Bezeichnung nicht alles ausmacht – das Wort »Rubel« behielt immer für uns seine Bedeutung, so gaben wir zum Beispiel früher einen Fünfrubelschein schwerer aus als jetzt einen halben Rubel. Auch dem Taxifahrer gibt man jetzt keine zehn Kopeken Trinkgeld, aber es ist noch nicht lange her, da gab man großzügig einen Rubel. 1937 gaben wir kein Trinkgeld, mieden die Portierfrauen und hatten Angst, uns länger bei Schklowskijs aufzuhalten, denn wir wollten ihnen keine Unannehmlichkeiten bereiten. Bei jeder Gelegenheit schreckten wir zusammen und hetzten atemlos von einem Ort zum anderen.

Manchmal gab es keine andere Möglichkeit, und wir mußten bei Schklowskijs über Nacht bleiben. Sie legten uns im Schlafzimmer eine Matratze auf den Fußboden und ein Fell, selbstverständlich ein Schafsfell. Im siebten Stock hört man nicht, wenn ein Auto vorfährt. Wenn aber nachts der Fahrstuhl ging, liefen wir alle vier auf den Flur und horchten: »Gott sei Dank, eine Etage tiefer«, oder: »Gott sei Dank, er ist weitergefahren.« Dieses »Auf-den-Fahrstuhl-Lauschen« war jede Nacht dasselbe, ob wir bei Schklowskijs übernachteten oder nicht. Zum Glück wurde der Fahrstuhl selten benutzt: Die Hausbewohner lebten gewöhnlich in Peredelkino und führten ein solides Leben, ihre Kinder waren noch klein. In den Jahren des Terrors gab es im ganzen Land kein Haus, in dem die Menschen nicht gezittert hätten, wenn sie ein Auto vorfahren hörten oder der Lift ging. Auch heute noch, wenn ich bei Schklowskijs bin, zittere ich, wenn ich nachts den Lift höre. Und dieses Bild – halbangekleidete Menschen, die vor Schrecken starr an der Wohnungstür lauern und horchen, wo der Fahrstuhl hält, werde ich nie vergessen. Vor kurzem, als ein Auto vor unserem Haus hielt, hatte ich einen bösen Traum: O. M. weckte mich und sagte: »Zieh dich an. Dieses Mal holen sie dich.« Ich ließ mich aber nicht beeindrucken und antwortete: »Jetzt reicht's aber. Ich stehe nicht auf, um ihnen entgegenzugehen. Mir ist alles egal.« Ich drehte mich um und schlief traumlos weiter. Das war ein Aufbegehren gegen diese eigenartige Zusammenarbeit: Sie kommen und holen dich, um dich ins Gefängnis zu werfen, und du stehst freiwillig auf und ziehst dir mit zitternden Händen das Kleid an. Genug. Mir reicht es. Ich gehe ihnen keinen Schritt entgegen. Sollen sie mich auf einer Trage hinausschleppen oder im Haus erschlagen... Ich mag nicht mehr!

Eines Tages, mitten im Winter 1937, beschlossen wir, daß es unmöglich sei, weiterhin die Gutherzigkeit von Schklowskijs auszunutzen. Wir fürchteten, ihnen Unannehmlichkeiten zu bereiten, vielleicht würden sie angezeigt, und dann würde mit ihnen kurzer Prozeß gemacht werden. Allein der Gedanke, daß wir Schklowskij und mit ihm die ganze Familie ins Verderben stürzen könnten, brachte uns zur Verzweiflung. Feierlich gaben wir ihnen unseren Entschluß bekannt, und auch auf ihr Drängen und Zureden hin gingen wir mehrere Tage nicht mehr zu ihnen. Wir fühlten uns so obdachlos und allein wie nie zuvor. O. M. hielt es so nicht lange aus, und während wir bei Lew Bruni zu

Besuch waren, rief er Schklowskijs an. »Kommt so schnell wie möglich zu uns«, sagte Viktor, »Wassilissa sehnt sich schon so nach euch.« Eine Viertelstunde später läuteten wir an ihrer Tür, Wassilissa kam heraus und umarmte uns, sie weinte vor Freude. Damals begriff ich, daß die blauen Augen dieser Frau für uns das einzig Verläßliche in dieser Welt waren. Ich glaube es auch heute noch.

Hier muß ich nur noch erwähnen, daß ich mich auch mein ganzes Leben lang der Achmatowa so eng verbunden gefühlt habe; aber sie war damals weit weg von uns, in Leningrad, sie war für uns unerreichbar.

Fünfundsiebzigstes Kapitel

Marina Roschtscha*

Als wir einmal bei Schklowskijs saßen, kam Alexander (Sanja) Bernstein und lud uns ein, bei ihm über Nacht zu bleiben. Die gemütliche Njura, Sanjas Frau, bewirtete uns mit Tee und plauderte. Der magere, zarte, verwöhnte Sanja machte äußerlich überhaupt nicht den Eindruck eines mutigen Menschen, aber wenn er mit uns auf der Straße ging, pfiff er, als wenn es das Selbstverständlichste von der Welt wäre, redete allerhand Unsinn über Literatur und dachte nicht daran, die Tatsache, daß zwei schreckliche Staatsverbrecher wie O. M. und ich ihn in seiner Wohnung besuchten, zu verheimlichen. Mit genau der gleichen Ruhe nahm er 1948 bei Jewgenij Jakowlewitsch O. M.s Manuskripte an sich und bewahrte sie auf. Sein Bruder Sergej Ignatjewitsch Bernstein, versteckte 1937/38 einen anderen Verbrecher bei sich – Viktor Wladimirowitsch Winogradow; auch er war vorbestraft und durfte Moskau nicht betreten. Als bei Winogradow alles wieder im Lot war und er – bereits als Mitglied der Akademie der Wissenschaften – mit der Leitung von Stalins Sprachwissenschaft betraut war, vergaß er diese arme Familie und war nicht einmal bei der Beerdigung der Frau Sergej Ignatjewitschs, die ihn 1937 so freundlich aufgenommen hatte.

Meistens, wenn wir bei Schklowskijs waren, gingen wir von dort aus zum Übernachten zu Wassilissas Schwester Natalja Georgijewna, oder kurz Talja, der Mutter von Wassja, der kleinen Violaspielerin. An diesen Tagen blieb Talja bei Schklowskijs, und wir schliefen mit in Nataljas Zimmer, in der alten Schklowskijschen Wohnung, in der jetzt Natalja und Wassja wohnten. In derselben Wohnung hatte auch Nikolaj Iwanowitsch Chardschijew ein Zimmer. Die Männer saßen dann abends zusammen und erzählten bis spät in die Nacht. Bei Nikolaj Iwanowitsch verbrachte ich auch die ersten Tage nach O. M.s Verhaftung und auch die Zeit, nachdem ich die Nachricht von O. M.s Tod erhalten hatte. Ich lag völlig kraftlos und benommen darnieder, und Nikolaj Iwanowitsch bemühte sich rührend um mich. Er machte Würstchen heiß und zwang mich zu essen: »Essen Sie, Nadja, die Würstchen

* Ein Stadtteil in den Außenbezirken von Moskau.

sind heiß«, oder: »Essen Sie, Nadja, die Würstchen sind teuer.« Der bettelarme Nikolaj Iwanowitsch versuchte mich mit kleinen Scherzen, heißen Würstchen und teurem Kandiszucker zum Leben zu erwecken. Er stand mir außer Anna Andrejewna in der schwersten Zeit meines Lebens treu zur Seite.

Einmal sah ich bei ihm eine Bleistiftzeichnung von Chlebnikow, die Tatlin gemacht hatte. Tatlin hatte Chlebnikow viele Jahre nach seinem Tod gezeichnet, und zwar so lebendig, wie ich ihn in Erinnerung hatte, wie damals, als er bei uns im Herzen-Haus mit uns Kascha gegessen hatte, danach schweigend dasaß und unaufhörlich die Lippen bewegte. Ich hatte plötzlich den Gedanken, O. M. könne irgendwann in einer ähnlichen Zeichnung wiederauferstehen, und mir wurde leichter ums Herz. Ich dachte jedoch nicht daran, daß alle Maler, die ihn kannten, sterben würden, ehe sie von ihm ein Porträt gemacht haben konnten. Die armselige Zeichnung von Miklaschewskij, die in der Zeitschrift ›Moskwa‹ abgebildet wurde, hat sehr wenig Ähnlichkeit – auf Fotografien war O. M. immer erstaunlich gut getroffen, aber kein Maler hat ihn jemals gut gezeichnet oder gemalt.

O. M. sagte immer, Chardschijew habe ein absolutes Gehör für Gedichte, und deshalb bestand ich darauf, daß er O. M.s Gedichtband redigierte, der schon vor zehn Jahren in der »Dichterbibliothek« herauskommen sollte, aber nicht herauskam.

Das kleine halbverfallene Holzhaus in Marina Roschtscha erschien uns wie eine Festung, aber es war nicht leicht, dorthin zu kommen. Schklowskijs Haus verließen wir mit Talja, doch an den Portierfrauen gingen wir einzeln vorbei. Auch dann ging uns Talja voraus, sprang auf die Straßenbahn, wartete an den Haltestellen und stieg um. Wir folgten ihr immer in einiger Entfernung und ließen ihren breiten Rükken nicht aus den Augen. Wir waren in die Rolle der Verschwörer gedrängt, und deshalb mußten wir vorsichtig sein, durften nicht nebeneinandergehen. Falls man O. M. auf der Straße verhaftet hätte – oft hörten wir von solchen Verhaftungen –, hätte man Natalja Georgijewna für eine zufällige Passantin gehalten und nicht mal ihren Ausweis überprüft. Sie hätte ruhig – ruhig? – ihren Weg fortsetzen können, und wir hätten die Spürhunde nicht auf Schklowskijs Haus gelenkt. Unsere Vorsichtsmaßnahmen waren lächerlich, wir mußten sie jedoch ergreifen, weil wir das Glück hatten, im zwanzigsten Jahrhundert zu leben. Wir gingen also nicht neben Talja, sondern hinter ihr, gleichsam von ihrem wiegenden Gang hypnotisiert. Sie sah immer aus, als könnte sie nichts erschüttern, und wenn wir mit der Straßenbahn, in die sie zuerst gesprungen war, nicht mitkamen, wußten wir, daß sie auf uns an der nächsten Umsteigestelle oder an der Endstation wartete. Wenn sie uns sah, machte sie sich erneut auf den Weg, und wir beide – zum Umfallen müde – gingen hinter ihr her. In ihrem abgelegenen Haus trafen wir nie jemanden, obgleich dort noch mehrere Menschen wohnten; aber wir huschten immer so vorbei, daß uns keiner bemerkte. Deshalb mußte Talja die Haustür mit ihrem Schlüssel öffnen, sich erst umsehen und uns dann hereinwinken. Trotzdem muß Waks, ihr Nachbar, ein Mitglied des Schriftstellerverbandes, gemerkt haben, daß bei Talja Fremde übernachteten. Offensichtlich war er ein anständiger Mensch, denn er hat Talja nie angezeigt. Morgens rief Waks vom Korridor aus den Schriftstellerverband an und verlangte Baumaterial und Geldmittel, um seine Bruchbude, die wir für eine Festung oder ein Paradies hielten, instandzusetzen. Darüber schrieb O. M. ein Scherzgedicht, in dem er Waks als »einen auf Reparaturen Versessenen« bezeichnete. Das Gedicht riß plötzlich ab – in einem Dasein, wie wir es führten, wurden normalerweise keine Gedichte geschrieben, nur ab und zu ein Scherzgedicht. Schklowskij haßte diese Gedichte. Er hatte den Eindruck, Scherzgedichte seien ein Zeichen von Gehirnerweichung. Aber nicht deshalb, weil die Zeit nicht dazu angetan war, Witze zu machen, sondern überhaupt: Der Rhythmus war nicht so, wie er sein sollte... Scherzgedichte sind eine Petersburger Tradition, Moskau akzeptiert nur Parodien; Schklowskij hatte seine Petersburger Jugend vergessen.

In jenem Winter begann ich mit schrecklicher, unmenschlicher Stimme nachts zu schreien, wie ein Tier oder ein Vogel, der umgebracht wird. Schklowskij hänselte mich damit, daß alle Menschen im Schlaf »Mama« riefen, ich aber »Ossja«. Heute noch erschrecke ich meine Nachbarn mit diesem Schrei. Aus dieser Zeit stammt noch ein anderes Alarmzeichen: Wenn ich mich aufrege, färben sich meine Handflächen hellrot. O. M. verlor seine Fassung nicht und scherzte bis zuletzt.

Manchmal mußten wir in jener Zeit mehrere Tage in Moskau bleiben, weil wir kein Geld auftreiben konnten. Der Kreis der Gebenden wurde immer kleiner. Wir warteten, bis uns Schklowskij etwas brachte. Wenn er mit Geld in allen Taschen nach Hause kam, gab er uns etwas von der Beute. Dann fuhren wir zurück zu Tatjana Wassiljewna und verlebten am Rande von Kalinin, einer uns fremden Stadt, das Geld.

Sechsundsiebzigstes Kapitel

Der Komplice

Im Herbst 1937 beschlossen Katajew und Schklowskij, O. M. mit Fadejew zusammenzubringen. Fadejew war zwar noch nicht an der Macht, übte aber großen Einfluß aus. Genauer gesagt, er war fast an der Macht. Die Begegnung fand, soviel ich weiß, bei Katajew statt. O. M. las Gedichte vor. Fadejew zeigte sich tief beeindruckt – er war sehr empfindsam. Scheinbar beherrscht, umarmte er O. M. mit Tränen in den Augen und sagte, soviel mir erzählt wurde, alles, was ein empfindsamer Mensch in ähnlichen Situationen sagt. Ich war bei dieser Begegnung nicht dabei, ich wartete einige Stockwerke darüber bei den Schklowskijs. Als O. M. und Viktor zurückkamen, machten sie einen sehr zufriedenen Eindruck. Sie waren etwas früher gegangen, um Katajew die Gelegenheit zu geben, Fadejew noch unter vier Augen zu bearbeiten.

Fadejew vergaß O. M.s Gedichte nicht. Kurz danach, als er mit Ehrenburg – wahrscheinlich zum Rustaweli-Jubiläum – nach Tiflis fahren mußte, versicherte er Ehrenburg, daß er versuchen würde, eine Auswahl von O. M.s Gedichten drucken zu lassen. So weit kam es nicht. Vielleicht hat man ihm »abgeraten«. Unsere Beamten machten das ganz elegant: Fragte man um irgendeine Erlaubnis, so konnte es passieren, daß sich ihr Gesicht verfinsterte und man die Antwort bekam: »Bitte schön, das liegt ganz in Ihrem Ermessen.« Ein finsteres Gesicht bedeutete eine Absage, dabei war aber »die Unschuld gewahrt«, das verhängnisvolle »Nein« nicht ausgesprochen; die Verwirklichung des Zieles unterblieb »auf Initiative von unten«, und alles war ganz »demokratisch«. Kein anderes Regime außer dem unseren hat wahrscheinlich je diese feinen Schattierungen bürokratischer Verwaltung gekannt; von allen anderen Eigenschaften abgesehen, zeichnete sie sich auch noch durch unvergleichliche Scheinheiligkeit aus. Wir kamen also zu dem Schluß, daß Fadejew »abgeraten worden war«, wahrscheinlich aber hat er niemanden gefragt, wollte »nicht in etwas hineinverwickelt werden«. Trotzdem erbot er sich, Ende Winter 1937/38, als er O. M. im Schriftstellerverband traf, sich »oben« umzuhören, um zu erfahren, »was man dort denkt«. Wir sollten in einigen Tagen zum

Schriftstellerverband kommen, um dort die Antwort, oder besser gesagt die Information, zu erfahren.

Zu unserem Erstaunen hielt Fadejew sein Versprechen und erschien zum vereinbarten Zeitpunkt. Wir verließen gemeinsam das Haus, und er bot uns an, uns in seinem Wagen irgendwohin zu fahren, wohin wir sowieso mußten, wir könnten uns dann während der Fahrt unterhalten. Er setzte sich neben den Fahrer, wir saßen hinten. Fadejew drehte sich zu uns nach hinten um und erzählte, daß er mit Andrejew gesprochen, aber nichts habe erreichen können: Andrejew habe erklärt, von einer Arbeit für O. M. könne keine Rede sein. »Eine glatte Absage«, meinte Fadejew. Er war bestürzt und betrübt. O. M. versuchte sogar, ihn zu trösten: »Macht nichts, irgendwie wird sich schon etwas ergeben.« Wir hatten guten Grund, über Fadejews Bescheid nicht allzu sehr betrübt zu sein: O. M. war plötzlich doch von Stawskij empfangen worden, und der hatte ihm vorgeschlagen, kurze Zeit in ein Erholungsheim zu gehen, bis die Frage der Arbeit entschieden sei. Auf Stawskijs Veranlassung hin hatte der Litfonds uns schon für zwei Monate in ein Erholungsheim in Samaticha eingewiesen und uns soeben die Reisepapiere gegeben. Diese unerwartete Gunst des Schicksals beflügelte uns. Als wir Fadejew diese Neuigkeit erzählten, fuhr er hoch: »Reisepapiere? Wohin? Wer hat sie Ihnen gegeben? Wo ist Samaticha? Warum nicht ein Erholungsheim des Schriftstellerverbandes?« O. M. erklärte ihm, daß der Schriftstellerverband kein Erholungsheim außerhalb der Hundertwerstzone besitze. »Und wie ist es mit Malejewka?« fragte Fadejew. Noch nie hatten wir diesen Namen gehört. Fadejew besann sich plötzlich eines anderen: »Ach, das ist ein kleines hübsches Haus, der Schriftstellerverband hat es eben erst bekommen. Wahrscheinlich wird es gerade erst instandgesetzt.« O. M. meinte, sie würden uns vor der grundsätzlichen Klärung der Probleme wahrscheinlich nicht in ein Erholungsheim des Schriftstellerverbandes schicken. Fadejew pflichtete bei. Er war offensichtlich besorgt und betrübt. Jetzt rückschauend ist mir klar, was er damals dachte: Was er vorausgesehen hatte, rückte näher, und er kannte die Praktiken. Selbst der härteste Mensch kann solchen Dingen nicht ruhig ins Auge sehen – und Fadejew war ein empfindsamer Mensch. Unterdessen waren wir in Kitajgorod* angelangt. Wenn ich mich richtig erinnere, fuhren wir dorthin, um der Sanatorienverwaltung den Tag unserer Abreise mitzuteilen, damit man uns mit einem Pferdewagen vom Bahnhof Tscharusti an der Eisenbahnstrecke Murom abholen konnte. Von dort waren es noch fünfundzwanzig Werst bis Samaticha.

* Stadtteil im Zentrum Moskaus.

Fadejew stieg aus dem Wagen und küßte O. M. zum Abschied. O. M. versprach, Fadejew nach seiner Rückkehr sofort aufzusuchen. »Ja, ja, unbedingt«, sagte Fadejew, und wir trennten uns. Der feierliche Abschied und der düstere Gesichtsausdruck Fadejews bedrückten uns. Was war mit ihm? Jeder hatte damals sein Päckchen zu tragen, und so war das weiter nicht erstaunlich. Von unserem ersten Erfolg in Moskau waren wir wie geblendet: Wir hatten Reisepapiere, der Schriftstellerverband begann sich um uns zu kümmern! Wir dachten nicht einmal daran, daß Fadejews düstere Stimmung irgendwie mit O. M.s Schicksal und Andrejews Antwort, die eigentlich ein fürchterliches Urteil war, zusammenhängen könnte. Der erfahrene Fadejew, der in Parteiangelegenheiten so ausgezeichnet Bescheid wußte, hatte wohl verstanden.

Warum fürchtete er sich eigentlich nicht, in Gegenwart des Fahrers zu sprechen? Das machte sonst niemand. In unserem System der Bespitzelung hatten alle Fahrer prominenter Persönlichkeiten den zuständigen Stellen über jeden Schritt und über jedes Wort ihres Herrn zu berichten. Zufällig erfuhr ich, daß Surkow, als ihm nach Stalins Tod die Geschäfte des Schriftstellerverbandes übertragen wurden, Fadejews Fahrer nicht übernehmen wollte. Unter einem dummen Vorwand – der Wagen sei zu alt und zu schlecht – verzichtete er auf Wagen und Chauffeur. Offensichtlich wollte er in der neuen Ära der ständigen Bespitzelung entgehen. Konnte denn Fadejew von seiner Unverletzlichkeit so überzeugt sein, daß er »auf die Ohren seines Herrn« im Auto nicht zu achten brauchte? Oder hatte er sich bereits damit abgefunden, daß das Schicksal Mandelstams besiegelt sei und er deshalb ruhigen Auges auf seinen Fahrer schauen und gleichzeitig mit dem Unberührbaren im Fond des Autos sprechen konnte? Ljuba Ehrenburg sagte mir, Fadejew sei ein kalter und grausamer Mensch, und das vertrage sich absolut mit seiner Empfindsamkeit und der Fähigkeit, zur rechten Zeit eine Träne im Auge zu haben. Das zeigte sich nach ihren Worten eindeutig, als man mit den jüdischen Schriftstellern aufräumte. Dort gab es auch Küsse, zum Abschied Umarmungen mit Tränen in den Augen und dann die Billigung ihrer Verhaftung und Vernichtung. Dabei war Mandelstam für Fadejew ein fremder Mensch, während die anderen seine Freunde waren.

Aber wir, die wir die Welt der Beamten in diesem unserem irrationalen Land nicht kennen, verstanden die Heuchelei nicht: Was gab es für eine Notwendigkeit für einen Schriftsteller, selbst wenn er irgendeinen Posten in dem Schriftstellerverband innehatte, sich so zu verhalten? Wir waren uns des Ausmaßes der Entartung noch nicht bewußt. Wir wußten noch nicht, daß die Chefs aller Ämter immer ihre Unterschrift unter die Liste der zu Verhaftenden setzen mußten und so in den Prozeß der Menschenvernichtung mit hineingezogen wurden. Übrigens oblag im Jahre 1938 diese Funktion nicht Fadejew, sondern Stawskij. So heißt es wenigstens. Ganz sicher können wir dessen aber nicht sein. Die Vergangenheit ist nach wie vor ein Geheimnis, wir wissen heute noch nicht, was man mit uns gemacht hat. Es sollte kein Jahr vergehen, bis Fadejew bei einer Feier in der Lawruschenskij-Straße anläßlich der ersten Orden, die Schriftstellern verliehen wurden, von Mandelstams Tod erfuhr. Er hob das Glas und trank auf sein Andenken: »Wir haben einen großen Dichter umgebracht.« In die sowjetische Sprache übersetzt heißt das: »Wo gehobelt wird, fallen Späne.«

Die Geschichte unserer Beziehung zu Fadejew ist damit nicht beendet. Als ich kurz vor Kriegsende einmal zu Schklowskijs ging, traf ich zufällig mit Fadejew im Fahrstuhl zusammen. Er kam mir nach, als ich bereits die Tür schließen und auf den Knopf drücken wollte: Die Portierfrau rief hinter mir her, ich solle warten: »Da kommt noch einer.« Als Fadejew den Fahrstuhl betrat, grüßte er nicht. Ich war ein solches Verhalten schon gewöhnt und wandte mich einfach ab, um Menschen, die mich nicht kennen wollten, nicht zu beunruhigen. Kaum hatte sich der Fahrstuhl in Bewegung gesetzt, als sich Fadejew zu mir beugte und mir zuflüsterte, daß es Andrejew gewesen sei, der O. M.s Urteil unterschrieben habe. Besser gesagt, ich habe ihn so verstanden. Seine Worte klangen ungefähr so: »Das mit Ossip Emiljewitsch hat man Andrejew übergeben.« Der Fahrstuhl hielt, und Fadejew stieg aus. Die Zusammensetzung der Trojka war mir damals unbekannt, ich dachte, Urteile würden nur von der Geheimpolizei gefällt, deshalb war ich so verwirrt – was hatte Andrejew damit zu tun? Außerdem bemerkte ich, daß Fadejew getrunken hatte.

Warum hat er mich angesprochen, und entsprach das, was er mir zuflüsterte, der Wahrheit? Vielleicht entstand in seinem trunkenen Gehirn eine zufällige Assoziation: Er erinnerte sich an das Gespräch im Wagen und verband in Gedanken Mandelstam mit Andrejew. Es ist aber auch nicht ausgeschlossen, daß er die Wahrheit sagte. Über Andrejew weiß ich aus einem Brief des Taschkenter Selbstmörders, daß er einer derjenigen war, die Stalins Terrorpolitik unmittelbar ausführten, und daß er nach Taschkent kam, um die Mitarbeiter »der Organe« zu instruieren, »wie man nach der neuen Methode zu verfahren habe«, das heißt, was der Befehl über »die vereinfachten Verhörmethoden« bedeutete.

Aber ist es nicht gleichgültig, wer das Urteil unterschrieben hat? In jenen Jahren war jeder bereit, seine Unterschrift unter ein beliebiges Schriftstück zu setzen, und nicht nur deshalb, weil man ihn bei einer Weigerung sofort ins Jenseits befördert hätte. Wir waren so durch und durch organisiert, daß die gleichen Leute wie wir, die »Augen hatten zu sehen«, zerstörten, Spuren verwischten, töteten, ihresgleichen vernichteten und ihre Taten mit der »historischen Notwendigkeit« rechtfertigten. Die »Bartholomäusnacht« dauerte nur eine Nacht lang, obwohl die damals verantwortlichen Henker vielleicht bis an ihr Lebensende mit ihrer Heldentat prahlten – dennoch blieb diese Nacht auf ewig den Menschen im Gedächtnis. Die humanistischen Grundsätze des neunzehnten Jahrhunderts – wobei es belanglos ist, daß es ihnen an einer festen Basis fehlte und sie deshalb viele Menschen zumindest teilweise irreführten – sind trotz allem in unser Bewußtsein eingegangen. Käufliche Mörder finden sich immer, aber die alten Untergrundkämpfer, die, zweifellos Menschenfreunde, im Humanismus des neunzehnten Jahrhunderts erzogen waren und für das Wohl der Menschheit ihre Jugend geopfert hatten, was empfanden sie, als sie sich an dieser »historischen Notwendigkeit« beteiligten? Werden die Menschen aus unserem Beispiel immer noch nicht lernen?

Wenn ich auch von nichts überzeugt sein kann und nichts weiß, so scheint mir doch, daß Fadejew damals im Wagen bereits wußte, welches Schicksal seinen Gesprächspartner erwartete. Ja, mehr noch, er wußte sofort, daß man ihn nicht einfach so in ein Erholungsheim schickte, das nicht dem Schriftstellerverband gehörte.

Siebenundsiebzigstes Kapitel

Das junge Fräulein von Samaticha

Alles ging glatt. Wir stiegen am Bahnhof von Tscharusti aus, auf uns wartete schon ein Schlitten mit Schaffelldecken, damit wir nicht frieren sollten. Das Fehlen von Komplikationen ist in unserem Leben eine solche Seltenheit, daß wir uns sehr wunderten: Offensichtlich war befohlen worden, daß alles in Ordnung zu sein habe und man ja nicht vergessen möge, einen Schlitten an die Bahn zu schicken. Wir meinten, daß man uns hier wie Ehrengäste behandelte. Es war ein kalter März, und wir hörten, wie im Wald die Kiefern krachten. Im tiefen Schnee konnten wir uns die erste Zeit nur auf Skiern fortbewegen. Als alter Tenischew-Schüler war O. M. auf Skiern und Schlittschuhen sehr geschickt, und wir legten selbst die kleinsten Entfernungen auf Skiern zurück. Das erforderte auch weitaus weniger Kräfte als eine Fußwanderung. Wir erhielten sofort ein separates Zimmer im Gemeinschaftshaus, dort war es jedoch so laut, daß man uns auf unsere erste Bitte hin gleich in ein kleines wackeliges Extrahaus umquartierte, das gewöhnlich als Lesezimmer diente. Der Chefarzt sagte, er sei von der Ankunft O. M.s in Kenntnis gesetzt und gebeten worden, den Aufenthalt entsprechend zu arrangieren. Deshalb habe er beschlossen, das Lesezimmer vorübergehend für die Allgemeinheit zu schließen, damit wir es ruhig hätten. Während unseres Aufenthaltes in Samaticha wurde der Arzt sogar mehrere Male vom Schriftstellerverband aus angerufen und gefragt, wie es O. M. gehe. Er erzählte uns von diesen Anrufen mit einigem Erstaunen, und seiner Miene war abzulesen, daß er O. M. für eine wichtige Persönlichkeit hielt. Wir fanden uns in unserem Eindruck bestätigt, daß in der Tat irgendein Umschwung stattgefunden habe und man sich um uns kümmere. Kommt das nicht einem Wunder gleich: Man ruft an, meldet uns an, erkundigt sich, befiehlt, »unseren Aufenthalt angenehm zu gestalten«, so als wären wir wirklich Menschen. Das war uns noch nie passiert.

Die Menschen im Sanatorium – in der Hauptsache Arbeiter aus verschiedenen Fabriken, waren ruhig. Wie immer in Erholungsheimen waren sie von ihren vorübergehenden Liebesaffären vollkommen absorbiert und beachteten uns nicht im geringsten. Lästig war nur die allgegenwärtige »Betriebsnudel«. Er wollte für O. M. einen Dichterabend veranstalten. Erst als wir sagten, daß die Gedichte vorläufig verboten seien und eine Veranstaltung ohne Genehmigung des Schriftstellerverbandes nicht stattfinden dürfe, wurden wir ihn endlich los. Ihm leuchtete das sofort ein, und er ließ von seinem Vorhaben ab. Natürlich war es langweilig. O. M. hatte Dante, Chlebnikow, den einbändigen, von Tomaschewskij herausgegebenen Puschkin und noch ein Buch von Schewtschenko mitgenommen, das ihm Boris Lapin im letzten Augenblick geschenkt hatte.

O. M. versuchte mehrere Male, in die Stadt zu fahren, doch der Arzt sagte immer, daß weder im Schlitten noch auf dem Lastwagen Platz sei. Privatpferde zu bekommen war unmöglich, denn im Umkreis gab es fast überhaupt keine Dörfer und auch dort nur kolchoseigene Pferde. »Sind wir nicht etwa in eine Falle geraten?« fragte O. M., als uns der Arzt wieder einmal die Bitte abgeschlagen hatte, uns an die Bahn zu bringen. Aber gleich hatte er das wieder vergessen. In Samaticha lebte es sich trotzdem gut, und wir dachten, daß wir das Schlimmste nun hinter uns hätten: Der Schriftstellerverband hatte uns beiden doch den Aufenthalt hier finanziert und angeordnet, »ihn so angenehm wie möglich zu gestalten«.

Anfang April – während der ersten Tage, als wir noch im Hauptgebäude wohnten – kam in Samaticha ein gebildetes junges Mädchen an, das einen durchaus intelligenten Eindruck machte. Sie sprach O. M. an und unterhielt sich mit ihm. Bald stellte sich heraus, daß das Fräulein mit Kawerin, Tynjanow und noch anderen, durchaus vertrauenswürdigen Leuten, bekannt war. Sie gab vor, wie O. M. auch bereits eine Strafe hinter sich zu haben, und deshalb mußten ihre Eltern für sie einen Aufenthalt in einem Erholungsheim jenseits der Hundertfünfwerstzone finanzieren; so kam sie an einen solch »demokratischen« Platz wie Samaticha. Wir hatten mit dem Fräulein Mitleid und wunderten uns nur, daß ein so junges Mädchen schon fünf Jahre gesessen haben sollte. Aber alles ist möglich auf dieser Erde. Das Fräulein kam oft zu uns, besonders als wir in das Lesezimmer übergesiedelt waren – dort war es so gemütlich! Sie erzählte uns von Mama und Papa, wie Papa sie, nachdem sie erkrankt war, auf eigenen Händen auf die Krankenstation getragen habe (welchen Papa läßt man schon auf die Station!), was für süße Kätzchen sie zu Hause hätten, sie säßen dem Papa immer auf den Knien, wie hübsch und schön alles daheim sei und was für zarte schmale Hände und Füße sie habe ... Plötzlich tauchte in diesem ganzen Unsinn der Untersuchungsrichter auf: Er verlangte, daß sie den Autor der Gedichte nenne. Sie habe sich aber standhaft geweigert, den Namen zu verraten, und sei in Ohnmacht gefallen. »Was für

Gedichte?« fragte O. M. »Wo kommen plötzlich Gedichte her?« Darauf stotterte unsere neue Bekannte, man habe bei einer Haussuchung in ihrer Schreibtischschublade verbotene Gedichte gefunden, sie jedoch habe den Namen des Verfassers nicht verraten. Ein andermal wich sie nicht von O. M.s Seite und fragte ihn aus, wer sich für seine Dichtung interessiere, wo seine Gedichte seien, wer sie aufbewahre. »Alexej Tolstoj«, antwortete O. M. aufgebracht. Aber die Augen waren ihm nicht gleich aufgegangen. In den ersten Tagen hatte er ihr sogar eines seiner Gedichte vorgelesen, ich glaube, es war ›Die Gebirgsspalten in den runden Buchten‹. Das Fräulein hatte daraufhin ergriffen gefragt, ob sie sich denn nicht eine Abschrift machen dürfe. Ich warf O. M. sogar vor, daß er sich vor Langeweile gehen lasse. »Unsinn«, sagte er, »sie ist doch eine Bekannte von Kawerin.« Vor lauter Behaglichkeit und Langeweile im Sanatorium war er bereit, sich die Geschichten über Papa anzuhören. Ich hatte sehr bald genug von Papa, Mama und den anderen Familienidyllen von Larissa, der Tochter des Taschkenter Selbstmörders, und von ihren Mitschülerinnen gleicher Herkunft. Ich hatte den Eindruck, daß man in ihren Kreisen dieses Geschwätz für intelligente Gespräche hielt.

Das Fräulein fuhr zwei oder drei Tage vor dem 1. Mai ab. Ursprünglich wollte sie zwei Monate in Samaticha verbringen, doch dann rief plötzlich Papa aus Moskau an und erlaubte ihr, nach Hause zu kommen. Ob er ihr es wirklich erlaubte oder vorgeschlagen hat, fanden wir nicht heraus. Mit einem Lastwagen wurde sie an die Bahn gebracht. Mit ihr fuhren noch die »Betriebsnudel« und ein anderer Gast, der für den Feiertag Besorgungen machen sollte. Wir baten ihn, auch Zigaretten zu kaufen, denn an unserem Kiosk gab es nur schlechtes Zeug. O. M. wollte unbedingt über die Feiertage nach Moskau – wir ahnten, daß es hier Trinkgelage, Amüsements am laufenden Band und Gespräche geben würde –, doch der Arzt willigte nicht ein: Der Lastwagen sei auf dem Rückweg beladen, man habe keinen Platz mehr frei. Der Mann, den wir gebeten hatten, uns die Zigaretten zu besorgen – er war ein Arbeiter, der zur Erholung in unserem Sanatorium war –, wurde auf dem Rückweg ab Tscharusti von einem Fuhrwerk mitgenommen. Das Fräulein zechte in Tscharusti mit dem Fahrer und der »Betriebsnudel«. Sie waren so betrunken und stellten solche Dinge an, daß der Arbeiter, der unfreiwillig Zeuge ihres Trinkgelages war, nur noch den einen Wunsch hatte, sich so schnell wie möglich davonzumachen. Er wunderte sich, daß der Bahnhofsvorsteher über ihre Ausschweifungen nicht erbost war, sondern auf die Bitten des Fräuleins hin sie in dem für Mütter und Kinder reservierten Warteraum übernachten ließ. Am Morgen ging die Zecherei weiter, und der Arbeiter beschloß, nicht weiter auf den Fahrer zu warten, und machte sich selbst auf den Weg. Nach den Erzählungen vom gebildeten und edlen Papa und der feinen Mama erstaunte uns die Wahl der Zechbrüder. »Und wenn sie ein Spitzel ist?« sagte ich zu O. M. »Ist das nicht egal?« antwortete O. M. »Sie brauchen mich nicht mehr. Das gehört der Vergangenheit an.« So sicher waren wir, daß all unsere Not jetzt ein Ende hätte. Heute bezweifle ich nicht mehr, daß das Fräulein in dienstlichem Auftrag in Samaticha war und der Arzt den Befehl hatte, O. M. nicht aus dem Sanatorium fortzulassen. Inzwischen wurde in Moskau unser Schicksal entschieden.

Achtundsiebzigstes Kapitel

Der 1. Mai

Der 1. Mai rückte näher, im Erholungsheim fand ein Großreinemachen statt, alles rüstete sich für den Feiertag. Die Leute versuchten zu erraten, was es zum Mittagessen gebe. Es ging das Gerücht um, daß Eis bestellt sei. O. M. wollte dem Rummel unbedingt entgehen, und ich versuchte ihn zu beschwichtigen; man könne unmöglich zu Fuß zum Bahnhof gehen. Irgendwie würden wir die zwei Tage schon überstehen und dann wieder Ruhe haben.

An einem der letzten Tage im April gingen O. M. und ich in den Speisesaal, der in einer Baracke unweit des Hauptgebäudes untergebracht war. Neben dem Haus des Arztes standen zwei Wagen, der Anblick von Personenwagen ließ uns immer schaudern. In unmittelbarer Nähe des Speisesaales trafen wir den Arzt mit zwei Fremden. Sie unterschieden sich äußerlich deutlich von den Gästen des Sanatoriums – sie waren groß, gepflegt, satt. Der eine trug Uniform, der andere Zivil. Offensichtlich waren es irgendwelche Beamte, vielleicht von der Gebietsverwaltung? Aber den Gebietssekretären, die wir kannten, sahen sie überhaupt nicht ähnlich. »Eine Kommission«, dachte ich. »Sie kontrollieren vielleicht, ob ich da bin«, sagte plötzlich O. M. »Hast du gesehen, wie er mich ansah?« Tatsächlich hatte sich der Fremde in Zivil umgedreht und uns aufmerksam angeblickt und dann irgend etwas zum Arzt gesagt. Aber bald vergaßen wir das wieder. Es war wahrscheinlicher, daß die Gebietskommission die Vorbereitungen zum 1. Mai überprüfte. Bei dem Leben, das wir führten, mußten wir ständig gegen Angstzustände ankämpfen; denn unwillkürlich sah jeder überall Anzeichen einer nahenden Katastrophe. Ob unsere Ängste begründet oder unbegründet waren, sie brachten uns an den Rand des Wahnsinns. Immer wieder versuchten wir, uns nicht von dieser Angst beherrschen zu lassen, aber es war vergeblich. Angstzuständen folgten Augenblicke des Leichtsinns, in denen wir es fertigbrachten, uns mit unseren eigenen Spitzeln wie mit Bekannten zu unterhalten.

Der 1. Mai war ein einziges Gelage. Wir blieben in unserem Zimmer und gingen nur hinaus, wenn wir zum Essen in den Speisesaal mußten. Aber das Geschrei, das Singen und das Echo der Keilerei drangen bis zu uns. Ein Gast, eine Textilarbeiterin aus der Umgebung Moskaus, flüchtete sich zu uns. Sie erzählte irgend etwas, und O. M. machte Witze, während ich vor Angst zitterte, er könnte etwas sagen, aufgrund dessen sie uns sofort anzeigen würde. Sie unterhielten sich über Verhaftungen in ihrer Siedlung, und sie erzählte von der Verhaftung eines Mannes, der ein guter Mensch gewesen sei und sich den Arbeitern gegenüber immer anständig benommen habe. O. M. begann sie auszufragen. Als sie gegangen war, machte ich O. M. Vorwürfe: Er könne seine Zunge nicht im Zaum halten. Er versprach, in Zukunft mehr darauf zu achten. Er wolle kein überflüssiges Wort mehr reden. Ich werde nie vergessen, wie ich zu ihm sagte: »Du wirst dich erst ändern, wenn du auf dem Weg nach Sibirien bist.«

In jener Nacht träumte ich von Ikonen. Das bedeutet nichts Gutes. Ich wachte tränenüberströmt auf und weckte O. M.: »Wovor sollen wir jetzt noch Angst haben?« sagte er. »Alles Böse liegt doch hinter uns.« Und wir schliefen wieder ein. Ich hatte weder vorher noch nachher von Ikonen geträumt – sie gehörten nicht zu unserem Lebensstil; die alten Ikonen, die wir liebten, hatten für uns nur künstlerischen Wert.

Vor Morgengrauen wurden wir geweckt – jemand klopfte leise an die Tür. O. M. stand auf, um die Tür zu öffnen. Ins Zimmer traten drei Männer – zwei in Uniform und der Chefarzt. O. M. zog sich an, ich schlüpfte in den Morgenrock und setzte mich auf den Bettrand. »Weißt du, wann der Haftbefehl unterschrieben ist?« sagte O. M. zu mir. »Ungefähr vor einer Woche.« »Wir können nichts dafür«, sagte der Uniformierte. »Wir sind total überlastet.« Er beschwerte sich, daß sie arbeiten müßten, während die übrigen Menschen den 1. Mai feierten. In Tscharusti hatten sie kaum einen Lastwagen bekommen, weil alle beim Feiern waren. Ich kam zur Besinnung, begann die Sachen einzupacken und hörte dabei das Übliche: »Warum geben Sie ihm denn soviel Sachen mit – glauben Sie, er bleibt lange bei uns? Man wird ihn ausfragen und wieder entlassen.«

Eine Durchsuchung gab es nicht. Sie kippten nur den Inhalt unseres Koffers in einen Sack, den sie mitgebracht hatten. Das war alles. Ich sagte plötzlich: »Meine Adresse: Moskau, Naschtschokinskij. Unsere Papiere sind dort.« Tatsächlich aber hatten wir alle Papiere von dort weggeschafft, ich wollte sie nur von unserem Zimmer in Kalinin ablenken, wo noch der Korb mit den Manuskripten war. »Wozu brauchen wir Ihre Papiere?« sagte der Uniformierte freundlich und forderte O. M. auf, mitzugehen. »Fahr auf dem Lastwagen mit nach Tscharusti«, bat O. M. »Das geht nicht«, sagte der Uniformierte, und sie gingen. Das alles dauerte zwanzig Minuten, oder vielleicht noch weniger.

Der Chefarzt ging mit ihnen. Draußen wurde der Lastwagen angelassen. Ich saß auf dem Bett, ohne mich zu rühren, ich hatte nicht einmal die Tür hinter ihnen zugemacht. Kaum waren sie fort, als der Arzt zurückkam. »So sind die Zeiten«, sagte er. »Verzweifeln Sie nicht! Irgendwie wird noch alles gut werden!« Er fügte noch die übliche Redensart hinzu, daß man seine Kräfte schonen müsse, wer weiß, wann man sie noch brauchen würde. Ich fragte ihn, was das für eine Kommission gewesen sei. Er sagte, sie sei von der Kreisverwaltung gekommen. Sie haben unter anderem das Gästeverzeichnis sehen wollen. »Aber an Sie habe ich nicht gedacht.« Bei ihm habe man schon öfters Gäste verhaftet. Einmal seien sie auch am Tag davor gekommen, um das Gästeverzeichnis zu überprüfen, ein andermal haben sie einfach telefonisch angefragt, wer von den Gästen nicht anwesend sei. Die Massenvernichtung von Menschen hatte ihre Methoden; um einen Menschen zu verhaften, muß man sicher sein, ihn an Ort und Stelle anzutreffen. Der Chefarzt war ein alter Kommunist, ein guter Mensch. Er hatte sich vom Lärm des Lebens hier in das bescheidene Arbeitererholungsheim zurückgezogen; er hatte die medizinische Betreuung der Leute und war zugleich Leiter des Heims. Trotzdem drang das Leben bis zu ihm vor, nirgends konnte man ihm entgehen.

Am Morgen kam die Textilarbeiterin herüber, die mir am Abend zuvor eine solche Angst eingeflößt hatte. Sie weinte und nannte sie alle Hundesöhne. Um nach Moskau zu kommen, mußte ich Sachen verkaufen. Unsere letzten Groschen hatte ich O. M. mitgegeben. Die Textilarbeiterin half mir, die Sachen zu verkaufen und in den Koffer zu verpacken. Das Warten auf das Fuhrwerk, das mich zur Bahn bringen sollte, wurde zur Qual. Ich fuhr mit einem Ingenieur, der den Feiertag dazu benutzt hatte, seinen alten Vater im Sanatorium zu besuchen. Der Arzt verabschiedete sich von mir im Zimmer, zum Fuhrwerk begleitete mich nur die Textilarbeiterin. Als wir im Wagen zum Bahnhof schaukelten, erzählte mir der Ingenieur, daß er noch zwei Brüder habe und sie alle drei in der Automobilindustrie arbeiteten. Wenn einer von ihnen verhaftet würde, wären die beiden anderen mit dran; sie seien noch jung und dächten nicht daran, vorsichtiger zu sein und möglichst weit weg voneinander zu leben. Das sei ein großer Kummer für den Vater. Ich hatte das Gefühl, er sei ein Tschekist und bringe mich direkt in die Lubjanka. Mir war alles egal.

O. M. und ich lernten uns am 1. Mai 1919 kennen. Damals erzählte er mir, daß die Bolschewiki den Mord an Urizkij mit einer »Hekatombe von Leichen« beantwortet hätten. Wir trennten uns am 1. Mai 1938, zwei Soldaten führten ihn ab, stießen ihn von hinten davon. Wir konnten einander nichts mehr sagen – uns wurde das Wort abgeschnitten, wir durften uns nicht einmal verabschieden.

In Moskau ging ich zu meinem Bruder und sagte ihm: »Sie haben Ossja abgeholt.« Er lief zu Schklowskij, und ich fuhr nach Kalinin, um dort den bei Tatjana Wassiljewna zurückgelassenen Korb mit den Manuskripten zu holen. Hätte ich auch nur einen Tag länger gewartet, wäre der Inhalt des Korbes in einen Sack gewandert und mich hätte man im »Schwarzen Raben« abtransportiert. In jenen Tagen hätte ich den »Schwarzen Raben« dem sogenannten freien Leben vorgezogen. Aber was wäre dann aus den Gedichten geworden? Wenn ich jetzt die Bücher der verschiedenen Aragons lese, die ihrem Lande zu einem Leben verhelfen wollen, wie wir es führen, dann glaube ich, es ist meine Pflicht, von meinen Erfahrungen zu berichten. Um welcher Idee willen war es notwendig, endlose Züge mit Strafgefangenen nach Ostsibirien zu schicken, darunter den Menschen, der mir so nahestand? O. M. sagte immer: »Sie wissen, was sie tun: Sie vernichten nicht nur die Menschen, sie rotten auch das Denken aus.«

Neunundsiebzigstes Kapitel

Gugowna

Einmal kam mir zufällig ein Buch über ausgestorbene Vogelarten in die Hand, und plötzlich fiel mir auf, daß auch meine Freunde und Bekannten nichts anderes waren als eine im Aussterben begriffene Vogelart. Ich zeigte O. M. ein Pärchen nicht mehr existierender Papageien, und er begriff sofort, daß wir die Papageien waren. Das Büchlein hatte ich eine Zeitlang immer bei mir, verlor es dann, aber diese Analogie öffnete mir die Augen für vieles. Was ich damals nicht wußte, war, daß die ausgestorbenen Vögel ungewöhnlich langlebig waren, während die Vogelarten heute nicht sehr widerstandsfähig sind.

Der verstorbene Dmitrij Sergejewitsch Ussow sagte mir, daß er die Rasse, der O. M. angehörte, nicht zur jüdischen, sondern zur assyrischen zähle. »Weshalb?« fragte ich verwundert. Als Antwort verwies mich Ussow auf den nahezu assyrischen Charakter der Verszeile: »Die grimmen Sonnen der Sonnenblume stechen in die Augen.« »Deshalb hat er unseren Assyrer* so leicht durchschaut«, fügte Ussow hinzu.

Bärtig, kurzatmig und menschenscheu wie O. M. fürchtete sich Ussow auch vor nichts und war doch über alles erschrocken. Er starb in einem Krankenhaus in Taschkent; er rief mich vor seinem Tode, ich kam jedoch zu spät. Er möge mir diese Sünde verzeihen, dafür habe ich ihm die letzten Tage mit Gedichten des von ihm grenzenlos geliebten Mandelstam verschönt. Als Mischa Senkewitsch (im Auftrag des Schriftstellerverbandes) an den Kanal fuhr, hatte sich der Sträfling Ussow dort bei der Zwangsarbeit bereits sein Herzleiden zugezogen. Er gehörte zu denen, die wegen der »Wörterbuchaffäre« eingesperrt wurden und wohl erschossen worden wären, wenn nicht Romain Rolland interveniert hätte. Während des Krieges wurden einige von ihnen entlassen, nachdem sie fünf Jahre im Lager verbracht hatten. Sie kamen nach Zentralasien, wo man ihre Frauen angesiedelt hatte. Diese Männer starben einer nach dem anderen mit Mitte Vierzig an Herzleiden, die sie sich in den Lagern zugezogen hatten. Unter ihnen befand sich auch mein Freund Ussow. Jeder dieser Fälle – es waren Historiker, Sprach-

* Stalin.

wissenschaftler und Angestellte der Eremitage – war ein Teil der Seele und des Geistes unseres Volkes, der systematisch vernichtet wurde.

Alissa Gugowna Ussowa beerdigte ihren Riesen auf dem Friedhof von Taschkent, reservierte den Platz daneben für sich und blieb bis an ihr Lebensende dort, in dem für sie lebensgefährlichen Klima Zentralasiens. Sie schaffte es noch, einen ehemaligen höheren Beamten mit seiner Familie aus seiner Verbannung tief in Kasachstan herauszuholen, weil er ihr in den Jahren der Verbannung geholfen hatte. Die ganze Familie meldete sie für ihr Zimmer im Pädagogischen Institut an. Sie tat es, damit das Zimmer, das Professor Ussow bekommen hatte, nach ihrem Tode nicht in ganz fremde Hände überginge. Nachdem sie das erreicht hatte, glaubte sie, ihre irdische Pflicht erfüllt zu haben, und legte sich ruhig ins Grab. Vorher gab sie noch den Friedhofsbettlern Geld, damit sie auf ihrem Grab denselben Baum wie auf Dmitrij Sergejewitschs Grab pflanzten und die Blumen gössen, solange es dort welche geben sollte. Auf die Leute, die sie in ihrem Zimmer untergebracht hatte, wollte sie sich anscheinend nicht verlassen.

Trotz ihres Dahinsiechens reagierte Alissa Gugowna weiterhin auf alle Launen des Lebens und bedachte die Bürokraten, Dummköpfe und Pseudogelehrten mit auserlesenen Schimpfworten: In der akademischen Welt war sie in ihrem Element und wußte genau, wer seines akademischen Grades würdig war und wer nicht, wer ein Spitzel war und mit wem man eine Flasche sauren Weins trinken konnte. Sie war es auch, die den Trinkspruch einführte, der immer dann angebracht wurde, wenn bei unserem bescheidenen Umtrunk plötzlich einer der Kandidaten erschien, dem man nicht trauen konnte. Es war nicht so leicht, einen Grund zum Denunzieren zu finden, wenn der Lehrkörper spontan den ersten Toast auf die anbrachte, die uns zu diesem glücklichen Leben verholfen hatten! Die Spitzel unter unseren Kandidaten hatten das Nachsehen.

Trotz ihres lahmen Beines lief die Gugowna in ihrem Zimmer unermüdlich hin und her und zauberte aus den Resten des kaputtgeschlagenen Porzellans, mit vollkommen zerrissenen, gestickten Decken, die an die Tage der Leibeigenschaft erinnerten, und mit dem Stapel der Ussowschen Bücher einen ungeahnten Komfort. Ussow und sie tauften ihren Lieblingskrug »Stieglitz« und erlaubten nur dem daraus zu trinken, der Gedichte von Mandelstam auswendig konnte. Mit ihren schlanken Fingern pflegte sich die Gugowna das Gesicht zu massieren. Über Anna Andrejewna sagte sie: »Sie läßt sich vollkommen gehen.« Mit größter Sorgfalt pflegte sie ihre Hände – das ist besonders wichtig, wenn man jahrelang den Ofen heizen, Töpfe kratzen und den Fußboden scheuern muß – und ihren langen, graumelierten Zopf. Sie war besorgt, daß Ussow sie, wenn sie »nicht auf ihr Äußeres achte«, in der anderen Welt nicht wiedererkennen könnte. Auch in der Verbannung in Kasachstan, als Ussow noch im Lager saß, pflegte sie sich sorgfältig. Sie wollte bei seiner Rückkehr genauso schön sein wie in der Nacht, als sie sich trennen mußten. Nach Ussows Tod ärgerte sie sich noch lange über ihn, daß er sie so leichtfertig verlassen habe, einfach desertiert sei und sie jetzt mit dieser ganzen Lexikologie und Stilistik allein fertig werden mußte, um sich das tägliche Stück Witwenbrot zu verdienen.

Sie war eine der letzten, die mit dem wunderschön klingenden Akzent der alten Moskauer Aristokratie sprachen, und Ussow behauptete, sie würde in jeder Lebenslage niemals als gewöhnliche Jüdin, sondern immer als Ehrenjüdin angesehen werden. Dabei würde man ihren vor der Verbannung ausgeübten Beruf zu schätzen wissen: Sie arbeitete als Fachberaterin in der Lenin-Bibliothek, wo sie die auf den Gemälden des achtzehnten und frühen neunzehnten Jahrhunderts abgebildeten Personen identifizierte. Sie kannte den ganzen Klatsch und Tratsch über die Damen von damals, und es gab keinen besseren Kenner der Genealogie der Familien, denen die Dichter entstammten.

So beschlossen die schönen Frauen meiner Generation ihr Leben: Sie waren die Witwen der Märtyrer, die sich in Gefängnissen, Lagern und in der Gefangenschaft mit dem heimlichen Schatz der Gedichte, die sie im Gedächtnis behalten hatten, trösteten.

Die Leser von Gedichten sind eine besondere Rasse, auch sie gehörten damals zu den aussterbenden Vogelarten. Sie waren die letzten, aufrechten und mutigen Menschen. Woher nahmen sie die Kühnheit, oder besser die Standfestigkeit? Wird die neue Lesergeneration der sechziger Jahre ihnen ähnlich sein? Werden sie die Prüfungen bestehen, die ihnen das Schicksal auferlegt, so wie die Gugowna sie bestanden hat, die immer von sich selbst behauptete, sie sei eine verwöhnte, kapriziöse und böse Frau? Das Schicksal hat die Gugowna so verwöhnt, daß sie sogar in der Verbannung ihren langen Zopf, ihr ausgezeichnetes Gedächtnis für Gedichte und ihre ungestüme Unduldsamkeit gegenüber jedem Opportunismus und jeder Lüge bewahrte.

Einmal wurde die Gugowna in der Universität von Taschkent von einem jungen Gelehrten angesprochen und lange über mich ausgefragt. Er wollte vor allem wissen, ob ich Mandelstams Manuskripte aufbewahre. Die Gugowna gab eine ausweichende Antwort und rannte hinterher gleich zu mir, um mir den Rat des jungen Gelehrten zu übermitteln: Sofort sollte ich alle Papiere in den Ofen stecken. Er bat ausdrücklich darum, diesen Rat an mich weiterzugeben, und bezog sich dabei auf irgendeine geheime Quelle, die er nicht nennen wollte.

»Unsinn«, sagte ich. »Ich denke nicht daran. Wenn sie kommen und die Manuskripte wegnehmen, ist das etwas anderes, aber ich selbst würde kein Blatt vernichten.« »Recht hast du«, sagte die Gugowna. »Wir werden die Manuskripte auf keinen Fall hergeben.« Wir saßen die ganze Nacht und kopierten. Die Gugowna nahm die Originale und versteckte sie. Wir hatten uns überlegt, daß ich im Falle einer Verhaftung nicht wissen sollte, bei wem die Manuskripte versteckt waren. Das hieß, daß ich unter keinen Umständen in der Lage sein sollte, den Ort ihrer Aufbewahrung zu nennen.

Wir bereiteten uns immer auf das Schlimmste vor und haben vielleicht deshalb überlebt. Wenn wir uns in der Universität trafen – wir unterrichteten beide dort –, erzählte mir die Gugowna stets, wie es den »Stieglitzen« gehe; diese Verschlüsselung brachte ihr sogar den Ruf einer Vogelliebhaberin ein. Das alles ereignete sich zu der Zeit, als die »Privatschülerin« zu mir kam, von der mir Larissa erzählte, daß sie »bei ihrem Vater« arbeite. Wahrscheinlich hat diese »Schülerin« aber nicht auf Befehl »von oben«, sondern aus eigener Initiative gearbeitet, denn Larissas Vater sagte ihr, als sie sich bei ihm beschwerte, daß Larissa zu mir käme und sie bei ihrer »Arbeit« störe, sie solle mich doch in Ruhe lassen, O. M. sei kein politischer Verbrecher, sondern ein krimineller: »Sie haben ihn in Moskau erwischt – er hätte sich dort gar nicht aufhalten dürfen.« Dann fügte er noch hinzu, daß auch ich zu dieser Sorte von Moskauern gehöre. Das alles erfuhr ich von Larissa. Wahrscheinlich stand das in meiner Akte, die mir von Stadt zu Stadt folgte. Nachdem die »Schülerin« verschwunden war, brachte mir die Gugowna die Manuskripte zurück. Sie erlebte den Tod Stalins nicht mehr, war jedoch, wie ich, eine unverbesserliche Optimistin und zweifelte nicht daran, daß auch er eines Tages sterben würde.

Achtzigstes Kapitel

Die Falle

Bevor ich die Nachricht vom Tode Mandelstams erhielt, hatte ich immer den gleichen Traum: Ich kaufte irgend etwas für das Abendessen ein, O. M. stand hinter mir, und wir waren im Begriff, nach Hause zu gehen. Ich drehte mich um – und er war nicht mehr da. Ich sah ihn irgendwo vorn. Ich lief ihm nach, konnte ihn jedoch nicht einholen, ich wollte ihn fragen, was man »dort« mit ihm mache. Damals hörte man bereits erste Gerüchte über die Mißhandlung von Gefangenen.

Tagsüber plagte mich die Reue: Warum sind wir denn nicht – als wir die Kommission sahen und etwas Ungutes ahnten – unserem Angstgefühl gefolgt und zu Fuß zum Bahnhof gelaufen? Was nützt diese verfluchte spartanische Haltung, nie Angst zu haben? Das hatten wir vom Aushalten. Wir hätten alles stehen- und liegenlassen und zu Fuß diese fünfundzwanzig Werst zurücklegen sollen, vielleicht wären wir auf diesen fünfundzwanzig Werst mit einem Herzinfarkt liegengeblieben.

Warum haben wir uns damit in die Falle locken lassen, daß uns für ein paar Wochen die Sorge um Brot und Nachtlager abgenommen wurde und wir unsere Bekannten nicht um Almosen bitten mußten? Ich habe keinen Zweifel daran, daß uns Stawskij absichtlich in die Falle geschickt hat. Wahrscheinlich hat man irgendwo »oben« auf die Entscheidung Stalins oder eines ihm nahestehenden Mannes gewartet. Ohne Genehmigung »von oben« konnte man Mandelstam unmöglich verhaften, denn Stalin hat 1934 persönlich angeordnet: »Isolieren, aber erhalten.«

Stawskij war offensichtlich beauftragt, dafür zu sorgen, daß wir vorübergehend einen festen Wohnsitz hatten, damit man uns nicht erst lange zu suchen brauchte. Um den Sicherheitsorganen die Arbeit des Suchens zu ersparen, schickte uns Stawskij liebenswürdigerweise in ein Erholungsheim. Die Sicherheitsorgane waren hoffnungslos überlastet, und ein überzeugter Kommunist wie Stawskij war bereit, ihnen zu helfen. Auch das Erholungsheim wählte er sorgfältig aus: Es mußte ein Ort sein, von dem man nicht so ohne weiteres wegkann; fünfundzwanzig Werst bis zum Bahnhof bewältigte ein Herzkranker nicht.

Vor unserer Reise nach Samaticha hatte Stawskij O. M. zum erstenmal empfangen. Wir hielten das ebenfalls für ein gutes Zeichen. In Wirklichkeit brauchte er sicher nur zusätzliches Material über Mandelstam, das heißt Material für »die Beurteilung«, die der Verhaftung vorausging. Manchmal wurden derartige Beurteilungen sogar erst hinterher geschrieben, wenn der Betreffende bereits im Gefängnis saß, für gewöhnlich aber vorher. Das gehörte zu den Formalitäten, die bei der Menschenvernichtung eingehalten wurden. In normalen Fällen wurde diese Beurteilung vom Leiter der zuständigen Behörde geschrieben, bei der Verhaftung von Schriftstellern war häufig ein zusätzlicher Bericht erforderlich, den auf Anordnung der Sicherheitsorgane irgendein Mitglied des Schriftstellerverbandes verfassen mußte. Nach der Ethik der sechziger Jahre wird ein Unterschied gemacht zwischen direkten Denunziationen und »Beurteilungen«, die unter Druck geschrieben wurden. Wer konnte sich schon weigern, eine Beurteilung über einen verhafteten Kollegen abzugeben, wenn die Sicherheitsorgane ihn dazu aufforderten? Das hätte die eigene sofortige Inhaftierung bedeutet, und was würde dann aus den Kindern und der Familie? Die Menschen, die solche Beurteilungen abgefaßt haben, rechtfertigen sich heute damit, daß sie nur gesagt haben, was über den Betreffenden bereits in der Presse stand. Stawskij hat die Zeitungsausschnitte, die seine gewissenhaften Sekretärinnen für ihn gesammelt hatten, sicherlich genau studiert und dann noch einige persönliche Eindrücke hinzugefügt. Mandelstam war ihm dabei noch behilflich, als er ihm seine Einstellung zu den Erschießungen verriet. Bei dem Gespräch bemerkte O. M., daß Stawskij ihm mit der größten Aufmerksamkeit zuhörte. Bekanntlich schließt die herrschenden Kreise nichts so eng zusammen wie gemeinsame Verbrechen, bei uns reichten sie für alle.

Als ich 1956 zum ersten Male nach zwanzig Jahren wieder im Schriftstellerverband bei Surkow war, begrüßte er mich stürmisch. Damals hatten viele den Eindruck, daß die Revision der Vergangenheit schneller und gründlicher vonstatten gehen würde, als es dann der Fall war. Diese Optimisten rechneten mit dem – um es bildlich auszudrücken – Zurückschnellen der Feder, das heißt mit der Gegenreaktion ganzer Massen, die in die Verbrechen des früheren Regimes verstrickt waren. Wie die Taschkenter Larissa sagte: »Ein so radikaler Wechsel läßt sich unmöglich vollziehen – das ist ein Trauma für die alten Mitarbeiter.« Wahrscheinlich wollte sie sich darüber im Ausland beschweren.

Surkow brachte das Gespräch sofort auf Mandelstams Nachlaß – wo war er? Hierbei behauptete er wiederholt und nachdrücklich, daß er ebenfalls von Mandelstam eigenhändig geschriebene Gedichte besessen habe, die ihm aber aus irgendeinem Grunde von Stawskij weggenommen worden seien. Warum, könne er sich nicht vorstellen, denn Stawskij habe nie Gedichte gelesen. Um dieses unsinnige Gespräch zu beenden, unterbrach ich Surkow und sagte ihm, was ich von Stawskij hielt. Surkow widersprach nicht.

Das gleiche war bei Simonow, den ich eines Tages aufsuchte, als Surkow fort war. Simonow, ein sehr diplomatischer Mensch, riet mir, einen Antrag auf Mandelstams posthume Aufnahme in den Schriftstellerverband zu stellen und mich darauf zu berufen, daß Stawskij im Begriff gewesen sei, zwischen den beiden Verhaftungen O. M.s Mitgliedschaft im Schriftstellerverband rechtskräftig zu machen. Ich verabscheute eine solche Taktik und sagte Simonow meine Meinung über Stawskij. Auch er hatte nichts einzuwenden. Er wußte aus Erfahrung, wie sich Vorgesetzte in so schwerer Zeit verhalten. Offensichtlich hatten sowohl Surkow als auch Simonow Glück gehabt: In jenen Jahren waren sie in keinen führenden Positionen und brauchten deshalb weder die Listen mit den zu Verhaftenden zu unterschreiben noch »Beurteilungen« für die Todeskandidaten zu verfassen. Gott gebe, daß es so war.

Bei allen kommt es nicht auf den Namen an. Jeder hätte das getan, denn sonst wäre nachts ein Wagen vorgefahren und hätte ihn abgeholt. Wir alle waren entweder Lämmer, die sich zur Schlachtbank führen ließen, oder ehrfürchtige Henkersknechte, weil wir nicht zu den Lämmern gehören wollten. Die einen wie die anderen vollbrachten Wunder der Ergebenheit, weil sie in sich alle menschlichen Instinkte erlöschen ließen. Warum beispielsweise sind wir nicht zum Fenster hinausgesprungen, haben nicht der unsinnigen Angst freien Lauf gelassen und sind in den Wald, ins Freie und in den Kugelhagel gelaufen? Warum haben wir ruhig dagestanden und zugesehen, wie man unsere Sachen durchwühlte? Warum folgte O. M. brav den Soldaten, und warum habe ich mich nicht wie ein Tier auf sie gestürzt? Was hatten wir zu verlieren? Vielleicht fürchteten wir uns vor einem zusätzlichen Strafpunkt, wenn man bei der Verhaftung Widerstand leistete? Das Ende war doch in jedem Falle gleich – warum also sich fürchten? Es war nicht Angst. Es war ein ganz anderes Gefühl. Das lähmende Bewußtsein der eigenen Hilflosigkeit, daß uns alle ohne Ausnahme befiel – nicht nur die Opfer, sondern auch die Mörder. Erdrückt vom System, das wir alle, so oder so, aufbauen halfen, waren wir nicht einmal mehr zum passiven Widerstand fähig. Unsere Unterwürfigkeit bewirkte, daß die aktiv diesem System Dienenden alle Hemmungen verloren und sich so der Teufelkreis schloß. Wie ihm entrinnen?

Einundachtzigstes Kapitel

Das Fenster am Sofienufer

Die einzige Verbindung mit den Inhaftierten war ein Fenster, an dem man für sie Pakete oder Geld abgeben konnte. Einmal im Monat stellte ich mich hier in der Schlange an – die Zahl der Verhaftungen hatte abgenommen, so daß ich nur drei bis vier Stunden warten mußte –, ich trat an das Fenster und nannte meinen Namen. Der Beamte blätterte in seinen Listen nach dem Buchstaben »M« – ich kam an den Tagen, an denen dieser Buchstabe an der Reihe war. »Vorname, Vatersname.« Ich nannte sie, und eine Hand wurde zum Fenster herausgestreckt. Ich legte meinen Paß und Geld hinein, die Hand gab mir den Paß mit einer Quittung zurück. Ich ging. Alle beneideten mich, weil ich wußte, wo mein Gefangener war und daß er noch lebte. Es passierte allzuoft, daß die Stimme hinter dem Fenster grölte: »Nicht da ... Der Nächste!« Jedes Fragen war sinnlos. Statt eine Antwort zu geben, schlug der Beamte das Fenster zu, und ein Wachsoldat trat an den Fragesteller heran. Die Ordnung war schnell wiederhergestellt, und vor das Fenster trat der nächste, um den Namen seines Gefangenen zu nennen. Wenn jemand länger vor dem Fenster hätte verweilen wollen, hätte die Warteschlange dem Wachsoldaten geholfen, den Ordnungsstörer hinwegzubefördern.

In der Warteschlange wurde normalerweise überhaupt nicht gesprochen. Dies hier war das Hauptgefängnis der Sowjetunion, und sein Publikum war ausgesucht, diszipliniert, gesittet. Es gab nie irgendwelche Mißverständnisse, es sei denn, jemand stellte eine überflüssige Frage, worauf er sich dann sofort zurückzog. Nur einmal kamen zwei Mädchen in gestärkten Kleidern – ihre Mutter war in der Nacht zuvor abgeholt worden. Sie wurden vorgelassen, ohne anstehen zu müssen und ohne daß man sie gefragt hätte, mit welchem Buchstaben ihr Name begann. Allen Frauen zog sich sicherlich das Herz zusammen bei dem Gedanken, daß vielleicht auch bald ihre eigenen Kinder genauso an das Fenster treten würden. Jemand hob das ältere der beiden Mädchen hoch, weil es noch nicht bis ans Fenster reichte. Es rief: »Wo ist unsere Mama?«, und: »Wir wollen nicht ins Waisenhaus. Wir gehen nicht heim.« Das Fenster wurde zugeschlagen, die Mädchen konnten nur gerade noch sagen, daß ihr Vater bei den Soldaten sei. Das konnte bedeuten, daß der Vater entweder Soldat oder Tschekist war. Um die Schulkameraden nicht aufmerksam zu machen, wurde den Kindern von Tschekisten schon von klein an eingeprägt, daß ihr Vater Soldat sei. »Man verhält sich nämlich uns gegenüber schlecht«, erklärten in solchen Fällen die Eltern ihren Kindern. Vor einer Reise ins Ausland mußten die Kinder von Tschekisten ihren neuen Namen auswendig lernen, unter dem ihre Eltern im Ausland arbeiteten. Die kleinen Mädchen in den gestärkten Kleidern lebten wahrscheinlich in einer Dienstwohnung, denn sie erzählten den wartenden Menschen in der Schlange, daß andere Kinder in ihrem Haus bereits abgeholt und in ein Kinderheim gebracht worden seien und daß sie selbst zu ihrer Großmutter in der Ukraine wollten. In diesem Augenblick kam ein Soldat aus der Seitentür und führte die Mädchen fort, das Fenster wurde wieder geöffnet, und die alte Ordnung war wiederhergestellt. Als die Mädchen weggeführt wurden, sagte jemand: »Dumme Kinder.« Und eine andere fügte hinzu: »Wir müssen unsere fortschicken, bevor es zu spät ist ...«

Die Mädchen in den gestärkten Kleidern waren eine Ausnahme, denn die Kinder, die anstanden, waren für gewöhnlich zurückhaltend und schweigsam wie Erwachsene. In der Regel wurde zuerst der Vater abgeholt, besonders wenn er Soldat war, und die zurückbleibende Mutter lehrte die Kinder, wie sie sich verhalten sollten, wenn sie eines Tages allein dastünden. Viele von ihnen schafften es, nicht ins Waisenhaus zu kommen, aber das hing in der Hauptsache von der gesellschaftlichen Stellung der Eltern ab: Je höher sie war, um so weniger Aussicht hatten die Kinder, von Verwandten aufgezogen zu werden. Das Erstaunlichste daran war, daß das Leben trotzdem weiterging, daß Familien gegründet und Kinder geboren wurden. Wie konnten sich die Menschen dazu entschließen, wo sie doch wußten, was sich vor dem Fenster am Sofienufer abspielte?

Die Frauen, die mit mir Schlange standen, versuchten, nicht in ein Gespräch verwickelt zu werden. Alle, ohne Ausnahme, waren fest davon überzeugt, daß ihre Männer irrtümlich verhaftet worden seien und deshalb bald freigelassen würden. Ihre Augen waren rot vom Weinen und von den schlaflosen Nächten, aber ich habe nie jemanden in der Schlange weinen sehen. Wenn sie auf die Straße traten, versuchten sie unter Anspannung aller Kräfte gelassen auszusehen. Die meisten von ihnen kehrten an ihren Arbeitsplatz zurück, von dem sie sich unter irgendeinem Vorwand entfernt hatten, um das Päckchen abzugeben. An ihrem Arbeitsplatz wagten sie es nicht, ihren Kummer zu zeigen, und ihre Gesichter waren zu Masken erstarrt.

Ende der vierziger Jahre arbeitete mit mir in Uljanowsk eine Frau, die mit ihren beiden Kindern im Wohnheim wohnte. Sie arbeitete bei uns als technische Assistentin und war bald unersetzlich. Sie wurde sogar befördert und erhielt die Erlaubnis, ihre Ausbildung im Fernstudium fortzusetzen. Trotzdem hatte sie kaum genug zum Leben, die Kinder hungerten buchstäblich. Sie sagte, ihr Mann habe sie verlassen und wolle ihr nicht einmal Geld für die Kinder geben. Man riet ihr, auf Unterhalt zu klagen, aber sie weinte nur und sagte, ihr Stolz verbiete es ihr, so etwas zu tun. Alle drei – Mutter und Kinder – nahmen zusehends ab. Sie wurden aufgefordert, vor dem Parteiausschuß und beim Direktor zu erscheinen, und alle erklärten ihr, daß sie um der Kinder willen ihren Stolz aufgeben müsse. Sie beharrte jedoch auf ihrer Ansicht: Ihr Mann habe sie verlassen, sie mit einer anderen betrogen, und sie würde deshalb kein Geld von ihm nehmen und auch nicht gestatten, daß er mit den Kindern in Kontakt trete. Man versuchte, sie über den älteren Jungen zu beeinflussen, aber er erwies sich als genauso unbeugsam wie die Mutter. Es vergingen einige Jahre, und plötzlich tauchte bei ihr der Mann auf. Wir alle sahen, wie sie ihm um den Hals fiel. Sie kündigte sofort und packte den Koffer. Die allwissenden Portierfrauen erfuhren, daß er keine Aufenthaltsgenehmigung erhielt, weil er aus dem Lager kam. All die Jahre hindurch hat sie die Lüge vom Stolz und dem gebrochenen Herzen aufrechterhalten, um ihre Stelle nicht zu verlieren. Hätte sie nicht eine so unbedeutende Stelle gehabt, so hätten die Behörden die Kaderabteilung informiert, daß sie die Frau eines Häftlings war. Wahrscheinlich aber fiel er nicht unter den bekannten Paragraphen 58, sondern war nach einem anderen Paragraphen des Strafgesetzbuches verurteilt worden. Er wurde kurz vor Stalins Tod entlassen, so daß er einer nochmaligen Verhaftung entging. Ich hoffe, daß es ihnen allen jetzt gut geht. Manchmal überlege ich mir heute, wie die drei Verschwörer – die Mutter mit den beiden unterernährten Kindern – nachts miteinander flüsterten: »Sie haben nach dem Vati gefragt ... Ich habe sie aber abgewimmelt ... Sie haben auf mich eingeredet, aber ich habe mich nicht im geringsten beeinflussen lassen ... Seid vorsichtig ... Wenn er doch nur zurückkäme ...« Der Vater war früher Dozent für Volkswirtschaft – ein Stern unter den Ideologen. Er gehörte zu den Pfeilern des Systems, die das System selbst vernichtete.

Nachdem ich einige Monate vor dem Fenster am Sofienufer Schlange gestanden hatte, erfuhr ich, daß O. M. in das Butyrka-Gefängnis überführt worden war. Dort wurden die Gefangenentransporte in die Lager zusammengestellt. Sofort ging ich in das Butyrka-Gefängnis und wollte erfahren, wann der Buchstabe »M« dran sei. In der Butyrka konnte ich nur einmal etwas abgeben, das zweite Mal schon wurde mir gesagt,

O. M. sei auf fünf Jahre ins Lager gekommen, und zwar aufgrund des Urteils eines Sondertribunals*.

In der Staatsanwaltschaft wurde mir, nachdem ich auch dort lange in der Schlange gewartet hatte, dieser Bescheid bestätigt. Es gab Schalter, an denen man Gesuche abgeben konnte. Ich tat es, wie alle anderen. Genau einen Monat danach erhielt ich, wie alle anderen auch, eine Ablehnung. Das waren die Gänge, die die Frauen eines Häftlings machten, wenn sie das Glück hatten, nicht selbst im Lager zu sein. In die glatte, undurchdringliche Wand, der wir gegenüberstanden, waren besondere Schalter eingebaut, an denen wir unsere Gesuche abgaben und die abschlägige Antwort bekamen. Aus dem Lager erhielt ich einen Brief – den einzigen – von O. M. Das war ein großer Glücksfall, denn danach wußte ich, wo er war. Ich schickte ihm sofort ein Paket, es kam jedoch zurück mit der Aufschrift: »Adressat verstorben.« Einige Monate später erhielt sein Bruder Alexander Emiljewitsch eine Benachrichtigung vom Tode O. M.s. Keine meiner Bekannten hatte eine solche Benachrichtigung erhalten. Ich weiß nicht, warum mir diese Gnade erwiesen wurde.

Kurz vor dem XX. Parteitag ging ich mit Anna Andrejewna die Ordynka entlang. Ich bemerkte eine unwahrscheinlich große Ansammlung von Spitzeln. Sie quollen buchstäblich aus jedem Hauseingang hervor. »Diesmal brauchen Sie keine Angst zu haben«, sagte Anna Andrejewna. »Es geht etwas Gutes vor sich.« Sie hatte bereits vage gehört, daß eine Parteikonferenz stattfinde, auf der Chruschtschow seinen berühmten Brief vorlesen werde. Gerade aus diesem Anlaß wurde die Stadt von so vielen Sicherheitsagenten in Zivil bewacht. Anna Andrejewna empfahl mir, jetzt zum Schriftstellerverband zu gehen, um die Lage zu sondieren. Wir wußten bereits, daß die Witwe Babels und die Tochter Meyerholds um Rehabilitation nachgesucht hatten. Ehrenburg hatte mir schon lange geraten, ihrem Beispiel zu folgen. Doch ich hatte keine Eile. Jetzt ging ich hin.

Surkow kam mir entgegen, und aus seinem Verhalten konnte ich schließen, daß sich die Zeiten tatsächlich geändert hatten. So hatte man noch nie zuvor mit mir gesprochen. Mein erstes Zusammentreffen mit Surkow fand im Vorzimmer in Anwesenheit der Sekretärinnen statt. Er wollte mich in einigen Tagen wieder sprechen und bat mich, nicht aus Moskau abzureisen, ohne bei ihm gewesen zu sein. Zwei oder drei Wochen lang rief ich jeden Tag bei der Personalabteilung des Schriftstellerverbandes an, und jedes Mal redete man mir freundlich

* Tribunale, die sich aus drei Beamten zusammensetzten, die während des Terrors politische Gefangene hinter verschlossenen Türen verurteilten.

zu, noch etwas Geduld zu haben. Das bedeutete, Surkow hatte noch keine Anweisung erhalten, was er mir sagen sollte, und ich wartete und wunderte mich, daß die seltsame Stelle, »Kaderabteilung« genannt, plötzlich einen so ganz anderen Ton anschlug.

Endlich kam das zweite Treffen mit Surkow zustande. Ich staunte, wie Surkow sich freute, daß er wie ein Mensch sprechen konnte. Er versprach, sich für Lew Gumiljow einzusetzen, und tat alles, worum ich ihn bat. Durch Surkow bekam ich eine Pension, denn zum Zeitpunkt des Gesprächs war ich wieder arbeitslos; er wandte sich an das Erziehungsministerium und schilderte ihnen, wie man mich behandelte. Die Zukunft erschien ihm im rosigsten Licht, er versprach, mich in Moskau unterzubringen – er wollte mir ein Zimmer und die Aufenthaltsgenehmigung besorgen –, und redete auch von der Publikation der Bücher und über den Nachlaß. Zunächst bat er mich, um die Rehabilitierung nachzusuchen. Ich fragte ihn, was wäre, wenn Mandelstam keine Witwe hätte, wer würde dann den Antrag stellen?

Kurz danach erhielt ich den Rehabilitierungsbescheid im Zusammenhang mit dem Urteil von 1938. Die Staatsanwältin half mir noch, einen Antrag auf Rehabilitierung aufgrund des Urteils von 1934 aufzusetzen: »Der Angeklagte schrieb Gedichte, die er jedoch nicht verbreitete.« Der Fall wurde gerade zur Zeit des Aufstands in Ungarn überprüft und abgelehnt. Surkow nahm auf den ablehnenden Bescheid keine Rücksicht und ernannte eine Kommission für O. M.s literarischen Nachlaß. Ich erhielt fünftausend Rubel für den Verstorbenen. Ich verteilte sie unter denen, die uns 1937 geholfen hatten. Das ist das Ritual für die Rückkehr der Schriftsteller, die in den Lagern umgekommen waren. Das zweite Ritual ist die Veröffentlichung ihrer Bücher. Der Herausgabe eines Buches stellten sich zu viele Hindernisse entgegen. Ich weiß nichts über die Konkurrenz, mit der man uns immer schreckt, aber ich habe sehr wohl den Kampf um die Position in der Gesellschaft gesehen, der bei uns mit allen Mitteln geführt wurde. Als die ersten Gerüchte über die von Mikojan eingesetzten Kommissionen aufkamen, waren viele außer sich, und bei weitem nicht nur die, die zur Beseitigung ihrer Konkurrenten beigetragen hatten. Ich hörte flüstern, man wisse nicht, wohin mit all den Rückkehrern: Wenn sie plötzlich ihre alten Stellen wiederhaben wollten? Wieviel neue Posten müßten in den sowjetischen Behörden geschaffen werden, um diese Massen unterzubringen! Es kam jedoch zu keinem Drama. Die Mehrheit kehrte in einem solchen Zustand zurück, daß an eine aktive Tätigkeit überhaupt nicht zu denken war. Alles verlief friedlich, und jene, die befürchteten, sie müßten zusammenrücken, atmeten erleichtert auf. Anders standen die Dinge in der Literatur. Die sorgfältig konstruierte literarische Rangordnung mußte unter allen Umständen geschützt werden, weil sonst viel gestandene Reputation eingestürzt wäre. Deshalb widersetzt man sich so ausdauernd der Herausgabe der Bücher von Verstorbenen. Übrigens geht man auch mit den Lebenden nicht besser um.

Ein Band mit O. M.s Werken sollte 1956 in der Reihe der »Dichterbibliothek« herauskommen. Alle Mitglieder des Redaktionskollegiums waren dafür. Sehr hat mir Prokofjews Standpunkt gefallen. Er meinte, es gäbe keinen Dichter Mandelstam, und um das Gerücht zu zerstören, müsse man ihn herausgeben. Zum Unglück konnte er offensichtlich diese günstige Stellungnahme nicht beibehalten, und seither bekämpft er die Herausgabe. Orlow, der Chefredakteur der »Bibliothek«, rechnete nicht mit aktivem Widerstand und schrieb mir liebenswürdige Briefe. Als er aber feststellte, daß die Publikation einige Unannehmlichkeiten mit sich bringen könnte, machte er schnell einen Rückzieher und brach die Korrespondenz mit mir ab. Was kann man von Orlow schon erwarten, er ist ein hoher Beamter und steht der Dichtung Mandelstams völlig gleichgültig gegenüber.

Weitaus ernster zu nehmen ist die Haltung der wirklichen Liebhaber von Dichtung, der Leute, die sich ein Urteil bilden können, die unabhängig und durchaus keine Bürokraten sind. Zwei von ihnen – die besten der noch am Leben gebliebenen Vertreter der zerschlagenen Generation – erklärten mir, Orlow habe vollkommen recht, wenn er O. M. nicht drucken wolle, obwohl er objektiv betrachtet die Möglichkeit dazu habe. »Das könnten seine Feinde ausnützen – viele warten darauf, seine Stelle einzunehmen –, wenn er geht, ist das das Ende des Kulturverlags.« Der Preis für sein Verbleiben im Amt ist die Weigerung, Mandelstam zu veröffentlichen. Er kann dafür die Dichter der zwanziger, dreißiger und vierziger Jahre des vorigen Jahrhunderts herausbringen, ein Projekt, an dem die beiden von mir erwähnten Personen beteiligt sind. Es ist für mich schwer, mich in dieser Verstrickung von persönlichen Interessen und Gruppeninteressen, in diesem verwickelten Kampf um Posten und Anteile am Kuchen, den der Staat vergibt, auszukennen. Das einzige, was ich tun müßte – nämlich auf eigene Kosten die Werke Mandelstams selbst herausgeben –, ist bei unserem System nicht möglich. Ich weiß, daß ich die Herausgabe seiner Bücher nicht mehr erleben werde, denn mein Leben neigt sich seinem Ende zu. Mich trösten einzig und allein Anna Achmatowas Worte, daß O. M. der Kunst Gutenbergs nicht bedürfe. In gewissem Sinne leben wir wirklich in der Zeit vor der Erfindung der Buchdruckerkunst: Immer mehr Menschen lesen die Gedichte, und im ganzen Land zirkulieren sie in Abschriften. Trotzdem wünsche ich mir, das Buch zu sehen, das ich niemals sehen werde.

Zweiundachtzigstes Kapitel

Das Todesdatum

Journalisten der ›Prawda‹, »Prawdisten«, wie wir sie nannten, erzählten Schklowskij: Im ZK habe man in ihrem Beisein erwähnt, daß gegen Mandelstam nichts vorgelegen habe. Dieses Gespräch fand Ende Dezember 1938 oder Anfang Januar 1939 statt, bald nach Jeschows Sturz, und bedeutete: Seht mal, was ihr angerichtet habt ... Ich zog für mich daraus den Schluß: O. M. ist tot.

Einige Zeit später wurde ich zum Postamt am Nikita-Tor bestellt. Dort händigte die Schalterbeamtin mir das an O. M. gerichtete Paket mit der Bemerkung aus: »Adressat verstorben.« Es ist ein leichtes, das Datum festzustellen, an dem das Paket zurückkam – es war der gleiche Tag, an dem die Zeitungen erstmalig eine lange Liste der mit Orden ausgezeichneten Schriftsteller veröffentlichten.

Jewgenij Jakowlewitsch fuhr in das Festhaus an der Lawruschenskij-Straße, um Schklowskijs die Nachricht zu überbringen. Man holte Viktor von unten, ich glaube aus Katajews Wohnung, wo die »Weggenossen« mit Fadejew auf die ihnen vom Staat erwiesene Gunst tranken. Bei dieser Gelegenheit war es auch, daß Fadejew im Trunke eine Träne vergoß: »Wir haben einen großen Dichter umgebracht!« Die Feier der neuen Ordenträger erhielt den Beigeschmack illegaler, geheimgehaltener Erinnerungen an Tote. Ich möchte nur bezweifeln, wer von den Anwesenden, außer Schklowskij, wirklich begriff, was es bedeutete, einen Menschen vernichtet zu haben. Schließlich gehörten die meisten von ihnen der Generation an, die die Werte revidiert und für »das Neue« gekämpft hat. Sie waren es, die dem starken Mann den Weg bereitet haben, dem Diktator, der nach eigenem Ermessen Menschen bestrafen und begnadigen konnte, der die Ziele setzte und die Mittel zu ihrer Verwirklichung aussuchte.

Im Juni 1940 wurde O. M.s Bruder Alexander auf das Einwohnermeldeamt im Bauman-Bezirk gerufen. Dort händigte man ihm den für mich bestimmten Totenschein aus. Alter: 47 Jahre, Tag des Todes: 27. Dezember 1938. Todesursache: Herzversagen. Man könnte es auch anders ausdrücken: Er starb, weil er starb. Was ist der Tod anderes als ein Herzversagen? Dann stand auch noch etwas von Arteriosklerose.

Ich dachte daran, was Kljujew über sein frühes Grauwerden gesagt hatte.

Die Ausgabe eines Totenscheins war nicht die Regel, sondern eine Ausnahme. In den Akten war man bereits bei der Verbannung oder, genauer gesagt, bei der Verhaftung tot, denn allein die Tatsache der Verhaftung bedeutete Verbannung und Verurteilung und kam offensichtlich auch dem physischen Tod und dem vollkommenen Verschwinden aus dem Leben gleich. Niemand benachrichtigte die nächsten Verwandten, wenn ein Lagerinsasse oder Inhaftierter starb: Im Augenblick der Verhaftung wurde man zur Witwe oder zur Waise. Manchmal teilte die Staatsanwaltschaft mit dem Urteil, das auf zehn Jahre Verbannung des Ehemanns lautete, gleichzeitig mit: »Sie können wieder heiraten.« Niemand machte sich Gedanken darüber, wie diese liebenswürdige Erlaubnis zur Wiederverheiratung mit dem offiziellen Urteil, das ja faktisch noch nicht den Tod bedeutete, auf einen Nenner zu bringen war. Wie ich schon sagte, weiß ich nicht, warum gerade mir die Gnade des »Totenscheins« zuteil wurde. Hatte das einen Grund?

In jener Situation war der Tod der einzige Ausweg. Als ich vom Tode O. M.s erfuhr, hörten die schrecklichen Träume auf. »Ossip Emiljewitsch hat gut daran getan, zu sterben«, sagte mir später Kasarnowskij, »sonst wäre er nach Kolyma gekommen.« Er selbst, Kasarnowskij, hatte seine Verbannung in Kolyma verbracht und war 1944 in Taschkent aufgetaucht. Er lebte dort ohne Aufenthaltsgenehmigung und ohne Lebensmittelkarten, versteckte sich vor der Miliz, fürchtete sich vor allem und jedem, trank unmäßig und trug, weil er keine Schuhe hatte, die winzigen Galoschen meiner verstorbenen Mutter. Sie paßten ihm, denn er hatte keine Zehen an den Füßen. Sie waren ihm im Lager abgefroren, und er hatte sie dann abgehackt, um keine Blutvergiftung zu bekommen. Wenn die Lagerhäftlinge ins Bad gejagt wurden, erstarrte ihre Wäsche in der feuchten Luft des Vorraums und klang wie Blech, das geschüttelt wird. Unlängst hörte ich einen Streit darüber, wer das Lagerleben überstehen könne: Die Männer, die arbeiteten, oder die, die sich drückten. Wer arbeitete, starb an Erschöpfung, die Drückeberger verhungerten, weil sie nicht genug Brot bekamen. Mir, die ich weder über Beweise noch über eigene Erfahrungen oder Beispiele verfügte, um die eine oder andere Theorie zu bestätigen, war klar, daß sowohl die einen als auch die anderen starben. Die wenigen Menschen, die das Lager überlebten, waren die Ausnahme, die die Regel bestätigten. Dieser Streit erinnerte mich an das Märchen vom russischen Helden an der Kreuzung dreier Wege: Jeder Weg führte in den Untergang. Das ewig wiederkehrende Merkmal der russischen Geschichte ist eben diese Situation: Dem Helden oder Nichthelden droht auf jedem Weg der

Untergang, von dem er nur durch einen Zufall errettet werden kann. Mich erstaunt das nicht, ich wundere mich nur darüber, daß und wie einige dieser schwachen Menschen sich in der Tat als Helden erwiesen und nicht nur ihr Leben retteten, sondern sich auch noch ihren klaren Verstand und ihr Gedächtnis bewahren konnten. Ich kenne solche Menschen und möchte sie gerne aufzählen, aber die Zeit ist noch nicht gekommen, und so nenne ich nur einen, den wir alle kennen: Solschenizyn.

Kasarnowskij rettete nur sein Leben und einige bruchstückhafte Erinnerungen. Er kam im Winter ins Dauerlager (von Kolyma?) und erinnerte sich, daß sie völlig unbebautes Gelände vorfanden. Es wurden neue Gebiete erschlossen, um die unendlichen Kolonnen von Sträflingen aufzunehmen. Es stand kein einziges Gebäude, keine einzige Baracke. Sie wohnten in Zelten und mußten sich selbst das Lagergefängnis und die Baracken bauen. Sie bereiteten Land für neue Siedler.

Ich hörte, daß die Gefangenen von Wladiwostok nach Kolyma nur auf dem Seewege transportiert wurden. Die Bucht friert zu, wenn auch ziemlich spät. Ich fragte mich, wie Kasarnowskij im Winter nach Kolyma gekommen ist? Die Schiffahrt war sicher eingestellt. Oder befand sich das erste Lager, in dem er war, gar nicht in Kolyma, sondern hatte man ihn mit dem Transport nicht so weit vom Ausgangspunkt entfernt, um das Durchgangslager zu entlasten, das bis zum Bersten vollgestopft war mit Verbannten, die ständig mit den Transporten ankamen? Diese Frage habe ich nie klären können. In Kasarnowskijs krankem Hirn ging alles durcheinander. Für die Datierung des Todes von O. M. wäre es mir jedoch sehr wichtig gewesen, zu wissen, wann Kasarnowskij das »Durchgangslager« verlassen hat.

Kasarnowskij war der erste mehr oder weniger glaubwürdige Bote aus der anderen Welt. Lange bevor er auftauchte, hatte ich bereits von einem Heimkehrer gehört, daß Kasarnowskij in der Tat mit O. M. in einer Gruppe zusammen gewesen war, und zwar im Durchgangslager. Kasarnowskij soll O. M. sogar geholfen haben. Ihre Pritschen standen in einer Baracke fast nebeneinander. Deshalb versteckte ich Kasarnowskij drei Monate vor der Miliz und holte langsam die Informationen aus ihm heraus, die er nach Taschkent mitbrachte. Sein Gedächtnis hatte sich in ein einziges großes, unentwirrbares Knäuel verwandelt, in dem die Realitäten und Fakten des Lagerlebens mit Märchen, Phantasien, Legenden und Erfindungen unlösbar verwoben waren. Ich wußte bereits, daß eine solche Störung keine spezifische Besonderheit des unglückseligen Kasarnowskij war und daß man diesen Zustand auch nicht dem Alkohol zuschreiben konnte. Fast alle Häftlinge, die ich unmittelbar nach ihrer Entlassung sah, waren in der gleichen Verfassung – für sie gab es kein Datum, keinen Zeitbegriff, sie konnten die Fakten, deren Zeuge sie waren, und Lagerlegenden nicht scharf voneinander trennen. Orte, Namen, Ereignisse bildeten im Gehirn dieser gebrochenen Menschen ein amorphes Durcheinander, das ich nicht enträtseln konnte. Die meisten Erzählungen vom Lagerleben erschienen mir zunächst wie eine unzusammenhängende Reihe dramatischer Augenblicke, in denen sich der Erzähler am Rande des Todes befand und dann wie durch ein Wunder trotzdem am Leben blieb.

Das ganze Lagerleben zerfiel bei ihnen in solche Höhepunkte, die sich ihnen ins Gedächtnis einprägten, zum Beweis dafür, daß es unmöglich war, das Leben zu erhalten, daß aber der Wille des Menschen, am Leben zu bleiben, so groß ist, daß er es trotz allem schaffen kann. Ich sagte mir dann oft entsetzt, daß wir in die Zukunft gehen ohne Menschen, die Rechenschaft über die Vergangenheit ablegen können. Diesseits und jenseits des Stacheldrahts haben wir alle das Gedächtnis verloren. Es stellte sich aber heraus, daß es doch einige Menschen gibt, die es sich von Anfang an zur Aufgabe gemacht haben, nicht nur einfach am Leben zu bleiben, sondern auch Zeuge zu sein. Das sind die schonungslosen Hüter der Wahrheit, die in der Masse der Sträflinge untergingen, aber nur vorübergehend. Dort, in den Straflagern, gab es offensichtlich mehr solcher aufrechter Menschen als außerhalb, wo allzu viele der Verlockung erlagen, sich mit dem Leben abzufinden und ruhig dahinzuleben. Freilich ist die Zahl derer, die sich einen klaren Kopf bewahrt haben, nicht groß, doch die Tatsache, daß sie am Leben blieben, ist der beste Beweis, daß letzten Endes das Gute und nicht das Böse siegt.

Kasarnowskij gehörte nicht zu diesen heroischen Menschen, seinen endlosen Erzählungen konnte ich nur einzelne Körnchen Wahrheit entnehmen und erfuhr deswegen sehr wenig über O. M.s Leben im Lager. Der Personenkreis in den Durchgangslagern änderte sich ständig, doch war am Anfang die Baracke, in die sie gerieten, mit Intellektuellen aus Moskau und Leningrad belegt, die nach Paragraph 58 verurteilt waren. Das erleichterte das Leben. Wie immer in jenen Jahren wurden Kriminelle zu Barackenältesten ernannt, jedoch waren das keine einfachen Diebe, sondern Verbrecher, die auch draußen bereits mit den Sicherheitsorganen in Verbindung gestanden hatten. Ihr Wesenszug war äußerste Grausamkeit, und die »58er« hatten unter ihnen nicht weniger zu leiden als unter der eigentlichen Lagerleitung, mit der sie selten in Berührung kamen. O. M. war stets voll nervöser Unruhe, und jede Aufregung äußerte sich bei ihm in dem Zwang, hin und her zu gehen. Hier im Durchgangslager wurde er wegen dieses Auf- und Abgehens und seiner nervösen Unruhe dauernd vom Lagerpersonal angegriffen. Draußen lief er oft an die Sperrzone heran – an den Zaun und den bewachten Abschnitt –, wo ihn die Wachsoldaten mit Schreien, Flüchen und groben Schimpfworten wegjagten. Daß ihn die Kriminellen verprügelt hätten, konnte ich von keinem der Zeugen bestätigt bekommen. Wahrscheinlich stimmt das nicht. Kleidung wurde im Durchgangslager nicht ausgegeben – wo macht man das schon? –, er fror in seinem fast vollkommen zerfetzten Ledermantel, obwohl sich laut Kasarnowskij die schlimmste Kälte erst nach O. M.s Tod einstellte; er brauchte sie nicht durchzumachen. Auch das ist ein kleiner Hinweis für die Datierung.

O. M. aß fast gar nichts, wie später Soschtschenko, so hatte auch er Angst zu essen; die Brotration verlor er, den Napf tauschte er. Nach Kasarnowskijs Erzählungen gab es im Durchgangslager eine Kantine, wo man Tabak und anscheinend auch Zucker kaufen konnte. Woher sollte man aber das Geld nehmen? Die Angst vor dem Essen erstreckte sich bei O. M. auch auf die Kantinenprodukte und auf Zucker, den er nur aus der Hand Kasarnowskijs nahm. Gesegnet sei die schmutzige Lagerhand, auf der ein Stück Zucker lag; O. M. zögerte, dieses letzte Stück anzunehmen. Ob Kasarnowskij die Wahrheit gesagt oder dieses kleine Detail erfunden hat?

Außer der Angst vor dem Essen und der nervösen Unruhe bemerkte Kasarnowskij bei O. M. eine Wahnidee, die für ihn charakteristisch war und unmöglich erfunden sein kann: O. M.s Trost war die Hoffnung, daß ihm das Leben erleichtert würde, weil Romain Rolland seinetwegen an Stalin schreiben werde. Diese winzige Kleinigkeit ist für mich ein Beweis, daß Kasarnowskij tatsächlich mit Mandelstam zusammen war. Während der Verbannung in Woronesch lasen wir in der Zeitung, daß Romain Rolland und seine Frau in Moskau waren und von Stalin empfangen wurden. O. M. kannte Maja Kudaschewa* und atmete erleichtert auf: »Maja läuft in Moskau herum, und sie müssen ihr von mir erzählt haben: Was würde es ihn (Rolland) kosten, Stalin um meine Begnadigung zu bitten?« O. M. konnte und wollte nicht glauben, daß sich professionelle Humanisten nicht für das Schicksal von Einzelpersonen interessieren, sondern nur für die Menschheit allgemein. In seiner ausweglosen Lage verkörperte für ihn der Name Romain Rolland die einzige Hoffnung. Für mich war der Name ein Beweis, daß Kasarnowskij nicht ganz das Gedächtnis verloren hatte. Der Gerechtigkeit halber muß im Zusammenhang mit Romain Rolland gesagt werden, daß er während seines Aufenthalts in Moskau eine Erleichterung für die in die »Wörterbuchaffäre« verwickelten Häftlinge

* Romain Rollands Frau. Sie war Russin.

erwirkte. Wenigstens sagte man das. Dies ändert aber nichts an meiner Meinung über die professionellen »Humanisten«. Der wahre Humanismus kennt keine Grenzen und setzt sich für jeden ein.

Noch eine charakteristische Einzelheit aus den Erzählungen Kasarnowskijs: O. M. war überzeugt, daß auch ich im Lager sei, und beschwor Kasarnowskij, wenn er je zurückkommen sollte, mich aufzusuchen und den Litfonds um Hilfe für mich zu bitten. Wie ein Sklave an seinem Karren, so war O. M. sein ganzes Leben lang an die Schriftstellerorganisation gekettet und bekam ohne ihre Genehmigung kein Stück Brot. So sehr er sich auch bemühte, von dieser Abhängigkeit loszukommen, es gelang ihm nicht: Es war einfach nicht erlaubt; die Abhängigkeit kommt den Regierenden sehr gelegen. Deshalb erhoffte er sich auch für mich nur Hilfe vom Litfonds. Mir war ein anderes Schicksal beschert, und während des Krieges, als man uns vergaß, gelang es mir, in eine andere Berufswelt überzuwechseln. Nur ihr verdanke ich es, daß ich Leben und Verstand nicht verlor.

Manchmal, in lichten Momenten, las O. M. den Lagerinsassen Gedichte vor, und anscheinend schrieb sie der eine oder andere mit. Ich habe »Alben« mit seinen Gedichten gesehen. Alben, wie sie in den Lagern weitergereicht wurden. Einmal erzählte man ihm, daß in der Todeszelle im Lefortowo-Gefängnis eine Zeile aus einem seiner Gedichte an die Wand gekritzelt sei: »Bin ich wirklich und wird der Tod wirklich kommen?« Als O. M. das hörte, ermutigte ihn das, und er war für einige Tage ruhiger.

Zu Arbeiten wurde er nicht eingeteilt – nicht einmal zum Saubermachen innerhalb des Lagers. Selbst in dieser Masse ausgemergelter Menschen fiel sein schlechter Zustand auf. Tagelang trieb er sich ohne Beschäftigung umher und lenkte Drohungen, Schimpfworte und Verwünschungen des Lagerpersonals auf sich. Er fiel fast augenblicklich in Ungnade, und das verbitterte ihn sehr. Er glaubte, daß in den Dauerlagern alles besser sein würde, obwohl ihn erfahrene Mithäftlinge vom Gegenteil zu überzeugen suchten.

Eines Tages hörte O. M., daß es im Durchgangslager einen Mann namens Chasin gäbe; er bat Kasarnowskij mitzukommen, um diesen Menschen zu suchen und herauszufinden, ob er nicht ein Verwandter von mir sei. Wir waren nichts weiter als Namensvettern. Viele Jahre später, nachdem Chasin die Memoiren Ehrenburgs gelesen hatte, schrieb er an ihn, und ich hatte Gelegenheit, ihn kennenzulernen. Die Existenz dieses Chasin war ein weiterer Beweis, daß Kasarnowskij tatsächlich mit Mandelstam zusammengewesen war. Chasin selbst hatte O. M. zweimal gesehen – einmal, als O. M. mit Kasarnowskij zu ihm kam, und dann noch einmal. Er brachte O. M. mit einem Lagerinsassen zusammen, der ihn ausfindig machen wollte. Chasin erzählte, daß die Begegnung O. M.s mit diesem Lagerinsassen ergreifend war. Soviel er sich erinnerte, hieß dieser Mensch Chint, stammte aus Lettland und war von Beruf Ingenieur. Er hatte schon mehrere Jahre Lagerhaft hinter sich und wurde jetzt nach Moskau zur Überprüfung seines Falles geschickt. Derartige Überprüfungen nahmen in jenen Jahren meist ein tragisches Ende. Wer dieser Chint war, weiß ich nicht. Chasin hatte den Eindruck, er sei ein Mitschüler von O. M. gewesen und stammte aus Leningrad. Im Durchgangslager war Chint nur einige Tage. Auch Kasarnowskij erinnerte sich daran, daß O. M. mit Chasins Hilfe einen alten Kameraden ausgemacht hatte. Nach dem Bericht Chasins starb O. M. während einer Flecktyphusepidemie. Kasarnowskij erinnerte sich allerdings nicht an diese Epidemie. Übrigens hat es sie, wie ich von einer Reihe anderer Leute erfuhr, gegeben. Ich hätte mich bemühen müssen, diesen Chint ausfindig zu machen, aber in unserem Land, in unserer Situation, ist das nicht möglich. Ich konnte doch unmöglich eine Annonce in die Zeitung setzen, daß ich einen Menschen suche, der meinen Mann im Lager gesehen habe... Chasin selbst ist ein primitiver Mensch. Er wollte Ehrenburg kennenlernen, um ihm seine Erinnerungen an die Anfänge der Revolution zu erzählen. Er hatte mit seinen Brüdern, die anscheinend alle Tschekisten waren, aktiv teilgenommen. Dieser Lebensabschnitt hatte sich ihm ins Gedächtnis eingeprägt, und alle Gespräche mit mir endeten unweigerlich in seiner großen Vergangenheit.

Doch zurück zu Kasarnowskijs Erzählung: Einmal kam O. M. trotz Schreien und Nötigungen nicht von der Pritsche herunter. Draußen war es bereits kalt – das ist die einzige Datierung, die ich erhalten konnte. Alle wurden zum Schneeschaufeln hinausgejagt, O. M. blieb allein zurück. Einige Tage danach holte man ihn von der Pritsche herunter und brachte ihn ins Krankenrevier. Bald darauf hörte Kasarnowskij, daß O. M. tot sei und daß man ihn in einer Grube begraben habe. Die Toten wurden selbstverständlich ohne Sarg, ohne Kleider, wenn nicht gar nackt begraben, damit nichts umkam. Mehrere in einer Grube – es gab immer genug Tote –, um den Knöchel band man jedem ein Brettchen mit seiner Häftlingsnummer.

Das wäre noch nicht der schlimmste Tod gewesen, und ich möchte glauben, daß Kasarnowskijs Erzählung wahr ist. Im Vergleich dazu ist Narbuts Tod weitaus schlimmer. Von ihm heißt es, daß er im Durchgangslager die Klosettgruben säubern mußte und mit anderen Invaliden auf einer Barke in die Luft gesprengt worden sei. Die Barke wurde gesprengt, um das Lager von Arbeitsunfähigen zu befreien. Zur Entlastung. Offensichtlich hat es solche Fälle gegeben. Als ich in Tarussa lebte, trug mir Pawel, ein ehemaliger Sträfling, Wasser und Holz. Er erzählte mir von sich aus, daß er zufällig die Detonation gehört und die Barke untergehen gesehen habe. Auf ihr sollen sich »58er«, das heißt arbeitsunfähige »Politische«, befunden haben. Menschen, die jetzt um jeden Preis nach einer Rechtfertigung für all diese Vorkommnisse suchen – und davon gibt es selbst unter den ehemaligen Häftlingen viele –, versicherten mir, daß dies nur ein Einzelfall gewesen sei und der Lagerkommandant, der diese grausige Tat angeordnet hatte, später erschossen worden sei. Dies ist wirklich ein ergreifendes Ende für eine derartige Geschichte, aber mich kann dieses Ende nicht versöhnen.

Die meisten meiner Bekannten, die ins Lager kamen, starben kurz nach ihrer Einlieferung. Intellektuelle konnten dort wohl kaum existieren, und es lohnte auch nicht. Wozu am Leben hängen, wenn der Tod die einzige Erlösung ist? Was hätten Margulis noch einige zusätzliche Tage genützt? Ihn beschützten die Kriminellen, weil er ihnen nachts Romane von Dumas erzählte. Er war mit Swjatopolk-Mirskij zusammen, der fast zum Skelett abmagerte und ebenfalls bald starb. Gott sei Dank, daß die Menschen sterblich sind. Der einzige Grund, um hinter Stacheldraht weiterzuleben, war, das Geschehene im Gedächtnis zu behalten und den anderen Menschen zu erzählen. Vielleicht hält das die Menschen davon ab, unsere Wahnsinnstaten zu wiederholen.

Der zweite glaubwürdige Zeuge war der Biologe M. O. M. bat ihn, im Falle seiner Freilassung zu Ehrenburg zu gehen und ihm von seinen letzten Tagen im Lager zu berichten. O. M. wußte, daß er nicht überleben konnte. Ich gebe diesen Bericht mit den Worten Ehrenburgs wieder, der, bis ich aus Taschkent kommen konnte, einiges vergessen hatte und vor allem M. als Agronomen bezeichnete, weil er nach seiner Freilassung, um sich möglichst gründlich zu verkriechen, als Agronom gearbeitet hat. M.s Informationen decken sich im wesentlichen mit Kasarnowskijs Erzählungen. Er meinte, O. M. sei gleich im ersten Jahr gestorben, das heißt im Mai oder Juni 1939. M. berichtete mir ziemlich genau über ein Gespräch mit dem Arzt, der zum Glück ebenfalls Häftling war und Mandelstam angeblich schon früher gekannt hatte. Der Arzt sagte, daß man O. M. wegen seiner körperlichen Schwäche nicht retten konnte. Das deckt sich mit Karsarnowskijs Mitteilung, daß O. M. sich vor dem Essen fürchtete, obwohl natürlich die Lagerkost so schlecht war, daß auch Leute, die sie aßen, zu Skeletten abmagerten. Im Krankenrevier verbrachte O. M. insgesamt nur einige Tage; M. hatte den Arzt gleich nach O. M.s Tod gesprochen.

O. M. hatte recht, den Biologen M. an Ehrenburg zu verweisen, damit er ihm von seinen letzten Tagen berichte. Kein anderer sowjetischer Schriftsteller, außer Schklowskij, hätte damals einen solchen Boten empfangen. Und zu den geächteten Schriftstellern hätte er nicht hingehen dürfen, um nicht ein zweites Mal im Lager zu landen.

Die Menschen, die ihre fünf oder zehn Jahre abgesessen hatten, das heißt, die mit einer Mindeststrafe davongekommen waren, blieben für gewöhnlich – freiwillig oder unfreiwillig – danach in der Nähe des Lagers und verkrochen sich gleichsam in ihren Höhlen. Nach dem Krieg kamen viele zum zweitenmal ins Lager, und sowohl unser Wortschatz wie unsere Rechtsterminologie wurden um das Wort »Powtornik« (Wiederholer) bereichert. Deshalb sind vom »Lagerjahrgang« 1937/38 nur wenige jüngere am Leben geblieben, deren Lagerzeit in jungen Jahren begonnen hatte. Deshalb habe ich auch nur wenige Menschen gesprochen, die mit O. M. zusammen im Lager waren. Doch das Gerücht über sein Schicksal verbreitete sich in den Lagern, und Dutzende von Menschen erzählten mir Lagergeschichten über den unglücklichen Dichter. Wie oft wurde ich mit Menschen bekannt gemacht, die gehört hatten – ihrer Ansicht nach war das gleichbedeutend mit »genau wußten« –, daß O. M. das Kriegsende erlebt habe und sich noch in einem Lager befinde oder entlassen worden sei. Es fanden sich auch Zeugen seines Todes, die jedoch bei einer Begegnung mit mir meist zugaben, daß sie alles nur von anderen, selbstverständlich unbedingt glaubwürdigen Zeugen gehört hätten.

Manche haben über O. M.s Tod geschrieben. Schalamows Erzählung ist der Versuch, den Tod Mandelstams und seine Gefühle in der Todesstunde darzustellen. Es ist der Tribut, den ein leidgeprüfter Künstler seinem Mitbruder und Schicksalsgefährten zollt. Es gibt jedoch noch andere Erzählungen, die Anspruch auf Authentizität erheben und mit einer Unmenge von Einzelheiten ausgeschmückt sind. In einer wird berichtet, Mandelstam sei auf einem Schiff gestorben, das sich auf dem Weg nach Kolyma befand. Weiter wird in der Erzählung beschrieben, wie man ihn ins Meer geworfen habe. Zu den Legenden gehört auch die Behauptung, Mandelstam sei von Kriminellen erschlagen worden, und die Schilderung, wie er am Lagerfeuer Petrarca las. Das wurde von vielen aufgegriffen, weil es so gut in die »dichterische« Konvention paßte. Es gibt auch »realistische« Erzählungen mit den obligatorischen Kriminellen. Eine besonders ausführliche Erzählung schrieb der Dichter R. Nachts, erzählt R., hätten Sträflinge an die Baracke geklopft und den »Dichter« aufgefordert, herauszukommen. R. sei über den nächtlichen Besuch erschrocken gewesen – was wollten die nächtlichen Besucher von ihm? Es stellte sich heraus, daß sie nichts Böses im Sinn hatten, sondern nur gekommen waren, um ihn zu einem anderen Dichter, der im Sterben lag, zu führen. R. traf den Sterbenden, das heißt Mandelstam, in der Baracke auf einer Pritsche liegend an. Er war entweder im

Fieberwahn oder im Zustand der Bewußtlosigkeit, beim Anblick von R. habe er jedoch sogleich das Bewußtsein erlangt, und sie hätten dann die ganze Nacht miteinander gesprochen. Gegen Morgen sei O. M. gestorben, und R. habe ihm die Augen zugedrückt. Ein Datum wird natürlich nicht genannt, aber der angegebene Ort ist richtig – »Wtoraja Retschka«, ein Durchgangslager bei Wladiwostok. Sluzkij erzählte mir diese ganze Geschichte und gab mir auch die Adresse von R. Ich schrieb ihm, bekam aber keine Antwort.

Alle meine Informanten waren wohlwollende Menschen. Nur einmal wurde ich regelrecht verhöhnt. Das war in Uljanowsk, gleich zu Beginn der fünfziger Jahre, noch zu Stalins Lebzeiten. Abends kam häufig ein Mitglied des Lehrkörpers zu mir, der stellvertretende Direktor, ein gewisser Tjufjakow, ein Kriegsversehrter, der für seine Arbeit als Politoffizier über und über mit Orden belohnt worden war. Er liebte Kriegsromane, in denen der Feigling oder Fahnenflüchtige vor versammelter Mannschaft erschossen wird. Tjufjakow widmete sein ganzes Leben der »Neuorganisation der Hochschulen«, und deshalb hatte er keine Zeit, einen akademischen Grad oder ein Diplom zu erwerben oder auch nur zu studieren. Er blieb sein ganzes Leben der Komsomolze der zwanziger Jahre, ein »unersetzlicher Arbeiter«. Er war »vom Lehrauftrag befreit worden« und konnte sich seitdem uneingeschränkt seinem Hauptanliegen, »der Reinheit der Lehre an den Hochschulen«, widmen. Jede geringste Abweichung meldete er den zuständigen Stellen. Er wurde von Hochschule zu Hochschule geschickt, in der Hauptsache, um die Direktoren, die man einer liberalen Einstellung verdächtigte, zu überwachen. Genau zu diesem Zweck tauchte er auch in Uljanowsk auf, wo er den seltsamen ehrenvollen Posten des »Stellvertreters« einnahm, obwohl er keine Hochschulqualifikation besaß. Von dieser Sorte der ewigen Komsomolzen gab es bei uns zwei – der eine Tjufjakow und der andere ein gewisser Gluchow, dessen Namen sich künftige Generationen merken sollten. Er hatte für seine Teilnahme an der Liquidierung der Kulaken einen Orden und für eine Dissertation über Spinoza den Doktorgrad erhalten. Er arbeitete ganz offen, rief Studenten zu sich und instruierte sie, wann sie bei Versammlungen aufstehen und wie sie den betreffenden Redner diffamieren sollten. Tjufjakow hingegen arbeitete im geheimen. Beide befaßten sich seit Beginn der zwanziger Jahre mit der Zerschlagung der Hochschulen.

Mich »bearbeitete« Tjufjakow freiwillig, neben seinen dienstlichen Obliegenheiten, allein zu seiner Entspannung und zu seinem Spaß. Diese Arbeit bereitete ihm fast ein ästhetisches Vergnügen. Jeden Tag dachte er sich eine neue Geschichte aus – Mandelstam wurde erschossen; Mandelstam war in Swerdlowsk, und Tjufjakow besuchte ihn aus reiner

Menschlichkeit; Mandelstam wurde bei einem Fluchtversuch erschossen; Mandelstam sitzt eine neue Frist wegen eines Strafvergehens ab; Mandelstam wurde von den Sträflingen zu Tode geprügelt, weil er ein Stück Brot gestohlen hatte; Mandelstam wurde freigelassen und lebte im Norden mit einer anderen Frau; Mandelstam hat sich vor nicht allzu langer Zeit erhängt, und zwar aus Angst, nachdem er Schdanows Brief gelesen hatte, der erst jetzt in die Lager gelangt ist. Bei jeder dieser Versionen teilte er mir feierlich mit, daß er diese Einzelheiten soeben von der Staatsanwaltschaft erfahren habe. Ich mußte ihn bis zu Ende anhören, weil es nicht ratsam ist, Spitzel fortzujagen. Unser Gespräch endete immer mit Überlegungen, die Tjufjakow über die Literatur anstellte: »Unser bester Dichter ist Dolmatowskij... Was ich an der Literatur an meisten schätze, ist die Klarheit des Ausdrucks... Ohne Metaphern gibt und wird es auch keine Dichtung geben... Stil ist nicht nur eine Frage der Form, sondern auch der Ideologie – erinnern Sie sich an Engels' Worte?... Ihnen kann man nur beipflichten – haben Sie denn nicht aus dem Lager Gedichte von Mandelstam erhalten? Er hat dort viel geschrieben...« Der hagere Körper Tjufjakows straffte sich, unter dem Stalin-Bart zuckte ein Lächeln. Er sagte, er habe im Kreml-Krankenhaus echtes Schen-Schen* bekommen, künstliche Präparate könnte man ja nie mit natürlichen Mitteln vergleichen.

Oft hörte ich Gerüchte über Gedichte, die Mandelstam im Lager geschrieben haben soll, aber immer stellten sie sich als absichtliche oder unabsichtliche Erfindungen heraus. Kürzlich zeigte man mir jedoch eine seltsame Abschrift von Gedichten, die aus den »Lageralben« stammten. Es sind dies ziemlich entstellte Versionen unveröffentlichter Gedichte, von denen kein einziges, im Gegensatz zur ›Wohnung‹, politische Untertöne hatte. Die Gedichte stammten in der Hauptsache aus den Abschriften, die in den dreißiger Jahren kursierten; viele der Gedichte waren aus dem Gedächtnis niedergeschrieben, wodurch sich die große Zahl der Entstellungen erklärt. Einige der Gedichte tauchten in alten, von O. M. inzwischen verworfenen Versionen auf, wie zum Beispiel ›Zur deutschen Sprache‹. Einiges ist zweifellos von Mandelstam selbst diktiert, denn es erschien nie in irgendwelchen Sammlungen. Aber ob er sich selbst zum Beispiel noch an sein Kindergedicht über die Kreuzigung erinnerte? In den Alben finden sich auch einige Scherzgedichte, die ich nicht habe, so zum Beispiel ›Der Kutscher und Dante‹, leider aber sehr entstellt. Nur Leningrader können ihn dazu angeregt haben, von ihnen gab es in den Lagern genug.

Diese Sammlung zeigte mir Dombrowskij, der ein Buch über unser

* Eine chinesische Wurzel, der man verjüngende Wirkung nachsagt.

Leben – wie man früher sagte, »mit seinem Herzblut« – geschrieben hat. Obwohl in diesem Buch von Ausgrabungen, Schlangen, von Architektur und Büroangestellten die Rede ist, sagt es alles wesentliche über unser unglückseliges Leben. Der Leser dieses Buches kann nicht umhin, zu begreifen, warum die Lager das wichtigste Instrument waren, mit dem das Gleichgewicht in unserem Land aufrechterhalten wurde.

Dombrowskij behauptete, er habe Mandelstam während des »seltsamen Krieges« gesehen, das heißt mehr als ein Jahr nach dem 27. Dezember 1938, den ich als seinen Todestag ansehe. Die Schiffahrt war bereits wieder in Betrieb, und der Mensch, den Dombrowskij für O. M. ansah oder der wirklich O. M. war, befand sich in einer Gruppe, die nach Kolyma transportiert wurde. Dombrowskij, damals noch ein junger, dynamischer Mann, befand sich auch im Lager »Wtoraja Retschka« und hörte dort, daß sich im Gefangenentrupp ein Mann befände, der unter dem Spitznamen »Poet« bekannt sei; Dombrowskij wollte ihn sehen. Er begrüßte ihn mit den Worten: »Guten Tag, Ossip Mandelstam« – er wußte O. M.s Vatersnamen nicht. Der »Poet« schien geisteskrank zu sein, aber nicht ganz die Verbindung zur Wirklichkeit verloren zu haben. Sie waren nur wenige Augenblicke zusammen und besprachen, ob eine Überfahrt nach Kolyma, in Anbetracht der militärischen Lage, durchführbar sei. Dann wurde der Alte – der »Poet« sah wie ein Siebzigjähriger aus – weggerufen, um seine Kascha zu essen. Das greisenhafte Aussehen des Lagerinsassen – des falschen oder echten Mandelstam – beweist nichts: Unter den damaligen Umständen alterten die Menschen unglaublich schnell. O. M. hat nie besonders jung ausgesehen und eigentlich immer älter gewirkt, als er war. Wie läßt sich dieser Bericht mit dem, was ich vorher erfahren hatte, vereinbaren? Kam Mandelstam vielleicht aus dem Krankenrevier, als alle, die ihn kannten, bereits auf andere Lager verteilt waren, und lebte er dann als Schatten seiner selbst noch einige Monate oder gar Jahre? Oder hat irgendein alter Mann (vielleicht ein Namensvetter – bei den Mandelstams wiederholten sich die gleichen Vornamen, und sie hatten alle auch eine gewisse Familienähnlichkeit) auf den Spitznamen »Poet« gehört und hielt man ihn für O. M.? Besteht eine Veranlassung, den Mann, den Dombrowskij traf, für O. M. zu halten?

Meine Informationen verunsicherten Dombrowskij – er war nicht mehr voll von der Glaubwürdigkeit seiner Geschichte überzeugt. Aber auch mich verwirrte seine Erzählung, und ich wußte nicht mehr, was ich glauben sollte. Gibt es denn in unserem Leben überhaupt etwas absolut Glaubwürdiges? Ich habe alle Erzählungen sorgfältig gegeneinander abgewogen.

Dombrowskij kannte Mandelstam nicht persönlich, er hatte ihn nur öfter in Moskau gesehen, jedoch zu einer Zeit, als O. M. einen Bart trug. Der »Poet« im Lager war glatt rasiert. Trotzdem erinnerten ihn die Gesichtszüge an Mandelstam. Um völlige Gewißheit zu haben, genügt dies natürlich nicht, denn wie leicht kann man sich irren. Dombrowskij erfuhr eine interessante Einzelheit, allerdings nicht vom »Poeten« selbst, sondern von dritten. O. M.s Schicksal habe irgendein Brief von Bucharin entschieden. Das konnte heißen, daß Bucharins 1934 an Stalin geschriebener Brief in der Untersuchung nach O. M.s zweiter Verhaftung 1938 mit ausschlaggebend war – außer ihm zweifellos die kleinen Botschaften von Bucharin an uns, die während der Haussuchung 1934 beschlagnahmt worden waren. Das klingt sehr glaubwürdig, und der einzige Mensch, der es gewußt haben konnte, war O. M. selbst. Die Frage ist nun: Hat der geheimnisvolle Alte, den man »Poet« nannte, das selbst zu den Gefangenen, die es Dombrowskij weitergaben, gesagt, oder wurde es ihm nur zugeschrieben, hatte es ursprünglich ein schon Verstorbener erzählt, für den man den Alten später hielt? Das ist nicht mehr zu klären. Interessant für mich ist aber, daß in diesem Zusammenhang der Brief Bucharins erwähnt wurde: Es ist das erste und einzige, was ich über den Prozeß nach O. M.s zweiter Verhaftung erfahren habe. In seiner ›Vierten Prosa‹ schreibt O. M.: »Mein Fall ist nicht abgeschlossen und wird niemals abgeschlossen werden.« Wie recht hatte er damit! Durch Bucharins Brief war O. M.s Urteil 1934 revidiert und 1938 noch einmal überprüft worden. Auch 1955 wurde die ganze Sache noch einmal gesichtet, trotzdem ist aber alles vollkommen ungeklärt, und ich hoffe, daß der Fall noch einmal aufgerollt wird.

Wodurch wird meine Annahme bestätigt, daß O. M. im Dezember 1938 gestorben ist? Für mich war die erste Todesnachricht das zurückgesandte Paket mit dem Vermerk »Adressat verstorben«. Das reicht jedoch nicht aus. Uns sind Tausende von Fällen bekannt, in denen Pakete mit der gleichen Begründung zurückkamen, sich dann aber später herausstellte, daß der Adressat an einen anderen Ort verlegt worden war und ihm deshalb das Paket nicht zugestellt werden konnte. Unzustellbare Pakete wurden immer mit dem Tod in Beziehung gebracht, und für viele war dies die einzige Möglichkeit, den Tod des Angehörigen zu erfahren. Übrigens schrieben im Durcheinander der verschiedenen Lager unverschämt gewordene Beamte in Militäruniformen das hin, was ihnen gerade einfiel – wer kümmerte sich schon darum? Ob tot oder nicht, es kam auf das gleiche heraus. Wer hinter Stacheldraht saß, war für das Leben abgeschrieben, und man machte um ihn nicht viel Aufhebens. An der Front während des Krieges war es nicht anders: Offiziere und Soldaten wurden häufig als tot gemeldet, wenn sie nur verwundet oder in Gefangenschaft geraten waren. Aber an der

Front war das ein Irrtum, und die Menschen, von ihresgleichen umgeben, erfuhren von allen Aufmerksamkeit und Mitgefühl. Die Lagerinsassen jedoch behandelte man schlechter als Vieh, und die vertierten Menschen, denen die Häftlinge ausgeliefert waren, wurden speziell darin unterwiesen, wie sie die Rechte der Gefangenen mit Füßen treten sollten. Ein unzustellbares Paket ist noch kein Beweis für den Tod.

Das Datum im Totenschein, der vom Standesamt ausgestellt wurde, beweist ebenfalls nichts. Daten werden oft willkürlich gesetzt, und häufig wurden Millionen von Todesfällen bewußt mit einer bestimmten Zeit, beispielsweise mit gewissen militärischen Ereignissen, in Zusammenhang gebracht und entsprechend datiert. Es machte sich in der Statistik sehr gut, wenn die Todesfälle in den Lagern mit Kriegsereignissen zeitlich zusammenfielen. Die Repressalien wurden verdeckt, und die Wahrheit ging niemanden etwas an. In den Jahren der Rehabilitierung wurden von den Behörden fast automatisch als Todesdaten die Jahre 1941 und 1943 angegeben. Wer kann die Richtigkeit des Datums auf einer Sterbeurkunde nachprüfen? Und wer hat im Ausland das Gerücht verbreitet, Mandelstam habe sich in einem Lager im Gebiet von Woronesch aufgehalten und sei von den Deutschen umgebracht worden? Es kann nur einer unserer »progressiven« Schriftsteller oder ein sowjetischer Diplomat gewesen sein, der von Ausländern, die, wie Surkow sagt, sich besser um ihre eigenen Angelegenheiten kümmern sollten, in die Enge getrieben, alles auf die Deutschen abwälzte: sehr einfach und sehr bequem.

In der Sterbeurkunde steht, daß O. M.s Tod im Mai 1940 in das Sterberegister eingetragen worden ist. Vielleicht stimmt das. Man kann wohl annehmen, daß man keinen Lebenden in das Sterberegister einträgt, obwohl auch das nicht hundertprozentig sicher ist. Nehmen wir an, ein Romain Rolland, mit dem Stalin rechnen mußte, habe sich an ihn gewandt und um Mandelstams Freilassung gebeten. Es kam bei uns vor, daß auf eine an Stalin gerichtete Bitte des Auslands hin Leute entlassen wurden. Vielleicht wollte Stalin Mandelstam nicht freilassen oder konnte es nicht, weil die Wachen ihn im Gefängnis zu schlimm hergerichtet hatten. In diesem Fall wäre es das einfachste gewesen, ihn für tot zu erklären, mir eine Sterbeurkunde auszuhändigen und mich damit zum Sprachrohr für die Staatslüge zu machen. Wie ich schon erwähnte, bekam kein anderer in meiner Lage eine Sterbeurkunde, wieso erhielt dann ausgerechnet ich eine?

Es mag sein, wie es will, wenn Mandelstam aber wirklich schon vor dem Mai 1940, vielleicht im April gestorben ist, konnte der Alte, der »Poet«, den Dombrowskij gesehen hatte, wirklich O. M. gewesen sein.

Wie weit kann man sich auf die Angaben von Kasarnowskij und

Chasin verlassen? Lagerhäftlinge kennen meist keine genauen Daten aus ihrer Lagerzeit. In diesem eintönigen und unwirklichen Dasein geht der Zeitbegriff verloren. Kasarnowskij konnte zwar das Lager theoretisch verlassen haben – wann und wie er zurücktransportiert wurde, läßt sich nach wie vor nicht klären –, ehe O. M. aus dem Krankenrevier entlassen wurde. Die Gerüchte über O. M.s Tod beweisen gar nichts. Die Lager leben von Gerüchten. M.s Gespräch mit dem Arzt läßt sich ebenfalls nicht datieren. Vielleicht hatten sie sich ein oder zwei Jahre später getroffen. Niemand weiß etwas, niemand erfährt etwas, weder innerhalb des Stacheldrahtes noch außerhalb. Keiner wird herausfinden, was in dem fürchterlichen Chaos der Lager passiert ist, in den Lagern, wo die Menschen eng zusammengepfercht waren, wo die Toten mit ihren Erkennungsmarken an den Knöcheln neben den Lebenden lagen.

Niemand hat O. M. tot gesehen. Niemand hat seinen Leichnam gewaschen. Niemand hat ihn begraben. Die Fieberfantasien derer, die die Schreckenslager durchliefen, kennen keine Zeit, Wirklichkeit und Fantasievorstellung sind in ihnen nicht voneinander abzugrenzen. Die Erzählungen dieser Menschen sind nicht glaubwürdiger als jede andere Erzählung über einen Leidensweg. Und die wenigen Zeugen, die man als solche bezeichnen kann, Dombrowskij zum Beispiel, hatten keine Möglichkeit, an Ort und Stelle genaue Nachforschungen anzustellen.

Ich weiß eines: Ein Mensch, ein Dulder und Märtyrer, ist irgendwo gestorben. Damit hört jedes Leben auf. Vor seinem Tode lag er auf einer Pritsche, mitten unter anderen Sterbenden. Wahrscheinlich wartete er auf das Paket, das man ihm entweder nicht ausgehändigt hatte oder nicht mehr aushändigen konnte. Das Paket kam zurück. Für uns war dies Nachricht und Zeichen, daß O. M. nicht mehr lebte. Und für ihn, der das Paket erwartete, bedeutete sein Ausbleiben, daß wir umgekommen waren. Und dies alles nur, weil irgendein feister Mensch in Militäruniform, der in der Menschenvernichtung ausgebildet war und es satt hatte, in den endlosen, sich ständig ändernden Listen von Häftlingen zu wühlen und irgendeinen schwer aussprechbaren Namen zu suchen, die Adresse durchstrich und auf das Begleitformular das einfachste hinschrieb, was ihm gerade einfiel: »Adressat verstorben.« Er schickte das Päckchen zurück. Und mir, die ich um die Erlösung meines Mannes gebetet hatte, schwanden am Schalter die Sinne, als mir die Postbeamtin diese letzte, eigentlich doch gute Nachricht mitteilte.

Und nach seinem Tod – oder davor? – lebte er in der Lagerlegende als siebzigjähriger irrer Greis mit einem Topf in der Hand für die Kascha – er, der einst draußen Gedichte geschrieben hatte und deshalb

»Poet« genannt wurde. Und ein anderer Alter – oder war es O. M.? – lebte im Lager »Wtoraja Retschka« und wurde für den Transport nach Kolyma vorgesehen, viele hielten ihn für Ossip Mandelstam, ich weiß nicht, wer er war.

Das ist alles, was ich über die letzten Tage, die Krankheit und den Tod Mandelstams weiß. Andere wissen vom Tod ihrer nächsten Angehörigen noch weniger.

Dreiundachtzigstes Kapitel

Noch eine Erzählung

Der Transport nach Wladiwostok ging am 7. September 1938 in Moskau ab. Auf diesem Transport befand sich ein Physiker, L., der mich darum bat, seinen Namen nicht zu nennen: »Jetzt würde es nichts ausmachen, aber wer weiß, was für Zeiten noch kommen.« Er arbeitete vor seiner Verhaftung an einer jener technischen Hochschulen Moskaus, deren Mitarbeiterstab vollkommen ausgerottet wurde, weil sich darunter der Sohn eines Mannes befand, den Stalin haßte. L. wurde diesem Transport aus dem Taganka-Gefängnis zugeteilt, die anderen Häftlinge kamen aus dem Butyrka-Gefängnis, wohin man sie von der Lubjanka kurz vor Abfahrt des Transports gebracht hatte. Unterwegs erfuhr L., daß auch Mandelstam mit abtransportiert wurde. L. hörte das von einem Häftling, der erkrankte, einige Tage im Revierwagen lag und mit Mandelstam zusammenkam. Nach seiner Rückkehr berichtete er L., daß Mandelstam die ganze Zeit mit der Decke über dem Kopf gezogen auf der Pritsche lag. Er hatte noch etwas Geld, davon kauften ihm die Wachmannschaften manchmal auf den Bahnhöfen ein Brötchen. O. M. teilte es mit einem anderen Häftling, rührte aber seine Hälfte nicht an, ehe der andere seine gegessen hatte. Dann setzte er sich auf und aß. Er hatte panische Angst, vergiftet zu werden, und diese Angst war die Ursache seiner Krankheit; er hungerte sich zu Tode, weil er das Essen, das die Gefangenen erhielten, nicht anrührte.

Der Transport erreichte Wladiwostok Mitte Oktober. Das Durchgangslager »Wtoraja Retschka« war hoffnungslos überfüllt. Für den neuen Transport war kein Platz. Man befahl den Häftlingen, sich unter freiem Himmel zwischen zwei Barackenreihen niederzulassen. Das Wetter war trocken, und L. zog es nicht in die Baracken. Er hatte Häftlinge um die Latrine sitzen und ihre halbzerrissenen Kleider nach Läusen absuchen sehen. Der Flecktyphus war jedoch noch nicht ausgebrochen.

Einige Tage später wurden die Neuankömmlinge vor eine Kommission getrieben, die aus Leitern der Lagerverwaltung von Kolyma bestand. In Kolyma wurde gebaut, und man brauchte dringend tüchtige

Arbeitskräfte, die unter diesen, durch Gefängnis, nächtliche Verhöre und »vereinfachte Methoden« zermürbten Häftlingen nicht leicht zu finden waren. Viele wurden zurückgewiesen, auch der zweiunddreißigjährige L. Er hatte sich in seiner Kindheit das Bein gebrochen und hinkte deshalb leicht. Der Abtransport aus dem Lager ging langsam vor sich, während ständig neue Züge mit Hunderten, wenn nicht Tausenden hungriger, schmutziger und verwilderter Menschen ankamen. L. versuchte die Zahl der Häftlinge im Lager zu schätzen. Als Mensch mit einem exakten mathematischen Verstand analysierte und registrierte er alles, was er im Laufe seiner im Lager verbrachten zwanzig Jahre sah. Jedoch würde er sein Wissen nie weitergeben, weil er vom Lagerleben zermürbt ist, niemandem traut, sich nur Ruhe wünscht und deshalb vollkommen zurückgezogen lebt. Er widmet sich ganz seiner neuen Familie und vor allem seiner Tochter, die sein einziger Lebensinhalt, die Freude eines alten und kranken Menschen ist. Er als einer der brillantesten Zeugen möchte jedoch keine Aussage machen. In meinem Falle machte er eine Ausnahme; über die Begegnung mit Mandelstam, die ihn sehr beeindruckte, erzählte er nie etwas, weder im Lager noch nach seiner Entlassung. Ich habe ihn nicht gefragt – obgleich ich es hätte tun sollen –, ob die Kommission nach Kolyma lange gesunde Arbeiter gesucht oder ob sie sich später mit jedem beliebigen Arbeiter begnügte, aus dem sie das Letzte herausholen konnte und ihn sich zu Tode arbeiten ließ. Die Qualität der Arbeitskraft konnte durch Quantität wettgemacht werden.

Die Regenzeit setzte ein, um einen Platz in der Baracke mußte man sich buchstäblich schlagen, auf Schritt und Tritt gab es Schlägereien. Zu der Zeit war L. bereits »Ältester« einer Brigade von sechzig Mann. Er hatte nichts weiter zu tun, als die Brotrationen zu verteilen, aber als die Regenfälle einsetzten, forderte die Brigade von ihrem Ältesten, daß er ihr ein Dach über dem Kopf besorge. Er schlug vor nachzusehen, ob nicht irgendwo über den Baracken noch ein leerer Speicher zu finden sei. Wer noch behender war – natürlich hing das auch vom Alter ab, schätzte die Barackenspeicher sehr, denn sie waren nicht überfüllt, und dort stank es auch nicht so sehr. Im Winter freilich mußten sie von dort weg, um nicht zu erfrieren oder am Schornstein zu verbrennen. Aber so weit in die Zukunft dachte keiner. Die Ziele der Lagerinsassen sind immer kurzfristig. Solange man noch auf den Speicher klettern konnte, tat man es, um wenigstens ein paar Wochen relativer Freiheit zu genießen.

Sie machten einen Speicher ausfindig, in dem nur etwa fünf Kriminelle wohnten, obwohl der Speicher Platz für mindestens fünfzehn hatte. L. ging mit einigen Kameraden auf Erkundung. Der Eingang war mit Brettern vernagelt, eines ließ sich lockern, L. riß es los und befand sich Auge in Auge mit dem Vertreter der Kriminellen. L. war bereits auf eine Schlägerei gefaßt, aber der Hausherr stellte sich höflich vor: »Archangelskij.« Sie begannen zu verhandeln. Es stellte sich heraus, daß der Lagerkommandant Archangelskij und seinen Kameraden den Speicher zugeteilt hatte. L. schlug vor, zusammen zum Kommandanten zu gehen, Archangelskij willigte höflich ein. Wider Erwarten bemühte sich der Kommandant, zwischen beiden Parteien zu vermitteln. Vielleicht empfand er Respekt vor L., der sich nicht scheute, die Kriminellen zu einer Schlägerei herauszufordern, oder er hielt ihn auch für einen Kriminellen. Er sagte: »Wir müssen die Situation berücksichtigen, es ist zu wenig Platz, ihr müßt enger zusammenrücken.« Nach diesem Sieg kehrte L. zu seinen Kameraden zurück, um etwa ein Dutzend auszusuchen und auf dem Speicher unterzubringen. Sie hatten es sich jedoch anders überlegt und wollten nicht mit den Kriminellen zusammenziehen. Sie fürchteten, bestohlen zu werden. L. versuchte, sie zu überreden, schließlich besäßen sie doch nichts, was man ihnen nehmen könne, und außerdem seien sie den Kriminellen zahlenmäßig um das Doppelte überlegen. Alles nützte nichts, sie zogen es vor, im Freien zu bleiben. L. hatte dabei eine neue Bekanntschaft gemacht. Wenn sie einander begegneten, grüßten sich L. und Archangelskij immer. Diese Begegnungen fanden meist im Zentrum des Lagers statt, wo die Gefangenen untereinander tauschten.

Einmal lud Archangelskij L. ein, abends auf seinen Speicher zu kommen, um Gedichte zu hören. L. hatte keine Angst, ausgeraubt zu werden, denn er besaß nur, was er am Leibe hatte, nie auszog und auch nachts anbehielt. Seine zerlumpte Kleidung konnte nicht einmal einen Lagerdieb reizen. Das einzige, was er an Luxus besaß, war ein Hut, aber im Lager hatte er keinen Wert. Er war auf die Gedichte neugierig, und so ging er hin.

Auf dem Speicher brannte eine Kerze. In der Mitte stand ein Faß, auf ihm lagen geöffnete Konserven und Weißbrot. Für die hungernden Lagerinsassen war das ein unerhörter Luxus – die Menschen lebten von dünner Linsensuppe, und auch davon gab es nicht genug. Zum Frühstück erhielt jeder nur ein halbes Glas wäßriger Brühe.

Inmitten der Kriminellen saß ein Mann mit grauen Bartstoppeln und gelbem Ledermantel. Er las Gedichte vor. L. kannte die Gedichte – es war Mandelstam. Die Kriminellen bewirteten ihn mit Konserven und Weißbrot; er aß ruhig; offensichtlich fürchtete er sich nur vor dem Lageressen. Sie hörten ihn schweigend zu und baten manchmal, ein Gedicht noch einmal zu lesen. Er wiederholte es.

Nach diesem Abend suchte L. Mandelstam häufig auf. Sie kamen sofort miteinander ins Gespräch, und L. stellte dabei fest, daß O. M. entweder an Verfolgungswahn oder etwas Ähnlichem litt. Seine Krankheit bestand nicht nur in der Angst vor dem Essen, wodurch er fast verhungerte, sondern er hatte auch noch Angst vor irgendwelchen Spritzen. Noch vor seiner Verhaftung hatte er von irgendwelchen Injektionen oder »Spritzen« gehört, mit denen die Menschen in der Lubjanka gefügig und aussagewillig gemacht wurden. Diese Gerüchte hielten sich hartnäckig seit Mitte der zwanziger Jahre. Ob sie begründet waren, wußten wir natürlich nicht. Außerdem war das schreckliche Wort »sozialgefährlich« in Umlauf. Immer wieder erschien es in den Urteilen eines Sondergerichtshofes als Begründung für die Verbannung eines Gefangenen. In O. M.s krankem Gehirn ging das alles durcheinander – die nun schon vierte Verhaftung hielt er nicht mehr aus. Er bildete sich ein, man hätte ihm Tollwut eingeimpft, um ihn auf diese Weise wirklich »gefährlich« zu machen und sich seiner bald zu entledigen. Er vergaß, daß die Behörden den Menschen keine »Spritzen« zu geben brauchten, um sie beiseite zu schaffen.

L. verstand nichts von Psychiatrie, er wollte O. M. jedoch unbedingt helfen. Er stritt sich nicht mit ihm, sondern tat, als würde O. M. bewußt und mit einer ganz bestimmten Absicht Gerüchte über seine Tollwut verbreiten, damit man ihn in Ruhe ließe. »Aber mich wollen Sie damit doch nicht verjagen«, sagte L. Die List wirkte – zu seinem Erstaunen hörten alle Gespräche über Tollwut und Spritzen auf.

Im Durchgangslager wurden die Häftlinge nicht zu Arbeiten außerhalb des Lagergeländes eingesetzt. Aber im Lagergelände, das für Sträflinge abgeteilt war – nach den Bestimmungen des Paragraphen 58 mußten diese besonders gefährlichen Elemente von allen anderen Häftlingen abgesondert werden, was jedoch wegen der Überfüllung der Lager nicht immer eingehalten werden konnte –, gab es immer etwas zu tun: Wagen abladen etwa, oder Baumaterialien schleppen. Die arbeitenden Häftlinge hatten keinen Vorteil, sie erhielten nicht einmal eine größere Brotration, und trotzdem gab es Menschen, die sich zur Arbeit meldeten. Sie wollten heraus, und wenn es nur das angrenzende, weniger überfüllte Lagergelände war, auf dem man sich etwas freier bewegen konnte. Schließlich brauchten die jüngeren Häftlinge nach den langen Gefängnisaufenthalten körperliche Betätigung. In den Dauerlagern wurden sie dann von der für sie viel zu schweren Arbeit so erschöpft, daß sich freiwillig keiner zu einer solchen Tätigkeit gemeldet hätte. Aber hier im Durchgangslager war das anders.

Unter den Freiwilligen befand sich auch L. Nie verlor er den Mut. Je unerträglicher die Bedingungen waren, desto stärker wurde sein Wille zum Überleben. Er ging im Lager umher, biß die Zähne zusammen und wiederholte ständig: »Ich sehe alles und weiß alles, aber auch das bringt mich nicht um.« Seine ganze Energie war auf ein Ziel gerichtet: sich nicht umbringen zu lassen, trotz allem am Leben zu bleiben. Ich kenne dieses Gefühl sehr gut, ich habe genauso – mit zusammengebissenen Zähnen – fast dreißig Jahre gelebt. Deshalb habe ich vor L. große Achtung, denn ich weiß, was es bedeutete, unter normalen Umständen am Leben zu bleiben, geschweige denn in den Lagern des Jahres 1938 und der darauffolgenden schrecklichen Jahre. Er kehrte 1956 mit Tuberkulose und einem irreparablen Herzleiden zurück, aber er kam wieder. Seine Seele hatte keinen Schaden genommen, und sein Gedächtnis ist besser als das vieler Menschen, die ständig draußen waren.

L. nahm O. M. mit auf die Arbeit; er sollte ihm helfen. Das war möglich, denn im Durchgangslager gab es keine Arbeitsnormen. Und L. hatte nicht die Absicht, sich zu überarbeiten. Sie luden sich ein bis zwei Steine auf eine Trage, trugen sie einen halben Kilometer weit, luden sie dort ab und setzten sich hin, um auszuruhen. Auf dem Rückweg nahmen sie Holz mit. Als sie sich einmal auf einem Haufen Steine ausruhten, sagte O. M.: »Mein erstes Buch hieß ›Stein‹, mein letztes wird ebenfalls ein Stein sein.« L. behielt dieses Wort, obwohl er die Titel von O. M.s Büchern nicht kannte. Er unterbrach seine Erzählung und fragte mich: »Hieß sein Buch wirklich ›Stein‹?« Er freute sich, als ich ihm das bestätigte, denn an solchen Dingen prüfte er sein Gedächtnis.

Weitab von der Menschenmenge in dem fast menschenleeren Gelände sammelten sie Kraft. L.s Erzählung half mir, einen Satz in O. M.s letztem Brief zu verstehen. Er schrieb, daß er zur Arbeit gehe und dies die Stimmung hebe. Alle behaupteten, in einem Durchgangslager würden die Häftlinge nicht zur Arbeit geschickt, und ich konnte mir keinen Reim darauf machen, bis sich der Sachverhalt durch L.s Erzählung klärte.

Anfang Dezember brach Flecktyphus aus, und L. verlor O. M. aus den Augen. Die Lagerverwaltung ergriff energische Maßnahmen: Sie trieb die Häftlinge in die Baracken, wo jetzt genug Platz frei geworden war, schloß ab und ließ niemanden mehr heraus. Morgens wurden die Baracken geöffnet, die Kübel geleert, und die Sanitäter maßen allen Häftlingen die Temperatur. Diese Gefängnisprophylaxe war selbstverständlich nutzlos, und die Krankheit breitete sich unter den Lagerinsassen immer weiter aus. Die Kranken wurden in Quarantäne gebracht, über die die schrecklichsten Gerüchte in Umlauf waren. Es hieß, von dort komme niemand lebend heraus.

Von den dreistöckigen Pritschen konnte sich L. eine mittlere reservieren. Das war ein Glücksfall, denn auf der untersten wurde man von den umhergehenden Kranken dauernd gestört, und auf der obersten war die Luft unerträglich. Nach einigen Tagen bekam L. Schüttelfrost. Um sich ein wenig aufzuwärmen, bot L. seine Pritsche zum Tausch gegen eine obere an. Es gab viele Interessenten. Aber auch oben wurde er den Schüttelfrost nicht los, und L. wußte, daß er Typhus hatte. Jetzt war er von einem Gedanken besessen: Irgendwie hier bleiben, nur nicht auf die Quarantänestation kommen. Es gelang ihm, die Sanitäter, die nach wie vor täglich die Temperatur der Gefangenen maßen, zu täuschen. Das Fieber stieg, und eines Tages, als er das Thermometer nicht richtig anlegen konnte, fiel er in Ohnmacht und wurde weggeschafft. In der Quarantänestation sagte man ihm, daß Mandelstam vor kurzem hier gewesen sei. Er habe jedoch keinen Typhus gehabt. Die Ärzte – ebenfalls Häftlinge – hätten ihn gut behandelt und ihm sogar eine Pelzjacke besorgt. Kleider gab es von den Verstorbenen genug, denn die Leute starben wie die Fliegen. Damals benötigte O. M. dringend Kleider, denn er hatte seinen gelben Ledermantel gegen eineinhalb Kilo Zucker eingetauscht, die ihm aber sogleich gestohlen wurden. L. erkundigte sich, wo O. M. hingekommen sei, aber niemand konnte es ihm sagen.

L. war mehrere Tage in der Quarantänestation, ehe die Ärzte Flecktyphus feststellten. Er wurde daraufhin in das Lagerkrankenhaus gebracht. Das Transitlager »Wtoraja Retschka« hatte ein durchaus passables Krankenhaus, zwei Stockwerke hoch und sauber. Hier wurden die Typhuskranken untergebracht. Zum erstenmal seit vielen Monaten lag L. auf Bettlaken; die Krankheit verschaffte ihm Ruhe und ungeahnten Komfort.

Als er das Krankenhaus verließ, erfuhr L., daß O. M. tot war. Das ereignete sich zwischen Dezember 1938 und April 1939, denn L. kam bereits im April ins Dauerlager. Einen Zeugen von O. M.s Tod, von dem er nur gerüchteweise erfuhr, traf L. nicht. Er selbst ist ein sehr exakter Mensch, aber wie seine Informanten waren, ist sehr schwer zu sagen. L.s Erzählung scheint die Version von Kasarnowskij, von einem schnellen Tod O. M.s, zu bestätigen. Ich ziehe daraus den Schluß: Da das Krankenhaus für Flecktyphuskranke reserviert war, konnte O. M. nur in der Quarantänestation gestorben sein. Das bedeutet, daß er nicht einmal in der Sterbestunde auf seiner eigenen Pritsche, unter seiner erbärmlichen und doch trostspendenden Sträflingsdecke lag.

Ich kann nirgendwo Erkundigungen einholen, und es würde auch niemand mit mir darüber sprechen wollen. Wer will denn schon diese schrecklichen Dinge von neuem ausgraben und dazu noch wegen Mandelstam, von dem nicht einmal ein Buch veröffentlicht wird. Die Toten konnten froh sein, wenn sie postum rehabilitiert wurden oder wenigstens das Verfahren »aus Mangel an Beweisen« eingestellt wurde.

Auch hier gibt es bei uns zwei Kategorien, und Mandelstam wurde der zweiten zugeteilt...

Alles, was ich tun kann, ist, die spärlichen Anhaltspunkte zu sammeln und Mutmaßungen anzustellen, wann Mandelstam gestorben ist. Ich sage mir immer wieder: Je schneller der Tod war, um so besser. Nichts ist schrecklicher als ein langsamer Tod. Furchtbar, daran zu denken, daß Mandelstam vielleicht noch am Leben war und sich auf dem Wege nach Kolyma befand, als wir ihn alle schon für tot hielten. Das Datum seines Todes steht nicht fest. Und ich kann nichts mehr tun, um es zu ermitteln.

Anhang

Vorbemerkung zum Anhang

Der Anhang enthält zunächst einige von Nadeschda Mandelstam mehrfach angesprochene Dokumente: Mandelstams ›Stalin-Gedicht‹, seinen letzten Brief aus dem Lager, Anna Achmatowas Gedicht über Mandelstam in Woronesch. Ferner, und nur unwesentlich gekürzt, den mehrmals erwähnten ZK-Beschluß in Sachen Achmatowa und Soschtschenko, ein nicht einmaliges, aber besonders typisches Beispiel für ein literarisches Todesurteil der Stalin-Ära. – Die ›Vierte Prosa‹ konnte aus Umfangsgründen nicht aufgenommen werden.

Das Personenverzeichnis umfaßt vor allem diejenigen Namen, soweit sie für das Verständnis des Buches von Wichtigkeit sind. Nicht berücksichtigt wurden Personen, über die – über den Text des Buches hinaus – keine Informationen vorliegen; aufgenommen wurden dagegen stichwortartig Autorennamen, die, dem deutschen Leser weithin unbekannt, in bezug auf den Text (und sei es durch die bloßen Lebensdaten) einen gewissen Informationswert besitzen. – Bei den kursiv aufgeführten Werken am Schluß des jeweiligen Stichworts handelt es sich um in deutscher Übersetzung erschienene Werke des betreffenden Autors.

Dem Leser, der sich darüber hinaus informieren möchte, gibt der Anhang eine Auswahlbibliographie von deutsch zugänglicher Sekundärliteratur sowie von einigen wichtigen Dokumentensammlungen der russischen Sowjetliteratur an die Hand. *P. U.*

Brief an Alexander E. Mandelstam

20. Oktober 1938

Lieber Schura! Ich befinde mich – in Wladiwostok, USWITL*, Baracke 11.

Fünf Jahre habe ich bekommen für k. r. t.** laut Beschluß des OSO***. Aus Moskau aus der Butyrka ging es los am 9. September, angekommen sind wir am 12. Oktober. Mein Gesundheitszustand ist sehr schlecht, bin äußerst erschöpft, abgemagert, fast nicht wiederzuerkennen, aber Sachen zu schicken, Essen und Geld – weiß nicht, ob es Sinn hat. Versucht es trotzdem. Ich friere sehr ohne Sachen.

Liebe Nadjenka, meine Liebste, bist du am Leben? Du, Schura, schreib mir sofort über Nadja. Hier ist ein Transitlager. Nach Kolyma haben sie mich nicht geschickt. Womöglich muß ich hier überwintern. Ihr meine Lieben. Ich küsse Euch. Ossja.

Schurotschka, noch etwas. Die letzten Tage sind wir arbeiten gegangen. Das hat die Stimmung gehoben. Aus unserem Lager, einem Transitlager, schicken sie uns in die Dauerlager. Ich bin offenbar »ausgesiebt« worden und muß mich hier aufs Überwintern vorbereiten.

Und ich bitte Dich, schicke mir einen Funkspruch und Geld telegrafisch.

* USWITL – ›Direktion der Nord-Östlichen Arbeitslager‹.

** k. r. t. – konterrevolutionäre Tätigkeit.

*** OSO – Sondergericht.

Ossip E. Mandelstam

›Wir leben, unter uns das Land nicht kennend‹

Wir leben, unter uns das Land nicht kennend,
unhörbar unsre Worte auf zehn Schritt,
und wo es reicht für ein kleines Gespräch –
wird der Kremlbergbewohner erwähnt.

Seine dicken Finger, fettig wie Würmer,
und seine Worte – wie Zentnergewichte.
Wie eine Kakerlake lacht sein Schnurrbart,
und es glänzt sein Stiefelschaft.

Und um ihn herum das Pack der dickhäutigen Führer,
er spielt mit den Diensten von Halbmenschen.
Wie Hufeisen schmiedet Befehl um Befehl er –
dem in die Stirn, dem in die Braue, dem in die Leiste, dem ins Auge.
Welche Todesstrafe immer – es ist eine Himbeere,*
und breit ist die Brust des Osseten.**

1934

* »Himbeere« (malina), im Argot Ausdruck für: verbrecherischer Plan.
** »Ossete«: Bergstamm des Kaukasus, der sich von den Georgiern ziemlich unterscheidet; hartnäckig hielten sich die Gerüchte, Stalin stamme von diesem Volk ab.

Anna Achmatowa

Woronesch

O. M.

Und die Stadt steht ganz vereist.
Wie unter Glas die Bäume, Wände, Schnee.
Ich gehe über Kristalle – mutlos,
so unsicher ist die Fahrt des Musterschlittens.
Und überm Woronescher Peter – Raben,
Pappeln, und hellgrün der Himmel,
aufgeweicht, getrübt, im Sonnenstaub,
von der Schlacht vom Schnepfenfeld* hallen die Hänge
des mächtigen, siegreichen Landes.
Und die Pappeln, wie erhobene Gläser,
erklingen plötzlich lauter über uns,
als tränken sie zu unserem Triumph
auf dem Hochzeitsmahl der tausend Gäste.

Jedoch im Zimmer des verbannten Dichters
tun schichtweis Angst und Muse Dienst.
Die Nacht zieht auf,
die keine Dämmrung kennt.

1936

* *Schnepfenfeld* – die Schlacht auf dem Schnepfenfeld (Kulikovo polje) bezeichnet im Bewußtsein des Russen den endgültigen Sieg über die Tartaren.

Literarische Bewegungen zwischen 1885 und 1930

Die Dichterschulen und Ismen, die sich im Rußland der Jahrhundertwende und, im verstärktem Maße, nach 1917 konstituierten und gegenseitig befehdeten, für tot erklärten, vom »Dampfer der Gegenwart« stießen und in der »Führung« der Literatur ablösten, sind äußerst zahlreich, zugleich aber auch kurzlebige Erscheinungen. Oft diente ein neugeborener Ismus nur zur Hervorhebung von im Grunde unwesentlichen Unterschieden. Die Identifizierung einzelner Autoren mit den von ihnen proklamierten Ismen ist nicht selten problematisch. (A. Blok als den bedeutendsten »symbolistischen« Dichter zu bezeichnen, ist ungenau: als Bewegung starb der Symbolismus 1910, Blok 1921.)

Nach der Revolution nahmen die literarischen Gruppenfehden und Fraktionskämpfe beinahe zwangsläufig den Charakter eines kulturpolitischen Existenzkampfes an, Kritik und Abqualifizierung der Gegner erlangte oft den Stellenwert einer – von der Partei beliebig nutzbaren – politischen Denunziation. Kaum eine der zahlreichen Fraktionen erfreute sich des erstrebten Platzes an der Sonne länger als ein paar Jahre.

Vor 1917

Zwischen 1884 und 1910 (im sog. »silbernen Zeitalter« der russischen Poesie) war die beherrschende Richtung der *Symbolismus*. Unterschieden wird zwischen der ersten Generation (Brjussow, Sologub), die den Hauptakzent auf sprachliche und ästhetische Momente legte, und der zweiten Generation (Blok, Belyj, W. Iwanow), in deren Lyrik der Symbolismus mehr und mehr mystisch-religiösen Charakter und Formen einer Weltanschauung annahm.

In Abkehr vom Symbolismus entstand aus der »Dichtergilde« die Schule des *Akmeismus*. Nadeschda Mandelstam gibt eine sehr treffende Definition: »Symbolisten, wie Wjatscheslaw Iwanow und Brjussow, verhielten sich dem Leben gegenüber weitgehend wie Hohepriester, und deshalb konnten bei ihnen Alltäglichkeit und Schönheit nicht zusammenkommen. Die folgende Generation kehrte wieder auf die Erde zurück und erweiterte damit spürbar ihre Welt, für sie gab es keine Trennung mehr zwischen häßlicher Prosa und über allem schwebender Poesie.« Einfachheit und Klarheit in Ausdruck und Sprache, Rückbesinnung auf die »reine« Klassik, auf die Puschkin-Zeit. Publikationsorgan der Akmeisten (N. Gumiljow, A. Achmatowa, O. Mandelstam, M. Kusmin) war die Zeitschrift ›Apollon‹ (1909–1917).

Radikaler als die Akmeisten verwarfen die Lyriker des *Futurismus* bürgerliche Literaturtraditionen und vor allem die Traditionen des bürgerlichen Kulturbetriebs. Als Beginn des Futurismus gilt allgemein die Publikation des Almanachs »Eine Ohrfeige dem öffentlichen Geschmack« (1912, das Manifest gleichen Titels ist unterzeichnet von W. Majakowskij, D. Burljuk, A. Krutschonych und W. Chlebnikow); literarische Anfänge futuristischer Lyrik schon um 1906–1908. Revolutionierung der literarischen Formen (Vers, Reim usw.); Erweiterung der sprachlichen Möglichkeiten durch Neuschöpfung von Wörtern, durch Gebrauch »unliterarischen Materials« (Argot bei Majakowskij), Schaffung einer reinen Klangsprache (Chlebnikow), erste Lautgedichte von Krutschonych 1913, erste »konkrete« Gedichte. – Die literarischen Errungenschaften des Futurismus werden von zahlreichen Lyrikern übernommen, gleichgültig, ob sie der futuristischen Bewegung nahestanden (Pasternak) oder nicht (M. Zwetajewa, Mandelstam).

Parallel zum Futurismus in der Literaturwissenschaft: die formale Schule bzw. der sogenannte *Formalismus*. Viktor Schklowskijs ›Kunst als Kunstgriff‹ (1917), Boris Eichenbaum (›Wie Gogols ‹Mantel› gemacht ist‹, 1919), Jurij Tynjanow (›Dostojewskij und Gogol. Zur Theorie der Parodie‹, 1919). Untersuchung des konkreten literarischen Materials anstelle von Deutung psychologischer, philosophischer, politischer Implikate von Literatur, Studium der Eigengesetzlichkeiten des »Literarischen« (R. Jakobson), der Sprache. Literarische Form als konstitutives Moment von »Inhalt«.

Nach 1917

Futuristen und Formalisten, aber auch Maler (z. B. Tatlin) und Theaterleute (Meyerhold) bildeten die *Linke Front* der Künste (LEF) um die gleichnamige, von Majakowskij herausgegebene Zeitschrift (1923–1925, 1927/28); Versuch einer Synthese von revolutionärer Kunst und politischer Revolution, der die Unterstützung zwar nicht Lenins, aber Lunatscharskijs genoß.

Der proletarischen Revolution eine genuin proletarische Kultur und

Kunst an die Seite stellen wollte die Massenbewegung des *Proletkult*. »Die Futuristen versuchten schon mit den ersten Schritten, sich mit Arbeiterschriftstellern (dem späteren Proletkult) zu besprechen, doch diese Schriftsteller dachten (nach den Dingen sehend), daß sich die revolutionäre Haltung allein im agitatorischen Inhalt erschöpfe, und verblieben im Bereich der Gestaltung völlige Reaktionäre.« (Aus dem Manifest der LEF.) Theorie und Praxis des Proletkult enthält im Prinzip bereits die Keime zum sozialistischen Realismus. Sowohl Lenin als auch Trozkij begegneten der Möglichkeit einer rein proletarischen Kultur mit großem Mißtrauen (proletarische Kultur im Sinne des Proletkult ist »mit der Revolution zwar organisch verbunden, nicht aber zugleich auch Revolutionskunst« – L. Trozkij); 1920 wurde der Proletkult *als Organisation* durch Lenin aufgelöst.

Die dritte und zahlreichste Gruppe von Autoren sind die von Trozkij so genannten *Weggenossen* (bzw. »Mitläufer«) der Revolution – die nichtproletarischen, nichtkommunistischen Autoren. Unter diesem Begriff subsumiert wurden sowohl Pilnjak als auch S. Jessenin, die »Neo-Klassizisten« (Akmeisten) wie die *Serapionsbrüder*, die sich 1918/19 in Petersburg als Schriftstellergruppe ohne ideologische und künstlerisch-ästhetische Festlegung konstituiert hatte (Slonimskij, Fedin, Kawerin, Tichonow, Wsewolod Iwanow, Soschtschenko u. a. – vgl. das Manifest von Lew Lunz, ›Warum wir Serapionsbrüder sind‹). – Publikationsorgan der Weggenossen war zwischen 1921 und 1924 die von A. Woronskij herausgegebene Zeitschrift ›Rotes Neuland‹.

Die »proletarischen« Schriftsteller sammelten sich indes um die Zeitschriften ›Oktober‹ (gegründet 1922) und ›Auf dem Posten‹ (1923–1925) unter Führung des Kritikers G. Lelewitsch. Zum organisatorischen Sammelbecken der Verfechter einer ideologisch reinen, realistischen, klassenbewußten proletarischen Literatur wurde die *RAPP* (Russische Assoziation Proletarischer Schriftsteller), deren erste Allunionskonferenz 1925 scharfe Angriffe gegen die Weggenossen, gegen die Linke Front und gegen Trozkij richtete. Unter ihrem Hauptsprecher Awerbach gelangte die RAPP zwischen 1929 und 1932 zur kulturpolitischen Alleinherrschaft. Die zu Beginn des ersten Fünfjahresplanes 1929 auch offiziell bestätigte, allerdings auch von der Linken Front befolgte Theorie vom »sozialen Auftrag« der Literatur wurde von den Autoren der RAPP (Gladkow, Besymenskij sowie den Autoren der später zur RAPP gestoßenen *Perewal*-Gruppe) mehr und mehr identifiziert mit der Doktrin vom sozialistischen Realismus.

Noch 1925 hatte sich eine ZK-Resolution über Fragen der Literatur sowohl gegen eine politisch »neutrale« Kunst als auch gegen eine »proletarische Treibhausliteratur« ausgesprochen, hatte vor Gruppenfehden und »kommunistischer Arroganz« gewarnt, den »freien Wettbewerb« befürwortet und »alle Versuche eigenmächtiger und unbefugter Einmischung in literarische Angelegenheiten« verworfen.

1932 löste eine weitere ZK-Resolution (›Über die Reorganisierung der literarisch-künstlerischen Organisationen‹) alle bestehenden Organisationen zugunsten eines allgemeinen Sowjetischen Schriftstellerverbandes auf, der unmittelbar darauf ins Leben gerufen wurde (und alle Mitglieder per Statut auf den sozialistischen Realismus festlegte). Praktisch bedeutete diese Maßnahme den letzten Schritt in der Gleichschaltung der Literatur.

›Soschtschenko, Achmatowa und ihresgleichen ...‹ *

Das ZK der KPdSU (B) stellt fest, daß die in Leningrad herausgegebenen Literatur- und Kunstzeitschriften ›Swesda‹ und ›Leningrad‹ völlig unbefriedigend geleitet werden.

In der Zeitschrift ›Swesda‹ sind letzthin neben beachtenswerten und gut gelungenen Werken von Sowjetschriftstellern viele ideenlose, ideologisch schädliche Beiträge erschienen. Es ist ein grober Fehler der ›Swesda‹, daß sie dem Schriftsteller Soschtschenko, dessen Geschreibsel mit der Sowjetliteratur nichts gemein hat, eine literarische Tribüne verschafft. Der Redaktion der ›Swesda‹ ist bekannt, daß Soschtschenko sich seit langem darauf verlegt hat, üble Ideenlosigkeit, Banausentum und politische Enthaltsamkeit zu propagieren, daß er nichtige, inhaltslose und abgeschmackte Machwerke fabriziert, durch die unsere Jugend desorientiert und ihr Bewußtsein vergiftet werden soll. Die letzte der (in ›Swesda‹ Nr. 5 und 6, Jahrgang 1946) veröffentlichten Erzählungen Soschtschenkos, ›Abenteuer eines Affen‹, stellt eine abgeschmackte Schmähschrift gegen das Sowjetleben und die Sowjetmenschen dar. Soschtschenko schildert die Sowjetverhältnisse und die Sowjetmenschen in abstoßend karikierter Form, indem er die Sowjetmenschen als primitive, wenig kultivierte, alberne Menschen hinstellt, als Spießer in Geschmack und Sitten. Diese böswillige rowdyhafte Schilderung unserer Wirklichkeit ist bei Soschtschenko von sowjetfeindlichen Ausfällen begleitet.

Daß die ›Swesda‹ ihre Spalten solchen Schmierfinken, solchem Abschaum der Literatur wie Soschtschenko, zur Verfügung stellt, ist um so unzulässiger, als die Redaktion der ›Swesda‹ ausgezeichnet die Physiognomie und das würdelose Verhalten Soschtschenkos während der Kriegszeit kennt, als dieser, ohne dem Sowjetvolk in seinem Kampf gegen die deutschen Landräuber auch nur im geringsten beizustehen, ein so abscheuliches Machwerk schrieb wie ›Vor Sonnenaufgang‹, das ebenso wie das gesamte literarische »Schaffen« Soschtschenkos in der Zeitschrift ›Bolschewik‹ entsprechend eingeschätzt wurde.

* ›Aus dem Beschluß ds ZK der KPdSU (B) vom 14. August 1946‹ (deutsche Übersetzung: Verlag für fremdsprachige Literatur, Moskau 1951).

Die Zeitschrift ›Swesda‹ popularisiert auch auf jede Weise die Erzeugnisse der Schriftstellerin Achmatowa, über deren literarisches und gesellschaftlich-politisches Gesicht sich die Sowjetöffentlichkeit seit langem im klaren ist. Achmatowa ist die typische Vertreterin einer unserm Volk wesensfremden, leeren, ideenlosen Poesie. Ihre vom Geist des Pessimismus und der Depression durchdrungenen Gedichte bringen den Geschmack der alten Salonpoesie zum Ausdruck, die auf dem Standpunkt des bürgerlich-aristokratischen Ästhetizismus, der Dekadenz – der »Kunst um der Kunst willen« – verharrt und mit ihrem Volk nicht Schritt zu halten wünscht; sie fügen der Erziehung unserer Jugend Schaden zu und können in der Sowjetliteratur nicht geduldet werden.

Die aktive Rolle, die man Soschtschenko und Achmatowa in der Zeitschrift spielen ließ, trug zweifellos in den Kreis der Leningrader Schriftsteller Elemente ideologischer Zerfahrenheit und Desorganisation hinein. In der Zeitschrift begannen Werke zu erscheinen, die einen den Sowjetmenschen wesensfremden Geist der Katzbuckelei vor der modernen bürgerlichen Kultur des Westens züchten. Es wurden Werke veröffentlicht, die von Schwermut, Pessimismus und Lebensüberdruß durchdrungen sind (Gedichte von Sadofjew und Komissarowa in Nr. 1, Jahrgang 1946 u. a.). Indem die Redaktion diese Werke zum Abdruck brachte, vertiefte sie ihre Fehler und drückte das geistige Niveau ihrer Zeitschrift noch weiter herab. (...)

Das ZK stellt fest, daß besonders schlecht die Zeitschrift ›Leningrad‹ geleitet wird, die ihre Spalten ständig für die abgeschmackten und verleumderischen Äußerungen Soschtschenkos, für die inhaltlosen und apolitischen Gedichte Achmatowas zur Verfügung gestellt hat. Die Redaktion der Zeitschrift ›Leningrad‹ beging ebenso schwere Fehler wie die Redaktion der Zeitschrift ›Swesda‹, indem sie eine Reihe Werke veröffentlichte, die vom Geist der Katzbuckelei vor allem Ausländischen durchdrungen sind. (...) Die Zeitschrift ›Leningrad‹ bringt vorwiegend inhaltlose, minderwertige literarische Beiträge.

Wie konnte es geschehen, daß in Leningrad – der Heldenstadt, die bekannt ist durch ihre führenden revolutionären Traditionen, der Stadt, die stets eine Pflanzstätte fortgeschrittener Ideen und fortgeschrittener Kultur war – herausgegebenen Zeitschriften ›Swesda‹ und ›Leningrad‹ es zuließen, daß eine der Sowjetliteratur fremde, ideenlose und apolitische Denkweise in ihre Spalten eingeschmuggelt wurde? Was haben die von den Redaktionen der Zeitschriften ›Swesda‹ und ›Leningrad‹ begangenen Fehler zu bedeuten?

Die leitenden Mitarbeiter dieser Zeitschriften, in erster Linie ihre Redakteure, die Genossen Sajanow und Licharjow, vergaßen den Leitsatz des Leninismus, daß unsere Zeitschriften, ganz gleich ob sie der Wissenschaft oder der Kunst dienen, nicht apolitisch sein können. Sie vergaßen, daß unsere Zeitschriften ein mächtiges Mittel des Sowjetstaates zur Erziehung der Sowjetmenschen und insbesondere der Jugend sind, und sich deshalb von dem leiten lassen müssen, was die Lebensgrundlage der sowjetischen Gesellschaftsordnung darstellt, nämlich von seiner Politik. Die Sowjetordnung kann nicht dulden, daß die Jugend im Geiste der Gleichgültigkeit zur Sowjetpolitik, im Geiste der Wurstigkeit und Ideenlosigkeit erzogen wird.

Die Stärke der Sowjetliteratur, der fortgeschrittensten Literatur der Welt, besteht darin, daß sie eine Literatur ist, die keine anderen Interessen kennt und kennen kann als die Interessen des Volkes, die Interessen des Staates. Die Aufgabe der Sowjetliteratur besteht darin, daß sie dem Staat hilft, die Jugend richtig zu erziehen, ihren Anforderungen zu genügen, die neue Generation so zu erziehen, daß sie Lebensmut hat, an ihre Sache glaubt, keine Hindernisse fürchtet und bereit ist, jedwedes Hindernis zu überwinden.

Daher ist jegliche Propagierung ideenloser, apolitischer Einstellung, der »Kunst um der Kunst willen«, der Sowjetliteratur fremd, den Interessen des Sowjetvolkes und des Sowjetstaates schädlich und in unseren Zeitschriften unstatthaft.

Die mangelnde Prinzipienfestigkeit der leitenden Mitarbeiter der Zeitschriften ›Swesda‹ und ›Leningrad‹ führte außerdem dazu, daß diese Mitarbeiter ihren Beziehungen zu den Schriftstellern nicht die Interessen einer richtigen Erziehung der Sowjetmenschen und einer politischen Lenkung der Tätigkeit der Schriftsteller, sondern persönliche, freundschaftliche Interessen zugrunde legten. Die Kritik stumpfte sich ab, weil man nicht wünschte, die freundschaftlichen Beziehungen zu verderben. In die Presse fanden offenkundig untaugliche Werke Eingang, weil man Angst hatte, Freunde zu kränken. Eine solche Art Liberalismus, bei dem die Interessen des Volkes und des Staates, die Interessen einer richtigen Erziehung unserer Jugend den freundschaftlichen Beziehungen zum Opfer gebracht werden und die Kritik erstickt wird, führt dazu, daß die Schriftsteller aufhören, sich zu vervollkommnen, daß sie das Verantwortungsbewußtsein gegenüber dem Volk, dem Staat, der Partei verlieren und nicht mehr vorwärtsschreiten.

Alles oben Gesagte zeugt davon, daß die Redaktionen der Zeitschriften ›Swesda‹ und ›Leningrad‹ ihren Obliegenheiten nicht gerecht wurden und bei der Leitung der Zeitschriften ernste politische Fehler begingen.

Das ZK stellt fest, daß der Vorstand des Verbandes der Sowjetschriftsteller, und insbesondere sein Vorsitzender Genosse Tichonow, keinerlei

Maßnahmen ergriffen, um die Zeitschriften ›Swesda‹ und ›Leningrad‹ zu verbessern, und nicht nur keinen Kampf gegen den schädlichen Einfluß führten, den Soschtschenko, Achmatowa und ihnen ähnliche unsowjetische Schriftsteller auf die Sowjetliteratur ausübten, sondern sogar das Eindringen von Tendenzen und Sitten, die der Sowjetliteratur fremd sind, in die Zeitschriften begünstigten.

Das Leningrader Stadtkomitee der KPdSU (B) übersah die horrenden Fehler der Zeitschriften, hielt sich fern von deren Leitung und gab Leuten vom Schlage Soschtschenkos und Achmatowas, die der Sowjetliteratur fremd gegenüberstehen, die Möglichkeit, in den Zeitschriften den Ton anzugeben. Überdies bestätigte das Leningrader Stadtparteikomitee (die Genossen Kapustin und Schirokow), obwohl es die Einstellung der Partei zu Soschtschenko und seinem »Schaffen« kannte, durch seinen Beschluß vom 26. Juni d. J., ohne das Recht dazu zu haben, die neue Zusammensetzung des Redaktionskollegiums der Zeitschrift ›Swesda‹, in das auch Soschtschenko aufgenommen wurde. Damit beging das Leningrader Stadtparteikomitee einen groben politischen Fehler. Die ›Leningrader Prawda‹ machte einen Fehler, in dem sie in der Nummer vom 6. Juli d. J. eine verdächtig lobhudelnde Rezension Juri Germans über Soschtschenkos Schaffen brachte.

Die Verwaltung für Propaganda beim ZK der KPdSU (B) ließ es an der nötigen Kontrolle über die Tätigkeit der Leningrader Zeitschriften fehlen.

Das ZK der KPdSU (B) beschließt:

1. Die Redaktion der Zeitschrift ›Swesda‹, der Vorstand des Verbandes der Sowjetschriftsteller und die Verwaltung für Propaganda beim ZK der KPdSU (B) werden verpflichtet, Maßnahmen zu treffen, um die im vorliegenden Beschluß aufgezeigten Fehler und Mängel der Zeitschrift zu beseitigen, die Linie der Zeitschrift auszurichten, ihre Spalten für Beiträge von Soschtschenko, Achmatowa und ihresgleichen zu sperren und so ein hohes ideologisches und künstlerisches Niveau der Zeitschrift zu gewährleisten.

2. Im Hinblick darauf, daß für das Erscheinen zweier Zeitschriften für Literatur und Kunst in Leningrad gegenwärtig die nötigen Voraussetzungen fehlen, wird die Herausgabe der Zeitschrift ›Leningrad‹ eingestellt, damit sich die literarischen Kräfte Leningrads um die Zeitschrift ›Swesda‹ zusammenschließen.

3. Um in der Tätigkeit der Redaktion der Zeitschrift ›Swesda‹ die gehörige Ordnung zu schaffen und den Inhalt der Zeitschrift ernsthaft zu verbessern, wird für die Zeitschrift ein Chefredakteur bestellt, dem ein Redaktionskollegium zur Seite steht. Der Chefredakteur der Zeit-

schrift trägt die volle Verantwortung für die ideologisch-politische Richtung der Zeitschrift und die Qualität der in ihr veröffentlichten Werke.

4. Zum Chefredakteur der Zeitschrift ›Swesda‹ wird unter Beibehaltung seines Amtes als stellvertretender Leiter der Verwaltung für Propaganda beim ZK der KPdSU (B) Genosse A. M. Jegolin bestimmt.

Über russische Literatur

Gesamtdarstellungen:

D. S. Mirskij, ›Geschichte der russischen Literatur‹, München 1964

G. Struve, ›Geschichte der Sowjetliteratur. 1917–1950‹, München

J. Holthusen, ›Russische Gegenwartsliteratur‹, I: 1890–1940, Bern 1963, II: 1941–1967, Bern 1968

Einzeluntersuchungen:

J. Holthusen, ›Studien zur Ästhetik und Poetik des russischen Symbolismus‹, Göttingen 1957

V. Erlich, ›Russischer Formalismus‹, München 1964

V. Markov, ›Russian Futurism. A History‹, Berkeley und Los Angeles 1968

A. Steininger, ›Literatur und Politik in der Sowjetunion nach Stalins Tod‹, Wiesbaden 1965

Dokumente, Dokumentationen, Anthologien:

V. I. Lenin, ›Über Kultur und Kunst‹, Berlin 1960

L. Trotzkij, ›Literatur und Revolution‹ (1923), Berlin 1969

V. Šklovskij, ›Theorie der Prosa‹, Frankfurt 1966

V. Šklovskij, ›Erinnerungen an Majakovsij‹, Frankfurt 1966

J. Tynjanov, ›Die literarischen Kunstmittel und die Evolution in der Literatur‹, Frankfurt 1967

B. Eichenbaum, ›Aufsätze zur Theorie und Geschichte der Literatur‹, Frankfurt 1965

(R. Lorenz) ›Proletarische Kulturrevolution in Sowjetrußland. 1917–1921‹, München 1969

(F. Hitzer) ›Vom Symbolismus zum Oktober. Literarische Manifeste‹, in: ›Kürbiskern‹ 4/1967

(Mirowa-Florin/Mierau) ›Sternenflug und Apfelblüte. Russische Lyrik von 1917 bis 1962‹, Berlin 1963

(G. Drohla) ›Russische Lyrik des 20. Jahrhunderts‹, Frankfurt 1959

(N. Thun) ›Zeitenwende. Die Oktoberrevolution im Spiegel der frühen sowjetischen Prosa‹, Berlin und Weimar 1967

(G. Drohla) ›Die Serapionsbrüder von Petrograd‹, Frankfurt 1963
(G. Drohla) ›Das neue Rußland. Prosa der zwanziger Jahre‹, Plochingen und Stuttgart 1968
(Paul Celan) ›Drei russische Dichter. Blok, Jessenin, Mandelstam‹, Frankfurt 1963

Bibliographie O. E. Mandelstam

Russisch

›Kamen‹ (Der Stein), Gedichte, 1913

›Tristia‹, Gedichte, (Petersburg-)Berlin 1922

›Tristia. Vtoraja kniga‹ (Identische Neuauflage der exilrussischen ›Tristia‹-Ausgabe, im Titel mit dem Zusatz ›Zweites Buch‹, Moskau 1923)

›Šum vremeni‹ (Rauschen der Zeit), Prosa, 1925

›Primus‹, Gedichte für Kinder, Leningrad 1925

›Dva tramvaja‹ (Zwei Straßenbahnen), Gedichte für Kinder, 1926

›Šary‹ (Ballons), Gedichte für Kinder, Leningrad 1926

›Kuchnja‹ (Die Küche), Gedichte für Kinder, 1926

›Egipetskaja marka‹ (Ägyptische Briefmarke. Prosazyklus, mit der Neuauflage von ›Šum vremeni‹), 1928

›O poėzii‹ (Über Dichtung), Essays, 1928

›Armenija‹, Gedichtzyklus, in: ›Novyj mir‹, 1931

›Putešestvie v Armeniju‹ (Reise nach Armenien), Prosa, in: ›Swesda‹ Nr. 5/1933

Für 1959 hatte das offizielle Vorankündigungsverzeichnis der sowjetischen Verlage (›Novye knigi‹) einen Lyrikauswahlband von O. E. Mandelstam angekündigt, mit genauer Angabe von Auflagenhöhe, Umfang usw. Dieser Band ist nie erschienen.

›Sobranie sočinenij‹ (Gesammelte Werke), herausgegeben von G. Struve und B. Filippov, Washington. Band I: 1964, II: 1966, III: 1969

Deutsch

›Gedichte‹, deutsch von Paul Celan, S. Fischer Verlag, Frankfurt 1959

›Die ägyptische Briefmarke‹, deutsch von Gisela Drohla, Suhrkamp Verlag, Frankfurt 1965

Personenverzeichnis

Achmatowa (Gorenko), Anna Andrejewna (1888–1966); Lyrikerin der akmeistischen Schule, mit deren Gründer Nikolaj Gumiljow sie verheiratet war; konnte schon in den dreißiger Jahren so gut wie nichts veröffentlichen. Ihr Sohn, Lew Gumiljow, mehrfach verhaftet. Im Zweiten Weltkrieg – während der Blockade durch die Nazis – aus Leningrad (wo sie den größten Teil ihres Lebens verbrachte) evakuiert. 1946 in einem ZK-Beschluß offiziell angefeindet und aus dem Schriftstellerverband ausgeschlossen. Als der Druck weiter zunahm und ihr mit Repressalien gegen ihren Sohn gedroht wurde, schrieb sie 1952 einige Hymnen auf Stalin. Nach dem XX. Parteitag wurde ihr Sohn aus dem Lager entlassen. Werkausgaben in der UdSSR erst wieder nach 1956.
Das Echo tönt; Requiem (in der Sowjetunion nicht publiziert); *Ein nie dagewesener Herbst.*

Adalis (Jefrom), Adelina Jefimowna (geb. 1900); Dichterin und Prosaistin.

Agranow, Jakow Sawlowitsch (?–1939); Tscheka-Ermittlungsbeamter in fast allen politischen Prozessen (gegen die Kronstadt-Rebellen, die Taganzew-Verschwörer, die mutmaßlichen Mörder Kirows); begründete die »Litkontrol« – eine Sektion der GPU zur Überwachung der Schriftsteller. Als stellvertretender Leiter des NKWD unter Jagoda und Jeschow aktive Teilnahme an der Vorbereitung der Moskauer Schauprozesse von 1937 und 1938. 1939 verhaftet und erschossen.

Andrejew, Andrej Andrejewitsch (geb. 1895); 1920–1961 Mitglied des Zentralkomitees der KPdSU. 1946–1953 Stellvertretender Vorsitzender des Ministerrates.

Andronikow, Irakli Luarsabowitsch (geb. 1908); Literaturhistoriker und Kritiker.

Annenskij, Innokentij Fjodorowitsch (1856–1909); klassischer Philologe und Lyriker, Symbolist, der einigen Einfluß auf den Akmeismus ausübte.

ARDOW, Viktor Jefimowitsch (geb. 1900); Verfasser humoristischer Geschichten, Drehbücher und satirischer Varietészenen.

ASSEJEW, Nikolaj Nikolajewitsch (1889–1963); futuristischer Dichter, von Chlebnikow und Majakowskij beeinflußt; Mitglied der LEF. Stalinpreis 1941.

AWERBACH, Leopold Leopoldowitsch (1903–1938?); Literaturkritiker, militanter Verfechter der »proletarischen« Literatur, einer der Führer der RAPP bis zu deren Auflösung 1932. Awerbach, mit Jeschows Schwester verheiratet, verschwand während der Säuberungen.

AWWAKUM, Erzpriester (um 1620–1681); Führer der »Altgläubigen«, die sich nach den Reformen des Patriarchen Nikon (1653–1656) von der russisch-orthodoxen Kirche abspalteten. Awwakums ›Leben‹ (1672/73) ist eine bedeutende Schilderung seiner Verbannung nach Sibirien, die seine Frau mit ihm teilte.

BABEL, Isaak Emanuilowitsch (1894–1941?); Schriftsteller; wie Mandelstam, A. Achmatowa und Pasternak in den dreißiger Jahren zum Schweigen verurteilt. (Auf dem ersten Kongreß des Sowjetischen Schriftstellerverbandes 1934 sagte er: »Ich habe ein neues Genre erfunden, das Genre des Schweigens.«) 1939 verhaftet, 1954 teilte man seiner Witwe mit, das Verfahren gegen B. sei aus Mangel an Beweisen eingestellt worden. Der beigefügte Totenschein trug als Datum den 17. März 1941.

Budjonnyjs Reiterarmee; Odessaer Erzählungen; Marija; Sonnenuntergang.

BAGRIZKIJ, Eduard Georgijewitsch (Dsjubin) (1895–1934); konstruktivistischer Dichter. Übersetzer von Burns, Rimbaud u. a.

BALMONT, Konstantin Dmitrijewitsch (1867–1942); Lyriker, zur Zeit der Jahrhundertwende sehr populär. Emigrierte nach der Revolution, starb in Paris.

BARATYNSKIJ, Jewgenij Abramowitsch (1800–1844); Lyriker, Zeitgenosse Puschkins; mit Lermontow Vertreter der russischen »Weltschmerzdichtung«.

BEDNYJ, Demjan (Jefim A. Pridworow) (1883–1945); Exponent der proletarischen Poesie (in der ›Prawda‹ und anderen Zeitungen); fiel 1936 bei Stalin wegen eines Opernlibrettos in Ungnade, weil er darin geringschätzig von der Christianisierung Rußlands im 10. Jahrhundert gesprochen hatte.

BELINSKIJ, Wissarion Grigorjewitsch (1811–1848); Literaturkritiker und Demokrat, überzeugter »Westler« unter dem Einfluß Hegels und der französischen Sozialisten.

BELYJ, Andrej (Boris Nikolajewitsch Bugajew) (1880–1934); symbolistischer Dichter, Schriftsteller und Kritiker. Anthroposoph und Mystiker. Wie andere Symbolisten deutete er anfangs die Oktoberrevolution als messianisches Ereignis, als die Wiederkehr Christi.
Die silberne Taube; Petersburg.

BERDJAJEW, Nikolaj Alexandrowitsch (1874–1948); Kultur- und Religionsphilosoph; 1922 aus der UdSSR ausgewiesen. Seit 1924 in Paris. Vertreter einer der Existenzphilosophie nahestehenden christlichen Geschichtsphilosophie (unter Betonung der absoluten Freiheit des Menschen); die von Nadeschda Mandelstam angeführten Zitate stammen aus B.s Buch ›Selbsterkenntnis‹ (dt. 1953).

BERNSTEIN, Sergej Ignatjewitsch (1892–?); Linguist mit besonderem Interesse für Phonetik (während der zwanziger Jahre machte er von Blok, Majakowskij, Jessenin und Mandelstam Schallplattenaufnahmen). Sein Bruder Alexander (Schenja) (geb. 1900) schrieb populärwissenschaftliche Bücher über Literatur.

BESYMENSKIJ, Alexander Iljitsch (geb. 1898); Lyriker, seinerzeit führendes Mitglied der RAPP.

BLAGOJ, Dmitrij Dmitrijewitsch (geb. 1893); Literaturhistoriker.

BLJUMKIN, Jakow Grigorjewitsch (1892?–1929); linker Sozialrevolutionär, der 1918 den deutschen Botschafter Graf Mirbach erschoß. Zum Tode verurteilt, begnadigt; dann Beamter der Tscheka. 1929 überbrachte er eine Geheimbotschaft Trozkijs an die Opposition in die Türkei, wurde gefaßt und hingerichtet.

BLOK, Alexander Alexandrowitsch (1880–1921); Lyriker, mit Belyj Hauptvertreter des Symbolismus.
Gesammelte Dichtungen; Die Zwölf; Ausgewählte Aufsätze; Der Sturz des Zarenreiches.

BLOK, Georgij Petrowitsch (1888–1962); Vetter von A. A. Blok.

BORODIN, Sergej Petrowitsch (geb. 1902); Verfasser historischer Romane, Stalinpreis 1942 für ›Dmitrij Donskoj‹.

BRIK, Ossip Maximowitsch (1888–1945); Kritiker und Literaturtheoretiker, Anhänger der formalen Schule, Mitglied der LEF.

BRJUSSOW, Walerij Jakowlewitsch (1873–1924); Lyriker, führender Vertreter und Theoretiker des Symbolismus, trat 1919 der KP bei und bekleidete höhere Ämter in der Kulturverwaltung.

BRODSKIJ, Dawid Grigorjewitsch (1895–1966); Dichter und Übersetzer (Barbier, Hugo, Rimbaud, Goethe, Schiller).

BRODSKIJ, Jossif Alexandrowitsch (geb. 1940); Lyriker; als »arbeitsscheues Element« 1964 zu fünf Jahren Lager verurteilt, durfte nach weltweitem Protest ein Jahr später nach Leningrad zurückkehren.
Gedichte.

BUCHARIN, Nikolaj Iwanowitsch (1888–1938); Politiker; 1917–1934 Mitglied des ZK, des Politbüros (von 1924–1929), als Vorstand der Komintern (1926–1929) und Redakteur der ›Prawda‹ (1918–1929), anfangs auf der Seite Stalins, lehnte aber die Politik der forcierten Industrialisierung und Kollektivierung ab. Als »Rechtsabweichler« 1929 seiner wichtigsten Parteiämter enthoben und aus der Partei ausgeschlossen, später wieder aufgenommen, 1934–1937 Redakteur der ›Iswestija‹. 1938 im »Prozeß der Einundzwanzig«, dem letzten Moskauer Schauprozeß, zum Tode verurteilt.

BULGAKOW, Michail Afanassjewitsch (1891–1940); Romancier und Dramatiker.

Der Meister und Margarita; Aufzeichnungen eines Toten; Die weiße Garde; Hundeherz; Meistererzählungen.

BULGARIN, Faddej (1789–1859); Schriftsteller, vor allem als Polizeispitzel unter Nikolaus I. bekanntgeworden.

CHLEBNIKOW, Welimir (Viktor Wladimirowitsch) (1885–1922); mit Majakowskij Hauptvertreter des russischen Futurismus; der vielleicht wichtigste Autor der russischen Lyrik des 20. Jahrhunderts. Deutsch keine Veröffentlichungen.

CHODASSEWITSCH, Wladislaw Felizianowitsch (1886–1939); Lyriker und Kritiker. Emigrierte 1922.

COURTENAY, Jan Ignacy Miecislaw, Baudouin de (1845–1929); Literaturwissenschaftler und Linguist.

DENIKIN, Anton Iwanowitsch (1872–1947); 1917 Oberbefehlshaber an der russischen Südwestfront. Ab 1918 einer der Führer der Weißen Armee, 1920 von Wrangel abgelöst; starb in den USA.

DERSCHAWIN, Gawriil Romanowitsch (1743–1816); Dichter des russischen Klassizismus.

DIKIJ, Alexander Denissowitsch (1889–1955); Schauspieler und Regisseur.

DOBROLJUBOW, Alexander Michailowitsch (1876–1944?); symbolistischer Dichter und mystischer Anarchist.

DOBROLJUBOW, Nikolaj Alexandrowitsch (1836–1861); Kritiker und Publizist. Vertreter der naturalistischen Schule (Anklageliteratur).

DOLMATOWSKIJ, Jewgenij Aronowitsch (geb. 1915), Lyriker.

DOMBROWSKIJ, Jurij (geb. 1910); Schriftsteller; viele Jahre in Zwangsarbeitslagern. Der Roman, auf den Nadeschda Mandelstam anspielt: ›Der Museumswärter‹ (keine deutsche Ausgabe).

DSERSCHINSKIJ, Felix Edmundowitsch (1877–1926); politischer Funktionär, erster Vorsitzender der Tscheka.

EFROS, Abram Markowitsch (1888–1954); Kunsthistoriker und Übersetzer.

EHRENBURG, Ilja Grigorjewitsch (1891–1967); Romancier und Journalist. Lebte viel im Ausland, zwischen 1917 und 1921 in der UdSSR, ab 1921 in Paris, als Europakorrespondent der ›Iswestija‹. Sein Roman ›Tauwetter‹ gab der nachstalinistischen Kulturpolitik den Namen. *Die ungewöhnlichen Abenteuer des Julio Jurenito und seiner Jünger; Trust D. E. Roman von der Zerstörung Europas; Dreizehn Pfeifen; Tauwetter; Der Fall von Paris; Menschen, Jahre, Leben.*

EICHENBAUM, Boris Michailowitsch (1866–1959); Literaturwissenschaftler, Kritiker und Theoretiker, führendes Mitglied der formalen Schule, Mitglied der LEF; Arbeiten über den jungen Tolstoj, A. Achmatowa, Verslehre, Gogol.
Aufsätze zur Theorie und Geschichte der Literatur.

EXTER (Grigorowitsch), Alexandra Alexandrowna (1844–1949); Malerin, Bühnenbildnerin. Von Léger und dem Kubismus beeinflußt. Arbeitete nach der Revolution für das Kamernyj-Theater in Moskau, emigrierte in den zwanziger Jahren.

ELSBERG, Jakow (geb. 1901); Literaturwissenschaftler. Als ehemaliger Sekretär Kamenews beteiligte er sich in den dreißiger Jahren an den Denunziationen, um den Makel dieser Verbindung loszuwerden. Deshalb 1962 aus dem Sowjetischen Schriftstellerverband ausgeschlossen.

ERDMAN, Nikolaj Robertowitsch (geb. 1902); Dramatiker. ›Das Mandat‹ in der Inszenierung von Meyerhold. Mehrmals verhaftet.
Der Selbstmörder.

FADEJEW, Alexander Alexandrowitsch (1901–1956); Schriftsteller. ›Die Heerstraße der proletarischen Literatur‹ (1928) und ›Die Junge Garde‹ (1945) gelten als Musterbeispiele des Sozialistischen Realismus. Von 1946–1953 Generalsekretär des Sowjetischen Schriftstellerverbandes. 1956 Selbstmord.
Die Junge Garde; Die Neunzehn.

FEDIN, Konstantin Alexandrowitsch (geb. 1892); Schriftsteller, Mitglied der Serapionsbrüder, später angepaßter Kulturfunktionär. Als Nachfolger von Surkow seit 1959 Vorsitzender des Sowjetischen Schriftstellerverbandes.
Gesammelte Werke: Ungewöhnlicher Sommer; Die Flamme; Städte und Jahre; Sanatorium Arktur; Die Brüder; Raub der Europa u. a. m.

FET, Afanassij Afanassijewitsch (1820–1892); Lyriker der russischen Nachromantik.

Filippow (Filistinskij), Boris Andrejewitsch (geb. 1905); Lyriker der russischen Emigration. Mitherausgeber der Werke von Mandelstam, Achmatowa u. a.

Florenskij, Pater Pawel Alexandrowitsch (1882–1952); Mathematiker und Philosoph, 1911 zum Priester geweiht. Nach der Revolution nach Sibirien verbannt.

Furmanow, Dmitrij Andrejewitsch (1891–1926); Schriftsteller, bekannt durch seinen Bürgerkriegsroman ›Tschapajew‹ (1923), war Sekretär der Moskauer Sektion der RAPP.
Tschapajew.

Gapon, Georgij Apallonowitsch (1870–1906); russischer Priester und zaristischer Agent, der 1905 die Demonstration der »Vereinigung russischer Fabrik- und Werkstättenarbeiter« anführte (»Blutsonntag«). 1906 in Finnland ermordet.

Ginsburg, Grigorij Romanowitsch (geb. 1904); Pianist, Lehrer am Moskauer Konservatorium.

Ginsburg, Lew Morizewitsch (geb. 1901); Dirigent.

Gippius, Wladimir Wassiljewitsch (1876–1941); Dichter und Literaturhistoriker; Direktor der Tenischew-Schule, die Mandelstam vor der Revolution besuchte.

Gladkow, Fjodor Wassiljewitsch (1883–1958); »proletarischer« Schriftsteller; sein Roman ›Zement‹ (1925), eines der ersten Beispiele der sozrealistischen »Aufbau«-Romane, zweimal Stalinpreis.
Zement; Energie; Neue Erde.

Gneditsch, Nikolaj Iwanowitsch (1784–1833); Lyriker. Seine Homer-Übersetzung ist bis heute die klassische Übersetzung.

Gorbunow, Nikolaj Petrowitsch (1892–1938); Sekretär des Rates der Volkskommissare, Vizepräsident der Lenin-Akademie für Landwirtschaft.

Gorkij, Maxim (Alexej Maximowitsch Peschkow) (1868–1936); hatte sich schon 1899 der marxistischen Bewegung angeschlossen. Persönlicher Freund Lenins. Herausgeber der Zeitschrift ›Neues Leben‹, die wegen ihrer kritischen Einstellung zur Oktoberrevolution 1918 auf Lenins Betreiben ihr Erscheinen einstellen mußte. Während des Bürgerkrieges setzte sich Gorkij tatkräftig für viele Intellektuelle ein. Emigrierte 1921; 1929 Rückkehr nach Rußland. Gorkij gilt als Exponent des »sozialistischen Realismus«, den er freilich nicht so eng auslegte, wie viele später in der Stalin-Ära. Nach seinem Tode 1936 beschuldigte Stalin Jagoda und Professor Pletnjow des »medizinischen Mordes« an Gorkij.
Gesammelte Werke; (17. Bde. im Malik-Verlag); *Erzählungen;*

Autobiographische Schriften: *Meine Kindheit; Unter fremden Menschen; Meine Universitäten; Die Mutter; Nachtasyl; Erinnerungen an Zeitgenossen.*

GRIGORJEW, Apollon Alexandrowitsch (1822–1864); Kritiker, Lyriker, Übersetzer (Herder, Schiller, Heine).

GUMILJOW, Lew Nikolajewitsch (geb. 1911); Sohn von Nikolaj Gumiljow und Anna Achmatowa; Historiker und Orientalist. Nach Kirows Ermordung mehrfach verhaftet. Während des Krieges entlassen, kämpfte an der Front, danach erneute Verhaftung, 1956 entlassen.

GUMILJOW, Nikolaj Stepanowitsch (1886–1921); Lyriker, Theoretiker des Akmeismus, erster Mann von A. Achmatowa; 1921 wegen Beteiligung an der Taganzew-Affäre erschossen.

GUSSEW, Viktor Michailowitsch (1909–1944); Dichter und Dramatiker.

HERZEN, Alexander Iwanowitsch (1812–1870); Schriftsteller und demokratischer Publizist. Anfangs von Hegel beeinflußt, verließ nach Verbannung nach Sibirien 1847 Rußland; nach der Revolution von 1848 in London. Differenzen mit Marx und dem europäischen Sozialismus. 1857 bis 1867 Herausgeber der ›Glocke‹.
Vom anderen Ufer; Mein Leben (3 Bde.).

ILF (Fainsilberg), Ilja Arnoldowitsch (1897–1937); humoristischer Erzähler, schrieb zusammen mit Jewgenij Petrow die klassische Satire auf die NEP-Zeit ›Zwölf Stühle‹.
Das goldene Kalb; Die zwölf Stühle; Die Jagd nach der Million.

IWANOW, Georgij Wladimirowitsch (1894–1958); akmeistischer Lyriker; emigrierte nach der Revolution nach Paris.

IWANOW, Wjatscheslaw Iwanowitsch (1866–1949); führender Vertreter des russischen Symbolismus, Gelehrter für klassische Philologie und Geschichte. Seit 1924 im Exil in Italien.

JACHONTOW, Wladimir Nikolajewitsch (1899–1945); Schauspieler am Moskauer Künstlertheater, außerdem bekannt für seine Literaturlesungen und Einmannstücke. 1945 Selbstmord. Lilja Jachontowa: seine Frau.

JAGODA, Genrik Grigorjewitsch (1891–1938); ab 1920 Mitglied der Tscheka, 1934 Chef des NKWD, Volkskommissar für Innere Angelegenheiten. 1936 von Jeschow abgelöst und zum Volkskommissar für Post- und Fernmeldewesen ernannt. 1938 des Mordes an Kirow, Menschinskij, Maxim Gorkij sowie der Vorbereitung des Mordes an Jeschow angeklagt und zum Tode verurteilt.

Jasykow, Nikolaj Michailowitsch (1803–1846); Lyriker der Puschkin-Zeit.

Jenukidse, Abel Sofronowitsch (1877–1937); Politiker, Sekretär des Zentralexekutivkomitees. 1935 aus der Partei ausgeschlossen, 1937 verhaftet, heimlich verurteilt und hingerichtet.

Jessenin, Sergej Alexandrowitsch (1895–1925); populärer Lyriker. Heiratete 1922 Isadora Duncan und bereiste mit ihr Westeuropa und Amerika. 1925 Selbstmord.
Gedichte (dt. Paul Celan); *Liebstes Land, das Herz träumt leise* (Gedichte).

Jeschow, Nikolaj Iwanowitsch (1894–1939); seit 1934 Mitglied des ZK und von 1936–1938 Chef des NKWD. Unter ihm erreichten Stalins Säuberungen ihren Höhepunkt. Später wegen seiner »Exzesse« zum Sündenbock erklärt. 1938 löste ihn Berija ab. 1939 wahrscheinlich hingerichtet.

Judina, Marja Wenjaminowna (geb. 1899); Pianistin, Lehrerin am Moskauer Konservatorium.

Kalinin, Michail Iwanowitsch (1875–1946); Redakteur der ›Prawda‹, Mitarbeiter Lenins und Stalins. 1919–1946 Vorsitzender des ZK, nominelles Staatsoberhaupt der Sowjetunion. Ab 1939 Vorsitzender des Präsidiums des Obersten Sowjet.

Kamenew (Rosenfeld), Lew Borissowitsch (1883–1936); Politiker, 1917 Mitglied des ZK; gehörte nach Lenins Tod (mit Stalin und Sinowjew) dem herrschenden Triumvirat an. 1934 verhaftet; 1936 in einem Schauprozeß zum Tode verurteilt.

Kasin, Wassilij Wassiljewitsch (1898–?); »proletarischer« Schriftsteller.

Katanjan, Ruben Pawlowitsch (1881–?); Stellvertretender Generalstaatsanwalt der UdSSR von 1933–1937.

Katajew, Valentin Petrowitsch (geb. 1897); Novellist, in den dreißiger Jahren auch im Westen durch sein Stück ›Die Quadratur des Kreises‹ bekanntgeworden.
Die Defraudanten; Im Sturmschritt vorwärts; Der Heilige Brunnen; Kraut des Vergessens.

Katschalow (Schwerubowitsch), Wassilij Iwanowitsch (1875–1948); Schauspieler am Moskauer Künstlertheater.

Kawerin (Silberg), Wenjamin Alexandrowitsch (geb. 1902); Schriftsteller, in den zwanziger Jahren Mitglied der Serapionsbrüder.
Unbekannter Meister; Glückliche Jahre; Zwei Kapitäne.

Kirow, Sergej Mironowitsch (1886–1934); enger Mitarbeiter Stalins. Von 1926–1934 Parteisekretär in Leningrad. Seine Ermordung am

1. Dezember 1934 (wahrscheinlich auf Veranlassung Stalins), diente als Vorwand für die Säuberungen und den Massenterror.

KIRSANOW, Semjon Isaakowitsch (geb. 1906); Dichter, Übersetzer; Mitglied der LEF.

KLJUJEW, Nikolaj Alexandrowitsch (1887–1937); Bauerndichter. In den dreißiger Jahre verhaftet, kam in Sibirien um.

KLYTSCHKOW (Leschenkow), Sergej Antonowitsch (1889–1937); Schriftsteller, 1937 verhaftet.

KOLZOW, Michail Jefimowitsch (1898–1942); sowjetischer Journalist, Korrespondent der ›Prawda‹, bekanntgeworden durch seine Berichte über den Spanischen Bürgerkrieg.

KOMAROWSKIJ, Graf Wassilij Alexejewitsch (1881–1914), Lyriker, Epigone der Symbolisten.

KONEWSKOJ, Iwan (I. I. Oreus) (1877–1901); symbolistischer Dichter schwedischer Herkunft.

KORNILOW, Boris Petrowitsch (1907–1938); stand unter dem Einfluß von Jessenin; Mitglied der RAPP; während der Säuberungen verhaftet.

KOSSIOR, Stanislaw Wikentijewitsch (1889–1939); ab 1930 Mitglied des Politbüros. 1928–1938 Erster Sekretär der Ukrainischen Kommunistischen Partei. 1938 verhaftet und 1939 hingerichtet.

KOTSCHETOW, Wsewolod Anissowitsch (geb. 1912); Romancier; Herausgeber der Literaturzeitschrift ›Oktober‹. In den letzten Jahren mehr und mehr Sprecher der extrem antiliberalen Kräfte in der Sowjetliteratur. Zwei seiner Romane ›Die Brüder Jerschow‹ (1957) und ›Was willst Du denn‹ (1969) sind starke Angriffe auf die liberale Intelligenzija und wurden selbst in der Sowjetunion öffentlich kritisiert.

KUSMIN, Michail Alexejewitsch (1875–1936); Lyriker, ursprünglich Musiker und Schüler von Rimskij-Korsakow; 1910 in der Zeitschrift ›Apollon‹ Manifest des »Klarismus« (Akmeismus), das den Symbolismus bekämpfte.

LACHUTI, Abul Kasi (1887–1957); persischer Revolutionär und Dichter. Emigrierte 1917 in die Türkei, ging 1922 in die UdSSR; verschiedene Positionen im Gouvernement Tadschikistan und im Schriftstellerverband.

LAKOBA, Nestor Iwanowitsch (1893–1936); Georgier, Präsident des Exekutivkomitees von Abchasija (einem autonomen Gebiet in Georgien). Posthum eines Anschlags auf Stalin verdächtigt.

LAPIN, Boris Matwejewitsch (1905–1941); Schriftsteller und Übersetzer; Schwiegersohn von Ilja Ehrenburg, fiel als Kriegsberichterstatter.

LELEWITSCH, Grigorij (Laborij Gilelewitsch Kalmanson) (1901–1945); Dichter und Kritiker, führendes Mitglied der RAPP. 1928 wegen »Opposition« aus der Partei ausgeschlossen, während der Säuberungen verhaftet, starb in einem Lager.

LEONOW, Leonid Maximowitsch (geb. 1899); Erzähler und Dramatiker. Realistisch-psychologische Romane unter dem Einfluß des 19. Jahrhunderts. Stalinpreis.
Der Dieb; Die Dachse; Der russische Wald; Professor Skutarewskij; Der Weg zum Ozean.

LERMONTOW, Michail Jurjewitsch (1814–1841); neben Puschkin der bekannteste Lyriker der russischen Romantik. In seinem Roman ›Ein Held unserer Zeit‹ (1840) stellte er den Typ des »überflüssigen Menschen« dar, der für die russische Literatur zum Symbol wurde. Fiel in einem Duell.

LESCHNEW, Issaj Grigorjewitsch (1891–1953); Kritiker, von 1922–1926 Herausgeber der Zeitschriften ›Neues Rußland‹ und ›Rußland‹ in Petrograd und Moskau (Mitarbeiter: Mandelstam, Pasternak). Leiter der Literaturabteilung der ›Prawda‹ (1935–1939).

LIFSCHIZ, Benedikt Konstantinowitsch (1887–1939?); futuristischer Dichter, übersetzte französische Prosa und Lyrik. Beschrieb in seinen Memoiren 1933 (›Der eineinhalbäugige Strelitz‹) die Anfänge der futuristischen Bewegung. Während der Säuberungen verhaftet und erschossen. Anscheinend legte man ihm Beteiligung am Mord des Tscheka-Chefs Urizkij (1919) zur Last. Posthum rehabilitiert.

LINDE, Fjodor F. (?–1917); Philosoph, Mathematiker und Militärkommissar. Kommandierte während der Aprilkrise 1917 das finnische Gardereserveregiment, wurde später von ihm unterstellten Soldaten an der Südwestfront getötet. Boris Pasternak beschreibt in seinem Roman ›Doktor Schiwago‹ Lindes Tod. Er gab ihm den Namen »Ginz«.

LJASCHKO (Ljaschtschenko), Nikolaj Nikolajewitsch (1884–1953); Romanschriftsteller und Autor von Kurzgeschichten.

LOMINADSE, Besso (?–1934), Politiker, Mitarbeiter der Komintern und Mitglied des ZK. In den zwanziger Jahren einer von Stalins engen Vertrauten. Bildete Anfang der dreißiger Jahre eine oppositionelle Gruppe gegen Stalin. 1934 Selbstmord.

LOSINSKIJ, Michail Leonidowitsch (1886–1955); Dichter und Übersetzer; (neben Gumiljow) einer der Gründer der »Dichtergilde«. Für seine Übersetzung von Dantes ›Göttlicher Komödie‹ 1946 Stalinpreis.

LUGOWSKOJ, Wladimir Alexandrowitsch (1901–1957); Lyriker. Diente bis 1924 in der Roten Armee. Erste Veröffentlichung 1925. Während des Zweiten Weltkriegs Kriegsberichterstatter.

Luppol, Iwan Kapitonowitsch (1896–1943); marxistischer Literaturwissenschaftler und Kritiker. Leitete ab 1935 das Gorkij-Institut für Weltliteratur, 1940 verhaftet, in einem Arbeitslager gestorben; posthum rehabilitiert.

Lyssenko, Trofim Denissowitsch (geb. 1898); Biologe; Vertreter der Agrobiologie, einer Theorie der Vererbung und Pflanzenzüchtung, die Stalins besondere Unterstützung genoß.

Majakowskij, Wladimir Wladimirowitsch (1893–1930); einer der Hauptvertreter des russischen Futurismus. Von 1923–1925 Herausgeber der Zeitschrift ›LEF‹ und ›Neue LEF‹. Geriet immer mehr in Gegensatz zu den proletarischen Schriftstellern der RAPP und ihrer Kulturpolitik. 1930 Selbstmord.
Gesammelte Werke; verschiedene Lyriksammelbände: *Politische Poesie; Frühe Gedichte; Vers und Hammer; 150 Millionen. Meine Entdeckung Amerikas; Wie macht man Verse; Liebesbriefe an Lilja*; Komödien: *Die Wanze; Das Schwitzbad.*

Majkow, Apollon Nikolajewitsch (1821–1907); Lyriker der »reinen Kunst« mit slawophilen Tendenzen.
Dichtungen.

Makowskij, Sergej Konstantinowitsch (1877–1962); Sohn des Malers Konstantin Makowskij. Den Akmeisten nahestehender Publizist. Herausgeber der Zeitschrift ›Apollon‹ von 1909–1917. Starb in der Emigration.

Markisch, Perez Davidowitsch (1895–1952); führender jiddischer Dichter, Dramatiker und Romancier. Mitglied des jüdischen antifaschistischen Komitees. 1948 im Zusammenhang mit der Krim-Affäre verhaftet und 1952 beschuldigt, einen sezessionistischen Staat auf der Krim errichten zu wollen. 1952 mit anderen jiddischen Schriftstellern hingerichtet.

Marschak, Samuil Jakowlewitsch (1887–1964); Dichter, Übersetzer (Shakespeare, Heine, Burns), Kinderbuchautor. Von 1924–1925 gab er eine Zeitschrift für Kinder heraus (›Der neue Robinson‹), in der auch einige Verse und Übersetzungen von Mandelstam erschienen. 1925 und 1926 veröffentlichte er als Chef der Kinderliteraturabteilung des Staatsverlages zwei Gedichtbände Mandelstams für Kinder: ›Ballons‹ und ›Zwei Straßenbahnen‹.

Meyerhold, Wsewolod Emiljewitsch (1874–1940); Schauspieler, Regisseur und Theaterleiter. Bis 1924 inszenierte er am ›Theater der Revolution‹ (u. a. Majakowskijs ›Mysterium Buffo‹) und leitete von 1920–1938 das von ihm gegründete ›Meyerhold-Theater‹ in Moskau. Es wurde 1938 geschlossen, 1939 wurde er – nach seiner öffentlichen Weigerung, die Doktrin des sozialistischen Realismus für die Kunst anzuerkennen – verhaftet. Starb 1940 in einem Gefängnis. Inzwischen rehabilitiert. 1969 erschienen in Moskau seine theoretischen Schriften zum Theater (2. Bände).

Michoels (Woswi), Solomon Michailowitsch (1890–1948); jiddischer Schauspieler und Regisseur. Begründer des »Hebräischen Staatstheaters« Moskau, das 1949 im Zuge der Antisemitismus-Kampagne geschlossen wurde. Sein Bruder, Woswi, 1952 im Ärzteprozeß angeklagt.

Migaj, Sergej Iwanowitsch (1888–1959); Sänger am Bolschoj-Theater.

Mikojan, Anastas Iwanowitsch (geb. 1895); leitete ab 1926 verschiedene Volkskommissariate. 1938–1949 Minister für Außenhandel, 1935 Mitglied des Politbüros, 1955 wurde er Stellvertretender Ministerpräsident, 1964–1965 Vorsitzender des Präsidiums des Obersten Sowjet (Staatspräsident).

Mirbach, Wilhelm (Graf von Mirbach-Harff) (1871–1918); nach dem Frieden von Brest-Litowsk (1918) deutscher Gesandter in der Sowjetunion. Wurde von den linken Sozialrevolutionären Bljumkin und Nikolaj am 6. Juli 1918 ermordet.

Mirskij, Dmitrij Petrowitsch (Prinz Swjatopolk-Mirskij) (1890–1939?); Literaturhistoriker und Kritiker, während der Säuberungen umgekommen.
Geschichte der russischen Literatur.

Molotow (Skrjabin), Wjatscheslaw Michailowitsch (geb. 1890); Mitbegründer der ›Prawda‹, 1939–1956 Außenminister, schien vorübergehend Stalins Gunst verloren zu haben (Molotows Frau wurde 1948 verhaftet und für einige Jahre in ein Lager gesperrt).

Morosow, Alexander Antonowitsch (geb. 1906); Literaturwissenschaftler und Übersetzer.

Morosow, Pawel (»Pawlik«) (1918–1932); Bauernjunge, der während der Kollektivierung (»Entkulakisierung«) seinen Vater als Kulakenfreund denunzierte. Sein Vater wurde erschossen und er selbst von einer Gruppe von Bauern, angeführt von seinem Onkel, umgebracht. In der Stalin-Ära wurde Pawlik Morosow der sowjetischen Jugend als Vorbild hingestellt, weil er nicht zögerte, wenn es um Staatsinteressen ging, auch seinen Vater zu denunzieren.

Mrawjan, Askanas Artemjewitsch (1886–1929); armenischer Revolutionär und Schriftsteller. 1920/21 armenischer Volkskommissar für Auswärtige Angelegenheiten, 1923 zum Kommissar für das Erziehungswesen ernannt.

Narbut, Wladimir Iwanowitsch (1888–1944); akmeistischer Dichter, 1928 aus der Partei ausgeschlossen. Chefredakteur im Staatsverlag ›Landarbeit und Fabrik‹ (ZIF). Wurde während der Säuberung verhaftet und posthum rehabilitiert. Sima N.: seine Frau.

Nikulin, Lew Wenjaminowitsch (1891–1967); Romancier und Erzähler, »Serapionsbruder«.

Oschanin, Lew Iwanowitsch (geb. 1912); Lyriker und Dramatiker.

Ozup, Nikolaj Awdejewitsch (1894–1958); akmeistischer Lyriker, emigrierte 1923 nach Paris.

Parnok; eine Figur aus O. M.s ›Ägyptischer Briefmarke‹, der den Rasnotschinez-Typ (intellektueller Emporkömmling) verkörpert, vgl. die Erzählung ›Im usurpierten Aristokratenpelz‹.

Pasternak, Boris Leonidowitsch (1890–1960); Lyriker, anfangs unter futuristischem Einfluß. ›Doktor Schiwago‹. 1958 Nobelpreis, den er unter Druck der Sowjetöffentlichkeit ausschlagen mußte.
Ausgewählte Gedichte; Bescheidenheit und Kühnheit; Geleitbrief; Über mich selbst; Wenn es aufklart (Gedichte des Jurij Schiwago); *Doktor Schiwago.*

Paustowskij, Konstantin Georgijewitsch (1892–1968); Novellist, Romancier. Verteidigungsrede für Dudinzews ›Der Mensch lebt nicht vom Brot allein‹ (22. Oktober 1956).
Schwarze Netze; Sagen der Wälder; Memoiren: *Ferne Jahre; Unruhige Jugend; Beginn eines unbekannten Zeitalters; Zeit der großen Erwartungen; Sprung nach dem Süden; Buch der Wanderungen.*

Pawlenko, Pjotr Andrejewitsch (1899–1951); Romancier. 1947 Stalinpreis. Drehbuch zu Eisensteins Film ›Alexander Newskij‹.
Das Glück; Sturm über dem Kaukasus.

Peschkowa, Jekaterina Pawlowna (1876–1965): Frau Gorkijs, gründete nach der Revolution das ›Politische Rote Kreuz‹, eine Hilfsorganisation für politische Häftlinge. 1939 geschlossen. Sein Sitz war ganz in der Nähe der Lubjanka.

Petljura, Semjon Wassiljewitsch (1879–1927); 1918–1920 Führer der nationalistischen ukrainischen Regierung, 1926 in Paris ermordet.

Petrow (Katajew), Jewgenij Petrowitsch (1903–1952); humoristischer Schriftsteller, Bruder von Valentin Katajew, der mit Ilja Ilf zusammenarbeitete.
Zwölf Stühle; Das goldene Kalb.

Pjast (Piastowski), Wladimir Alexejewitsch (1886–1940); Dichter und Übersetzer, Freund von Alexander Blok.

PILNJAK (Wogau), Boris Andrejewitsch (1894–1937/38?); Erzähler und Romancier. Mit der ›Geschichte vom nichterloschenen Mond‹, 1927, zog er sich den Unwillen Stalins zu. 1929 Vorsitzender des Sowjetischen Schriftstellerverbandes, ausgeschlossen wegen der Veröffentlichung seines Kurzromanes ›Mahagoni‹ in Berlin. Pilnjak wurde 1937 verhaftet, der Spionage für die Japaner angeklagt und vielleicht sofort erschossen, möglicherweise auch später in einem Lager umgekommen.
Das nackte Jahr; Maschinen und Wölfe; Mahagoni; Die Wolga fällt ins Kaspische Meer; Legende von Wasser und Erde.

PISSAREW, Dmitrij Iwanowitsch (1840–1868); radikaler demokratischer Publizist der sechziger Jahre des vorigen Jahrhunderts.

PODWOJSKIJ, Nikolaj Iljitsch (1899–1948); 1917 Organisator der Roten Garde. Nahm aktiv am Bürgerkrieg teil. Mitglied des ZK.

POLESCHAJEW, Alexander Iwanowitsch (1805–1838); Lyriker der Puschkin-Zeit.

POLONSKIJ, Jakow Petrowitsch (1819–1898); Lyriker, Schriftsteller, Zensurbeamter.
Gedichte.

POSTUPALSKIJ, Igor Stefanowitsch (geb. 1907); Dichter, Übersetzer und Kritiker.

PRISCHWIN, Michail Michailowitsch (1873–1954); Romancier und Autor von Kurzgeschichten.
Der schwarze Araber; Das Tier von Krutojar; Die Kette des Kastschej; Ginseng; Der versunkene Weg.

PROKOFJEW, Alexander Andrejewitsch (geb. 1900); Dichter, für seinen politischen Konformismus bekannt. Sekretär der Leningrader Sektion des Sowjetischen Schriftstellerverbandes. Stalinpreis, zwei Leninorden.

PUNIN, Nikolaj Nikolajewitsch (1888–1953); Kunsthistoriker und Kritiker, Mitarbeiter der Zeitschrift ›Apollon‹. Eine Zeitlang mit der Achmatowa verheiratet. Während der Säuberungen verhaftet und in ein Lager verbannt.

RAKOWSKIJ, Christian Georgijewitsch (1873–1941); im Bucharin-Schauprozeß 1938 zu 20 Jahren Haft verurteilt.

RASKOLNIKOW (Ilym), Fjodor Fjodorowitsch (1892–1939); 1918 Stellvertretender Volkskommissar für die Kriegsmarine; 1922/23 sowjetischer Botschafter in Afghanistan. Redakteur der Zeitschrift ›Rotes Neuland‹, sowjetischer Botschafter in Bulgarien. 1939 in Paris Selbstmord.

REISSNER, Larissa Michailowna (1895–1926); Journalistin und Schriftstellerin; nahm als Kommissarin am Bürgerkrieg teil.
Oktober; Hamburg auf den Barrikaden.

ROSCHDESTWENSKIJ, Wsewolod Alexandrowitsch (geb. 1895); akmeistischer Dichter und Übersetzer.

RUSTAWELI, Schota (ca. 1200); Dichter, Verfasser des georgischen Nationalepos ›Der Recke im Tigerfell‹.

SALKA, Maté (1896–1937); Ungar, der während des Bürgerkrieges auf seiten der Bolschewiken kämpfte. Mitglied der RAPP. Veröffentlichte in den zwanziger Jahren einen Roman. Kämpfte unter dem Namen Lukacz im Spanischen Bürgerkrieg als General; fiel an der Front.

SASLAWSKIJ, David I. (geb. 1880); Journalist. Orthodoxer Kritiker und Journalist, bekannt durch seine Attacke auf Pasternak.

SCHAGINJAN, Marietta Sergejewna (geb. 1888); Lyrikerin, Schriftstellerin, Publizistin.
Das Wasserkraftwerk; Die Familie Uljanow; Reise durch Sowjetarmenien.

SCHALAMOW, Warlam Tichonowitsch (geb. 1907); Dichter und Prosaist. 17 Jahre in einem Arbeitslager in Kolyma. Seine Kolymaer Erzählungen nur im westlichen Ausland erschienen.
Artikel 58.

SCHDANOW, Andrej Alexandrowitsch (1896–1948); Kulturfunktionär unter Stalin. 1934 auf dem ersten Kongreß des Sowjetischen Schriftstellerverbandes Rede über sozialistischen Realismus. Verantwortlich für die stalinistische Kulturpolitik, die »Schdanow-Ära« nach dem Zweiten Weltkrieg.

SCHENGELI, Georgij Arkadjewitsch (1894–1956); Dichter, Übersetzer und Kritiker.

SCHEWTSCHENKO, Taras Grigorjewitsch (1814–1861); ukrainischer Nationaldichter, war wegen seiner Kritik an der zaristischen Sozial- und Nationalpolitik verbannt.

SCHIRMUNSKIJ, Viktor Maximowitsch (geb. 1889); Literaturwissenschaftler. Gemäßigtes Mitglied der Formalisten. Arbeiten über Puschkin, Byron, Blok, zur Verslehre.

SCHKIRJATOW, Matwej Fjodorowitsch (1883–1954); stalinistischer Beamter, Mitglied der 1933 gegründeten Säuberungskommission, Assistent Jeschows.

SCHKLOWSKIJ, Viktor Borissowitsch (geb. 1893); Literaturwissenschaftler und -theoretiker der formalen Schule, Kritiker. Mitbegründer der »Opojas« (Gesellschaft zum Studium der dichterischen Sprache).

Entging Verhaftung durch Flucht ins Ausland. Nach einer Amnestie 1923 Rückkehr nach Rußland, Mitglied der LEF. Arbeiten vor allem über Theorie der Prosa (Tolstoj, Dostojewskij, Sterna, Belyj).
Sentimentale Reise; Zoo oder Briefe nicht über die Liebe; Erinnerungen an Majakowskij; Kindheit und Jugend; Theorie der Prosa.

SCHOLOCHOW, Michail Alexandrowitsch (geb. 1905), Romancier. Nobelpreis 1965.
Der Stille Don; Neuland unterm Pflug; Sie kämpften für die Heimat; Donkosaken; Flimmernde Steppe.

SCHOPEN, Iwan Iwanowitsch (1798–1870); Historiker für die Geschichte des Kaukasus.

SCHOSTAKOWITSCH, Dmitrij Dmitrijewitsch (geb. 1906); Komponist.

SCHTSCHEGOLOW, Pawel Pawlowitsch (geb. 1902); Historiker, der Alexej Tolstoj bei der Materialbeschaffung seiner historischen Romane behilflich war.

SCHTSCHEPKIN, Michail Semjonowitsch (1788–1863); Schauspieler.

SCHTSCHERBAKOW, Alexander Sergejewitsch (1901–1945); Funktionär, Mitarbeiter Schdanows. 1934 Sekretär des Sowjetischen Schriftstellerverbandes. Im Krieg ZK-Sekretär; für seinen Tod wurden später die jüdischen Ärzte verantwortlich gemacht.

SEJFULLINA, Lidija Nikolajewna (1889–1954); Schriftstellerin, die in den zwanziger Jahren viel gelesen wurde.
Der Ausreißer; Das Herz auf der Zunge.

SELWINSKIJ, Ilja Lmowitsch (geb. 1899); Lyriker, vom Futurismus beeinflußt, später Mitbegründer des Konstruktivismus.

SEMASCHKO, Nikolaj Alexandrowitsch (1874–1949); Politiker, Volkskommissar für Gesundheitswesen; Mitglied des sowjetischen Exekutivkomitees.

SENKEWITSCH, Michail (geb. 1888); akmeistischer Dichter.

SEWERJANIN, Igor (Igor Wassiljewitsch Lotarew) (1887–1941); Dichter, um 1915 sehr populär. Emigrierte 1919 nach Estland, gab dort einige sowjetische Zeitschriften heraus. Starb im Dezember 1941 während der deutschen Besatzung.

SIMONOW, Konstantin Michailowitsch (geb. 1915); Romancier, Dichter und Dramatiker, vor allem bekannt durch seine Kriegslyrik.
Die Lebenden und die Toten; Soldaten werden nicht geboren; Waffengefährten.

SINANI, Boris Naumowitsch; bekannter Petersburger Arzt, der seine Patienten durch Hypnose heilte. Vertrauter der sozialrevolutionären Führer. Mandelstam beschreibt ihn in seinem ›Lärm der Zeit‹.

SKRJABIN, Alexander (1872–1915); Komponist und Pianist.

SLUTSCHEWSKIJ, Konstantin Konstantinowitsch (1837–1904); philosophisch-mystischer Dichter.

SLUZKIJ, Boris Abramowitsch (geb. 1919); Dichter und Übersetzer.

SOLOGUB, Fjodor (Fjodor Kusmitsch Teternikow) (1863–1927); symbolistischer Dichter und Romancier, bekannt durch seinen Roman ›Der kleine Teufel‹ (1907). Seine Werke über die Sowjetperiode sind kaum veröffentlicht.

SOLOWJOW, Wladimir Sergejewitsch (1853–1900); Mystiker, Philosoph und Dichter; beeinflußte die Symbolisten, besonders A. Blok, Belyj, Berdjajew.

SOLSCHENIZYN, Alexander Issajewitsch (geb. 1918); 1945–1953 im Lager. Seine Novelle ›Ein Tag im Leben des Iwan Denissowitsch‹ (1962) war der erste Bericht über das Lagerleben, der in der Sowjetunion veröffentlicht wurde. Übrige Werke nur im Ausland. 1970 Nobelpreis.

Der erste Kreis der Hölle; Krebsstation; Im Interesse der Sache; Nemow und das Flittchen.

SOSCHTSCHENKO, Michail Michailowitsch (1895–1958); humoristischer Erzähler, in den dreißiger und vierziger Jahren mehrfach offiziell angefeindet, 1946 mit der Achmatowa aus dem Schriftstellerverband ausgeschlossen.

Stiefel des Zaren; Schlaf schneller, Genosse; Der redliche Zeitgenosse; Der Flieder blüht; Wovon die Nachtigall sang; Das Himmelsblaubuch.

SOSNORA, Viktor Alexandrowitsch (geb. 1936); Leningrader Dichter.

SPASSKIJ, Sergej (1898–1956); Lyriker, 1936 verhaftet.

STAWSKIJ, Wassilij P. (?–1943); Schriftsteller, 1936 Sekretär des Schriftstellerverbandes, beteiligte sich aktiv an Denunziationen von Schriftstellern, die er des Trozkismus und anderer »Verbrechen« beschuldigte.

STENITSCH (Smetanitsch), Valentin (gest. 1938); Dichter, Übersetzer (vor allem von James Joyce und John Dos Passos). Wahrscheinlich 1938 verhaftet und erschossen.

STRUVE, Gleb Petrowitsch (geb. 1898); Literaturwissenschaftler der russischen Emigration. ›Geschichte der Sowjetliteratur‹. Herausgeber der Werke von Mandelstam, Achmatowa u. a.

Geschichte der Sowjetliteratur.

SURKOW, Alexej Alexandrowitsch (geb. 1899); Lyriker und Kulturfunktionär, absolvierte das Institut der Roten Professoren, Kriegskorrespondent. 1944–1946 Herausgeber der ›Literaturnaja Gaseta‹, war nach Fadejew von 1954–1959 Generalsekretär des Sowjetischen Schriftstellerverbandes.

Syrzow, Sergej Iwanowitsch (?–1938); Mitglied des ZK. 1929 Premier der RSFSR. Wurde 1930 gemeinsam mit Besso Lominadse beschuldigt, eine Oppositionsgruppe ins Leben gerufen zu haben. Verschwand 1936, vermutlich 1938 in einem Lager umgekommen.

Tager, Jelena Michailowna (1895–1964); Dichterin und Schriftstellerin. 1920 von der Tscheka aus Leningrad nach Archangelsk ausgewiesen, durfte 1927 zurückkehren, 1939 wieder verhaftet und beschuldigt, mit dem faschistischen Spionagedienst zusammenzuarbeiten. Zu 10 Jahren Zwangsarbeit in Kolyma verurteilt, danach Verbannung nach Westsibirien und Zentralasien. Durfte 1956 nach Moskau zurück, wurde 1956 rehabilitiert.

Tairow, Alexander Jakowlewitsch (1885–1950); Regisseur, Direktor des Kamernyj-Theaters in Moskau. 1939 entlassen.
Das entfesselte Theater.

Tarassenkow, Anatolij Kusmitsch (1909–1956); Literaturwissenschaftler und Kritiker.

Tatlin, Wladimir Jewgrafowitsch (1885–1953); konstruktivistischer Maler und Bühnenbildner; Objekte, architektonische Entwürfe ›Denkmal für die III. Internationale‹. In den zwanziger Jahren Lehrer an verschiedenen Kunsthochschulen.

Tichonow, Nikolaj Semjonowitsch (geb. 1896); Lyriker und Prosaautor, ehemals Serapionsbruder; paßte sich dem sozialistischen Realismus an. 1944–1946 Sekretär des Sowjetischen Schriftstellerverbandes, ab 1950 Vorsitzender des Sowjetischen Friedenskomitees.

Tjuttschew, Fjodor Iwanowitsch (1803–1873); Lyriker, Publizist, Übersetzer (Goethe, Schiller, Heine).

tolstoj, Graf Alexej Konstantinowitsch (1817–1875); satirischer Dichter und Dramatiker. Seine historischen und humoristischen Verse sind heute noch bekannt und beliebt.

Tolstoj, Graf Alexej Nikolajewitsch (1882–1945); Dichter, Dramatiker und Publizist. Emigrierte 1919; Rückkehr 1923; »Weggenosse«, später sehr angepaßter Autor.
Nikitas Kindheit; Ibikus; Aelita; Der Leidensweg; Peter der Große.

Tomaschewskij, Boris Viktorowitsch (1890–1957); Literaturkritiker und -theoretiker, gehörte zur formalen Schule; Autor einer »Theorie der Literatur«.

Tretjakow, Sergej Nikolajewitsch (1892–1939); Essayist und Dramatiker, Mitglied der LEF. Während der Säuberungen verhaftet, starb in einem Lager. Agitationslyrik.
Brülle, China; Deng Schi-hua; Feldherren.

TSCHAADAJEW, Pjotr Jakowlewitsch (1794–1856); Publizist und Philosoph, für seine ›Philosophischen Briefe‹ von Nikolaus I. für wahnsinnig erklärt und 18 Monate unter Hausarrest gestellt. Mandelstams Artikel über Tschaadajew erschien 1915 in der Zeitschrift ›Apollon‹.

TSCHARENZ (Sogomonjan), Jegische (1897–1937); armenische Dichterin; übersetzte Puschkin, Majakowskij und Gorkij ins Armenische.

TSCHERNJAK, Robert Michailowitsch (1900–1932); Graphiker.

TSCHITSCHERIN, Georgij Wassiljewitsch (1872–1936); 1918–1930 Volkskommissar für Auswärtige Angelegenheiten.

TSCHORNYJ, Sascha (Alexander Michailowitsch Glikberg) (1880–1932); Dichter, Satiriker. Emigrierte 1920.

TSCHUKOWSKIJ, Kornej Iwanowitsch (1882–1969); Kritiker, Dichter, Schriftsteller. Sein Sohn, Nikolaj Kornejewitsch (1905–1965), war Romancier.

TWARDOWSKIJ, Alexander Trifonowitsch (geb. 1910); Lyriker, Verfasser der während des Krieges sehr populären ›Ballade vom Soldaten Wassilij Tjorkin‹. 1949–1954 und 1958–1970 Herausgeber der liberalen Literaturzeitschrift ›Neue Welt‹.
Wunderland Murawa; Wassilij Tjorkin.

TYNJANOW, Jurij Nikolajewitsch (1895–1943); Literaturkritiker und -theoretiker der formalen Schule, schrieb später biographische Romane.
Wilhelm Küchelbecker; Dichter und Rebell; Puschkin; Secondelieutenant Sjedoch; Die literarischen Kunstmittel und die Evolution in der Literatur.

TYSCHLER, Alexander Grigorjewitsch (geb. 1908); Maler und Bildhauer. Lehrer von Nadeschda Mandelstam.

URIZKIJ, Michail Solomonowitsch (1873–1918); Chef der Petrograder Tscheka. Seine Ermordung am 30. August 1919 und die am gleichen Tag erfolgte Verwundung Lenins entfesselten den ersten massiven roten Terror. Die Petrograder Tscheka erschoß auf der Stelle über 500 Geiseln.

WACHTANGOW, Jewgenij Bagrationowitsch (1883–1922); Moskauer Regisseur.

WAGINOW, Konstantin Konstantinowitsch (1900–1934); wenig bekannter Lyriker.

WERCHOWSKIJ, Jurij Nikandrowitsch (1878–1956); Übersetzer, Dichter und Literaturkritiker.

Weressajew (Smidowitsch), Wikentij Wikentijewitsch (1867–1945); Romancier und Literaturkritiker.

Winogradow, Viktor Wladimirowitsch (1895–1969); Linguist und Literaturwissenschaftler.

Wischnewskij, Wsewolod (1900–1951); sowjetischer Dramatiker, zahlreiche Agitationsstücke. Stalinpreis.
Optimistische Tragödie; Matrosen; Krieg.

Wolpe, Caesar Samoilowitsch (1904–1941); Kritiker.

Woronskij, Alexander Konstantinowitsch (1884–1943); Herausgeber der Literaturzeitschrift ›Rotes Neuland‹, geriet in den zwanziger Jahren in Gegensatz zu Awerbachs RAPP. 1927 aus der Partei ausgeschlossen. (Nachfolger in ›Rotes Neuland‹ Fjodor Raskolnikow.) Woronskij verschwand 1937 während der Säuberungen, kam wahrscheinlich 1943 in einem Lager um.

Wrangel, Baron Pjotr Nikolajewitsch (1878–1928); russischer General. Befehligte ab März 1920 als Nachfolger Denikins die Weiße Armee in Südrußland; er führte im November 1920 mit Hilfe der Alliierten seine Truppen von der Krim über Konstantinopel nach Serbien.

Wyschinskij, Andrej Januajewitsch (1883–1954); Rechtswissenschaftler, 1935 Generalstaatsanwalt bei den Moskauer Schauprozessen. Hauptankläger. Löste Molotow als Außenminister ab.

Zwetajewa, Marina Iwanowna (1892–1941); Lyrikerin, befreundet mit Pasternak, Mandelstam und Achmatowa. 1922 Emigration (Prag, Paris). 1939 Rückkehr in die Sowjetunion, 1941 Selbstmord. Als Lyrikerin erst 1961 rehabilitiert. Essays über moderne russische Autoren.

Inhalt

ANHANG

ALEXANDER SOLSCHENIZYN
Nobelpreisträger

Der erste Kreis der Hölle

›Eine Literatur, die nicht den Schmerz und die Unrast der Gesellschaft wiedergeben kann, die nicht rechtzeitig vor den moralischen und sozialen Gefahren warnen kann, verdient nicht den Namen Literatur... Gewiß, ich bin gelassen, denn ich erfülle dennoch meine Pflicht als Schriftsteller. Niemand kann der Wahrheit den Weg versperren. Für diese Entwicklung bin ich auch zu sterben bereit.‹

ALEXANDER SOLSCHENIZYN
an den Sowjetischen Schriftstellerkongreß
im Mai 1967

S. FISCHER VERLAG